듀이와 인문학 교육

EDUCATION

AFTER DEWEY

Paul Fairfield 저
김찬미 역

2018
세종도서 학술부문

듀이와 인문학 교육

이 책은 교육철학의 탐구이지만, 나는 이 책이 철학자들뿐만 아니라 진지하게 교육에 관심을 가지고 있는 다양한 인문학 분야의 사람들에게도 의미가 있기를 희망한다. 그리고 이 책이 대학 수준에서만 적용되지 않았으면 좋겠다. 이 책의 성찰들은 가장 직접적으로 대학교육에 적용되지만, 문학, 역사 등 관련된 과목들을 가르치는 중등 교육기관의 교사들에게도 적용된다. 그리고 만약 내가 믿고 있는 것처럼 여전히 교육받은 독서하는 대중과 같은 이들이 있다면, 아마 이 책은 그들과도 무관하지 않을 것이다.

씨
아이
알

서문: 교육적 이행의 난해함

교육적으로 가장 중요한 일은 상대적으로 무지한 상태에서 그렇지 않은 상태로 이행(transition)하는 것이다. 그런데 문제는 이것이 이론적으로 서술하기도 어렵고, 그래서 도달하기도 어려운 상태라는 점이다. [물론] 이 상태를 지적인 행위자로의 변화, 성숙, 해방, 또는 더 겸손하게는 더 많은 것을 알게 된 상태(being informed) 등으로 묘사하기도 한다. 그런 면에서 교육은 이렇게 서술하기 어려운 이행 또는 변형을 포괄적으로 지칭하는 용어에 불과하며, 결과적으로 교육적 이행 또는 변형의 애매성(ambiguity)도 그동안 꾸준히 학자들의 이론적 성찰의 대상이 되어 왔다. 플라톤(Plato)은 학습과정에 대해 서술하면서, 인간의 정신(mind)을 그가 원래 거하고 있던 착각의 세계에서 깨달음의 상태로 이끄는 것이 어렵다는 점을 처음으로 강조했다. [그런데] 플라톤이 이 과정을 [너무나] 전문적인 인식론적, 형이상학적 용어를 사용하여 설명했기 때문에, 동굴의 우화 그 자체나 죄수의 지상으로의 점진적 이동과 같이 우리가 일반적으로 알고 있는 이야기도 그것이 최소한 은유로서 [학습과정과] 어떤 특별한 관련이 있는지 더 이상 알 수 없는 지경이 되었다. [그러나] 그렇다고 해서 너무 당황할 필요는 없다. 왜냐하면 특히 우리가 서술하려는 것이 교육의 과정의 본질이나 그 과정을 안내하는 목적처럼 애매할 때, 우리는 종종 은유적 해석을 통해 어문적이거나 이론적인 명제를 통해서는 주어지기 어려운 해명의 단초를 얻어내곤 하기 때문이다. 이 연구에서 우리의 목표는 이 교육의 과정을 이해하는 것이다. 만약 우리가 이 애매성을 간과하거나 완전히 없애고자 한다면, 이 기획은 성공하지 못할 것이다. 왜냐하면 교육의 애매성은 일반적으로 인간 경험의 애매성을 직접 반영한 것이기 때문이다. 물론 이러한 애매성은 우리가 대처해야 할 문제임과 동시에 명료하게 해소하려 노력해야 할 대상이다. 그러나 애매성 그 자체가 단순히 기술적으로 해결할 수 있는 퍼즐이 아니라, 근본적으로 세계에 대한 우리의 경험에 속하는 것이라면, 이처럼 명료성을 획득하려는 우리의 노력은 한계를 지닐 수밖에 없다.

이러한 이행을 나타내는 은유적 표현들이 몇 가지 더 있다. 속박에서 해방으로, 착각에서 깨달음으로, 무지에서 진리로, 자연에서 문화로, 미성숙에서 성숙으로, 정보나 기능을 적게 가진 것에서 더 많이 가진 것으로 등이 대표적이다. 이 표현들 각각은 어느 정도 성공적으로 가르침과 배움의 현상을 조명한다. [그리고] 우리는 종종 교육과 관련하여 이러한 문구들 중 하나를 선택해 모든 것이 환원될 수 있는 모형으로 세우려는 유혹을 받는다. 그러나 만약 탐구의 대상이 그 자체로 다차원적이라면, 그것에 대한 우리의 설명도 다차원적이어야 한다. 여기가 환원주의자의 이론들이 좌초하는 지점이다. 환원주의자들은 명확함과 단순함을 일반적인 이론화의 가장 중요한 미덕으로 여기면서, 모든 풍부함과 복잡함을 인공적 단순함으로 축소시키고, 따라서 대상을 오해한다. 이것은 여전히 많은 교육 이론들의 공통적인 결점이다. 개인적인 측면에서 교육은 이러저러한 방법을 통해 모종의 더 높은 상태로 정신을 고양시키는 쪽으로 관점을 바꿔놓는다. 교육은 교과내용이나 학습과정의 단계 및 그 밖의 다른 요인들에 따라 거의 같은 정도로 [개인을] 형성하고 변형시킨다. 사회적인 측면에서 교육은 젊은이들이 전통을 접하도록 해준다. 즉, 교육은 젊은 세대들이 문화에 적응하고, 역사가 쌓아놓은 길을 밟도록 해준다. 교육의 개인적 차원과 사회적 차원은 그 자체로 분리할 수 없으며, 교육을 더욱더 복잡하게 만든다. 또한 이러한 실천(교육)은 틀림없이 정치적인 차원을 가지고 있으며, 종종 세뇌와 구분하기 어렵다. 또한 교육은 종종 미숙하면서도 환원주의적인 인간심리 이해에 바탕을 두고 있다. 그리고 교육은 오랫동안 사회공학자 및 온갖 열성가들의 활동무대였는데, 이들은 모두 우리 [사회]문제의 해결책은 (그것이 무엇이든) 자신들이 매우 소중히 여기는 의견들을 젊은이들에게 주입하는 것이라고 주장했다. 교육처럼 정치적, 과학적 유행(fashion)에 취약한 것도 없다. 교육 실천가들은 끊임없이 경제적 요청과 사회적 추세뿐만 아니라 사회과학의 최신 연구결과들에 이리저리 끌려 다니는데, 이것들은 성숙한 지성의 계발과는 전혀 관련이 없다. 교육에 대한 일련의 간섭들은 [대개] 의도는 좋지만 와전되고 끝이 없으며, 언제나 그랬듯이 우리의 시대에도 여전히 매우 흔하게 이루어진다. 그 결과 우리는 오직, 주로 정신을 교육하는 게 아니라, 특정한 형태의 주체성(subjectivity)을 만들어낸다. 노동자, 소비자, 또는 이런저런 신봉자 등이 그러한 주체성 중의 하나이다.

이미 학습과정 자체에 내재하는 복잡함뿐만 아니라, 과학적·철학적 이론화, 사회적 힘과 경제적 압력들로 인해, 교육가들은 확실히 스스로 교육의 방향을 결정짓지 못하고 모순적인 방향들에 시달린다. 교육가들은 자신이 거의 전혀 선택하지 않은 교육과정을 전달하고, 표면상 전문가들이 만든 표준화된 시험에 학생들을 준비시키며, 학생들을 노동자로 훈련시켜야 한다. 또한 교육가들은 전통을 보존하고, 학생들의 행동을 관리하며, 학생들에게 가치를 주입하고, 학생들의 역할 모델 또는 치료사로 활동하며, 기술 및 연구 결과물들을 적용해야 하고, 동시에 [정부가 만든] 표준을 옹호해야 한다. 정부가 그것을 이해하고 만들었든 그렇지 않든 간에 말이다. 오늘날의 교육은 과도하게 재료가 많이 들어간 수프에 비유될 수 있다. 주방의 모든 새로운 요리사가 결국 이 혼합물에 모든 것이 들어가 있으면서 맛이 날 때까지 이것 약간, 저것 약간 추가한다. 약간 은유적으로 말하자면, 요리사는 보통 고객들을 보지 않는다. 이 맛없는 수프를 서빙해야 하는 이들은 일이 어떻게 돌아가는지 매우 잘 알고 있지만, 웨이터도 고객도 이 혼합물에 대해 아무 말도 하지 않는다. 수프에 대한 비평이 주방에 들어갈 때, 요리법은 요리사와 함께 또 다시 바뀌어 있다. 이 상황은 물론 대학 교수들의 상황과 다르다. 대학 교수들은 오랫동안 교실에서의 자율성을 빈틈없이 보호받아 왔다. 그러나 초중등교사들은 독립적인 판단의 범위가 줄어들면서 자신의 전문가로서의 지위가 심각하게 손상되는 것을 발견해왔다. 이러한 상황에 직면하고 있는 교사들은 갈피를 못 잡고 있지만 우리는 그들을 용서할 수 있다. 왜냐하면 그들은 경험연구, 사회현실, 정치와 종교, 철학들, 심리들의 소용돌이 속에 사로잡혀 있고, 전문가에게 마땅히 주어져야 할 자율성, 즉 스스로 판단하고 행위할 자율성을 부여받지 못했기 때문이다.

교육의 실제 모습은 종종 모순되는 목적, 명령, 방식들의 잡동사니이다. 그리고 이러한 목적, 명령, 방식들 중 많은 것들은 교육의 실천과 관련이 없고, 단순히 외부로부터 부과된 것이다. 그러나 개별 교육가들은 이 모든 것을 실제 교실에 적용해야 하는데, 이것은 조금 위태로운 상황이다. 교육가들이 자신이 어떤 처지에 놓여 있는지 알기 위해서는 위에서 언급한 이행(transition)과 그 이행에 속하는 원칙들을 더 분명히 이해해야 한다. 내가 [앞으로] 주장하겠지만, 교육의 과정에 항상 이미 내재하는 논리가 있다. 철학자의 과업은 이 논리 또는 역학을 분명히 하고, 그 함의를 확인하는 것이다. 또한 철학자의 과업은 이 실천(교육) 자체의 목적들을 무효화시키는 수단들을 사용함으로써든, 그것들을 교육과 무관한 목적들로 대체함으로써든, 교육에 내재하는 논리를 효과적으로 약화시키는 교육 접근법들을 비판하는 것이다. 이러한 접근법들은 실제로 보편적인 현상은 아닐지라도 현재 공통적으로 발생하고 있다.

교육은 다른 사회적 실천과 같이 그 자체에 내재하는 조건과 목표들을 가지고 있는데, 이 조건과 목표들을 부적절한 수단으로 추구하거나 서로 충돌하는 목적들로 대체하려 할 경우 이것들은 약화될 수 있다. 교육에 내재하는 목표들을 다른 목적들로 대체하려는 유혹은 매우 강력하며, 이것은 분명 우리 시대와 지역에서만 나타나는 것은 아니고 계속 존재해왔다. 교실은 계속해서 정치인들과 사회공학자들, 종교인들과 열성가들, 사회과학자들과 철학자들의 활동 영역일 것이다. 이들의 활동은 때때로는 더 나은 쪽으로 이루어질 것이고 때때로는 그렇지 않을 것이다. 이들이 더 나은 쪽으로 활동할 때는 학습과정에 내재하는 일종의 통합성−원칙들의 통합−과 그 실천(교육)이 성공하려면 확인되고 시행되어야 하는 원칙들을 인정한다. 이들이 더 나쁜 쪽으로 활동할 때는 교육을 단순히 하나의 목표, 보통 경제, 정치, 종교의 측면에서 규정된 목표를 위한 수단으로 끌어내린다.

우리가 가장 근본적으로 분석하고자 하는 교육이 무엇이든 간에, 교육은 단순히 하나의 목표를 위한 수단이 아니다. 항상 일반적으로 좋은 교육은－직접적으로든 간접적으로든, 의도적으로든 우연으로든－학생들에게 직업 및 졸업 이후의 삶에 준비시켜준다고 알려져 있지만, 교육의 의미는 이것에 제한되지 않는다. 교육의 의미는 특히 경제적 효용에 제한되지 않는다. 플라톤이 우리에게 가르쳐준 것처럼, 교육이 기여하는 더 높은 목적이 있다. 비록 그는 이 목적을 잘못 서술했거나 대강의 형이상학적 용어로 구성했지만 말이다.

　우리가 교육의 본질과 목적을 이해하기 위해서는 교육을 인간의 경험이라는 더 넓은 맥락 속에서 보아야 한다. 철학적으로 정의된 경험 개념은 우리의 주제를 설명하기에 가장 적절한 관점을 제공해주는데, 왜냐하면 본질적으로 교육이라는 이행은 우리 자신과 우리 세계에 대한 우리 경험의 이행이기 때문이다. 교육받은 정신(the educated mind)은 어떤 상당한 양의 정보를 획득한 상태를 넘어서서, 교육받지 못한 다른 정신에 비해 더 풍부하고 더 광범위한 경험에 대한 능력을 가지고 있다. 교육이 시도하는 이행은 좁고 피상적인 경험으로부터 넓고 깊은 경험으로의 이행이다. 교육은 이 목적을 달성할 때, 학생들을 익숙하고 좁게 실제적인 세계로부터 익숙하지 않고 추상적인 세계로 이끈다. 교육은 우리에게 표면 밑을 보는 법을 가르치고, 우리의 문화가 우리에게 주는 확실성, 부적을 믿는 것과 같이 사고(thinking)와 반대되는 잘못된 확실성을 넘어서 보는 법을 가르친다. 무엇보다도 교육받은 정신은 새로운 경험과 아이디어들에 열려 있고 급진적으로 그러한데, 이것들은 비판적 성찰을 요구하며, 이것들을 받아들인다는 것은 우리의 이전 의견들의 재배치를 의미한다. 교육받은 정신은 질문을 하고, 아이디어에 대한 정당화를 추구하며, [그 아이디어에 따라] 변형된 세계를 경험하는 경향이 있다. 교육은 [교육을 받는 사람에게] 자기 자신을 넘어 낯설고 예상하지 못한 것들을 향해 과감히 나아가고, 그로 인해 우리의 문화 속에 있는 대화를 변경할 것을 요구한다. 동시에 교육은 [교육을 받는 사람에게] 이 목표에 필요한 일련의 능력들과 지적 덕성들을 길러준다. 교육이라는 것은 독자적인 세계, 교실 밖 경험과 분리된 어떤 것 또는는 삶과 동떨어진 관념들(ideas)의 영역이 아니다. 그러나 최악의 경우, 정확히 이것이 교육의 모습이다. 즉, 교육은 초월적 관심들로 이루어진 수도원 생활 또는 우리의 경험을 이해하려는 일상의 탐구와는 조금도 연결되지 않는 지적 훈련이 된다. 내가 이 연구에서 주장할 것과 같이, 정규교육과 경험의 관계는 종(種)과 속(屬)의 관계[1]이다. [따라서] 우리가 교육을 이해하려면, 이 관련성을 조사하고 어떻게 전자가 성공적일 때 후자로부터 비롯되는지 또한 후자로 돌아가는지 알아야 한다.

우리의 기대를 뒤엎고 이러저러한 방식으로 문제가 있는 상황들과 마주하는 것이 인간 경험의 본질이다. 매일의 삶은 우리로 하여금 우리의 지식이나 예상을 확증하는 것뿐만 아니라 특히 반증하는 것과 접촉하게 한다. 이것은 대개 작은 규모로 발생하지만, 때로는 더 큰 규모로 발생한다. 즉, 우리의 세계에 대한 가정들은 대립하는 견해들에 직면하고, 우리의 생각과 다른 텍스트나 사람과의 만남으로 인해 우리의 신념들

---

1) 생물학에서의 분류 순서에 따르면, 계(界) → 문(門) → 강(綱) → 목(目) → 과(科) → 속(屬) → 종(種)이다. 페어필드는 공식적인 학교교육을 더 넓은 경험이라는 속(屬) 내에 있는 하나의 종(種)으로 해석하고 있다.

은 의문시되며, 우리의 자기확신은 우연성의 느낌(a sense of contingency)에 의해 도전을 받는다. 만약 경험이 우리의 출발점이라면, 그리고 해결되어야 할 문제와 대답되어야 할 질문들에 시달리는 것이 경험의 본질이라면, 교육은 해결책 및 대답을 향한 탐구 또는 일련의 조사에 있다. 여기에서 탐구(inquiry)의 개념이 핵심인데, 이 개념은 본질적으로 학생들을 완전히 평이한(predigested) 정보로 구성된 교육과정의 수동적인 저장소로 보는 오래된 학생관과는 중요하게 다르고, 이와는 다른 역할에 학생들을 위치시킨다. 오히려 학생들은 조사 참여자 및 그들의 문화 속에서 대화하는 동료 토론자—아마도 훈련 중인 토론자—로 간주된다. [그리고] 경험, 참여, 탐구에 대한 강조는 우리가 대화, 사고 또는 '비판적 사고'에 대한 현대의 개념들을 진지하게 다루고, 그것들의 의미를 탐구하기를 요구한다. 모두 동의할 수 있듯이, 교육은 결정적으로 학생들이 지적으로 사고하는 능력과 관계가 있다. 이것이 다양한 학습과정의 단계에 있고 다양한 학습현장에 있는 학생들에게 정확히 무엇을 의미하든 간에 말이다. 사고는 한 가지인가 아니면 여러 가지인가? 적절하게 사고로 서술될 수 있는 모든 것을 포착할 수 있는 이론적 모형이 있는가? 이와 관련하여, 사고를 가르칠 수 있는가? 그리고 만약 가르칠 수 있다면, 어떤 방법으로 가르칠 수 있는가? 교육받은 정신이 표면상 할 수 있는 것, 그리고 경험의 정점에 있는 것이 지적 사고라면, 이제 그 사고에는 무엇이 존재하는가? 이것들은 모두 간단하지 않은 철학적 질문들로, 우리가 교육이라는 것을 이해하려면 피할 수 없는 질문들이다. 의심할 여지없이 사고는 교육에 중요한 이해(understanding)를 위한 탐구와 관련되어 있다. 그러나 그냥 서문에서 하는 이야기나 구호 수준을 넘어서서, 정확히 무엇이 사고를 구성하는가? 경험 개념과 사고 개념은 근본적으로 연결되어 있다. 그러나 이 관련성의 본질은 무엇이고, 그것의 교육적 결과는 무엇인가?

궁극적으로 교육적 성공과 같은 것은 박식하면서도 지적 성찰의 능력이 있는 정신이다. 또한 이것은 내가 보기에 우리 시대가 다소 간절히 요청하는 것이다. 여기에는 판단할 수 있는 능력, 관념들(ideas) 및 세계의 사건들에 대해 지적인 토론을 할 수 있는 능력, 좁은 전공 및 규칙들의 한계를 넘어서 생각할 수 있는 능력, 우리가 가진 신념이 무엇이든 어느 정도 합리적인 모습으로 정당화할 수 있는 능력 등이 있다. 우리의 교육 기관들은 사고(thinking)의 문제에 있어 이중적인 모습을 보이는데, 이는 우리 시대의 양면성(ambivalence)을 직접적으로 반영한 것이다. 우리는 고정관념에서 벗어나라는 명령, 기술 혁신과 과학 지식의 진보에 부응할 창조성과 혁신의 필요에 대해 말한다. 그러나 동시에 우리는 가치들의 자유(unconventionality), 판단의 개념, 세계에 대한 우리의 이해를 적잖이 변형시키는 관념들을 무시할 수 없다. 예를 들어, 판단(judgment)이라는 개념은 특별한 훈련을 받은 전문가들이 하는 게 아니라면, 많은 이들에게 비관용, 심지어 광적인 믿음과 분리할 수 없는 것처럼 보인다. 우리는 흔히 판단하는 것은 재단하는 것이고, 따라서 어떤 지적, 도덕적 잘못을 저지르는 것이라고 듣는다. 그러나 판단의 능력은 일반적으로 교육과 우리의 경험 모두에서 없어서는 안 되는 것이다. 상식이나 상상과 같이, 우리가 좋은 판단이라고 부르는 것―실천적 판단, 정치적 판단, 윤리적 판단, 미적 판단 등―은 지적인 행위자에게 근본적인 것이다. 판단은 전문가들만 할 수 있다고 제한하는 것은 대체로 인간이란 어떤 존재인지를 규정하는 이성, 즉 사고와 지성이라는 일상적인 능력을 포기하는 것이다. 이러한 형태의 판단을 하려면 전문지식이 필요한 게 아니라, 습관적으로 판단을 해봐서 훈련되는 것이 필요하다. 일반적인 사고, 더 고차적인 사고에 대해서도 동일하게 말할 수 있다. 우리는 가끔 형식적인 방법과 기술을 가지고 사고를 하지만, 보통은 따라야 할 규칙도, 획득해야 할 전문지식도 없이 사고를 한다. 그리고 그렇게 사고하는 사람은 기술이나 전문지식의 개념이 제시하는 것보다 더 창조적인 인지 행위를 해야 한다. 우리가 조사하려는 대상 및 그에 관한 질문들에 따라서, 따라야 할 규칙이 있을 수도 있고 없을 수도 있다. 일반적으로 과학과 합리적 사고가 거의 동의어로 간주되는 시대에, 비과학적이고 어떤 객관적인 종류의 규칙들의 지배를 받지 않는 성찰(reflection)에 대해 말하는 것은 매우 위험하게 주관주의적인 것처럼 보인다. 만약 우리가 조사하고 있는 것이 인간의 사고, 경험, 교육의 본질이라면, 경험적 (empirical) 질문들을 해야 하는 것이 사실이다. 그렇지만 여기에서 철학적 질문들을 하는 것도 적절하고, 이에 대해서는 과학적 방법들이 우리를 도와주지 못한다. 특히 여기에는 사고의 기술(the art of thinking)로 불리는 어떤 것—상상하기와 판단하기, 정당화하기와 비판하기, 해석하기와 질문하기, 이야기하기와 은유적으로 표현하기, 이해하기와 자기이해하기, 사변하기와 궁금해하기—이 있는데, 이것들은 과학적 설명에 매우 저항하고, 철학적이며 현상학적인 조사를 요구한다.

　나는 이것이 긴급한 문제라고 생각한다. 그 이유는 방금 언급한 사고와 관련된 양면성 때문이기도 하고, 사고의 기술(우리가 이것을 어떻게 특정한 용어로 쓰든지 간에)이 여러모로 이 시대와 어긋나는 것으로 보이기 때문이기도 하다. 과학적 조건 및 기술적 조건에서 철학적 조건, 인식론적 조건, 정치적 조건, 경제적 조건 등 다양한 역사적 조건들로 인해 사고는 기술(technique)로 축소되었을 뿐만 아니라, 서서히 사고할 기회가 줄어들어 왔다. 사고는 점점 더 전문지식의 영역, 평범한 사람들에게는 필요하지 않고 아마도 그들은 관여하지 말아야 하는 어떤 것이 되고 있다. 대신 우리는 전문가들이 결정한 것에 따르고 적응하며, 전문가들에게 존재하는 모든 것을 [설명해달라고] 바치는 사회에서 살아야 한다. 심지어 이제는 잘 교육받은 사람도 정보와 의견은 가지고 있지만, 지식─진짜 지식─은 가지고 있지 않다. 이로 인해 그들은 다른 곳, 즉 전문 자격이 있는 사람들을 바라봐야 한다. 심지어 논의되고 있는 지식 요소들이 바로 얼마 전까지만 해도 평범한 상식의 문제로 간주되었다 해도 말이다. 만약 우리가 사고라고 부르는 것이 어느 날 지구상에서 사라진다면, 그것은 사회구조들의 붕괴 또는 우리가 많이 들어온 '학교 실패' 때문이 아니라, 단순히 [사고가 우리의 삶과] 무관하기 때문일 것이다. 전문적 '윤리학자들'의 도움을 받을 수 있기 때문에 더 이상 교육받은 직업인들이 직장에서 윤리적 판단을 할 필요가 없을 때, 민주국가의 시민들이 오직 텔레비전에 나오는 권위자들의 정치경제적 전문지식을 따라야 할 때, 우리가 심지어 일상적인 심신(心身)의 문제들에 있어서도 [스스로] 우리 자신을 돌볼 수 없고 무한히 급증하는 돌봄 전문가들을 따라야 할 때, 우리 [사회는] 실제로 사고하지 않는 사회가 되고 있는 것이다. 나는 앨런 블룸(Allan Bloom)이 주장한 것과 같이 미국인들의 정신이 닫혔는지 아닌지는 잘 모르겠다.[1] 그 이유는 내가 미국인이 아니기 때문만은 아니다. 나는 미국인들의 정신이 닫히지 않았을 거라 생각하고, 닫혔더라도 그가 제시한 방식으로는 아닐 거라 생각한다. [그보다] 마르틴 하이데거(Martin Heidegger)와 같이 '우리는 여전히 사고하지 않고 있다', 즉 우리의 개념틀(conceptual framework)이 지나치게 과학기술에 신세를 지고 있고, 위험하게 한 가지 차원 아니면 아마도 두 가지 차원에 신세를 지고 있다고 말하는 것이 더 진실에 가까울 것이다.[2] 하이데거와 그를 따르는 수많은 실존주의자 및 현상학자들은 20세기에 사고가 철저히 과학기술 문명이라는 기계에 동화되었고, 진정으로 세계를 바라보는 새로운 방법들이 정말 불가능해졌다는 점을 걱정했다. 이 과학과 기술에 대한 새로운 맹신은 비과학적인 어휘로 발표되는 경향이 있는 어떠한 생각들도 문제시한다. 만약 내가 이러한 비성찰적 문화를 훨씬 더 성찰적이지 않도록 만들기 위해 계획을 한다면, 나는 다음과 같은 것들을 할 것이다. 지식이나 사고를 단일한 형태로 축소시키기, 이 지식이나 사고의 형태를 매우 많고 단편적이며 쓰기에 편리한 정보로 축소시키기, 교육을 가능한 한 가장 많은 양의 정보를 소유하는 것으로 조직하기, 교육기관에서 가르치고 배우는 정보를 표준화하기. 그렇게 하면 매우 확실하게 새로운 어떤 것도 말해지지 않고 주류 문화가 훨씬 더 헤게모니를 장악하는 결과를 낳을 것이다. 오늘날에는 교육을 바로 이러한 관점으로 보는 사람들, 젊은 세대가 직장에 들어가고 세계 경제 속에서 경쟁하도록 준비되지 않을 위험에 대해 경고하는 사람들이 많이 있다. 나는 이러한 이유에 전혀 공감하지 않는 것은 아니지만, 모든 학습 단계에서 교육이 해야 하는 가장 중요한 일은 그보다 지적인 행위자 (intellectual agency)를 기르는 것이며, 이는 많은 정보와 과학지식의 획득을 필요로 하지만 또한 그것을 능가하는 어떤 것이라고 생각한다.

이러한 논변을 진전시킴에 있어, 나의 주된 대화자는 존 듀이(John Dewey)가 될 것이다. 최근 몇십 년간 여러 학문과 이론적 접근들에서 방대한 교육 문헌들이 등장했지만, 나는 우리가 좇는 것이 교육의 과정에 대한 원리적 설명이라면 [지금까지] 아무도 듀이를 능가하지 못했다고 생각한다. 내 생각에는 이 영역의 어떠한 현대 철학자도 듀이의 사상을 구식으로 만들지 못했고, 그 누구도 듀이가 제시했던 교육철학을 설득력 있게 논박하지 못했다. 듀이의 교육철학은 명확해지고 정교해졌으며, 해석되고 또 매우 자주 잘못 해석되었으며, 사용되고 오용되었지만, 아직까지 논박되거나 능가되지는 않았다. 개념사에서 매우 자주 그러하듯이 듀이 시대 이래로 담론은 [다른 곳으로] 옮겨갔지만, 방향의 변화가 항상 진보의 증거는 아니다. 몇몇 다른 듀이 철학들과 같이, 듀이의 교육이론은 더 이상 인기 있지 않다. 실제로는 [옛날부터] 항상 그랬다. 교육학과의 학생들과 예비 교사들은 보통 어느 정도 듀이에 대해 알고 있지만ー예를 들면, 그가 진보주의 운동과 관련이 있다고, 그의 텍스트는 가볍게 읽을 만하지 않다고ー그들은 대개 듀이의 저작물을 읽지 않는다. 그리고 과거 및 현재의 많은 듀이 비판가들도 그의 저작물을 읽지 않는 것 같다. 그게 아니면 듀이의 저작물에 대해서는 학문적 담론에서 늘 있는 배려가 없는 것 같다. 듀이의 교육 영역 저작물들 중 표면적으로 가장 영향력 있고 유명한 『민주주의와 교육Democracy and Education』(1916)은 가장 특별히 너무나 많은 이들에게, 너무나 오랫동안, 너무나 잘못 읽혀왔다. 따라서 학자들이 처음부터 듀이의 저작물에 대한 오해들을 수정하는 것은 여전히 필요하다. 듀이는 자신의 입장을 반복해 말하고 명확히 하려고 노력했지만, 그 왜곡된 표현(caricature)들은 거의 사라지지 않았다. 듀이의 교육이론은 실증주의적이지도 않고, 학업 표준을 낮추는 것에 대한 변명도 아니다. 듀이의 교육이론은 불분명하지도 않고, 그의 철학 전체와 분리하여 이해해야 하는 것도 아니다. 실제로 듀이의 교육사상은 그가 인식론, 심리학, 과학철학, 정치학, 윤리학, 그리고 심지어 미학에까지 기여한 바와 고도로 통합되어 있다. 실험적 앎의 모형은 일반적인 듀이 철학의 기저를 이루기 때문에, 우리가 원래 듀이의 교육철학이 만들어진 지 한 세기 후에 이 철학의 적합성을 평가하려 한다면 이 실험적 모형을 이해해야 한다.

[내가] 듀이로 돌아가는 부가적인 이유는 그가 명백하게 계속해서 우리의 관심을 끄는 인간 경험 이론에 교육의 기반을 두었기 때문이다. 우리가 학습과정의 본질을 이해하기 위해서는 그것을 실험적이고 지적인 성숙이라는 더 넓은 맥락에서, 점진적인 자아의 형성과 변형이라는 더 넓은 맥락에서, 개인이 문화 속에 철저히 박혀 있음을 인식하는 관점에서 보아야 한다. 듀이가 자주 지적하듯이, 교실에서 일어나는 것은 교실 바깥의 삶과 관련되어 있고, 또 관련되어야 한다. 교육과정, 교수법 등과 관련된 질문들을 해결하기 위해서는 학생의 정신이 어떤 종류의 탈역사적인 메커니즘, 프로그래밍된 컴퓨터, 훈련 중인 생산자-소비자인 것처럼 접근해서는 안 된다. 발달의 문제를 준-객관적인 방식으로, 우리의 살아 있는 경험에 대한 현상학적 서술을 제외하고 접근해서는 안 된다. 교육이 가져오는 이행(transition)은 인간성의 고양, 지적 행위자 및 사회생활에의 활발한 참여자로서 자아의 계발이다. 교육은 젊은이들을 단지 졸업 이후의 삶에 준비시키지 않고, 그들의 세계에 대한 관점을 변형시키고 그들에게 질문자, 탐구자, 담론에의 참여자라는 역할을 부

여한다. 이것들은 현대적 주제들이지만, 또한 듀이 및 헤겔(G. W. F. Hegel)을 포함한 많은 듀이의 전임자들, 독일철학에서의 '교양(Bildung)' 전통에서도 익숙한 주제들이다. 이러한 주제들을 검토하는 것은 우리로 하여금 듀이의 교육사상에 대해 다시 생각하게 한다. 왜냐하면 듀이의 교육사상을 재고하는 것은 이러한 주제들의 의미를 설명하고, 그것의 현대적 관련성을 검토하는 것이기 때문이다. 우리는 오랫동안 받아온 오해를 제거한 듀이의 교육철학에 계속해서 관심을 가져야 한다. 그러나 그 교육철학의 사용, 아마도 그것의 명예회복은 반드시 비판적인 것이어야 한다. 듀이의 교육철학은 그 기본적 윤곽이『민주주의와 교육』(1916) 출판 훨씬 이전, 즉 1890년에서 1910년 사이에 만들어졌으므로, 당연히 그 시대의 흔적을 갖고 있기 때문이다.

나는 다음 장들에서 듀이를 대화자(interlocutor)로 간주할 것이다. 따라서 듀이는 우리가 우리의 교육기관들이 겪고 있는 실패라고 생각하는 모든 것에 대해 크게 벌을 받아야 하는 악당도 아니고, 일단 그의 견해를 적절하게 이해하면 진심으로 찬성하게 될 최고의 사상가도 아니다. 우리는 대화자의 견해에 대해 전적인 동의 또는 부정(yes or no)으로 답하지 않는다. 나는 교육에 관한 듀이의 저작물들에 상당히 동의하고 몇몇 다른 주제들에 관한 듀이의 저작물들에 대해서도 그러하지만, 이 책의 제목은 '듀이에 **따른 교육**(Education According to Dewey)'이 아니다. 나는 듀이의 관점을 몇몇 더 발달된 현대 철학들과 대면시킬 것이기 때문에, '이후의(After)'가 중요하다. 이러한 현대 철학으로는 듀이 시대 이후의 인물과 주제들이 포함되고, 경우에 따라서 듀이가 별로 관심을 가지지 않았던 전통에 속한 인물들도 포함된다. 이것은 많은 다른 인물들 중에서도 프리드리히 니체(Friedrich Nietzsche), 마르틴 하이데거(Martin Heidegger), 한나 아렌트(Hannah Arendt), 한스-게오르그 가다머(Hans-Georg Gadamer), 폴 리쾨르(Paul Ricoeur), 미셸 푸코(Michel Foucault), 파울로 프레이리(Paulo Freire), 존 카푸토(John Caputo)를 포함하는 유럽 대륙철학의 전통 또는 전통들이다. 이들도 모두 다음에 나올 연구에서 대화자들이 될 것이다. 나의 질문은 우리가 이 [철학] 영역에서 발달로 생각하는 것에 비추어볼 때, 어떻게 듀이의 입장이 오늘날에도 훌륭하게 유효한가 하는 것이다. 예를 들어, 하이데거의 사고의 본질에 관한 진술은 듀이의 견해에 어떠한 중요성을 더해주는가 아니면 듀이의 견해를 재검토하지 않을 수 없게 만드는가? 가다머의 경험 철학은 듀이의 실험적 모형을 넘어서 진보된 것인가? 어떻게 도덕교육 또는 정치교육에 대한 듀이의 견해를 아렌트의 판단이론 또는 프레이리의 대화적 교육이론에 비춰볼 수 있는가? 리쾨르의 자아에 대한 내러티브이론은 문학교육에 대한 듀이의 견해를 보충하는가? 그리고 푸코의 계보학적 역사관은 역사교육에 대한 듀이의 개념을 보완하는가 아니면 약화시키는가?

이것들은 다음 장의 연구들의 방향을 설정하는 질문들이다. 나는 이러한 질문들을 다루면서, 듀이의 사상을 근본적으로 듀이 자신의 것과 다르지 않은 관념들 또는 적어도 생산적인 대화를 가능하게 해주기에 충분할 만큼 듀이의 사상과 통약가능한(commensurable) 관념들과 대면시키려 노력했다. 철학 전통들 간의 대화는 항상 어렵지만 불가능하지는 않다. 그리고 듀이가 헤겔 이후의 많은 대륙철학에 잘 맞지 않거나 특별히 대륙철학에 대해 잘 알지는 못했던 것이 분명하지만, 듀이와 20세기 대륙사상의 몇몇 흐름들 간에는 깊은 유사점들이 존재한다. 이러한 유사점들 중에 일부는 그가 헤겔에게 평생 동안 깊이 빚지고 있다는 사실에서 추적할 수 있다. 그러나 다른 유사점들은 그처럼 쉽게 확인되기 어려운 요인들 때문일 것이다. 듀이는 완전히 미국 철학자로, 그의 동시대 유럽 철학자들의 저작물에는 대부분 그에 대한 관심이 거의 또는 전혀 나타나 있지 않다. 비록 듀이는 현상학적 감수성을 깊이 가지고 있었고, 그의 저작물과 그의 생애 동안 발전한 많은 프랑스 철학, (특별히) 독일 철학 간에는 중요한 유사점들이 있지만 말이다. 듀이는 1930년에 어떻게 '헤겔과의 만남이 나의 사고에 영구적인 증거를 남겼는지'에 대해 서술했지만, 자기 시대의 대륙 사상에 대해서는 그렇게 말하지 않았다.[3] 실제로 듀이는 심지어 니체, 후설, 하이데거 같은 주요 인물들에 대해서도 놀랄 만큼 잘 알지 못했고, 듀이의 글에는 그들의 저작물들에 대한 언급이 아예 없거나 매우 적었다. 그리고 듀이는 그들의 저작물들이 자신의 사상에 가지는 의의나 유사성에 대해 잘 이해하지 못했던 것 같다.

교육에 대한 나 자신의 견해는 듀이와 위에서 언급한 이론가들 간의 대립점들에서 나타날 것이다. 1부에서는 듀이를 20세기 현상학과 해석학에서의 가장 중요한 두 명의 인물(하이데거와 가다머)과 관련하여 살펴본다. 어느 정도 상세하게 듀이의 경험관과 사고관에 대해 검토한 후에, 나는 듀이의 견해들을 가다머의 경험관(2장), 하이데거의 사고 개념(3장)과 관련지을 것이다. 또한 나는 1부에서 진보주의와 보수주의라는 교육철학에서의 오래된 구분으로 돌아간다(1장). 현대에도 이 구분과 관련된 것을 쉽게 볼 수 있다. 보수주의는 어느 정도 영향력 있는 범위 내에서 여전히 건재하다. 비록 최근의 보수주의 화신들은 여러

면에서 듀이가 날카롭게 비판했던 전통적 교육의 형태와 다르지만 말이다. [그리고] 이러한 구분은 여전히 현재 논쟁들의 전경(foreground)에 나타나지만, 더 자주 배경(background)에서 작동한다. 나는 이 책의 논변을 틀 지울 뿐만 아니라 듀이의 입장을 위치시키고 명확히 하기 위해서 이 지점으로 돌아가는 것이다.

2부에서는 1부에서 개발한 원리적 틀을 몇몇 인문학들을 가르치는데에 적용한다. 그 학문들은 철학(4장), 종교학(5장), 윤리학(6장), 정치학(7장), 역사학(8장), 문학(9장)이고, 같은 순서로 우리의 대화자들은 니체, 카푸토, 아렌트, 프레이리, 푸코, 리쾨르이다. 학문들의 목록은 분명히 완전하지 않으며, 일부는 듀이가 관심 있어 한 것으로, 일부는 내가 관심 있는 것으로, 일부는 지나친 논변의 반복을 피하기 위해 선정했다. 2부의 장들은 특정한 순서 없이 배치되었다. [그리고] 각 장들을 안내하는 질문들은 근본적으로 이 영역들의 가르침과 배움의 방향을 설정하는 목적들 및 역사교육, 문학교육, 도덕교육 등의 성공의 표시가 될 수 있는 것과 관련되어 있다.

이 책은 교육철학의 탐구이지만, 나는 이 책이 철학자들뿐만 아니라 진지하게 교육에 관심을 가지고 있는 다양한 인문학 분야의 사람들에게도 의미가 있기를 희망한다. 그리고 이 책이 대학 수준에서만 적용되지 않았으면 좋겠다. 이 책의 성찰들은 가장 직접적으로 대학교육에 적용되지만, 문학, 역사 등 관련된 과목들을 가르치는 중등 교육기관의 교사들에게도 적용된다. [그리고] 만약 내가 믿고 있는 것처럼 여전히 교육받은 독서하는 대중과 같은 이들이 있다면, 아마 이 책은 그들과도 무관하지 않을 것이다.

1   Allan Bloom, *The Closing of the American Mind* (New York: Simon and Schuster, 1987).

2   Martin Heidegger, *What Is Called Thinking?*, trans. J. Glenn Gray (New York: Harper and Row, 1968), 4.

3   Dewey, 'From Absolutism to Experimantalism' (1930). LW 5: 154.

역자 서문

이 책의 저자는 듀이뿐만 아니라 대륙철학, 특히 현상학과 해석학에 대해서 공부를 많이 한 사람이다. 따라서 1부에서는 주로 듀이의 경험과 사고 개념에 대한 과학적 모델의 한계를 짚고, 현상학과 해석학의 개념들을 끌어와 듀이의 사상을 보충한다. 예를 들면, 해석학적 순환이 이루어지는 경험, 계산적 사고와 대비되는 명상적 사고를 생각해보면 교육에서 추구해야 할 경험과 사고가 무엇인지 더 잘 이해할 수 있다는 식이다. 이러한 논리구조는 2부에서도 이어진다. 해당 학문의 교육에 대한 듀이의 설명이 대부분 맞는데 약간 충분하지 않은 부분이 있고, 이것을 다른 철학자의 사상을 통해 보면 더 나은 통찰을 얻을 수 있다는 식이다. 따라서 저자는 서문에서 이 책은 'Education According to Dewey'가 아니라, 'Education After Dewey'라고 쓰고 있다.

역자가 이 책을 처음 읽었을 때는 약간 감탄을 했다. 듀이의 책을 여러 권 읽었고 대충 그가 무슨 말을 했는지는 알지만 그게 대체 무슨 의미인지 실현 가능한 건지 혼란을 겪고 있었는데, 이 책을 번역하면서 듀이의 주장이 좀 더 마음에 와닿았다. 그런데 검토 과정에서 두 번 세 번 읽으면서는 듀이의 사상이 굉장히 논쟁적이고 그와 관련해서는 역자에게도 해소되지 않은 의문들이 있다는 것을 발견하게 되었다.

역자가 이 책을 통해 얻은 깨달음과 의문들을 각각 두 가지로 정리하자면 다음과 같다.

시대가 변했다고 하지만 여전히 한국교육의 대세는 '공부 잘해서 좋은 대학 가는 것이 목표'이고, 그러기 위해 '선다형 시험에서 좋은 점수를 받을 수 있도록, 교과내용을 체계적으로 압축정리해서 전달'해주는 것이 교사의 임무이다. 물론 그런 것은 진정한 교육이 아니라고 생각해서 조금 다른 수업을 하는 선생님들도 있고, 학교 차원에서 다른 시도를 하는 혁신학교나 대안학교들도 있다. 이런 시도들을 좋게 보는 사람들도 있지만, 비판하는 사람들도 많다. 입시에 중요한 시기에 아이들을 빡빡하게 가르치지 않고 놀리는 게 말이 되느냐. 그래서 대학 못 가라는 거냐. 등등. 이에 대한 듀이의 대답은 "아니, 우리 학교의 아이들도 되게 열심히 배우고 있다"는 것이다. 물론 선다형 시험에서 잘 찍는 기술이나 좋은 대학 가는 방법을 가르치고 있지는 않지만, 고차사고력이나 판단력을 기준으로 한다면 더 나은 교육을 하고 있다는 것이다. 이게 듀이의 '노력과 흥미라는 이분법 거부'의 의미이다. (물론 이 이야기는 다른 시도를 하는 사람들이 듀이의 사상을 따르고 있다는 전제하에 성립된다.)

또한 학과 간 통합 및 융복합의 흐름이 있기는 하지만, 여전히 우리나라의 공교육은 국/영/수/사/과라는 엄격한 분과체계 속에서 이루어지고 있다. 또한 교과와 비교과로 분리되어 수업과 생활지도는 다른 영역인 것처럼 여겨진다. 그런데 듀이가 말했던 것처럼 '교육은 학생들의 경험과 이해관심에서 출발'해야 한다면? 무작정 마음에 와닿지 않는 추상적인 명제들을 읊어대기보다, 선생님이 아이들과 함께 생활하면서 수없이 겪는 협력, 경쟁, 갈등의 상황들 앞에서 윤리와 정치를 가르쳐야 한다는 것이다. 하지만 그렇게만 가르치기에는 나이가 어린 아이들의 경험이 부족할 수 있다. 그렇다면 간접적인 경험을 활용할 수 있다. 역사와 문학이 그것이다. 사건이 이미 종결되었고 그에 대한 평가도 마무리된 역사는 사례로 활용하기에 너무나 좋은 소재이다. 현재를 보면 모든 게 불명확해보이지만, 과거를 보면 더 명료하게 파악할 수 있다. 또한 문학, 특히 소설은 자신이 주인공의 삶을 직접 겪은 것처럼 흠뻑 빠져들게 만드는 매력을 지니고 있다. 이러한 간접 경험은 아이들에게 부족할 수 있는 직접 경험을 보충해준다.

선생님이 올바른 생각을 가지고 있고, 아이들은 그저 선생님 말씀을 잘 듣고 배우면 된다고 생각했던 시절이 있었다. 그러나 요즘 그렇게 생각하는 아이들이 얼마나 될까? 학부모들도 그렇게 생각하지 않는다. 이렇게 달라진 상황 속에서 오늘날의 선생님들은 아이들에게 일방적으로 자신의 생각을 강요하기보다 소통하고 대화하라는 압력을 받고 있다. 이 책의 전체적인 논조는 '듀이사상 설명+다른 철학자 사상 보충'인데, 7장은 그렇지 않다. 여기에서 저자는 듀이와 프레이리의 입장을 대비시키고 분명하게 프레이리보다는 듀이의 편을 들어준다. 프레이리가 대화를 강조하고 있기는 하지만 그 대화는 선생님이 아이보다 우월한 위치에 있으면서 이루어지는 대화이고, 결국 선생님이 가지고 있는 사상(맑시즘)으로 아이를 이끌 것이라는 우려 때문이다. 그런데 듀이는 정말 무제한적인 사상의 자유를 옹호하고 있는 것일까? 아이들이 사회의 기본 가치(인간의 존엄성이나 인권 등)와 다른 생각을 할 때 어디까지 허용해야 할까?

한국사회에서 많은 사람들이 교육은 좋은 대학에 가고 좋은 직장을 얻기 위한 수단이라고 생각한다. 하지만 듀이는 교육이 그 자체로 목표라고 말한다. 오직 좋은 직장을 얻기 위해서만 공부를 한다면, 그의 삶은 풍요로운 삶과는 거리가 멀 것 같다. 평생 배우는 것을 즐거워하고, 배울수록 더 배우고자 하는 것은 교육의 이상(ideal)이다. 그렇지만 교육이 그 자체로 목표가 될 수 있을까? 교육은 더 나은 삶, 더 좋은 삶을 살아가기 위한 수단이 아닌가?

이렇듯 이 책에 나오는 교육 이야기는 우리가 현재 하고 있는 교육에 대해 많은 논쟁점과 시사점을 던져준다. 듀이는 한 세기도 더 이전의 사람인데, 그가 하고 있는 이야기는 오늘날에도 너무나 적절하게 적용된다. 교육에 관심이 있는 사람이라면 누구나 읽어보면 좋을 책이다.

많은 철학자들의 사상이 등장하는데 역자의 공부가 일천하기 때문에 번역이 쉽지 않았다. 부족하지만 좀 더 나은 번역을 위해 가능한 한 인용문의 본문을 찾아보았고, 서울대 사회교육과의 정원규 교수님, 이상인, 옹진환, 황정숙, 김유란 선생님에게 많은 도움을 받았다. 감사의 마음을 전한다. 긴 번역 기간을 기다려주신 씨아이알 출판사 측에도 감사의 마음을 전한다. 마지막으로 긴 번역 기간 동안 옆에서 힘이 되어준 남편과 뱃속에서부터 번역 과정에 함께한 딸 희주에게 감사의 마음을 전한다.

목 차

E D U C A T I O N

1부
교육의 과정

A F T E R   D E W E Y

01
진보주의와 보수주의를 넘어서

    교육철학 운동의 일환으로서 진보주의는 역사적으로 볼 때에 20세기 초중반 북미와 유럽 지역에서 장 자크 루소(Jean-Jacques Rousseau), 허버트 스펜서(Herbert Spencer), 장 피아제(Jean Piaget), 존 듀이(John Dewey), 윌리엄 허드 킬패트릭(William Heard Kilpatrick), 클라렌스 킹슬리(Clarence Kingsley) 등의 저작과 더불어 탄생했다. 진보주의의 기본 원칙들은 일제식 직접 교수, 암기와 반복에 의한 학습, 표준화된 교과내용과 표준화된 시험, 점수와 경쟁에 대한 강조라는 전통적인 방법들 및 졸업 이후의 삶에 유용할 것으로 여겨진 정보나 기능들로 이루어진 전통적인 교육과정에 대한 반발을 이론화한 것들이다. 진보주의 교육의 주창자들은 전통적 교육기관들의 보수성에 대해 완강하게 반대했다. 그들이 선호했던 것은 새로운 교수학습 방법 및 그것들의 정치적 동반자인 자유주의적 에토스(ethos, 풍토), 즉 사회문화적 보전과 전달이라는 오래된 가치를 개인의 활동성과 자율성의 발달로 대치하는 한발 더 나아간 자유주의적 에토스였다. 진보주의자들은 더 활동적이고, 협력적이며, 경험을 중시하는 학습방식을 선호했고, 교육목표와 교과내용에 더 많은 선택지를 부여하려고 했다. 그리고 정치적으로 자유주의적이며 과학적으로 보증된 토대에 근거한 교육 정책을 더 많이 수립하고 싶어 했다. [진보주의자들은 당시에 쏟아져 나온 새로운 심리학과 인지발달이론들이 많은 전통적 교육 방법들의 기반을 뒤흔들고, 교수법과 교육과정에 대한 새로운, 그리고 '발달론적으로 적절한' 접근법들을 제공할 것으로 생각했다.

진보주의는 20세기 교육에 급진적인 영향을 미쳤다. 이제 이 용어 자체는 낡았고 아마도 시대에 뒤떨어진 것이 되었지만, 진보주의의 유산은 여전히 우리에게 매우 많이 남아 있다. 몇몇 진보주의 원칙들은 오늘날의 교육연구와 사범대학에서 정설(orthodoxy)과 같은 것이 되었다. 비록 여러모로 많이 변형되어서 종종 진보주의라는 것을 알아볼 수 없을 지경이긴 하지만 말이다. 진보주의는 교육이론가와 실천가들이 대체로 공유하는 상식의 일부가 되었다. 비록 진보주의를 적용하는 일을 하는 사람들이 대부분 여전히 고전 이론가들의 글을 읽지 않고 있지만 말이다. 현재 드러나는 모습을 보면, 진보주의의 주창자와 비판자 모두 진보주의의 역사나 주요 대표 철학자의 글에 대해 놀랄 만큼 익숙하지 못하다. [이런 점에서] 존 듀이의 교육철학은 현재 이상한 위치에 놓여 있다. 듀이의 교육철학은 대부분의 교육이론가와 실천가들에게 현재 유행하는 사상의 중요한 일부이다. 그러나 듀이의 텍스트 자체는 거의 잊히고, 희화화되며, 오독되고 있다. 보수주의자 및 다른 진보주의 교육 비판가들은 특히 듀이에 대해서 자주 유사하게 잘못 해석하는 경향이 있으며, 그들이 우리 교육기관의 실패라고 생각하는 것에 대해 (타당하든 그렇지 않든) 어떤 이유로든 자주 듀이를 비난한다.[1] [또한] 우리는 계속해서 진보주의 교육이 남긴 불후의 유산과 이 운동에서 듀이가 차지하는 탁월한 위상에 대해 듣고 있다. 그러나 진보주의도 단지 하나의 역사적 현상인 것처럼 보인다. 왜냐하면 최근 발전한 교육연구들이 반대편인 보수주의와 함께 진보주의도 과거로 규정하기 때문이다. [이렇게 진보주의가 가지는 이상한 위치와 관련하여 우리가 해야 할] 필수 질문은 교육의 철학적, 특별히 과학적 차원의 연구결과들에 비추어볼 때, 진보주의자와 보수주의자 간의 오래된 논쟁이 [더 이상] 적합하지 않은가 하는 것이다. [현재] 학습이론의 발전, 특히 발달 심리학의 발전은 철학적 논쟁을 대체하는 것처럼 보인다. 이를 통해 많은 사람들은 교육이라는 본질적인 일이 마침내 정치와 철학이라는 논쟁의 영역을 넘어, 과학적 기초 위에 놓일 것이라 희망하고 있다.

교육이 순수하게 과학적이고, 기술적이며, 다른 말로는 비-철학적인 연구 분야가 되고 있다는 전망에 대해 우리는 진지하게 생각해보아야 한다. [물론] 진보주의 교육 아니면 보수주의 교육이라는 이분법은 당연히 교체될 필요가 있지만, 그러한 교체는 우선 변증법적인 방식으로 이루어져야 한다. [그리고] 만약 진보주의 교육과 보수주의 교육의 대립이 교체되어야 한다면, 이는 과학적 기반이나 기술적 기반이 아니라 철학적 기반에 근거해서 이루어질 것이다. 교육에 대한 궁극적 질문들은 이를 순수하게 기술적인 문제로 변형시키려는 많은 이들의 노력에도 불구하고, 항상 철학적이었고 앞으로도 계속 철학적일 것이다. 어떤 의미에서 이 오래된 둘 사이의 대립은 그저 담론이 이동하고 다양한 문제들이 전면에 나타나는 역사 속에서 한때 부각되었을 뿐이다. 그러나 더 깊은 의미에서 이 이분법, 아니 적어도 이 구분은 여전히 우리에게 매우 많이 남아 있다. 느슨하긴 하지만 여전히 교육적 보수주의와 진보주의로 특징지을 수 있는 것들이 새로운 형태로 나타나고 있고, 현재 이론적 담론과 정책 수준에서 [이 두 입장에 대한] 옹호자들이 많이 있다. 이로 인해 우리는 비록 형태는 달라졌지만, 듀이가 1세기 전에 몰두했던 질문들 중 일부를 다시 할 수밖에 없다. 최근 두 비평가가 지적했듯이, '고전적인 진보주의 접근법 및 방법들이 적어도 일부 학교 체제에서는 새로운 정설이 되었다고 주장할 수 있을지도 모른다.'[2] 이 정설은 의심할 여지없이 듀이가 구상했던 것은 아니지만, 적어도 듀이의 교육철학 및 그에게 영향을 받았다고 주장하는 다른 고전적 진보주의 견해들과 가족 유사성(family resemblance)을 갖고 있다.

또한 최근 피터스(R. S. Peters), 블룸(Allan Bloom), 허쉬(E. D. Hirsch)와 같은 저술가들이 교육적 보수주의를 옹호하는 모습은 이러한 진보주의/보수주의 구분이 여전히 적합하다는 것을 분명히 보여준다. 나는 이 장에서 이들 중 블룸과 허쉬의 견해를 검토할 것이다. 보수적 견해는 특히 정책결정자, 정치가, 일반 대중들 사이에서 유리한 입장을 차지하고 있기 때문에, 우리는 그들을 무시하고 싶어도 그럴 수가 없다. 이를 통해 알 수 있는 것은 이론적 담론이 여러모로 진보주의/보수주의 논쟁으로부터 [다른 곳으로] 이동해왔지만, 실제 교육 세계의 방향은 여전히 근본적으로 이 구분을 통해 설정된다는 점이다. 우리가 현재 사용하는 [교육] 어휘들은 여전히 학생 중심 vs 교육과정 중심, 개인의 자율성과 발달, 학생의 경험과 본성, 발견학습, 비판적 사고 등등뿐만 아니라, 보존과 '문화적 리터러시', 효율적인 전달과 정보의 보유, 직업 전문적 가치 등의 개념 주변에 머물러 있다. 이러한 어휘들은 계속해서 자유주의자와 보수주의자 간에 열띤 정치적 논쟁을 발생시키고, 공적 논쟁에서 피할 수 없는 문화 전쟁에서 두드러지게 나타나는 것은 물론이다. 데이비드 카 (David Carr)가 쓴 것과 같이, '전통주의자와 진보주의자 간의 수백 년 된 지긋지긋한 논쟁은 가치중립적인 과학적 방법에 의해 완전히 해결된다고 가정하고 싶지만', 이 논쟁을 초월하려는 교육이론가와 연구자들의 노력들은 늘 여전히 그 논쟁의 궤도 안에 있었다. 이들은 자주 이러한 견해들에 대해 경험적 또는 준경험적 검토를 하려 노력하는데, [이 자체가 바로 그 논쟁을 벗어나지 못한 것이다.] 카가 정확하게 관찰한 바와 같이, 진보주의 교육과 보수주의 교육의 대립은 '실재하고 지속되는 것'으로, '교육 정책에 관한 거의 모든 현대의 공적 논쟁에서 건재하다.'[3]

아마도 진보주의의 가장 기본적인 가설은 교육이 학생의 본성과 경험에 맞게 이루어져야 하고, 그 학생들의 본성은 발달론적인 모형으로 이해되어야 한다는 것이다. 이 기본 가설에 경험심리학이 더해져서, 교육의 심리-사회적 차원뿐만 아니라 초기 발달 및 학습에 관한 이론을 위해 야심찬 조사가 이루어졌다. 20세기를 거치며 교육

담론은 점점 더 과학적이고 심리학적인 모습을 갖추게 되었고, 그 결과 타당한 교수법과 교육과정은 발달심리학의 최신 연구결과를 참고해야 한다는 명령이 다른 무엇보다 중요해졌다. 교육 문제가 과학적 기반을 갖출 수 있고 그래야 한다는 것은 굳이 진보주의자가 아니라고 해도 누구나 아는 관습적 지혜가 되었다. 오늘날 교육을 과학적으로 만들 필요성에 대해서는 많은 사람들이 체감하고 있으며, 심지어 많은 보수주의자들 및 다른 반진보주의자들도 점점 더 경험심리학의 담론을 이용하려고 시도하고 있다. '연구가 보여준다'는 구절은 대학 내에서 과학적 자격을 확립하려고 열심히 노력하는 교육학과에서 아주 흔한 구절이 되었다.

보수주의자들은 진보주의의 경험적 기반에 대해 의문을 제기하지 않을 때조차도, 자주 현대 교육 실패의 책임이 특히 진보주의 철학에 있다고 주장한다. 이러한 비판은 매우 많다. 그 비판에는 [진보주의가] 학생들의 본성과 경험에 너무 집중해서 또는 단순히 이를 오해해서, 문화 전달과 실제 삶 모두에 중요한 학생들의 정보 획득의 문제를 경시했다는 비난이 포함된다. 지금 우리는 모든 단계의 교육기관 졸업생들이 일반적으로 서구 정전(canon)[1]의 측면에서나, 실용적으로 유용한 정보의 측면에서나 지식을 너무 적게 가지고 있다는 말을 정기적으로 듣는다. 그리고 이 비판가들은 일반적으로 진보주의, 종종 특히 듀이의 영향 때문에 이렇게 되었다고 주장한다.[4] 이러한 비판은 종종 경제적 용어들로 표현된다. 즉, 개별 졸업

----

1) 전통문화의 정수인 고전을 의미한다.

생들 또는 전체 세대의 지식 부족은 생산하는 일에의 준비 부족으로 이어져, 결국 외국 경제와 비교하여 국가 경쟁력의 손실을 초래한다는 것이다. 우리는 노동자들이 가장 유용한 최신 정보를 소유하고 이용할 수 있는 경제가 세계 경쟁력을 가지고 번영할 것이라는 말을, 특별히 점점 더 기술 중심적인 세계에서 이러한 정보들은 수학이나 과학과 관련이 있다는 말을 너무나 자주 듣는다. 진보주의가 실용적인 정보를 강조하지 않았기 때문에, 부(富)를 향한 추구에 있어 우리가 경쟁 국가들에 뒤쳐져 실패했다는 것이다. 또 다른 논변은 중요한 학습 분야들이 발달 적합성을 이유로 다음 학년으로 미뤄지거나 완전히 교육과정에서 제거될 때, 전통적인 서구 정전(canon)이 [교육과정에서] 제거되었기 때문에 더 젊은 세대들이 문화적 손실을 입고 있다고 [진보주의를] 비난한다. 전통적인 교과내용과의 만남이 부족하기 때문에 학생들이 문화적으로 방황하고 있으며, 그들의 정신(mind)과 인격(character)에 적절한 자양분이 부족하다는 것이다. 전통주의자들은 진보주의 방법들이 지식 자체, 특히 역사, 문학, 언어와 같은 전통적인 학습 분야에 관한 정보를 제공해주는 지식의 중요성을 폄하하고, 종종 그들이 회의적으로 보는 문제해결과 비판적 사고 기능만 강조하려고 노력하면서, 학생들이 자신의 문화적 전통들에 무지하게 만들었다고 주장한다.

[이 중에서] 듀이를 우리의 현재 교육문제들의 원천으로 지목하는 진보주의 비판들은 특별히 흥미롭다. 이 비난은 수십 년 동안 이루어진 것으로, 듀이가 진보주의의 탁월한 이론가이기 때문에, 무엇이 이야기되든 이 운동의 과도함과 실패에 대해 궁극적인 책임을 져야

한다는 것이다. 따라서 앨런 블룸 자신은 듀이가 현재 미국 학생들의 역사 지식 부족의 원천이라고 주장한다. 그는 다음과 같이 썼다. '듀이는 과거를 근본적으로 불완전한 것으로 보았고, 우리의 역사가 우리의 현재에 대한 합리적 분석과는 무관하거나 방해가 되는 것으로 간주했다.'⁵ 또 다른 비판가는 '문제해결과 비판적 사고를 포함하는 듀이의 교육에서의 재구성 개념은 협소하고 기술적인 이성의 적용을 나타낸다'고 주장한다. 그리고 두 명의 다른 비판가들의 견해는 그들의 책 제목으로부터 찾아낼 수 있다. 『존 듀이와 미국교육의 쇠퇴John Dewey and the Decline of American Education』(Henry Edmondson), 『시작부터 잘못된 것: 허버트 스펜서, 존 듀이, 장 피아제로부터 받은 우리의 진보주의 유산Getting It Wrong From the Beginning: Our Progressivist Inheritance from Herbert Spencer, John Dewey, and Jean Piaget』(Kieran Egan)⁶ 아마도 이 점에서 듀이에 대한 가장 일반적인 불평은 그가 표면상 전통적인 교과내용을 강조하지 않고 학생들의 본성과 경험을 과도하게 강조해서, 모든 교육 단계의 학업 표준에서 퇴보가 일어났다는 것이다. 능동적 학습에 대한 듀이의 옹호가 책으로 배우는 전통적 학습을 구식으로 만들어서, 학생들이 정전(canon)에 대한 적절한 감상 능력 또는 졸업 이후의 삶을 위해 충분한 지식을 획득하는 것을 방해했다는 것이다.

이러한 비판들이 흥미로운 이유는 듀이 자신이 그것들을 다루었고, 훨씬 오래전인 1938년에 듀이의 지시를 따른다고 주장했던 진보주의자들에게 명백히 유사한 비판을 퍼부었기 때문이다. [여기에서] 『경험과 교육Experience and Education』은 중요한 텍스트이다. 왜냐하면 듀이가 이 책에서 진보주의 관념들이 [듀이에게] 받기 시작했던 영향과 [그 당시] 발생하고 있었던 그의 견해에 대한 오해, 불행히도 여전히 아주 흔한 오해들에 비추어, 『민주주의와 교육』(1916) 및 수많은 다른 저작물들의 논변을 명확히 하고 다듬었기 때문이다. 듀이는 이 명확하게 쓰인 간단한 텍스트에서 진보주의 교육가들과 보수주의 교육가들이 모두 잘못된 대립항들을 거부해야 한다고 상기시켰는데, 이 대립항들은 두 진영은 모두 무비판적으로 받아들였지만 듀이 자신은 처음부터 거부했던 것들이었다. 듀이는 학생중심 아니면 교육과정중심, 비판적 성찰 아니면 [지식의] 보존, 능동적 학습 아니면 수동적 학습, [학생들의] 이해관심(interest)[2] 아니면 학문, 그밖에 초기 진보주의자들과 전통주의자들을 구분했던 다른 이분법들, 실제로 일반적인 이분법적 사고를 절대적으로 거부했다. 이것은 듀이가 자신의 교육 관련 글들에서만 그랬던 것이 아니다. 모든 주제에 대한 듀이의 사고방식은 언제나 변증법적이었고, 그는 항상 서구 철학 전통의 시작 이래로 널리 퍼져 있었던 이항 대립의 경향에 대해 의구심을 가졌다. 듀이는 이미 1902년에 자신을 아동중심 교육의 옹호자로 보는, 여전히 널리 퍼져 있는 오해를 없애려고 노력하고 있었다.

....

2) 학생들의 interest는 경제적인 측면에서든 즐거움의 측면에서든 자신에게 이익을 가져다주는 것에 관심을 가지는 것이라는 의미에서 대부분 '이해관심'으로 번역하였다. 그러나 맥락에 따라 의미가 다른 경우에는 흥미, 이익 등으로 번역하였다.

아동의 경험과 학과를 구성하는 다양한 형태의 교과내용 간에 '정도' 상의 차이가 아니라, '종류' 상의 차이가 있다는 해로운 개념을 없애자. 아동의 경험을 중심으로 생각한다면, 이 문제는 경험이 어떻게 이미 정립된 학문에 들어가는 것들과 똑같은 종류의 요소들－사실과 진리들－을 담고 있는지 이해하는 것이다. 그리고 더 중요한 것은 어떻게 아동의 경험 그 자체 안에 교과내용이 지금 차지하는 수준까지 발달하고 조직하는 데 작동했던 태도, 동기, 이해관심들이 담겨 있는지를 이해하는 것이다.[7]

이러한 오해의 지속은 자주 듀이를 좌절시켰다. 따라서 듀이는 1938년의 텍스트[3]에서 이미 과거에 수없이 드러냈던 견해들을 더 대규모로 명료화하는 작업에 착수하게 되었다. 『경험과 교육』의 논변은 특히 듀이의 추종자를 지망하는 윌리엄 허드 킬패트릭을 겨냥하고 있으며, 킬패트릭의 1925년 책인 『방법의 기초[Foundations of Method]』는 진보주의 관념들의 발달에 큰 영향을 주었다. 로버트 웨스트브룩(Robert Westbrook)은 다음과 같이 쓰고 있다.

듀이는 진보주의 개혁에 대한 비판을 하면서 거의 이름을 거론하지 않았지만, 윌리엄 허드 킬패트릭은 그의 주요 비판 대상들 중 한 명이었다. 킬패트릭은 듀이의 콜롬비아 대학 동료로, 그의 '프로젝트법'은 아마도 아동중심의 진보주의에서 나온,

----

3) 『경험과 교육(*Experience and Education*)』을 의미한다.

유일하게 가장 영향력 있는 실제적인 교육과정 개혁이었다. 킬패트릭이 처음으로 프로젝트법을 서술했던 1918년 논문, 「사범대학 기록」은 약 6만 부가 배포되었고, 20세기에 킬패트릭은 이 나라의 주도적인 교육학파의 유력한 인물이었다. … 킬패트릭은 자신이 듀이의 제자라고 생각했다. … 하지만 [듀이는] 프로젝트의 목표들 중 하나가 아동이 조직된 과목들을 숙달하는 것이어야 한다고 주장했다. … 그때 (그리고 지금도) 비판가들이 목적도 없고 내용도 없는 '듀이즘(Deweyism)'이라고 공격하는 것의 상당 부분은 실제로는 목적도 없고 내용도 없는 '킬패트릭키즘(Kilpatrickism)'에 해당된다.[8]

진보주의와 관련된 교과내용에 대한 경멸은 듀이의 텍스트들이나 그 텍스트를 본떠서 만들고 듀이 자신이 감독했던 소위 시카고 대학 실험학교와는 전혀 관계가 없다. 오히려 교과내용을 경멸했던 사람들은 킬패트릭 및 다른 초기 진보주의자들이었다. 이들 중 많은 이들은 듀이의 텍스트들을 오독하거나 무시하고서 듀이의 영향을 받았다고 주장했고, 단순히 오래된 관행에 대한 반대 용어로 [그들만의] 새로운 철학을 만들었다. 이들은 듀이가 단호하게 거부했던 종류의 새로운 이분법을 만들었고, 그 유산은 여전히 우리 곁에 남아 있다.

듀이는 『경험과 교육』에서 다음과 같이 썼다.

새로운 운동은 항상 그것이 대체하려는 것의 목적과 방법들을 거부하게 되는데. 이 경우 자신의 원칙들을 적극적, 건설적으로 개발하기보다는 이전 것들을 반대하는 식으로(negatively) 개발할 위험이 있다. 그러면 그 운동은 실제로는 자신의 철학을 건설적으로 개발하기보다, 자신이 거부한 것의 실마리를 잡게 된다.

듀이는 이것이 진보주의 운동의 근본적 실수였다고 주장했으며, 새로운 이론이 비변증법적이고 반동적인 용어들로 정립되었기 때문에 발생한 것이라며 통탄했다. 따라서 경험 vs 전통, 능동적 학습 vs 수동적 학습, 이해관심 vs 학문 등 잘못된 대립항들이 생겨났고, 이에 따라 이 짝들 각각에서 후자의 가치를 전자의 가치로 교체해야 한다는 불행한 결과가 예견되었다. 듀이는 동일한 맥락에서 다음과 같이 말했다.

새로운 교육을 위해 일하는 많은 사람들이 조직된 학문의 교과내용을 거의 또는 전혀 이해하지 못하는 경향이 있다. 그들은 마치 어른의 지도나 안내는 어떠한 형태이든 개인의 자유에 대한 침해인 것처럼, 마치 교육이 현재나 미래와 관련되어야 한다는 관념은 교육을 받을 때 [학생들이] 과거를 접할 필요가 거의 또는 전혀 없음을 의미하는 것처럼 [생각하는 데까지] 나아가는 경향이 있다. 이 단점들을 과장하지 않는다 해도, 적어도 그들은 소극적으로 또는 현재 교육에서 이루어지는 것에 대한 반발로 나아간 교육 이론과 실천이 무엇을 의미하는지 잘 보여준다. 이는 [교육의] 목적, 방법, 교과내용을 경험이론과 그것의

교육적 가능성이라는 기초 위에서 적극적, 건설적으로 개발하
는 것과 대비된다.[9]

조직된 교과내용과 책을 통한 학습이 전혀 중요하지 않은 게 아니
라, 이를 더 넓은 연구과정 내에서 도구로 간주해야 한다는 것이다.
그리고 학생들이 지적으로 엄격한 의미에서 연구자의 역할을 맡아
야 한다는 것이다. 듀이가 구상했던 교육은 전통적인 읽기, 쓰기
등의 기능들을 더 넓은 경험의 장 내에서 이용하자는 많은 것을
요구하는(demanding) 일이지, 그것들을 경험의 반대로 잘못 배치해
서 그 중요성을 없애자는 것이 아니다. 이와 유사하게, 듀이는 이해
관심의 개념을 학생들의 동기의 원천으로 중시했지만, 이해관심과
학문 간에 이분법을 만들지는 않았다. 많은 다른 진보주의자들은
그러한 이분법을 만들고 필연적으로 후자를 희생시켰지만 말이다.
듀이는 학생들에게 현존하는 이해관심들을 무시하거나 집착할 것
이 아니라, 이 이해관심들이 적절하게 교육적 경로를 안내하고 조직
된 교육과정과 접촉하도록 해야 한다고 주장했다. 그는 『아동과 교
육과정The Child and the Curriculum』에서 다음과 같이 썼다. "새로운 교육"
의 위험은 아동의 현재 능력과 이해관심들을 최종적인 것, 그 자체
로 중요한 것으로 생각하는 것', 즉 오래된 관행에의 반발로 정립된
경향이다. 이해관심을 신성불가침한 것으로 간주하거나, 학생들이
단순히 하고 싶은 대로 하게 내버려두는 이 새로운 경향은 '필연적으
로 … 그들을 제멋대로 행동하게 만들고, 그들을 망칠 것이다.' 그는
더 나아가 다음과 같이 주장했다. '아동이든 어른이든 의식에서 주

어진 현재의 수준에 머무르면 그들의 힘이 제멋대로 나가게 된다. 이해관심의 진정한 의미는 더 높은 수준으로 나아가는 추진력을 제공해준다는 것에 있다.'[10] 듀이가 거듭 강조했던 것은 조직된 교육과정과 학생들의 이해관심 및 생활 경험과의 연결이 중요하다는 것이었지, 이는 결코 교과내용을 무시하라는 관념을 수반하지 않는다. 불행하게도 듀이가 영감을 주었던 [진보주의] 운동은 듀이 자신의 견해처럼 변증법적 뉘앙스와 유연성을 갖고 있지 않았고, 듀이의 견해가 수십 년간 비판가들과 표면상의 추종자들 모두에게 희화화되도록 만들었다.

처음에 듀이의 저작이 나왔을 때부터 계속해서 광범위하게 오해가 있어 왔다는 점을 고려한다면, 듀이가 교육실천에, 또는 확실하게 교육이론에 미쳤던 실제 영향을 밝히는 것은 꽤 어려운 일이다. 몇 세대가 지난 지금, 모든 단계의 교육가들은 존 듀이를 진보주의 운동의 중요한 초기 인물로 알고 있고, 보통 2차 문헌이나 교과서 서술로부터 자주 그의 견해에 대한 약간의 지식을 얻고 있다. 교육가들은 종종 듀이의 텍스트들이 모호하고 어렵다고 듣고 있으며, 아마도 그 이유로 (또는 그 텍스트들이 구식이라는 이유로, 또는 교육학부와 사범대학에서 그것들을 읽도록 요구하지 않는다는 이유로) 그 텍스트들을 읽지 않는다. 그러나 듀이가 교육이론과 실천 모두에 전반적으로 영향을 미쳤다는 생각은 지속되고 있다. 예를 들어, 최근의 꽤 떠들썩한 비판가는 듀이가 특히 미국 교육에 파괴적인 영향을 미쳤지만, (분명히 모순을 의식하지 못하고) 또한 '듀이가 미국 교육에 얼마나 영향을 미쳤는지 정확히 밝히는 것은 불가능하다'고 언급하고 있다. 그 비판가는 다음과 같이 썼다.

불행하게도 사람들은 듀이의 상징적 지위에도 불구하고 그의 저작물을 거의 읽지 않고 있으며, 공립학교와 교육대학들은 그의 저작물을 형편없이 [잘못] 이해하고 있다. 미래의 교사들은 종종 인간이자 교육가인 듀이에 '관해서' 조금 배우지만, 그들에게 자기 수업의 기초가 되고 자신이 속한 전문가조직에 배어 있는 듀이의 사상들(Deweyan ideas)을 비판적으로 평가할 기회는 전혀 주어지지 않는다.[11]

심지어 이런저런 형태의 '듀이의 사상들'이 교육에 엄청난 영향을 미쳤다는 주장도 정확하게 평가하기가 어려운데, 왜냐하면 교육가들이 듀이의 텍스트들 자체를 거의 읽지 않았고, 듀이의 사상들이 심하게 희화화되어 있기 때문이다. 시드니 훅(Sidney Hook)은 1939년에 듀이의 초기 영향력에 대해 다음과 같이 언급했다.

듀이 사상의 영향력은 중요했던 것만큼 — 어떠한 최근의 이론적 영향도 이보다 더 중요하지 않다 — 제한되었다. 듀이 사상의 영향력은 그것이 해석된 방식에 의해 제한되었고, 그것이 적용된 방식에 의해 제한되었으며, 그것의 이상들(ideals)이 존재할 것이라 전제하는 특정한 사회 조건들의 부재로 인해 제한되었다. 무엇보다도 듀이 사상의 기본 원칙들을 이행하는 전국적 실험에 따라올 엄청난 교육적 재건의 가능성들을 생각해볼

때 그러하다.[12]

물론 이러한 대규모 실험은 결코 이루어지지 않았고, 주류 교육가와 행정가들은 철학사상보다는 실제 현실에 훨씬 더 관심이 있었다. 아마도 이 점에서 우리가 할 수 있는 가장 정확한 진술은 듀이의 교육철학에 대한 매우 왜곡된 해석(rendering)이 – 웨스트브룩(Westbrook)이 칭한 것과 같이 본질적으로 '킬패트리키즘'인 것이 – 실제로 사범대학과 종합대학 교육학과의 관습적 지식에 큰 영향을 미쳤지만, 그것은 전혀 듀이가 구상했던 교실 실천과 같은 것으로 전환되지 않은 방식이었다는 것이다. 아마 심지어 킬패트릭이 구상했던 실천도 아닐 것이다.

우리는 최근 몇십 년 동안 점점 더 실제 가르침과 배움의 실천들뿐만 아니라 교육학과와 사범대학에서의 공식적인 생각을 지배하는 새로운 영향력이 등장하는 것을 목격하고 있는데, 이는 점점 더 듀이의 견해와 달라지는 것이다. 더 최근의 추세는 여전히 진보주의와 연관되는 흔적은 있지만, 과학적인 것, 기술적인 것, 경영적인 것으로의 결정적인 전환을 보여준다. [이제] 교육담론에서는 어떻게 학생들이 – 다양한 발달 단계의, 다양한 범주에 속하는 학생들이 – 학습하는가 하는 문제가 주된 논점이 되었다. [물론] 듀이도 '우리가 어떻게 생각하는가(how we think)'라는 일반적인 질문을 (특히 1910년에 출간되고 1933년에 개정된 이 제목의 책에서) 제기했었다. 그러나 이 질문에 대한 듀이의 접근은 현상학적으로 가장 잘 서술될 수 있는데도 불구하고, 지금 이 질문은 엄격하게 경험적인 발달 심리학, [즉] 비현상학적이고 표면상 탈정치적인 방법론의 어휘 안에서 생각되고 있다. 이러한 새로운 정설에 따르면, 교육은 본질적으로 과학적인 문제이고 교육의 핵심 질문은 기술적인 것이다. 어떻게 미리 결정된 특정한 교육적 '결과들'을 가져올 것인가. (왜 그런 결과들을 가져와야 하는지 또는 그런 결과들을 가져올 것인지 아닌지가 아니라) 틀림없이 자주 그 교육적 결과들은 모호하게 진보주의적인 용어들로 서술된다. 개인의 성장과 자율성, 창의성과 비판적 사고라는 표현은 이제 매우 전반적으로 호응을 얻고 있고, 권한 부여(empowerment)와 민주적 평등(democratic equality)이라는 더 정치적인 용어들과 결부된다. 어느 모로 보나, 진보주의 교육의 정신은 살아 있다. 그러나 더 면밀히 점검해보면, 특정한 듀이의 주제들은 철저히 변형되었고, 아마도 듀이가 거부했던 철학에 합법성을 부여하도록 마음대로 사용되고 있다고 말하는 것이 더 진실에 가까운 것으로 보인다.

이러한 추세의 개략적인 골자는 다음과 같다. 확실한 기술(technology) 강조, 특히 더 보편화된 컴퓨터의 사용, 경영 효율성과 비용 효과성의 권고, 고객으로서의 학생 개념과 자원, 서비스 제공자 및 조력자(facilitator)와 같은 것으로서의 교육가 개념, 학생 중심, 이런저런 종류의 손에 잡히고 측정 가능한 결과로 여겨지는 '학습 성과'의 강조, 문제해결과 비판적 사고의 일반적 기능들, 유용한 정보의 획득, 특히 수학과 과학 영역에서의 정보 획득, 인지발달과 심리-사회적 발달, 다양하고 점점 더 많아지는 학습방식들, 개인의 자율성, 상품으로서의 교육 등등. 점점 더 교육 담론을 지배하는 것은 과학과 기술의 언어뿐만 아니라, 시장의 언어이다. (나는 이러한 논의의 매우 대단히 단호하게 비철학적인, 아니 실제로 반철학적인 특징 때문에 교육철학을 이야기하지는 않을 것이다.) 이제 일반적인 기술 과학의 사고방식과 경제적 합리성이 너무나 단단히 자리 잡고 있고 그 기본적 방향이 듀이의 입장과 너무나 반대여서, 이것들이 진보주의 교육과 관련 있다는 것은 점점 더 알아보기 어렵게 되었다.

장 프랑수아 리오타르(Jean-Francois Lyotard)는 1979년에 그의 유명한 책『포스트모던의 조건^{The Postmodern Condition}』에서 현재 교육에서의 사고에 관해 아마도 여전히 가장 정확할 서술을 내놓았다. 리오타르는 이 책에서 20세기 후반에 일반적인 교육, 연구, 지식의 상태에 대해 진단했다. 그는 이제 교육받는다는 것은 효율성(efficiency)을 유지하고, 기술적·경제적 사용가치(use-value)[4]를 최대화하는 데 필요한 여러 가지 모든 정보적 지식 조각을 숙달하는 것을 의미한다고 썼다. '수행성(performativity)'이라는 새로운 기준에 따르면,

> 이제 (명시적이든 암시적이든) 프로(professionalist) 학생, 국가, 고등교육기관들은 더 이상 '그것이 사실인가?'라고 묻지 않고, '그것이 무슨 쓸모가 있는가?'라고 묻는다. 이 질문은 지식의 상업화라는 맥락에서 대개 '그것을 팔 수 있는가?'와 같은 뜻이

....

4) 상품의 유용성으로 측정된 가치로, 시장에서의 가격으로 나타나는 '상품가치(exchange value)'와 대비되는 개념이다.

다. 그리고 이 질문은 성장력(power-growth)이라는 맥락에서, '그것이 효율적인가?'와 같은 뜻이다.

이 영향력 있는 설명에 따르면, 포스트모더니즘 시대에 지식은 상품의 지위로 격하되었다. 그리고 이와 함께 교육이라는 일 전체, 특히 리오타르의 분석이 초점을 맞추고 있는 중등 과정 이후의 교육도 상품의 지위로 격하되었다. 실험, 발명, 판단의 가치는 실증주의적이면서도 기업적인 새로운 에토스 안에 종속되었다. 이 전체 과정을 몰아가는 것은 경제 체제의 수행성과 효율성이며, '지식의 획득이 마음의 훈련(Bildung), 심지어 개인의 훈련과 분리될 수 없다는 오래된 원칙은 사라지게 되었고, 심하게 더 그렇게 될 것이다.' 교육과 연구가 시장 논리에 흡수됨에 따라, '지식은 팔리기 위해 생산되고 있고, 그렇게 될 것이며, 지식은 새로운 제품으로 가격이 정해지기 위해 소비되고 있고, 그렇게 될 것이다. 두 경우 모두, 목표는 교환이다.'[13] 따라서 교육기관들의 본질적인 업무는 경제적 의미에서 그 자체로 틀림없이 '유용한' 정보의 생산과 소비이다. 교육의 유용성은 직장에 들어가고 생계를 꾸리는 데 여념이 없는 학생들에게 제공되는 자격증으로 대표된다. 지식과 교육은 [더 이상] 그 자체로 목표이거나 좋은 삶의 본질적인 요소이지 않으며, 그 기능성(functionality)으로 격하되었다.

리오타르는 이러한 진단을 1979년에 했지만, 그가 그때 서술했던 추세는 현재의 '정보화 시대'에서도 계속해서 활기를 띠고 있다. 그에 따라 경제는 점점 더 기술과 정보적 지식(informational knowledge)

을 지향하게 되고, 사회정치적 기관들은 점점 더 기술적 합리성(technological rationality)[5]에 신세를 지고 있다. 물론 리오타르 혼자 이러한 진단을 내린 것은 아니다. 과학기술적 합리성이 자연과학에서 못지않게 사회생활 행위에서도 완전히 지배적이었던 한 세기 동안, 유럽대륙 전통의 철학자들도 이것을 빈번하게 관찰할 수 있었다. 예를 들어, 1965년에 한스 게오르그 가다머는 이러한 현상에 대해서 다음과 같은 용어로, 그의 스승인 마르틴 하이데거를 연상시키는 방식으로 언급하였다.

> 내가 생각하기에, 우리 시대의 특징은 우리가 성취했던 놀라울 만한 자연에 대한 지배가 아니라, 사회생활을 이끄는 과학적 방법들의 발달이다. 오직 이러한 성취와 함께, 19세기에 시작한 근대과학의 승리의 과정이 지배적인 사회적 요소가 되었다. 우리 문명의 기저에 있는 과학적 사고의 경향은 우리 시대에 모든 사회적 실천의 양상들에 널리 퍼져 있다. 과학적인 시장 연구, 과학적인 전쟁, 과학적인 외교, 과학적인 젊은 세대의 양육, 과학적인 사람들에 대한 리더십ㅡ이렇게 모든 영역에 과학을 적용하는 것은 전문지식이 사회 경제에서 지휘하는 위치에 서도록 만든다.[14]

막스 베버의 '합리성의 강철새장(iron cage of rationality)'이란 묘사,

....

5) 헤르베르트 마르쿠제(Herbert Marcuse)가 제시한 개념으로, 오직 효율성만을 추구하는 합리성이며, 이것이 사회를 지배하면 비판의식이 상실된다.

마르틴 하이데거의 '과학-기술(science-technology)'에 대한 분석, 미셸 푸코의 '진리의 체제(regimes of truth)' 모두 이와 관련이 있다. 이들 모두 과학기술적 사고방식이 사회 현실 속에서 헤게모니를 장악하고 있으며, 따라서 이 모형에 맞지 않는 사고 및 앎의 방식의 위신이 실추되고 있음을 묘사한다. 그렇다면 이것이 사회에서 지배적인 위치에 있는 교육 및 사고방식의 실천에도 예외 없이 적용된다는 사실은 그리 놀랍지 않을 것이다. 여기에서도 대체로 일종의 경영적 또는 기업적 과학주의가 진보주의를 대체했다. 비록 현재 사람들이 계속해서 진보주의 교육의 언어로 생각한다 해도 말이다. [따라서] 듀이가 진보주의 운동에 준 영향이 제한적이었다면, 그가 현시대에 주는 영향은 실제로 경미하다.

리오타르 및 많은 다른 교육 이론가들이 주목하게 해주었던 일반적인 현상을 가리키기 위해 '기업적 과학주의(corporate scientism)'라는 표현을 사용하도록 하자. 이 새로운 실증주의의 첫 번째 원칙은 교육이 과학적이어야 한다는 것이다. '왜 그래야만 하는지'란 질문은 거의 제기되지도 않고, 대답되지도 않는다. 교육연구는 사회과학의 한 분야로서 엄격하게 경험적이어야 하며, 경험심리학, 인지과학, 사회학 등의 탐구영역에서의 최신 연구결과들에 의존해야 한다. 그래야 그 연구의 주장이 과학적 지식이라는 합법적인 형태로 대학 내 독립된 학문을 구성하는 데 도움이 될 것이다. 교육연구는 무엇보다도 방법론적으로 엄밀하기 위해 노력해야 하며, [연구자들은] 목표보다는 수단에 훨씬 더 관심이 있어야 한다. 만약 교육연구가 오래된 실증주의 철학이 주장하는 것처럼 완전히 탈정치적이거나 가치중립적일 수 없다면, (형이상학적이고 평가적인 질문들은 무의미한 것으로 묵살하라는 요건과 함께) 교육연구는 평가적인 문제들에 대해 그 주제가 허락하는 한, 경험적이고 기술적인 방식으로 접근해야 한다. [이러한 접근법 안에서는] 가능하다면 양적 방법들이 사용되고, 질적 '방법들'이 있다는 것을 부인할 수는 없다 해도, 약간 마지못해 인정될 뿐이며, 사실과 가치에 대한 실증주의자의 이분법은 여전히 상당한 의미가 있는 것으로 여겨진다.[15]

　　나는 현재의 사고가 경영적이고 기업적인 특징을 [갖고 있다는 점이] 거의 입증을 요구하지 않을 정도로 충분히 분명하다고 생각한다. 교육학과와 사범대학의 마케팅 자료 하나만 해도 명백히 그 안에서 수행되는 연구를 서술하고 있고, 전문 자격증을 결정적으로 강조하고 있다. 경제 어휘들이 기술적 합리성과 섞여 있다. 한 관찰자 집단이 언급했듯이, 통계와 셀 수 있는 것, 관찰과 검증, 유용한 것과 '작동하는 것'이 새로운 이론적 강조점이다. 새로운 표어는 기능들, 능력과 기술들, 유연성, 독립성, 목표와 수행지표들, 자격과 자격증들, 학습 성과들이다. 누군가가 이론적 관점에서든 실용적 관점에서든 기존의 쉽볼렛(shibbolets)[6]에 대해 심오하게 이의를 제기한다면, 그것은 외면

---

6) 성경 중 사사기 12장을 보면, 사사 입다는 에브라임 사람들과 전쟁을 하면서 쉽볼렛을 제대로 발음하지 못하는 것으로 그들을 식별하고 죽였다는 이야기가 있다. 따라서 쉽볼렛은 한 집단이 다른 집단과 구별되기 위해 행하는 관습을 가리키는 것으로, 여기서는 양적, 경제적, 기술적 접근을 강조하는 사람들의 관습을 지칭하는 것으로 보인다.

할 수 없는 교육적 필요들을 채우는 데 게으르거나 제멋대로인 것으로 심하게 묵살될 것이다. … 이 운동의 행진 깃발(standard) 은 '깃발을 들어 올리는 것(raising standards)' 그 자체이다.[16]

같은 책을 쓴 다른 두 이론가들도 유사하게 이 새로운 '시장의 수사학'을 한탄한다.

교장 협의회(headteachers' conference bars)에서는 '마케팅 전략', '사명(使命) 선언', '사업 계획', '성과 측정', '성과급'이라는 소리가 울려 퍼졌다. 학부모들은 '고객들' 또는 '손님들'이 되었다. 부장들은 '고위 경영 팀들'이 되었고, '라인 관리자들'이 되었다. 학교들은 할 수 있는 한 가장 '비용 효율이 높은' 방식으로 '상품들'을 배달한다.[17]

물론 누구도 표준을 제시하자거나(raising standards) 증거에 기초한 학습 성과를 [사용하자는 주장에] 반대할 수는 없겠지만, 이러한 용어들에는 점점 더 노골적으로 경제학적인 뉘앙스가 더해지고 있다. [이것의] 목적은 특정한 종류의 주체와 특정한 종류의 노동자를 배출하는 것이다. 즉, 효율적이고, 박식하며, 기술력을 갖고 있고, 미리 설명된 과업을 수행하는 데 숙련된 사람, 아마도 기술로 훈련될 수 없거나 수익성 있는 용도로 전환될 수 없는 일에 대해서는 특별히 창조적이거나 성찰적이지 않은 사람 말이다. 결국 교육받은 사람은 상품을 가져야 한다. 그 상품이 재화인지 서비스인지, 사업인지 직업인지는 오직 부차적인 문제로서만 중요할 뿐이며, 교육받은 사람은 직장에 들어가는 데 필요한 준비를 하고 자격증을 갖춰야 하며, 교육은 궁극적으로 이 목표를 위한 수단이다. 학생들은 그 자체로 [교육] 서비스의 소비자들이지만, 그들은 훈련받고 있는 미래의 생산자들이다.

정부는 교육이 자기의 길을 가도록 허용하거나 과학과 수학을 충분히 강조하지 않으면 경제 위기가 임박해올 거라고 지속적으로 경고하면서, 이 새로운 코포라티즘(new corporatism)[7]을 부추긴다. 경제적 준비와 관련된 걱정은 [이미] 학생들의 의식 속에 주입되어 있어서, 심지어 권한 부여(empowerment)라는 유행하는 정치적 언어도 많은 이들의 마음속에서는 기업의 승진 계단을 오르는 상황에서 경쟁의 우위 및 상대적인 속도의 문제로 번역된다. 자율성과 자유의 가치는 소비할 자유로, 경기 침체가 오더라도 이 소비할 자유를 쉽게 위태롭게 만들지 않을 안전한 지식으로 줄어들었다.

아마도 이러한 경영적이고 실증주의적인 사고방식의 가장 근본적인 문제는 일반적으로 교육을 단순히 어떤 목표를 위한 수단으로 간주하는 경향일 것이다. 이러한 견해가 만연할 때, 교육이 수단으로서 성취할 목표가 무엇인지에 [관한 질문은] 완벽히 무의미해진다. 그 목표가 경제적 성공이든, 전통의 보존이든, 그 밖에 무엇이든 간에 말이다. [그러나] 교육의 과정의 궁극적인 목표가 무엇이든,

---

7) 원래 corporatism은 노사정위원회와 같은 조합주의를 의미하나, 여기에서 new corporatism은 기업주의를 의미하는 것으로 보인다.

교육의 목표는 교육의 과정 밖에 있는 것이 아니다. 나는 이것을 이 연구 전체에 걸쳐 주장할 것이다. 우리는 교육이 더 근본적인 해석의 수준에서 그 자체로 목표라는 점을 기억할 필요가 있다. 분명 교육은 실용적이고 경제적인 목표들을 이루는 수단이고, 항상 그래왔지만 말이다. 또한 우리는 이후의 장들에서 이 논지의 의미와 함의에 초점을 맞출 것이다. 그래서 우리는 또한 (지금 시대와 맞지 않게) 교육은 예술(art)이고, 항상 예술로 남아 있을 거라고 주장할 것이다. 교육이 인간 심리와 인지에 대한 경험적 조사의 혜택을 입었다는 점은 의심할 여지가 없지만, 교육의 본질은 여전히 교육가, 학생, 교과내용 간에 발생하는 이해 및 자기이해를 향한 추구 속에 있다. 학문적 합법화라는 목적을 위한 것이든, 과학의 시대에 격언과 같은 것이 되었기 때문이든, '교육을 과학적으로 만들라'는 요청은 [존재하지만], 본질적으로 예술이고 실천인 것을 과학이나 기술로 변형시키려는 [시도는] 성공하지 못할 것이다. 예를 들어, 이 예술을 자극과 반응의 행동주의적 모형으로 간주하거나, 어떤 종류의 폐쇄적 인과체계로 간주하는 것(학습은 어떤 종류의 효과이고 가르침은 어떤 원인이나 기술인 것으로 이해하는 것)은 엄청나게 이 실천을 오해하는 것이고, 과학을 과대평가하는 것이다. 우리는 현재의 기술과 도구적 합리성을 향한 열광의 한계를 기억해야 하며, 이것을 문화적 실천과 예술로서의 교육이라는 더 넓은 맥락 속에서 보아야 한다.

내가 기술한 이 새로운 기업적 과학주의의 주요 난점은 실제로 학생들과 교육가들에게 진정한 힘(agency)을 발휘할 여지를 거의 남겨두지 않는다는 점이다. [그러나] 우리가 많이 들어온 인지 발달과 학습 성과들은 사적이고 지적인 수준의 힘(agency)과 함께 그러한 힘을 가능케 하는 조건들을 전제하는 것이다. 교육받은 사람은 근본적으로 자유롭게 사고하는 능력을 가진 자, 독창적이고 자기주도적인 행위자(agent)이다. [그리고] 교육받은 사람은 자신이 속한 문화 속의 대화에 참여할 수 있고, 이와 극도로 관련되어 있는 인간이다. 따라서 그는 이 대화를 구성하는 엄청난 텍스트와 아이디어들을 배우고, (역시 중요하게) 이 대화를 발전시키고 그것을 자신의 실존과 연결시킬 수 있다. 더 근본적인 분석의 수준에서 교육은 성과나 과학이 아니라, 삶의 과정, 그 자체를 넘어서는 목표가 없는 삶의 과정이다. 학생들이 축적되는 인적 자본이나 행동주의자들이 만든 미로 속의 실험용 쥐가 아닌 것과 같이, 교육기관들은 [전혀] 기업과 비슷하지 않다. 교육기관들의 목적에는 적응과 효율성이란 미덕을 주입하는 것을 훨씬 넘어서서, 캐묻기 좋아하고, 놀라워하며, 독창적이고, 자기를 이해하는 것과 같이 경제적으로는 쓸모없는 특징들도 포함된다. 과학의 시대에도 여전히 그러한 가치들이 필요하다. 만약 교육을 과학적으로 만들라는 광란 속에서 이와 유사한 지적 덕성들이 경시되고 따라서 학습되지 않는다면, 곤경에 처하게 되는 것은 우리 교육기관들만이 아니다. 학생들이 궁극적으로 학습해야 하는 것은 사고의 기술(art)이며, 이는 정확히 측정가능한 성과, 표준화, 형식적인 계산을 거부한다. 그러나 나는 수행성과 교육과학의 어휘를 전부 거부해야 한다고 주장하지는 않을 것이다. - 이는 확실히 터무니없는 주장이다. - [대신] 나는 이 연구에서 개략적으로 듀이식인 교육철학을 가지고 이 어휘의 한계들과 그 부차적인 위치에 초점을 맞출 것이다.

우리는 듀이처럼 과학의 한계를 잊지 말아야 한다. 심리학, 인지과학, 사회학, 그 밖의 다른 사회과학 분야에서 유래한 지식이 특히 수단의 문제와 관련하여, 우리가 교육의 과정을 이해하는 데에 유익하게 도움을 주었다는 것에는 의심의 여지가 없다. 그 수단의 문제란 어떻게 다양한 종류의 학생들과 다양한 성숙 수준의 학생들이 성공적으로 기존의 개념틀에 새로운 지식을 통합하는지, 이러한 관점에서 어떻게 우리의 교육 실천들이 조정되어야 하는지에 관한 문제를 의미한다. 지금까지 수십 년 동안 막대한 양의 경험연구들이 이 목적에 전념해왔다. 그러나 이 연구들이 너무나 많이 간과한 것은 '어떻게 학습이 일어나는가'라는 질문은 경험적인 문제일 뿐만 아니라 사실 철학적인 문제라는 것, 그리고 철학적 질문으로서 '어떻게 학습이 일어나는가'라는 질문은 현상학, 해석학, 아마도 인식론의 자산들을 요청한다는 것이다. 다시 이것은 듀이는 잘 알고 있었지만, 오늘날의 교육연구가들은 종종 잘 모르는 문제이다. 더욱이 여전히 교육의 수단이나 방법(how)과 관련된 경험적 질문들은 교육의 목표나 이유(why)의 문제보다 부차적이다. 여기서 다시 우리는 과학이 도와주지 않을 철학적인 질문에 직면한다. 듀이 역시 이를 알고 있었다. 경험적 조사는 절대로 무엇이 교육의 궁극적인 목적인지, 또는 [교육이라는] 전체 기획이 무엇을 위한 것인지 밝힐 수 없을 것이다. 경험적 조사는 우리가 어떤 '학습 성과들'을 왜 추구해야 하는지, 어떤 교과내용들이 왜 중요한지 등 목표와 관계된 다른 질문들에 대해 답할 수 없다. 정치와 같이 교육은 분명 과학적 질문들이 필요한 문제이지만, 과학 그 자체는 아니다. 교육을 과학처럼 다루는 것은 교육에 대한 우리의 이해를 심화시키기보다 좁히고, 우리로 하여금 경험적-특히 심리학적-연구와 실제 가르침과 배움의 실천들 간의 관련성이 종종 미약하다는 점을 간과하도록 한다. 실제로 교실에서 무엇이 일어나는지에 대한 경험연구 영역에서의 추론은 종종 결코 명백하지 않다. 그리고 이 세계들 간에 다리를 놓을 의무가 있는 교육가들은 [어쩌면] 꽤 당연하게도 종종 이것을 어떻게 하는지 모른다. 나는 이러한 혼란 자체가 유익하고, 교육의 성공 여부에 거의 영향을 미치지 않는다고 제시할 것이다. 교육의 성공은 대부분 교실에서의 뭐라 말할 수 없고 수량화할 수 없는 것, 정확히 어떤 조직적 방법(method)으로 가르칠 수 없는 것에 달려 있다. 역사에 매료된 상태, 독창적 해석을 하는 능력, 정의감을 주입하는 기술(technique)은 없다.

리오타르가 강조했던 것이 바로 이 지점이다. 그의 설명에 따르면, 교육의 심장과 영혼은 아이디어들을 만들고 일련의 기존 지식들에 의문을 제기하는 데 있어 새로움을 추구하는 학생들 자신의 능력에 있다. 교육과 연구는 똑같이 의견의 일치보다 불일치에 집중한다. 우리가 확립된 언어 게임 내에서 새로운 움직임을 할 수 있을 때, 더 좋게는 새로운 언어 게임들을 발명하고 따라서 "이성"의 질서를 방해할 수 있을 때', 교육의 성공을 말할 수 있다.[18] 가장 진정한 교육적 성공의 지표에는 과학과 조직적인 방법이 없다. 가장 진정한 교육적 성공의 지표는 현재 지식으로 통하는 것을 불안정하게 만들고, 세계를 보는 새로운 방법을 발명하는 상상력에 있다. 물론 이러한 성공을 가능케 할 조건들은 현재 존재하지 않는다. 지금은 과학성과 수행성의 명령이 지배적 위치를 점유하면서, 항상 계산과 관리의 대상인 세계, 목표보다 수단을 중시하는 세계를 효과적으로 창조하고 있기 때문이다.

기업적 과학주의는 교육에서 손에 잡히지 않는 것들 또는 과학적, 경제적 합리성의 에토스 안에 담길 수 없는 것은 거의 사용하지 않는다. 특히 예술과 인문학은 자주 꽤 불가피하게도 과학과 수학, 그리고 이 학문들이 제공하는 공리주의적 편익과 비교하여 불필요한 사치품으로 간주된다. 정반대는 아닐지라도 자신에게 이질적인 어휘로 소송 이유를 진술해야 하는 예술과 인문학의 옹호자들은 실제로 이 소송에서 질 가능성이 매우 높다. 비용-편익 분석으로는 음악연구나 철학연구의 가치를 평가할 수 없다. 여기에서 문제는 우리가 — 영리하지만 가짜인 마케팅에 기대지 않고 — 그러한 설명을 할 수 없다는 것이 아니라, 우리가 그러한 설명을 하라는 요구를 받는다는 것이다.

1. 앨런 블룸(Allan Bloom)의 보수주의

내가 서술해온 이 새로운 경영적 실증주의는 아마도 막다른 지경인 진보주의의 최종 형태 또는 객관적 과학의 도움으로 진보주의/보수주의 대립항을 완전히 초월하려는 시도로 대체해 서술될 수 있다.

두 가지 해석 모두 가능하다. 그러나 우리가 [여기에서] 진보주의를 듀이의 글에서 직접적으로 생겨난 철학으로 생각하고 있다면, 전자의 해석은 잘못된 것이다. 듀이는 어떠한 의미에서도 가장 확실히 실증주의자가 아니었다.[19] 듀이는 그가 종종 '과학적 지성'이라 불렀던 것을 믿었지만, 그것은 우리가 현재 보고 있는 과학주의와 거의 관계가 없고, 이것이 그로 하여금 과학적 지식의 한계를 간과하거나 교육 자체를 과학으로 간주하도록 이끌지는 않았을 것이다. 근본적으로 듀이의 기획은 과학의 기치 아래에서 교육이 무엇을 해야 하는지를 선언하는 처방을 발표하는 것이 아니라, 교육이 무엇인지를 기술하는 것이었다. 듀이는 교육이란 더 일반적으로 인간의 경험과 연관되어 있는 과정이지, 학생들의 일상적인 삶과 뚜렷이 구별될 수 있는 어떤 것이거나, 단순히 어떤 종류의 목표를 위한 수단이 아니라고 주장했다. 교육의 과정은 그 자체 안에 목표들을 가지고 있고, 이러한 목표들이 전체 가르침과 배움의 활동에 기본적 방향을 제공한다. 진보주의자와 실증주의자는 둘 다 이러한 [듀이의] 아이디어를 보지 못했다. 만약 듀이의 철학에 현재의 기업적 과학주의를 비판할 근거들이 있다면(의심할 여지없이 있지만), 또한 동일한 비판을 위해 더 보수적인 다른 근거들도 있다. 아마 놀랍게도 이러한 논변들 중 일부는 듀이 자신이 제기한 것이다. 그러나 현대의 보수주의자들 대부분은 종종 기업적 과학주의를 비판하기 위해 듀이의 사상을 가져오지 않았고, 전통적 교육으로 듀이와 반대되는 종류의 귀환을 하기 위해 그의 사상을 가져왔다.

이 점에서 앨런 블룸과 허쉬는 특히 흥미로운 사례들이다. 여기에서 이들의 견해는 주목할 만한데, 그 이유는 우선 1987년에 블룸의 베스트셀러, 『미국 정신의 종말The Closing of the American Mind』과 허쉬의 베스트셀러, 『문화적 리터러시Cultural Literacy』가 거의 동시에 출판된 이래로 그들이 끼친 영향력이 상당했기 때문이고, 또한 적어도 그들의 논변 일부에 내재하는 요소들과 진보주의/보수주의 구분이 지속적으로 관련된다는 것을 보여주는 증거를 그들이 제공하고 있기 때문이다. 교육적 보수주의의 블룸 버전은 미국 대학교육 또는 대학 내부의 특정한 추세에 대한 광범위한 비판으로 시작한다. 블룸은 미국 대학교육의 주요 원천이 듀이나 킬패트릭의 사상이 아니라, 프리드리히 니체와 마르틴 하이데거의 사상이라고 주장한다.[20] 내가 여기에서 블룸의 가혹하고 폭넓은 비판의 범위를 충분히 다룰 수는 없다. 그러나 그 비판의 요지는 오늘날-물론 1987년이지만, 이것은 더 최근의 몇 년 동안 거의 바뀌지 않았다-대학생들 사이에서 보편적으로 정전(canon)에 대한 지식 및 숭배가 부족해진 것과 관련이 있다. 블룸은 다음과 같이 쓰고 있다. '오늘날 선발된 학생들은 정말 전통에 대해 모르고, 정말 전통으로부터 더 단절되어 있으며, 정말 지적으로 게으름뱅이여서, 그들은 자신의 선조들을 문화의 영재로 보이게 만든다.' 블룸은 그가 초반에 만났던 학생들과 비교하여 그의 경력 후반부에 가르쳤던 학생들에 대해 이야기하면서 [다음과 같이] 한탄한다.

책[서구 전통의 위대한 정전 텍스트들]을 잃어버렸기 때문에, 그들은 더 편협하고 따분해졌다. 그들이 더 편협해진 이유는 현재에 만족하지 않고 대안이 있는 곳을 인식하기 위해서 가장 필요하고 실제적인 기반이 되는 것이 부족하기 때문이다. 그들은 현재 있는 그대로에 더 만족하고, 동시에 거기에서 벗어날 것을 단념하고 있다. 저 너머에 있는 것에 대한 갈망은 약화되었다. 감탄과 경멸의 대상이 되는 모형 자체가 사라져 버렸다. 그들이 더 따분해진 이유는 그들의 영혼이 사물에 대한 해석, 시심(詩心), 상상력의 작용 없이, 자연이 아니라 그들 주위에 있는 것만을 반영하기 때문이다. 마음의 눈이 세련되어야 사람들 간의 차이점과 그들의 행위 및 동기의 세세한 차이점을 볼 수 있고 진정한 취향이 형성되는데, 이러한 마음의 눈은 장엄한 문체를 갖춘 문학의 도움 없이는 불가능하다.[21]

블룸이 걱정하는 종류의 무지는 이전 세대의 학생들이 더 많이 가지고 있었던 실용적, 정보적 지식의 부족이 아니다. 블룸은 그에게 있어 여전히 교육의 심장과 영혼인 문학, 예술, 철학 등의 위대한 저작물과의 만남 및 깊은 감상의 부족을 걱정한다. 특히 인문학은 "'정보의 폭발적인 증가"와 함께 전통이 불필요해졌기 때문에' 혼란에 빠졌다. 전통은 의식 고양과 영감의 원천이 되기보다, 억압적인 힘이나 지루함의 원인, 아니면 단지 과거의 무거운 짐이 되었다. 더 이상 학생들은 자신들이 대중문화나 대중매체보다 정전(canon)에서 더 심오한 진리를 찾을 거라 믿지 않는다. 정전(canon)에 대한 숭배가 무너짐에 따라, 학생들의 감정의 깊이와 미적 감상을 위한 능력, 중요한 것과 사소한 것을 구분하는 능력, 목적을 중대하고 진지하게 다루는 능력도 무너졌다. 읽기를 사랑하고 고전 읽기를 통해 개인적으로 향상될 것을 기대하는 [습관은] 사라지고, 이는 더 즉각적인 오락의 형태로 대체되고 있다. 더 궁극적인 삶의 문제들이 눈앞에서 사라지고, 공리주의적 가치들과 '출세 제일주의가 대학의 가장 중요한 부분이 [됨에] 따라',[22] 교육과 학생들의 품성 그 자체는 얄팍해졌고 상상력이 부족해졌다. 책과 관념들은 더 이상 젊은이들의 삶을 변화시키지 못한다. 그들이 어쨌든 책을 볼 때는 그 책이 전문 자격증을 취득하는 일로부터 즐거운 기분전환거리를 제공할 때뿐이다.

블룸은 더 이상 학생들이 자신들을 지탱하는 전통을 알도록, 그 고전 텍스트들을 제대로 감상하도록 요구받지 않는다면, 대학의 존재 이유(raison d'etre)가 불확실하다고 주장한다. [고전을] 읽지 않는 학생들은 자기 자신을 이해하는 데 실패하고, 무엇이 다른 것인지에 대한 의식이 부족하기 때문에 사고나 행위가 더 비슷해지게 된다. 블룸은 다음과 같이 이것을 꽤 중요한 지점으로 표현했다. '좋은 책을 읽는 데 실패하면, 비전도 약화되고 우리의 가장 치명적인 경향, 즉 지금 여기가 전부라는 믿음도 강화된다.'[23] 특히 문학은 상상력을 가르치고, 인간 실존을 다르게 이해하는 수단과 욕구를 불어넣는다. 그렇다면 고전을 읽지 않는 것은 [단순히] 교육 실패의 원천인 기본적인 것에의 재정지원 부족이나 관심 부족을 의미하는 게 아니라, 대학 고유의 임무를 망각하고 그 결과로 예술과 인문학을 무시하는 것이다.

이것이 현대 대학을 괴롭히는 원인이라면, 그 치료법은 멀리서 찾을 것이 아니다.

물론 유일하게 진지한 해결책은 거의 보편적으로 거부되는 것이다. 그것은 권장도서 읽기(Great Books approach)로, 이 자유교육은 일반적으로 인정되는 특정한 고전 텍스트들을 읽는 것, 단지 그것들을 읽고, 문제가 무엇인지 그 문제에 접근하는 방법이 무엇인지를 텍스트들이 지시하게 하는 것이다. ─이는 텍스트들을 우리가 만든 범주에 억지로 들어가게 하거나 그것들을 역사적 산물로 다루는 것이 아니라, 저자들이 바라는 대로 텍스트들을 읽으려 노력하는 것이다.

그러므로 전통은 바로 좋은 교육의 본질이고, 대학 교육의 적절한 목표는 전통에 대한 비판이나 붕괴 또는 현재의 문제를 해결하는 데 전통을 사용하는 것이 아니라, 전통의 보존이다. 블룸은 어떻게 학생들과 교육가들이 과거의 위대한 텍스트들에 접근해야 하는가라는 질문에 대해 다음과 같이 언급한다.

옛날 교사들처럼 '너는 호머(Homer)나 셰익스피어(Shakespeare)처럼 세계를 보도록 배워야 한다'고 말하는 것과, 지금 교사들처럼 '호머와 셰익스피어는 일부분 너와 동일한 관심을 가졌었고, 그들은 세계에 대한 너의 시각을 풍부하게 만들어줄 수 있다'고 말하는 것 간에는 막대한 차이가 있다. 전자의 접근에서, 학생들은 새로운 경험들을 발견하고 오래된 것들을 재평가하도록 도전받는다. 그러나 후자의 접근에서, 그들은 자신들을 즐겁게 해주는 어떤 방식으로든 그 책들을 사용해도 된다.

블룸은 정전(canon)으로의 귀환 요청을 넘어서는 교육개혁을 위한 권고는 거의 전혀 하지 않는다. 그는 다음과 같이 말한다. '일반적인 개혁에 대해서는 희망할 수도 없고, 희망하지도 말아야 한다. 희망은 불씨가 완전히 꺼지지는 않는다는 것이다.'[24] [즉] 전통을 조심스럽게 유리 밑에 두고, 학생들로 하여금 그 특징들을 연구하며, 현재를 바꾸려는 분명한 관심이나 진실한 비판 없이 그들 자신이 과거로 이동하도록 촉구함으로써, 전통을 그 자체로 살려둔다는 것이다. 이 구절 속에 교육적 보수주의의 본질과 목표가 있다. 요점은 보존하는 것이다. 또한 그것은 저자들이 원했을 방식으로 텍스트들을 만나는 것이다. 수용, 실제로 숭배의 태도를 가지고 텍스트들을 만나는 것이다. 요점은 텍스트나 전통 자체와 논쟁하는 것이 아니라, 전통을 본질적으로 변치 않는 형태로 보존하는 것이다.

블룸의 전통주의는 이러한 교리의 다른 형태들과 같이, 바로 전통의 본질 및 전통이 자신을 재생산하는 방식에 대한 오해를 나타낸다. 문화나 전통이 단지 과거의 무거운 짐이 아니라 살아 있는 현상이 될 때(블룸이 오늘날 학생들의 수중에서 그렇게 될까 봐 두려워했던 것과 같이), 우리는 어떻게 문화나 전통이 이러저러한 방식으로 현재의 필요에 도움이 될지 보기 위해 그것을 선택적, 비판적으로 사용한다. 우리가 블룸이 추천한 것과 같이 과거를 숭배하고 과거와 수동적인 방식으로 만난다면, 우리는 과거의 노예가 된다. 우리는 정전(canon)의 쇠퇴, 학생들에게 읽기에 대한 열정을 불어넣는 것의 실패, 이것이 야기한 관점의 좁아짐 및 사고의 게으름에 관한 블룸의 한탄에 어느 정도-사실 많이-공감한다. 그러나 그 치료법은 무비판적인 보수주의에 있지 않다. 전통에 대한 존중은 어떠한 방식의 전통주의도 수반하지 않는다. 우리가 전통주의라는 용어를, 과거를 바꾸지 않은 형태로 보존하는 것에 대한 고집을 의미하는 것으로 사용한다면 말이다. 살아 있는 전통을 빈사 상태의 전통과 구분하는 기준은 정확히 다음과 같다. 전자는 누군가가 옛날에 시작했던 대화를 나누는 방식으로 사용된다. 즉, 살아 있는 전통은 확실히 듣고 배움으로써, 하지만 동시에 아마도 더 본질적으로는 전통에 참여함으로써 과거와 대화를 나누는 것이다. 전통에 참여하거나 진정으로 전통을 받아들이는 것은 항상 전통을 현재로 가져오는 것, 전통을 현재 상황들에 적용하는 것, 자주 전통을 비판하고 바꾸는 것, 때때로 급진적으로 그렇게 하는 것을 의미한다. 전통이 교조주의와 지적 순응의 원천이 아니라면, 그것은 학생들 및 모든 문화의 구성원이 [자신을] 받아들여 창조적으로 바꾸도록 대화를 요청한다. 그러므로 전통을 살아 있게 하는 것은 단지 불씨를 보존하는 것 또는 정전(canon)으로의 박물관 여행에 있지 않다. 전통을 살아 있게 하는 것은 단순한 과거의 반복이 아니라, 그것을 비판적으로 사용하는 일이다. 그리고 전통을 살아 있게 하는 것은 블룸과 같은 전통주의자들이 강조하지 않거나, 무시하거나, 부인하는 비판적 차원(critical dimension)에 있다. 블룸이 적절하게 걱정했던, 지성의 게으름과 좁아짐은 그가 추천한 것처럼 학생들로 하여금 전통에 대해 꽤 수동적이고 저항하지 않는 입장을 취하게 함으로써 치료되지 않는다. 만약 학생들이 굴복할 수 있는 '가장 치명적인 경향'이 '지금 여기가 전부라는 믿음'이라는 그의 견해가 옳다면, 현재에 대해 유일한 대안 또는 최선의 대안이 과거라고 주장하는 것은 옳지 않다. 어떻게 현재의 문제들이 자명하게, 자연적으로, 또는 탈역사적으로 주어지겠는가? 이에 대해 많은 사람들이 가지고 있는 가정을 없애는 것은 실제로 교육과 지혜 그 자체에 있어 근본적으로 중요하다. (참, 그런데 이것은 블룸의 독창적인 통찰이 아니고, 그가 표면적으로 악의 원천으로 기술했던 니체와 하이데거의 글에서 주요 주제였다.) 현재 있는 것이 앞으로 항상 있지는 않을 것이고, 이것은 과거에 항상 있지도 않았다. 우리가 사회기관, 세계관, 그 밖에 무엇을 말하든, 현재 사물들의 배치에는 대안이 있다. 이 교훈이 전해지지 않을 때, 사람은 현재 있는 것에 몹시 만족하며 인생을 살고, 그것과 다르게 될 수도 있다는 것을 상상할 수 없게 된다. 이러한 현상이 일반적이라는 것은 의심할 여지없이 중대한 교육적 실패에 해당한다. 그러나 과거에 (아마도 블룸의 젊은 날보다) 이러한 실패나 가정이 덜 퍼져 있었던 때가 있었는지, 그리고 이에 대한 치료법이 똑같이 교조적인 전통주의에 있는지는 대단히 의심스럽다.

(가혹하고 종종 심술궂은 어조인 블룸의 비판을 생각한다면 이해가 가지만) 많은 이들이 그러듯이 블룸의 보수주의를 완전히 묵살해서는 안 되고, 그것을 더 넓은 맥락 안에서 보아야 한다. 전통의 보존은 전통에 대한 비판이나 현재에의 적용과 같이 교육에 있어 근본적으로 중요하다. [그러나] 사람은 과거에 대해 배울 뿐만 아니라, 과거로부터 배운다. 그리고 여기에서 후자는 호머가 본 것과

같이 세계를 볼 수 있다는 것 이상을(이것도 중요하지만), 즉 현재에 대한 자신의 비판적 이해 속에서 배운 것을- 예를 들면, 역사의 교훈을- 적용할 수 있다는 것을 의미한다. 이것은 고전을 읽는 데 있어 학생들이 '그 책들을 하고 싶은 대로 아무렇게나 사용해도 된다'는 것을 의미하지 않고, 거의 완전 반대를 의미한다. 학생들은 그러한 텍스트들로부터 배운 교훈들이 현재의 사고방식과 생활경험에 건설적으로 사용되게 만들어도 되고, 실제로 그렇게 해야 한다. 이것은 전통과의 단절을 위한 공식이 아니라, 진정한 전통 사용의 전제 조건이다.

2. 에릭 도널드 허쉬(E. D. Hirsch)의 보수주의

유사한 난점들이 다른 형태의 교육적 보수주의에서도 발생하는데, 이 중에는 최근 20년간 허쉬가 옹호했던 영향력 있는 정식(formulation)이 있다. 허쉬도 블룸과 같이, 진보주의와 학생중심의 접근들이 가져온 것으로 알려져 있는 표준의 하락, 그의 유명한 책 제목을 빌리자면 '문화적 리터러시'라 불리는 것의 일반적인 하락에 대해 한탄한다. 허쉬는 이 하락의 증거를 학생들이 고전 텍스트들에 대한 지식과 감상에 있어 상대적으로 부족한 것보다는 표준화된 시험 점수로 입증되는 정보적 지식이 부족한 것에서 찾는다. 그 증거로서 표면상 진보주의 정책들을 시행하고 있는 학교에 다니는 학생들의 시험 점수를 그러한 정책들을 전혀 시행한 적이 없는 국가들이나 그 정책 도입 이전에 동일한 학교에 다녔던 학생들의 시험 점수와 비교하여 언급하면서, 허쉬 및 다른 많은 보수주의자들은 모든 학습과정 단계의 학생들 사이에 걱정스럽게도 널리 퍼져 있는 지식의 하락에 대해 말하고 있다. 허쉬에 따르면, 특히 하락한 것은 전통적인 교육방법들이 문화적 재생산의 도구로서 강조하는 문화적으로 공유된 정보(culturally shared information)이다. 허쉬는 유사 경험론자의 용어로, 학생의 의식을 일종의 정신적 그릇, 학습과정의 시작에서는 비어 있으면서 이후의 성찰에 필요한 '지적 자본'이 되는 교과내용들로 채워지길 기다리고 있는 정신적 그릇으로 생각한다. 이는 직접적인 일제식 수업(whole-class instruction),[8] 표준화된 교육과정, 표준화된 시험, 암기 등으로의 귀환을 조언하는 관념이다.[25]

허쉬에 따르면, 학생들에게 문화적으로 중요하게 생각되는 많은 양의 정보를 전달하는 것이 교육의 본질이고 교육가들의 의무이다. 모든 학습 단계에서 교수-학습의 목적은 '연습과 실습, 암기, 일제식 수업' 등 전통적 교육 기술들을 사용하여 '전통적 학문들'의 '사실적 지식(factual knowledge)'을 축적하는 것이다.[26] 특히 진보주의가 가져온 교육의 위기, 표준화된 시험들－허쉬가 교육적 성공 및 실패를 판단하기에 완전히 객관적인 지표라고 생각하는 시험들－의 국제 기준에서 낮은 점수로 증명되고 있는 교육의 위기를 심각하게 여긴다면, 듀이와 진보주의자들이 거부했던 전통적인 교육 기술들을 회복시켜야 한다는 것이다. 따라서 허쉬의 '핵심 지식 운동(core knowledge

---

8) 개인차를 고려하지 않고 학급의 모든 학생을 똑같은 방식으로 가르치는 수업.

movement)'은 '초기 및 후기 학교교육에서 구체적인 정보의 중요성을 한 번 더 강조하는 대항적 교육이론'을 나타낸다. 그는 [자신의 이론이] 과학적임을 주장하는 논조로, 다음과 같이 계속 말하고 있다.

잘못을 바로잡는 이론은 인류학적 교육이론으로 서술될 수 있을 것이다. 왜냐하면 이 이론이 모든 인간 공동체가 그 속에서 공유되는 구체적 정보를 토대로 설립된다는 인류학적 관찰에 기반을 두고 있기 때문이다. 미국인들은 독일인들과 다르고, 또 독일인들은 일본인들과 다른데, 그 이유는 각 집단이 구체적으로 다른 문화적 지식을 소유하기 때문이다. 인류학적 관점에서, 인간 공동체 속 교육의 기본적인 목표는 아동들을 문화에 적응시키고, 그들에게 집단이나 폴리스의 어른들이 공유하는 구체적 정보를 전달하는 것이다.

허쉬는 그가 진보주의자들 및 다른 현대 교육 이론가들이 [그렇게 한다고] 종종 격렬히 매도한 것과 동일한 과학적 수사를 사용하면서, 인류학이란 과학에 호소하고, 보편적으로 인간 공동체 속 교육의 우선적인 목적은 문화적 재생산의 도구로서 세대 간에 정보를 전달하는 것이라는 이 영역 몇몇 학자들의 (분명히 모두는 아니다) 주장에 호소한다. 학생들은 정보를 전달받는 과정에서 기존 전통의 지혜뿐만 아니라, 진보주의자들이 전통적인 학문 속의 정보보다 가치 있게 여기는 인지적 기능들을 획득한다는 것이다. (이는 진보주의를 정면으로 겨냥한 논변이다.) 허쉬는 교육의 목적 중에서 '사실'이

'기능'보다 우선권을 가져야 하는가라는 질문에 대해서, 많은 양의 정보 축적이 고차의 인지능력 발달에 필요충분조건이라는 근거로 전자의 옵션을 옹호한다. 그는 사실적 정보를 획득하면, 고차의 인지 기능들이 자동적으로 획득된다고 주장한다. 허쉬는 이 매우 흥미로운 주장을 다음과 같이 표현한다.

> 일단 일반적인 지식이 획득되면, 기능은 따라온다. 인위적으로 일반적인 기능들을 가르치는 일반적인 프로그램들은 효과적이지 않다. 인공지능(AI) 연구는 전문가가 초보자보다 더 잘하는 이유가 그들이 더 강력하고 매끄러운 지적 기계를 가지고 있어서가 아니라, 그들이 더 적합하고 빠르게 이용할 수 있는 정보를 가지고 있기 때문임을 보여준다. 좋은 독자와 형편없는 독자를 구분하는 것은 그저 많고, 다양하며, 과업에 맞는 정보의 소유 여부이다.[27]

허쉬는 이 구절에서 세 가지 주장을 하고 있는데, 이를 구분하는 것이 중요하다. 첫째는 교과과정의 진공 상태에서 일반적인 사고 기능들을 가르치는 것의 무용성과 관련이 있다. 둘째는 많은 양의 정보를 소유하는 것이 고차사고력의 필요조건이라는 것이다. 셋째는 그것이 또한 충분조건이라는 것이다. 특별히 세 번째 주장이 중요하고, 또한 좀 이상한데, 이 구절을 쓴 사람이 인지 심리학자나 인공지능 연구자가 아니라 영문학 교수라는 점을 생각할 때 그러하다. 영문학은 관례상 '마음대로 사용할 수 있는 사실적 정보의 양(상세한 줄거리 요약이 제공할 수 있는 어떤 것)을 넘어서는 다른 근거들로 인해, 숙련된 독자와 미숙한 독자가 구분되는 영역이기 때문이다. 그리고 그 근거로는 미적 감상 능력, 해석 능력, 비판적 식별 능력, 문제를 분명히 표현하는 능력, 문제가 되는 것이 무엇인지 보는 능력, 텍스트를 읽으면서 무엇이 나오는지에 따라 알맞게 텍스트의 메시지를 수용하거나 그에 대해 저항하는 능력, 해석학적 순환(hermeneutic circle)⁹⁾과 관련하여 자신의 [해석] 방식을 협상하는 능력, 정합성을 추구하고 긴장과 모순을 감지하는 능력 등등이 포함된다. 나는 나중에 여기로 돌아올 것이다.

또한 허쉬는 전통적 교육의 명예회복에 있어 본질적인 것이 전통적인 교육기술로의 귀환이 아니라, 표준화된 교육과정, 표준화된 시험, 특별히 유대-크리스트교 전통의 특정한 윤리적, 종교적 가치들에 대한 새로운 강조라고 주장한다. 허쉬는 완전 태연하게 과학의 언어에서 종교 정치의 언어로 옮겨가서, 건국의 아버지들에게 물려받아 여전히 미국 사회의 토대로 여겨지는 '미국 시민 종교'의 개념을 옹호한다. 허쉬는 '세속주의자-미국인'−그의 표현에 따르면, '단지 다른 종류의 귀화 미국인'−에 반대하면서, 초등학교 및 상급 수준의 교실에서 종교 윤리를 회복시켜야 한다고 주장한다.²⁸ 교육

....

9)   어떤 텍스트의 전체에 대한 이해는 부분에 대한 이해에 영향을 미치고, 반대로 부분에 대한 이해도 전체에 대한 이해에 영향을 미친다는 것으로, 텍스트와 독자가 서로 대화하는 과정으로 묘사된다. 이 과정에서 텍스트와 독자는 서로 영향을 미치면서 변화하기 때문에 최종적인 텍스트 해석은 존재할 수 없으며, 해석학적 순환은 기존의 해석들을 통찰하면서 새로운 해석으로 나아가는 지속적인 과정이다.

가들은 크리스트교의 이타주의, 황금률, 공민적 의무, 애국심, 충성과 같은 '합의된 가치들'을 국가상징에 대한 숭배, 신에 대한 믿음과 함께 젊은이들의 정신에 직접 주입해야 한다는 것이다.[29]

이러한 형태의 보수주의는 다원성에 있어, 그리고 실제로 지적 자유 자체에 있어 문제가 된다. 허쉬가 옹호하는 교육의 개념은 (이따금씩 아니라고 항변을 하지만) 직접적으로 문화적, 지적 동질성을 수반한다. 이에 대한 증거는 교육에 관한 허쉬의 글 곳곳에 많이 있다. 알려진 대로 '미국 시민 종교'를 구성하는 '합의된 가치들'이 그러하고, 허쉬는 이에 더하여 대단히 멸시하는 어조로 학교에서의 이중언어주의(bilingualism)와 다문화주의(multiculturalism)에 대해 이야기한다. 그 근거는 이러한 정책들이 대규모로 적용되었던 미국 일부나 캐나다, 벨기에 같은 나라들에서 야기된 '문화적 분열, 시민 간 적대감, 리터러시의 부족, 경제기술적 비효과성'이다. 그는 특히 후자의 두 나라를 예시로 지목하면서, 이 두 나라는 '유망하지 않다'고 말한다. 허쉬는 문화적 단일리터러시(monoliteracy)가 이미 급격하게 줄어들었음에도 불구하고, 실제로 다중리터러시(multiliteracy)의 전망이 밝지 않다고 추론한다.[10] 허쉬의 '시민적 평화와 국가의 효과성'은 이중언어주의와 다문화주의가 주류 미국과 그 학습 기관들에 제기한 도전을 견뎌낼 수 없었다.[30] 허쉬의 글 곳곳에서 분명하게 나타나는 동질성의 문화, 향수에 젖은 갈망은 순응하는 것을 자

....

10) 단일리터러시가 하나의 언어를 읽고 쓸 줄 아는 능력을 의미한다면, 다중리터러시는 여러 개의 언어를 읽고 쓸 줄 아는 능력을 의미한다. 최근에는 '언어'에 문자뿐만 아니라 미디어나 문화 등 다른 의사소통의 코드들도 포함된다.

신의 운명으로 [받아들이는] 생활방식 및 사고방식으로 학생들을 징집시키는 교육철학에 직접적으로 수반된다. 허쉬는 이 동일성을 [너무나] 사랑해서, 어떤 형태로든 교육가들의 적용이나 전문적 판단에 조금이라도 융통성을 허용하는 교육과정 지침에 대해 신랄하게 비판하는 지경에 이르렀다. 예를 들어, 초등 학년에서 국가의 상징이나 역사적 사건을 가르칠 것을 요구하는 지침은 구체적이고 표준화되어야 하며, 교육가의 재량권이나 학생들의 흥미를 고려할 여지를 남기지 말아야 한다. 그러한 지침은 어떤 학년에 어떤 상징이나 사건을 가르칠지 명시해야 한다. 그렇지 않으면 '아동들이 상당히 다른 것을 배울 것이기' 때문이다.[31] 몇몇 학생들은 자유의 여신상에 대해 배우고 또 다른 학생들은 워싱턴 기념비에 대해 배우는 게 왜 문제가 되는지 알기 쉽지 않지만, 허쉬는 학생들이 정확히 동일한 시기에, 동일한 방식으로, 동일한 정보를 흡수하지 않으면 엄청난 경제적, 사회적 결과가 나타날 거라 경고한다. 분명한 것은 허쉬의 견해에 따를 경우 교육과정 지침은 결코 지침이 아니라 반드시 지켜야 하는 규칙이라는 것이다.

똑같이 분명한 것은 '문화적 리터러시'에서 문화는 '몇몇 지역, 지방, 민족 문화', 어떤 하위문화 또는 반문화(sub- or counter-culture)와 대조되는, 특히 문화적 다원성과 대조되는 '주류 문화(mainstream culture)' 또는 '국가의 기본 문화(the basic culture of the nation)'를 의미한다는 것이다. 허쉬가 주류로 지정한 문화는 다른 이들이 지배문화라 부르는 것으로, 그는 물론 이러한 항의에 대해 알고 있지만 그로 인해 마음이 흔들리지는 않는다. 정말 그의 주장이 옳다면,

문화가 '근본적으로 보수적이고 그 핵심 내용이 매우 천천히 변하는' 것은 전적으로 불가피하다. '문화가 모든 사람을 수용하고 우리의 보편적인 의사소통 수단의 역할을 하려면, 그 핵심에서의 변화는 빙하의 진행처럼 더디게 일어난다.'³² 문화는 하나로 통합된 정보의 조직으로, 주기적인 추가와 (필요하다면) 약간의 삭제를 제외하고는, 매우 변화에 저항한다. 학생들은 순수하게 암기하는 기계적 행위 외에는 사고하느라 스스로를 괴롭힐 필요 없이, 완전히 주어지고, 미리 포장되어 있으며, 기억해야 하는 자료 모음으로 문화를 받아들이면 된다. 허쉬는 이것이 진정한 문화적응의 의미라고 믿는다. 문화 적응은 현재 진행 중인 대화와 마주하는 것이 아니라 그것의 정반대 - 문화의 주류와 그 '합의된 가치'에 순응하는 것 - 이다. 그것은 평범해지는 것이며, 특별히 비판적이게 되는 것이 아니라 지적으로 유순해지는 것이다. 허쉬의 설명은 인간 문화의 본질이 전적으로 개별적이고, 동질적이며, 고정된 것임을 가정한다. 그가 의존하는 문화에 대한 (유사) 인류학적, 객관주의적 개념은 - 공유된 실천, 이해, 언어의 생활세계보다 '정보'와 '사실적 지식'이 사람을 구성한다 - 이미 만들어져 완성된 자료, 논쟁의 여지가 없는 자료의 전달에 배타적으로 열중하는 교육관을 상당히 수반할 것이다. 그러나 이것은 문화 그 자체, 또한 교육이 무엇인가에 대해 대단히 순진한 견해이다.

문화도, 전통도, 지식도, 교육 보수주의자들이 그것들에게 흔히 부여하는 동질적이고 획일적인 성격을 가지고 있지 않다. 인류학자들은 결코 그 독특한 문화의 정의에 동의하지 않는다. 그러나 허쉬는 그 사실을 모르는 것처럼 보이는데, 왜냐하면 그가 자신의 구체적, 정보적 문화 이론을 자신 있게 '인류학적 관점'으로 내놓기 때문이다. 물론 인류학자와 철학자들은 훨씬 더 세련되고 정교한 문화관을 제시했다. 여기에는 문화를 단순한 정보의 측면보다 의미, 텍스트, 해석, 언어 및 다양한 종류의 사회적 실천들의 측면에서 기술하는 현상학적, 해석학적, 후기구조주의적 견해들이 포함된다. 그중에 한 명인 클리포드 기어츠(Clifford Geertz)는 적응한 행위자로서 인간의 기본 조건이 '그 자신이 만든 의미망(webs of significance)에 매달려 있는 것이거나' 그보다 선행하지만 그럼에도 불구하고 풍부하고 비판적인 말의 의미에 그를 참여시키는 일련의 의미들(a set of meanings)을 따라 살아가는 것이라는 기호론적이고 해석학적인 문화 이론을 옹호했다.[33] 이 논쟁에 휘말려 들어가지 않더라도, 문화가 무엇이든 그것은 허쉬가 가정한 것보다 훨씬 더 복잡하다는 것을 말하기엔 충분하다. 문화를 정보 모음으로 보는 허쉬의 설명은 결코 이론의 여지가 없는 과학적 사실이 아니다. 또한 교육이 전통의 보존이든 다른 어떤 것이든 간에, 본래 보편적으로 하나의 목표에 대한 단순한 수단이라는 것도 과학적 사실이 아니다.

이와 관련하여 알프레드 노스 화이트헤드(Alfred North Whitehead)의 관찰이 의미가 있다.

교육은 트럭에 물건을 싣는 과정이 아니라는 것을 절대 잊어서는 안 된다. 그러한 비유는 완전히 맞지 않는다. 물론 교육은 전적으로 그 자신의 고유한 종류(genus)의 과정이다. 교육과 가장 유사한 것은 살아 있는 유기체의 음식 소화이다. 그리고 우리는 모두 알맞은 조건하에서 맛있는 음식이 얼마나 건강에 필수적인지 알고 있다.[34]

화이트헤드의 말의 가치는 가르침과 배움의 실천에 가까이 참여하여 그것을 실제로 경험한 사람에게 분명할 것이다. 우리는 학생들의 정신적 창고 안쪽 구석에 미리 포장된 자료 더미가 비축되고, 그것이 선반 위에 깔끔하게 놓여 있어 앞으로 사용할 수 있도록 보존되어 있을 때, 교육의 과정이 성공했다고 말하지 않는다. 그보다 우리는 [학생들이] 교과내용을 사용하여 어느 정도의 통찰력이나 자기이해를 얻었을 때, 교육의 과정이 성공했다고 말한다. 이러한 교과내용의 사용은 단지 피상적인 정보의 흡수가 아니라, 활동적인 지력이 일상생활의 과정에서 겪는 어떤 학습의 경험과 일관되는 방식으로, 주어진 교과내용을 깊이 통합하고 비판적으로 변형시키는 더 심오한 과정이다. 학습 경험 또는 실제로 어떤 참다운 경험은 그 주체가 중요한 측면에서 변화하도록, 그래서 트럭에 물건을 비축하는 것과는 완전히 다른 의미를 갖도록 만든다. 또한 문화적응도 주체를 변화시키고, 실제로 주체를 구성한다. 실존주의적 현상학의 언어로 말하자면, 문화 적응은 한 사람을 특정한 세계-내-존재(being-in-the-world) 또는 실존하는 개인으로 만든다. 문화를 접하는 것은 의심할 여지없이 특정 종류의 정보, 그것도 다량의 정보를 흡수하는 것을 포함하지만, 그것은 [또한] 그보다 훨씬 더 많고 깊은 어떤 것, 허쉬의 설명은 완전히 놓친 어떤 것을 포함한다. 일상의

문화 적응과 정규교육은 모두 새로운 지식의 항목이 기존의 방향이
나 개념적 틀에 통합되면서 동시에 그 틀을 중요한 방식으로 바꾸는
상호적 과정을 포함한다. 학습은 학습자로 하여금 기존의 사실들을
보존할 뿐만 아니라, 그것을 지적 비판의 자세로 보존하도록 한다.
[또한] 학습은 경험에 정합성, 깊이, 의미를 더하면서 학습자의 지평
을 넓혀준다. 이를 통해 학습은 [학습자가] 세계 속에서 편히 쉬도록
해준다. 누군가의 문화에 리터러시를 갖게 되는 것은 다소간 그 문
화에 속하는 사람들에게 익숙한 진리들의 목록에 익숙해지는 것을
포함하지만, 또한 그것을 훨씬 넘어선다. 그것은 특정한 종류의 주
체가 되는 것을 포함하며, 그는 공유된 의미와 실천, 언어, 전통,
상식을 가지는 생활세계에 의해 구성된다. 그것은 세계-내-존재의
특정한 방식, 역사에 의존하는 세계이해와 자기이해를 채택하는 것
이고, 자신보다 선행하는 대화에 참여하는 것이다. 문화는 근본적으
로 개인이 받아들여 모든 범위의 인간 능력에 활기를 띠게 하는
역동적인 기획이다.

그렇다면 허쉬의 보수주의는 문화, 학습, 경험의 개념을 지나치게
단순화하여, 그것을 본질적으로 정보의 문제로, 성찰적 능력을 단순
한 사실 축적의 필연적이고 운 좋은 부산물로 보는 실수를 범하고
있다. 문화적 리터러시는 '문화'를 구체적이고 미리 주어진 사실 모
음, 단순한 자료 수용으로의 입문, '합의'로 가장하여 제시된 가치들
의 수용으로 이해하는 것과 운명을 같이 한다. 문화적 리터러시는
'전통'을 학생들이 자유롭게 참여하는 대화라기보다는 그들이 바뀌
지 않은 형태로 받아들여야 하는 일종의 절대적인 것, 단일하고 동

질적이며 변화에 매우 저항하는 어떤 것으로 보는 견해를 전제한다. 또한 문화적 리터러시는 '교육받은 정신'을 표준화된 시험, 즉 기억하는 정보의 양(量)만을 시험하고, 획득한 이해의 질(質)을 시험하는 수단은 전혀 없는 시험을 통해 쉽게 측정되고 양화되는 어떤 것으로 보는 토속적이고 비철학적인 견해를 전제한다. 마지막으로, 문화적 리터러시는 정보를 축적하면 '성찰의 능력이나 반성적 사고' 기능이 자동적으로 따라오는 것으로 보는 순진한 견해를 전제한다. 그러한 지식은 분명 추상적인 성찰의 필요조건이지만—말할 필요도 없이, 생각할 어떤 것이 있어야 한다—그것만으로 충분하지는 않다. 허쉬는 고차사고력에 대해 설명하지 않고, 고차사고력이 있는 사람들은 박식하기도 하다고 주장할 뿐이다. 그 관찰은 사실이지만, 정보의 가치는 없다. [정보축적을 통해] 사고에 관한 학습이 이루어졌다 해도, 그것은 허쉬의 설명이 허용하는 것보다 훨씬 더 복잡한 문제이다.

그러나 한 가지, 현재 학생들이 획득하고 있는 지식의 종류와 양에 관한 걱정에 있어서는 교육 보수주의자들이 틀리지 않았다. 솔직히 말하자면, 우리가 말하고 있는 것이 고차적인 성찰능력과 독창성이든 아니면 허쉬의 정보적 지식이나 블룸의 소중한 정전(canon)이든, 오늘날 여러 교육의 단계들을 성공적으로 통과하는 학생들에게 지식의 부담이 과도하지는 않다. 교육가들은 그들의 학생들이 무엇을 알고 무엇에 관심을 가지는지, 그들이 무엇을 모르고 무엇에 관심이 없는지 잘 알고 있다. 그리고 이 문제는 몇몇 보수주의자들이 생각하는 것만큼 심각하지는 않겠지만, 이제 대학이 글쓰기나 수학 보충 학습을 제공해야 하고, 자주 학생들의 언어와 문법 지식이 빈약하며, 읽기나 지식을 목표 그 자체로 사랑하는 것이 옛날이야기가 되어버린 것은 축하할 일이 아니다. 보수주의자들이 이에 대해 걱정하는 것은 옳다. 그러나 그들은 학생들이 표면상 더 많이 알았던 과거로 돌아가도록 우리를 부추기고 있다. [그리고] 이 구절을 어떻게 해석하든, 그러한 입장은 향수에 빠져 있는 어리석은 것이다. [우리에게] 요청되는 것은 이 문제에 있어 단순한 전통으로의 귀환 또는 진보주의로의 귀환이 아니라, 이분법을 넘어서게 해주는 새로운 사고이다. 듀이는 이미 한 세기 전에 우리에게 이 이분법을 거부하라고 충고했지만, 이것은 계속해서 너무나 많은 교육 담론을 방향짓고 있다. 학생 중심 교육 아니면 교육과정 중심 교육, 비판적 사고 아니면 사실적 지식, 능동적 학습 아니면 수동적 학습 등의 진부한 대립항은 극복되어야 한다. 그리고 이러한 극복은 내가 기업적 과학주의라고 부른 것이 해냈던 것보다 더 확실한 방식으로 이루어져야 한다. 예를 들어, 정보적 지식의 소유−허쉬와 같은 보수주의자들이 동등하게 중요한 다른 교육적 목적들을 배제할 정도로 누누이 말하는 것−와 비판적 사고 기능의 발달−진보주의자들이 때때로 지나치게 강조하고, 오해하고, 교과내용과 분리된 채로 줄 수 있다고 가정하는 것−간에 진정한 이분법은 없다는 점을 분명히 해야 한다. 사람은 교육과정의 진공 상태에서 비판적으로 사고하지 않고, 문화유산을 의문의 여지없이 주어진 것으로 받아들이면서 사용하지 않는다.

우리가 교육을 이해하려면, 더 이상 대립항들, 올바르게도 점점 더 많은 이론가들이 버리라고 촉구하는 대립항들에 논의의 방향을 맞추지 말고, 교육의 과정의 일부를 전체로 오해하는 이론적 이데올로기(-ism)에 덜 주목하며, 대신 교육의 과정 그 자체와 그것을 가능케 하는 조건들에 초점을 맞추어야 한다. 교육기관에서 일어나는 학습의 경험은 일상생활에서 일어나는 학습의 경험과 다른 종류의 것이 아니다. 그렇다면 이제 우리는 그러한 경험의 본질과 조건들이 무엇인지 묻는 게 좋을 것이다.

3. 교육의 과정

교육 이론가들이 교육의 과정 자체를 그들의 출발점으로 받아들이고, 다른 생활 영역들에서 교육의 목표를 가져와 사실상 그 과정을 왜곡하기보다 교육 그 자체에 내재적인 목표 및 조건들을 확인하도록 설득했던 사람이 듀이였다. 이 중요한 방법론적 변화가 듀이의 보수주의 비판 및 듀이 자신의 적극적인 견해 모두에 있어 핵심이었지만, 킬패트릭이나 킹슬리 같은 진보주의자들은 이것을 오직 제한적으로만 받아들였다. [물론] 진보주의 이론가들은 듀이처럼 (교사 중심 접근법이 아니더라도) 전통적인 교육과정 중심 접근법이 실제 인간 경험의 과정 및 학습 그 자체의 실천을 지나치게 통제하고 이와 분리되어 있다는 의견을 가지고 있었다. 전통적인 교육은 이론과 추상적인 교과내용을 실천-경험과 학습의 필수 과정-과 단절시켰기 때문에, 학생들로 하여금 줄지어 질서 있게 앉도록 하고, 교실 앞에 당당하게 서 있는 인물(교사)에게 시선을 집중하도록 하며, 신체적, 도덕적 꾸지람의 공포 속에서 부지런히 그 수업들을 흡수하고, 제도적 권력 체제에 복종하도록 할 수밖에 없었다. 듀이와 진보주의자들은 이러한 엄격한 통제와 함께 그 통제를 가능케 하고 또 필요하게 만드는 '이론과 실천의 구분'을 교체하고, 학생의 지적 생활 속에서 실제로 펼쳐지는 학습 과정에 대해 새롭게 강조할 필요가 있다고 주장했다.

이 새로운 현상학적 집중, 즉 '사고하는 방법'−인간이 세계에 대한 자신의 경험과 협상하는 방식−과 학생들이 지적으로 성숙해지면서 거쳐 가는 발달 단계에 주목하는 것은 강조점이 교육가와 교육과정에서 학생들과 발달을 조성하는 조건들로 옮겨가는 것을 수반한다. 듀이의 설명에 사로잡힌 진보주의자들은 이 상대적인 강조점의 이동을 완전한 이분법으로, 교육과정 자체보다 학생들, 그들의 인지발달, 그리고 실제로 그들의 사회적, 정서적 행복(well-being)의 절대적 우위 인정으로 확대시켰는데, 이로 인해 듀이가 우리에게 버리도록 촉구했던 바로 그 이분법이 새 생명을 얻었다. 듀이의 관점에서 진보주의자들이 요청하고 있었던 개혁은 그가 요청했던 더 급진적인 입장이라기보다, 오래된 두 대립항의 한쪽에서 다른 쪽으로의 진자운동이나 마찬가지였다. [그리고] 그것은 듀이 자신이 절대 의도하지 않았던 방식으로 교육과정을 희생시키는 결과를 낳았다. 듀이의 교육에 관한 글들은 결코 학생들의 필요로 확인되는 것을 위해 지식을 희생시키는 것을 옹호하지 않았다. 그 학생들의 필요가 인지적인 것이든 심리적인 것이든 사회적인 것이든 간에 말이다. 그 대신 듀이는 교육과정이 학생들의 교실 밖 경험을 보완해야 한다고, [교사와 학생들은] 교육과정을 고차사고력과 연결하는 방식으로 가르치고 배워야 한다고 주장했다. 듀이에게 [수준이 높아서] 도전적이고, 실제로 강한 의지가 필요한 교육과정 없이 고차사고력을 가르칠 수 없다는 점은 말할 필요도 없는 것으로 보였다. 그리고 듀이가 이 점을 명시적으로 언급할 수밖에 없었던 바로 그때에 진보주의 교육가들은 이 겉보기에도 명백한 명제를 간과했다. 그러나 듀이는 [분명히] 이 점을 지적했고, 그것도 그가 표면상 고무했던 [진보주의] 운동가들에게 모순의 여지를 남기지 않는 방식을 사용했다.

듀이를 진보주의의 더 불운한 결과들—특별히 소위 학생들의 행복의 조건을 위해 엄격한 교육과정을 희생시키는 것을 포함하여—의 주요 이유일 뿐만 아니라, 계속해서 많은 교육 이론을 방향 짓는 이분법의 창시자로 취급하는 것은 흔한 실수이지만, 여전히 많은 진보주의 교육은 직간접적으로 듀이의 글에서 생겨나며, 특별히 여기에는 전통적인 교수법, 딱딱한 선생님 스타일의 교수법에 대한 비판이 포함된다. 이 비판은 오래된 형태의 보수주의만큼이나 현대의 보수주의에도 적용할 수 있는데, 요지는 전통적인 교과내용을 전달하는 것이 교육의 주요 목적 중 하나이지만, 단순히 보존하기 위해 섭취하는 형태로 하기보다 연구와 비판적 탐구의 정신으로 수행해야 한다는 것이다. 듀이가 단순한 과거의 반복이나 졸업 이후의 삶에 대한 준비—아니면 허쉬가 주장한 두 가지의 결합—로서의 교육 개념을 거부하는 이유는 정치적이면서 동시에 철학적인 것이었다. 정치적 이유는 오래된 교육이 만들어내려는 민주 시민의 종류와 관련되어 있지만, 철학적 이유는 지식 및 경험의 본질과 관련되어 있다.

실용주의적 실험주의자인 듀이는 인간 지식의 본질이 단순히 현재를 과거에 적응시키는 것이 아니라, 전통적인 아이디어들의 향상 및 변형을 위해 그 아이디어들을 지적 비판의 정신으로 사용하는 것이라고 주장했다. 기존의 지식은 단순히 학생 집단에게 기정사실 (fait accompli)로 부여되지 않고, 전통과 같이 전달된 오류들을 확인하면서 과거에 대해, 또 과거로부터 배우는 탐구의 대상이 된다. 듀이는 이것을 다음과 같이 표현했다.

> 따라서 교육은 개인의 정신에 끊임없이 붙어 다니는 잘못된 성향-경솔함, 성급한 추정, 객관적 증거보다 자기 이익에 맞는 것을 선호하는 것-으로부터 그 자신을 보호해야 할 뿐만 아니라, 오랜 세월 동안 축적된 자기유지적인 편견들을 약화시키고 파괴해야 한다.[35]

지식을 사전에 모아진 정보 덩어리로 간주할 때, 그리고 교육을 단순히 그러한 자료를 가능한 한 최고로 많이 쌓아놓는 것으로 간주할 때, 우리는 똑같이 실수하고 있는 것이다. 지식은 고정 값이 아니라, 탐구의 과정에서[만] 적절하게 얻을 수 있는 것, 근본적으로 역동적인 것이다. 우리는 어떤 사람이 점검을 위해 정보를 기억해내는 능력을 갖고 있을 때가 아니라-물론 이것도 포함되지만-성찰적 주목의 습관, 호기심과 독창성, 계속 배우고 싶어 하는 마음 등을 갖고 있을 때, 그가 지식을 획득했다는 것을 알 수 있다. 반복학습을 통해 획득된 정보적 지식은 보통 바람직한 깊이에 이르지 못한다. 그리고 정신이 거의 대부분 의식의 표면 수준에 남아 있는 자료 덩어리로 채워져 있어서 '지식이 사고를 집어삼킬' 때, 정보적 지식은 사고에 걸림돌이 될 수 있다. 지식이 수동적으로 보이는 획일적 구성물이 아니라 작동하는 어떤 것-'효율적으로 사용될 기회를 찾는 필수 에너지'-이라는 점은 듀이의 전통적 교육 비판과 그 자신의 적극적 관념 모두에 근본적이다.[36]

이론과 실천의 관계에 대한 듀이의 일반철학적 견해를 따라간다면, 그의 교육철학은 가르침과 배움의 실천에 외적으로 부과되는 것을 모두 거부하고, 학습과정 자체와 그것이 요구하는 조건들보다 더 높은 권위의 [존재를] 인정하지 않는다. 이 본질적으로 실천-내재적인 설명에 [따르면], 교육은 그 자신의 논리에 따라 펼쳐지고, 학습과정과 관련 없는 목표들이 외부에서 부과되었을 때 왜곡된다. 이 논리는 이미 항상 존재해왔고, 적어도 교육가와 학생들은 희미하게나마 이 논리를 비슷하게 이해한다. 그러나 이를 분명하게 만드는 것은 이론가의 몫이다. 듀이는 이 중요한 방법론적 요점을 다음과 같이 설명했다.

따라서 진정한 목적은 외부로부터 행위과정에 부과된 목적과 모든 점에서 반대된다. 후자의 목적은 고정되고, 경직되어 있다. 그것은 주어진 상황에서 지성에 대한 자극이 아니라, 이러이러한 것을 하라고 외적으로 내려진 명령이다. 그러한 목적은 현재의 활동과 직접 관련을 맺지 않고, 그 목적 달성을 위해 필요한 수단과 동떨어져 분리되어 있다. 그 목적은 보다 자유롭고 균형 잡힌 활동을 유발하는 대신, 활동에 제약을 가한다. 교육이 먼 미래를 위한 준비라는 개념을 강조하고, 교사와 학생 모두의 일이 기계적이고 노예와 같이 되는 것은 이 외적으로 부과된 목적들이 통용되기 때문이다.[37]

듀이는 종종 교육에 관한 글들에서 이러한 견해를 나타내곤 했다.[38] 우리는 학습과정의 기본 방향을 지식 그 자체 및 인간 경험에서 지식이 획득되는 방식으로부터 도출해야 한다. 교육의 목적들은 '현존하는 조건들의 결과물'이고, '이미 일어나고 있는 것에 대한 고려에 기반을 두고 있으며', 이는 '이미 일어나고 있는 것'이 일상의 경험과 이해를 향한 추구인 곳에서 그러하다.[39] 이것이 전통적인 (또한 약간 덜 전통적인) 교육의 주요 실패 [이유]이며, 이러한 실패로 인해 다른 많은 것들이 파생된다. 교육의 목적을 추상적으로 설명하고 (졸업 이후의 삶을 위한 준비, 경제적 번영 및 수행성의 필요조건 등) 이 목적들을 학습과정에 외적 부과물로 가져오면서, 학습과정 자체가 융통성 없는 외생적 가치들로 인해 왜곡되고, 그 자체의 성질상 분명히 용납될 수 없는 실천 속에 삽입된다. 외부로부터의 목적 부과는 필연적으로 교육을 하나의 목표를 위한 수단으로 전락시키고, 이는 항상 이미 성취하기로 목표했던 것을 대신한다.

우리는 교육가나 학생으로서 학습과정에 대해 경험한 것들을 성찰할 때, 학습과정이 성공적인 경우 특정한 에토스나 정신(spirit)이 널리 퍼진다는 것을 발견하게 된다. 이 에토스나 정신은 손에 잡히지 않고 쉽게 서술될 수 없는 것이지만, 우리로 하여금 진정한 교육의 핵심에 이르게 한다. 이것은 [교육가와 학생들에게] 공유되며, 충만히 퍼져 있는 에토스, 이를테면 모두에게 속하지만, [특정한] 한 사람에게 속하지는 않는 에토스이다. 이것은 교육가와 학생들 모두에게 지지받지만, 그 누구에 의해서도 지배받지 않는 공통의 실재이다. 이러한 학습과정은 모두가 함께 하는 과정으로, 모두가 참여하지만 누구도 통제하지는 않는 대화의 방식으로 이루어진다. 좋은 대화와 같이 하나의 상호주관적 현상인 교육의 정신이나 논리는 (교육가를 포함하여) 어떤 참여자에 의해서도 지배받지 않고, 문답의 방식으로 이루어진다. 한스-게오르그 가다머는 비록 이것을 교육에 적용하지는 않았지만, 이 과정에 대해 가장 적합한 현상학적 기술을 제공했다.

우리는 [흔히] 대화를 '이끌어간다(conduct)'고 말한다. 그러나 진정한 대화일수록 대화를 이끌어가는 일은 대화 당사자 중 어느 한쪽의 의지에 좌우되지 않는다. 따라서 진정한 대화는 결코 우리가 이끌어가고자 했던 대로 되지 않는다. 그보다 일반적으로 우리가 대화에 빠져든다거나, 심지어 우리가 대화에 휘말린다고 말하는 것이 더 정확하다. 대화를 통해 하나의 말이 다른 말에 따라오고, 대화의 흐름이 바뀌고, 그렇게 결론에 도달하는 과정은 어떤 점에서 대화를 이끌어가는 것이라 할 수도 있다. 그러나 그 과정에서 대화 당사자들은 대화를 이끌기보다 대화의 이끌림을 받는다. 대화를 통해 무엇이 '나올지' 미리 아는 사람은 아무도 없다. 대화를 통해 이해하는 데 성공하든 실패하든 간에, 그것은 우리에게 발생하는 하나의 사건이다. 따라서 우리는 그저 대화가 잘 진행되었다거나, 운이 나빠서 잘 진행되지 않았다는 말만 할 수 있을 뿐이다. 이 모든 것들은 대화가 그 자체의 고유한 정신에 따라 수행된다는 것, 그리고 대화 중에 사용되는 언어는 그 자체에 고유한 진실을 담고 있다는 것―즉, 언어는 이제부터 나갈 어떤 것이 '드러나도록' 해준다는 것―을 보여준다.[40]

가다머의 기술은 손쉽게 교육 상황에 적용된다. 여기 교실에서 일어나는 것도 '그 자신의 정신을 가지고 있다.' 교실에서 일어나는 것도 '우리에게 발생하는 하나의 사건과 같다.' 우리는 이 사건을 '이끌기보다 이끌림을 받고', 이는 '그 자신의 흐름으로 그 자신의 결론―어떤 것을 드러나게 해주는 결론―에 도달하는 대화'와 함께 이루어진다. 교육은 성공적일 때, 능동적이면서도 수동적인 대화의 특징에 비견할 만큼 [교육가가 학생들에게] 자발적으로 통제권을 내주는 것을 수반하고, 이때 교육은 단순히 유순한 정신에 전문가의 지식을 주는 것이 아니라 교과내용에 대한 비판적 검토를 지향하게 된다. 듀이가 우리에게 상기시켜주는 것은 교육가들이 대화를 교조적으로 주도하기보다, 모호한 것들을 명료하게 해주고 질문을 제기하며 관찰로 초대하는 등 제한된 의미에서 대화를 '이끌어가야' 한다는 것이다. 듀이의 말을 빌리자면, 교육가의 임무는 '탐구의 정신을 지키는 것, 즉 탐구의 정신이 과도한 자극으로 인해 시들해지거나,

일상적인 일로 인해 경직되거나, 교조적 가르침을 통해 화석화되거나, 사소한 것들에 닥치는 대로 대처하면서 소멸되지 않도록 하는 것이다.'[41] 따라서 교육가는 [무언가를] 아는 사람이 아니라, 조사과 정에의 참여자—확실히 탐구 과정에서 학생들과 다른 역할을 맡기는 하지만, 그럼에도 불구하고 한 명의 참여자—이다.

교육을 더 넓은 교과 밖 탐구 과정이나 경험과 별개로 생각하는 것은 교육에 대한 오해이다. 교육과 경험의 관계는 종(種)과 속(屬) 의 관계와 같다. 이것은 듀이가 입증하려고 대단히 애를 쓴 내용인데, 교실에서 일어나는 학습경험은 더 공식적으로 배치되어 있고 구조화되어 있긴 하지만, 본질상 일상생활에서의 학습경험과 다르지 않다. 교육은 이해를 통해 세계 속에서 편안해지려는 기본적인 인간의 실천과 전적으로 일치한다. 교육은 결코 단순히 정보를 모으는 것이 아니라, 정신을 열어주고, 지평과 이해관심을 넓히며, 이질적인 경험 영역들을 연결하고, 전통적인 교과내용들을 의미 있게 배치하며, 관조와 발명의 습관을 계발시킨다. 교육은 현존하는 호기심을 이용하지만, 그 호기심을 보다 덜 좁고 덜 편협하며 더 넓은 시야를 열어주는 길로 안내한다. 확실히 교육이 수반하는 문화적응은 사실적 지식을 얻거나 호머가 보았던 것처럼 세상을 보는 법을 배우는 것을 넘어서, 학생들이 알고 있는 지식을 생활세계로 확장하고 자기 자신에 대한 이해를 심화시키는 것을 포함한다.

듀이는 우리가 매일 직면하는 당혹스러운 일에 대한 해결책을 추구하는 것이 인간 경험의 본질이라고 주장했다. 일련의 탐구는 혼동이나 어려움의 경험으로부터 시작하여, 그와 관련된 현상을 관찰해 어려움을 해결하기 위한 가설을 만들고, [가설] 적용 및 그 결과에 대한 관찰을 통해 가설을 다듬고 검증하며, [이를 통해] 결론을 추론하는 것이다. 이러한 탐구는 사회적일 뿐만 아니라 경험적인 일로, 데카르트 같은(Cartesian) 명상가의 방식으로 나아가기보다 우리들 각각이 동료 탐구자들과 공동으로 참여하도록 이끈다. 이러한 듀이의 경험 및 탐구에 대한 설명은 우리가 어떻게 사고해야 하는가를 지배하는 선험적(a priori) 처방이 아니라, 사고구조 자체에 대한 현상학적 기술이다. 경험에서 발생하고, 경험이 계속해서 발생시키는 당혹감을 조명하고 해소하기 위해 결국 경험 자체로 돌아오는 것이 사고의 본질이다.

그렇다면 교육의 교과내용은 경험과 연결되어야 하고, [학생들을] 교육적으로 적절한 종류의 새로운 경험으로 안내해야 한다. 여기에서 단순한 호기심은 어느 정도 중요하지만, 이를 단순히 제멋대로 하는 것으로 이해해서는 안 되며, 이 호기심은 그 자체의 역동에 의해 지배받는다. 호기심은 (매우 시시한 형태를 제외하고는) 조금 새로운 정보를 얻자마자 끝나지 않고, 그 이상의 탐구의 길을 열어주는 과정을 일으킨다. 우리가 말한 것처럼, 한 가지는 다른 것으로 이어진다. 호기심은 우리를 현존하는 흥미에서 더 확장된 일련의 흥미로, 원래 호기심보다 더 추상적이고 이론적인 흥미로 이끄는 유망한 가치를 갖고 있다. 교과내용과 경험의 연결에 대해 진술하는 방법, 흔하지만 잠재적으로 오해의 소지가 있는 방법은 학생들의 교실 안에서의 경험과 밖에서의 경험에 대한 전통적인 분리와 대비되는 의미로 교육과정이 '학생들의 흥미와 관련이 있거나 그들의 흥미를 끌어야 한다'고 [진술하는] 것이다. [그러나] 교과내용과 경험의 연결이 교육가들은 학생들이 가지게 된 흥미라면 무엇이나 받아줘야 한다거나, 설상가상으로 학생들의 경험을 단순히 즐거운 것으로 제한해야 한다는 것을 의미하는 것은 아니다. 교육은 일반적인 인간의 경험이 그러한 것과 같이 우리에게 압력을 가하고, 교육을 받는 모든 이에게 진지하게 매우 힘들고, 엄격하며, 별로 재미없는 과정에 들어갈 것을 요구한다.

[이렇듯] 교육이 항상 유쾌한 것은 아니지만, 그래도 듀이가 서술한 것과 같이, 교육의 목적이 더 넓은 인간 경험의 과정과 그 자체로 관련되어 있는 학습과정에 내재한다는 의미에서, 교육은 그 자체로 목표이다. 만약 교육의 수혜자가 단지 경제 기계의 톱니바퀴가 아니라 아리스토텔레스(Aristotle)가 우리에게 말한 것과 같이 '선천적으로 알고 싶어 하는' 존재라면, 교육은 [물론] 학생들이 생계를 꾸려나가도록 준비시키는 데 기여하지만, 항상 이것을 넘어 고차사고력을 심어주는 것을 목표로 했으며, 특별히 여기에는 학습 자체에 대한 능력도 포함된다. 듀이가 말했던 것과 같이,

정규 학령기 같이 특별한 교육의 과정에 대해 이야기할 수 있는 최고의 찬사는 그 교육이 교육 주체에게 더 나아간 교육을 가능하게 해준다는 것이다. 즉, 성장의 조건들에 더 민감하고, 그 조건들을 더 이용할 수 있게 해준다는 것이다. 기능의 습득, 지식의 보유, 교양의 획득이 목표가 아니다. 그것들은 성장의 표시이며, 성장이 지속되기 위한 수단이다.[42]

여기에서 말하는 '목표'는 결코 탐구의 종료나 어떤 궁극적으로 실현 가능한 최종상태(전문 자격증, 경제적 준비, 문화적 리터러시, 수행성)가 아니라, 더 넓은 의미에서 세계와 자신에 대한 이해를 가져오는 마음의 습관을 의미한다.

그렇다면 [우리는] 듀이의 교육철학이 경험의 개념에 뿌리를 두고 있는 한, 전통 교육학에 대한 비판이 학생들의 표면적인 행복을 이유로 교육과정을 강조하지 않거나 지적 표준을 줄이는 것과 동일하다고 생각하는 학생 중심 접근과 듀이의 교육철학을 혼동해서는 안 된다. 듀이는 교과내용보다 심리사회적 기능 및 인지적 기능의 강조를 주장하는 진보주의 학교들에 대해 가혹하게 비판했으며, 그러한 기능들은 배우기 힘든(challenging) 교육과정과 떨어져서 발달하지 않고 기능 vs 지식이라는 이분법은 거짓이라고 주장했다. 성찰할 어떤 것과 떨어진 채로 지적 성찰을 배울 수 없고, 추상적 기능은 특별히 '비판적 사고'로 지정된 강좌에서 계발할 수 있는 게 아니다. [우리는] 이러한 기능을 교과내용과 분리해서 배울 수 없다. 심지어 꼼꼼하게 따라가면 직접적으로 사고력을 낳는 추론적 규칙들로 구성된 교육과정 그 자체를 통해서는 [더더욱] 배울 수 없다. 방법을 알려주고 그것을 적용하러 과감히 나가라고 얘기해준다고 해서 사람들이 사고를 배우지는 않는다. 사람들은 사고함으로써 사고를 배우고, 이는 항상 어느 정도 깊게, 가능한 한 가장 엄격한 방식으로, 이런저런 교과내용에 대해 사고하는 것을 의미한다.

듀이만 독특하게 교육과 더 넓은 인간 경험 과정 간의 연속성을 강조하는 것은 아니다. 이는 서구 철학에 깊이 뿌리를 두고 있으며,

특히 해석학이나 '교양(Bildung)' 전통과 명백히 밀접한 관련을 맺고 있다. 메논의 역설[11]이 시작점의 역할을 할지도 모르겠다. 메논은 [다음과 같이] 물었다. 만약 누군가가 이미 주어진 대상에 대한 사전 지식이 없다면, 어떻게 그것에 대해 배우는가? 그리고 누군가가 주어진 대상에 대한 사전 지식을 가지고 있다면, 탐구의 과정이 시작될 수 없지 않은가? [이에 대해] 플라톤은 상기설(the doctrine of recollection)[12]의 형태로 해결책을 제시했다. 그러나 현대에는 해석학이 [그보다] 덜 형이상학적인 대답을 제공해준다. 언제나 이해는 특수한 지식 항목이 더 넓은 맥락(context)이나 보편적인 것과 관련되는 순환과정 안에서 일어나는데, 동시에 보편적인 것 자체는 오직 특수한 것들과 관련해서만 이해될 수 있다. 따라서 탐구는 보편적인 것과 특수한 것 간에 왔다 갔다 하는 운동, 한편으로는 배경지식, 경험, 누군가의 문화유산을 구성하는 전성찰적(prereflective) 이해라는 맥락과 다른 한편으로는 아직 이해되지 않은 것에 대한 탐구 간에 왔다 갔다 하는 운동이다. 사람들은 사전에 가지고 있는 언어와 경험의 틀, [새로운 지식의] 추가로 인해 차례로 수정되는 틀 안에 새로운 지식

---

11) 소크라테스 대화편 『메논』에서 메논이 소크라테스에게 질문한 내용으로, 자기가 아는 것이라면 이미 알기 때문에 굳이 찾아내려고 애쓰지 않을 것이고, 알지 못하는 것이라면 무엇을 찾아야 할지조차 모르기 때문에 찾으려 하지 않을 것이라서, 사람은 자기가 아는 것이든 알지 못하는 것이든 찾으려고 애쓸 리가 없다는 의미이다.
12) 플라톤의 진리 인식에 관한 학설로, 인간은 본래 모두 이데아 세계에 살고 있었으나 태어날 때 레테의 강(망각의 강)을 건너면서 이데아 세계를 잊어버렸고, 진리의 인식이란 결국 이데아 세계를 하나씩 상기해나가는 것이라는 이론이다.

항목들을 흡수함으로써 그 지식들을 획득한다. 사람들의 관점을 규정하는 개념적 틀이 역사적 유산이기 때문에, 교육은 문화적응과 떨어질 수 없고, 그렇기에 교육을 대화에 참가하는 모형으로 이해해야 한다. 만약 우리가 문화를 살아 있는 대화로 생각해야 한다면, 교육받는다는 것은 [그 대화에] 참여할 능력─제대로 자기의 목소리를 찾기 위해 필요한 준비행위로서 듣고 배우는 능력─을 얻는 것이다.

교육에 대한 해석학적 접근은 학생들의 경험, '문제 상황', 그 속에서 생기는 호기심과 교육과정을 원칙적으로 분리할 수 없다는 듀이의 견해와 공통적이다.[43] 정규교육 과정은 이해와 자기이해의 추구라는 더 넓은 속(屬)에 있는 하나의 종(種)이다. 그리고 특히 가다머가 우리로 하여금 깨닫게 해주었듯이, 이 두 가지 존재 자체는 궁극적으로 분리할 수 없다.[44] 또한 교육은 '교양(Bildung)'이나 자연에서 문화로의 이행 안에서 점진적인 개인의 형성이라는 더 넓은 운동에 속한다. 듀이 자신이 분명하게 중세 신비주의에서 독일 관념론을 통해 20세기까지 이르는 '교양(Bildung)' 전통에 대해 언급한 것은 아니지만, 그가 이 전통과 밀접히 관련되어 있다는 것은 알기 쉽다.[45] 헤겔이 『정신현상학Phenomenology of Spirit』에서 이 개념을 언급했던 것처럼, '교양(Bildung)'은 인간의 타고난 능력을 계발하고, 보편적인 것을 향해 자신의 길을 찾아가는 끝없는 과정을 포함한다. 이 자아의 계발은 그 자체로 목표이고, 동시에 대상을 형성하는 것─작업(a work)─과 자신을 형성하는 것을 포함한다. 가다머가 서술했듯이,

노동하는 의식은 대상을 형성함에 있어─즉, 몰아적으로

(selflessly) 활동하고, 보편적인 것에 관여함에 있어 - 그 존재의 직접성(immediacy)을 넘어 보편성으로 자신을 고양한다. 또는 헤겔이 말한 것처럼, 노동하는 의식은 사물(the thing)을 형성함으로써, 자기 자신을 형성한다. [이를 통해] 헤겔이 의미한 것은 인간이 어떤 '역량'이나 기능을 습득하면서 자기 자신을 지각한다는 것이다.

교육이라는 작업은 자아를 형성하고 변형시키며, 자아에 대해 의문을 제기한다. 그리고 교육은 욕망, 개인적 필요, 사적 이익의 직접성으로부터 거리를 둘 것을 요구하고, 바로 그 보편적인 것을 요구한다.[46] 듀이도 유사한 의미에서 개별 학생을 능력 있는 민주시민, 계발된 능력을 가진 사람, 건설적인 형태의 사회 참여를 가능케 하는 공감 능력을 가진 사람으로 형성하는 것에 대해 이야기했을 것이다. '교양(Bildung)'의 개념에서 표현된 미숙함에서 성숙함으로의 이행은 개인형성의 문제이기도 하고, 문화적응의 문제이기도 하다. 사람들은 사회 참여의 형태로, 본질적으로 자신의 문화 안에 있는 대화 속에서 자기 자신과 자신의 판단을 위험에 내맡김으로써, 자신을 지각한다. 교육은 다른 것에 대해 열려 있는 마음을 요구하고, 자기 자신을 넘어 익숙하지 않은 것으로 모험하는 것과 자신의 관점을 가지는 것, 이 과정에서 자신이 변화되는 것 사이에서 왔다 갔다 하는 변증법적인 운동을 요구한다. 여기에서 우리는 마침내 문제의 핵심에 도달한다. 헤겔이 말했을 것처럼, 교육은 근본적으로 보편적인 것에 잘 대처함으로써 자아를 형성하고 재형성하는 끝없는 과정이다. 듀이의 용어로 말하자면, 교육은 우리를 능력 있는 민주시민 및 충분히 합리적인 존재로 만드는 습관과 능력들을 계발하는 것이다. 물론 교육은 학생들로 하여금 지식을 갖게 하고 직장에서 자리를 잡도록 준비시키지만, 그러한 목적들은 자아를 성찰적 행위자로 형성하는 것보다 부차적이다. 우리는 오직 가장 느슨한 의미로만, 과학으로서의 교육에 대해 말할 것이다. 교육은 다양한 종류의 경험 연구들로 채워져 있지만, 교육 그 자체는 궁극적으로 인간에 대한 이해 및 사람들을 문화의 참여자로 형성하는 것과 관련되어 있기 때문에 하나의 예술이다. 이러한 예술의 모형은 아테네 시민들과 대화했던 소크라테스(Socrates)에게서 찾아볼 수 있다. 그 대화는 비공식적이고 교조적이지 않은 탐구의 형태로, 모두가 [대화의] 참여자이고, 교육가를 포함하여 그 누구도 대화라는 싸움에서 우위에 설 수 없었다. 이 예술은 교육가들이 [학생들에게] 주어진 일련의 이해 관심으로부터 더 넓은 지평으로 나아가도록 능숙하게 탐구를 안내할 것을 요구하고, 이때 다양한 방법들을 – 직접 교수와 강의에서 비공식적 토론, 질문 제기하기, 과감히 의견을 제시하기, 텍스트를 해석하기, 가능한 어떤 방식으로든 사고를 촉진하기까지 – 이용할 것을 요구한다. 이러한 실천을 경험적으로 발견할 수 있는 학습법칙의 적용으로 취급하는 교육연구들은 공통적으로 가장 조잡한 형태의 과학적 방법을 숭배하는 경향을 가지고 있다. 윌리엄 제임스(William James)는 이미 1899년에 그의 책,『심리학에 대해 교사들에게 하고 싶은 말^{Talks to Teachers on Psychology}』에서 이에 대해 언급했다.

… 만약 당신이 마음의 법칙에 대한 과학이 되어버린 심리학으로부터 즉각적으로 교실에서 사용할 수 있는 확실한 교수 프로그램, 계획, 방법을 연역할 수 있다고 생각한다면, 당신은 큰 실수, 매우 큰 실수를 하고 있는 것이다. 심리학은 과학이고, 가르침은 예술이다. 그리고 과학은 절대로 그 자체로부터 직접 예술을 만들어내지 않는다. 중간에 창의적인 정신이 자신의 독창성을 사용해 적용을 해야 한다.[47]

[그렇다고 해서] 이 예술(교육)이 과학적 심리학의 간접적 적용인 것도 아니다. 우리는 모두 이 과학(심리학)에 대해서는 아무것도 모르지만, 깊이 있는 지식과 교과내용에 대한 열정, 그들의 교육으로부터 학생들이 얻는 것에 대한 관심, 과학은 알려줄 수 없는 경험과 전문적 판단을 가지고 가르치는 매우 능력 있는 교육가들에 대해 알고 있다. 이러한 교사들은 기술자나 정보의 관리자가 아니라, 가장 진정한 의미의 교육가들이며, 교육과정을 특정 집단의 학생들에게 맞게 고르고 조정하는 데 있어, 그리고 효과적인 것으로 증명된 어떠한 접근을 사용해서든 정신을 훈련하는 데 있어 자신의 판단에 의존하는 전문가들이다. 다시 과학적이어야 한다는 격동 속에서, 표준화의 옹호자들은 교육가들을 사실상 전문적 판단의 여지가 없고, 외적 권위자에 의해 규정된 결과들의 성취를 보장하도록 엄격히 감시받아야 하는 공무원으로 강등시킨다. 정확히 말하면 이러한 교사들은 전혀 교육가가 아니고, 이들은 특정한 여러 가지 기술자, 문화적 리터러시가 아니라 지적 동질성의 촉진자이다. 현재 가르치

는 직업에서 '책무성'을 강조하는 것은 대부분 그 밑에 있는 기업적 과학주의(앞에서 논의한 바와 같은)－보아하니 표준화와 규칙 따르기가 그 자체로 목표이거나 과학적 합리성의 객관적 필요조건인 철학－와 대단히 보수적인 정치적 프로그램을 가리는 겉치장이다. 책무성, 교사평가, 전문화, 학습결과 등과 같은 구절들 밑에는 우리 교육기관의 졸업자들이 점점 더 진정으로 새롭고 교육당국이 예상치 못한 어떤 것을 생각하는 능력이나 경향을 가질 것 같지 않게 만들라는 근원적인 명령이 있다.

'대화(dialogue)'와 '고정관념에서 벗어나라(thinking outside the box)'는 것이 인기 있는 슬로건이 되었을 때, 이러한 능력의 훈련을 담당하는 기관들이 고차사고력을 희생시키면서 과학주의, 교육과정 표준화, 정보적 지식에 대한 지나친 강조로 향하는 추세 때문에, 그러한 능력의 달성을 이상하고 불가능한 일로 만들었다는 것은 작은 아이러니가 아니다.[13] 교육 보수주의자들이 정전(canon) 숭배의 감소와 실제적으로 유용한 정보의 부족에 대해 한탄했을 때, 그들이 한탄하지 않았지만 그렇게 했어야 했던 것은 완전히 다른 종류의 것이 학습되지 않는 것이고, 이는 훨씬 더 걱정스러운 일이다. 그것은 손에 잡히는 효용을 산출하지는 않지만, 우리 문화의 운명이 달린 능력들과 지적 덕성들의 감소이다. 이러한 능력과 지적 덕성으로는 관조와 비판적 질문의 습관, 상상력과 창의력, 자기 자신을

....

13) 대화나 고정관념에서 벗어나라는 슬로건이 오직 과학주의 내에서 이루어졌기 때문에, 오히려 고차사고력의 달성이 어려워졌고, 이것이 아이러니하다는 뜻으로 해석된다.

위한 읽기와 쓰기에 대한 사랑, 대화와 경청의 기술, 새로운 아이디어에 대한 환영과 잘못된 자기 확신의 거부, 판단력, 장기 집중, 서두르지 않는 숙고가 있다. 칼 야스퍼스(Karl Jaspers)는 이미 몇십 년 전에 다음과 같은 용어로 내가 생각하고 있는 종류의 학습되지 않음(unlearning)에 대해 지적했었다.

> 또한 우리는 무수히 많은 것이 아니라, 오직 한 번에 하나에 집중할 수 있는 명상, 고독, 지속적인 사고 능력의 상실을 목격하고 있다. 평범한 사람의 생활 규칙(actual rule)은 자유로운 지적인 삶 대신 반복 연습을 필요로 한다고, [그의] 실존이 공허한 일의 부산함과 역시 공허한 즐거움으로 나누어질 것을 요구한다고 주장하는 비관론자들이 옳은가? 아니면 자유로운 삶—단지 학문적으로 광범위한(extensive) 게 아니라, 정신적으로 집중하는(intensive) 삶—을 위해 또 다른 기회를 주는 것이 가능한가?[48]

야스퍼스의 언급이 적합하다는 것은 알기 쉽다. 더 최근에 이와 유사한 입장에서 제시된 니콜라스 버블스(Nicholas Burbules)의 논평도 그러하다.

> 교사와 학생의 교류가 주로 [교사 쪽에서] 말하기의 문제 또는 극도로 좁고 일방적인 질문하기의 문제가 될 때, 두 참여자의 듣고, 사고하고, 질문하고, 대안을 생각하는 능력은 위축된다.

수업이 '정답'에 맞춰질 때, 더 연구하고 다양한 관점과 관련된 토론을 하는 경향은 억눌린다. 동료 학생들 간의 대화가 심하게 좌절되거나 오직 매우 구체적이고 제한된 영역에서만 가능할 때, … 특정한 의사소통 기능과 성향은 확실히 없어진다. 그러나 이보다 더 큰 문제는 이러한 대화 기능과 성향들 자체가 교육적으로 (또는 사회적으로, 또는 정치적으로) 중요하지 않다는 암묵적인 메시지가 표현되는 것이다. 왜냐하면 분명히 그러한 기능과 성향들이 중요했다면, 교육과정은 그것들을 인정했을 것이기 때문이다.[49]

오늘날 학생들의 지식 감소를 걱정하는 교육 이론가들은 (특별히 블룸, 허쉬 및 다른 보수주의자들의 경향처럼) 그 사례를 과장하고 향수에 빠지는 것을 피해야 한다. 사실적 지식의 소유나 정전(canon)의 감상에 있어서든 야스퍼스와 버블스가 언급한 지적 덕성에 있어서든, 어떠한 과거의 젊은 세대도 전체적으로 오늘날의 젊은이보다 한층 뛰어나지는 않다. 그러나 향수에 빠지거나 과장을 하지 않는 한, 위의 모두에 대해 걱정하는 것은 지극히 타당하다. 이전 세대에 비해 지금 학생들이 갖고 있는 정보의 종류와 양은 (확실히 다르고, 덜 총체적일 것 같다). 서구 전통의 위대한 작품들에 대한 지식과 감상도 (덜 할 것 같다). 지적 성찰의 습관도 [마찬가지이다]. 여기에서 어떠한 조직적 방법이나 표준화된 시험도 정확한 측정을 해주지는 않지만, 우리가 이러한 문제 모두에 대해 걱정할 이유가 있다는 것, 특히 수행성, 전문 자격증, 현재 문화적 리터러시로 통하는 것

측면에서 즉각적인 수익을 가져오지 않는 지적 능력들에 대해 걱정할 이유가 있다는 것에는 거의 의심의 여지가 없을 것이다. 다른 교육 목적들을 희생시키면서, 교육을 과학이라는 안전한 길 위에 놓으려 하거나 학생들로 하여금 표준화된 시험에서 높은 점수를 받도록 준비시키려는 격동 속에서, 자아를 박식하지만 또한 사회생활 속에서 비판적이고, 관조적이며, 꽤 창의적인 참여자로 계발하는 것이 주변부로 밀려날 때, 이러한 목적들은 방치되는 것이고, 이로 인해 새로운 세대들은 경제기술적 기구에 너무나 잘 적응한 나머지 그것을 넘어서 볼 수 없게 되어버릴 것이다.

이 장의 논변은 특정한 학문들과 관련될 때 가장 잘 개진될 수 있으며, 거기에서 우리를 안내하는 질문은 다양한 연구 영역의 교육 목적들과 관련되어 있다. 우리의 기본 가설은 일반적인 용어로 진술되었고, 이에 대한 세부사항은 다음 두 장에서 검토할 것이지만, 이 가설의 특정 영역에서의 적합성은 2부에 있는 장들에서 초점을 맞추어 다룰 것이다. 우리의 기본 가설은 교육정책을 만들 때, 학습과정 외부에서 설명된 교육 목적들보다 학습과정 자체의 근본적인 조건과 요건, 그 과정 자체에 내재하는 역동과 목표들을 바라보아야 한다는 것이다. 철학가의 임무는 교육의 과정 내에서 항상 이미 작용하고 있는 목적들을 설명하고, 외부의 부과물로 인해 왜곡된 영향들을 확인하는 것이다. 나는 특별히 이러한 질문들이 점점 더 긴급성을 띠고 있는 중등 수준과 중등과정 이후의 수준에서 몇몇 인문학에 속한 학문들을 가지고 이 일을 하고자 한다.

1   이에 대한 몇 가지 유감스러운 예시들은 현대 문헌들 중에 있다. Henry
    Edmondson의 *John Dewey and the Decline of American Education*
    (Wilmington: ISI Books, 2006), Kieran Egan의 *Getting It Wrong From the
    Beginning: Our Progressivist Inheritance from Herbert Spencer, John Dewey,
    and Jean Piaget* (New Haven: Yale University Press, 2002), E. D. Hirsch의
    Cultural Literacy: What Every American Needs to Know (New York: Vintage,
    1988)과 *The Schools We Need and Why We Don't Have Them* (New York:
    Doubleday, 1996).

2   John Darling and Sven Erik Nordenbo, 'Progressivism' in *The Blackwell Guide
    to the Philosophy of Education*, eds N. Blake, P. Smeyers, R. Smith and P.
    Standish (Malden: Blackwell, 2003), 288. 동일한 저자들은 또한 '그러한 접근
    과 방법들을 여전히 "진보주의"란 용어로 불러야 하는지에 대한 까다로운
    질문'을 제기한다(Ibid., 288).

3   David Carr, *Making Sense of Education: An Introduction to the Philosophy and
    Theory of Education and Teaching* (New York: Routledge Falmer, 2003),
    215-16, 214.

4   예를 들어, Edmondson, *John Dewey and the Decline of American Education,*
    4; Egan, *Getting It Wrong From the Beginning*, 5; Allan Bloom, *The Closing of
    the American Mind* (New York: Simon and Schuster, 1987), 3; and Hirsch,
    Cultural Literacy, 8, 9를 보라.

5   Bloom, *The Closing of the American Mind*, 56.

6   Shaun Gallagher, *Hermeneutics and Education* (Albany: State University of New
    York Press, 1992), 185.

7   Dewey, *The Child and the Curriculum* (1903). MW 2: 277-8.

8   Robert B. Westbrook, *John Dewey and American Democracy* (Ithaca: Cornell
    University Press, 1991), 504-5.

9   Dewey, *Experience and Education* (1938). LW 13: 9.

10 Dewey, *The Child and the Curriculum* (1903). MW 2: 280-1.

11 Edmondson, *John Dewey and the Decline of American Education*, 110, 4.

12 Sidney Hook, *John Dewey: An Intellectual Portrait* (Amherst: Prometheus Books,
    1995), 177.

13 Jean-Francois Lyotard, *The Postmodern Condition: A Report on Knowledge*,
    trans. Geoff Bennington and Brian Massumi (Minneapolis: University of Minnesota
    Press, 1984), 51, 4.

14 Hans-Georg Gadamer, *Hans-Georg Gadamer on Education, Poetry, and History:
    Applied Hermeneutics*, trans. Lawrence Schmidt and Monica Reuss, eds Dieter
    Misgeld and Graeme Nicholson (Albany: State University of New York Press,
    1992), 165.

15 데릭 브리튼은 특히 성인교육과 관련하여 [다음과 같이] 진술한다. '근대 성
    인교육의 실천이 도덕적·정치적 질문들에 무관심하고, 실제로 **과학적인 시**
    도는 도덕적·정치적 질문들에 관련이 있을 필요가 없으며, 그 자체로 **관련**
    이 없어야 한다는 상식적인 가정에 거의 이의를 제기할 수 없게 되었다.
    왜냐하면 성인교육 영역의 규범적 기반이 더 이상 과학적인 시도의 좁게
    규정되고, 비정치화되며, 비역사화되고, 기술주의적이며, 전문적인 담론 내
    에서 다루어질 수 없기 때문이다.' Derek Briton, *The Modern Practice of*
    Adult Education: A Postmodern Critique (Albany: State University of New York
    Press, 1996), 9.

16 N. Blake, P. Smeyers, R. Smith and P. Standish, 'Introduction' to *The Blackwell*
    Guide to the Philosophy of Education, 8.

17 David Bridges and Ruth Jonathan, 'Education and the Market' in *The Blackwell*
    Guide to the Philosophy of Education, 29.

18 Lyotard, *The Postmodern Condition*, 61.

19 제임스 스캇 존스턴(James Scott Johnston)은 그의 탁월한 연구에서 듀이를
    실증주의자와 같은 종류로 보는, 잘못되었지만 여전히 흔한 해석을 설득력
    있게 비판하였다. *Inquiry and Education: John Dewey and the Quest for*
    Democracy (Albany: State University of New York Press, 2006).

20 블룸은 다음과 같이 말한다. '우리의 스타들은 스스로 이해하지도 못하고
    원래 독일의 것을 번역한 노래를 부르고 있으며, 그들은 어떤 영향을 미치
    고 있는지는 모르지만 광범위한 결과를 가져오는 커다란 대중적 성공을 했
    다. 이는 원래 메시지의 어떤 것이 미국인의 영혼을 감동시켰기 때문이다.
    그러나 이 모든 것 뒤에는 니체와 하이데거라는 서정시의 대가가 있다.'
    Bloom, *The Closing of the American Mind*, 152. 니체와 하이데거를 주의 깊
    게 읽은 사람들은—분명히 블룸은 아니다—얼마나 이 주장이 말이 안 되는
    지 바로 알아볼 것이다.

21 Ibid., 51, 61.

22 Ibid., 58, 340.

23 Ibid., 64.

24 Ibid., 374, 380.

25 Hirsch, *The Schools We Need*, 19.

26 Ibid., 176.

27 Hirsch, *Cultural Literacy*, xv-xvi, 61.

28 Ibid., 99.

29 Hirsch, *The Schools We Need*, 236.

30 Hirsch, *Cultural Literacy*, 92.

31 Hirsch, *The Schools We Need*, 28.

32 Hirsch, *Cultural Literacy*, 22, 102, 107. 이 책 전체에 걸쳐, 본문에 있는 강조
    는 원문에 있는 것이다.

33　Clifford Geertz, 'Thick Description: Toward an Interpretive Theory of Culture' in T*he Interpretation of Cultures* (New York: Basic Books, 1977), 5.

34　Alfred North Whitehead, *The Aims of Education and Other Essays* (New York: The Free Press, 1967), 33.

35　Dewey, *How we think* (1910). MW 6: 201.

36　Dewey, *Democracy and Education* (1916). MW 9: 165, 77.

37　Ibid., 117.

38　예를 들어, MW 9: 107, 111; LW 8: 222-3; LW 13: 6을 보라.

39　Dewey, *Democracy and Education* (1916). MW 9: 111.

40　Hans-Georg Gadamer, *Truth and Method*, trans. Joel Weinsheimer and Donald G. Marshall (New York: Continuum, 1989), 383.

41　Dewey, *How We Think* (1910). MW 6: 207.

42　Dewey, *Reconstruction in Philosophy* (1920). MW 12: 185.

43　Shaun Gallagher, *Hermeneutics and Education*을 보라.

44　Gadamer, *Truth and Method*를 보라.

45　James A. Good은 그의 훌륭한 연구, *A Search for Unity in Diversity: The 'Permanent Hegelian Depot' in the Philosophy of John Dewey* (Lanham: Lexington Books, 2006)에서 이에 대해 철저히 설명하고 있다.

46　Gadamer, *Truth and Method*, 13.

47　William James, *Talks to Teachers on Psychology* (New York: W. W. Norton, 1958), 24.

48　Karl Jaspers, *Philosophy and the World: Selected Essays*, trans. E. B. Ashton (Washington: Gateway Editions, 1963), 28.

49　Nicholas C. Burbules, *Dialogue in Teaching: Theory and Practice* (New York: Teachers College Press, 1993), 152.

02
듀이의 코페르니쿠스적 혁명

　듀이는 예상 밖의 혁명가였다. 듀이는 열정적인 산문, 도발, 문학적 과도함과는 거리가 멀었고, 두드러지게 다작(多作)했던 그의 긴 생애 전체에 걸쳐 있는 글들은 혁명이란 목적과는 거의 관련 없이 이상하리만큼 침착한 분석과 상식(common sense)을 보여준다. 그러나 틀림없이 듀이의 생애 전체에 걸쳐 있는 교육 저작들은 혁명적이다. 듀이는 자신의 교육철학의 목적이 코페르니쿠스의 혁명에 비견될 [교육] 혁명에 영향을 미치는 것이라고 말했는데, 우리는 이를 듀이답지 않은 수사적 표현이 아니라, 그의 목표에 대해 완전히 정확한 진술로 이해해야 한다.[1] 그 [혁명적인] 목표는 '교육의 중력 중심'의 이동으로부터 시작하는데, '이는 학생 중심 교육관을 주장하기 시작했던 진보주의자 및 다른 이들이 종종 오해했던 것이다.' 전통적 견해에서는 교육의 과정이 공전하기에 적합한 중심을 교과내용-이미 만들어져 있는 지식 모음으로 생각되는 것-으로 간주했지만,

진보주의 교육가들은 듀이를 그들의 권위자로 언급하면서 학생을 그 중심에 놓았다. 그러나 깊이 생각해보면 듀이의 입장은 그가 영감을 주었다고 주장하는 많은 이들의 입장과 상당히 다르다. 듀이에게 있어서 이 새로운 중력 중심이 되는 것은 학생 그 자체가 아니라, 학생의 경험이다. 듀이는 이것을 인정한다면 교육이론과 실천 모두를 급진적으로 변화시켜야 한다고 주장했다.

듀이에게 있어, 교육의 과정은 내재적인 논리를 가지고 있다. 그리고 이 논리를 분명히 하는 것은 이론가의 몫이다. 우리가 보았듯이, 교육실천의 목적은 실천 그 자체 안에 있다. 따라서 이론가의 주요 임무는 처방적(prescriptive)이기보다 기술적(descriptive)이다. 이론가의 임무는 분명한 용어로 어떠한 목표와 목적들이 항상 이미 학습과정에 속해 있는지 기술하는 것이며, 따라서 이론가는 전통적인 방식으로 그러한 목적들이 무엇이어야 하는지 선언하는 것을 삼가야 한다. 근본적으로 듀이의 의도는 **선험적으로**(a priori) 성찰하는 이론가가 교육의 과정 바깥의 관점에서 '교육의 과정에 대한 이상과 규범을 세운다'는 의미로 흔히 하듯이 '교육이 무엇이어야 하는지' 처방하는 것이 아니었다. 그보다 듀이의 의도는 현상학의 방식으로 '정말로 교육이 일어날 때 실제로 무엇이 발생하는지' 기술하는 것이었다.[2] 이 겉보기에 그다지 대단하지 않은 목적은 방법론적으로 중요하게 전통적 견해로부터 이탈한 것이다. 전통적 견해는 학생들의 경험이나 학습과정 자체의 통합성과는 관련이 없는 고려사항들과, 가장 효과적인 것으로 증명된 교육방법들 어떤 것을 사용해서라도 교육가들이 주입해야 하는 지식, 받아들이고, 이해하고,

기억한다는 의미에서 학생들이 배워야 하는 지식이 교육의 목적과 중력 중심을 결정한다는 것이기 때문이다. 교육철학의 주요 목적은 주어진 교육과정을 학생들의 정신에 넣는 데 가장 효율적인 기술을 처방하는 것도 아니고, 문화 전달이나 실제적 필요라는 관점에서 어떤 지식이나 신념의 항목이 가장 중요한지 판단하는 것도 아니다. 듀이는 이러한 목적들을 거부한 것이 아니라, 그것들이 경험에 종속되어 있다고 주장했다. 이는 듀이에게 있어 교육의 알파와 오메가에 해당하는 생각이다.

만약 듀이가 일으키기로 작정했던 코페르니쿠스적 혁명이 교육의 중심을 경험으로 옮기는 것이라면, 이 움직임이 교육철학에 제기하는 질문에는 '경험 자체의 본질이 무엇인지', '이 움직임이 수반하는 것은 무엇인지', '왜 이러한 움직임이 필요한지'가 포함된다. 나는 이 장에서 이 중 첫 번째 질문에 초점을 맞출 것이다. 그러나 그렇게 하기 전에, 왜 이러한 혁명이 필요하고 전통적인 교육 접근법에서 발견되는 결점들이 무엇인지에 대해 듀이가 제시했던 논변을 상기하는 것이 중요하다. 1장에서의 논변을 반복하지 말고, 듀이로 하여금 더 보수적인 견해들을 거부하게 했던 원래의 자극을 떠올려보자. 듀이는 다음과 같은 용어로 그의 초기 비판을 요약했다.

나는 대체로 오늘날 교육에서 그대로 둘 수 없는 폐해는 심리적인 기반이 아니라 객관적이거나 논리적인 기반에서 교육과정의 교과내용을 (전체적으로도, 그 다양한 단계에서도) 선택하고 결정하는 것이라고 생각한다. [여기에는] 관념적이고 과학적인 저술가들이 경험 및 힘든 성찰의 세월 후에 정교하게 만들어 놓은 완벽한 체계를 받으려고 기다리는 초라한 교사가 입과 손을 넓게 벌리고 서 있다. 그 교사는 믿을 수 있는 방식으로 이미 만들어져 있는 '교과'를 받고, 똑같이 이미 만들어져 있는 방식으로 그것을 학생들에게 넘겨주게 된다. 그 전달 사이에 있는 매개물은 단순히 '방법'이라 불리는 장치나 속임수라 할 만한 어떤 외적 부속물과 '흥미유발로 일컫는 외적 유인책이라 할 만한 어떤 사탕발림(sugar-coating)이다.[3]

듀이는 종종 가장 가혹한 용어로, 그 당시에 규범이었고 듀이 자신도 청소년일 때 버몬트의 공립학교 체계에서 견뎌냈던 보수적 접근법들에 대해 지치지 않고 비판했다. 이는 그 시대의 규범보다는 나은 것 같지만, 그럼에도 불구하고 한탄스러운 교육체계에 대해서도 마찬가지였다. 여기에서 듀이의 비판을 올바로 이해하기 위해서는 먼저 그가 거부한 견해들을 비판하는 데 전형적으로 사용했던 방식을 이해할 필요가 있다. 듀이는 그의 시대나 우리 시대의 많은 철학자들과는 달리, 굉장히 부드러운 비판가였다. 듀이는 쉽게 비판하지 않았고, 언제나 신중했으며, 감정에 좌우되지 않았고, 비판할 때에도 너그러웠으며, 절대 과장을 하지 않았다. 그러나 이야기의 주제가 듀이 자신이 일으켜 세웠던 교육의 실천이나 그 실천의 기초가 되는 이론일 때, 그는 평소답지 않게 엄격했다. 듀이는 전통적 패러다임 내에서 학생들의 경험이 거의 완전히 빛을 잃어버리는 것에 초점을 맞추어 비판했다. 이 전통적 패러다임 속에서, 학생들은 주체로서 교육과정이라는 객체 앞에 서 있고,[1] 본질적으로 학습이라는 일은 가능한 한 가장 많은 양의 정보를 가능한 한 가장 효율적인 방식으로 학생들의 정신에 새기는 것이고, 그렇게 하면서 (표면상) 젊은이의 자연스러운 특징인 학습에 대한 저항을 극복하는 것이다. 추상적이면서 공식적인 교육과정, 경험과 동떨어진 교육과정, 학생들이 오직 먼 훗날에 그 의미를 깨달을 수 있을 만한 교육과정이 제시되고 받아들여진다. 이 교육과정은 높은 곳에서 [학생들을] 구조해주는 것이고, 아마도 과거의 무거운 짐이며, 어쨌든 '본질적으로 고정된 … 일종의 완성품이며, 그것이 원래 구성된 방식이나 확실히 앞으로 겪게 될 변화를 거의 고려하지 않는'[4] 지식모음이다.

이러한 체제는 정확히 학습이 일어나는 기반 - 학생들의 경험 - 을 부인하기 때문에, 학습 의욕을 꺾는 분위기를 만들어낸다. 그것은 '겁이 많고',[5] 흥미가 부족하며, '유순하고, 수용적이며, 복종하는 분위기'[6]이다. 듀이는 '평균적인 전통학교'의 특징이 '경직되고 틀에 박힌 일', '지루한 인습', 학생들의 교실 밖에서의 삶이 완전히 제거된 분위기라고 서술했다.[7] 그러한 조건하에서 학생들은 학습동기가 부족하기 때문에, '그들의 마음이 의식하지 못한 채 역겨운 약을 삼키도록 해주는' 인공적인 유인책, 교사의 칭찬이나 높은 점수, 실패에 대한 일련의 벌과 결합된 재미있는 교수법과 같은 유인책이 주어져야 한다.[8] 심지어 이러한 기준에서 교육이 성공했다 할지라도, 그 교육은 전형적으로 생활과 동떨어져 있고, 일상적인 말로 '학구적'이

---

1) 주체 - 객체 이분법을 전제한다.

며, 지나치게 책만 좋아하고, 무엇보다 관습적인 사고를 하는 학생들을 만들어낸다. 이 학생들은 엄청난 양의 정보를 축적하는 데 성공했지만, 독창적이고 비판적인 사고를 하는 능력은 부족한 경향이 있다.

듀이의 전통교육에 대한 판단은 가혹했지만, [그렇다고 해서] 그가 진보주의 운동 같은 전통교육의 논리적 안티테제를 신봉한 것은 아니었다. 듀이는 진보주의 운동을 격려했고 종종 진보주의 운동을 했지만, 또한 진보주의 운동가들을 책망했다. 특히 1938년에 그의 짧은 논문인『경험과 교육』에서 그러했다. 변증법적인 사상가였던 듀이는 거의 항상 이항대립의 관점에서 생각하는 것을 거부했고, 독일에서 활동했던 그의 전임 사상가인 프리드리히 니체만큼이나 (듀이의 저작을 보면, 듀이가 니체에 대해 오직 조금 아는 정도인 것 같다) 철학적 이분법에 회의적이었다. 듀이는 그 자신이 전제한 것으로 보였던 진보주의의 이분법이나 학생 중심 교육 vs 전통적인 교육과정 중심 교육[이라는 대립항]을 오히려 거절했다. 진보주의 운동은 완전히 이분법적인 용어로, 학문과 자유, 노력과 흥미, 위로부터의 부과물과 경험으로부터의 표현, 미래를 위한 준비와 현재의 삶 등을 대비시키고, 각 경우에 전자를 후자로 대체시키기 시작했었다. 듀이는 이 점에 있어 진보주의자들을 따라가지 않았고,-더 정확하게는 자신을 따라오지 않는 것에 대해 진보주의자들을 질책했고,-그보다 학생들의 경험을 출발점으로 삼지만, 경험 자체의 논리에 의해 결정되는 방향과 방식으로 이 경험을 성장시키려 노력하는 더 세련된 입장을 [제시하기] 위해, 진보주의와 보수주의의 이분법 자체를 거부해야 한다고 주장했다.

　듀이는 경험의 성장이란 목표를 달성하기 위해서, 교육가들이 단지 암기, 반복연습, 암송 등과 같은 전통적 교육학의 수단을 사용하여 교육과정을 학생들의 정신에 '박아 넣거나', '고루 바르는' 것이 아니라, '특정한 반응을 끌어내는' 도구가 되는 종류의 환경을 만드는 것을 추구해야 한다고 주장하곤 했다. 만약 우리가 교육을 유기체의 성장이나 삶 그 자체라는 모형으로 생각한다면, 교육은 '기르고, 양육하고, 계발하는 과정'이 된다. 그리고 이 모든 개념은 '성장의 조건들'9을 나타낸다. 이러한 조건들을 공급하는 것은 어떤 의미에서 '내부로부터 발달하는 교육'이라는 진보주의 아이디어와 '외부로부터 형성하는 교육'이라는 보수주의 아이디어의 중간에 있는 교육관을 표현한다. 비록 많은 문제들에 있어 듀이는 여전히 진보주의에 더 가깝지만 말이다.10 듀이가 전통적인 교육에 대해 가장 자주 공개적으로 제기했던 비판들 중에 하나는 정확히 교육이 일어나는 환경－전형적으로 지적 성장을 촉진하기보다는 억누르는 환경－과 관련이 있다. 교육적 환경은 [학생들의] 지적 발달에 주는 영향을 고려할 때 적절히 조정되고, '학교 밖의 상황들이 하는 … 방식으로 사고를 끌어내거나' 자연스럽게 성찰을 이끌어내는 '경험의 상황들(experienced situations)'을 창조할 때 만들어진다. 특정한 조건들이 갖춰져 있을 때에는 학문적 상황이라 해도, 사고가 일어난다. 그러나 그 조건들이 갖춰지지 않는다면, 사고가 일어나더라도 보통 그 자리에서 멈춘다. 만약 일반적인 사고가 완전히 이해하기 쉬운 교육과정이나 아마도 '진공 상태'보다는 '직접 경험한 상황에서 생겨나는' 특징을 갖고 있다면, 경험의 상황을 제공하고, 그것에 의지하며, 그것이 특정한 순서를 따라 학습의 과정 속으로 향하게 하는 것이 교육가의 일이다.[11]

듀이가 경험을 강조한 것은 교육과정이나 지식 자체의 가치를 떨어뜨리려는 의도가 아니라, (매우 많은 듀이의 비판가들이, 심지어 그의 지지자들조차도 자주 듀이가 그렇게 했다고 생각하지만) 교육과정 및 지식과 실험적인 것과의 연결을 주장하려는 의도였다. 이 연결이 분명하지 않을 때, (매우 자주 그러한 것처럼) 그 결과는 지식 그 자체를 위해 지식을 구하는 것이 아니라, 진정 정반대이다. 그 결과는 정보를 '단순히 보존을 위한 정보'로 마주하고, 지식을 생생한 경험에 의미를 주기보다는 '경험 위를 덮어씌워 별개의 층을 이루는 경향이 있는' 지식으로 마주하는, 이렇다 할 동기가 없는 정신이다.[12] 이러한 동기부족은 오랫동안 모든 수준의 교육에서 주요 문제 중에 하나였다. 그러나 듀이는 이것을 전통적인 방식으로 젊은이들이 지적으로 게으른 흔적으로 보기보다, 교수법적 실패의 징후로 간주했다. 듀이는 심지어 수학처럼 추상적인 교과내용도 그것이 인간 경험 속에 가지고 있는 뿌리를 무시하기보다 강조하는 방식으로 학생들에게 제시될 수 있다고 주장했다. 특히 초등학교 수준에서 '수에 대한 공부가 동기부족에 … 시달린다면', 이 동기부족의 이유는 학생들의 마음의 특성에 있거나 아마 교과가 본질적으로 재미없는 것처럼 수학 자체에 내재하는 것이 아니라, '수를 다른 어떤 목표를 달성하기 위한 수단이기보다 목표 그 자체인 것처럼 취급하는 근본적인 오류'에 있을 것이다. '아동으로 하여금 수의 용도가 무엇인지, 정말로 수가 무엇을 위한 것인지에 대한 의식을 갖도록 하라. 그러면 절반은 성공한 것이다.'¹³ 학생들의 끊임없는 질문인 '우리가 왜 이것을 공부하고 있나요?'에 대한 대답을 찾기 어려울 때, 동기 부족은 당연한 결과이다.

듀이에게 있어서, '왜 이것을 공부해야 하는가'라는 질문은 전통적으로 모든 단계의 교육가들이 염두에 두고 학생들의 교과 이외의 경험과 완전히 단절되지는 않게 대답했던 것보다 훨씬 더 진지하게 다루어야 하는 질문이다. 듀이가 언급했던 것처럼, 특히 젊은이들의 정신의 특징은 삶이 접하게 해주는 거의 모든 것─그 삶이 지식을 끌어내는 삶이나 생생한 경험이라면─과 관련된 지식에 대해 거의 무궁무진한 욕구를 가지고 있다는 것이다.

> 어린 아이는 깨어 있을 때, 항상 바쁘다. 우리가 이러한 경향에 대해 분석한다면, 우리는 몸이라는 매개물을 통해 활동하는 마음이 늘 무언가를 찾고 있다는 것을 발견할 것이다. 예를 들어, 아동은 항상 신체를 위해 음식을 먹고 싶어 하는 것처럼 보인다. 그 점에 있어서, 확실히 아동은 백지가 아니다. 그와는 반대로, 아동의 배고픔은 활동적인 것이다. 그것은 너무나 활동적이어서, 아동으로 하여금 열심히 음식을 찾도록 만든다. 이제 아동의 눈, 귀, 손가락, 코는 꼭 아동의 배와 같이 배고프다. 어린이는 본래 건강하게 해주는 것, 삶을 구성하는 것을 갈망한다. 어린이는 형태, 색깔, 소리, 특별히 사물을 잡고 그것으로 무언가를 하는 것을 갈망한다.¹⁴

듀이가 자연적으로 지식을 추구하는 마음의 경향성에 대해 처음으로 언급한 사람은 결코 아니다. 서구 사상사에서 가장 자주 인용되는 말들을 남긴 사람 중 한 명인 아리스토텔레스는 '모든 인간은 선천적으로 알고 싶어 한다'는 관찰, 몇몇은 동의하지 않겠지만 모든 교육가들이 알고 있듯이 이 알고자 하는 욕망이 학문적 상황에서 두드러지게 약화될 수 있다는 관찰로 『형이상학^{Metaphysics}』을 시작한다.[15] 듀이는 다음과 같이 물었다. 왜 일상의 경험에서는 너무나 눈에 잘 띄고 어디에나 있는 이해의 필요가 너무나 자주 교실에서는 무관심으로 대체되는가? 이에 대한 듀이의 대답은 전통적 교육기관에 있는 학생들에게 정보가 너무나 일상생활과 동떨어진 방식으로 제시되면서, 이 학생들이 지식의 세계를 '개인적으로 만나는 세계'와 연결하기보다, '그 위에 놓여' 완전히 다르고 '이상한 세계'로 받아들이기 시작했다는 것이다. 이 학생들의 사고방식에서 학문적 지식은 아리스토텔레스가 언급했던 더 생생한 지식과는 완전히 분리된 것, [의미 있는] 가치와 목적, 신비롭게도 권위적인 명령과는 완전히 다른 가치 및 목적과는 완전히 분리된 것이 된다. 듀이는 다음과 같이 계속 이야기했다.

> 학생의 유일한 문제는 학교의 목적을 위해서, 암송과 진급이라는 목적을 위해서, 이 이상한 세계의 구성 요소들을 배우는 것이다. 아마도 오늘날 대부분의 사람들에게 가장 두드러지게 지식이라는 단어가 연상시키는 것은 단지 다른 이들이 확인한 사실과 진리의 모음일 것이다. 여기에는 도서관 선반에 있는

지도책, 백과사전, 역사책, 전기, 여행 책, 과학논문 등에 나와 있는 내용들이 해당된다.[16]

이에 대한 전통적 교육의 대답은 [지금은 아니지만] 학생들이 나이를 먹으면 교육의 목적을 분명히 알게 될 거라 자신 있게 예상할 수 있고, 교육의 목적은 본질적으로 학생들을 졸업 이후의 삶에 준비시키는 것인데, 이를 미성숙한 정신이 이해할 거라 기대할 수는 없다는 것이다. [그러나] 듀이는 미래에 대한 준비라는 교육의 개념에 장점이 전혀 없는 것은 아니지만, 이 개념은 [곧] 극복할 수 없는 어려움에 직면한다고 반박했다. 그 어려움은 교육의 교과내용과 현재 생활과의 단절이 학습동기를 약화시키고, 학생들의 지식관을 왜곡하며, 지적으로 유순하고 인습적인 태도를 조성한다는 사실로 인해 시작된다. 게다가 준비라는 교의(the doctrine of preparation)는 진정한 미래의 준비를 가능케 하는 바로 그 요인들을 간과하기 때문에, 준비 자체를 못하게 만든다. 듀이가 주장했던 바와 같이, '우리는 오직 각각 현재에, 현재 경험의 완전한 의미를 추출함으로써만, 미래에 동일한 일을 할 것을 준비한다.'[17] 교육가들이 판단하기에 언젠가 필요할 지식을 학생들에게 공급하는 것은 그 정보를 기억하는 것과 관련하여 상당히 큰 문제를 만들어낸다. 이는 우리 자신이 학교교육을 받은 기간을 돌아보고, 우리가 얼마나 우리에게 제시된 정보를 기억하려고 했는지 생각해보면 알 수 있다.[18] 우리가 이것을 학생들의 경험과 참으로 연결된 정보를 흡수하고 기억하는 능력과 비교할 때, 그 차이는 놀랄 만하다. 아동이나 청소년들이 수학이나 문학 수업 내용을 기억하는 능력은 거의 가지고 있지 않지만, 수십 년이 지나도 남을 정도로 스포츠나 음악에 대해 해박한 지식을 가지고 있는 것은 아주 흔하다.[19] 이러한 차이를 설명해주는 것은 스포츠, 음악, 젊은이의 정신 속에 있는 것이 아니라, 전자(스포츠나 음악에 대한 지식)와 젊은이의 살아 있는 경험과의 연결이다. 교육가들이 진정으로 젊은이의 교실 밖 경험을 이용할 수 있을 때, 상황은 극적으로 달라진다. 우리가 학생들이 교육기관 바깥에서는 배우지 않는다거나 학생들이 교육기관 바깥에서 배우는 것은 교육이 아니라고 주장하고 싶은 게 아니라면, 우리는 왜 그렇게 자주 동일한 정신이 학문적 상황에서는 활기가 없고 배움에 무관심한데 그 바깥에서는 열정적으로 호기심이 많은지 설명해야 한다. 듀이가 언급했던 것처럼, 우리가 경험을 통해 받는 '간접교육'은 어떻게 교육이란 용어에 학문적으로 내포된 의미에 대해 생각해야 할지 기준이 되는 모델을 제공한다.[20]

이것은 옛날에 가정에서 일어났던 종류의 활동들을 교실에서 재현하는 모델이다. 예를 들어, 듀이 자신이 시카고 대학에서 설립했던 것과 같은 초등학교에서는 (듀이의 교육철학을 실천하려는 실험적 시도로 만들어졌던 1896년에서 1903년까지의 소위 '실험학교') 옛날에 시골 지역이나 소도시에서 아동기의 일상 경험에 속했던 목공, 목수 일, 자연 공부, 가정 농사 일, 요리 및 그 밖의 유사한 실천과 같은 활동들을 중심으로 학문 교과내용을 조직한다. 근대 도시화와 과학기술을 통한 기계화 이전에 존재했던 '이상적인 가정'에는 '아동의 탐구를 안내할 수 있었던 소형 실험실'뿐만 아니라,

'아동이 구성적 본능을 갖고 연습할 수 있었던 작업장'도 있었다. 게다가 '아동의 생활은 야외에 있는 정원, 인근의 들판, 숲으로 확장 되었을 것이다. 아동은 소풍을 가고, 걷고 이야기했을 것이며, 그곳 에서 야외의 광대한 세계가 아동의 눈앞에 펼쳐졌을 것이다.'²¹ 듀이 가 구상했던 학교는 [분명] 가정에서의 삶보다 더 규모가 크고, 더 명시적으로 사회적이고 공적이며, 더 조심스럽게 조직화되고 규제 된 활동들로 이루어져 있지만, 본질적으로 그가 생각했던 이상적인 가정을 모델로 했다. 이러한 아이디어에 대한 궁극적인 정당화는 교육의 과정 자체의 본질 속에 있다. 지식 습득은 직접적으로 인간 의 경험에 뿌리를 내려야 한다. 왜냐하면 후자(인간의 경험)가 지식 이 나타나는 기반이고, 궁극적으로 지식과 관련된 것이기 때문이다.

누군가 듀이의 이상적인 가정관 속에서 향수의 기미를 느낀다면, 그가 전적으로 잘못 판단한 것은 아니다. 듀이는 긴 생애(1859-1952) 동안, 근대화가 가져온 엄청난 변화를 직접 목격했고, 그 변화를 낙관과 한탄이 뒤섞인 관점으로 바라보았다. 듀이의 일반적인 견해 가 결코 보수적이지는 않지만, 듀이는 그가 아동기에 경험했던 도시 화를 가져온 일부 변화들뿐만 아니라, 19세기 후반부터 20세기 초반 까지 발생했던 대도시 및 교외로의 대이동도 유감스런 마음으로 바라보았다. 듀이는 공평한 성격으로 인해, 경험의 좁아짐 및 시골 환경에서 자라난 어린이가 전통적으로 획득하는 실제적 지식의 상 실, 듀이 자신이 성장했던 작은 규모의 생활의 상실과 함께, 도시 생활이 야기하는 자연과의 단절에 대해서 한탄했지만, 그렇다고 해 서 과거 일만 생각하고, 현대 생활의 장점을 무시하지는 않았다.

듀이는 1899년에 다음과 같이 서술했다.

그러나 우리가 단지 슬퍼하면서 과거를 다시 가져올 것을 기대하고 권유할지라도, 어린이들이 겸손하고, [어른을] 존경하며, 암묵적으로 복종했던 좋은 옛 시절로부터 벗어난 것에 대해 슬퍼하는 것은 쓸모없는 일이다. 근본적인 조건들이 변화했다면, 똑같이 교육에서도 근본적인 변화가 일어나야만 충분할 것이다. 우리는 [근대화로 인한] 이득－관용의 증가, 사회적 판단의 폭 증가, 인간의 특징에 대한 더 넓은 만남, 성격의 표시를 읽고 사회상황을 해석하는 데 있어서 더 예민한 경계심, 상이한 인격에 적응하는 데 있어 더 높은 정확성, 더 거대한 상업 활동과의 접촉－에 대해 인정해야 한다. 이러한 고려사항들은 오늘날 도시에서 자란 아동에게 많은 것을 의미한다.[22]

만약 근대성(modernity)이 굉장히 많은 측면에서 좋기도 하고 나쁘기도 한 것이라면, 근대성이 제공하는 무수한 실제적, 문화적 이익들, 우리가 포기하기 싫어할 그 이익들이 무거운 대가를 요구한다면, [이때] 교육을 위한 질문은 학습의 과정이 일어날 수 있는 유일한 기반에 그 과정이 뿌리내리는 것을 어떻게 보장할 것인가 하는 것이다. 경험, 가장 광범위한 의미에서의 경험이 이러한 기반을 구성한다면, 교육가들은 어떻게 지식과 경험의 단절이 점점 더 두드러지는 것을 막을 수 있을까? 보다 낙관적으로는 어떻게 그것을 뒤집을 수 있을까?

듀이에게 있어서, 이에 대한 대답은 그가 경험이라는 용어(듀이가 몇십 년의 과정에 걸쳐 설명하려고 했던 개념)로 요약했던 실제 생활의 활동과 상황들에서 직접적으로 생겨난 교육과정의 형태로 등장해야 한다. 전통적인 교육이 가진 문제의 뿌리가 그것이 삶의 실험적 차원을 무시한 데에 있다면, 듀이의 임무는 그의 코페르니쿠스적 혁명의 함의를 분명하게 드러내는 것―그는 어떤 종류의 경험을 교육적인 것으로 생각하는지, 어떻게 그 경험들이 적절하게 교육적인 방식으로 향하게 할 수 있는지, 그리고 물론 그의 경험관 자체가 무엇인지 명백히 설명하는 것―이다. 듀이는 경험이라는 용어, 그 뿌리를 고대 그리스 철학에 두고 있고, 이후 근대 계몽주의 시대에 영국 경험론자 등의 사상에서 엄청나게 변형되었던 이 오래된 용어를 근본적인 조건들 속에서 점검하는 한편, 이 용어의 광범위한 함의를 몇몇 관련 철학 영역들에서 입증하려 노력했다. 이제 이러한 경험 그 자체와 경험이 적절히 교육적이게 되는 조건들에 대한 질문으로 돌아가자.

1. 실험적 탐구로서의 경험

물론 경험 개념에 대한 서구 철학 전통의 긴 역사는 내가 여기에서 제대로 다룰 수 없는 주제이다. 그러나 문제의 방향을 맞추기 위해서, 그리스, 근대 경험론, 합리론, 관념론에서 우리에게로 내려왔던 인식론과 더 정통적인 경험관으로 잠시 여행해보자. 왜냐하면 듀이의 경험 개념이 극복하려고 하는 것이 [바로] 이러한 견해들이기 때문이다. 실험적 탐구로서의 경험 개념은 듀이의 교육 이론뿐만 아니라, 그의 실용주의적 인식론에서 논리학, 심리학, 미학, 윤리학, 정치학 및 다른 연구 영역들에 이르는 그의 전체 철학 견해에도 필수적이다. 또한 경험 개념은 고대 인식론과 위대한 계몽주의 시대에 중심적인 역할을 했던 개념(an idea)이다. 그러나 듀이가 종종 언급했던 것처럼, 20세기에 들어와서 경험 개념은 계속해서 우리로 하여금 그것을 보다 어두운 빛으로 보게 하는 고대와의 결합에 시달리게 된다. 경험에 대한 일반적인 경멸은 그리스 철학, 특히 플라톤과 아리스토텔레스의 저작에서 시작되었다. 그리고 이 경험에 대한 경멸은 실천, 수사, 의견, 현상과 같은 항목들에 대한 더 넓은 비판에 속한다. 특히 이 모든 것은 이런저런 방식으로 지식과 존재의 순서에서 하위의 영역에 속하는 것으로 주장되었다. 가장 저명한 그리스 철학자들이 일련의 위계질서가 있는 이분법을 도입했는데, 이는 근본적으로 현대까지도 서구의 사상을 구조화했다. 실재/현상에서 지식/의견, 이론/실천, 이성/욕망, 논리/수사, 인간/동물, 남성/여성, 공적/사적, 미덕/악덕 등등에 이르는 이항대립들이 몇몇 철학 연구 분파들에 기본적인 궤적을 제공하였다. 그리고 각 경우에, 전자가 후자보다 절대적으로 우월한 지위를 가졌다.

고대 철학은 경험에 대해서도 이분법적이고 위계적인 용어로 이야기하곤 했다. 경험의 영역과 경험적인 것은 확실히 합리적인 것(the rational)—우리 인간의 본질을 구성하고, 우리를 짐승보다 높은 수준에 올려놓으며, 우리로 하여금 참된 존재의 본질을 알게 해주는 능력-보다 하위 인지능력에 속했다. 그리스 정신에서 경험은 관습이 권위를 부여했던 의견 및 실천들의 총합과 결합되었고, 따라서 과거와 결합되었다. 경험적 지식이나 신념의 범위는 우연성, 개연성, 변화의 세계로 한정되었고, 이는 확실한 이성의 기반 위에 설립된 지식의 필연성과 확실성이 결핍된 것이었다. 만약 궁극적인 차원에서 실재(reality)가 단순한 현상(appearance) 정도를 초월한다면, 우리는 경험적 수단을 통해 실재에 대해 알 수 없을 것이다. 그리고 실재를 알기 위해서는 절대적으로 고차의 인지능력, 형식, 본질, 제1원인 등을 포착할 수 있는 능력이 요구된다. 예를 들어, 수학과 논리학은 인간이 이용할 수 있는 가장 순수한 형태의 지식으로, 경험의 범위를 상당히 넘어서 있었다. 수학과 논리학의 순수성은 바로 단순히 경험적인 것이나 감각과 섞이지 않은 결과였고, 과거로부터 축적된 의견들에 의존하지 않은 결과였다. 그리스인들에게 고차적 지식은 '그것이 무엇인지'보다는 '그것이 왜 그런지', '그 기저에 있는 원인이나 이유가 무엇인지'와 관련이 있다. 학문의 궁극적인 목적은 주어진 대상에 대한 경험적 지식을 얻는 것이 아니라, 그것을 이성적으로 이해하는 것이고, 여기에서 이성적으로 이해하는 것은 그 이유를 설명하는 것을 의미한다.

계몽주의 시대에 경험 개념은 합리론자, 관념론자, 물론 영국 학파의 경험론자들의 사상에서 변형되었을 테지만, 그래도 여러 면에서 고대 철학이 세운 궤적을 지속적으로 따라갔다. 합리론과 관념론 안에 확고히 남은 것은 고대의 경험적인 것에 대해 경시하는 태도와 이성적 범주의 보호 없이는 감각을 믿을 수 없다고 주장하는 것이다. 유명한 데카르트(Descartes)의 『성찰^{Meditations}』은 분명하고 명확한 관념들의 도움을 받지 않은 경험적 관찰에 반대하는 사례, 경험적인 것이 아니라 오직 신성의 질서만이 보증인이 될 수 있는 개념들의 윤곽을 보여주었다. 합리론자와 독일 관념론자 모두에게 이성의 개념들은 경험 위에 위치하고, 경험적인 것은 그러한 개념을 확증할수도 부인할 수도 없기 때문에, 이성의 개념들은 경험적인 것에 대해 자기 충족성(self-sufficiency)을 갖는다. 경험은 절대로 특수성, 개연성, 우연성의 상태를 넘어설 수 없지만, 이성적 사고의 범주들은 우리로 하여금 참된 지식의 기반을 이루는 보편적이고 필연적인 법칙, 원칙, 선험적인 확실성을 포착할 수 있게 해준다. 칸트(Kant)에게 있어서, 그 자체로는 무질서하고 알 수 없는 경험을 이해할 수있게 해주는 것은 순수 이성의 범주들이다. [물론] 칸트는 경험과 분리된 이성의 한계에 대해 증명하려는 시도를 했다. 그러나 듀이의 칸트 해석에서 결정적인 것은 여전히 칸트의 비판적인 기획에 매달려 있는 '교조적인 엄격함'이다.

그는 이해한다는 것이 경험과의 관련성을 도입하고 그렇게 함으로써 대상들(안정되고 규칙적인 특징들의 관계들)에 대한 앎을 가능케 하기 위해, 고정되고 선험적인 개념들을 사용하는 것이라고 가르쳤다. 이로 인해 그는 독일 사상에서 이상하게 생생하고 다양한 경험에 대해서는 멸시하고, 이상하게 자기 자신을 위한 체계, 질서, 정규성의 가치에 대해서는 과대평가하는 [성향을] 발달시켰다.

듀이는 특히 칸트가 초경험적(transcendent) 질서를 지지하면서 세상의 현실로부터 눈길을 돌리는 '절대론의 체계', 극단적이고 보수적인 특징을 가진 입장을 독일 사상에 도입했다는 이유로 그를 비난했다. 이 절대론의 체계는 '경험을 안정된 조직을 지지할 수 없는 원자와 같은 요소로 분해하거나, 고정된 범주 및 필연적인 개념들을 가지고 모든 경험을 탄압하는 것'이다. 우리가 [이로 인해] '역사적으로 중요한 과거를 사소하고 해로운 것으로 무시하고 공격하는 철저한 급진주의 아니면 [기존] 제도들을 영원한 이성이 구현된 것으로 이상화하는 철저한 보수주의'²³를 선택할 수밖에 없다면, 이것의 정치적 함의는 위험할 만큼 유감스러운 것이다.

대륙 합리론과 관념론만 이성과 경험을 분리한 것은 아니었다. [물론] 영국 경험론은 다른 학파에 비해 경험 자체를 훨씬 덜 폄하하는 견해를 취했지만 말이다. 홉스(Hobbes), 로크(Locke), 흄(Hume) 등의 경험론이 지식의 토대를 구성하는 것은 추상적인 이성보다는 감각의 증거임을 주장했다 해도, 이는 이후에 듀이가 거절한 경험관을 사용하고 있는 것이다. 정통 경험론은 경험을 본래 자연이나 근대 인식론이 종종 '외계(external world)'²라 부른 것을 수동적으로 바라보는 것으로 규정한다. 홉스가 움직이고 있는 물질 체계로 설명했던 인식 주체(the knowing subject)는 근본적으로 수동적인 방식으로 자신을 둘러싸고 있는 환경에 직면한다. 그 '단순한 생각(simple

---

2) 인간의 의식 내부에 있는 사물 모두를 '내계(internal world)'라고 부르는 것에 대비하여, 의식되든 그렇지 않든 관계없이 의식의 외부에 독립적으로 존재하는 사물 모두를 '외계(external world)'라고 부른다.

ideas)[3])의 신빙성은 바로 그것의 강제성에 기초를 두고 있다. 감각 그 자체는 우리의 의식에 강력하게 부과되고 표면상 이성적인 관념 이 제공하는 것보다 뛰어난 타당성을 보증할 수 있어서, 관찰할 때 무시할 수 없는 특징을 가지고 있다. 경험론자들은 [인식하는] 모든 것의 기원이 **선험적 관념**보다는 경험하는 것에 대한 '단순한 생각'에 있다고 주장했다. 우리의 정신에 한 번도 감각되지 않았던 것은 존 재하지 않는다면, 인간의 지식에 내용을 제공하는 것은 오직 경험적 관찰일 것이다.

정통 경험론에서 경험 개념 자체는 시공간에서의 연속성을 특징 으로 하기보다, 원자론적인 특징을 가지고 있었다. 의식은 인상을 총체적으로 받기보다는(사과) 감각에 대한 개별적인 진술로 받고 (빨갛다, 구 모양이다, 단단하다, 달다), 이 아이디어들을 어떻게 사 변에 의지하지 않으면서 정확하고 경험에 기초한 방식으로 결합시 킬 것인지의 문제가 의식에 남겨진다. 따라서 지식의 토대는 물리적 대상이나 그것들의 특징에 대한 직접적 관찰, 더 복잡한 생각과 사 고 작용을 일으키는 요소들을 제공하는 경험이다. 경험론자들은 경 험이 제공하지 못하는 것이 어떤 인과(causality), 인접(contiguity), 필연(necessity)의 관계에 대한 인식이라고 주장했다. 예를 들어, 흄 은 인과관계에 대한 고전적인 경험 분석을 제공했는데, 이는 인간이 사건들 간에 거듭되는 동시 발생이 아니라 필연적인 관련성을 인식

---

3) 인식 주체에게 쏟아지는 환경에 대한 관찰을 통해 즉각적으로 얻을 수 있는 생각이나 아이디어를 의미하는 것 같다.

하는 곳은 인간의 경험 속 어디에도 없다는 주장이다. 의식으로 하여금 하나의 사건에 다른 사건이 따라올 거라 예상하는 것이 익숙해지도록 만드는 것은 오직 습관이지, [인간이] 직접적으로 인과적 필연성을 본다거나 감각 뒤에 작용하는 뭔가 다른 보이지 않는 힘이 있는 게 아니라는 것이다. 그렇다면 고전적 경험론에서 지식의 특징은 수동적인 의식, 잘 작동하는 감각기관, 단순한 생각(simple ideas)에 기인하지 않는 신념의 수용을 엄격히 거부하는 것, 추론을 위해 그러한 생각들을 결합할 수 있는 방법으로 이야기될 수 있다. 우리가 '이성적인' 것으로 여기는 모든 개념은 정신의 발명품이고, 우리는 이 개념들을 오직 경험적 관찰의 기반 위에서만 알 수 있다. 처음에 정신은 우리가 참으로 알 수 있는 모든 것을 경험으로 새기는 빈 석판(blank slate)과 같은데, 이는 정신에 우리의 의식을 조직하거나 지식의 토대를 구성하는 본유 관념(inner concept)[4] 또는 **선험적** 개념들이 존재하지 않기 때문이다.

19세기 말 무렵에 미국에서 경험론은 첫째로는 윌리엄 제임스의 저작, 그 다음으로는 듀이의 저작에서 '급진적인'−누군가는 또한 현상학적이라고 말할지도 모른다− 전환을 했다. 이 기간 동안 철학과 심리학 모두에서 제임스의 저작물은 듀이의 전체 견해에 깊이 영향을 미쳤다. 이는 듀이의 사상이 초기에 대부분 헤겔(Hegel)과 그린(T. H. Green)의 영향을 많이 받은 영국 관념론의 형태에 충실했

---

4) 인간이 태어나면서부터 가지고 있는 본래의 관념. 합리론자들은 인간이 이 본유관념을 갖고 태어난다고 보는 반면, 경험론자들은 인간 정신이 완전한 백지상태로 태어난다고 주장한다.

던 것(듀이는 결코 이 영국 관념론에 충실했던 것을 완전히 버리지는 않았고, 적어도 헤겔에 대해서는 거의 버리지 않았음)²⁴에서 보다 직접적으로 생물학에 따라 고안된 제임스 식 심리학과 '급진적 경험론'으로 새롭게 방향을 정하는 데 있어 제임스의 저작물이 (다윈식의 생물학과 듀이의 헤겔 해석과 함께) 도움을 주었기 때문이다. 이제 급진적 경험론자들은 이전의 인식론들이 실패했던 지점이 기본적인 정신의 개념을 외적 관점으로 세계를 직면하는 것으로 보는 것, [즉] '외계'에 대해 어떤 방식으로든 그 세계의 존재론적 심연의 한쪽 측면에만 서 있고, 다른 쪽 측면에는 있지 않은 것과 같이 본질적으로 무세계적인 주체성으로 보는 데에 있다고 주장했다. [이전] 인식론들의 세계에 대한 인식에서 문제가 되는 것은 [어떻게] 어느 정도 믿을 수 있는 방법으로 주체성의 내부 경계를 벗어나고, 세계에 있는 대상들이 그 대상에 대해 즉각적으로 마음에 떠오르는 생각들(ideas)과 정말로 닮았는지 확인하는가 하는 점이다. 제임스와 듀이가 제안했던 경험론은 이전 인식론들의 모형 전체를 거부하고, 이를 자연주의적이고 생물학적인 경험 모형으로 대체한다. 인간의 경험은 근본적으로 세계—에드문드 후설(Edmond Husserl)에 따르면, 현상학 운동이 의식의 지향성(the intentionality of consciousness)으로 이야기했던 개념—와 밀접한 관련이 있고, 정말 궁극적으로 세계와 떨어질 수 없다. 급진적 경험론과 현상학은 똑같이 의식하는 경험이 지향하는 구조를 가지고 있다고 주장했다. 즉, 의식하는 경험은 항상 이미 의식하는 대상을 향하고 있고, 그 대상과 밀접한 관련이 있으며, 궁극적으로 그 대상과 떨어질 수 없다는 것이다.

주체-객체 이분법은 우리가 어떻게 자연세계의 대상들과 후설이라면 생활세계라고 불렀을 것에 속하는 사회 현상들을 경험하는지에 대한 왜곡에 해당한다.

경험은 진공 상태에서 일어나지 않는다. 급진적 경험론과 현상학의 사상가들은 이제 이것을 다소 서로 다르고, 이전의 경험론, 합리론, 관념론의 인식론과도 다른 어휘로 주장하고, 정교하게 만들었다. 급진적 경험론과 현상학은 서로 같은 용어를 거의 쓰지 않았고, 현상학은 독일과 프랑스, 급진적 경험론은 미국 사상이었기 때문에, 이 두 사상은 전적으로 개별적인 전통으로 발달했는데, 이는 매우 유감스러운 일이다. 그러나 급진적 경험론과 현상학이 공유하는 기본적인 전제로는 계몽주의 토대론에 대한 일반적 회의주의, 실천 및 살아 있는 경험의 최고성, 의식의 지향성과 그 밖의 몇몇 관련된 아이디어들이 포함된다. 특히 제임스에게 경험을 비-원자론적인 방식으로 생각한다는 것은 이전의 경험론이 분명히 부인했던 것에 대한 긍정을 의미했다. 그것은 우리가 완전히 개별적이고 동떨어진 사건들보다는 다른 감각대상들 간의 관련성이나 관계를 실제로 경험한다는 것이다. 제임스는 다음과 같이 급진적 경험론의 기본적인 요점을 설명했다.

경험론이 급진적이기 위해서는 그 구성에 있어 직접 경험되지 않은 어떠한 요소도 들어가서는 안 되고, 직접 경험된 어떠한 요소를 배제해서도 안 된다. 이러한 철학을 위해서, 경험들을 연결하는 관계는 그 자체로 경험된 관계여야 하며, 어떠한 종류

의 경험된 관계도 그 체계 안의 다른 어떤 것과 같이 '실재하는' 것으로 설명되어야 한다.[25]

예를 들자면, 합접(合接)과 이접(離接),[5] 인과, 인접, 저항의 관계들은 적절하게 인간이 경험하는 대상들이고, 이때 경험 자체는 개별적인 인식들의 연속이라기보다는 '사고의 흐름'이나 의식 (제임스의 용어를 사용하자면[26]) 으로 생각된다. 이전의 경험론이 직면했던 문제, 즉 어떻게 수많은 경험 원자들을 사변적이지 않으면서 경험적으로 괜찮은 방식으로 서로 연결할 것인가의 문제는 제임스와 듀이 모두에게 현상학적으로 부적절하고 어떻게 인간이 그들의 세계를 마주하는가에 대해 완전히 인위적인 관념을 전제하는 가짜 문제 (pseudo-problem)이다.

듀이는 자신의 경험론, 또는 1886년의 그의 매우 초기 저작들 중 하나에서 '심리학적 관점'으로 불렀던 것에 대해 다음과 같이 약술했다.

우리는 실재나 어떠한 철학적 탐구대상의 본질이 그 실재나 탐구대상 자체 안에 있는 것처럼 고찰함으로써 그 본질에 대해 알아내지 않을 것이다. 그보다는 오직 그 본질이 우리의 지식, 우리의 경험 속에 있는 요소인 것처럼 고찰함으로써, 오직 그 본질이 우리의 정신과 관련되어 있거나, 하나의 '생각'인 것처럼 고찰함으로써, 그 본질에 대해 알아낼 것이다. … 경험이 탐구대

----

5) 합접(合接) 관계는 '그리고(and)'라는 논리적 언어로 연결된 관계를, 이접(離接) 관계는 '또는(or)'이라는 논리적 언어로 연결된 관계를 의미한다.

상에 대해 무엇을 말하는지 발견한다면, 모든 철학적 탐구대상
의 본질은 정해질 것이다.[27]

듀이는 급진적 경험론과 제임스 식 심리학으로 입장을 정한 것에
있어 결코 흔들리지 않았고, 자신의 생애 전체에 걸쳐서 경험에 대
한 일반적 주제와 그것의 철학적 함의로 돌아가곤 했다. 그는 그의
후기였던 1949년에도 '경험에 대한 나의 **철학적** 견해나 이론은 경험
의 **범위**를 넘어서는 어떠한 존재도 포함하지 않는다'는 기본 요점을
반복해서 말할 정도였다.[28] 진정한 의식의 대상, 즉 궁극적으로 우리
의 경험이 대상으로 하는 것은 관찰이나 영국 경험론자들이 생각들
(ideas)로 불렀던 것이 아니라, 사물들, 관계들, 대상들 간의 '역동적
인 연속성'이다. 경험은 이 세계의 사건(thing)으로서, 존재론적 분할
의 교차점이 아니라,[6] '가장 친밀하고 만연해 있는 끈들로 사물들의
운동을 묶어놓은 것'이고, '필연적으로 유대와 관계의 문제이며, 관
련과 사용의 문제이다.'[29] 우리의 살아 있는 경험에 나타난 세계는
이전 경험론의 개별적이고 원자론적인 세계와 매우 다르고, 완전히
동일하지는 않지만 현상학의 생활세계 – 관련성, 연속성, 무수히 많
은 종류의 의미 있는 관계들의 세계 – 에 더 가깝다.

제임스와 듀이의 경험론은 경험에 대한 해묵은 경시와 이성적인

----

6) 경험이 단순히 외부세계를 한 축으로 하고 경험의 주체를 또 다른 축으로
    하는 교차점이 아니라는 것을 의미하는 것 같다.

것과 경험적인 것의 분리를 모두 거부했고, 이들은 후자(경험적인 것)에 대해 다양하게 현상학적, 자연주의적, 총체적으로 기술할 수 있는 용어로 말하는 것을 좋아했다. 인간의 경험은 언어적 의미상 겪는 것(undergoing)뿐만 아니라 하는 것(doing), 단지 감각 인상을 받고 수동적으로 등록하는 것보다는 행위하고 반응하는 연속적인 과정, 환경을 통합하고 변형하는 것으로 가장 적절하게 표현된다. 이성은 경험 밖의 능력이나 방법이 아니라, 오히려 유기체인 인간과 그 세계 간의 상호작용, 생물학적이면서도 사회적인 모형에서 인간의 삶이 그 자체를 지탱하고, 환경에 대하여 삶의 방식을 협상하는 과정의 일부에 내재한다. 이성적 사고의 개념은 데카르트의 분명하고 명확한 관념들도 아니고, 칸트의 선험적 범주나 본유관념도 아니다. 그보다 이성적 사고는 근본적으로 우리의 경험을 조직하는 역사적, 언어적 구성물이다. 듀이는 어떤 점에서 20세기 전체에 걸쳐 인간 사고의 언어적, 해석적 차원을 주목하게 하는 현상학, 해석학 등의 철학 전통들에 널리 퍼질 '언어에 대한 새로운 강조'를 예상했다. 따라서 듀이는 『철학의 재구성Reconstruction in Philosophy』에서 다음과 같이 쓰고 있다.

아동이 행위를 자기 스스로 의도적으로 통제할 수 있게 되기 훨씬 이전부터, 사회적으로 통용되는 중요한 관념들은 그 아동의 해석과 판단의 원리가 된다. 사물들은 아동에게 물리적으로 적나라하게 오는 것이 아니라, 언어의 옷을 입고 그에게 다가온다. 그리고 이 의사소통의 의상은 아동을 그 사물들에 대한 신념의 공유자로 만든다. 아동에게 수많은 사실들로서 다가오는 이러한 신념들은 그의 정신을 형성한다. 그 신념들은 아동 자신의 개인적인 탐험과 인식들에 질서를 부여하는 중심을 형성한다. 여기에서 우리는 칸트만큼이나 관련성과 통일성의 '범주들'을 중요한 것으로 여기게 된다. 그러나 그 범주들은 신화적인 것이 아니라 경험적인 것이다.[30]

이 중요한 구절-헤겔만큼이나 제임스에게 많이 빚지고 있는-은 상당히 이후 20세기 철학을 예상할 뿐만 아니라, 홉스, 로크, 흄의 정통 경험론에 의문을 제기한다. 이제 경험적인 것은 제임스의 '사고의 흐름'이나 의식의 측면에서, 인간들이 세계에 대하여 자신의 길을 찾아나서는 유기적이고 종합적인 과정으로 이론화될 수 있다.

듀이에게 있어서 인간의 경험에 내재하는 합리성은 그가 '실험적 지성'이라 부른 것으로, 다소 광범위한 개념이며, 이에 대해서는 내가 3장에서 더 상세하게 분석할 것이다. 이전의 경험론이 정신을 수동적이고 전(前)언어적인 감각자료의 그릇으로 보는 관념에서 틀렸다면, 이 새로운 경험론은 경험의 활동적이고 종합적인 차원, 듀이가 실험적인 것에 대한 그의 개념에서 설명했던 경험의 차원을 강조할 것이다. 수동적이면서도 능동적이고, 단지 감각의 투입만 받는 것이 아니라 실용주의적인 목표를 향한 실험의 방식으로 활발하게 감각자료를 해석하고, 범주화하고, 변형하는 것이 경험의 본질이다. 개별 감각들은 스스로 갇혀 있는 단위들이 아니라, 오히려 의식이 유기적이고 변증법적인 방식을 통해 더 넓은 인식의 흐름으로 조직되는 '접합점들'이다. 그리고 이러한 인식의 흐름은 모두 궁극적으로 유기체의 삶을 돕는다. 아니, 실제로 이것은 유기체의 삶 그 자체이다. 이러한 의미에서 경험은 삶 그 자체이며, 세계적인 주체성의 성장 또는 그것의 움직이는 존재이다.[31] 일시적이면서도 적응성이 있는 것, 자기 자신을 세계 속의 대상들에 맞추지만 동시에 그 대상들을 자기 자신의 목적에 맞게 변형시키는 것, 지속적으로 성장하고 확장하는 것이 바로 경험이다. 경험은 '살아 있는 존재가 물리적이고 사회적인 환경과 교류하는 일'이다.[32] 듀이가 가장 좋아하는 표현 중 하나를 사용하자면, 그러한 '교류'는 생물학적이거나 진화론적인 용어만이 아니라, 사회적이고 문화적인 용어로도 이해될 수 있다. 인간은 그 존재의 모든 측면에서 사회적 동물이고, 결코 홉스식 전승에서 이야기하는 무세계적 원자가 아니다(이는 듀이가 자신의 윤리, 정치 저작물에서 자주 논의했던 주제이다[33]).

경험과 합리성에 관한 실험적 모형은 우리 환경의 구조에 대한 경험적 탐구뿐만 아니라, 협력하는 실험의 사회적 실천 및 상호 대화의 형태로 탐구가 이루어지는 과학연구에서 가장 적절하게 나타난다. 실험적 태도는 세계가 어떠한지와 관련된 지식을 추구하지만, 이것에 국한되지는 않고 또한 높은 정도의 통제력을 획득하는 것을 목표로 한다. 듀이가 말했던 것처럼, 경험이 '무언가를 하면서 동시에 겪는 일'이라면, 경험은 능동적이고 수동적인 차원을 모두 포함하고, 이 능동적인 측면은 다시 생물학적인 생활 모형으로 표현되는 환경과의 상호작용으로 구성된다.[34] 경험은 그것의 주체가 세계를 마주할 때, 단지 인상을 받거나 어쩌면 세계에 적응하기보다는, 자신의 목표를 추구하면서 행동을 해야만 하도록 만드는 환경에 대한 생명력을 가지고 있다.

> 모든 살아 있는 생물은 깨어 있는 동안, 자신을 둘러싸고 있는 환경과 지속적으로 상호작용한다. 모든 생물은 주고받는 과정, 자기 주변의 대상에 무언가를 하고 그것으로부터 무언가를 받는 – 인상, 자극 – 과정 속에 있다. 이렇게 상호작용하는 과정이 경험의 틀을 구성한다.[35]

경험의 협상이 성공적이면, 그 결과는 한 단계가 다음 단계로 이어지고, 미래 경험의 조건들을 준비시키는 일종의 성장이다. 지적인 행위자는 자신의 과거 경험을 미래 경험이 발생할 조건들을 변형시키는 데 사용하고, 따라서 부분적으로 경험의 미래 방향을 통제한다. 과학적 실험은 모든 지적으로 관리되는 의식에 내포된 합리성에 대한 가장 분명한 사례이다. 과학적 실험에서 특정한 일련의 관찰과 결론들은 결국 미래 탐구의 과정을 안내하고, 경험의 새로운 길을 열면서 다른 길을 닫아버리는 가설을 만들어낸다.

또한 듀이는 더 강한 의미의 경험에 대해 이야기했는데, 이것은 예술과 미학에 관한 그의 저작에서 가장 두드러졌다.[36] 그것은 우리가 일상 언어로 특이하게 경험들이라 말하는 것들이다. 우리는 경험을 일상적인 일들의 과정에서 구별하거나 경험에 특별한 의의를 부여하기 위해, 강하고 특수한 의미로 '하나의 경험'에 대해 말한다. 이것은 학습의 경험이거나 무언가 더 넓은 실험적 과정의 정점일 것이다. 만약 경험의 본질이 특정한 방향이나 의도성을 포함한다면, 경험은 그 과정을 성취하거나 아니면 그렇게 하는 데 실패하거나 둘 중 하나일 것이다. 우리가 시작한 기획은 그 목적 달성에 실패하거나, 막다른 곳으로 이어질 수 있다. 그 기획은 엉뚱한 방향으로 갈 수도 있고, 길을 잃어버릴 수도 있으며, 그렇지 않으면 우리가 가고 싶었던 곳 어디에도 이르지 못할 수도 있다. 그러나 경험의 과정은 반대로 중요한 정점-목적이 실현되고, 목적지에 도달하며, 교훈을 얻는 것-에 도달할 수도 있다. 듀이가 특이하고 강한 의미로 '하나의 경험'이라 말한 것은 후자에 해당하고, 듀이는 이 경험 개념이 예술과 미적 경험에 대한 해석에서 특별히 적합하다고 주장했다.

이제 교육으로 돌아오자. 만약 완전히 이미 만들어져 있고 위로부터 부과되는 교육과정이 아니라 학생들의 경험이 교육의 실천에 적절한 출발점을 제공한다면, 이해관심(interest)의 개념은 특별히 중요한 것으로 가정된다. 제도적 환경 속에 구체화되었을 때의 학습과정은 사실 일상생활에서 학습이 일어날 때와 동일한 출발점에서 시작한다. 그것은 젊은이들의 현존하는, 생생한 이해관심이다. 듀이가 이 진술에 대해 중요한 방식으로 단서를 달긴 했지만, 그는 교육에서 가장 중요한 것이 이해관심보다는 노력이라는 통상적 견해를 단호하게 거절했다. 전통적인 견해에서는, 다소 상급 단계에서 노력과 자기훈련은 교육의 절실한 필요조건이다. 왜냐하면 이러한 특징이 활기차고 의지가 강한 기질을 만들어내기 때문이다. 반면 학생들의 이해관심을 중심으로 조직된 교육은 반대 방향의 성격, 즉 이기

주의, 방종, 게으름으로 향하는 성격을 형성할 뿐이다. 전통적인 견해에서 특히 어린이의 이해관심은 피상적이고, 비교육적이며, 잠깐 있으면 지나갈 것이다. 학생들은 반드시 졸업 이후의 삶에 유용할 습관들을 길러야 하는데, 만약 그들이 타고난 충동을 쫓도록 내버려둔다면, 그러한 습관들의 계발은 우연에 맡겨질 수밖에 없다. 전통적인 지혜는 교육의 목적이 학생들에게 주어진 이해관심을 계발하는 것의 거의 반대라고 주장한다(학생들이 중등과정 이후에 있는 것이 아니라면, 심지어 그렇다고 해도 이해관심은 매우 제한된다). 교육의 목적은 과제를 완성하기 위해 있는 힘껏 노력할 수 있도록 정신을 훈련시키는 것이기 때문에, 교육은 특별히 흥미롭거나 즐겁지는 않을 것이다. 지적 성숙은 정보의 획득 못지않게 그러한 성향의 계발을 요구한다.

듀이는 그 특유의 변증법적인 방식으로 전통적인 노력에 대한 집중 전체가 아니라, 보수주의자와 진보주의자들이 모두 사용했던 노력 vs 이해관심이라는 이분법을 거부했다. 우리가 초등학교에 들어가는 어린 아동에 대해 이야기하든, 대학에 들어가는 성인에 대해 이야기하든, 정규교육의 과정은 틀림없이 어딘가에서 시작한다. 학생들은 어떠한 성숙 단계에 있든지 간에, 경험, 이해관심, 능력들이라는 방대한 짐을 가지고 교육의 과정에 들어가지, 결코 로크식의 백지상태(tabula rasa)로 교육의 과정에 들어가지 않는다. 교육가가 학생들을 주목하게 하고 단정한 행동을 하도록 만드는 데 필요한 어느 정도의 훈련들의 혼합물 같은 것들을 가지고 쉽게 정보를 새기는 일에 착수할 수 있는 게 아니다. 주의력과 배움에 대한 의지가 교육의 필요조건들이라 해도, 외적으로 부과된 훈련만으로 그 조건을 채울 수 없으며, 학생들이 거의 자신의 의지에 반하여 정보를 삼켜야 할 때 그 조건이 채워지는 것도 아니다. 학습이 있는 곳에서, 진정한 배움에 대한 의지는 살아 있는 경험과 그 경험에 포함된 이해관심이라는 기반 위에서 생겨난다. 듀이는 이전의 견해가 실패했다는 것이 이론적으로뿐만 아니라, 실천적으로도 명백하다고 생각했다. 왜냐하면 [전통적인 교실에서 학생들은] 위에서 언급한 것처럼 동기가 부족하고, 너무나 자주 지식을 제대로 소화시키지 못해 시험기간이 끝나면 곧 잊어버리기 때문이다. 지식을 추구하고 보유하려는 동기는 오직 그 동기가 학생들의 '현존하는 고유의 이해관심들'에 기반을 두고 있을 때에만 존재한다. 그리고 몇몇 그러한 이해관심들이 순간적이고 피상적인 것은 의심할 여지없이 사실이지만—가장 명백하게는 초등학교 수준에서—여전히 '이해관심은 이를테면 아동에게 있는 전부이고, 교사가 호소해야 하는 전부이며, 출발점, 발단, 작동장치이다.'[37]

듀이의 비판가들과 진보주의자들은 똑같이 듀이의 매우 많은 가설들에 대해 그랬던 것처럼, 이에 대해서도 즉시 교육가들이 그러한 이해관심들을 적절히 교육적인 방식으로 안내하기보다는 그것들을 신성불가침한 것으로, 그 자체를 위해 충족시켜야 하는 욕망들로 간주해야 한다는 주장이 수반된다고 오해했다. 듀이는 교육의 목적이 [학생들을] 즐겁게 또는 재미있게 해주는 것이 아니라, 배움에 있다는 것을 잘 알고 있었다. [그의] 질문은 '어떠한 조건들이 그러한 배움을 가능케 하는가'이고, 이에 대한 대답은 오래된 이해관심을 새롭고 더 정교한 이해관심으로 이끄는 것처럼 현존하는 이해관심 들을 탐구의 형태로 올리는 것을 포함해야 한다. 우리는 이해관심 자체를 위해서 또는 이해관심에 따라오는 즐거움을 위해서가 아니 라, 이해관심이 적절하게 해석되고 활용될 경우 이끌어질 것을 위해 서, 이해관심을 추구해야 한다. 듀이가 이 점을 얼마나 명시적으로 자주 그의 초기 저작에서 후기 저작에 이르기까지 설명했는지 알게 된다면, 이 문제에 대한 듀이의 입장을 그렇게 널리 오해하고 있다 는 것은 놀라운 일이다. 예를 들어, 1896년에 듀이는 다음과 같이 썼다. '그리고 항상 이해관심을 활용하는 교사는 결코 단순히 이해 관심을 다 받아주지 않을 것이다. 실제로 이해관심은 움직이는 것, 성장하는 것, 더 풍부하게 경험하는 것, 더 완전한 힘이다. 어떻게 지식과 효율적 능력의 성장을 보장하기 위해 이해관심을 사용하는 지가 곧 탁월한 교사를 규정하는 기준이다.'[38] 1938년에 듀이가 다시 한번 이 점을 반복할 수밖에 없었을 때, 우리는 그가 짜증을 내고 있다는 것을 분명히 느낄 수 있다.

> 교육적 관점에서 보면, 욕망과 충동의 발생은 교육의 최종목 표가 아니다. 욕망이나 충동은 활동계획이나 방법을 형성할 기 회이고 요구이다. 거듭 말하지만 관련된 모든 정보를 가지고 주어진 조건들을 연구할 때에만 그러한 계획을 만들 수 있다.[39]

학습과정에는 적지 않은 노력이 불가피하다는 것, 교육가가 갖고 있는 지식에 비추어 이해관심을 특정한 방향으로 안내하는 교수법적 실천을 위해서는 규율과 엄격함이 필수적이라는 것은 분명 말할 필요도 없는 것이다. 비록 듀이의 책을 대충 읽는 많은 사람들에게는 그렇지 않은 것 같지만 말이다. 이해관심은 교육의 출발점이다. 그러나 이해관심은 진보의 과정을 위해 집중력, 인내, 지적 훈련을 요구하는 탐구의 방식으로 바뀌어야 한다.

전통적인 견해들이 실수했던 지점은 상을 받을 만한 노력이나 훈련된 정신을 [주장했던 것이] 아니라, 그것을 가능케 하는 조건들을 잘못 생각한 데에 있었다. 훌륭한 목표는 그것을 추구하는 데 사용된 수단에 의해 약화되고 말았다. 반복연습과 반복학습을 강조하는 오래된 실천이 유순하고 상상력이 부족한 정신을 만들어낸 것처럼 말이다. 듀이가 자신의 학생 때의 경험으로부터 잘 알고 있었듯이, 전통적인 방식으로 교육을 받는 어린이는 마음속으로 교사의 시선이 더 이상 자신에게 고정되지 않을 순간을 찾아 배회하면서도, 노력하고 주목하는 모습을 보여주는 데 매우 능숙할 수 있다. 오직 학생들이 스스로 교과내용과 삶의 관련성, 교과내용과 자신들이 자연스럽게 흥미를 가지는 것의 관련성을 볼 때에만, 주의력이 보장된다. 이러한 조건들이 없다면, 우리는 보수주의 철학이 그렇게 소중하게 여기는 강건한 성격을 가진 사람이 아니라, '자발적인 이해관심이라는 생생한 기운을 다 짜냈기 때문에 우둔하고 기계적이며 해이한 사람 또는 완고하고 자신의 기존 목적과 신념들 외에는 무책임한, 그런 편협하고 고집불통인 사람'[40]을 만든다. 정신이 지적 이해관심에 기반을 두기보다, 다소 그 의지에 반하여 교과내용을 공부할 때에만 효과적으로 학문을 습득할 수 있다는 것은 듀이에게 당혹스러운 명제이다. 보수주의자들은 때때로 교육과정을 젊은이들의 마음에 들게 만드는 교수법적 기술을 찾음으로써 '교과내용을 흥미롭게 만들' 필요를 인정하지만, 듀이에게 있어 교과내용과 학생들의 이해관심 간의 필수적인 관련성이 없는 상태에서 그러한 기술들은 여전히 오직 쓴 약의 사탕발림으로 기능할 뿐이다.

교육의 과정의 출발점을 학생들이 교실로 가져오는 경험과 이해관심들로 생각한다면, 교육의 모든 것은 그러한 이해관심들이 이끄는 것에 의존하게 된다. 여기에서 이러한 이해관심들이 적절히 교육적인 방식으로 향하게 해주고 그 방향을 바꿔주는 교육가의 역할이 필수적이다. 전통적인 실천(교육)이 젊은이로 하여금 너무 일찍 '고정된 어른의 사고와 정서 습관의 틀'을 모방하도록 훈련했다면, 듀이의 제안은 학교가 어린이를 작은 어른으로 간주하지 말고, 대신 하나의 이해관심을 하나의 특정한 목표에 모음으로써 학생들의 경험을 안내하는 것에 집중하자는 것이었다.[41] 어떤 의미에서, 하나가 또 다른 것을 이끄는 것이 경험과 이해관심 모두의 본질이다. 상대적으로 편협하고 단조로운 이해관심은 적절하게 안내될 때 조직된 활동이나 탐구로 이어질 수 있으며, 이 활동이나 탐구는 기존 이해관심의 범위를 넓히고 경험들에 지적인 배열을 도입해준다. 듀이는 1912년에 얇은 책, 『교육에서의 이해관심과 노력Interest and Effort in Education』의 중요한 구절에서, 독자들에게 어떻게 그들에게 현재 존재하는 지적인 이해관심들이 처음으로 형태를 갖추게 되었는지 기억할 것을 요청했다. 그때 생각나는 것은 보통 범위가 제한되어 있던 이해관심이 더 광범위하고 연속적인 활동들, 기획이나 연구, 그 이해관심을 둘러싸고 있는 이유와 원인들로 이어졌던 것이다. 대상의 구성, 역사, 함의들에 대해서 한 방향으로, 또 다른 방향으로 질문들이 생겨나며, 조직된 교과내용이 생겨난다. 듀이가 말했던 것과 같이, 우리가 발견하는 것은

 활동들이 (움츠러들고 화석화되는 대신) 그 의미의 규모와 범위가 확장했던 곳이면 어디서나 … (목표달성을 위해 더 짧은 시간이 소요되는) 보다 협소하고 단순한 형태의 이해관심들이 더 오랜 시간 지속되는 이해관심들도 포함하도록 확장되고 있었다는 것이다. 이러한 변화와 더불어 이해관심들은 더 풍부해지고 완전해졌다.[42]

 특정한 이해관심은 새로운 질문이 만들어지고 탐구가 시도될 때, 그 처음의 맥락을 넘어서 잘 자랄 수 있다. 처음의 이해관심은 시간이 지남에 따라 크게 성장하고, 일련의 다른 더 정교한 이해관심들로 대체된다. [학생에게] 교과내용이 오직 추상적인 내용으로 보였을 때에는 그것에 무관심했더라도, 미성숙한 이해관심들이 교체되면서 이미 학생을 끌어들이는 일련의 활동들 및 이해관심들에서 생겨나는 것으로 보인다면 긴급하게 [배우고 싶은 일이] 될 수 있다. 따라서 자신의 가정과 이웃 속에 있는 아동의 이해관심은 더 넓은 마을에서의 이해관심으로, 그 마을의 역사나 지리로, 그 다음에는 모국, 대륙의 역사나 지리 등으로 이어질 수 있다. 결국 역사에 대한 아동의 이해관심은 더 넓은 역사의 패턴, 다른 문명의 역사, 사상사

(intellectual history)에 대한 이해관심으로 발달할 것이다. 부모의 철물점에 대한 아동의 이해관심은 경제학, 회계학, 정치경제학에 대한 더 넓은 호기심으로 성장할 것이다. 예를 들어, 아동의 그림물감에 대한 이해관심은 물감의 물리적이고 화학적인 구성에 대한 이해관심으로, 그래서 결국 그림물감으로부터 멀리 떨어져 있는 화학이나 물리학의 차원으로 발달할 것이다. 오래된 가구 한 점에 대한 애착은 골동품이나 가구의 역사 또는 건축양식에 대한 이해관심으로, 가구 제작술이나 목공술의 교류에 대한 이해관심 등으로 성장할 것이다.[43] 우리는 얼마든지 쉽게 이러한 예시들을 많이 제시할 수 있다. 그리고 이 예시들이 보여주는 요점은 인간 활동들의 상호연결성과 이로 인한 이해관심들의 유기체적 특성(상대적으로 미성숙한 상태에서 점진적으로 세련된 상태로 발달)이다.

학문적 상황 밖에서 이해관심은 살아 있는 경험과 전적으로 우연히 일어난 일이라는 기반만으로도 꽤 자발적으로 발달할 것이다. 그러나 학문적 상황 안에서는 몇몇 진보주의자들이 듀이를 데려와 언급하는 것과 같이 학생들이 하고자 하는 대로 완벽한 자유 속에 내버려두는 것이 아니라, 이해관심의 방향을 바꿈으로써 지적인 발달을 안내하는 것이 교육가들의 일이다. 교사가 학생들의 이해관심을 학생들의 목적보다는 오직 교사의 목적에 맞는 방식으로 안내해서 탐구의 과정을 지배하는 것은 잘못이지만, 이 잘못은 교사가 그 과정에서 전혀 능동적인 역할을 맡지 않는 반대 극단으로 급선회함으로써 고쳐지는 것이 아니다. 듀이는 말년에 전통주의자들이 첫 번째 오류를 범했던 것과 반대로, 많은 진보주의자들이 두 번째 오류에 빠진 것을 비판했다.

때때로 교사들은 아동들에게 그들이 무엇을 해야 하는지 제시하는 것조차 두려워하는 것처럼 보인다. 나는 교사가 아동들에게 [교육] 대상과 자료만 주고 모든 것을 스스로 하도록 내버려두며, 아동들의 자유를 침해할까 봐 그 자료들을 가지고 무엇이 이루어질지 제시하는 것조차 꺼리고 있다는 사례를 들었다.[44]

[듀이의] 학습과정에서 탐구의 활동과 방식들을 선택할 자유가 중요하지만, 이것은 자유방임주의 정책이 아니라, 반대로 교실에서 교육가의 역할에 대한 특정한 관념을 일으킨다. 그것은 독재자나 수동적인 구경꾼이 아니라, 탐구의 리더 또는 지휘자로서의 교사이다. (나는 나중에 이 문제로 돌아올 것이다.) 교육가는 학생들보다 넓은 범위의 지식을 가지고 있고 폭넓은 경험을 해봤기 때문에, 발견, 지식의 획득, 지평의 확장의 형태로 결실을 맺을 탐구의 방향으로 주어진 이해관심을 이끌 만한 지적 질서나 활동 계획을 도입하는 것은 교육가의 몫이다.

그러한 탐구는 가장 자주 좁은 것에서 넓은 것으로, 구체적인 것에서 추상적인 것으로, 특수한 것에서 보편적인 것으로, 실제적인 것에서 이론적인 것으로 방향을 취한다. 이 각 쌍들에서 학생들의 즉각적인 이해관심이 전자와 더 자주 관련되어 있다면, 교육가의 역할은 그것을 후자의 방향으로 또는 적절하게 교육적인 어떤 경험으로 이끄는 것이다. 후자는 학생들의 지적 발달 과정에서, 처음으로 성찰의 원인이 되었던 원래의 유치한 이해관심에서 꽤 멀리 떨어져 있다는 점에서 중요하다. 듀이에게 있어서, 이것은 성숙의 특성 또는 일반적인 패턴이다. 어떤 문제가 실제적이고 실험적인 기반 속에서 준비되지 않으면, 사람들은 어떤 지적 발달의 단계에서든 이론적 문제들에 대해 관심을 가지지 않는다. 초등 수학에서든 대학 수준의 철학에서든, 새로운 이해관심은 그것이 현존하는 것 속에 확고하게 뿌리내릴 때 대단히 강력해지고, 아무리 영리한 교수법을 쓴다 해도 새로운 이해관심을 [밖에서] 칠할 수는 없다. 교육가들은 학생들의 정신이 새로운 이론적 교과내용에 완전히 무감각한 것으로 보이는 현상에 매우 익숙하다. 학생들은 영락없이 물을 것이다. 우리가 합리론자이든 경험론자이든, 현실주의자이든 반-현실주의자이든, 근본주의자이든 반-근본주의자이든, 상호작용론자이든 부수현상론[7]자이든, 그것이 어떤 차이를 만들어 내는가? 이 질문은 교수에게는 진부하고 아마도 모욕적일 것이다. 그는 그 대답이 자명하다고 단언할 것이다. 물론 학생에게는 그 대답이 결코 자명하지 않다. 현실 문제는 모두 완벽하게 이론과 무관한 모습을 가지고 있다. 이러한 문제들에서 교육가와 학생을 분리시킬 수 있는 차이는 교육가가 종종 가정하고 싶어 하는 것과 같이, 단순한 지적 수준의 차이가 아니다. 그보다 이 차이는 교수가 그러한 질문을 하고 그 실험결과를 인식하는 것을 그만둔 지 오래되었고, 시간이 흐름에

----

7) epiphenomenalism. 정신과 물질을 구분하고, 정신을 물질의 부산물로 보는 학설이다. 의식은 단순히 뇌의 생리적 현상에 부수된 것으로 본다.

따라 그 질문은 중요한 질문이 아닐 뿐만 아니라, 실제로 다른 모든 것들, 아마도 심지어 그 분야의 이론가들에게 중요한 것으로 남아 있는 유일한 질문까지도 [불손하게] 뒤엎는 질문이라고 확신하게 되었다는 사실과 가장 자주 관련이 있다. (나는 이것이 우리 모두에게 익숙한 현상이라고 믿는다.) 이론적 이해관심은 그 자체로 목표가 되었을 것이다. (그리고 이는 실제로 학문주의로 악화될 수 있다.) 그러나 그 이해관심은 여전히 실용적이고 실험적이며, 듀이가 다시 유기체 성장 모형에서 생각했던 원칙에서 기원한다. 듀이는 '식물의 성장과 순조로운 경험의 발달 간에는 차이가 없고', 그곳에서 그러한 발달은 실제적인 것에서 이론적인 것으로, 구체적인 것에서 추상적인 것으로 진행된다고 주장했다.[45]

이러한 성장 또는 성장으로서의 지적 발달에 대한 관념은 더 넓은 연속성의 원리에 대한 하나의 예시인데, 이 연속성의 원리는 상호작용의 원리와 함께 어떤 경험을 교육적인 것으로 보는 듀이의 기준이 된다. 듀이는 모든 경험이 교육적으로 가치 있는 것이 아니라, 오직 특정한 조건들을 충족시키는 경험들만이 교육적으로 가치 있다고 주장했다. 여기에 다시 듀이의 비판가와 그의 제자들이 자주 똑같이 듀이를 오독했던 문제가 있다. 그것은 듀이가 학생들이 어떤 경험을 흥미롭다고 생각한다면, 아무리 사소한 경험이더라도 그것을 교실에서 적절하게 다룰 것을 의도했다고 간주하는 것이다. 물론 듀이는 결코 이 견해─그가 자명하게 어리석은 것으로 보았던 견해─를 지지하지 않았다. 그리고 그는 분명히 경악하면서 『경험과 교육』에 대한 잇따른 오해를 바로잡기 시작했다. 그곳에서 듀이는 교육가가 학생들을 안내해야 하는 방향은 경험의 연속성 또는 지속적이고 습관적인 지적 성장 과정의 방향이라고 반복했다. 그는 다음과 같이 썼다. '경험의 연속성의 원리는 모든 경험이 이전에 지나간 것으로부터 어떤 것을 시작하고, 어떤 점에서 그 뒤를 이어올 것의 특징을 바꾸는 것 모두를 의미한다.' 교육적 경험은 현존하는 이해관심을 그 출발점으로 삼지만, 반드시 [학생들을] 어딘가로, 새로운 질문과 발견의 방향으로 이끌어야 한다. 교육가의 마음에서 학생들의 미래는 분명히 가장 중요하다. 그러나 이는 학생들이 현재 배우고 있는 것이 오직 언젠가 유용한 것으로 판명날 것을 위한 준비라는 의미에서가 아니라, 지금 가르치며 배우고 있는 것이 미래의 지적 성숙의 과정에서 지속될 계기를 만들어낼 것이라는 의미에서 그러하다. 교사는 이것을 염두에 두고, 계속되는 학습으로 이어질 거라 예상할수 있는 경험들과 탐구방식들을 준비한다. 그 자체를 넘어서 이어지고, 따라오는 것을 향해 방향을 맞추는 것이 바로 경험의 본질이다. '모든 경험은' 동떨어진 사건이라기보다 '계속되는 경험들 속에 존재하기 때문에, 경험에 기반을 두고 있는 교육의 중심문제는 이 다음의 경험들 속에서 결실 있게 창조적으로 살아 있을 종류의 현재 경험들을 선택하는 것이다.'[46]

이러한 관계에서 특별히 중요한 것은 지식분야에서 지속되는 이해관심과 새로운 이해관심을 발달시킬 능력을 보장할 사고와 행동의 습관들을 계발하는 것이다. 물론 결정적으로 습관 형성을 포함하는 교육관은 분명히 플라톤과 아리스토텔레스의 교육사상에 뿌리를 두고 있으며, 대단히 규칙적으로 교육철학사 전체에 걸쳐 반복되었다. 사고의 습관 그 자체와 그것을 지탱하는 지속적인 호기심이 교육받은 정신의 표시 중 하나라고 주장하는 면에 있어서는 듀이도 예외가 아니다. 학생들은 자신이 '들었던' 특정 교과내용에 대해서 그 내용이 종료되고 끝났다는 의미로 말하는 경우가 많다. 예를 들어, 고대 그리스에서 최근까지의 서구사상사를 조망하는 입문 강의에서 학점을 받았던 대학생들은 종종 그들이 플라톤, 데카르트, 프로이트를 '들었다고'—아마 그들의 사상에 대한 입문서와 함께 한두 개 강의를 들었을 것이고, 아마도 그 사상가의 선택된 구절들을 한 줌 받았을 것—, 그리고 시험에 통과하기에 충분할 정도로 오랫동안 중요한 정보를 기억하고 보존했던 시절 이후, 그 과목은 자신들에게 지나간 일이라고 말한다. [그들에게] 더 이상의 탐구에 대한 이해관심은 남아 있지 않고, 심지어 왜 그 정보가 바람직한지에 대한 감각도 남아 있지 않다. 듀이에게 있어, '어떤 학생이 졸업 이후의 삶에서 즉각적인 직업에의 몰두 외에 어떠한 지식과 예술 분야에 대해서도 지속적인 관심을 보이지 않는' 것은 교육이 실패했다는 증거이다. 이는 그가 '얼마나 훌륭한 "학생"'이었는지 또는 그가 얼마나 시험을 잘 보았는지 와는 상관이 없다.[47] 이것은 심어진 습관—이 경우, 사상을 [그제] 인상적인 어구 정도로 여기고, 위대한 텍스트를 소량으로 추출되거나 완전히 교과서 서술 정도로 납작해질 수 있는 존재로 여기는 것—과 심어지지 않은 습관—사상의 중요성과 고전 텍스트들의 계속되는 관련성에 대해 오래 지속되는 감각—모두로 인해 실패로 간주된다.

정신의 삶은 너무나 크게 습관의 지배를 받기 때문에, 학습과정에서 습관의 중요성을 과대평가하기는 쉽지 않다. 아동기에 형성된 사고의 습관은 생애 전체에 걸쳐 정신의 삶―근본적인 정신의 성향에서 주의력, 기호, 중요한 것에 대한 감각에 이르기까지―을 통제할 수 있고, 이후의 지적 발달 단계에서 변화에 매우 저항할 수 있다. 듀이가 언급한 바와 같이, 상대적으로 초기 단계에 형태를 갖추는 마음의 습관은 '꼭 비판적 사고가 가장 필요한 곳에서―도덕, 종교, 정치에서―보통 가장 심오하고 도달하기 어렵다.'[48] 나는 이후의 장들에서 이 지점으로 돌아올 것이다. 미성숙한 정신과 결부되어 성인기까지 생존한 습관들은 새로운 경험에 대한 개인의 능력을 심하게 제한하고, 매우 자주 영구적인 지적 성장의 중단이라는 결과를 낳는다. 초기 정신의 가소성과 개방성은 활발하게 표현의 기회를 찾고 이후의 경험을 통제하는 데 영향을 미치는 일련의 확정된 경향성으로 자리 잡는다.[49] 이것의 전형적인 예시가 학습 자체에 대한 의지이고, 이 의지는 생애 전체에 걸쳐 절실하고 영원할 수도 있고 완전히 죽을 수도 있다. 그러나 어떠한 경우에도 그것은 습관의 문제이다.

연속성이 교육적 경험의 첫 번째 기준을 나타낸다면, 듀이의 두 번째 기준은 그가 상호작용의 원리로 언급한 것이다. 여기에서 상호작용의 원리는 서로 다른 경험들이 정합적인 형태로 통합되거나 잘 들어맞는 것을 의미한다. 하나의 탐구과정이나 활동에서 다음으로의 연속성뿐만 아니라, 주어진 상황을 구성하는 개인의 외적 조건과 내적 조건들 간의 상호작용도 성숙한 경험의 본질을 나타낸다. 듀이가 표현한 바와 같이, '어떠한 평범한 경험도 이 두 가지 조건들 간의 상호작용이다.' 즉 경험은 교육의 상황에 속하는 '객관적' 조건들과 탐구자의 정신의 삶 '내부의' 조건들 간의 상호작용이다.[50] 전통적 교육방법이 개별 학생의 내적 조건들이나 '주어진 때에 그가 어떠한지'의 중요성을 무시하는 면에서 틀렸다면, 진보주의자들은 정반대로 객관적 조건들을 무시하는 잘못을 저질렀다.[51] 이 연속성의 원리와 상호작용의 원리 두 가지는 그 의미에 있어 완전히 분리된 것이 아니며, 그 적용에 있어서는 훨씬 덜 분리된다. 왜냐하면 두 원리 모두 인간 경험의 본질적인 결합관계를 언급하고, 정통 경험론의 경험 원자론에 반대하기 때문이다. 경험이 실험적이라면, 탐구자 자신과 탐구하려고 하는 상황 간에는 유연하게 주고받는 것이 있다. 그리고 하나의 경험을 적절히 교육적인 것으로 나타내는 것은 이 두 원리의 조합이다.

그렇다면 마찬가지로 잘못된 교육의 경험은 지속적인 학생 정신의 발달을 증진시키는 데 실패하는 경험이다. 그것은 어디로도 이어지지 않는 경험이다. 그리고 막다른 곳으로 이어지거나, 아니면 더 나쁘게는 미래 학습의 길을 가로막는 정신의 습관을 조장하는 것으로 이어지는 경험이다. 전자의 예시로는 지평을 넓히거나 즉각적인 즐거움을 넘어서는 어떤 것도 되지 않은 채 단지 즐기게 된다는 의미에서 학생들이 '흥미로운' 것으로 여기는 시도들이 포함된다. 그리고 후자의 예시로는 듀이가 전통적 교육과 결부시켰던 편협하고 우둔한 마음의 상태를 순효과로 가져오는 광범위한 교실 경험들이 포함된다. 전통적인 방법들도 의심할 여지없이 경험들이 생기게 하지만, 그것들은 교과 이외의 경험들과 연결되는 데 실패한다는 의미에서, 그리고 종종 습관이 되어 되돌릴 수 없는 방식으로 젊은이의 정신의 삶을 '죽이고 무감각하게 만든다'는 의미에서 모두 너무나 자주 교육적으로 잘못된 것이다.[52] 듀이와 진보주의자들은 즉각적으로 이익이 되지 않는 문제들에 대해서는 신경 쓰지 않고 무관심한 정신, 호기심이 없고 상상력이 부족하며 무비판적으로 권위에 복종하는 정신이 보통 보수주의 교육방법의 결과라고 주장했다. 그러나 다른 진보주의자들은 단순히 전통적인 학교에는 대부분 어떠한 종류의 경험도 없다고 주장했던 것에 반해, 듀이는 실제로 전통적인 학교에 경험이 있지만 그것들이 잘못된 종류의 경험이라고 비판했다. 듀이는 다음과 같이 썼는데, 이는 1938년에 적합했던 것과 거의 같이 오늘날에도 적합한 구절이다.

예를 들어, 얼마나 많은 학생들이 관념들에 냉담하게 되었는가? 그리고 얼마나 많은 학생들이 학습을 경험했던 방식 때문에 학습에 대한 자극을 잃어버렸는가? 얼마나 많은 학생들이 기계적인 반복연습에 의해 특별한 기능들을 획득해서 판단력 및 새로운 상황에서 지적으로 행위하는 능력이 제한되었는가? 얼마나 많은 학생들이 따분하고 지루해하면서 학습과정에 참가하러 왔는가? 얼마나 많은 학생들이 그들이 배운 것이 너무나 학교 밖 생활의 상황과 이질적이어서 그들에게 후자에 대한 통제력을 전혀 주지 않는다는 것을 발견했는가? 얼마나 많은 학생들이 책을 따분하고 고된 일과 관련지어 생각하게 되어서, [자신들이 읽으려면] 그 책들은 거의 현란한 읽을거리여야 한다는 '조건을 달게' 되었는가?[53]

그렇다면 교육적인 것과 비교육적인 것, 교육적으로 잘못된 것 간의 구분은 주어진 경험이 더 나아간 경험에 대해 가지는 관계에 따라 결정되고, 여기에서 더 나아간 경험에는 주어진 경험에 선행하는 것과 주어진 경험에 이어지는 것이 모두 포함된다.

따라서 교육가의 역할은 많은 진보주의자들이 듀이가 추천하는 것으로 잘못 생각한 것과 같이 수동적인 교실의 방관자가 되는 것도 아니고, 전통 철학에서의 고전적인 권위주의자가 되는 것도 아니며, 중간의 입장을 취하거나 아마도 더 고차적인 두 극단의 종합일 것이다. 초등학교에서든 대학교에서든 교육가는 탐구의 리더이고, 추구할 가치가 있는 방향으로 이어질 거라 예상되는 종류의 활동들을 지휘하는 사람이다. 그 방향이 획득해야 하는 지식이든, 교육이 심어줄 지적 습관이든, 교육이 개발할 능력이든, 어떤 쪽이든 간에 말이다. 그렇다면 교육가의 역할은 여러모로 전통적으로 생각해왔던 것보다 훨씬 어렵다. 그리고 교육가의 역할은 교과내용을 숙달하는 것이나 학생들 자체, 학생들의 심리와 생활경험, 주어진 교육과정이 이끌 다양한 길들, 그리고 일반적으로 현재의 탐구가 일부인 더 큰 궤적에 대한 지식을 포함하여 효과적인 교수법적 기술과 아마도 훈육 방법까지 아는 것을 넘어서 확장된다. 또한 교육가의 역할은 학생들의 학습능력에 불리한 영향을 줄 수 있는 그들의 심리나 사회적 배경에서의 장애물들, 다양한 학습 스타일들, 이와 관련하여 전통적인 방법들은 간과했던 문제들을 아는 것으로까지 확장된다.

따라서 듀이가 생각한 교육가의 궁극적인 관심은 '교육(education)'이란 단어 자체의 어원, '끄집어내는 것'과 '앞으로 이끄는 것' 모두를 함축하는 용어와 완전히 일치한다.[54] 정확히 학생들이 경험했던 것에서 그들이 이제 경험할지도 모르는 것으로 학생들을 이끄는 것을 통해 인간 지성을 끄집어낼 수 있다. 이러한 지적 발달이나 성장의 과정은 교실 환경 밖에서 펼쳐질 것이다. 그러나 교사나 교수가 진정으로 할 일은 그 과정을 학생들의 학교 밖 환경에서 우연히 발생하는 것에 의존하지 않는 방식으로 옮기는 것이고, 정규교육기간이 끝난 이후의 학습능력을 향상시키는 어떠한 경험이나 지식으로 학생들을 이끄는 것이다.

2. 지적 미덕과 악덕

전통적으로 교육의 과정이 궁극적으로 달성하고자 목표하는 것은 교육의 과정 자체의 외부에 있는 어떤 것으로 생각되어 왔다. 그것은 졸업 이후의 삶, 특히 생계를 꾸리거나, 사회적 존경을 얻거나, 전통을 유지하려는 개인의 노력에 있어 도움이 될 지식과 습관들의 총합이었다. 그렇게 생각된 교육은 다양하게 직업, 계급, 신조와 관련된 목표들을 위한 수단이고, 어떠한 중요한 의미에서도 목표 그 자체로 간주되지 않을 것이다. 솔직히 말하자면, 이러한 견해는 현재보다는 과거와 더 관련되어 있을지도 모르겠다. 그러나 이 견해가 지속되고 있다는 증거는 학위를 가지고 무엇을 '할' 것인지 모르는 난처한 상황을 인정할 수밖에 없는 예술이나 인문학 내의 학문을 전공하고 있는 대학생에서, 수학과 과학 시험점수가 다른 나라들보다 뒤떨어지게 내버려두면 경제적 위험이 기다리고 있다고 계속해서 경고하고 있는 정치가에 이르기까지 쉽게 찾을 수 있다. 심지어 이 '쓸모없는 학위'의 최후의 보루인 철학과조차 이제 정기적으로 이 분야 학위의 실제적 이점과 졸업생들이 계속해서 얻어 왔던 영광스러운 직업들에 관한 의심스러운 정보를 마케팅 자료와 웹사이트에 포함시킬 수밖에 없다. 요컨대 대학 학위는 본질적으로 어떤 목표를 위한 수단이라는 견해는ᅳ또한 부차적인 문제이긴 하지만, 대학 학위는 손에 잡히는 이득을 덜 산출하거나 심지어 본질적으로 몇몇 특이한 인물들을 위한 보상이라는 견해는ᅳ실제로 다수의 신념은 아닐지라도, 여전히 널리 퍼져 있다. 이 견해가 그럴듯하다는 것은 충분히 분명하다. 실제로 정규교육은 여러 가지 측면에서, 특히 특정한 직업에 필요한 자격들을 획득하는 것과 관련이 있기 때문에, 수단으로서 가치가 있다. 그러나 문제는 교육의 목적들이 도구적 가치의 상태로 제한되는가 아니면 이것 이상의 어떤 것, 교육의 과정 자체에 내재하고, 궁극적으로 실용적인 가치는 부차적인, 더 높은 목적이 있는가 하는 점이다.

나는 결국 완전히 동일하지는 않을지라도 대략 듀이와 일치하는 방식으로 이 후자의 견해를 옹호하고 싶다. 나는 듀이 사상의 정신과 일치하지만 바라건대 그것의 문자 그대로의 뜻을 넘어 한 걸음 진보한 지적 미덕에 대한 관념뿐만 아니라, 듀이의 실험적 견해보다 훨씬 더 포괄적인 경험과 '경험되는 것'에 대한 관념이 있다고 주장할 것이다. 교육에서 실제적 효용을 능가하는 '그 이상의 어떤 것'은 교육받은 정신에 없어서는 안 될 요소인 일련의 지적 미덕, 성향,

습관들로 생각될 수 있다.

　이것은 개략적으로 듀이도 위에 언급된 더 관습적인 견해들－정규교육이 본질적으로 졸업 이후의 삶을 위한 수단으로서 가치 있는 훈련이라는 것－에 반대하면서 옹호했던 입장이다. 듀이의 코페르니쿠스적인 혁명은 가르침과 배움의 실천이 학생들의 경험 및 더 나아간 경험의 발달을 위한 조건들을 향하도록 새롭게 방향을 정했다. 그러나 혁명조차도 방향을 반응대상인 **구체제**(ancien regime)에서 얻으며, 보통 혁명이 일어난 후에도 오랫동안 구체제의 궤도에 남아 있다. 우리는 이것을 정치사에서 관찰할 수 있으며, 철학 입장들의 형성에 있어서도 자신들이 원래 어떤 것에 반대하여 만들어졌으면서 불가피하게 그것의 흔적들을 가지고 있는 것을 똑같이 볼 수 있다. 이 점에서는 듀이의 급진적인 교육철학 재구성도 예외가 아니다. 그러나 나는 이 점을 듀이의 입장에 대한 비판으로서가 아니라, 우리가 해석해야 하고 궁극적으로 합의를 봐야 하는 방식을 상기시키는 것으로서 주장할 것이다.

　그렇다면 듀이는 교육의 과정이 직업 준비 및 아마도 사회적 존경－사회경제적 사다리에서 더 높은 단계로 오르는 것이라는 관습적인 의미에서－과 결부된 명백하고 실제적인 이득들을 넘어서 적절하게 달성하고자 목표하는 '그 이상의 어떤 것'과 관련된 질문에 어떻게 대답했을까? 듀이의 대답은 그의 지적 성장의 개념 또는 다른 맥락에서 그가 '탐구의 정신', '호기심의 정신'으로 언급했던 것, 그가 '정답 제시'와 구별했던 '정신적 과정의 질'로 향했다.[55] 교육은 단지 직장 또는 품위 있는 사회에 들어갈 수 있는 정신, 특정한 정보

모음을 축적해온 정신을 만드는 것이 아니라, 미래 경험의 과정에서 더 배울 수 있는 능력과 배우려고 하는 경향성을 소유한 정신을 만들어내는 것을 목표로 한다. 교육받은 정신은 특정한 지적 미덕을 가지고 있고, 그에 상응하는 악덕은 없는 특징을 가지고 있다. 이러한 미덕과 악덕이 정확히 무엇인가 하는 것이 이제 내가 하려는 질문이다.

듀이는 그의 교육 및 그와 관련된 몇몇 문제에 대한 저작들 전체에 걸쳐, 자주 (그 반대뿐만 아니라) 교육적 성공의 표시인 근본적인 정신의 태도나 지적 자세에 대해 언급했다. 다음 구절들이 대표적이다.

성찰적인 주의력, 마음 앞에 문제를 설정하고 의문을 제기하는 능력을 가진 사람은 지적으로 말해서 그만큼 교육받은 사람이다. 그는 정신적 절제력－정신의 힘과 정신을 위한 힘－을 가지고 있다. 이것이 없는 정신은 관습과 외적인 제안에 계속 휘둘리게 된다.[56]

정규 학령기처럼 특별한 교육의 과정에 대해 이야기할 수 있는 최고의 찬사는 그 교육이 교육 주체에게 더 나아간 교육을 가능하게 해준다는 것이다. 성장의 조건들에 더 민감하고, 그 조건들을 더 이용할 수 있게 해준다는 것이다. 기능의 습득, 지식의 보유, 교양의 획득이 목표가 아니다. 그것들은 성장의 표시이며, 성장이 지속되기 위한 수단이다.[57]

그러나 지적 성장은 부단한 지평의 확장과 그로 인한 새로운 목적과 새로운 반응의 형성을 의미한다. 지적 성장은 지금까지 접해보지 못한 관점을 환영하는 능동적인 성향, 기존의 목적에 수정을 가하는 사항들을 고려하는 능동적인 열망 없이는 불가능하다. 성장능력을 유지하는 것은 그러한 지적 환대의 결과이다. 완고한 마음이나 편견의 가장 큰 폐단은 그것이 발달을 막는다는 것이다. 그것들이 마음에 새로운 자극이 들어오는 것을 차단해 버린다는 것이다. 열린 마음은 아이와 같은 태도를 계속 지켜나가는 것을 의미하고, 닫힌 마음은 지적인 겉늙은이가 되는 것을 의미한다.[58]

듀이의 저작들에서 나타나는 교육받은 정신에 대한 관념은 듀이의 긴 생애 전체에 걸쳐 변함없이 지속되었고, 그것은 여러모로 듀이의 도구주의적이고 실용주의적인 지식론의 결과물이다. 듀이가 이야기한 주요 미덕들로는 유연성, 열린 마음, 독창성, 인내, 활발한 호기심 등이 있다. 듀이는 자신의 교육적 성공에 대한 관념과 더 넓게는 자신의 철학적 관점 모두에서, 앞을 내다보고, 새로운 아이디어들을 환영하며, 교조적이지 않고, 특히 부정적인 의미에서 잘못을 찾아내는 비판보다는 주로 건설적으로 문제를 해결하는 지적 성향을 소중하게 여겼다.

이것을 넘어서, 교육받은 정신은 '마음속에서 한 주제에 대해 곰곰이 생각하고, 그것을 가지고 진지하게 연속적으로 숙고할' 수 있다는 의미에서 성찰적이다.[59] 교육받은 정신은 서두르지 않고, 관조적이며, 빠르고 피상적으로 결론에 도달하기보다는 기꺼이 한 문제를 깊이 검토할 것이다. 교육받은 정신은 주의 깊고, 경청하며, 집중을 유지할 수 있고, 자제력이 있다. 교육받은 정신은 미리 주어진 절차들을 따라갈 수 있다는 의미에서가 아니라, 그 앞에 있는 문제나 질문에 대한 감각을 가지고 있고, 그것의 더 넓은 의의에 대해 이해하고 있으며, '상관없는 것이나 당분간 중요하지 않은 것은 무시하면서 그 앞에 있는 장면이나 상황을 포착할 수 있고, 주목해야 하는 요소들을 붙잡아 그것들을 각각의 요구들에 따라 선별한다'는 의미에서 좋은 판단력을 가지고 있다.[60] 신중한 정신은 중요한 정도를 평가할 수 있다. 신중한 정신은 중대한 것에 무관심하지도 않고, 사소한 것에 사로잡히지도 않는다. 게다가 듀이는 경험에 의미를 불어넣는 방식으로 경험을 재조직하고 재해석한다는 의미에서, 교육받은 정신이 자신의 경험을 '재구성'할 수 있다고 이야기했다. 누군가의 경험을 재구성한다는 것은 그 경험으로부터 배울 수 있고, 과거 경험으로부터 얻을 수 있는 어떤 통찰력이든 그것을 미래를 위해 통합할 수 있다는 것이다. 개인의 과거에서 얻은 교훈이든 더 넓은 역사의 교훈이든 선행연구에서 얻은 교훈이든, 과거의 교훈들을 통합했다면, 사람은 이 지식을 방향을 제시하고, 계속 사건들에 휘둘리기보다 어느 정도 미래를 통제하는 데 사용할 수 있다. 그 사람은 무엇이 올지 예상하거나, 계획하거나, 재앙을 피하거나, 일반적으로 미래를 풍요롭게 만들기 위해 배운 것을 적용할 수 있다.

성공적인 교육은 너무 전문적이거나 협소한 지평을 갖고 있지 않은 정신, 이해관심을 열정적으로 추구하면서도 너무 이해관심이 있는 문제들만 차별대우하지는 않는 정신을 형성한다. 듀이는 '교양 있는 정신은 … 자신을 둘러싸고 있는 모든 것, 자연의 대상들, 예술 작품들, 시의 심상들, 역사의 사건들, 인류의 방법들, 과거, 현재, 미래에 대한 그것들의 전망들에서 무궁무진한 이해관심의 원천들을 발견한다.'는 존 스튜어트 밀(John Stuart Mill)의 말을 완전히 찬성하면서 인용했다.[61] 쉼 없는 정신, 문제를 제기하는 열정이란 것이 있다. 이는 듀이가 특히 높이 평가했던 것으로, 그의 모든 철학 분야의 방대한 저작들과 그가 접한 적이 있었던 모든 정치적 문제에 있어 스스로 분명하게 보여주었던 것이다. 듀이는 대단히 많은 영역들에 속하는 아이디어들과 새로운 이해관심들을 개발하는 능력을 소중하게 여겼고, 그 자신도 이에 대해 열의를 보였다. 그 이해관심들이 엄밀하게 학문적인 성격을 가지고 있든 그렇지 않든 간에 말이다. 갈망의 문제는 듀이에게 너무나 중요한 것이어서, 그는 교육가의 갈망이 학생에게 전해지는 것을 교육에서 '가장 필요한 하나'라고 말하곤 했다. 왜냐하면 갈망은 정보나 신념을 주입하는 것 훨씬 이상의, 아이디어들 자체에 대한 열정이고, 학생들이 대학에 있었던 시간들 이후에 계속해서 지적으로 발달하는 원동력이기 때문이다.[62]

또한 듀이에게 있어, 교육의 과정을 최고로 달성했음을 나타내는 정신의 미덕에는 엄밀하게 지적인 것을 넘어서 정서적인 것, 한층 더 넘어서는 사회적인 것이 포함된다. 훌륭한 판단력과 탐구 자체에 대한 열정은 지적이면서도, 정서적이고 사회적인 미덕이다. 이것들은 자아를 그 자신 내부의 경계 안에 가두기보다, 타인들과 협력하여 논의하도록 이끄는 마음의 습관들이다. 예를 들어, 호기심은 자아를 지적 교환의 형태에 끌어들이는데, 이 지적 교환은 그의 확신에 도전하고, 아이디어의 본질이 교조적인 확실성보다는 가설임을 드러낸다. 우리는 협력적인 탐구와 다양한 종류의 공유된 일에 대한 참여를 통해서, 대화 속에서 우리 자신의 아이디어들이 도전받게 함으로써, 정확히 자기성찰과 창의력에 대한 도전을 받는다.[63] 마찬가지로 훌륭한 판단력은 단순히 논리적인 사고의 작용이 아니라, 우리의 윤리적 지식에 대해 알려주고 행동에 옮길 능력을 보장하는 특정한 '정서적 민감성'을 포함한다. 우리가 좋은 것이나 진실한 것과 관련하여 어떤 판단을 하든지 간에 말이다.[64] 민주주의와 민주적 성격은 듀이가 너무나 자주 교육의 사회적 차원을 표현하기 위해 사용했던 용어로, 여기서 이것들은 정치적 신조보다는 협력적 논의의 에토스, 의견 차이에 대한 존중, 민주 시민성과 관련된 다른 사회적 미덕들을 의미한다. 듀이의 가장 중요한 교육 저작물 중 하나의 제목인, 민주주의와 교육은 관례적인 협의의 의미에서 정치적인 것과 교육적인 것 모두와 관련되기 때문에 완전히 뒤얽힌 개념들이다. 나는 7장에서 이 주제로 되돌아올 것이다.

듀이에게 있어서 교육적 실패의 표시인 지적 악덕들에는 정보를 보유하거나 어려운 개념들을 이해할 능력이 없는 것을 넘어서, 특히 유연하지 않은 정신, 교조주의, 협소한 지평, 파벌주의, 부주의, 인습의 고집, 무관심이 포함된다. 낡은 교육이 주입했던, 관습에 대한 지나친 의존과 권위에 대한 복종은 사람으로 하여금 지적 유행에 휘둘리고, 그 시대의 정설에 도전할 준비가 되지 않도록 내버려두는 유순한 정신을 만들어낸다. 듀이는 특히 미국과 유럽의 일반 대중들이 정치적 선전에 별로 저항하지 않게 되었던 것에 대해 심각하게 걱정했는데, 이러한 문제를 일으킨 장본인은 정치가들보다는 교육기관들이었다. 모든 분야의 교육가들은 탐구정신을 심어주기보다 수용의 기술—지혜, 정보, 교육가의 신념을 받아들이는 기술—을 가르치고, 가설이나 분석도구보다 학생들에게 사실의 탈을 쓴 채로 제시된 개념들에 대해 의심하지 않는 태도를 가르친다. 그 결과 생겨난 성향은 어떠한 질문을 제기할 필요가 있다는 생각이 떠오르지 않는 성향, 문제가 되는 것과 그렇지 않은 것을 분별하는 능력이 부족한 성향이 생겨난다. '인간의 타고난 경향이 바짝 밀어붙여 의심하는 것이 아니라, 가능한 한 짧게 끊어서 탐구를 하는 것'이라 할지라도, 이러한 경향은 지적인 게으름 및 논쟁적인 가설을 정통사실로 받아들이는 수동적인 성향을 길러내는 교육 실천들의 도움을 받고, 그것들에 의해 선동된다.[65]

듀이가 자주 언급했던 또 다른 지적 실패는 과도한 전문화 및 학문주의의 경향과 이에 불가피하게 따라오는 관점의 협소화이다. 점점 더 학생, 교육가, 전문가, 노동자 모두 전문 분야로 들어가서 종종 그것을 넘어서는 것에 대해서는 전혀 모르게 만드는 추세에는 특정한 사고의 부족이 동반된다. 개별 탐구 분야들 간의 관련성이나 다른 경험 영역들 간의 관계라는 중요한 문제에 대해서는 점점 더 배우지 않게 되는데, 이는 지식의 발전에 따라 이러한 현상이 불가피한 결과로 나타날 거라 생각되는 과학에서 못지않게, 인문학이나 예술에서도 나타난다. 듀이는 특히 그 자신의 학문인 철학의 과도한 전문화의 추세—내가 4장에서 논의할 것과 같이—에 관심이 있었고,

철학 및 다른 연구 분야 안에 있는 학자들이 협소한 분야의 전문지식 바깥에 있는 모든 것에 대해 모르게 되었을 때, 그들이 치르게 될 높은 비용에 대해 관심이 있었다. 이와 관련된 현상은 대학이 더 넓은 문화와 멀리 떨어지고 단절되는 것, 대학에서 일어나는 것 중 너무나 많은 것들이 더 넓은 문화와 무관하다는 것이다. 듀이가 언급한 바와 같이, '때때로 오직 운동 시범경기만이 대학과 보통의 공동체 생활 간의 직접적인 관련성을 보여주는 것 같다.' 이 관찰은 듀이가 이 말을 썼던 1901년만큼이나 오늘날에도 거의 정확하게 [적용된다.][66] 중등과정 이후의 교육기관들에서 점점 더 증가하는 연구와 교과내용의 편협성은 교수와 학생들 모두 위험할 만큼 그들이 맡은 탐구의 더 넓은 함의에 대해 무관심하도록 만든다.

이와 관련된 지적 악덕들에는 정신의 교조적 전환이 포함되는데, 이는 자신의 의견에 터무니없이 높은 평가를 하면서 그것을 고수하고, 자신이 소중히 여기는 정설이면 어떤 것이든 그와 관련해서는 움직이지 않고 융통성이 없는 것이다. 듀이에게 '정신의 개방성과 유연성의 계발'은 너무나 중요한 것이어서, 그는 자신의 매우 초기의 글 중 하나에서 다음과 같이 썼다. '누군가 나에게 학생들에게서 발견되는 주요 지적 결함이 무엇인지 묻는다면, 나는 나 자신의 경험으로부터 판단할 때, 유연성의 부족, 정신이 새로운 아이디어들로 향하게 하는 능력 또는 오래된 것들을 새로운 시선으로 보는 능력의 부족이라고 대답할 것이다.'[67] 자기만족에 빠지고 자기 확신으로 가득 찬 정신은 아이디어들에 무관심하고, 무감각하며, 생각이 없는 정신 또는 단순한 공식과 유행에 따른 감상으로 사고가 제한된 정신

만큼이나 큰 교육적 실패의 징후이다. 듀이는 교육의 과정이 인간의 경험에 뿌리를 두고 있고 적절한 환경 속에서 펼쳐진다면, 정신의 삶을 빈곤하게 하고 충분히 발달하지 않게 만드는 이러한 실패들과 또 다른 지적 실패들이 지적 성숙의 표시인 개방적이고 실험적인 정신의 전환으로 교체될 것이라고 강력하게 믿었다.

3. 체험(Erlebnis)에서 경험(Erfahrung)으로

교육의 논리—현상학적으로 말하자면, 항상 이미 학습의 과정을 특징짓고 있는 기본 토대와 방향—는 경험의 논리이다. 요컨대 이것이 듀이가 일으키려 애썼던 코페르니쿠스적 혁명이다. 학생들의 살아 있는 경험이 아니라, 졸업 이후의 삶을 위한 준비, 경제 기술적 효율성, 문화적 리터러시, 특정한 신념의 세뇌라는 개념에 뿌리를 두고 있는 교육은 그 자체에 내재하는 목표를 학습과정의 바깥에서 가져온 가치들로 대체함으로써, 학습과정을 왜곡한다. 나는 이러한 방식으로 학습과정을 왜곡하는 경향이 [바로] 수많은 교육 이론과 실천들의 주요 결함이고, 무수히 많은 더 구체적인 결함들의 뿌리라고 제시할 것이다. 이러한 경향은 본질적으로 교육을 특정한 종류의 주체들(교육당국이 바라는 대로 믿고, 가치판단을 하고, 행위하는 사람들)을 제조하는 수단으로 축소시킨다. 이러저러한 종류의 외생적 목표들을 가져오려는 열성으로 교육의 내재적 논리를 무시하라는 유혹은 매우 보편적인 현상이며, 이에 대해서는 교육 보수주의자만큼이나 교육 자유주의자들도 거의 저항하지 않는다. 그러나 교육에 적절한 기초를 마련하고 싶다면, 우리는 반드시 이에 대해 저항해야 한다. 경험은 사고의 출발점이다. 경험은 호기심을 불러일으키고, 질문과 해석이 생기게 하며, 어느 정도 생생하게 마주한 것을 이해하도록 사람의 정신에 (그의 나이가 많든 적든) 동기를 부여한다. 이것이 틀림없기 때문에, 교육은 궁극적으로 경험에서 출발한다. 우리는 이와 아주 유사한 것을 하이데거의 '왜 해석은 맥락적이고 왔다 갔다 하는 해석학적 순환의 구조 속에서 적절하게 이루어지는가'라는 질문에 대한 대답에서 발견할 수 있다. 사람이 해석학적 순환에 들어가기로 결정하는 게 아니다. 현상학적으로 사람은 항상 이미 해석학적 순환 속에서 생각하고 있다. 그가 선택해야 할 것은 이 순환에 들어갈 것인가 아닌가가 아니라, 어떻게 그 안에서 자신의 방식을 협상할 것인가, 어떻게 정합성과 의미를 가져오는 방식으로 부분을 전체와, 그리고 전체를 부분과 화해시킬 것인가이다.[68] 마찬가지로 교육의 상황 속에서 학생들은 자신의 경험을 교실로 가져오고, 그 기반 위에서 배울 수밖에 없다. 이것이 학습이 일어나는 맥락이며, 학습은 칠판에 쓰인 어떤 순전히 합리적 또는 '학문적' 정보라는 (비-) 맥락(context) 속에서 일어나지 않는다. 학생들이 세계-내-존재가 아니라, 컴퓨터나 아마도 신이라면, 전혀 경험에 호소할 필요가 없을 것이다. 그러나 [학생들은 컴퓨터나 신이 아니기 때문에] 우리는 학생들을 있는 그대로, 즉 지적이면서도 심리적이고, 문화적이면서도 실존적인 관점으로 받아들여야 한다. 그리고 이것은 경험의 개념으로 요약되는 관점이다.

우리가 듀이의 교육철학에서 중요한 용어들을 접할 때 반드시 해야 하는 질문은 '어떻게 오늘날에도 그의 실험적인 경험관이 제대로 유효할 수 있는가'이다. 우리는 아마 듀이의 경험관 자체에 대해 약간의 의구심을 가지고 교육의 '중력 중심' 이동이라는 그의 주장을 받아들일 것이다. 듀이가 설명했던 관념이 특히 더 이전의 경험론의 형태에 비해 훌륭하게 풍부하고 광범위하긴 하지만, 나는 훨씬 더 광범위한 견해, 대략 듀이의 입장과 일치하지만 그것의 약간 환원주의적이고 과학주의적인 경향은 빠진 주장에 대해 일반적으로 약술하고 싶다. 결코 듀이에게 실증주의나 어떤 무비판적인 과학 숭배의 경향이 있었던 것은 아니다. (어떤 듀이의 비판가들은 그렇게 주장하지만[69]) 그러나 듀이는 과학적 실험을 지적으로 관리된 경험의 전형적인 사례로 여겼다. 그러나 우리는 왜 과학이 이를테면, 예술이나 문학이나 역사와의 만남보다 우리의 경험에 대한 이해에서 그렇게 중심적인 위치를 차지해야 하는지 묻고 싶다. 과학적 탐구를 통해 문학과의 교육적 만남을 적절하게 이해할 수 있는가? 만약 우리가 너무나 과학에 매혹되어 이 질문에 긍정적으로 대답하고 싶다면, 내게 그것은 현상을 이론에 맞추고 있는 것으로 보인다. 문학작품은 경험해야 할 대상이다. 그것은 틀림없다. 그러나 우리가 전적으로 물리학자가 원자에 대해 탐구하거나 천문학자가 블랙홀을 연구하는 의미에서 문학작품을 탐구해야 하는가? 이에 대해 부정적으로 대답했다고 해서 우리가 듀이의 설명을 거부할 필요는 없다. 그러나 그것은 실험적 지성으로서의 경험의 한계에 대해 질문을 제기하고, 우리로 하여금 경험의 개념 자체에 대해서 더 탐구하게 한다.

경험의 개념에는 듀이가 우리에게 제공했던 것 이상이 있을 것이다.

실제로 훨씬 이상의 것이 있을 것이다. 이는 우리가 경험 개념의 역사를 더 상세하게, 위에 제시된 대강의 개관 이상으로 검토할 때 분명해진다. 다행히 우리는 마틴 제이(Martin Jay)의 『경험의 노래들 Songs of Experience』에서 이에 대한 지침을 발견할 수 있다. 그 책에서 제이는 고대와 근대 모두 경험에 대한 철학 이론들이 '냉철한 분석인 것만큼이나 열정의 "노래들"'이라는 것을 보여주려고 노력한다. 제이는 어떤 이론적 설명이 실제로 경험이 무엇인지에 대해 완전히 정확한 서술이라고 옹호하기보다, 경험은 [듀이를 포함하여] 자신의 사상에서 특별히 경험을 강조한 많은 이들에게 놀랄 만한 감정을 불러일으키고, 엄밀하게는 보통의 의미에서의 철학 이론보다 '서정적인 찬사', '서글픈 애가(哀歌)', '격렬한 비난'에 가까운 기표(signifier)라는 흥미로운 제안을 한다. 철학자들이 생각한 경험이 워즈워스(Wordsworth)[8]나 어떤 다른 이들이 사용한 의미에서 '노래'가 되는지 아닌지는 확실히 의문의 여지가 있다. 그러나 '경험'이라는 용어는 도처에 있기 때문에 … 어떠한 전체주의적인 설명도 여러 시대의 다른 맥락들 속에서 그것의 외연(denotation)과 내포(connotation)에 대해 제대로 다룰 거라 희망할 수 없다'는 주장에 있어서는 아마 제이가 맞을 것이다.[70] 경험은 철학에서의 기술적 용어일 뿐만 아니라, 일상 언어 속의 단어이다. 따라서 경험의 의미를 설명하려는 이론적 노력은 이러한 사실을 제대로 다뤄야 하고, 그 개념을 본질

....

8) 영국의 낭만주의 시인(1770-1850).

적인 것으로 알려진 단일한 차원으로 축소시키기보다 풍부하게 해석해야 한다. 경험이 본질(essence), 우리가 철저한 이론적 분석을 통해 제공할 수 있을 만한 본질을 가지고 있다는 주장은 매우 사실일 것 같지 않다. 우리가 철학에 기대할 수 있는 것은 이런 것이 아니라, 어떤 더 중요한 측면에서 경험의 의의에 대해 더 겸손한 해석, 철저함이나 최종성(finality)을 주장하지 않는 해석이다. 듀이가 자신의 경험이론을 이러한 생각으로 내놓았는지, 아니면 더 통상적인 환원주의적 방식으로 내놓았는지는 논란의 여지가 있는 문제이다. 원문에서는 두 가지 해석 모두의 증거를 발견할 수 있을 것이다. 물론 우리의 목적에 중요한 것은 지금으로서는 매력적인 듀이의 설명이 충분한가 하는 점이다.

한스-게오르그 가다머는 '경험 개념은 내게 우리가 가지고 있는 가장 애매한 것 중에 하나인 것처럼 보인다'고 말했는데, 이는 거부하기 어려운 의견이다. 근대 인식론은 경험이란 단어를 기술적인 용어로 만드는 과정에서, 역사적인 것을 희생시키고 너무나 배타적으로 과학적인 의미를 추구함으로써 '그것의 본래 의미를 잘라냈다.' 가다머가 더 언급했듯이,

따라서 현대 과학은 이미 경험 속에서 추구되던 바를 그 나름의 방법론으로 더 연장시킬 뿐이다. 경험은 오직 그것이 확증되어야만 타당하다. 그러므로 경험의 가치는 원칙적으로 그것의 반복 가능성에 달려 있다. 그러나 이것은 바로 그 특성으로 인해, 경험이 그 자체의 역사를 없애고, 따라서 경험 자체를 없앤

다는 것을 의미한다.[71]

　가다머 자신이 그렇게 적용하지는 않았지만 – 아마도 20세기의
너무나 많은 다른 대륙철학자들과 같이, 가다머가 듀이나 다른 미국
실용주의자들의 글을 읽지 않았기 때문이다 – 이 비판은 듀이에게
도 적용되는 것으로 보인다. 이러나저러나 우리가 근대 인식론에서
목격하는 바와 같이 경험 개념을 잘라 줄이는 것은 심각한 문제이
다. 우리는 경험 개념의 본질적 요소를 그것의 단순한 외견상의 의
미와 분리할 것을 의도하는 분석을 제공함으로써 또다시 근대 인식
론의 문제를 영속시켜서는 안 된다. 애매성이 항상 영(zero)으로 줄
어들 수 있는 것은 아니기 때문에, 철학자들은 어찌할 수 없이 모호
해서 '명확히 할' 수 없는 개념을 없애지 못해 안달 내서는 안 된다.
경험이란 단어의 제거할 수 없는 애매성의 일부는 오랫동안 그것이
대비되어 왔던 다양한 개념들 때문이다. 이성, 이론적 지식, 단순함,
희망이 바로 그 몇몇 개념이며, 이것들은 단 하나의 개념을 이것들
의 반대에 세울 수 있을 것처럼 공통적인 것으로 보이지 않는다.
　[경험을] 복잡하게 만드는 또 다른 요소는 물론 경험이란 단어의
역사이며, 이는 철학 담론 내에서만 작동하는 것도 아니고, 이 문제
가 영어에만 있는 것도 아니다. 독일어에서는 다소 중요하게 경험의
두 가지 의미가 구분된다. – 이상하게도 이 구분은 전혀 듀이의 주의
를 끌지 못했다. – 19세기 후반에서 20세기 무렵, 독일 철학은 점점
더 경험을 지나치게 자연과학에 신세를 지고 있는 인식론의 문제로
축소시키는 것을 불만스럽게 여기면서, 경험을 'Erlebnis'와 'Erfahrung'

으로 구분하여 이야기하기 시작했다. 여기에서 전자는 전(前)이론적이고 즉각적인 '살아 있는 경험'을 함축하고, 후자는 시간이 흐름에 따라 인식과 판단들이 더 넓게 통합된 것을 의미한다. 우리는 'Erlebnis'를 반드시 삶(Leben)과 관련하여 이해해야 한다. 'Erlebnis'는 생생하고, 개념적으로 분화되지 않은 경험, 개인적이고, 적잖이 감정적인, 세계에 대한 경험이다. 'Erlebnis'는 종종 감각적인 것, 독특한 것과 관련되어 있기 때문에, 그 특성상 전형적으로 일상생활의 과정에서 생겨나는 것 또는 일상생활의 끼어듦이나 일상생활을 구성하는 더 넓은 기획과 습관들의 끼어듦으로 이야기할 수 있다. 이러한 의미에서 경험은 자아가 개별적으로 친밀하게 소유한 것이며, 종종 더 넓은 의미의 배열이나 의식의 내면성을 넘어선 어떠한 사회적 실재에도 이르지 않는 개인의 사건이다. 가다머는 [경험이라는] 이 애매한 단어의 두 의미 간의 구분에 대해 언급했다. 그는 'Erlebnis'가 경험의 대상이나 내용을 나타내면서 동시에 경험하는 행위를 나타낸다고 말했다.

이 내용은 경험함의 일시적인 것으로부터 영속성, 중요성, 의의를 획득한 산출물이나 결과물과 같다. 다음과 같은 두 가지 의미가 분명 'Erlebnis'라는 신조어의 근간이 된다. 그중 하나는 모든 해석, 이론적 작업, 의사소통에 선행해서, 단순히 해석의 출발점—구성의 소재—을 제공하는 직접성이며, 다른 하나는 그것의 발견된 산출물, 그것의 지속될 결과이다.[72]

그렇다면 이러한 의미에서 경험은 단지 인식론적인 용어로 이해되기보다는 삶과 관련하여 이해되어야 한다. 그것은 삶에서 생겨난 에피소드 같은 사건으로, 여기에서 두 번째 의미에서의 경험이란 단어의 특징인 더 넓은 의미와 시간의 틀은 결여되어 있다.

하이데거나 가다머 같은 독일 사상가들이 20세기 현상학에서 이야기했을 의미에서의 경험은 'Erfahrung'이다. 또 다른 애매한 표현인 이러한 의미에서의 경험은 'Erlebnis'에는 없는 더 넓은 의미의 배열과 시간의 지속을 나타낸다. 'Erfahrung'은 종종 인식론적 용어인 인식이나 판단과 관련되어 있기는 하지만, 실험적이거나 과학적인 함축은 덜 가지고 있고, 역사적인 함축을 더 가지고 있다. 'Erfahrung'은 개인적 사건들보다는 이러한 사건들이 의미를 가진다는 측면에서 더 넓은 인간 경험의 과정과 관련되어 있다. 제이가 서술한 바와 같이, 'Erfahrung'은 '학습과정에 기반을 두고 있는 더 시간적으로 긴 경험 개념, 개별적인 경험의 순간들의 내러티브 전체 또는 모험으로의 통합을 의미하게 되었다.'[73] 모험이라는 개념 자체는 흥미로운 애매성을 보여준다. 가다머는 다음과 같이 언급했다.

모험은 결코 단순한 에피소드가 아니다. 에피소드는 내적인 정합성을 가지지 않고, 바로 이 이유로 인해 영구적인 의의를 가지지 않는 세부사항들의 연속이다. 그러나 모험은 통상적인 사건들의 과정을 방해하지만, 그것이 방해하는 맥락과 적극적으로 의미 있게 관련되어 있다. 따라서 모험은 삶을 전체로서, 그 너비와 강도를 느끼게 한다. 여기에 모험의 매력이 있다.

모험은 일상생활의 조건과 의무들을 제거한다. 모험은 불확실한 것에 위험을 무릅쓴다. 그러나 동시에 모험은 예외적이고, 따라서 여전히 모험이 아닌 일상으로의 귀환과 관련되어 있다는 것을 알 수 있다. 따라서 모험은 누군가가 그것을 통해 풍부해지고 더 성숙해져서 나타나는 시험이나 시련과 같은 것을 '겪는' 것이다.

이러한 의미에서의 경험은 변증법적인 특징을 가지고 있다. 이러한 경험은 특수한 사건과 일반적 맥락 사이에서 왔다 갔다 하는 연속적인 운동을 보여주는데, 여기에서 일반적 맥락은 특수한 사건의 의미로 가능한 것을 무엇이든지 끌어내는 출발점(departure) 또는 지속된 것(continuation)으로서 그 사건과 관련되어 있다. 해석학적 순환의 변증법적 운동이나 위험을 무릅쓰고 나갔다가 그다음에 일상으로 돌아오는 모험담의 기본 구조와 같이, 인간 경험이 발생되고 이해되는 [방식은] 특수한 것에서 보편적인 것으로 가고, 또 그 반대로 가는 것이다. 가다머를 한 번 더 인용하자면, '모든 경험은 삶의 연속성에서 나오면서, 동시에 인간의 삶 전체와 관련되어 있다. … 모든 경험은 그 자체로 삶 전체 속에 있기 때문에, 삶 전체는 또한 모든 경험에 현전한다.'[74] 모든 경험은 개별 에피소드가 하나의 맥락이나 더 넓고 연속적인 경험의 사건들 안에 통합되기 전까지는 이해될 수 없다. 그게 아니라면 오직 즉각적이고 일반적으로 일차원적인 방식으로만 이해될 수 있다.

그렇다면 'Erfahrung'의 의미에서의 경험은 시간적 연속성을 나타내며, 때로는 개별 사건만으로는 이루어질 수 없는 진보를 나타낸다. 'Erfahrung'은 종종 내러티브 구조뿐만 아니라 더 넓은 사회적 의의를 가정하고, 점점 더 많아지는 에피소드들, 사회적 실천들, 사람들, 일종의 이야기를 형성하면서 학습된 교훈들을 통합시킨다. 비록 그것들은 부조화와 모순으로 가득 차 있을 것 같지만 말이다. 이러한 의미에서의 경험은 그것이 이해되는 한, 내러티브와 닮았고, 대체로 시간이 흐름에 따라 경험 속으로 퍼지는 정합적인 의미 줄거리, 특수한 사건들이 이야기에 기여하면서 의미가 있게 되는 그 줄거리와 닮았다. 하이데거 이후의 해석학적 현상학자들은 종종 경험과 인간 자체 모두를 내러티브 구조를 가진 것, 또는 더 정확하게는, 내러티브인 것으로 그 특징을 설명하곤 했다. 사람들은 자신의 경험을 그것의 고립된 특수성 속에서 생각하기보다, 그 경험을 내러티브의 형태로 각색하거나 그것에 대한 이야기를 함으로써 이해하기 때문에, 현상학 전통에 있는 많은 이들도 자아를 어떤 종류의 안정된 실체로, 그것을 과학적이거나 형이상학적인 용어로 서술할 수 있는 것으로 두기보다는, 개인의 역사로 이야기했던 것이다.[75]

또한 이 전통에서 'Erfahrung'은 변형시키는 경험으로 기술되곤 했다. 'Erfahrung'은 말하자면 단순히 그것인 것 또는 누군가가 어떤 의미 있는 방식으로 변화되지 않으면서 겪는 것과 대조하여 서술되었다. 이러한 의미에서의 경험은 근본적으로 학습하는 경험이다. 이러한 경험은 항상 오래된 사고 패턴을 굳히기보다 그것을 변형시키기 때문에, 몇몇 중요한 측면에서 우리의 자기이해나 세계에 대한 이해를 수정하게 한다. 심지어 가다머는 '진정한 의미에서의' '

Erfahrung'이나 경험은 '처음부터 항상 부정의 경험이며, 우리가 가정하는 대로 진행되지 않는 것'이라고 주장했다.[76] 경험은 우리의 기대에 맞거나, 아니면 기대와 반대된다. 후자의 경우, 우리는 갑자기 멈춰 서서 우리의 예상을, 그것이 무엇이든 우리가 주어진 경험에 대해 했던 예상을 변경할 수밖에 없다. 그것은 크고 작은 방식으로 우리의 관점을 변형시킨다. 그리고 [이러한 일이 발생하면,] 우리는 알고 있다고 생각했던 것을 재고할 수밖에 없다. 따라서 이러한 경험의 부정성(negativity)은 생산적이다. 그것은 우리가 이전에 가지고 있었던 것보다 더 포괄적인 지식을 갖게 하고, 실수를 고치며, 진정한 학습을 가능케 한다. 단지 우리의 예상을 확인하는 경험 ─ 예를 들면 오늘 아침에도 다시 태양이 떠오른다는 인식 ─ 은 그것이 정말 하나의 경험이라고 해도, 학습의 경험은 아니다. 그와 반대로, 예술과의 만남은 우리를 바꿔놓는다. 그것은 어쩔 수 없이 우리의 인식을 수정하도록 만들고, 우리로 하여금 예상하지 못한 것이나 이상한 것을 마주하게 하며, 우리를 변화시키는 과정에 들어가도록 우리를 격려한다.

　여기에서 우리는 마침내 문제의 핵심에 도달했다. 가다머가 적절하게 말한 것처럼, '진정한 의미에서' 경험은 참으로 실험적이다. 그러나 그 단어에 대한 듀이의 과학적 이해 ─ 연구를 하고, 합리적으로 정리하며, 해결책을 지향하는 경험 ─ 에서뿐만 아니라, 경험이 깊이 변형시킨다는 의미에서 실험적이다. 궁극적으로 경험이 변형시키는 것은 경험 주체 자신과 그의 관점이며, 이는 그가 문제 상황을 해결했다는 것뿐만 아니라 그 자신의 존재가 변화했다는 의미이다. 우리는 경험이라는 이름에 어울리는 하나의 경험(an experience)의 끝에서 '나는 과거의 내가 아니다'라고 말한다. 경험을 겪은 사람은 새로운 통찰력과 더 풍부한 이해 또는 자기이해를 가지고 나타난다. 그는 학습했다. ㅡ그리고 여기에서 이것은 정보를 얻는 것이나 성공적으로 탐구 과정을 마무리하는 것을 의미할 뿐만 아니라, 세계에 대한 그의 입장이 변경된 것을 의미한다.

가다머는 대략 듀이의 견해와 일치하는 용어로, 그러나 그것을 넘어서는 방식으로 경험(Erfahrung)과 '경험되는 것'에 대해 이야기하곤 했다. 그가 서술한 바와 같이, '경험의 진리는 항상 새로운 경험을 향하는 지향을 포함한다.' 경험되는 것은 단순히 특정한 종류의 결과ㅡ상당한 사실과 관찰들의 총합을 축적한 상태ㅡ나 방법이 아니라, 미래를 향한 자세이다. 사람은 그가 학습한 것의 결과로, 개방성과 호기심이라는 성향을 가지고 미래 경험을 향하게 된다.

따라서 경험이 많다고 일컬어지는 사람은 이미 겪은 경험들을 통해 그러한 경지에 이르렀을 뿐만 아니라, 새로운 경험들을 향해 열려 있게 된다. 그러한 사람이 도달하는 경험의 정점, 즉 우리가 '경험된 것'이라 일컫는 완성은 그가 이미 모든 것을 알고 있고, 다른 누구보다 더 잘 안다는 뜻이 아니다. 오히려 반대로 경험이 많은 사람은 철저히 교조적 원칙을 거부하는 사람이다. 그는 그가 했던 많은 경험들과 그것들로부터 도출했던 지식 때문에, 특히 새로운 경험을 하고 그것들로부터 배우는 능력이 뛰어난 사람이다. 경험의 변증법은 확정적인 지식이 아

니라, 경험 자체로 인해 가능해지는 경험에 대한 개방성 속에서 적절히 완성된다.[77]

우리는 여기에서 분명히 듀이의 메아리를 듣는다. 듀이 또한 교육의 경험을 학습자로 하여금 미래 학습을 향하는 경향을 갖게 하는 것으로, 탐구를 위한 새로운 길을 열고 호기심을 불러일으키는 것으로, 그리고 확실히 최종 결론에 도달하는 과정이 아닌 것으로 이야기했다. 듀이는 항상 교육이 적절하게 심어주는 마음의 습관은 우리에게 지적인 자기만족과 자기확신에 반대되는 경향을 갖게 한다고 주장했다. 완전히 개별적인 사건으로 있기보다 '계속되는 경험들 속에서 사는 것'이 경험의 본질이기 때문에, 교육가에게 중요한 문제는 '그 다음의 경험들 속에서 결실 있게 창조적으로 살아 있을 종류의 현재 경험들을 고르는 것'이다.[78] 경험과 관련하여 매우 중요한 것은 그 경험이 이끄는 것이다. 그것은 계속되는 경험이다. 그러나 더 동일하다는 의미에서가 아니라, 더 다른 것이라는 의미에서 계속되는 경험이다.

듀이와 가다머가 옹호했던 경험관은 거의 같지 않지만, 듀이가 소중히 여겼던 지적 미덕들은 여전히 가다머가 말했던 현상을 포함한다. 비록 그것이 명시적이지는 않지만 말이다. 가다머는 듀이보다 더 경험에 대한 개방성과 사람의 관점 변형에 대해 강조했고, 이는 교육철학과는 꽤 다른 맥락 속에서 이루어졌다. 또한 가다머는 듀이보다 더 헤겔과 같은 방식으로 경험의 변증법적 특징을 강조했다. 이 둘은 매우 다른 방식으로 헤겔주의적인 사상가였다. 또한 가다머는 항상 방법론적인 사고, 특히 과학적인 사고의 한계라는 가장 듀이와 다른 주제에 상당히 중점을 두었다. 경험이 실험적인 특징과 어떤 점에서는 변증법적인 특징을 가지고 있다고 말하는 것은 듀이에게, 경험에는 방법, 원칙적으로 합리적인 행위자가 널리 적용할 수 있고 반복할 수 있는 것이 따라옴을 의미한다. 경험은 정해진 답이 없는 과정을 함축하지만, 말하자면 경험의 본질은 그것의 방법론에 있다는 것이다. [그러내 가다머에게 경험 또는 '경험되는 것'의 주요 특징 중 하나는 정확히 더 일반적인 인간의 유한성에 대한 이해 – 듀이가 주목하기는 했지만 결코 자신의 사상의 전면에 부각시키지는 않았던 주제 – 뿐만 아니라, 기술(technique)의 한계에 대한 감각이다. 가다머는 이 요점을 전면에 내세운다. 가다머는 약간만 효과적으로 과장하면서, 다음과 같이 언급했다. '따라서 경험은 인간의 유한성에 대한 경험이다. 진정으로 경험한 사람은 이것을 마음에 새긴 사람, 그가 시간의 주인도 아니고 미래의 주인도 아니라는 것을 아는 사람이다. 경험한 사람은 모든 예견에는 한계가 있고 모든 계획은 불확실하다는 것을 아는 사람이다.'[79]

만약 경험과 교육이 똑같이 어떤 것으로 끝날 거라고 말할 수 있다면, (듀이와 가다머 둘 다 그럴 수 있다면) 그것들은 후자로, 즉 방법이나 문제 해결책의 습득이 아니라, 인간 이해의 한계에 대한 지식으로 끝날 것이다. 무엇보다도 경험과 교육은 결국 가다머가 '영향사 의식(historically effected consciousness)'이라 불렀던 것이 될 것이다. 이것은 즉시 역사의 결과인 의식 – 전통 속에서 우리에게 전달된 언어, 신념, 평가, 전성찰적인 이해들로 구성된 의식 – 이며,

그렇게 영향을 받는 존재로서의 자기 자신에 대한 자각이다. 영향사 의식을 가진 사람은 자신이 서 있는 기반의 우연성을 깨닫고, 따라서 인간 이성의 한계를 깨닫는다. 우리가 최적으로 새로운 경험을 할 수 있게 해주는 것은 이러한 종류의 자각이고, 이는 어떠한 사실적 정보 또는 심지어 추상적인 인지적 기능이나 탐구 방법의 소유 이상의 것이다. 겉보기에 자연스럽거나 자명한 것이 역사적 구성물이라는 깨달음—예를 들어, 우리의 도덕관념은 그것이 도덕성에 관한 어떤 깊은 진리를 포착했기 때문이 아니라, 수 세기에 걸쳐 받아들여진 판단들, 인기 있는 관념들, 대부분 종교에 의해 고무된 것들에 빚지고 있기 때문에 우리로 하여금 이러저러한 경향을 갖게 한다는 깨달음—은 어떻게 현재 있는 것이 이와 다르게 될지도 모르는지에 대해 새로운 질문을 하는 것을 가능하게 해주고, 창의적인 방식으로 듀이가 추천했던 바로 그 종류의 실험 탐구를 수행하는 것을 가능하게 해준다. 따라서 더 급진적인 종류의 탐구가 가능해지는데, 이는 완전히 문제가 되지 않고 의심의 여지가 없는 것으로 보였던 것을 문제 상황으로 여기고, 지금까지 해왔던 것보다 더 적게 가정하고 더 많이 더 깊이 질문하는 것이다. 이와 동시에 새로운 경험을 하는 것에 대한 인간의 능력은 향상된다. 지금까지 생각할 수 없었기 때문에 불가능했던 경험을 하는 것이 가능해진다. 가다머가 한정된 관점에서 인식할 수 있고 생각할 수 있는 것이라는 의미에서 그 사람의 '지평'이라 불렸던 것은 경험의 진행 속에서, 하나의 경험이 될 수 있는 것에 대한 새로운 가능성들을 열어주는 과정 속에서 수정되고 넓어진다.

그렇다면 그 과정의 정점은 경험하는 사람 자신의 역사성 또는 그의 관점과 바로 그 존재가 역사의 소산이고 따라서 다르게 되었을지도 모르는 정도에 대한 분명한 의식이다. 이러한 의미에서 ─ 여전히 'Erfahrung'의 의미에서 ─ 경험한다는 것은 특정한 방식으로 전통에 대해 서는 것(stand to tradition)을 의미한다. 경험한다는 것은 의문을 품지 않고 우리에게 전해진 모든 것을 받아들이는 것도 아니고, 그것을 전부 과거의 무거운 짐으로 여기고 거부하는 것도 아니며, 어떤 의미에서 그 둘의 중간 입장을 채택하는 것이다. 가다머가 '경험 내적인 역사성(the inner historicity of experience)'으로 언급했던 것 ─ 정확히 인식론과 과학으로의 환원이 간과하는 것 ─ 은 우리로 하여금 전통에 참여한다는 의미에서, 전통에 '속하게' 한다. 경험에 열려 있다는 것은 우리의 역사적 전통이 우리에게 하는 요구들에 열려 있는 것과 그러한 요구들에 총명하게 예 또는 아니오로 답하는 것을 의미한다. 영향사 의식은 그러한 요구에 대해 스스로를 계속 열어두며, 전통으로 하여금 그를 당신(Thou)으로 ─ 말하자면, 전통을 동의할 수도 그렇지 않을 수도 있지만, 무시할 수는 없는 대화상대로 ─ 부르게 한다. 가다머는 계속 말했다. '타자에게 열려 있다는 것은'

… 심지어 아무도 내게 그렇게 하도록 강요하지 않을지라도, 내 자신이 나에게 반대하는 어떤 것들을 받아들여야 함을 인식하는 것을 포함한다. … 나는 전통의 타당성 요구를 허용해야 한다. 단순히 과거의 타자성을 무조건 인정한다는 의미에서가

아니라, 과거가 나에게 말을 걸어온다는 방식으로 그렇게 해야
한다. 그러기 위해서는 근본적인 종류의 개방성이 필요하다.[80]

그것은 개방성 또는 선택적으로 사용하는 성향이고, 직접적으로
경험의 개방성과 같이 가는 비판적 개입이다. 두 경우 모두에 있어
서, 경험하는 사람은 모든 것을 알고 있어서 배울 것이 없는 교조적
인 닫힌 마음과 이야기되는 모든 것을 믿는 순진한 동조와는 똑같이
크게 동떨어져 있다.

가다머의 관점에서 경험은 어떤 것으로 이어지거나 완성되는 한,
'그 자체에 대한 방법론적 확신이 아니라, 독단에 사로잡힌 사람과는
달리 경험한 사람답게 변함없이 기꺼이 경험할 준비가 되어 있는
상태로 완성된다.'[81] 듀이도 매우 다른 용어를 사용하긴 했지만, 경험
을 완성하는 차원을 가지는 것으로 이야기하곤 했다. 듀이는『경험
으로서의 예술Art as Experience』에서 경험을 미적인 것에서 끝나는 것
으로 이야기했으며, 교육의 맥락에서는 항상 실험의 과정은 본질적
으로 이어지는 일(an affair of leading)이라는 특징을 갖고 있다고
서술했다. 현존하는 이해관심은 적절하게 탐구될 때, 또 다른 이해
관심, 보통 원래의 것보다 더 정교하고, 추상적이며, 이론적인 이해
관심으로 이어진다는 것이다. 듀이는 항상 우리가 주로 어떤 이해관
심이나 경험이 이끌 것으로 예상할 수 있는 결과를 가지고, 그 이해
관심이나 경험을 교육적이라거나 비교육적이라고 판단할 수 있다
고 주장했다. 듀이도 가다머와 같이 어느 정도 경험의 연속성에 중
점을 두었지만, 이것을 덜 역사적이고 더 과학적인 용어로 했다.

제이가 언급했던 것과 같이, 듀이의 경험관은 '정해진 답이 없는 누적되는 깨달음의 과정'이다. 추가해서 '듀이 자신의 것이 아닌 경험에 대한 어휘로 말하자면, 따라서 미적 경험은 다른 것에 매개되지 않고 즉각적인 'Erlebnis'보다는, 변증법적이고 역사적으로 성숙하는 'Erfahrung'에 가까웠다.'[82] 교육적 경험에 대해서도 동일하게 말할 수 있다. 여기에서도 우리는 '누적되는 깨달음의 과정'과 '역사적으로 성숙하는 Erfahrung'을 말할 수 있다. 듀이가 좋아했던 것보다 약간 더 대륙의 언어로 말하자면 말이다. 그러나 가다머의 입장이 듀이의 입장보다 진보한 것으로 생각될 수 있는 지점은 'Erlebnis'와 'Erfahrung'의 구분 및 후자를 영향사 의식으로 (또는 영향사 의식에서 정점을 이루는 것으로) 해석하는 것 모두를 전면에 내세운다는 점에 있다. 우리가 듀이의 저작물들에서 실제로 후자의 개념을 중요하게 얼핏 볼 수 있다는 점은 매우 흥미롭다. 비록 듀이는 결코 일부 유럽에 있는 그의 상대들이 했던 방식으로 그것을 주요 주제로 삼지는 않았지만 말이다.

'교양(Bildung)', 고전적으로 요한 고트프리트 헤르더(Johann Gottfried Herder)[9]가 '문화를 통해 인간성이 고양되는 과정'으로 정의했던 개념에 대해서도 마찬가지로 말할 수 있다. 듀이는 이 단어를 전혀 사용하지 않았지만, '교양(Bildung)' 개념은 초기 형태로 그의 많은 저작물들에 존재한다고 말할 수 있다. 비록 그 개념이 확실히 가다머의 저작 속에서와 같이 두드러지지는 않지만 말이다. '교양

----

9) 독일의 사상가(1744-1803).

(Bildung)'은 중세에 뿌리를 두고 있으며, 헤겔 전통, 그 자체로 듀이 사상의 다양한 측면에서 듀이에게 매우 엄청난 영향을 미쳤던 헤겔의 전통에서 철학적으로 유명해졌던 개념이다. '교양(Bildung)'은 문화와 형상(form), 또는 헤겔이나 빌헬름 폰 훔볼트(Wilhelm von Humboldt)[10]와 같은 철학자들이 경험과 교육 모두에 중심적인 것으로 취급했던 형성(formation) 및 자기형성의 점진적인 과정과 밀접하게 관련되어 있다. '교양(Bildung)'은 안으로부터의 점진적인 계발 과정과 이 과정의 결과, 즉 즉각적이거나 단순히 주어진 본성의 요소들을 극복함으로써 자신의 인간성을 깨닫고 그 자신이 된 인격(character)을 가리킨다. '교양(Bildung)'이 정규교육의 상황이나 일상생활에 있다면, 가다머의 말로 표현해서, '모든 개인은 항상 '교양(Bildung)'의 과정에 참여하고, 자신의 천성을 넘어서고 있다.' 이것은 스스로 욕망과 특수한 것의 직접성을 멀리하고, 보편적인 것으로 향하는 자신의 길을 찾음으로써 달성된다. '교양(Bildung)' 전통의 철학자들이 말하는 '보편적인 것으로의 고양'은 단순히 문화, 이론, 이성이라는 완전히 추상적인 개념들을 위해 자연, 실천, 욕망을 부정하는 것은 아니지만, 이 과정의 일반적인 지향은 전자로의 방향에 있다.[83] '교양(Bildung)'은 임무나 기획의 특성을 가지며, 인간에게 보편적인 것이다. '교양(Bildung)'은 더 높은 목적 또는 자아를 초월하면서 동시에 보편적인 것의 이미지 속에서 자아를 형성하거나 변형시키는 것을 위해서, 자신의 즉각적인 본성이나 환경을 넘어서

....

10) 독일의 언어철학자(1767-1835).

려는 임무이다.

'교양(Bildung)'의 예시는 노동(work)의 본질에서 발견된다. 헤겔이 『정신 현상학』에서 서술했던 것처럼, '노동하는 의식'은 단순히 경제적 목표를 위한 수단이 아니라, 중요한 측면에서 그 자체로 목표이다. 노동의 본질은 어떤 대상에 형태와 의미를 부여하는 것이다. 노동의 본질은 무언가를 그것의 천성에서 끌어내서 그것을 보편적인 것에 대한 관점을 가지고 변형시키는 것이다. 다르게 말한다면,

> 노동하는 의식은 대상을 형성함에 있어—즉 몰아적으로 활동하고, 보편적인 것에 관여함에 있어—그 존재의 직접성을 넘어서 보편성으로 자신을 고양한다. 또는 헤겔이 말한 것처럼, 노동하는 의식은 사물을 형성함으로써, 자기 자신을 형성한다. [이를 통해] 헤겔이 의미한 것은 인간이 어떤 '역량'이나 기능을 습득하면서 자기 자신을 지각한다는 것이다.[84]

사람은 자신의 노동 대상을 소비하기 위해 노동할 뿐만 아니라, 아니 본질적으로는 그것을 위해 노동하지 않고, 노동대상을 형성하고 그럼으로써 자기 자신을 형성하기 위해 노동한다. 그 사람은 정확히 자기 자신을 제쳐놓음으로써, 아니면 적어도 자기 존재의 즉시 주어지고 변형되지 않은 측면들을 제쳐놓음으로써, 자기의 역량을 발휘하거나 자기 자신을 형성한다. 가다머도 헤겔을 따라서, 보편적인 것을 까다로운 요구라고 말했다. 인간의 지식이나 정의에 대한

헌신은 욕망과 더 천박한 형태의 이기심에 대한 제약으로 작동하고, 따라서 이는 자아에게 어렵고 자아를 고상하게 만드는 일종의 훈련과 질서를 부과한다. 이러한 내적 계발의 과정—말하자면 일반적인 인간 경험의 과정—은 끝나지도 않고, 그 자체 바깥에 목표를 가지고 있지도 않다.

그러나 '교양(Bildung)'은 실험의 과정을 가리키는 것만큼이나 똑같이 그것의 결과를 가리킨다. 이러한 방식으로 형성된 사람은 '교양(Bildung)'에 대한 감각을 가지고 있다. 그것은 무엇이 어울리고 중요한지, 무엇이 아름답거나 옳은지에 대한 감각이다. 따라서 교양있는 사람은 기술(technique)과는 매우 다른 기지(tact)나 미적인 것에 대한 감각을 가지고 있다. 그는 규칙에 따르지 않고도 판단을 내릴 수 있고, 심지어 그의 판단이 옳더라도 그 판단의 근거를 세우기 위한 형식 논변들을 만들어내는 것은 잘 못할 수 있다. 예를 들어, 가다머가 다소 웅변조로 기지에 대한 감각을 기술했던 것처럼,

우리는 '기지'를 상황에 대한 특별한 감수성과 민감성, 상황 안에서의 태도로 이해한다. 이러한 상황은 일반 원리들에서 나온 지식으로 충분히 알 수 없다. 그러므로 기지의 본질적인 부분은 암묵적이고, 정식화할 수 없는 것이다. 누군가가 어떤 것을 기지를 가지고 말할 수 있다. 그러나 그것은 항상 그가 어떤 것을 기지를 가지고 넘어가고, 그것을 언급하지 않은 채 내버려 두었다는 것을 의미할 것이다. 그리고 누군가가 그냥 넘어갈 수 있는 것을 말하는 것은 기지가 없는 것이다. 그러나 어떤

것을 넘어간다는 것은 그것으로부터 시선을 피하는 것이 아니라, 그것에 부딪치기보다는 그것을 슬쩍 통과하는 것과 같은 방식으로 그것을 잘 지켜보는 것을 의미한다. 그러므로 기지는 그가 거리를 유지하도록 도와준다. 기지는 그 사람의 은밀한 영역에 대한 모욕적이고 거슬리는 침해를 피한다.[85]

기억의 감각에 대해서도 마찬가지로 말할 수 있다. 여기에서도 사람은 무엇이 기억할 만한가에 대한 감각을 개발하는 데 성공하거나, 그것에 실패한다. 좋은 기억이란 정신 속에 무분별하게 과거 경험들을 쌓아놓는 것이나 명령을 받으면 그것들을 회수할 수 있는 능력이 아니다. 좋은 기억이란 무엇이 기억할 만한 가치가 있는지에 대한 감각이고, 이것을 선택적으로 보유하는 것이며, 아무것이나 또는 모든 것을 보유하는 것이 아니라, 오직 이것만을 보유하는 것이다.

그렇다면 '교양(Bildung)'의 특징은 이러한 감각 및 감각들의 소유이고, 그것은 동시에 자아의 계발이며, 보편적인 것을 향하는 지향이다. 그러므로 우리는 반드시 경험을 변증법적으로, 또는 의식의 구조적인 전환이라는 측면에서 이해해야 한다. 사람은 자신의 사적인 직접성을 넘어서 나아가고 타자라는 것을 마주하면서, 자기 자신을 인식한다. - 자기 자신이 된다. 사람이 자기 자신을 인식하는 것은 이러한 만남 속에 있고, 그것은 결코 어떤 사적인 내면성의 성소로 물러남으로써 되지 않는다. 그는 경험 속으로 과감히 나아가고, 변화된 존재로 돌아온다. 그는 학습했고, 경험했으며, 미래로 나아가는 것에 대해 열려졌다. 그가 이 과정에서 정보를 축적했을지라도, 그것은 본질이 아니다. 본질은 존재의 한 상태에서 또 다른 상태로의 이행이다. 누군가가 타자와의 만남을 통해 자신의 '타고난 존재'에서 계발되고 더 좋은 감수성을 가진 상태로 변형되는 것, 또는 가다머가 헤겔과 같은 분위기로 표현했던 것과 같이, '자신을 이질적인 것 속에서 인식하는 것, 그곳에서 편안해지는 것은 정신(spirit)의 기본 운동이다. 그리고 그 정신은 타자로부터 자기 자신으로 돌아오면서 존재하게 된다.' 만약 경험이나 의식이 변증법적으로 조직되어 있고, 따라서 '스스로 타자에 계속 열려 있도록 하는 것이 '교양(Bildung)'의 일반적 특징'이라면, 그러한 개방성은 그 자체로 정점에 이른 경험의 필요조건이다.[86] 새롭고 알려지지 않은 것에 대한 개방성은 바로 경험의 생명선이기 [때문이다.]

또한 '자신의 천성을 넘어서게 되는 것'은 일시적인 직접성의 'Erlebnis'에서 더 성찰적인 경험 양식인 'Erfahrung'으로의 이행으로 기술될 수 있다.[87] 만약 듀이에게 있어서 교육가의 본질적인 임무가 학생들을 미성숙한 경험에서 지적으로 분화되어 있고 정교한 경험으로 안내하는 것이라면, 이 과정은 'Erlebnis'에서 'Erfahrung'으로의 이행으로 잘 설명될 것이다. ─ 듀이가 잘 받아들였을지도 모르는 이 설명은 그의 철학적 어휘의 일부였던 구분을 가지고 있다. 듀이는 학습과정을 보통 구체적인 것에서 추상적인 것으로, 특수한 것에서 보편적인 것으로, 실제적인 것에서 이론적인 것으로 나아가는 것으로 말했던 곳에서, 그는 또한─그리고 더 낮게─형성되지 않은 것에서 형성된 것으로, 좁고 편협한 것에서 넓고 개방적인 것으로, 자연에서 문화로의 이행에 대해 말한 것인지도 모르겠다. 그리고 듀이는 여기에서 이러한 가치들을 추상적인 대립 항으로 생각하지는 않았을 것이다. 교육받은 사람과 마찬가지로, 경험한 사람은 그들이 새로운 아이디어들을 환영하고, 호기심 및 쉬지 않는 정신을 갖추는 쪽으로 계발되었다. 경험한 사람은 듀이가 말했던 지적 미덕과 실험적 연속성 및 상호작용의 특징을 지니고 있다. 그러나 또한 경험한 사람은 듀이가 말하지는 않았지만 생각하고 있었을지도 모르는, 즉 경험과 교육에 대한 듀이 철학의 정신과 일치하지만 완전히 문자적으로 일치하지는 않는 특징들도 나타낸다. 'Bildung'과 'Erfahrung' 개념은 모두 듀이의 의미로도 설명될 수 있는 경험을 제시하지만, 급진적 경험론과 실용주의보다는 현상학적이고 해석학적인 철학에서 더 잘 설명되는 변증법적이고 또 내러티브적인 특징을 보여준다.

가다머가 '진정한 의미'에서 경험이라 불렀던 것은 시간적으로 길고, 통합되어 있으며, 의미 있고, [사람을] 변형시키는 것이다. 경험의 의의는 시간의 흐름에 따라 펼쳐지는 이야기라는 측면에서 이해되고, 확실히 서로 동떨어진 사건들의 단순한 연속으로 생각해서는 이해되지 않는다. 대체로 급진적 경험론과 영국 경험론을 구별해주는 경험의 연속성은 내러티브 연속성이다. 왜냐하면 일반적인 인간 경험을 의미 있거나 이해할 수 있게 만드는 것은 내러티브와 같은 해석의 형태이기 때문이다. 우리의 경험들에 듀이가 진정으로 교육적인 경험의 기준으로 확인했던 연속성과 상호작용성을 주는 것은 정확히 우리의 경험들을 따라갈 수 있는 이야기에 잘 맞추는 것과 동일하다.

나는 결론이나 의견으로, 'Erfahrung'과 'Bildung'이 특정한 현대 생활의 조건들과 관련되었을 때의 모습에 대하여 한두 가지 덧붙이고 싶다. 우리가 교육의 현실에 대해 말하고 있든 아니면 더 일반적으로 현대 생활의 상태 전체에 대해 말하고 있든, 내게는 현 시대가 'Erfahrung'과 'Bildung' 개념이 환기시키는 종류의 경험 및 계발에 잘 맞는 것으로 보이지 않는다. 일반적인 사회생활의 조건을 직접적으로 반영하는 교실의 현실은 이와 같은 이론적 개념들에 호소하는 것이 어찌할 도리 없이 탁상공론인 것처럼 보이게 만든다. 진도를 끝내고, 학생들을 시험에 준비시키며, 무의미한 행정 일들을 처리하고, [학생들의] 행동 문제에 대처하라는 압력이 이러한 종류의 이상 (ideal), 아니 어떠한 종류의 이상도 허황된 꿈처럼 보이게 만들기 때문이다. 실제로 누군가는 많은 교육 이론이 또 다른 학문주의, 그 이론의 논쟁들이 성체공존설(consubstantiation)[11] vs 성체변화설 (transubstantiation)[12] 논쟁의 현대적 등가물일 뿐인 학문주의라는 인상을 받을 것이다. 경우에 따라 심지어 그가 옳을 수도 있다. 그러나 현재의 경우에는 내가 이야기했던 실험적 통합, 내러티브적 연속성, 개인의 계발이라는 이상이 방금 언급한 종류의 조건들에 시달리는 교육 실천 속에서 진정으로 가능한지 묻는 것이 가치가 있을 것이다. 학생들을 표준화된 시험에 준비시킬 책임이 있고, 교육과정을

---

11) 성찬에 대한 루터의 견해로, 성찬식에서 그리스도의 몸과 피는 성찬의 빵과 포도주와 함께 임재하여 있다는 설.
12) 성찬에 대한 로마 가톨릭의 견해로, 성찬식에서 신부가 축복기도를 할 때, 성찬의 빵과 포도주가 그리스도의 몸과 피로 변화한다는 설.

선택할 자유가 거의 또는 전혀 없는 교육가들은 아무리 좋게 말해도, 그들 학생들의 특수한 경험과 그들에게 부과된 표준화된 교육과정 간의 자연스러운 연속성을 확인하는 것은 어렵다는 것을 발견할 것이다. 이러한 조건하에서 어떠한 이상이 가능한가? 아니면 이 조건은 교육이라는 일 전체를 너무나 철저히 정보-부여하기나 정보-쑤셔 넣기라는 기술적 문제로, 우리가 하고 있었던 논의에 따르면 완벽히 부적합한 이 기술적 문제로 축소시키는가? 그러한 조건들이 계속해서 만연한 결과, 모든 종류의 철학적 이상은—여기에서 이야기된 것들뿐만 아니라—실현 불가능할 뿐만 아니라, 훨씬 더 나쁜 어떤 것이 되었다. 즉, 그것들은 요점을 벗어난 것이 되었다. 예를 들어, 허쉬의 보수주의 모형을 따라 고안한 기관에서는 젊은이의 정신을 'Erlebnis'에서 'Erfahrung'으로 이끄는 것도 없고, 가장 기초적인 것을 제외하고는 지적 미덕들을 위한 자리가 전혀 없으며, 우연을 제외하면 '문화를 통해 인간성을 고양시킬' 어떠한 가능성도 없다. 허쉬에게 그러한 것처럼, 문화 자체가 단순한 정보의 총합으로 납작해질 때, 그곳에는 누군가가 고양될 수 있는 것이 없다. 그곳에는 오직 쑤셔 넣고, 쌓고, 바를 사실들만 있다. 슬픈 현실은 이것이 자주 교육이 된다는 것이고, 이러한 철학 (또는 반철학) 속에서는 효율성이나 문화적 리터러시 같은 아주 공허한 개념들을 제외하고는 가질 이상들이 없다는 것이다.

종종 후자의 개념들이 너무나 순조롭게 편안해진 시대에서는 듀이나 가다머가 추천했던 종류의 이상들이 성공할 가망이 완전히 없는 것처럼 보인다. 왜냐하면 그 이상들은 너무나 현재의 사고방식에 잘 맞지 않고, 심지어 그것들의 영향을 받았다고 주장하는 많은 접근들에도 위배되기 때문이다. 또한 종종 교육기관 바깥에 있는 조건들도 이러한 이상들을 훨씬 더 시기적으로 부적절하게 만드는 것처럼 보인다. 현대생활의 미친듯한 속도, 즉 경험의 파편화, 거의 모든 것의 일시성, 우리를 차지하고 우리가 신경 쓰는 너무나 많은 것들의 순간적이고 피상적인 특징과 결합된 이 엄청난 속도는 영원하고, 의미 있으며, 때때로 심오한 것으로서의 경험관에 좋은 징조가 아니다. 듀이는 훨씬 옛날인 1934년에 20세기 인간 경험의 빈곤한 상태를 한탄했는데, 이 한탄은 그가 그 정도에 대해 비판했을 때보다 지금 훨씬 더 적절하다.

> 실행에 대한 열의나 행위 욕구는 많은 사람들, 특별히 우리처럼 분주하고 조급한 환경에 사는 사람들에게, 거의 믿을 수 없을 정도로 빈약한 경험을 완전히 표면적으로만 남기고 있다. 자기를 완성할 기회를 가진 경험은 하나도 없다. 왜냐하면 그 밖의 다른 경험이 너무나 빨리 시작되기 때문이다. 경험이라 불리는 것은 거의 경험이라는 이름을 받을 만하지 않을 정도로 너무나 산만하고 잡다하다.[88]

경험의 완성하는 차원, 시간의 흐름에 따른 사건과 기획들의 여유 있는 발달, 또는 심지어 지연된 만족에 대한 능력이나 지속되는 주의력은 전반적으로 효율성과 서두르는 것이 명령이 되어버린 시대에서 점점 더 부족하게 공급되는 것으로 보인다. 'Erfahrung'과

'Bildung'은 모두 수년간 매우 점진적으로 펼쳐지는 과정을 의미한다. 'Erfahrung'과 'Bildung'의 달성을 시험할 수 있는 표준화된 검사는 없다. 그것들은 수량화될 수도 없고, 수익을 내지도 못한다. 그것들에 대한 과학도 없고, 그것들을 얻게 해줄 기술도 없다. 그러나 'Erfahrung'과 'Bildung'은 교육의 심장과 영혼이고, 교육의 성공에 대한 가장 고차적인 지표이다.

교육은 언제나 약간 교육 주체를 지배적인 규범과 생활방식에 부합하게 적응시키거나 구성하려고 애쓴다. 교육은 교육 주체로 하여금 특정한 종류의 삶의 전형인 경험들을 가지고 그러한 삶을 살도록 준비시키고, 학생들이 교실로 가져오는 경험이면 어떤 것이든 그것을 가지고 작업한다. 그러한 경험이 즉각적인 것, 순간적인 것, 파편화된 것으로 향하게 될 때, 교육가가 [해야 할] 일은 종종 어마어마한 역경을 마주하면서, 학생들이 일반적인 사회나 가정에서 발견할 것보다 더 통합되고 지속하는 경험 양식을 향해 가도록 시류에 역행하면서 학생들을 이끄는 것이다. 교육의 환경은 여전히 너무나 많은 삶들 속에서 아주 흔하게 되어버린 매일의 정보 사격 또는 단절된 사건들과 관련 없는 에피소드들로부터 한숨 돌리게 해주는 어떤 것이 될 수 있다. 비록 교육가들에게는 단순한 효율성과 적응의 훈련가, 정보의 중개인, 사회적 동조의 조력자가 되기를 강요하는 압력들이 자주 있겠지만 말이다. 나는 현대 교육의 많은 슬로건들 아래에서 현재 교육이 되어버린 것을 후자의 구절들이 많이, 다소 정확하게 반영한다고 생각한다. 이것은 너무나 자주 경험의 적극적인 장애물이고 (경험이란 단어의 더 풍부한 의미에서), 젊은이를 너무나 완전히 그들을 기다리고 있는 효율성 숭배에 적응시키는 마음의 습관을 재생산한다.

나는 다음 장을 마르틴 하이데거의 가설로 시작하고 싶다. 그 가설은 내가 주장해온 것, 현 시대가 생각하지 않고 있고 너무나 깊이 단일한 개념적 틀 – '과학-기술' – 에 사로잡혀 있음에 따른 결과와 다르지 않다. 그 가설은 하이데거가 다소 애매하게 '사고'라 칭했던 것(그 단어의 더 고차적인 의미에서)이 불가능한 어떤 것이 되었다는 것이다. 이것이 그러한가 아닌가는 분명히 교육에 있어 긴급한 질문이다. 나는 이에 대한 하이데거의 논의로 전환하기 전에, 듀이로 돌아와서, 그가 사고가 어디에 있다고 이해했는지, 지적 사고에 대한 그의 이론적 모델은 무엇인지, 사고와 교육의 관련성은 무엇인지, 어떻게 그것이 하이데거의 일련의 질문들에 맞서는지 묻고자 한다.

1   '이제 우리 교육에 도래하고 있는 변화는 중력 중심의 이동이다. 이것은 코페르니쿠스가 천문학의 중심을 지구에서 태양으로 이동시킨 것과 다르지 않은 변화이고, 혁명이다. 이제 아동은 교육기구들이 그 주위에서 공전하는 태양이 된다. 아동은 교육기구들이 조직되는 중심이다.' Dewey, *The School and Society* (1900). MW 1: 23.

2   Dewey, 'The Need for a Philosophy of Education' (1934). LW 9: 194.

3   Dewey, 'The Psychological Aspect of the School Curriculum' (1897). EW 5: 171. 우리는 교육에 관한 듀이의 저작 전체에 걸쳐 이와 유사한 감상을 발견할 수 있다.

4   Dewey, *Experience and Education* (1938). LW 13: 7.

5   Dewey, 'Report of Interview with John Dewey', by Charles W. Wood (1922). MW 13: 427.

6   Dewey, *Experience and Education* (1938). LW 13: 6.

7   Dewey, 'Current Tendencies in Education' (1917) MW 10: 120.

8   Dewey, 'The Psychological Aspect of the School Curriculum' (1897). EW 5: 166.

9   Dewey, *Democracy and Education* (1916). MW 9: 14-15, 14. 듀이는 같은 논조로 다음과 같이 계속 서술한다. '우리는 또한 기른다든가 키운다든가 자라게 한다는 - 교육이 보다 높은 수준에 도달하는 것을 목적으로 함을 표현하는 단어들 - 말을 한다. 어원적으로 교육이란 단어는 단지 안내하거나 양육하는 과정을 의미한다. 우리는 그러한 과정이 가져올 결과를 나타내고자 할 때, 교육을 조형, 형성, 주조 활동 - 사람들을 사회활동의 표준 형태에 맞게 만드는 것 - 으로 말한다.'

10 Dewey, *Experience and Education* (1938). LW 13: 5.

11 Dewey, *How We Think* (rev. edn, 1933). LW 8: 194, 193.

12 Dewey, *Democracy and Education* (1916). MW 9: 216.

13 Dewey, *Moral Principles in Education* (1909). MW 9: 216.

14 Dewey, 'How the Mind Learns', Educational Lectures Before Brigham Young Academy (1901). LW 17: 214. 듀이는 또 다른 곳에서 다음과 같이 서술했다. '그러나 우리는 속죄의 방식으로, 새로운 경험에 대한 그들의 사랑, 어떤 상황에서도 마지막 한 방울의 의미까지 빨아들이려는 그들의 열정, 우리에게는 이미 시들어져 버린 것에 대해 기울이는 그들의 생기 있는 진지함을 부러워한다.' Dewey, *Human Nature and Conduct* (1922). MW 14: 72.

15 전체 단락은 다음과 같다. '모든 인간은 선천적으로 알고 싶어 한다. 이것의 증거는 (배울 때) 우리가 감각으로 받아들이는 즐거움이다. 심지어 지식의 유용성을 떠나서, 우리는 지식을 그 자체로 사랑한다. 그리고 우리는 다른 무엇보다 시각으로 받아들이는 지식을 사랑한다. 행위를 목적으로 할 때뿐만 아니라 심지어 우리가 아무것도 하지 않을 때에도, 우리는 (누군가는 이렇게 말할지도 모른다) 다른 모든 것보다 보는 것을 좋아한다. 그 이

유는 모든 감각 중에서도 보는 것이 우리로 하여금 사물들 간의 많은 차이들을 밝혀 알게 해주기 때문이다.' Aristotle, *Metaphysics in The Basic Works of Aristotle*, ed. Richard McKeon (New York: Random House, 1941), 980a 22-28.

16 Dewey, *Democracy and Education* (1916). MW 9: 194, 194-5.

17 Dewey, *Experience and Education* (1938). LW 13: 29-30.

18 '거의 모든 이들이 자신의 학창시절을 돌아보고, 자신이 학교에 다니는 동안 축적해야 했던 지식이 어떻게 되었는지, 왜 이미 획득했던 기술적 기능들을 사용하기 위해서는 처음부터 다시 변화된 형태로 배워야 했는지 궁금해 했던 순간이 있었다. 진전을 이루기 위해서, 지적으로 앞서기 위해서, 학교에서 배웠던 것 중 상당수를 다시 배우지 않을 수 없다는 것을 발견하지 못한 사람은 참으로 운이 좋은 사람이다. 적어도 이들은 시험을 충분히 통과할 수 있을 만큼 배웠으며, 그렇기 때문에 그들이 교과를 실제로 배우지는 못했다고 말하는 것으로 이러한 질문들을 처리할 수는 없다.' Dewey, *Experience and Education* (1938). LW 13: 28.

19 예를 들어, 나 자신의 청소년기를 회상해보면, 나는 사실상 고등학교에서 공부했던 과목의 절반도, 심지어 그 과목들이 다루었던 주제가 무엇이었는지조차도 기억할 수 없다. 그러나 나는 이글스(1971년 미국에서 결성된 유명한 록밴드)가 한 번이라도 녹음했던 거의 모든 노래의 가사와 모든 상상할 수 있는 종류의 하키 통계학에 대해서는 기억할 수 있다.

20 Dewey, 'Education, Direct and Indirect' (1904). MW 3: 240.

21 Dewey, *The School and Society* (1900). MW 1: 24.

22 Ibid., 8. 듀이는 1932년에 다음의 언급에서 이와 동일하게 공평한 [성격을] 많이 나타냈다. '나는 할아버지 집이 있어서 어린 시절에 여름 방학을 보내러 갔던 마을을 기억한다. 그 마을에는 구식 제재소, 구식 제분소, 구식 제혁소가 있었다. 그리고 할아버지 집에는 아직도 집에서 직접 만든 양초와 비누가 있었다. 신발 수선공은 일정한 시간에 그 지방에 며칠을 보내러 와서, 사람들의 신발을 만들고 수선했다. 모든 사람은 바로 그 생활조건을 통해 자연 및 단순한 산업 형태와 꽤 직접적으로 접촉했다. 그곳에서는 거대한 부의 축적이 없었기 때문에, 젊은 사람들의 대다수는 일종의 비공식적인 도제살이를 통해 정말 진정한 교육을 받았다. 그들은 집과 농장에 있는 가사 의무들과 이웃의 활동들에 참여했다. 그들은 자신의 눈으로 보았고, 자신의 상상과 바로 그 상상한 것에 대한 실제 활동들을 따라갔다. 진정한 교육의 양, 이른 초창기의 조건들에서 이러한 방식으로 얻은 좋은 습관 훈련의 양을 과대평가하기는 쉽지 않다. 그곳에는 실제 자료 및 중요한 사회적 직업들과 정말로 접촉하는 진정한 교육이 있었다.
반면, 그때 글로 표현되고 인쇄된 단어의 형태로 된 지식은 경제학자들이 "희소가치"라 부르는 것을 가지고 있었다. 책, 신문, 잡지, 한 마디로 모든 종류의 읽을거리는 오늘날보다 더 희귀했고, 더 비쌌다. 오늘날과 비교해 볼 때, 도서관도 거의 없었다. 학습, 그보다는 학습 도구의 숙달, 즉 읽고, 쓰고, 셈하는 능력은 높은 가치를 지니고 있었다. 왜냐하면 학교가 그러한 학습 도구들을 숙달할 수 있는 유일한 장소였기 때문이다.' Dewey, 'Monastery,

Bargain Counter, or Laboratory in Education?' (1932). LW 6: 102.

23 Dewey, *Reconstruction in Philosophy* (1920). MW 12: 136, 137.

24 듀이가 그의 생애 전체에 걸쳐 헤겔에게 깊이 신세지고 있다는 것과 그가
이를 훨씬 넘어서 젊은 날에 헤겔주의 신봉에서 단절한 것 - Good이 입증
하듯이, 이는 헤겔 자체와의 단절보다는 훨씬 더 영국 헤겔주의와의 단절
이었다. - 에 관한 철저한 논의에 대해서는 James A. Good's *A Search for
Unity in Diversity: The 'Permanent Hegelian Deposit' in the Philosophy of John
Dewey* (Lanham: Lexington Books, 2006)을 보라.

25 William James, *Essays in Radical Empiricism* (Lincoln: University of Nebraska
Press, 1996), 42.

26 James, *The Principle of Psychology*, vol. 1 (NewYork: Dover, 1950), 특별히 9
장. 'The Stream of Thought'를 보라.

27 Dewey, 'The Psychological Standpoint' (1886). EW 1: 123. 듀이는 다음 페이지
에서 이 요점을 반복한다. '자, 심리학적 관점은 다음과 같다. 그 자체로 경
험에 나타나지 않는 것은 무엇이든 철학에 들어올 수 없을 것이다. 그리고
그것의 본질, 즉 그것의 경험에서의 위치는 지식의 과정에 대한 설명 - 심
리학 - 에 의해 고정될 것이다.'

28 Dewey, 'Experience and Existence: A Comment' (1949). LW 16: 383. 듀이는
윌리엄 제임스가 자신의 사상에 미친 영향과 관련하여, 1930년에 다음과
같이 썼다. '내가 새로운 방향과 특징을 제시할 정도로 나의 생각에 들어
왔던 뚜렷한 철학적 요인을 하나 발견할 수 있다면, 그것은 이것(윌리엄 제
임스의 사상)이다.' Dewey, 'From Absolutism to Experimentalism' (1930). LW
5: 157. 또한 듀이는 제임스에게 종종 적대적이고 무자비한 비판가들, 특히
버트란트 러셀이나 G. E. 무어에 대항하여 제임스를 옹호하려고 꽤 자주
노력하곤 했다. 이러한 비판가들이 종종 제임스와 또한 듀이를 묵살하는
이유였던 (제임스의) 부주의함은 명백히 듀이를 짜증나게 만드는 원천이었
다. 이 점에서 다음 구절이 전형적이다. '제임스는 수필가이고, 글쓰기를
즐긴다. 그는 어떤 문제에 대해 글을 쓸 때, 비유적인 언어를 사용하고, 과
장일 정도로 자신의 요점에 대해 상술한다. 제임스는 문학적으로 파격적인
표현을 즐겨 사용했기 때문에, 우호적이지 않은 비판가들의 오해에 취약해
졌다.' Dewey, 'Three Contemporary Philosophers' (1920). MW 12: 219.

29 Dewey, 'The Need for a Recovery of Philosophy' (1917). MW 10: 6.

30 Dewey, *Reconstruction in Philosophy* (1916). MW 12: 132.

31 Ibid., 131.

32 Dewey, 'The Need for a Recovery of Philosophy' (1917). MW 10: 6.

33 예를 들어, Dewey, *Human Nature and Conduct* (in MW 14), *Freedom and
Culture* (LW 13), *Individualism, Old and New* (LW 5), *The Public and its
Problems* (LW 2), *Ethics* (LW 7) 등을 보라.

34 Dewey, 'The Need for a Recovery of Philosophy' (1917). MW 10: 9.

35 Dewey, *How We Think* (rev. edn, 1933). LW 8: 141.

36 특별히 Dewey, *Art as Experience* (in LW 10)를 보라.

37 Dewey, *Interest in Relation to Training of the Will* (1896). EW 5: 142.

38 Ibid., 143.

39 Dewey, *Experience and Education* (1938). LW 13: 46. 1901년의 또 다른 대표적인 구절은 다음과 같다. '나는 때때로 교사들과 흥미(interest)라는 주제에 대하여 이야기를 하곤 했다. 나는 그 용어가 오해되고 있다는 것을 발견했다. 대단히 많은 사람들이 흥미롭게 하는 것은 모든 것을 쉽고 재미있게 만드는 것을 의미한다고 생각한다. 그러나 실제로 그것은 꽤 정반대를 의미한다. … 어원적으로 말하자면, 흥미는 관심을 기울이는 주체와 객체 사이, 인간이 주어야 하는 것과 객체가 가져오는 것 사이에 오는 것이다. 그리고 이렇게 이미 정신 속에 있는 오래된 것과 이제 숙달되어야 할 새로운 것 사이의 접촉에 대한 의식이 있는 곳이라면 어디서나, 흥미롭게 되는 데 실패하지 않을 것이다.' Dewey, 'Attention', Educational Lectures Before Brigham Young Academy (1901). LW 17: 280.

40 Dewey, *Interest and Effort in Education* (1912). MW 7: 154.

41 Dewey, *Human Nature and Conduct* (1922). MW 14: 70.

42 Dewey, *Interest and Effort in Education* (1912). MW 7: 171.

43 이 점에서 듀이의 몇몇 예시들은 다음을 포함한다. '목수 일이나 공장 일에 대한 직접적인 이해관심은 점차 기하학과 역학의 문제들에 대한 이해관심이 되어야 한다. 요리에 대한 이해관심은 화학실험과 생리학, 신체 성장에 관한 위생학에 대한 이해관심으로 성장해야 한다. 처음에 대충 그림을 그리는 것은 관점을 표현하는 기술, 붓의 조작, 물감 재료 등에 대한 이해관심이 되어야 한다.' Dewey, *How We Think* (rev. edn, 1933). LW 8: 298.

44 Dewey, *Experience and Education* (1938). LW 13: 46.

45 Dewey, *Democracy and Education* (1916). MW 9: 174.

46 Dewey, *Experience and Education* (1938). LW 13: 19, 13.

47 Dewey, 'The Way Out of Educational Confusion' (1931). LW 6: 88.

48 Dewey, *Human Nature and Conduct* (1922). MW 14: 71.

49 듀이는 다른 맥락에서도 이에 대해 언급했다. '모든 습관은 특정한 종류의 활동에 대한 요구이다. 그리고 그것은 자아를 구성한다. 의지(will)란 단어의 이해할 수 있는 모든 의미에서, 모든 습관은 의지이다. 습관은 우리의 현실적인 욕망을 형성하고, 우리에게 작업능력을 제공한다. 습관은 우리의 사고를 지배하고, 어떤 사상이 나타나고 강화되어야 하는지, 어떤 사상이 빛에서 어둠으로 사라져야 하는지 결정한다. 우리는 습관을 상자 속 도구처럼 의식적인 결심을 통해 사용해주기를 기다리고 있는 수단으로 생각할 것이다. 그러나 습관은 그 이상의 것이다. 습관은 능동적인 수단이고, 스스로를 기획하는 수단이며, 활동적이고 강력한 행위방식이다.' Ibid., 21-2.

50 Dewey, *Experience and Education* (1938). LW 13: 24. 여기에서 듀이가 사용하는 '객관적 조건'이라는 구절에는 '교육가에 의해 이루어진 것과 그것이 이루어진 방식, 말한 단어뿐만 아니라 그것을 말할 때의 어조까지도 포함

된다. 객관적 조건에는 장비, 책, 기구, 장난감, 실행된 게임이 포함된다. 객관적 조건에는 한 개인이 상호작용하는 자료들이 포함되고, 무엇보다 중요하게는 한 사람이 관여하는 전체 사회적 체제의 조건들이 포함된다.' Ibid., 26.

51   Ibid., 26.

52   Dewey, *Interest and Effort in Education* (1912). MW 7: 178.

53   Dewey, *Experience and Education* (1938). LW 13: 12.

54   Dewey, 'How the Mind Learns', Educational Lectures Before Brigham Young Academy (1901). LW 17: 214.

55   Dewey, *The School and Society* (1900). MW 1: 48. 'Education and the Social Order' (1934). LW 9: 180. *Democracy and Education* (1916). MW 9: 183.

56   Dewey, *The School and Society* (1900). MW 1: 102.

57   Dewey, *Reconstruction in Philosophy* (1920). MW 12: 185.

58   Dewey, *Democracy and Education* (1916). MW 9: 182.

59   Dewey, *How We Think* (rev. edn, 1933). LW 8: 113.

60   Dewey, *Moral Principles in Education* (1908). MW 4: 288.

61   Dewey, *Ethics* (1932). LW 7: 208.

62   Dewey, *How We Think* (rev. edn, 1933). LW 8: 329. 전체 구절은 다음과 같다. '그는 가장 지속되는 인상을 남겼던 교사들은 그에게 새로운 지적 이해 관심을 불러일으켰던 사람들, 일종의 그 자신의 열정을 가지고 그에게 지식이나 예술 분야를 전했던 사람들, 탐구하고 발견하려는 그의 갈망에 그렇게 할 수 있는 계기를 주었던 사람들이라는 것을 알아차릴 것이다. 이것은 가장 필요한 하나이다. 이러한 열망이 주어지면, 정신은 나아갈 것이다. 그러나 정신에 정보를 꽉꽉 채워 넘치더라도, 이 한 가지가 빠지면, 미래에 거의 아무것도 얻지 못할 것이다.'

63   듀이는 마리아 몬테소리에 대해서 드물게 언급했는데, 그중 하나는 듀이가 개인이 창의성을 학습하는 수단에 대해서 몬테소리에게 부분적으로 동의하지 않는다는 것을 보여준다. '나는 우리가 몬테소리 여사에게 많이 빚지고 있다고 생각한다. 그러나 그녀는 개성을 얻기 위해서는 고독이나 분리가 있어야 한다고, 각 아동은 타인들과 함께 일하기보다는 스스로 무언가를 해야 한다고, 학업과 개성발달의 두 원리를 결합시키는 것은 불가능하다고 장담함으로써, 그녀 자신과 타인들을 잘못 인도했다. 나는 꽤 정반대라고 생각한다. 물론 어린이에게는 어느 정도 고독의 시간이 필요하다. 그들은 홀로 떨어져서 생각할 시간을 가져야 한다. 이것은 사실이다. 그러나 대부분 아동의 창의력과 독창성에 대한 최고의 자극이나 그 자신의 개성을 끌어내는 것은 개인이 타인들과 함께 일할 때, 공통의 기획이나 그들 모두에게 흥미로운 어떤 것이 있지만 각자가 자신의 역할을 맡고 있는 곳에서 발견된다.' Dewey, 'Individuality in Education' (1923). MW 15: 176.

64   Dewey, *Moral Principles in Education* (1908). MW 4: 288.

65 Dewey, 'Some Stages of Logical Thought' (1900). MW 1: 151.

66 Dewey, *The Educational Situation* (1901). MW 1: 290.

67 Dewey, 'Psychology in High-Schools from the Standpoint of the College' (1886). EW 1: 85-86.

68 Martin Heidegger, Being and Time, trans. J. Macquarrie and E. Robinson (New York: Harper and Row, 1962).를 보라.

69 James Scott Johnston은 자신의 책 *Inquiry and Education*에서 이러한 주장을 기록하고 답변하는 감탄할 만한 일을 했다.

70 Martin Jay, *Songs of Experience* (LosAngeles: University of California Press, 2005), 1, 4.

71 Gadamer, *Truth and Method*, 346-7.

72 Ibid., 61.

73 Jay, *Songs of Experience*, 11.

74 Gadamer, *Truth and Method*, 346-7.

75 이에 대한 몇 가지 예시에 대해서는 Raul Ricoeur, *Oneself As Another, trans. K. Blamey* (Chicago: University of Chicago Press, 1992); Charles Taylor, *Sources of the Self* (Cambridge: Harvard University Press, 1989); Alasdair MacIntyre, *After Virtue* (Notre Dame: University of Notre Dame Press, 1984); Anthony Kerby, *Narrative and the Self* (Bloomington: Indiana University Press, 1991)을 보라.

76 Gadamer, *Truth and Method*, 353, 354.

77 Ibid., 355.

78 Dewey, *Experience and Education* (1938). LW 13: 13.

79 Gadamer, *Truth and Method*, 357.

80 Ibid., 346, 361.

81 Ibid., 362.

82 Jay, *Songs of Experience*, 162-3.

83 Gadamer, *Truth and Method*, 10, 14, 12.

84 Ibid., 13.

85 Ibid., 16.

86 Ibid., 14, 17.

87 Ibid., 14.

88 Dewey, *Art as Experience* (1934). LW 10: 51.

03
우리는 무엇을 '사고'라고 부르는가?

[대개] 모든 부류의 이론가는 진정 교육이 해야 할 일이 무엇이든, 그것은 결정적으로 다소 애매하게 생각 또는 사고로 일컬어지는 것과 관련이 있다는 것에 동의한다. 의견의 불일치는 가장 자주 '적절한 사고의 대상'―어떤 교과내용이 학습과정의 단계에서 상대적으로 중요한지―과 특정 교육과정을 가장 효과적으로 가르치고 배울 수 있는 '방법론'에 있다. 또 다른 불일치는 가장 중요한 것, 진정한 교육적 성공의 표시를 발견할 수 있는 곳이 사고의 내용(어떤 지식이나 신념의 목록이 심어져야 하는지 또는 학생들이 무엇을 진리나 선(善)으로 받아들여야 하는지의 의미에서)인지, 아니면 독립적으로 사고하는 능력인지와 관련이 있다. 오랫동안 이론가들의 마음을 끌었던 이러한 불일치들 및 또 다른 불일치들 기저에는 사고라면, 그것이 무엇이든, 교육의 중심 관심사라는 공유된 확신이 있다. 논리적으로 교육의 내용과 방법(the what and the how of education)에 관한 질문에 선행하는 것은 이 장의 제목에 있는 질문이다. 플라톤 이래로 보다 야심찬 교육철학자들은 자주 무엇이 지식, 이성, 진리인지에 관련된 질문들과 함께 직접적으로 이 질문을 제기했다. 만약 교육의 과정이 어떤 종류의 무지에서 지식으로의 이행, 플라톤의 동굴의 우화가 고전적 모형을 제공하는 이행을 포함한다면, 우리는 이 이행을 어떻게 이론화할 수 있을까? 그것은 알지 못하는 상태 또는 무지, 즉 정교한 철학적 설명을 요구하지 않는 것에서 명백히 그 설명을 요구하는 것, 즉 앎, 이해, 사고로의 이행이다. 그렇다면 이것들은 무엇인가? 그 점에 있어서 이것은 하나의 질문인가, 아니면 세 가지 질문인가?

듀이는 원칙적으로 이 세 가지 질문들이 구분된다고 생각했지만, 이 질문들에 답하는 것은 정신의 삶에 대한 통합된 설명, 즉 철학적으로 구분되는 사고, 지식, 진리, 경험, 이해의 범주들 간의 유기적인 관련성을 강조하는 설명을 만들 것을 요구한다. 물론 제임스식의 경험론자인 듀이에게 '무엇이 사고 그 자체인가'라는 구체적인 질문은 경험적인 문제, 아니 더 현상학적인 문제이다. 그의 주요 저작 중 하나의 제목, 『우리는 어떻게 사고하는가^{How we think}』가 다소 있는 그대로 제시해주는 것처럼 말이다. '무엇이 사고인가'라는 현상학적 질문과 사실상 사고가 다양한 탐구 영역들 속에서 펼쳐지는 논리는 '우리가 어떻게 사고해야 하는가'라는 인식론적이고 방법론적인 질문, 선험적인(a priori) 방식으로 대답될 수 있는 것처럼 보이는 질문보다 중요하다. 사고나 지적 탐구의 실천은 이미 그것에 내재적인 방법을 가지고 있는데, 그것을 사고의 실천 자체를 추상화하여 도출된 방법으로 대체하기보다 그 내재적인 방법을 분명하게 해주는 것이 논리와 인식론의 임무이다.

듀이 시대 못지않게 오늘날에도 교육가들은 흔히 모든 단계에 있는 학생들이 사고하는 방법 또는 비판적으로 사고하는 방법을 배울 필요가 있다고 말한다. 그리고 이때 근력(the capacity for strength)이 그것을 가능하게 해주는 역기 운동(the heavy lifting)과 구분되는 것처럼, 원칙적으로 사고력을 그것과 함께하는 특정 교과 내용으로부터 분리할 수 있다고 가정한다. 따라서 철학과는 이제 언제나 형식 논리학과 비판적 사고에 관한 학부 강좌를 제공한다. 여기에는 사고를 교과내용과 떨어져서 가르치고 배울 수 있다는 전제, 또는 사고는 교과내용 자체라는 전제, 그리고 사고는 추론규칙을 따르고 오류를 피하는 본질적으로 기술적인 문제라는 전제가 있다. 일단 사고의 규칙을 암기하는 데 전념하고 이것에 충실하게 주의를 기울인다면, 추론이나 비판적 사고가 이루어져야 하는 모든 순간에 그 규칙들이 정신을 진리의 방향으로 이끌 거라 믿을 수 있다는 것이다. 대학생들이 재학기간 후에 마음대로 사용할 수 있는 정보나 지식 모음뿐만 아니라, 사고력도 갖추고 졸업하는 것은 물론 대학이 바라보아야 할 목표, 대단히 칭찬할 만한 목표이다. 그러한 기술 자체를 가르칠 책임이 있는 많은 교수들이 그 임무를 약간 경악하며 바라볼지라도 말이다. 그렇다. 어떻게 이와 다르게 사고하는 방법을 가르치는가? [따라서] 교수들은 [학생들에게] 추상적으로 생각하도록 요청하더라도, 적어도 원칙적으로 생각해야 할 것, [사고의] 대상이나 교과내용과 분리된 채로 생각하도록 요청하더라도 용서받을 수 있다. 통상적인 해결책은 학생들에게 약간 약화된 버전의 기호 논리학과 비판적 사고가 결합된 강좌를 제공하는 것이다. 사고는 규칙을 따르는 문제이기 때문에, 그러한 강좌의 교육과정은 규칙 자체와 함께 그 규칙들을 적용할 수 있는 몇몇 연습문제들로 구성된다. 이것은 다소 수학이나 회계학 강좌의 방식과 유사하다. 일단 학생들이 그 기술을 숙달했으면, 그들은 이제부터 사고할 수 있다.

사상사(history of thought)를 살펴보자. 사상가들(thinkers), 그 저작들이 저술된 지 몇십 년 아니 몇백 년 후에도 계속해서 연구되고 있는 사상가들 중 누구라도 이러한 방식으로 사고하는 방법을 배운 적이 있는가? 또는 우리가 역사 속의 위대한 사상가들을 계속 위대하게 여기는 이유가 그들이 형식 논리학이나 비형식 논리학 교과서에서 발견되는 것과 같은 규칙들을 따르는 데 뛰어난 능력을 갖추고 있기 때문인가? 우리가 이러한 의문을 갖는 것은 [매우] 정당하다. 또한 우리는 현대의 저명한 사상가들도 그런 사람들인지, 우리가 저명하다고 여길 사람들이 생각의 기술 자체를 가장 철저하게 숙달했던 사람, 즉 논리학자들인지 의문이 생긴다.

다양한 해석이 가능한 이 사고라는 개념이 의미하는 것이 무엇이든, 그것은 대화에 참여하는 것이나 경기를 하는 것보다 더 기술이나 단순한 규칙 따르기로 환원될 수 있을 것 같지 않다. 물론 사고를 할 때 규칙이나 원리가 꽤 역할을 할 테지만 말이다. 이야기를 잘하는 사람이나 하키선수가 되려면, 미리 설명될 수 있는 특정한 원리, 바로 그 일반적인 원리나 규칙을 잘 관찰해야 한다. 사고의 기술 또한 그러하다. 그러나 이야기를 잘 하게 되거나 경기를 잘 하게 되는 경우처럼, 사고에 능숙하게 되는 것은 단순히 규칙에 동조하는 것이 아니라 그보다 그 규칙 내에서 능숙하고 창조적으로 움직이고, 때때로 규칙 자체를 변화시키며, 지적으로 그것들로부터 벗어나는 것이다. 그곳에는 우리로 하여금 사고라는 문제의 핵심에 도달하게 해주는 창의성과 자유라는 중요한 요소-정확히 기술(technique)로 환원시킬 수 없는 것-가 있다. 만약 비판적이고 지적인 사고가 때때로 논리적 추론을 이용한다면, (의심할 여지없이 그렇게 한다) 그것에는 또한 어떠한 방법(method)으로도 가르칠 수 없는 것이 포함된다. 그것은 질문하는 기술, 무엇이 문제가 되는지 보는 기술, 성찰하고 관조하는 기술, 천천히 논변의 강점이나 설득력을 따져보는 기술, 핵심적인 것을 알아내는 기술, 일반적인 지적 미덕들을 계발하는 기술, 그 밖에 규칙 따르기를 훨씬 넘어서는 다른 요소들이다.

나는 이에 대해 적절한 때에 더 논의할 것이다. 우선 나는 어느 정도 상세히 우리 앞에 놓인 질문들에 대한 듀이의 대답을 검토하고 싶다. 만약 교육이 사고의 내용뿐만 아니라, 학생들의 사고력을 개발하는 것과 결정적으로 관련이 있다면, 이것은 어떠한 의미에서 그러한가? 이 능력 자체는 무엇인가? 그리고 우리는 이 능력을 추상적으로 또는 어떤 특정한 교과내용에 대한 탐구와 떨어져서 가르치고 배울 수 있는가? 교육에서 가장 중요한 것은 학생들이 사고하는 내용인가? 아니면 학생들이 독립적으로 사고할 수 있는지의 여부인가? 만약 우리가 사고의 기술(the art of thinking)이 실제로 형식적인 기술(technique)보다는 예술(art)이나 기능(skill)이라고 한정한다면, 어떤 교수법이 사고의 기술을 가르치는 데 가장 적합한가? 이 문제에 대한 듀이의 첫 번째 주장은 사고와 사고의 대상 간에 이루어져야할 구분은 없다는 것이었는데, 아무래도 듀이는 몰랐던 것 같지만이는 의식의 지향성이라는 에드문트 후설의 현상학적 이론과 직접적으로 유사한 견해였다. 모든 생각은 이러저러한 특정한 대상에 대한 생각이며, 듀이의 표현으로 하자면 '경험으로부터 단절된 것'이나 지향하는 대상으로부터 단절된 것이 아니고, 따라서 '고립된 상태로 계발될 수 있는 것'이 아니다.[1] 사고는 특정 탐구 영역과 별개로 훈련될 수 있는 정신의 능력이나 역량이 아니고, [사고의 내용과 분리되어] 혼자 그러한 탐구 영역에 존재하지도 않는다. 듀이의 견해에서 사고는 바로 '교과내용이 의미하거나 가리키는 것을 발견하면서 이루어지는 교과내용의 정리'이고, 따라서 '음식을 흡수하는 것과 떨어져서 소화가 될 수 없는 것과 같이 사고는 이 교과내용의 배열과 떨어져서 존재하지 않는다.'[2] 정신을 추론, 인식, 기억 등의 개별적인 능력들로 구성된 것으로 보는 정신관(conception of the mind), 마치 각각이 다른 것들과 떨어져서 어떤 일을 해낼 필요가 없는데도 작동될 수 있는 일종의 근육인 것처럼 보는 정신에 대한 관념은 널리 퍼져 있지만, 잘못된 것이다. 듀이는 확고하게 '현재 모든 사람에게 최고로 필요한 것이 사고력'이라고 주장했지만, 그 사고력은 진공 상태에서 직접적으로 훈련될 수 있는 능력도 아니고 쉽게 훈련될 수 있는 능력도 아니다. 반대로 사고력은 '인간이 관여하는 가장 어려운 일'을 통해 훈련될 수 있다.[3]

듀이는 '사고 자체가 무엇인가'라는 질문과 관련하여, 다소 간결하게 사고를 '의심스러운 것 그 자체에 대한 반응'으로 규정했다.[4] 사고는 본질적으로 주어진 문제에 대한 실험 탐구의 실천이고, 그것의 목적은 '불명확한 상황을 명확하게 통합된 상황으로 관리하고 통제하여 변형시키는 것'이다.[5] 사고는 의심스럽거나 문제가 되는 상황－알려지지 않았거나 이례적이거나 당혹스러운 상황－에 질문을 제기하고, 해석과 가설을 제시하며, 주어진 가설에서 그 결론까지의 과정을 따라가고, 그것을 이용 가능한 증거로 검증하며, 구체적인 실험 결과를 구하는 방식으로 반응하는 것이다. 사고는 경험과 밀접하게 관련되어 있는 과정이다. 왜냐하면 사고는 경험 속의 의심스러운 상황에서 생겨나며, 궁극적으로 사건이나 아이디어들과 그 본래 상황의 의의 간의 관련성이라는 고양된 지식을 가지고 경험으로 다시 돌아가기 때문이다. 따라서 듀이의 표현으로 하자면, '사고는 우리의 경험 속에 있는 지적 요소를 명백히 드러내는 것과 같다. 사고는 우리로 하여금 목표를 염두에 두고 행동할 수 있게 해준다.'[6]

사고가 아닌 것은 바로 너무나 자주 교육가들이 사용하는 것이다. 그것은 본질적으로 규칙을 따르거나, 기억해낼 수 있도록 가능한 최대량의 정보를 축적하는 일이다. 이러한 '지식의 냉장보관 이상(ideal)'이 간과하는 것은 사고의 능동적이고 창조적인 차원이다. 사고력 교육에 반드시 주어진 연구 영역에 관한 정보, 종종 많은 양의 정보 획득이 수반된다는 것에는 의심의 여지가 없지만, 사고 자체는 그러한 정보를 가지고 이루어진 것 또는 그러한 정보가 향하는 목적을 가리킨다. 전통적인 교육의 개념, 즉 사고의 기술(the art of thinking)은 학생들이 알고 믿는 것의 내용(content)보다 훨씬 시급하지 않은 문제라는 생각이 사고력을 키우는 데 도움이 되지 않는 것처럼, 이 냉장보관 관념 역시 적극적으로 사고에 해롭다. 왜냐하면 제대로 소화되지 않은 사실들을 지나치게 싣고 있는 정신은 사실상 질식되고, 그러한 정보를 의미 있게 사용할 수 없기 때문이다. 학생들은 건설적으로 자신의 경험에서 정보를 얻거나 정보와 경험을 통합시킬 수 있는 능력 이상으로 정보를 점점 더 많이 받게 되면, 지적 탐구의 기회를 활용할 수 없을 뿐만 아니라, 정보가 사고를 집어삼키는 경험을 하게 된다.[7] 나중에 필요하면 기억해낼 정보를 다소 수동적으로 흡수한다는, 널리 퍼져 있는 의미에서의 학습은 사고로 가는 길에 있는 한 단계이지만, 그것은 그 자체로 진짜 사고이거나 교육의 궁극적 목적이 아니다. 오히려 그것은 부차적인 문제-듀이의 비판가들이 때때로 주장했던 것처럼 중요하지 않은 것은 아니지만-지적능력의 발달에 있어 부차적이고 도구적인 문제이다.

듀이는 이 점을 1937년에 공민과(the study of civics)와 관련하여 다음과 같이 설명했다.

나는 이러한 사회과에 대한 상(相)이 우리를 잡다한 사회 연구의 대 범람 속에 잠기게 만들 위험이 상당히 있다고 생각한다. 나는 이 교과가 처음 도입되었을 때, 진정으로 정보의 기적적인 힘에 대한 믿음의 증거가 많이 있었다고 생각한다. 만약 학생들이 오직 연방과 주(州)의 헌법, 모든 공무원의 이름과 의무, 나머지 모든 정부조직에 대해 배운다면, 그들은 좋은 시민이 될 준비를 마친 것이다. 그러나 이러한 사실들을 배웠던 사람들 중 많은 이들이—유감스럽게도 우리 중 많은 이들이—성인이 되었고, 능숙한 정치인들과 정당 조직들에게 이용당하기 쉬운 사람이 되었다. 말하자면 우리가 신문 한 귀퉁이에서 볼 수 있는 정치적 거짓말의 희생자들이 되었다.[8]

현재 우리가 어떻게 종종 예술, 인문학, 사회과학을 가르치는가에 대해서도 거의 마찬가지로 말할 수 있다. 이 가르침은 다음과 같은 전제하에서 이루어진다. 만약 학생들이 철학, 역사, 인류학을 알게(informed) 되기만 한다면, 그들은 어느 정도 자동적인 과정에 의해서, 아마도 박사과정 동안 어느 순간에, 철학자, 역사학자, 인류학자가 될 것이다. [그러나] 이것이 그렇지 않다는 것은 쉽게 알 수 있다. 수많은 인상적인 사실들을 머릿속에 넣고 대학을 졸업하지만 그것들을 창의적으로 사용할 수 없는 학생들의 예시는 셀 수 없이 많다는 점을 생각해보라. 듀이는 기억 속에 높게 쌓아 올려서 시험이나 친목 모임 즈음에 소개할 때나 이용할 수 있는 정보만큼 상당히 효과적으로 '지식이나 사고를 가장하고, 그럼으로써 자만심이라는 독을 개발하는 것'은 없다고 말했다.[9]

또한 사고가 아닌 것은 주입이나 세뇌라는 이름으로 불리는 게 나을 것으로, 이 또한 자주 오해의 대상이 된다. 교육가가 학생들이 믿을 것을 처방하는 것은 특히 그것이 논쟁적인 의견과 관련되어 있을 때, 더 심하게는 학생들이 지적 성숙의 나이에 이르지 않았을 때, 지적 사고의 습관이 아니라 생각하지 않는 복종의 습관을 심어

주는 것이다. 늘 그렇듯 완전히 유익할 교육가의 의도를 전적으로
제외한다면, 교육가들이 정신을 훈련시키고 있다고 가장하면서 일
련의 특정한 신념들을 주입하는 실천은 적극적으로 비교육적이고
교육이 표방하는 것의 거의 정반대이다. 심지어 그러한 신념들이
참이라고 가정한다 해도, 교육받은 정신의 특징은 결코 그 사람이
확신하는 내용 — 그가 자유주의적인지 보수주의적인지, 종교적인지
무종교적인지, 이기주의적인지 이타주의적인지 — 에 있지 않다. 오
히려 교육받은 정신의 특징은 그 사람이 자신의 신념에 도달하게
된 방식, 그가 자신을 [방어하기] 위해 제시할 수 있는 이유, 그의
관념과 경험 간의 관련성을 이끌어내는 능력, 대항하는 견해에 맞서
자신의 입장을 옹호하는 능력 등에 있다.[10] 사고는 방법과 관련되고,
실제로 그것은 신념들이 합리적으로 획득되는 방법이다. 따라서 사
고는 최종 상태보다는 과정과 훨씬 더 관련이 있다. 듀이가 지속적
으로 강조한 것처럼, 사고의 과정 그 자체는 학생들의 활발한 참여
를 요구하고, 따라서 교육가의 세뇌시키려는 유혹, 지적 게으름, 듀
이의 견해에서 가장 자주 젊은이들의 특징으로 표현되는 인습의
고집 모두를 극복할 것을 요구한다.[11] 신념을 심어주거나 주입하려
는 실천에 대한 듀이의 비판은 그 기준이 엄격하고, 듀이 자신이
동의했던 의견들과 동의하지 않았던 의견들에 똑같이 적용된다.[12]

듀이의 사고관(conception of thinking)은 결정적으로 방법(method)
과 관련되어 있지만, 그것은 오늘날 학부 과정의 형식 논리학 및
비형식 논리학의 핵심을 구성하는 연역적 추론과 귀납적 추론의
방법으로 제한되지 않는다. 그 대신 듀이의 사고는 지적 탐구의 방

법 자체, 그리고 그러한 탐구의 정신과 관련된다. 정확히 이 방법이 무엇인가 하는 것이 이제 내가 다룰 문제이다.

1. 실용주의적 지성

듀이의 사고에 대한 설명(탐구로서의 사고)과 그의 교육철학을 보다 일반적으로 이해하기 위해서는 그것들을 실용주의적 또는 실험주의적 (도구주의적) 지식론의 관점에서 보아야 한다. 이 지식론은 듀이가 주로 윌리엄 제임스로부터 가져왔던 것이다. 이 인식론의 세부사항으로 들어가지 않더라도, 실용주의적인 지식관은 사고와 행위의 관련성 또는 관념들과 인간 행동 및 경험의 과정에서 생기는 문제 상황들 간의 관계를 강조한다.[13] 듀이는 특히 그의 생애 후기에 제임스보다 '실용주의'라는 용어 자체를 좋아하지 않았고 - 1938년에 이 용어를 둘러싸고 있는 광범위하고 아주 무자비한 오해들을 생각할 때, 우리가 완전히 '이 용어를 사용하지 말 것'을 추천할 정도로 - 『실용주의^{Pragmatism}』와 그 '후속편'에서 이 용어에 대한 제임스의 표현이 받았던 비판을 매우 염두에 두고 있었지만, 듀이가 그의 생애 전체에 걸쳐 옹호했던 진리의 의미, 지식론은 철저히 제임스의 것이다. (그리고 보다 적게는 퍼스(Peirce)[1] 식이다.) 이는 '결과들이 조작적으로 만들어지고, 가령 조작을 요구하는 구체적인 문제를 해

---

1) 제임스나 듀이보다 먼저 실용주의를 주장했던 미국의 철학자.

결하기 위한 것이라면, 결과는 명제의 타당성에 대한 필수적인 검증'이라는 것과 관련하여 그러하다.[14] 이 단서는 듀이가 제임스의 견해에 보충한 것이다. (또는 제임스의 견해를 명료화한 것이다. 제임스에 대해 어느 정도라도 너그럽게 해석한다면 이 단서를 포함할 것이기 때문이다. 이러한 해석은 버트란트 러셀(Bertrand Russell)이나 조지 에드워드 무어(G. E. Moore)처럼 인정 없는 비판가들이 했던 오독, 현재까지 여전히 널리 퍼져 있는 실용주의에 대해 지나치게 단순화한 오독으로 이어지지 않을 것이다.) 그리고 이 단서는 실용주의적 인식론이 [그것이 맞았으면 좋겠다고] 바라는 생각이나 누군가가 소중히 여기게 된 명제라면 무엇이든 철학적 정당화를 해준다는 '결과에 대한 반대'를 미연에 방지한다.

듀이는 실용주의적 도구주의란 명칭을 선호했는데, 여기에서 탐구의 과정은 현상학적으로 기술되며, 이는 그가 '구경꾼 지식관' 또는 '단지 실재를 지켜보거나 바라보는 것을 지식으로 보는 견해'로 가리켰던 것을 뒤집는 방식으로 이루어진다. 이 구경꾼 지식관은 한쪽에 무조건적인 주체성이, 다른 쪽에 객관적이고 해석되지 않은 실재가 있는 모형을 기반으로 한다. 듀이는 우리가 합리론이나 영국 경험론에서 발견할 수 있는 구경꾼 이론에 반대하면서, 과학연구와 인문연구 모두에서 작동되고 있는 '현존하는 지식의 실천'을 분명히 하려고 애썼다. 이 실천 속에서 궁극적으로 사고와 행위는 분리될 수 없고, '지식은 세계를 변화시키는 힘'이다. 지식이 세계를 변화시키는 것은 부수적인 부산물이 아니라, 본질적인 것이다.[15] 그렇다면 어떤 아이디어나 가설은 그것에 이어지는 실험적 결과 또는 세계에 대한 우리의 경험을 더 적절하게 정합적으로 배열해주는 그것의 능력을 통해 진정으로 검증된다. 듀이는 '의미의 구분에 있어서 가능한 실천의 차이만큼 좋은 것은 없다'는 퍼스의 격언을 받아들였고, 그것에 더 명시적으로 실험적이고 과학적인 의미를 주었다.[16] 오래된 과학관들(conceptions of science)은 고전적 경험론으로 인해 과학자들을 본질적인 면에서 수동적인 수령인으로, 어느 정도의 기간 동안 주어진 대상을 주목하여 관찰이나 발견들을 받는 사람으로 오해했다. 그러나 듀이는 과학자란 지식을 얻기 위해 반드시 '무언가를 **해야 하는**'-과감히 가설을 제안하고, 실험을 수행하며, 다양한 조건하에서 한 대상을 연구하는 등-능동적인 연구자라고 주장했다.[17] 명시적으로 과학적인 사고에서 철학적인 이론화 및 성찰적 이해에 이르기까지, 일반적으로 사고는 결정적으로 실용적인 것- '어떻게 그것들이 작동하고 어떻게 그것들을 해야 하는지'-과 관련되어 있다. 이는 사고의 부차적인 문제가 아니라, 사고와 궁극적으로 관련되어 있는 것이다.[18] 그 자체로 완전한 것, 말하자면 오직 우연히 부수적으로만 행위와 관련된 것은 사고가 아니라, 정보이다. 정보가 많다는 것은 기껏해야 사고가 시작될지도 모를 기반을 얻은 것이지, 그것은 아직 사고하는 것이 아니다.

듀이에게 사고의 패러다임은 과학적 실험이다. 이는 우리가 사고의 상황을 관찰할 때, 어떤 연구 영역에서든 분명하고 '강화된 형태로' 적절히 따라갈 수 있는 동일한 탐구방법을 발견한다는 의미이다.[19] 듀이는 어떠한 형태의 실증주의도 수용하지 않았고 자연과학에 알맞은 절차를 단순히 사회과학이나 인문학에 옮길 수 있다고 주장하지도 않았지만, 그는 일반적으로 과학에 대해, 그리고 사고를 개조하는 데 있어 과학적 방법이 성취할 것에 대해 확실히 낙관적인 견해를 가졌다.[20] 그의 저작 전체에 걸쳐서 지나치게 단순하고 순진한 과학에 대한 칭찬이 아니라-이에 근접하는 구절들도 있지만-'과학적인 마음의 습관'이 일반적으로 인간의 문제에 적용된다는 약간 더 신중한 낙관주의를 발견할 수 있다.[21] 일반적인 20세기 문화의 동향에 대한 듀이의 해석은 20세기가 근대 문명이 옮겨간 과학의 시대라는 것이었고, 이는 경험적이고 실험적인 탐구 방법이 급속하게 철학적인 것에서 종교적인 것, 정치적인 것, 윤리적인 것 등에 이르기까지의 과거 세계관들을 대체하고 있다는 의미이다. 그 시대의 다른 많은 이론가들도 매우 동일한 관찰을 하고 있었지만-몇몇은 낙관적이었고, 다른 이들은 (특히 마르틴 하이데거는) 불길한 예감을 했지만-듀이는 그 특유의 냉철하고 신중한 방식으로 이 새로운 과학의 시대에 대해 이야기하곤 했다. 그것은 하이데거식의 존재(Being)를 잊어버린 어두운 밤도 아니고, 실증주의자의 유토피아도 아니며, 그 둘의 중간에 있는 어떤 것과 같다. 실증주의의 방식처럼 과학을 교조적으로 이상화해야 하는 것도 아니고, 어떤 실존주의 사상가의 방식처럼 과학을 곱씹어 봐야 하는 것도 아니다. 그보다 과학을 방법으로, 아주 유용한 것으로 간주하는 것이 더 알맞다. 게다가 과학은 표면상 비과학적인 탐구의 형태에서 더 적은 정교함과 정확성을 가지고 추구하는 것과 동일한 방법이다. 듀이의 견해에서 이 방법이 인간 문제의 변화에 대해 해주는 약속은 혁명과 같지만, 그는 많은 그의 동시대 사람들처럼 과학에 대한 무비판적인 이상화를 하지는 않았다.

과학에서 일반적인 사고에 적절한 합리적 연구방법을 가장 순수한 형태로 볼 수 있다는 의미에서, 과학은 사고의 이상(ideal)을 나타낸다. 한편에 지식모음이나 학문 교과내용으로서의 과학과 다른 편에 방법으로서의 과학을 구분한다면, 인간 관심사의 모든 영역에 있어 해방과 발전의 잠재력을 가져오는 것은 후자이다. '도덕, 종교, 정치, 산업에 그야말로 혁명적인 변화'를 가져올 '과학적 방법의 일반적 채택'은 우리가 모두 물리학자나 생물학자가 되어야 한다거나 최신의 경험적 발견들에 관한 방대한 지식을 습득해야 한다는 것이 아니라, (듀이가 매우 좋아하는 표현들 중 하나를 사용하자면) 실험적 '지성'의 '태도'와 방법이 우리의 사고방식에 급진적인 변화를 가져오는 것, 우리를 과거의 절대적인 것으로부터 해방시키고 우리에게 인간의 지식에 대한 적극적인 모형을 제공하는 것 모두와 관련하여 필요하다는 점을 의미한다.[22]

듀이는 이 모형의 정확한 본질에 대해 다음과 같이 간결하게 서술했다.

과학은 … 의도적으로 안정되고 확실한 내용을 보장하도록 채택된 관찰, 성찰, 검증의 방법들의 결과로 나온 지식을 의미한다. 과학은 오류를 제거하기 위해서, 현재 신념에 정확성을 더하기 위해서, 그리고 무엇보다도 그 신념 속 여러 사실들 간의 상호의존 형태를 가능한 한 명백히 드러내기 위해서, 현재의 신념을 수정하는 지적이고 끈질긴 노력을 수반한다. 과학은 다

른 모든 지식과 같이, 환경에 특정한 변화를 가져오는 활동의
결과이다.[23]

　듀이는 제임스를 따라서, 연구 과정이란 실험가설을 세우고 관념
들을 경험적으로 검증하는 활동 중 하나라고 생각했다. 이 활동은
최대한 정합적으로 현상을 배열 및 재배열할 목적을 가지고 가설을
제안하고 수정하는 방식으로 이루어진다. 이 실험적 절차는 탐구자
와 연구 대상 간의 역동적인 상호작용, 기술적인 규칙 적용과는 전
혀 다른 상호작용을 필요로 한다. 실험 탐구의 과정에서 가설은 특
정한 현상을 설명하기 위해 제안된다. 그리고 나서 가설이 구체적인
종류의 실용적 결과로 나타날 때까지 다양하고 추론적인 단계들을
거쳐 나아가는 동안에 가설의 진보가 이루어진다. 실제 결과가 원래
가설에서 예상한 결과와 일치하고 이 방법으로 일련의 주어진 현상
에 대한 조직 또는 재조직화가 이루어진다면, 그 가설은 또 다른
경험 영역에서 모순을 일으키기 전까지, 그리고 모순을 일으키지
않는다면, 참(true)으로 통하게 된다. 이 방법은 변증법적인 방식으
로 경험과 다른 경험들, 현상과 현상들을 통합하고, 우리가 세계에
대해 알아갈 수 있게 해주는 방식으로 이질적인 관념들과 관찰들을
연결해준다.
　앎과 사고는 일반적으로 이런저런 문제 상황을 해결하려는 노력
이 된다. 사고는 참으로 '그것이 의도적으로 안내되는 한, 문제가
되는 것에서 확실한 것으로의 실제적 이행이다.'[24] 이 짧은 정의는
살아 있는 경험의 과정에서 생겨나는 어려움, 의심, 혼란에서 시작

해서 문제 상황과 관련된 질문과 임시의 가설, '추측한 예상', '잠정적인 해석'의 주장으로 이어지는 방법론적 연구의 더 넓은 과정을 요약한 것이다. 기본적인 사고의 궤적은 그 사례를 둘러싸고 있는 관련된 사실이나 증거를 더 철저히 검토하는 관점에서 해결을 지향하면서 이 가설을 정련하는 것이다. 그러고 나서 그 가설이 더 많은 범위의 현상들을 수용할 수 있는지 결정하고 '예견된 결과를 일으키기위해 명백히 무언가를 함으로써', 대립되는 개념이나 증거 그 자체에대해 가설을 검증한다. 이것은 경험적 대상이 가설이 예측하는 구체적인 방식으로 반응하는지 알아내기 위해 그 대상을 여러 가지 실험조건들에 종속시키는 것일 수도 있고, 원문 해석을 계속해서 더 많은 구절들에 비추어 점검함으로써 그 해석을 검증하는 것일 수도 있다.[25] 이러한 검증 방법은 시행착오의 방법으로, 성공할 경우 그과정에서 가설이 해결한 것보다 더 많은 문제들을 발생시키지 않으면서 원래의 어려움을 해소해준다. 그렇다면 일반적으로 말해서 '지식이나 알려진 대상이라 불릴 수 있는 것은 모두 대답된 질문, 처리된 어려움, 정돈된 혼란, 정합성으로 바뀐 모순, 제어된 당혹감을나타낸다.'[26] 이 구절에서 듀이의 동사 선택이 말하고 있다. 사고한다는 것 − 또한 안다는 것 − 은 본질적으로 문제를 해결하기 위해서대답하고, 어려움을 처리하며, 정돈하고, 정합성으로 바꾸며, 주어진 문제를 제어하는 것이다. 확실성이 아니라 '보증된 주장 가능성'이 성공적인 탐구의 결과이고, 지식과 진리 자체에 대한 관념은 언제나 미래의 연구 과정에 달려 있다. 듀이는 탐구란 과학적인 것이든 철학적인 것이든, 미래를 향하고, 틀릴 수 있으며, 궁극적으로 실제적인 성향을 갖고 있다고, 결코 우리로 하여금 완전히 우리의 결론에 의지하도록 허용하지 않고 그 결론들을 과학적 실험 모형의 작동 속에 두는 것이 탐구의 본질이라고 강조했다. 진리는 결코 완전히 이룬 목표라는 의미에서 사고의 최종 결과가 아니라, 듀이 전에 제임스가 주장한 바와 같이 그 자체로 과정의 개념이다. 실용주의적 지식에서는 '고정된 결과나 결론보다는 성장, 개선, 진보의 과정이 의미가 있다.'[27] 원칙적으로 진리는 항상 잠정적인 것으로, 미래의 탐구와 실천 및 경험의 결과들에 따라 바뀔 수 있다.

과학실험은 일반적인 사고의 모형을 제공하지만, 이것에 두 가지 방식으로 단서를 다는 것이 중요하다. 첫째, 듀이에 따르면 '모든 사고'가 가장 자주 하는 '연구'는 가장 기초적인 종류의 것이고, 어떤 정교한 추론 작용도 전혀 포함하지 않는다.[28] 듀이는 평범하고 일상적인 의미에서 다음과 같은 사고의 예시를 제공했다.

따뜻한 날, 한 남자가 걷고 있다. 하늘은 맑았고, 그는 마지막으로 그 하늘을 보았다. 하지만 현재 그는 주로 다른 것들에 열중해 있는 사이에 공기가 더 차가워진 것을 알아차린다. 아마도 비가 올 것 같은 상황이 그에게 일어난다. 그는 하늘을 보고 그와 태양 사이에 먹구름을 발견한다. 그리고 그는 그다음에 걸음을 더 빠르게 한다. 그러한 상황에서 무슨 일이 일어난다면, 무엇을 사고라고 부를 수 있을까? 걷는 행위나 공기가 차가워진 것을 알아차린 것은 사고가 아니다. 걷는 것은 한 방향의 활동이다. 그리고 바라보고 알아차리는 것은 다른 유형의 활동이다. 그러나 비가 올 거라는 가능성은 제안된 것이다. 그 걷는 사람은 차가운 것을 느낀다. 우선 그는 구름에 대해 생각하고, 그다음에 구름을 보고 인식하며, 그다음에 그가 보지 않은 어떤 것, 즉 폭풍우를 생각한다. 이 제안된 가능성이 아이디어이고, 사고이다. 만약 우리가 그것을 진짜 일어날 가능성으로 믿는다면, 그것은 지식의 범위에 들어가고 성찰적인 숙고를 요구하는 종류의 사고가 된다.[29]

이것은 통상적인 인간 경험의 과정에서 듀이가 염두에 두고 있었던 '연구'나 '탐구'의 전형적인 형태이며, 이는 과학적이거나 논리적인 연구와 오직 명확성과 정교화의 정도에서만 다르다.

추가할 두 번째 단서는 사고가 독백이 아니라 대화의 문제라는 것이다. 실용주의적 탐구는 중요한 사회적 요소를 포함한다. 퍼스와 제임스도 이와 같은 주장을 했지만, 그들은 다른 방식으로 이것을 주장했다. 퍼스에게 탐구의 본질은 더 이전의 경험론과 합리론이 주장했던 것처럼 본질적으로 정신 내부의 성소에서 일어나는 것이 아니라, 탐구자들의 공동체 사이에서 합의를 도출하려고 노력하는 것이다.[30] 제임스와 듀이는 퍼스의 견해를 더 넓은 지식과 진리에 관한 이론으로 확장했다. 그들은 처음에는 개별 탐구자가 지식과 진리 모두를 사실이라고 단정 짓지만－이것은 개인의 경험 속에서 한 신념이 실용적 성공을 이룬 것이다－문제가 되고 있는 신념은 공동체의 일반적인 대화에 따라야 한다고 주장했다. 연구 과정이 전개됨에 따라, 진리의 중심은 개별 사상가에서 참여자들의 공동체로 이동하며, 그동안에 그 사상가 자신의 관점은 점점 더 많아지는 탐구자들을 포함하도록 넓어진다. 대화가 지속되고 경험이 넓게 공유되면서, 지식은 덜 특이하게 되고 점점 더 상호주관적으로 된다. 이때 진리가 드러났다는 최고의 (틀릴 수 있지만) 증거는 설명의 정확성보다 합의이다. 그렇게 생각한다면, 진리는 언제나 엄격히 인간의 경험에 달려 있는 사회적 구성물이며, 상징적인 실천이고, 결코 탐구의 과정에서 우연히 발견된 탈역사적인 관계 또는 순수하게 객관적인 관계가 아니다.[31] 그렇다면 실용주의적 지성에서 사고가 결코 최종적으로 획득하지는 않을지라도 '목표'로 하는 것은 실험 내적인 의미와 상호주관적 의미 모두에서의 정합성(coherence)이다.

듀이는 개념들(ideas) 자체를 볼 때, 그것들을 본질적으로 문제 상황을 해결하는 가설이나 수단으로 생각했다. 퍼스와 제임스가 주장했던 것처럼, 오직 그것들의 도구적 기능만이 그것들이 우리에게 주는 모든 의미이다. 이 실용주의적인 개념관(conception of ideas)은 일반적인 철학 견해에 직접적으로 도전을 제기한다. 이 일반적인 철학 견해에 따르면, 개념은 그것이 정신에 의존적이든 정신에 독립적이든, 본질적인 성격과 적절한 의미를 가지고 있으며, 이것을 이론적으로 포착하는 것이 철학적 성찰의 과업이다. 그러한 이론적 포착이 현대의 '분석' 형태를 의미하든—여기에서 개념은 외견상의 애매성에도 불구하고, 우리가 그 개념의 의미를 확정적으로 설명하기에 충분할 정도로, 이상적으로는 애매한 게 하나도 없는 개념을 표명하기에 충분할 정도로 오랫동안 가만히 있는 것으로 간주된다—플라톤식의 형상(Form)이나 아리스토텔레스식의 본질(essence)

을 발견함으로써 소크라테스식의 '무엇이 x인가?'라는 질문에 답하려는 고대의 노력을 의미하든 간에 말이다. 실용주의적인 견해에서 일반적인 개념들의 의미는 '엄격하게 고정된' 것이 아니라, 인간 경험에서의 어려움을 해결하고 우리의 생활 세계와의 교역을 용이하게 해주는 그것들의 사용가치에 달려 있다. 개념들은 결코 '그 개념들에 따라 행동한 것이 일으킨 결과를 통해 검증되고 확정된ㅡ그리고 변경된ㅡ지적 도구'의 지위를 넘어서지 않는다. 그러므로 개념들은 '모든 최종성의 가면ㅡ교조주의의 숨은 원천ㅡ을 상실한다.' 교조주의에 대한 듀이의 언급은 단순히 나중에 덧붙인 것이 아니라, 도구주의적인 개념관과 그 개념관의 정당화에 있어 근본적이다. 개념과 사고에 대한 도구주의적 이론 기반의 일부는 정확히 그 이론이 2장에서 논의한 지적 미덕들을 증진하고, 듀이가 평생 비판했던 교조적인 마음의 틀을 몰아내는 능력에 있다. 역사를 통틀어 너무나 많은 노력들이 끈질기게도 인간 생활에 미치는 결과를 고려하지 않는 개념들이나 신조들의 전쟁에 쏟아졌지만, [그중에서] 더 좋은 개념은 우리가 개념들 자체를 보는 방법을 변형시키는 것이 될 것이다. 듀이는 개념을 문제 해결을 위한 가설과 수단으로 보는 것이 '신념과 판단들이 진리와 권위에 내재할 수 있다는ㅡ진리와 권위를 지도 원리로 사용할 때 이어질 결과와 상관없다는 의미에서 내재할 수 있다는ㅡ개념에 따라오는 비관용과 광신을 없앨 것'이라고 주장했다.[32] 개념들을 연구 과정이 어디로 이어질 지와 관계없이 고수해야만 하거나 비판과 정당화의 싸움 위에 있는 고정된 진리로 생각하는 것보다 더 탐구에 치명적인 것은 없다. [따라서] 퍼스가 주어진 개념의 의미는 그것이 인간 실천에서 이어지는 결과에 있다고 제안하자마자, 제임스와 듀이는 이것에 개념의 목적과 진리 가치 또한 포함하도록 확장하지 않을 이유가 없다고 보았던 것이다. (퍼스 자신은 자신의 의미 이론을 제임스의 'pragmatism'과 구별하기 위해 'pragmaticism'이라 다시 이름 지을 정도로 이 확장에 대해 격렬하게 반대했다.)

2. 반성적 사고[2]

처음부터 실용주의의 비판가들은 마치 실용주의가 인식론 내에서 조잡한 형태의 윤리적 공리주의에 상응하는 것처럼, 특정한 성찰의 특징이 부족하다고, 심지어 반지성주의라고 공격했다. 많은 이들에게 진리 가치와 사용 가치의 결합은 모두 진정한 차원에서 실재에 대한 정확한 지식을 얻을 것에 대한 철학의 오래된 약속, 모든 편견을 버리고 우리로 하여금 지식과 단순한 의견을, 이성과 수사를, 진리 그 자체와 단순히 일상의 담론에서 진리로 통하는 것을 구분하게 해주는 약속에 대한 배반을 나타낸다. 언뜻 보기에는 – 비판가들

---

2) reflective thinking에서 reflection은 무언가 잘못을 했을 때 자신의 모습을 '반성'한다는 의미가 아니라, 살펴서 깨닫는다는 '성찰'의 의미를 담고 있다. 따라서 '성찰적 사고'라 번역하는 것이 더 적절할 수 있으나, 이미 교육학계에서는 '반성적 사고'로 사용하고 있기 때문에 새로운 개념으로 오해할 수 있어서 대부분 '반성적 사고'로 번역하였다. 다만 성찰의 의미가 두드러질 경우에는 '성찰적 사고'로 번역하였다.

중 많은 이들이 이를 넘어서 나아가지 않는다ㅡ실제로 고정된 진리보다 연구 가설과 도구로서의 개념이라는 실용주의적 견해가 정신의 삶에 본질적인 어떤 것, 즉 실제적인 목표를 위한 수단으로서보다는 그 자체를 위한 성찰, 관조, 이해와 같은 어떤 것을 놓치는 것처럼 보일 것이다. 많은 이들에게 실용주의는 정신의 삶에 본질적인 것을 부인하면서, 무신경하고 지나치게 단순하며 심지어 반철학적인 사고관을 제안하고 있는 것처럼 보였다.

누군가 실용주의가 한 세기 전에 받았고 지금까지도 여전히 널리 퍼져 있는 평판을 괄호치고, 실제로 듀이의 저작물들을 읽어본다면, 그는 이러한 인상이 정확하지 않다는 것을 쉽게 발견할 것이다. 이 저작물들에서 듀이는 반복적으로 20세기 전반기 내내 지속적으로 나타났던 제임스와 듀이 자신의 입장에 대한 엄청난 오해들에 대해 다루고 있다. 여기에 딱 들어맞는 중요한 사례는 상식적으로 실용적인 것과 구분되는 반성적 사고, 관조, 이해라는 용어들의 본질과 관련되어 있다. 제임스와 듀이가 언급했던 '실용적인'과 '도구적인'의 의미는 보통 말하는 좁은 의미가 아니다. 듀이는 너무나 실제적인 것과 이론적인 것 또는 도구적인 것과 성찰적인 것을 구분하지 않았기 때문에, 이 깊게 변증법적인 사상가에게 그러한 이분법들은 관조적이거나 철학적인 것에 연상되는 깊은 차원이 부족하다는 실용적인 것의 일상적 의미와 함께, 완전히 폐기되었다. 실제로 교육이론가와 문화비판가 둘 다로서 듀이에게 가장 지속되었던 관심사 중 하나는 바로 전통적인 교육학과 그 시대의 일반적인 사회가 깊이와 성찰성을 희생하면서 위험할 만큼 피상적이고 외면적인 것에 매료되어 있었던 방식이었다. 예를 들어, 사회관찰자로서 듀이는 자주 미국인들이 오락, 의미는 없지만 비싸지 않고 점점 더 도시화되는 사람들이 일반적으로 이용할 수 있는 오락으로 여가 시간을 소비하는 방식에 대해 한탄했다. 듀이가 1923년에 언급했던 것처럼, '영혼도 정신도 없는 산업생활, 경제생활을 영위하는 수천 명의 사람들이' 오락에 매료된 것은 예술 및 과학에 대한 취향(taste)의 하락과 결합되어 '매우 심각한 상황'이 되었다.[33] 듀이가 목격하고 있다고 믿었던 문화적 쇠퇴의 구제방법은 교육기관들에서 나와야 한다. 왜냐하면 교육기관들의 사회적 의무에는 졸업생들로 하여금 일생 동안 여가 시간을 더 잘 활용하도록 해줄 성찰성과 취향의 능력을 심어주는 것이 포함되기 때문이다.[34]

게다가 내가 2장에서 논의했던 것처럼, 듀이의 지적 미덕과 교육받은 정신의 개념은 '일시적인 성공일 뿐인 영리함'과 대조되는 '느리지만 확실한' 마음의 전환과 성찰성을 그 중심에 둔다. 진정으로 생각이 깊은 학생은 '그의 안에 인상들이 스며들고 축적되어서, 생각이 가볍게 이루어지기보다는 더 깊은 가치의 수준에서 이루어지는 사람이다.' 성찰적 지성은 바로 전통적으로 오랫동안 단순한 정보와 구별되었던 '지혜'와 관조에 대한 고급 능력을 가지는 것이다. 듀이는 이 구분을 가지고, 교육가에게 사실적 지식의 축적과 '더 나은 삶을 살려는 힘의 방향으로 작동하는 지식'이라는 의미를 가지는 더 높은 지혜의 이상을 구분하는 것이 중요한 문제라고 생각했다.[35] 만약 교육이 결정적으로 사고의 훈련과 관련된다면, 교육에는 일상 회화의 의미에서 실용적으로 되거나 해결책을 찾는 것을 훨씬 초월하여 '다뤄야 할 그 문제에 대한 더 깊은 개인적 의미'를 계발하는 마음의 습관을 조성하는 것이 포함된다. 반성적 사고는 이 '문제에 대한 감각'에서 시작하는데, 이는 해결책을 제안하기 전에 서두르지 않는 방식으로 '왜 그것이 문제인가'라는 중요한 문제를 포함하여, 문제나 질문 자체의 적절한 차원들에 대한 명료화를 추구하는 것이다. 그 문제는 너무나 많은 학문적 문제들이 학생들에게 관습적으로 제시되는 것처럼 표면상 단순히 하늘에서 떨어진 끊임없는 문제인가? 아니면 그 문제는 학생들이 주목하도록 만들 수 있는 몇몇 필수적인 생활 경험으로부터 생겨난 문제인가? 만약 전자라면, 뒤따라오는 사고의 과정은 진정한 성찰적 탐구의 특징인 '함께 추론하기'나 '협동적 탐색의 과정'보다는 '단순한 토론'이나 '궤변'과 닮았을 것 같다.[36] 교육에서 가장 필수적인 문제에 속하는 것은 바로 사고의 깊이 차원이며, 이는 듀이가 너무나 자주 그에 대한 보수적 비판가들에 반대하며 주장했던 것과 같다.

> 문제와 어려움에 대한 감각이 있는 깊이가 따라오는 사고의 질을 결정한다. 그리고 진정한 문제라는 얇은 얼음 위로 미끄러지는 성공적인 암송이나 암기된 정보의 전시를 위해서 학생들을 격려하는 교수습관은 마음 훈련의 진짜 방법을 뒤바꾼다.[37]

듀이는 '교육받음'의 조건을 거의 반성적 사고력으로 정의했는데, 여기에서 반성적 사고력은 문제를 분명히 하여 깊이 추적하고, 철학이 항상 소중히 여겼던 방식으로 현상의 '표면 아래로 내려가며',

느리고 엄격한 연구를 위해 너무 이른 답변이나 손쉽게 얻을 수 있는 결론을 거부하는 능력을 포함하는 의미이다.[38] 듀이는 '반성적 사고'라는 용어 자체를 '어떤 신념이나 가정된 형태의 지식을 지지하는 근거와 그것이 나아가는 경향이 있는 결론에 비추어 능동적으로, 지속적으로, 주의 깊게 숙고하는 것', 따라서 인간 지식의 기반에 대한 명시적으로 철학적이고 과학적인 탐구로 정의했다.[39] 또한 반성적 사고는 인간의 경험 속에서 한 문제 상황과 다른 문제 상황 간의, 다른 탐구 방법들이나 전체 연구 분야들 간의, 특정한 교과내용과 그것의 더 넓은 인간 삶에의 의의 간의 연결고리를 추구한다. 2장에서 언급했던 것처럼, 급진적 경험론을 그 이전의 영국 사상에서의 경험론과 구별하는 것 중 중요한 부분은 전자가 더 오래된 전통의 실험적 원자론과 달리, 경험 속의 관계나 관련성에 강조점을 둔다는 것이다. 반성적 사고의 적절한 대상이 경험이기 때문에, 반성적 사고는 대상이나 개념들을 그것들에 의미를 부여하는 맥락과 떨어져서 공부하는 것보다 특히 그들 간의 관련성에 주목한다. 예를 들어, 우리는 철학적 개념을 마치 신이 그것을 보는 것처럼 그것이 가지고 있는 용도와 떨어져서 탈맥락적인 본질로 보지 않고, 그 개념을 더 넓은 일련의 사고나 담론적인 어휘 속에 있는 용어, [삶을] 이해하기 위해 반드시 고려해야 하는 용어로 볼 때, 그 개념을 적절히 공부할 수 있다. 반성적 사고를 하는 사람이 시간이나 정의의 본질에 관한 이론을 세우는 철학자이든 아니면 같은 것에 대해 가르치는 철학 교수이든, 그가 개념으로부터 모든 맥락, 다른 개념과의 관련성, 그 개념의 역사, 어원, 다른 탐구 영역이나 경험에서의 다양한 용도를 제거함으로써 진행하는 반성적 사고는 – 아마도 부차적인 문제로 다루거나 설명의 목적을 위한 경우를 제외하고는 – 실패할 수밖에 없는 기획이다. 우리는 어떤 종류의 지향하는 대상도 – 철학적 개념, 과학적 가설, 경험적 대상 등 – 동떨어진 원자로서가 아니라, 대상을 사고의 맥락과 경험 간의 유기적인 관계 속에서 고려함으로써 그 대상을 경험하고 그에 대해 성찰한다. 듀이의 견해에서, '가장 만연해 있는 철학적 사고의 오류', 그리스 시대에도 있었을 정도로 오래되었으면서 오늘날까지 특정한 '분석'의 형태로 남아 있는 사고의 습관이 된 것은 '맥락의 무시'이다.[40]

그렇다면 하나의 개념에 대한 성찰은 그 개념을 중요하게 **연결된** 순서(con-sequence) – 각각이 그것의 적절한 결과로 다음을 결정하는 방식으로 [개념들을] 연속적으로 정리하는 것' – 를 포함하는 일련의 사고나 논쟁적인 순서 속에 위치시키는 것을 수반한다. 이와 관련된 경험 속에서와 마찬가지로, 반성적 사고 속에서 한 가지는 또 다른 것으로 이어진다. 우리는 하나의 개념이나 대상을 목적, 역사, 다른 개념이나 대상과 관련시키고, 그것에 이어지는 결과를 확인하거나, 아니면 그것을 다른 어떤 것과 연결 지음으로써 그 개념이나 대상을 이해하지, 단순히 그 개념이나 대상의 속성들의 목록이나 구성요소들을 알게 된다고 해서 그것을 이해하는 것이 아니다. 물론 반성적 사고에는 그것을 정당화하는 이유에 대한 비판적 검토가 포함된다. 그러나 이것은 형식적 추론에 제한되지 않는 의미에서 그러하다. 듀이는 『사고하는 방법How we think』에서 논리적 연역이라는 의미에서의 형식적 추론과 '모든 사람의 마음에서 실제로 일어나는 사고'의 세 가지 차이점을 확인했다.[41] 첫째, 전자는 수학과 같이 완벽히 비인격적이지만, 후자는 사고하는 사람의 지적 습관-그 개인이 주의 깊은지 그렇지 않은지, 조심하는지 그렇지 않은지, 훈련을 받았는지 그렇지 않은지-에 달려 있다. 둘째, 논리적 논변 형식은 변하지 않고 그것을 채우는 내용과 관련되어 있지 않지만, 사고는 어느 정도 규칙적으로 변하는 과정이고 항상 그 대상을 고려하며 새로운 어려움을 만들어내지 않으면서 어려움을 해결하려고 노력한다. 셋째, 형식적 추론은 맥락을 신경 쓰지 않지만, 반성적 사고를 하는 사람의 마음속에서 문제 상황을 해결하는 것과 관련된 더 넓은 맥락은 가장 중요하게 남아 있어야 한다. 이러한 차이점들에도 불구하고, 듀이가 생각했던 반성적 사고는 관습적으로 논리적 추론으로 통하는 것만큼이나 믿음의 합리적 기반과 관련되어 있다.

또한 듀이의 반성적 사고에 대한 관념에는 이해의 개념이 포함되는데, 이 '이해'라는 용어는 마르틴 하이데거의 현상학적 해석학과 이후 그의 영향하에서 작업했던 독일 및 프랑스 사상가들의 발달을 예고하는 용어를 의미한다. (나는 이 장 말미에서 이에 대해 논의할 것이다.) 만약 듀이가 기술했던 것처럼 실용주의적 탐구가 사실 사회적인 일이라면, 성찰과 밀접하게 관련되어 있는 이해의 실천도 그러하다. 비록 듀이가 이해의 개념 자체에 대해서 상세하게 쓰지는 않았지만-확실히 하이데거나 가다머가 했던 종류의 정교한 현상학적 설명을 제공하지는 않았다-그는 1929년에 매우 짧은 논문에서 이해(understanding)와 그것의 동의어인 파악(comprehension)에 대해서 다음과 같이 이야기했다.

이해는 포괄적인 용어이다─이해는 사물들을 하나로 합치고 묶는 것을 의미한다. 그리고 우리가 인간들이 이해하게 되었다고 말할 때, 우리는 그들이 합의하게 되었다는 것을, 그들이 같은 것을 보고 그것을 같은 방식으로 느끼도록 해주는 공통의 마음, 공통의 조망에 도달했다는 것을 의미한다.[42]

듀이는 몇 년 후에 또 다시 이해를 맥락 속에서 '의미를 포착하는' 능력과 같이 더 직설적으로 인지적인 용어로 기술했을 뿐만 아니라, 명시적으로 상호주관적인 의미에서 사람들 간의 '어떤 일에 대한 **합의**(agreement) 또는 **타협**(settlement)'으로 기술했다. 하나의 표현을 이해한다는 것은 그 표현을 문장, 대화, 담론이 제공한 맥락 속에 위치시키는 것이며, 따라서 그 표현을 둘러싸고 있는 것과 관련하여 그 표현을 포착하는 것이다. 맥락에서 꺼낸 표현은 오직 협소하고 정의에 해당하는(definitional) 이해만을 허용할 뿐이다. 듀이는 해석학적 순환─말하자면, 이해는 순환하는 구조를 가지고 있고, 부분을 전체와, 전체를 부분과 관련시킴으로써 일어난다는 개념─이라는 이름을 써서 그 개념을 언급하지는 않았지만, '지식의 변함없는 나선형 운동'에 대해 언급했고, 모든 이해와 모든 앎은 '탐구 대상을 고립된 상태에서 꺼내서' '그 대상이 어떤 더 넓은 전체와 관련된 부분으로 발견될 때까지' 그것을 맥락 속에 위치시키는 것을 통해 진행된다고 썼다.[43] 맥락화의 과정은 3월의 첫 울새의 의미를 봄의 시작을 나타내는 것으로 포착하는 것만큼이나, 한 문장을 그것이 일부로 있는 단락이나 텍스트 전체와 관련지어서 그 문장의 의미를 이해하는 것에 적용된다. 비록 원문 해석학 자체는 듀이가 몰두해있던 문제가 결코 아니었겠지만 말이다.

또한 대상을 이해하는 것은 그 대상이 사용될 수 있는 용도를 파악하는 것을 포함하며, 이는 통제력의 획득과 관련된 의미이다. 퍼스가 주장했던 것처럼 의미가 실행 결과에 있다면, 대상은 그것이 가져오는 결과 또는 그것이 수단으로서 의도하는 [목적] 측면에서 이해되어야 한다. 따라서 우리는 한 역사적 사건―이를테면 전투―을 전쟁의 결정적인 전환점, 다른 쪽에 대해 한쪽에 궁극적인 승리를 가져다 준 것, 그 전쟁을 규정하는 순간으로 이해할 수 있으며, 이는 교훈을 배우거나 더 넓은 의미를 포착하도록 해준다. 만약 이해가 일반적으로 생각되는 문제 상황의 해결을 포함하는 더 넓은 성찰적 과정의 일부라면, 이해는 직접적으로 수단과 결과의 관계와 관련된 일부이다. [한쪽에는 수단의 측면, 반대쪽에는 결과의 측면을 놓은 방정식이 있다면] 우리는 그 등식의 수단 또는 도구의 측면에서는 의자와 같은 대상을 그 위에 앉을 어떤 것으로 보인다고 이해하지만, 결과의 측면에서는 발명의 예시 속에서, 어떻게 특정한 결과를 생산하고자 하는 욕망이 우리에게 그것을 생산해낼 수단을 이해할 것을 요구하는지 볼 수 있다. 어떤 경우든 '수단과 결과의 관계가 모든 이해의 중심이며 핵심이다.'⁴⁴

듀이의 이해와 행위의 불가분성에 대한 주장이 이해와 해석의 성격에 대한 다른 현상학적 설명과 중요한 측면에서 다르다고 할지라도, 맥락에 대한 강조는 여전히 현상학적 설명과 매우 많이 비슷하다. 이는 이해에서의 언어의 침투성에 관한 듀이의 언급이 다른 현상학적 설명과 비슷한 것과 같다. 하이데거가 해석적 이해의 '-로서의 구조(as-structure)'(모든 이해는 대상을 이 언어적 범주 또는 저 언어적 범주에 속하는 것으로서 해석하는 것을 수반한다는 것)에 대해 말했을 즈음에, 듀이는 우리가 의미를 이해하는 것은 개념과 언어에 의해서라고, '개념이 우리로 하여금 **일반화**하게 하며, 우리의 이해를 하나에서 또 다른 것으로 확장하고, 이어지게 한다'고 강조했다. 따라서 어떤 사람이 '섬'이라는 개념에 익숙하고 특정한 대상이 섬이라는 것을 안다면, 그는 그 대상에 대한 일반적인 이해를 획득한 것이다. 만약 그가 이 특정한 섬과 관련된 더 상세한 지식을 원한다면, 그는 무엇이 이 섬을 다른 섬들과 구별해주는지ー그러므로 같은 언어적 종류의 다른 대상들과의 유사점과 차이점의 관계들ー에 대해 탐구할 것이다. '실제적인 목적을 위해서는 종종 그것이 어떤 **종류**의 것인지 아는 것만으로도 충분하지만' 말이다.[45]

　지식은 초보적인 인식에서 고차사고력에 이르기까지, 순전히 객관적 또는 즉각적으로 실재를 보는 것이 아니라, 언제나 선이해(prior understanding)와 언어에 의해 매개된다. 하이데거식의 현상학도 훨씬 더 상세하게 주장하고 설명했던 것처럼 말이다. 단순한 인식은 우리로 하여금 대상을 해석하게 해주는 언어적 범주에 의해 매개되고, 따라서 듀이가 1887년에 일찍 언급했던 것과 같이, 인식은 '활발하고 외향적인 정신의 구성'이다.[46] 거의 반세기 후에 듀이는 언어와 일반적인 사고 간의 '각별히 친밀한 관련성'에 대해 말했고, 논리 자체를 파생시킨 단어ーlogosー가 '구분 없이 단어나 말과 사고나 이성을 모두 의미한다.'고 (하이데거처럼) 언급했다.[47] 듀이와 하이데거는 모두 이 사실을 단순한 어원의 우연이 아니라, 철학적으로 흥미로운 언어와 성찰, 단어와 대상의 근본적인 불가분성의 증거로 간주했다. 언어는 단순히 무언의 직관을 소통하기 위한 도구, 본질적으로 탈언어적인 '사적 독백 또는 유아론적 관찰'인 사고에 부가된 일종의 우연적인 의상이 아니다.[48] 일반적으로 사고는 언어와 떨어져서 일어나지 않는다. 그리고 여기에서 듀이는 언어가 '말이나 글'뿐만 아니라, '몸짓, 그림, 기념물, 시각적 이미지, 손가락의 움직임 - 의도적, 인공적으로 신호로 이용되는 모든 것' - 도 의미하는 것으로 사용했다. 사고는 신호들 속에서 일어나고, 사고의 대상은 무언의 사물들이 아니라, 그 사물들의 의미나 실용적 의의이다. 또한 반성적 사고는 언어뿐만 아니라 전통과 문화가 제공한 맥락 속에서 일어난다. 현상학과 해석학에서 또 다른 빈번한 주제인 사고의 사실성은 듀이 또한 그의 초기 헤겔주의 (또는 영미의 신헤겔주의) 기간과 그의 후기 (여전히 헤겔주의인) 기간에서 모두 익숙했던 소재이다. 듀이에게 있어서 일반적인 정신의 삶은 사회적 발명품인 신호들로 가득 차 있고, '획득된 습관적 이해의 양식', '어떤 이전에 도출된 의미의 저장고 또는 적어도 의미를 끌어낼 경험의 저장고'와 함께 작동한다.[49] 이해한다는 것의 핵심은 문화를 구성하는 계속 진행 중인 광범위한 실천들과 의사소통하고, 그것들에 참여하는 것이다. 만약 이해의 대상이 특정한 경험이나 의미라면, 그것은 (현상학자들이 말하는 것처럼) 생각하는 사람의 관점을 구성하면서 대체로 사고의 배경에 남아 있는 문화적으로 유전된 이해와 전통에 항상 이미 젖어 있는 대상이다. 철학자, 예술가, 과학자는 모두 '그들의 재료를 문화의 흐름에서 얻고' 가장 창조적일 때에도 일반적인 사고의 특징인 '전통에의 의지'를 동일하게 나타낸다.[50] 여기에서 듀이의 모델은 다시 한번 생물학적이다. 즉, 사고는 과거의 축적된 생각과 경험을 가져오는 것뿐만 아니라, 유전(inheritance)을 나타낸다. 우리의 가장 혁신적인 아이디어들은 그 자체로 '이미 과거 세대와 지나간 세월의 성찰의 산물로 덮여 있고 흠뻑 젖어 있으며', 매우 많이 학습된 마음의 습관과 반응들로 이루어져 있고, 우리가 문화적 전통에 참여하면서 전달받은 것으로부터 출발한다.[51] 그렇다면 창조적, 비판적 사고는 언어 자체를 없애지 않는 것과 같이, 전통 자체를 없애지 않는다.

듀이는 이러한 견해를 주장하면서, 결코 어떠한 종류의 전통주의나 지적 보수주의로도 되돌아가지 않았다. 평소 일관되게 진보적이고 미래지향적인 정신의 성향을 갖고 있었던 사상가인 듀이는 사고가 언어와 전통에 박혀 있다는 것 못지않게 사고의 창조적이고 상상적인 차원에 대해 이야기했다. 성찰은 계속해서 기존 아이디어의 새로운 용도를 찾아가는 것이다. 그것이 오래된 과학적 가설의 새로운 기술적 적용이든, 오래된 스타일과 장르 속의 예술적 혁신이든 간에 말이다. 독창성이 진공에서가 아니라 익숙한 사고방식에 의해 결정된 맥락에서 생겨난다는 것은 단지 독창성이 그러한 맥락에 의존적이고 제한된다는 것을 의미할 뿐, 독창성이 실현 불가능하고 희소하다는 것을 의미하지는 않는다. 실제로 일반적인 사고와 '모든 의식적인 경험은 필연적으로 어느 정도 상상적 특징, 어느 정도 새로운 것과 오래된 것 간의 의식적인 조정'을 가지고 있다. 살아 있는 유기체가 자신의 환경과 상호작용하지만 결코 단순한 환경의 산물은 아닌 것처럼, 인간의 사고도 그 사고에 전해진 지식 및 의미와 필수적인 상호작용을 하지만 이 상호작용은 대규모의 기존 진리의 사용을 수반할 수도 있고 오래된 방식으로부터의 의식적인 이탈을 수반할 수도 있다. 어느 쪽이든 사고의 진정한 독창성은 근본적으로 오래 전에 시작했던 대화에 대한 새로운 대답에 있다. 듀이는 상상력의 개념 자체와 관련하여, 때로는 일반적인 방식으로 상상력이란 '사물들이 완전한 전체를 구성할 때 그 사물들을 보고 느끼는 방식' 또는 오래된 것과 새로운 것의 새로운 배열이라고 이야기했지만, 다른 맥락에서는 상상력을 더 협의의 전통적인 방식으로 다소 공상과 동의어인 의미에서 '정신적 그림이나 이미지를 형성하는 능력'으로 규정했다.[52] 듀이는 사회 비판가로서 글을 쓰면서, 20세기 문화의 보수주의와 창조성 부족이라는 의미에서 이 시대 문화의 상상력 없음을, 더 앞을 내다보는 마음의 습관을 심어주는 데 있어 20세기 교육기관의 무능력을 적잖이 비난하곤 했다.[53] 현대에 상상력의 빈곤은 만연해 있는 문화적 현상으로, 듀이의 견해에서 이것의 해결책은 단순한 보존의 의미에서의 문화적 전달이나 사회적 재생산을 훨씬 능가하여 아이디어의 재능을 장려하는 교육개혁에 놓여 있다. 전통적인 교육은 반성적 사고를 적극적으로 방해했는데, 이는 [학생들이] 기존의 개념들을 공부하는 데 있어 창조성의 기회를 주지 못했기 때문이 아니라, 신념들을 이미 만들어져 있는 확실성이나 권위적인 선언으로 주입하면서 이 창조성의 기회를 활발히 막았기 때문이다.

듀이는 현재의 상상력 없음(unimaginativeness)의 증상이자 원인이 점점 더 20세기 사고의 특징이 되었던 학문주의라고 굳게 믿었다.

학문들 전체에 걸쳐 오랫동안 전문화로의 경향이 증가해왔고, 이것은 부분적으로 의심할 여지없이 탐구의 성격 그 자체, 더 작고 좁은 길로 가지 치는 탐구 고유의 경향 때문이지만, 부분적으로는 다른 요인들 때문이다. 그 다른 요인들에는 자신의 좁은 전공 범위 밖에 있는 모든 영역의 문제에 대한 학자들 간의 무관심 증가로 듀이가 지각했던 것이 포함된다. 그것이 특정한 탐구영역에서 획득된 지식의 다른 학문이나 하위학문에의 더 넓은 함의이든, 더 특별히는 더 넓은 의미에서 인간 삶에 대한 결과이든 간에 말이다. 너무나 좁은 곳에만 초점을 맞추고 있어서 모든 실용적인 것과 사회적인 것과의 접촉이 사라질 위험에 처한 전문가들은 점점 더 일반적으로 지식이 인간의 이해관심을 증진하는 목적을 위해 존재한다는 사실을 잊어버린다. 과도한 전문화는 일반적으로 궁극적인 탐구의 목표인 사회적 질문들에 대해 무관심하게 만들고, 필수적인 실천과의 연결이 전혀 되지 않는 이론적 담론이 생기게 하는 경향이 있다. 예를 들면, 듀이가 자신의 학문인 철학에서 20세기 초 몇십 년간 관찰했던 지식의 격실화(compartmentalization)는 그가 생각하기에 너무나 극심해져서, 철학 자체가 더 일반적인 인간 삶까지는 아닐지라도 그 시대의 긴급한 사회 문제들과는 대체로 무관해졌다. 나는 이에 대해 4장에서 더 논의할 것이다. 현대 철학은 지평을 넓히고 우리의 세계와의 교역을 용이하게 해주는 이론을 형성하기보다, 가장 자주 정신을 편협하게 만드는 효과가 있고, 위험할 만큼 학문주의적이고, 형식적이며, 보수적인 이론적 담론을 만들어낸다. 듀이는 철학 교수가 점점 더 '형식 자체를 위한 형식', 그리고 실제로 '주제의 형식이 아니라 형식의 형식'과 관련되어 있는 기술적 전문가가 되고 있다고 한탄했다. 20세기 철학자는 비전문가들은 접근할 수 없는 고도의 기술적인 언어로 말하고, 철학 외부의 세계에서는 당연히 관심이 없을 세부 사항들을 골치 아프게 따진다. 듀이는 특히 철학이 '인간 생활의 사실들에서 순수하게 형식적인 문제로' 후퇴하는 것에 대해 평소와 달리 심하게 비판했고, 다음과 같이 덧붙였다. '나는 그것들을 문제라 부르기가 망설여진다. 왜냐하면 형식을 제외하고는 그 이상의 어떤 것도 나오지 않기 때문이다! 그것은 철학자들을 제외한 모든 이에게 무해하다. 이러한 후퇴는 철학 문제들에 대한 일반 대중의 무관심 증가의 [이유를] 설명해준다.'[54] 철학은 그 형식주의와 세분화-이것은 물론 듀이 시대 이래로 더 극적으로 증가했다-에 더하여, '대단히 보수적이게' 되었다. 철학은 해결책을 제공하기보다 오래된 '문제들에 매달려 있고', 몇백 년 된 문제들을 해결하거나 해소하기보다, 종종 단지 그 문제들을 새로운 어휘로 번역하고 있다. 그동안에 '당대의 어려움에 관해 직접 몰두하는 것은 문학과 정치에 남겨졌다.'[55]

듀이는 다른 학문들에 대해서도 유사하게 평가했다. 그 공통분모는 모든 연구 영역의 '학문주의적 전문화'와 격실화가 '더 넓은 사회적 문제 및 대상들에 대한 무관심을 낳고', '사회적으로 고립되고 사회적으로 무책임하며', 자신의 전문영역과 '밀접하게 관련되지 않은 문제들에 대해서는 보통보다 더 좋지 않은 판단'을 하는 학자들을 생산해낸다는 것이다.[56] 연구와 대학의 결합은 이러한 특성을 가진 학생들을 재생산하는 교육 실천들을 만들어낸다. 이는 듀이가 말한 교육받은 정신의 특징인 지적 미덕과 마음의 습관들을 심어주는 것보다 훨씬 자주 이루어진다. 특히 반성적 사고를 과도한 전문화가 방해하고, 정확히 반성적 사고의 방향을 모든 학문주의가 간과한다. 그들이 간과하는 반성적 사고의 지향점은 경험의 다양한 영역들, 아이디어의 결과와 우리 실천들의 이론적 구성물, 더 넓은 이해의 맥락성, 모든 탐구의 핵심인 창의성과의 관련성이다.

3. 교수법적 문제들

따라서 우리는 이 장의 제목에서 제기된 질문에 대한 대답에 도달한다. 사고, 듀이의 포괄적인 용어 의미에서 사고를 규정하는 특징들에는 실험적인 것과 문제가 되는 것을 향하는 방향이 포함된다. 또한 그 특징들에는 실험적인 정신의 틀, 과학적 탐구가 모델이지만, 성찰적 및 상상적이고, 새로운 아이디어를 환영하며, 깊은 이해와 폭넓은 이해관심을 추구하고, 무엇보다도 학문주의적 형식주의의 정신으로 이론화하기보다는 인간사 속의 어려움들을 해결하는 것에 관심을 보이는 정신의 틀이 포함된다. 사고가 아닌 것에는 가능한 한 가장 많은 양의 정보 축적, 규칙이나 형식주의적인 방법의 준수, 신념의 주입, 주제와 분리된 정신능력이 포함된다. 사고는 방법론적인 기획이지만, 그 용어에 비실용주의적 내포가 있는 형식논리학보다는 평범한 시행착오와 더 밀접하게 닮아 있다.

이에 따라, 현재 너무나 많은 이들이 단언하는 것처럼 또 듀이 자신이 주장했던 것처럼, 만약 교육이라는 일이 결정적으로 사고의 기술 또는 '비판적 사고'라 불리는 것과 관련되어 있다면, 듀이는 이러한 기술을 가르칠 책임이 있는 교육가들에게 어떠한 교수법적 충고를 했을까? 누군가가 다른 이에게 어떻게 사고하는 것을 가르칠까? 그 대답이 교과내용뿐만 아니라 상당히 학생들의 지적 성숙 수준에 달려 있을 것임을 인식하면서 말이다. 분명히 실용주의적 지성이 본질적으로 사회적이고 협동적인 탐구의 형태라면, 수업시간의 상당한 정도는 비형식적 토론, 더 분명하게는 예술, 인문학, 사회과학 내 학문들 속의 토론으로 채워질 것이다. 듀이는 빨리 '토론 중인 것들을 끝나게 하는' 방법, 가능한 한 가장 짧은 길을 통해 '정답'에 도달하기를 의도하는 교육가들의 통상적 습관 — 가장 자주 이루어지는 것으로는 자문자답하는 교육가들의 습관 — 을 거부했다. 그리고 듀이는 서두르지 않는 토론 접근법을 추천했는데, 그것은 학생들이 자유롭게 아이디어들을 제안하도록 두지만, 그들에게 자신이 제안한 어떠한 견해이든 명료화하고 정당화할 것을 요구하는 것이었다.[57] 듀이는 교육이 성공하기 위해서는 특정한 종류의 환경이 요구된다고 주장했는데, 이러한 환경의 중요한 차원이 자유로운 대화의 정신과 관련되어 있다. 이 정신은 가장 지적 성숙의 수준이 도달된 대학 환경에서 특별히 널리 퍼져 있어야 하는 것이다. 또한 이 정신은 아이디어들을 결정적인 다른 아이디어들에 대해 검증하는 것이고, 학생들이 탐구의 과정에서 능동적 참여자의 역할, [물론] 지적으로 엄격할 것이 요구되는 참여자의 역할을 채택하는 것이다. 특히 듀이는 주어진 영역에서 역사적으로 펼쳐진 개인들 간의 연구 또는 대화의 과정이 학생 자신의 사고 과정에 넘겨져야 한다고 주장했다.

예를 들면, 플라톤과 소피스트 간의 논쟁이나 갈릴레오(Galileo)와 로마 교회 간의 논쟁이 학생들의 사적 성찰 속에 들어가야 한다는 것이다. 듀이는 '다른 사람들이 수행한 작동이 개인 자신의 의식이라는 무대로 이전하는 것보다 더 역사에서 되풀이되는 과정은 없다'고 썼다.[58] [또한] 듀이는 여느 때처럼 교육의 운명과 민주주의의 운명 간의 관련성을 염두에 두고, 교실 속 자유로운 토론이 쉽게 본론에서 벗어나고 무의미한 것으로 악화될 수 있지만, 자신이 가지고 있는 의견에 대해 동료들의 질문에 답하고 '공동의 회의나 협의회에서 사회적 질문과 문제들을 공유하는' 것은 민주 시민의 훈련에 본질적이라고 주장했다.[59]

듀이가 옹호했던 자유로운 교실 토론은 교육가에게 일정 정도의 참을성을 요구한다. 그것은 권위나 특별한 통찰을 가장하여 학생들의 정신에 자신의 논쟁적인 신념을 주입하는 것에 대한 의식적인 거부로 시작하지만, 또한 토론을 생산적인 길들로 이끄는 실천을 포함하고, 모든 문제에 대해 단일한 정답이 있다고 주장하거나 똑같이 문제 있게 모든 대답은 똑같고 아이디어들은 단지 주관적이거나 자의적인 '편견'에 지나지 않는다고 주장하지도 않으면서 지적 절제력을 심어주는 실천을 포함한다. 듀이가 절대적으로 거부했지만 여전히 오늘날의 학생들과 교육가들에게 널리 퍼져 있는 객관주의와 상대주의 간 이분법의 교수법적 파생물은 교실 토론의 목적이 단일한 정답을 빠르게 발견하는 것 아니면 모두가 탈합리적인 편견들을 발표하도록 허용하는 것이라는 개념이다. 듀이는 교육가의 지도하에서 대화가 실험적 지성에 근접하는 [객관주의와 상대주의의] 중간 지점에 대한 희망을 이야기했다.

듀이가 자주 주장할 기회를 가졌던 것처럼, 탐구의 정신이 널리 퍼지기 위해서는 상당한 정도의 아이디어들을 제안하고 논쟁할 자유(freedom)가 교실 토론, 일반적으로는 교육의 필수 원칙이다. 학생들은 그들 자신의 목적을 결정하고 그 목적을 추구할 자유를 가져야 하는데, 왜냐하면 '목적의 형성과 그 목적을 실행하기 위한 수단들의 조직이 지성의 작용이기' 때문이다.[60] 내가 2장에서 논의했던 것처럼, 교육의 과정은 학생들의 교과 밖 경험을 그 출발점으로 가져오고, 어떤 이해관심들이 이후의 활동을 안내할지 결정하는 데 있어 학생들이 능동적으로 참여할 것을 요구한다. 따라서 교육에서 자유의 주요 형태는 듀이가 '작업의 자유(freedom of work)'라 불렀던 것이다. 듀이는 작업의 자유를 그 용어의 친숙한 의미인 학문의 자유뿐만 아니라, 어떤 손에 잡히지 않는 특징-'일종의 분위기로 지속적이고 무의식적인 자극으로 작동하는 어떤 것'-을 가진 자유, 본질적으로 지나친 제도적 한계 없이 진정한 탐구의 정신 그 자체로 지식을 추구할 자유의 의미로 사용했다.[61] 듀이의 견해에서 통상적인 의미의 학문의 자유는 사실상 자명한 것으로, 어떤 가설이든 제시하고 논쟁할 권리보다 바로 그 교육의 의미에 더 근본적인 것은 없다. 듀이는 다음과 같이 썼다. '정신의 자유, 사고의 자유, 탐구의 자유, 토론의 자유가 교육이다. 이러한 자유의 요소들 없이 교육, 진정한 교육은 없다.'[62] 이 자유로 인해, 어떠한 아이디어나 신념의 분야도 적절하게 비판적인 검토를 받지 않을 수 없고, 어떠한 당대의 여론이나 지적 경향도 정당하게 [무조건] 양보를 받을 수는 없을 것이다.

따라서 듀이는 1902년의 글에서 생물학적 진화론에 대한 대중의 견해와 관계없이 그 주제를 가르치는 것을 옹호했다. '이 이론을 가르치거나 연구하고 분류하려고 사용하는 데에 어떠한 제한을 가하는 대학은 그 이름을 가질 가치가 없다고 말해도 과언이 아니다. 이 이론의 사용을 장려하는 대학에 대한 공격은 거의 공감을 얻을 수 없을 것이다.' 듀이는 이 가설을 가르치는 것을 제한하거나 금지하려는 대중의 압력과 또 특히 종교 대학들 내부의 압력에 주목하고, 다음과 같이 계속 이야기했다.

그러나 여전히 생물학이 확립된 과학이라는 것을 인정해오지 않았고, 따라서 기존의 의견들이나 그 의견들을 둘러싸고 있는 감정들과 충돌하는 것이 학문영역들 속에서 신념을 결정할 권리(right)라는 것을 인정하지 못하는 사람들이 있으며, 이들은 [우리] 사회의 넓은 부분을 차지하고 있다.[63]

듀이는 20년 후에 교사들에게 그 시대의 적색 공포(red scare)[3]의 관점에서 충성 맹세를 하도록 요구했던 뉴욕 주의 러스크 법(Lusk laws)[4]에 대해서도 유사하게 비판적인 말투로 이야기했다. 듀이는

....

3) 공산주의에 대한 공포.
4) 1919년 미국 뉴욕 주에서는 상원의원 러스크를 필두로 무정부주의, 급진주의, 공산주의를 막는 목적으로 러스크 위원회가 설립되었고, 이 위원회의 활동하에서 반급진주의 활동에 자금을 제공하고, 교사들에게 애국심을 훈련하며, 공립학교 교사들로 하여금 충성 맹세를 하게 하는 일련의 법안들이 통과되었다.

한 인터뷰에서 다음과 같이 언급했다.

우리가 아동이 생각할 것을 규정하는 순간, 우리는 그가 생각
하는 것을 완전히 불가능하게 만든다. 인간 지성을 주로 동물
훈련의 문제처럼 다루는 것이 러스크 법과 같은 조치들의 진짜
악랄한 점이다. 그러한 법들은 대중적 위안의 관점에서는 옹호
될지 모르지만, 우리로 하여금 우리의 아이들을 교육하도록 허
용해주지는 않는다. 그러한 경향은 아이들을 많이 잘 훈련된
유인원으로 만드는 것이다.[64]

사고의 기술을 가르치는 공식적인 방법은 없지만, 교육가들이 반
드시 피해야 할 조건들은 있다. 그것은 교실 안에서의 특정한 아이
디어나 신념체제의 주입이나 금지, 사고의 지나친 격실화, 목적 없
는 활동, 지적 무책임, 과도한 형식적 절차이다.[65] 듀이는 자신이
귀하게 생각했던 사고나 지적 미덕을 가르치고 배우는 최고의 방법
에 관련된 더 정확한 교수법적 충고에 대해서는 몇몇 매우 일반적인
언급을 제외하고는 종종 놀랄 만큼 조심스러웠다. 예를 들어, 듀이
는 강의(lecturing)라는 주제에 대해서 그가 '최고의 강의법'이라는
질문이 관련된 곳에서는 강의를 필수적인 것으로 여기면서, '나는
이 문제를 가지고 몇 년 동안 씨름해왔지만, 유감스럽게도 사람이
할 수 있는 최고의 방법은 그에게 강의를 하는 최고의 방법이라는
결론을 내릴 수밖에 없었다고 말할 수 있을 뿐이다'라고 매우 간단히
진술했다. 듀이의 견해에서, 직접적인 가르침을 제공하는 것은 인간

의 지식이 너무나 많은 정보로 축적되어 이미 만들어져 있는 형태로 학생들에게 제시되는 '교과서 집착'이나 '맹신'보다 훨씬 뛰어나다.[66] 만약 강의가 기술(technique)보다는 예술(art)이라면, 고안될 수 있는 적극적 지침이나 공식화될 수 있는 규칙의 방법은 거의 없다. 강의는 본질적으로 학생들을 그들 자신의 의식이나 공동의 토론 속에서 탐구에 참여하도록 이끄는 방식으로 주어진 탐구 영역과 관련된 정보나 개념들을 제시하는 기술(skill)이다. '채워지기를 기다리고 있는 정신적, 도덕적 빈 구멍에 지식을 쏟아 붓는' 방법은 강의가 아니다.[67] 강의의 목적은 일반적인 교육 실천의 목적과 같이, 학생들의 지적 성장에 기여하는 것이며, 따라서 강의는 특정한 최종상태의 성취보다는 더 과정의 문제로 생각되어야 한다.

점수를 할당하는 문제에도 거의 마찬가지가 적용된다. 점수가 보여주는 '폐해'는 사실 질적인 문제—학생들이 사고에 근접하는 지적 습관을 획득하는 것—에 양적인 측정을 부과하는 그 본래적 성격 때문이다.[68] 간단한 정보 획득은 전통적인 시험에 의해 결정되는 점수로 쉽게 양화될 수 있지만, 듀이가 이를 표현했던 것처럼 '정신에 속한 것들(things of the spirit)은 쉽게 자신을 정확한 양적 측정에 내주지 않는다.'[69] 점수는 피할 수 없다면 필요악으로, 어떠한 경우에도 '사소한 문제'로 간주되어야 한다. 오늘날 너무나 자주 그러한 것처럼 점수가 학습의 궁극적 목표로 간주되어서는 안 된다. 교육이 궁극적으로 학생들에게 요구하는 것은 경험 그 자체가 우리 모두에게 요구하는 것과 다르지 않다. 그것은 매우 간단하게 학생들이 '완전히 그가 모든 상황에서 할 수 있는 최선을 다하고' 점수는 나오는 대로 두는 것이다. 교육의 과정에는 더 이상의 교육 외에 다른 목적 (telos)이 없기 때문에, [교육의] 성공에 대한 유일한 측정은 학생들이 교과내용을 가지고 더 나아간 공부를 하고, 더 나아간 일련의 사고를 하도록 해줄 능력을 개발했는가의 여부, 또는 일반적으로 학생들이 학습과정에서 끌어낼 수 있는 것을 그 과정으로부터 끌어냈는가의 여부이다. 이것을 특정 점수, 학급 평균이라는 '잘못되고 사기를 꺾는 표준'과 같은 점수를 통과하거나 성취해야 할 표준으로 대체하는 것은 전적으로 너무 낮은 기준을 세우는 것이고, 시간이 흐름에 따라 학생들로 하여금 자기 자신에 대해 다른 삶의 영역에서도 거의 기대하지 않는 것에 익숙하게 만든다.[70]

듀이가 지적했던 것처럼, 그가 점수의 중요성 아니 궁극적으로 중요하지 않다고 평가한 것은 종종 그 자체가 너무 낮은 표준을 설정한다고, 성취를 보상하고 바람직하지 않은 지적 습관을 막는 것 둘 다에 실패하는 '부드러운 교수법'을 조장한다고 비난을 받는다. [이에 대해] '정확히 반대'라는 듀이의 대답은 양적인 것보다 질적인 것을, 최종상태보다 과정을 강조하는 것이 (현대 문화에서는 흔치 않지만) 더 교육의 의미를 잘 포착하면서도, 또한 교육가와 학생들 둘 다에게 더 부담이 크다는 그의 신념에서 생겨난다.[71] 상대적으로 높은 점수를 획득한 학생들은 곧잘 자신들은 있어야 할 곳에 있다고 생각하면서 자신의 성공에 안주하고, 밑바닥에 있는 이들에게나 더 배울 것이 있다고 믿는다. [그러나] 사고의 기술이 관련된 곳에서는 누구도 결코 완전히 그들이 있어야 할 곳에 있지 않다.

4. 듀이와 대륙철학

　초기 실용주의자들이 옹호했던 변증법적이고 종합적인 사고관은 너무나 분명히 동시대의 독일 및 프랑스 사상의 흐름과 유사하기 때문에, 누군가는 한쪽에 제임스나 듀이 그리고 다른 한쪽에 후설이나 하이데거 간의 생산적인 대화가 뒤따를 거라 예상했을지도 모른다. 그러나 실용주의적 도구주의와 현상학적 해석학은 대체로 각각 따로 발달했다. 현상학의 창립자인 후설 자체는 제임스의 글에 대해 잘 알았고, 깊이 『심리학의 원리The Principles of Psychology』의 영향을 받았다. 그러나 그 영향은 상호적이지 않았고, 후설이 그 시대의 독일 학생들에게 미국에서의 움직임에 대한 관심을 많이 심어준 것도 아니었다. 의심할 여지없이 실용주의에 대한 유럽인의 반응은 정치의 영향을 받았고, 미국을 철학적 혁신이 가능한 곳으로 보기를 거부했던 특정한 구세계의 오만함, 실용주의 운동을 너무 심한 피상성과 무신경한 미국 기질이라며 손사래를 치며 묵살했던 버트란트 러셀이나 조지 에드문드 무어 같은 초기의 영향력 있는 비판가들로 확증되는 편견의 영향을 받았다. 실용주의는 완전히 무시되지는 않았던 때에도 처음부터 피상성, 물질주의, 순진한 낙관론이라는 평판을 짊어지고 있었다. 더 나쁘게도 실용주의는 널리 지적 방종에 대한 변명으로 간주되었고, 이는 주로 사람들이 단지 몇몇 가설들을 대충 알고 지나갔기 때문이며―특히 널리 오독된 제임스의 『실용주의』가 보여주는 것처럼―부분적으로는 제임스의 때때로 부주의한 언어 사용 때문이었다. 원래 구두 발표를 위해 쓰인 텍스트였던 『실용주의』는 탐구와 진리에 대한 실용주의 이론의 많은 정식들을 담고 있지만, (결코 대부분은 아닐지라도) 그 정식들 중 몇몇은 바람직한 명료성을 결여하고 있고, 그 정식들 중 일부는 제임스가 깊이 생각한 견해보다 그가 경구(pithy remarks)를 좋아했다는 사실을 보여준다. 예를 들면, '오직 우리의 사고방식에 편리한 방법'이나 '그 자체가 신념의 방식에 좋은 것으로 증명되는 모든 것의 이름'과 같은 진리 개념에 대한 제임스의 언급은 많은 이들의 마음에 뚜렷이 남아 있었지만, 실용주의적 진리관을 명료화하는 데에는 전혀 도움이 되지 않았다. 곳곳에 있는 제임스의 기교 있지만 가끔은 부주의한 글쓰기 방식은 그로 하여금 진리는 '거의 어떤 방식으로든 편리한 방법'이라고 말하도록 이끌었고, 이는 제임스의 비판가들에게 비합리성과 지적 방종으로의 문을 여는 것으로 받아들여진 견해였으며, 겉보기에 『믿고자 하는 의지^{The Will to Believe}』의 논변에 의해 확증되는 의심으로 이어졌다.[72]

제임스가 깊이 생각한 입장을 제대로 다룰 시도도 하지 않는 이러한 종류의 언어, 퍼스나 듀이의 입장에 대해서는 더욱 제대로 다루지 못하는 언어가 실용주의에 대한 초기 반응에 깊이 영향을 미쳤고, 이로 인해 북미뿐만 아니라 유럽에 있는 많은 이들이 실용주의를 즉각적으로 묵살했다는 것은 불행한 일이다. 실제로 지금까지도 실용주의의 비판가들은 일반적인 오해하에서, 즉 위에서 언급된 종류의 경구에 과도하게 주목하고 제임스와 듀이의 더 정확한 설명에는 적게 주목하면서 생겨난 오해하에서 작업을 계속하고 있다. 제임스는 그가 더 주의 깊었던 순간에, 한 개념의 '화폐 가치(cash value)',

그 개념의 진리가 있는 가치는 엄격히 '경험적인 용어로' 또는 그 개념의 현상학적 검증가능성과 관련하여 이해되어야 한다고 강조했다. '참인 개념은 우리가 이해하고, 입증하며, 확증하고, 검증할 수 있는 것이다. 거짓인 개념은 우리가 그렇게 할 수 없는 것이다. 이것이 우리로 하여금 참인 개념을 갖게 하는 실제적 차이이다. 따라서 이것이 참의 의미인데, 왜냐하면 이것이 진리라 알려진 것의 전부이기 때문이다.'[73] 참이 제공하는 '만족'은 믿음이 가져올 정서적 만족과 동일하지도 않고, 제임스의 비판가들이 관례적으로 가정하는 것과 같이 그 의미가 넓지도 않다. 제임스에게 어떤 진술이 참으로 통과되는 것은 그 진술이 결국 합의의 정도를 만들어낼 실험적 정합성을 생산하고, 우리가 현상을 다룰 수 있게 만들어준다는 이유 때문이지, 그 진술이 정서적, 물질적 이익을 생산한다는 근거 때문이 아니다. 제임스는 언뜻 보기에는 엉뚱하게도 실용주의의 공리주의적 해석을 지지해줄 경제적 은유를 좋아했지만, 덜 부주의했던 순간에는 분명히 무신경한 정합론자의 견해를 거부했다.[5] 현상학적인 용어로 말하자면, '우리가 방종하는 사고를 싫어한다는 유일한 **진짜** 보증은 경험 자체의 욱여쌈(circumpressure)[6]이다.'[74] 정합성을 형성하고 개별 현상 간의 관련성을 확인함으로써 생활세계로 나아

....

5) 앞에서 참의 기준으로 실험적 정합성을 들었으면서, 정합론자의 견해를 거부했다는 것이 모순으로 보일 수 있다. 그러나 여기에서 정합론자의 견해는 실용주의와는 달리, 현실과의 관계없이 관념 속에서 정합성이 있으면 참으로 인정하는 것을 의미하는 것으로 보인다.

6) circumpressure는 사방에서 압력을 가하는 것을 의미한다.

가는 인지적 존재는 즐거움을 생산하는 믿음들을 선택하고 그 자체로 제시되는 현상들을 무시함으로써 그 존재의 '실제적 이익들'을 실현하는 데 '성공하지' 않는다. 참인 개념들은 현상들을 구해내고 우리의 다양한 경험들을 설명해주는 것이며, 새로운 경험이 이전의 확신과 모순된다면 그 개념들은 변경되어야 한다.

듀이는 이 점에 있어 더 명료했고, 조심스럽게 제임스에게 가끔 있는 약식 표현을 피하면서, '만족'이나 '실제적 이익' 같은 용어들을 즉각적인 탐구의 대상에 한정할 것을 주장했다.

> 너무나 자주 … 진리가 만족으로 생각될 때, 그것은 단지 정서적 만족, 사적인 안락함, 순전히 개인적인 필요의 충족으로만 생각되어 왔다. 그러나 여기서 말하는 만족은 관념, 목적, 행동방식을 낳는 문제의 필요와 조건들의 만족을 의미한다. … 또 진리가 효용으로 정의될 때, 효용은 종종 어떤 순전히 사적인 목표에 대한 효용, 특정 개인이 열망하는 어떤 이익으로 생각된다. … [그러나] 사실 효용으로서의 진리란 바로 관념과 이론이 만들 수 있다고 주장하는 경험의 재조직에 기여하는 데 도움이 된다는 것을 의미한다. 길의 유용성은 노상강도의 목적에 부합하는 정도에 의해 측정되지 않는다. 길의 유용성은 그 길이 실제로 길로 기능하는지, 쉽고 효과적인 대중교통과 통신의 수단으로 기능하는지의 여부에 의해 측정된다. 그리고 관념이나 가설의 진리를 측정하는 기준으로서의 사용가능성도 마찬가지이다.[75]

어떤 경험적 믿음의 만족은 배타적으로 미래의 경험을 예측하고, 현재의 인식을 설명하며, 다른 관련된 믿음들과 일치하는 그것의 능력에 있다. 바로 참된 이해가 주어진 맥락에 속하는 요소들을 조화시키고, 따라서 우리로 하여금 의미를 포착하게 해주는 것처럼 말이다. 가설이 증진하는 '효용'은 믿는 사람이나 믿는 사람들의 공동체 쪽의 어떤 외부적인 심리적 만족에 있지 않고, 모든 관련된 현상을 정합적으로 설명하거나 건져내고 원래의 어려움을 해결해주는 그것의 능력에 있다. 참된 믿음이 해결하는 문제는 오직 원래 주어진 일련의 탐구의 원인이 되었던 것이고, 확실히 어떤 효용이 그저 그 믿음 위에서 발생하는 게 아니다.

제임스와 듀이의 반복된 명료화에도 불구하고, 실용주의 사상에 대한 유럽의 반응은 여전히 오해와 고의적인 오만함에 의해 손상된 채로 남아 있었다. 이는 사실상 실용주의와 현상학 간의 의미 있는 교환이 일어나는 것을 막았고, 두 사상이 분리된 대륙에서 분리된 전통으로 발달하도록 내버려두었다. (최근 몇십 년에야 실용주의가 대륙 사상 속에서 진지하게 받아들여지기 시작했고, 이는 주로 특히 리처드 로티(Richard Rorty)와 위르겐 하버마스(Jurgen Harbermas)와 같은 철학자들의 노력 때문이었다.) 그러나 이러한 무시는 일방적인 것이 아니었다. 듀이 자신도 전 생애 동안 매우 열성적인 독서가였고, 그가 1930년에 말했던 것처럼 그의 초기 '헤겔과의 만남이 나의 사고에 영구적인 퇴적물을 남겼다'는 사실에도 불구하고, 특히 독일 사상에 단호히 등을 돌렸다. ─이는 또 부분적으로는 명백히 정치적 이유 때문이지만, 부분적으로는 더 철학적인 이유 때문이었다.[76]

20세기 초 독일 사상에 대한 너무나 많은 영미 학자들의 평가와 같이, 듀이의 평가도 그가 보았다고 믿었던 관련성, 임마누엘 칸트(Immanuel Kant)로 시작하는 독일 철학과 더 일반적인 독일 문화, 특히 히틀러(Hitler)로 끝난 정치 문화를 포함하는 독일 문화 간의 관련성을 강조했다. 듀이는 1915년에 이미 『독일 철학과 정치^{German} ^{Philosophy and Politics}』란 제목의 짧은 책에서 다음과 같이 썼다. (의심할 여지없이 듀이의 더 인상적인 업적들 중 하나는 아니다.) '독일인처럼 실용주의 철학의 정신에 적대적인 사람들은 없으며, 유불리의 외적 결과들을 무시하면서 사물의 내적 의미를 최고로 여기고 내적 진리를 숭배하는 것이 독일 정신의 구별되는 특징이다.'[77] 듀이는 히틀러와 실제 제1차 세계대전에 훨씬 앞서서, 정신적인 것, 초월적인 것, 낭만적인 것, 선험적인 것을 향하고, 관념의 실제적이고 정치적인 결과들을 피하려 하는 독일 철학의 반실용주의적인 성향에 대해 이렇게 비관적으로 보았다. 따라서 듀이는 자신과 공통점이 많았던 19세기 말 20세기 초의 독일 사상가들을 무시했고, 보통 그들의 글을 읽지 않았다. (듀이는 독일어를 읽을 줄 알았다.) 예를 들면, 듀이 전집을 구성하는 38권 중 단 한 곳에도 후설이나 하이데거 인용문이 없고, 듀이는 그들의 글을 읽지 않았던 것으로 보인다. 심지어 듀이의 니체 사상과의 만남도 놀랄 만큼 피상적이었고 주로 이차문헌을 통한 것이었으며, 니체 저작의 인용문은 거의 없고 있어도 지나가듯이 다루었다. 아마도 훨씬 더 놀라운 것은 『독일 철학과 정치』의 논지일 것이다. 그 논지는 제1차 세계대전을 일으킬 정도로 한탄스러운 독일 정치의식의 상태에 대해 궁극적인 책임이 있는 사람이 다름 아닌 바로 칸트이며, 이러한 독일 정치의식은 칸트의 자연과 더 높은 정신영역의 엄격한 분리, 물자체, 의지, 도덕적 의무 때문이며, 또한 칸트의 이성과 경험의 이분법, 칸트의 정언명령과 관련된 반결과주의적 광신 때문이라는 것이다.

듀이는 20세기 초반에 늘 그 자체로 확고히 할 필요가 있는 미국 문화나 미국 철학과 대조하여, 유럽 문화—더 특별히 유럽 대륙, '그리고 특히 독일'—를 '구세계(the Old World)'로 보게 되었다. 물론 두 세계대전은 듀이의 견해를 뒤바꾸는데 정말 아무것도 하지 못했기 때문에, 듀이는 1944년에 미국이 자신을 더 이상 '문화적으로 말해서 유럽의 파생물'이 아니라, '지리적인 의미 이외의 신세계(the New World)'로 간주해야 한다고 말했다. 비록 신세계가 아직 예술적 성취 면에서는 구세계에 필적하지 못했지만, 과학진보와 철학사상 면에서는 훨씬 더 빨리 기반을 획득하고 있었다. 듀이는 이제 '철학을 척박한 지적 체조나 순수한 언어 분석과 동일시하는 자들—합리론자, 관념론자, 그들의 현대적 자손들을 말하는 것이다—의 손에서 빼낼 필요가 있다'고 주장하기에 이르렀다.[78] 비록 듀이가 그 당시의 미국 고립주의자[7]들과 함께 하지 않았다 해도, (듀이는 그러지 않았다.) 듀이는 완전히 고립주의의 철학적 상응물에 빠진 것이다. 물론 이 점에서 듀이 혼자 그러했던 것은 아니지만, 그의 경우는 특별히

---

7) 고립주의는 국제정세가 자국의 경제나 안보에 악영향을 미치지 않을 경우, 국제분쟁에서 중립적인 위치를 유지하여 정치, 군사적으로 국제사회에서 고립한다는 정책으로, 미국은 제1차 세계대전이 발발하기 전까지 대체로 고립주의를 유지하였다. 미국의 고립주의는 특히 유럽 국가들과의 관계와 관련되어 있다.

유감스러운데, 왜냐하면 듀이가 인간 사고의 본질에 대해 다시 생각해보기 위해서 동시에 똑같이 급진적이고 때로는 흥미롭게도 유사한 노력들을 했던 그의 독일 동료들과 대화할 기회를 놓쳤기 때문이다.

5. 최상의 의미에서의 사고

이 독일 동료들 중에서 가장 중요한 사람은 마르틴 하이데거로, 그의 저작과 듀이의 저작은 종종 흥미로운 유사성을 보여준다. 물론 이들 각자의 전통과 어휘의 차이는 깊지만, 두 이론가 모두 본질적으로 현상학적인 방식으로 인간 사고의 기본적인 특성에 대해 다시 생각하려고 애썼고, 사고와 과학의 관계뿐만 아니라 사고와 실천, 언어, 문화의 친밀한 관련성을 확인했다. 두 철학자 모두 20세기 문화의 무사고성(thoughtlessness)에 대해 언급했고, 보통 사고로 통하는 것보다 그 단어의 더 깊은 의미에서의 사고에 대해 말했다. [이들로 인해] 규칙 따르기로서의 사고, 토대나 추상적 기술을 사용해 형식적으로 명제의 진리가치(truth-value)[8]를 입증하는 문제였던 사고는 근본적으로 창조적인 사고관으로 대체되었다. 그런데 듀이는 사고에 대한 최고의 표현을 과학에서 발견할 수 있다고 믿었지만, 하이데거는 이를 과학과 대조하여 제시했다. 하이데거가 최상의 의

---

8) 명제가 얼마나 진실한지를 보여주는 척도로, 이 개념을 최초로 도입했던 Frege에 따르면 진리가치는 참, 거짓 두 가지밖에 없다. 참고) 스탠포드 철학사전, "Truth Values", http://plato.stanford.edu/entries/truth-values/

미에서의 사고로 언급했던 것은 방법을 초월한다. 그것은 분명히 듀이가 일반적인 사고의 모델로 간주했던 실험탐구의 방법을 포함하지만 말이다. 하이데거에게, 또 하이데거가 결정적으로 변화시켰던 해석학의 전통에서, 사고는 해결책을 추구하는 실험적인 것일 뿐만 아니라, 의미를 추구하는 해석적인 것이다.

우리가 보았던 것처럼, 확실히 듀이가 탐구의 과정에 해석과 이해가 포함된다는 것을 이해하지 못하지는 않았다. 그러나 하이데거는 우리가 계몽주의 토대론의 합리주의적 과도함을 극복하고, 사고하는 방법을 현상학적인 사실로서 제대로 다루는 데 열중한다면, 의심할 여지없이 해석이나 이해와 같은 용어들에 대한 듀이의 분석이 불충분하다고 간주했을 것이다. 듀이의 과학적 모델은 의심할 여지없이 누군가가 사고라 부를 것의 대부분을 포착하는 데 성공하지만, 사고라는 현상의 전체를 포착하는지는 약간 더 의심스럽다. 하이데거의 저작에 비추어본다면 말이다. 특히 이와 관련 있는 것은 하이데거가 『존재와 시간Being and Time』에서 현상학적으로 연구했던 구조와 조건들, 항상 이미 해석의 과정에 작동하는 구조와 조건들뿐만 아니라, 계산적 사고(calculative thinking)와 명상적 사고(meditative thinking) 간의 구분이다. 그 구조와 조건들로는 해석의 -로서의 구조(as-structure) – 모든 지각하는 것은 이런저런 종류의 사물로서 지각하는 것이라는 점 – 와 함께 해석학적 순환, 이해의 박혀 있음(embeddedness of understanding), 즉 이해란 언어, 실천, 전성찰적 해석이라는 역사적으로 조건 지어진 지평 속에 전면적으로 박혀 있다는 것이 포함된다. 특정한 대상을 해석하는 것은 언제나 존재

(Being)를 둘러싸는 이해, 세계-내-존재 또는 문화적 배경에의 참여자로서의 존재의 역사적 유산을 구성하는 것을 배경으로 일어난다. 의식은 모든 명시적인 앎과 추론에 선행하는 관계들의 의미 있는 전체성을 뜻하는 생활세계, 우리가 결코 주체 vs 객체로 분리하여 서지도 않고 그 전체성을 포착하지도 않는 세계에 거주한다. 일반적인 성찰적 사고에는 특정 해석들이 이루어지는 전성찰적이고 종종 무의식적인 배경 판단들이 선행하고, 이로 인해 성찰적 사고가 가능해지며, 또한 이로 인해 성찰적 사고가 제한된다.

하이데거의 영향력 있는 사실성의 해석학(hermeneutics of facticity)은 듀이의 견해와 많은 것을 공유하지만, 또한 중요한 측면에서 듀이의 견해를 능가한다. 듀이는 종종 맥락적이고, 역사적이며, 언어적인 이해의 본질을 포함하여, 이후에 현상학과 해석학에서 더 분명하게 다루어졌던 가설들을 예상했을 것이다. 그러나 듀이가 과학적 실험을 일반적인 사고의 모델로 간주했던 반면, 하이데거는 점점 더 과학의 지배를 받고 있는 시대에 필수적으로 과학적 모델의 한계와 비과학적인 사고 유형들이 빛을 잃게 만드는 문화의 위험성에 주목하게 해야 한다고 생각했다. 하이데거는 다음과 같이 간결하게 말했다. '과학은' 많은 장점들이 있지만, '사고하지 않는다.'[79] 표면적으로 이것은 말도 안 되는 주장, 확실히 듀이와 실용주의자들뿐만 아니라 사실상 20세기의 지적 문화 전체의 분노를 불러일으킬 만한 주장이다. [그러나] 더 면밀히 점검해보면, 이것은 우리가 실제로 매우 진지하게 받아들여야 하는 견해이다.

특히 우리는 두 텍스트―『우리는 무엇을 사고라고 부르는가?[What

Is Called Thinking?』(1954, 공교롭게도 현재 장과 같은 제목을 가진 텍스트)와 『사고에 대한 담론Discourse on Thinking』(1959) — 에서, 하이데거가 반복적으로 과학기술 시대의 특징인 '증가하는 무사고성' 또는 '사고로부터의 도피'에 대해 말하고 있는 것을 발견할 수 있다.[80] 하이데거는 [다음과 같이] 말하고, 또 말한다. '우리는 여전히 사고하지 않고 있다.' 이것이 무엇을 의미한다고 생각할 수 있을까? 그리고 게다가 하이데거는 이 '우리'에 자신을 포함했을까? 하이데거는 실제로 그렇게 했고, 따라서 다음과 같이 말했다. '우리는 여전히 사고하지 않고 있다. 우리 중 누구도. 당신에게 말하는 나를 포함해서. 가장 먼저 나를 포함해서.' 이 '가장 사고에 대해 진지하게 생각하게 하는' 말 — 우리가 '아직 사고할 수 없는 것도 아니고', 심지어 '사고를 배울 준비가 되지' 않은 것도 아니라, 우리가 사고하지 않고 있다는 말 — 은 확실히 하이데거의 어두운 말들 중 하나이지만, 역시 그 이유에 대해서 주목하게 하는 말이다. 우리는 하이데거의 의미를 포착하기 위해서, 그가 사고로 의미한 것과 그렇지 않은 것을 이해해야 한다. 사고하는 것은 철학하는 것이 아니다.

그러나 누가 감히 오늘날 우리는 여전히 사고하지 않고 있다고 주장할까. 어디서나 활발하게 끊임없이 철학에 관심이 있다는 말을 들을 수 있는 오늘날, 거의 모두가 도대체 철학이 무엇인지 알려달라고 요구하는 오늘날에 말이다! 철학자들은 사고하는 데 탁월한 사람들이다. 철학자들은 사고하는 사람들로 불리는데, 이는 바로 사고가 철학에서 적절히 일어나기 때문이다.

… 그러나 심지어 우리가 오랜 세월 동안 위대한 사상가들의 논문과 글들을 집중적으로 연구하는 데 전념했다고 하더라도, 그 사실은 우리 자신이 사고하고 있다는 것을 전혀 보증하지 않는다. … 반대로-다른 어떤 것보다도 철학에 더 몰두하는 것은 단지 우리가 끊임없이 '철학하고' 있기 때문에, 우리는 사고하고 있다는 완고한 환상을 우리에게 줄 것이다.[81]

하이데거가 말했던 무사고성은 과학과 철학의 지적 문화를 포함하여 일반적인 현대 문화로 확장되며, 그것은 단지 하나의 사회 비판이나 그 시대의 대중문화에 대한 책망이 아니었다. 철학에서 사고로 통하는 것은 가장 궁극적인 의미에서의 사고와 크게 동떨어진 계산 기술이 되었다. 이러한 사고의 기술로의 환원에는 듀이도 비판했던 실증주의와 형식주의뿐만 아니라, 듀이의 실험적 모델 역시 포함될 것이다. 듀이도 우리에게 '계획하고 조사하는' 사고의 모델을 제시한다. 듀이의 실험적 모델은 사고의 영역에서 없어서는 안 될 것이지만, '항상 주어진 조건들을 계산하고', 미리 생각된 목적들에 기여한다. 계산이나 문제해결로서의 사고는 '명상적 사고가 아니고, 존재하는 모든 것에 가득한 의미를 관조하는 사고가 아니다.'[82]

이 '사고로부터의 도피'에는 더 대중적인 형태의 사고와 마찬가지로 과학적 탐구도 포함된다. 일상의 경험에서 '우리가 오직 모든 것을 꼭 빠르게 즉시 잊어버리기 위해서 가장 빠르고 값싼 방식으로 모든 것을 받아들인다면'-1959년보다 오늘날에 훨씬 더 맞는 관찰-유사한 비성찰성(unreflectiveness)을 과학과 기술에서도 볼 수 있다.[83] 하이데거는 과학이 '분명히 그 자체로 매우 중요하지만', 그럼에도 불구하고 존재하는 것을 드러내는 데 제한된 능력을 가지고 있으며, 이것이 현대세계가 잊어버렸던 과학의 한계라고 믿었다.[84] 하이데거의 주요 비판 대상은 과학의 전체주의적인 가식이고, 여기에는 과학의 역사의식 부족, 과학을 철학의 모델로 간주하는 공통된 경향과 함께, 세계를 그 자체로 존재하는 것으로서 아는 것에 대한 과학의 능력을 순진하게 과대평가하는 것이 포함된다. 하이데거에게 과학은, 그 이전의 니체에게와 같이, 하나의 관점, 세계에 대한 하나의 해석, 존재를 드러내는 데 있어 방법 면에서 정확하면서도 적용 면에서 아주 유용한 하나의 방식이지만, 그래도 하나의 해석 이상일 수 없다. 모든 해석과 같이, 과학은 동일한 행위로 어떤 것은 드러내고 어떤 것은 감추며, 과학에는 존재하는 것에 대한 무조건적인 관점은 없고, 오직 부분적이고 제한적으로 드러내는 방식이 있을 뿐이다.

하이데거의 사고와 과학의 구분은 그 반대를 보여주는 그의 명료화에도 불구하고, 종종 과학에 대한 경멸로 오해를 받는다. 이는 반대 방향에서 이루어지는 듀이에 대한 대중적인 오해와 다르지 않다. 이 인물은 과학에 대한 순진한 칭찬에 의지하지도 않았고, 자기 능력으로 과학을 폄하하고 싶어 하지도 않았다. 하이데거를 대단히 괴롭혔고, 여전히 우리를 괴롭히는 것은 과학과 기술의 교조적인 월권, 그 결과로 일어나는 비기술적인 이해 유형의 권위실추이다. 자연을 너무나 많은 계획과 계산의 대상으로, 인간을 특정한 종류의 자원 또는 '상비 비축물', 따라서 사용되고 다 써버릴 것으로 바꾸는 사고의 유형은 그에 대항하는 앎의 방식이 합법성을 빼앗기고 그 시대와 맞지 않는 것처럼 보일 때, 불길하다. 20세기는 '과학-기술'(하이데거에게는 통합된 현상)의 시대, 계산과 통제의 시대, 듀이가 사고 그 자체의 이상 및 결정판으로 떠받들었던 바로 그 종류의 합리적 계획과 문제 해결의 시대가 되었다. 세계가 단일한 '드러냄의 방식' 또는 이해의 유형을 전체주의화하게 될 수 있다는 것은 하이데거가 '언젠가 계산적 사고가 유일한 사고방식으로 받아들여지고 실행되게 될 거라고' 경고했던 그 위험성을 안고 있다.[85] 이것은 듀이 자신이 가혹하게 비판했던 실증주의자나 합리론자들보다는 듀이 자신에게 훨씬 덜 적용되는 경고이지만, 하이데거가 자신의 비판에 듀이를 포함시켰을 것이라는 데에는 의심의 여지가 없다.

하이데거의 계산적 사고와 명상적 사고의 구분은 이 비판과 특별히 관련되어 있다. 과학-기술에서 최고로 표현되는 계산적 사고는 궁극적으로 인간을 포함하여 존재하는 모든 것에 대한 일종의 지배를 획득할 목적으로 계획하고, 조작하고, 예측한다. 그러나

누구도 다가올 급진적인 변화를 예견할 수 없다. ··· 기술진보는 점점 더 빠르게 이루어질 것이고, 결코 멈춰질 수 없다. 인간은 그가 존재하는 모든 영역에서 점점 더 단단히 기술의 힘들에 둘러싸일 것이다. 매 순간 어디에나 있는 이 힘들은 이런저런 기술적 장치하에 인간을 얽어매고, 질질 끌고 가며, 누르고, [무언가를] 부과한다. ― 인간이 이러한 힘들을 만들지 않았기 때문에, 이러한 힘들은 인간의 의지를 넘어서 오랫동안 진행되었고,

226 듀이와 인문학 교육

인간의 결정 능력을 넘어서 크게 성장했다.[86]

계산적 합리성은 연역하고 계획하지만, 자신의 한계도, 계산 대상의 의미도, 계산 행위 바로 그 자체도 이해하지 않는다. 계산적 합리성은 우리의 의지에 앞서기 때문에, 일련의 유용한 대상들이 [우리] '내부의' 주관성에 대항함에 따라, 우리와 세계의 관계 및 세계에 대한 우리의 인식을 변형시킨다. 계산적 사고는 그것이 이론적이든 실제적이든, 과학적이든 철학적이든, 원칙적으로 누구나 따라하고 반복할 수 있는 방법의 지배를 받는다. 계산적 사고는 주관성과 편향, 편파성과 편견으로부터 자유롭고, 대상의 특징과 사용가치를 확인하는 본질적으로 기술적인 일이 될 것을 의도한다. 계산적 사고는 방법 면에서는 효율성과 조직화, 명료성과 정확성을 소중히 여기고, 결론 면에서는 확실성을 소중히 여긴다.

이와 반대로 명상적 사고는 확실성보다 이해의 깊이를 추구하고, 학습된 담론뿐만 아니라 일상의 인간 경험에도 적용된다. 명상적 사고는 방법을 따라가지 않고, 특별한 전문지식을 요구하지 않는다. 따라서 '누구나 자기 자신의 방식으로 그리고 자기 자신의 한계 내에서 명상적 사고의 길을 따라갈 수 있다.' 만약 인간이 '사고하는, 즉 명상하는 존재라면', 이러한 사고의 유형을 받아들여 특히 우리와 밀접하게 관련된 쪽으로 사고하는 것은 우리들 각자의 몫이 된다. 명상적 사고는 확실성을 생산하지 않고, 기술을 사용하지 않으며, 자신이 가능케 하는 이해와 분리된 결과를 얻어내지 않는 사고의 유형이다. 중요한 것은 명상적 사고는 모델이 없는 사고방식이라는 점이다. 명상적 사고는 문제 상황에서 시작할 수도 있고 그렇지 않을 수도 있으며, 그에 대한 해결책으로 이어질 수도 있고 그렇지 않을 수도 있다. 하이데거는 우리에게 [명상적 사고]의 공식적인 정의를 제공하지 않았는데, 이 용어에는 직접적인 분석을 빠져나가는 특정한 해석적 풍부함이 있다.

그러나 분명한 것은 명상적 사고가 계산적 사고는 가지고 있지 않은 깊이의 차원을 가지고 있다는 것이다. 왜냐하면 후자는 어떤 더 깊은 의미의 차원보다 기술적 정확성과 확실한 결과를 추구하는 피상적인 수준에 만족하여 남아 있기 때문이다. 명상적 사고는 일반화되고, 측정되거나, 사용될 수 있는 것보다는 존재의 의미와 특수성을 향하는 방향 속에서, 철학적 추상화나 형식적 모델화에 저항하고, Erfahrung으로서의 경험과 일관되는 자유롭고 변형적인 특징을 가진다. 명상적 사고는 특정한 존재들을 과학적인 것보다 예술적인 것에 더 가까운 방식으로 드러내거나 '폭로하는' 것을 목표로 하지만, 과학이나 예술 어느 것과도 동의어는 아니다. 따라서 예를 들면, 자신의 죽음이라는 만일의 사태에 대해 생각할 때, 그 사람은 오직 주로 풀어야 할 문제를 탐구하거나 전문적 사항들을 계산하는 것이 아니라, 방법이나 해결책의 가능성 없이 경험의 의미에 대해 성찰하고 있다. 누군가가 자신의 과거에 있었던 사건의 의의를 해석하고 그 사건이 자신을 어떻게 만들었는지 이해하려는 눈으로 성찰한다면, 그 사람은 어떤 특정한 방식으로 되거나 변화된 것이다. 누군가는 유사하게 어떤 역사적 사건이 어떻게 알려질지의 측면에서 이루어지는 모든 측정 가능한 일반론과는 꽤 떨어져서, 그 사건이 이후

세대나 국가의 자기이해에 무엇을 의미하는지의 측면에서 그 사건에 대해 생각한다. 누군가는 비슷한 측면에서 예술작품을 감상한다. 이것은 예술작품을 일련의 과학적, 기술적 개념들에 꽉꽉 눌러 넣는 것이 아니라, 정확히 그 작품이 독특한 작품, 우리에게 의미를 전달하고 세계를 열어주는 작품으로서 우리에게 말하도록 허락하는 것이다. 이러한 경우에는 아마도 부차적인 문제가 아니라면, 풀어야 할 문제, 확인해야 할 인과관계, 양화하거나 설명해야 할 어떤 것도 없다. 그보다 요점은 독특하고 반복할 수 없는 의미를 이해하고 포착하는 것이다.

우리는 여기에서 듀이의 실험탐구로서의 사고 모델의 한계를 마주한다. 사고는 단일한 트랙을 따라가지 않는다. 사고가 단일한 트랙을 따라간다면—하이데거에게조차 그러했던 것처럼—사고 그 자체는 위험할 만큼 협소하고 피상적인 수준이 된다. 문제해결, 개념설명, 계산, 통제에 저항하는 것은 문자적으로 사고할 수 없는 것이 된다. 따라서 우리는 사고 앞에서 침묵하거나, 아마도 짐작하거나, 터무니없는 추측을 하게 된다. 하이데거가 약간 애매하게 표현했던 사고의 유형은 경험 그 자체의 방식처럼 비선형적이고 변형적이다. 사고는 사고하는 사람을 변화시키고, 어떤 안심시키는 해결책을 주지는 않지만, 그가 이미 서 있던 곳에 오직 변화되어 서도록 이끈다. 우리는 이 사고를 예술과의 만남 속에서 가장 분명하게 볼 수 있다. 우리는 예술적 경험을 통해 예측할 수 없고 쉽게 다른 이들에게 반복될 수 없는 방식으로 변화되어 나온다. 우리는 어떤 것을 새롭게 이해했고, 그 경험으로부터 새로운 조망이나 일련의 질문들을 가지고 나왔다.

하이데거가 종종 말했던 것처럼, 이러한 사고는 기술(technique)이라기보다는 '길(way)'이다. 이것을 이해하기 위해서는 가봐야 한다. 방법은 추상적으로 설명될 수 있지만, 존재하거나 '길을 만드는' 사고는 그렇게 될 수 없다.[87] 대신에 하이데거는 사고를 숲길을 건너는 것―목적지가 불확실하고, 지도도 없지만, 가끔 어떤 것이 보이게 되어 '분명해지는 것'―에 비유한다. 하이데거의 사고에 대한 묘사에는 은유가 풍부하다. 이 은유로는 세우는 것, 거주하는 것, 치우는 것, 하늘/땅/신/인간의 네 부분이 있다. 내가 하이데거의 은유들에 대한 상세한 분석을 시도하지는 않겠지만, 이 은유들이 주목하게 하는 것은 명상적 사고의 고갈되지 않음, 명상적 사고의 넓이와 깊이, 선형성이나 공허한 순환성 없이도 사고 대상의 의미 있는 차원에 초점을 맞추게 하는 명상적 사고의 능력이다.

듀이 자신은 확실히 이러한 사고와 이해의 깊은 차원에 대해 알고 있었지만, 그는 언제나 이 사고를 실용주의적 탐구라는 우산 아래로 가져와야 한다고 주장했다. 하이데거가 지적했던 난점, 정확히 말하면 내 견해에서 [듀이식 사고의] 난점은 모든 것이 그렇게 서술될 수는 없다는 것이다. 놀라움의 경험이라는 잘 들어맞는 사례를 생각해보라. 실험적 모델은 이 놀라움을 어려움을 느끼는 것 또는 문제 상황의 지각으로, 따라서 연구의 출발점으로 간주할 것이다. 이것은 부분적으로 놀라움의 경험을 묘사하지만, 이것이 그 경험의 전체를 포착하는지는 의심스럽다. 놀라움은 정해진 답이 없는 경험의 특징을 가지고 있고, 사고의 기원보다는 훨씬 더 사고의 결론에 속한다.

정말로 사고가 기원을 가진다고 말할 수 있다 해도 말이다. 반성적 사고 또는 일련의 주어진 사고가 확정적인 대답이 아니라 고양된 놀라움의 느낌 또는 모르는 것에 직면한 경외감으로 끝난다면, 듀이의 모델은 이것을 탐구의 실패로 여길 것 같다. 놀라움의 느낌은 논리적으로 연구 과정의 시작에 속하지, 연구 과정의 끝에 속하지 않기 때문이다. 그러나 매우 자주 놀라움이 사고의 끝이라는 것이 결코 실패나 미완성의 특징으로 간주될 수는 없다. 일반적인 사고는 불완전하고 몇몇 의미에서 그러하다고 말하는 것이 과언은 아닐 것이다. 사고는 절대적인 기원 지점도, 완전히 안정된 결론도 가지지 않는다. 그보다 사고는 이전의 탐구들에서 나오고, 역사에 의존적인 이해와 상징적인 실천들에 박혀 있다. 더 엄격하게 기술적인 유형의 계산적 사고가 아니라면, 지적인 사고는 보통 최종 해결책이 아니라 훨씬 덜 확정적인 것에서 끝난다. 그것은 교조적으로 지지되는 것이 아니라, 지금까지 나온 것 중 최고의 아이디어로 간주되는 판단, 결정, 해석이다. 여기에서 우리는 사고가 본질상 탐구가 아니라 대화라는 것을 인식한다. 우리가 내린 결론은 상대적으로 흠이 없는 대화로부터 나온 것, 어느 정도 성공적으로 비판을 견뎌내고, 가리기보다 더 조명해주며, 그것이 해결하는 것보다 더 적은 문제들을 만들어내는 것이다. 그러나 그 결론은 최종이 아니다. 이것은 많은 플라톤의 대화편들이 극적으로 예시해준다. 그 대화편 속에서 소크라테스의 대화 상대들은 진리를 확인하는 데 열중하고, 결국 비교적 성공적으로 도전들을 견뎌낸 아이디어를 받아들여야 하며, 그 대화는 소크라테스의 일련의 질문들이 우리로 하여금 예상하게 해주는 것처럼 최종성(finality)의 표시 없이 끝난다. 많은 교실 토론들이 동일한 것을 예시해준다. 이 토론들에는 또 다시 최종적인 목표는 이루어지지 않았고, 합의에 도달한 것도 아니지만, 고양된 놀라움의 느낌이 불러일으켜졌고, 잘못된 자기 확신이 흔들렸던 토론이 포함된다. 이것이 가장 생산적인 토론이다.

이러한 놀라움의 경험은 더 나아간 탐구로 잘 이어질 것이다. 그러나 강조해야 할 요점은 놀라움이 사고의 결론에도 속하지만, 여기에서 놀라움은 사실 결론이 아니라 일종의 확장을 향하는 사고라는 것이다. 정해진 답이 없는 것, 확장성, 비결정성은 놀라움의 구조에 속하며, 비결정성이 실패로 간주되어서는 안 된다. 최고로 가장 교육적인 대화는 이러한 방식으로 대답보다는 더 많은 질문, 확정적인 결론보다는 더 많은 가능성들로 끝날 것이다. 하이데거는『존재와 시간』에서 인간은 그 자체로 현재의 실제 [모습]보다 [앞으로] 될 것에 대한 더 많은 가능성을 가진 존재라고 이야기했다. 그리고 우리의 사고에 대해서도 거의 마찬가지로 말할 수 있다. 사고는 결코 최종성의 상태에 도달하지 않지만, 성장하는 어떤 것의 방식처럼 앞으로 나아간다. 사고의 결론은 기껏해야 임시 휴식처이지만, 사고 자체는 항상 모르는 것과 아마도 알 수 없는 것을 향해 앞으로 나아간다. 듀이 자신은 유기적이고 자연주의적인 은유를 좋아했고 종종 교육과 사고를 평생의 과정으로 특징지었지만, 탐구 모델 자체는 하이데거가 우리로 하여금 주목하게 했던 사고의 개방적인 특징을 매우 불충분하게 포착한다.

우리는 여기에서 또한 미스터리의 개념에 주목하게 된다. 과학적인 사고 모델에서 미스터리는 완전히 없어져야 하거나, 아직 알려지지 않은 것이다. 과학은 거의 우리에게 자신이 모르는 것을 말해주지 않는다. 대신 과학은 우리에게 자신이 아직 모르는 것을 말해준다. 과학이 인간 지식의 한계에 대해 제시할 때에는 단서가 중요하다. 과학적 어휘 속에서 미스터리의 개념은 설 자리가 없고, 미스터리는 오직 여전히 발견되거나 설명되어야 할 것, 아직 풀지 못한 문제로 번역될 수 있다. 물론 이것은 전혀 미스터리가 의미하는 것이 아니다. 미스터리는 놀라움처럼, 원칙적으로 정해진 답이 없다. 미스터리는 알 수 없지만 그럼에도 불구하고 틀림없이 우리의 사고가 관여하는 것을 의미하고, 이는 실험탐구보다는 명상적 사고에 밀접하게 가까운 방식으로 이루어진다. 가브리엘 마르셀(Gabriel Marcel)[9]이 지적했듯이, 미스터리를 만날 때에는 질문자와 질문 또는 생각할 문제 사이에 공간이 없다. 자유, 사랑, 삶 자체의 본질이 그러하다. 미스터리는 문제-해결 기술을 요구하는 나의 길의 장애물-로서가 아니라, 나를 나의 실존과 관련시키는 일로 경험된다.[88]

일상생활의 사고 중에서 듀이가 말한 탐구로 특징지으면 그저 매우 어색할 수 있는 다른 예시들을 찾는 것은 어렵지 않다. 개인적인 기쁨 또는 고통의 경험에 대한 기억으로 인해 그 사건의 이유나

----

9) 가브리엘 마르셀(1889-1973)은 프랑스의 철학자, 극작가, 음악가이다. 그의 철학은 사르트르의 인본주의적 실존주의와 대비하여 '기독교 실존주의'로 묘사된다. 저서로는 『존재의 미스터리(The Mystery of Being)』, 『인간 존엄성의 실존주의적 배경(The Existential Background of Human Dignity)』 등이 있다. 참고] 스탠포드 철학사전, "Gabriel Marcel"
http://plato.stanford.edu/entries/marcel/

결과를 탐구할 수 있다. 그러나 근본적으로 이러한 종류의 기억은 그 사건의 의미에 대한 해석과 그에 따라 정서적으로 함축된 감상을 수반한다. 슬픔의 경험은 본질적으로 문제 상황에 대한 탐구가 아니라, 또다시 이제 끝나가는 삶의 의의와 똑같이 중요한 상실의 의미에 대한 해석적 묵상이다. 실제로 우리가 학습의 경험으로 회고하는 우리 삶의 많은 사건들은 우리를 이런저런 방식으로 형성하고, 아마도 문제를 해결하는 것 없이 우리의 경험이나 인격을 성숙시키는 특징을 가지고 있다. 우리가 문제해결 모델을 듀이의 의미를 넘어서 확대하거나 경험 자체를 잘라 줄이지 않는 한에서 말이다. 제2차 세계대전에 대한 역사 수업은 확실히 폭넓고 다양한 문제들을 탐구한다. 그러나 홀로코스트의 교훈을 배우거나 단순히 이 사건의 심각성을 이해하는 것은 듀이의 모델과 편안하게 맞지 않는다. 물론 이론가들이 늘 하는 것처럼, 그것을 듀이의 모델에 맞게 만들 수 있다. 그러나 상당한 의미의 손실 없이는 불가능하다. 이 경우에 학생들은 희생자의 관점에서 상상하도록 이동해야 하고, 이 사건의 도덕적 격분을 목격해야 한다. 그러면 학생들은 어떤 문제를 푸는 것에 더하여 그 사건의 의의를 감상하기 시작한다. 듀이는 이를 '문제에 대한 감각'을 개발하는 것으로—따라서 더 넓은 연구 과정 속의 중요한 예비 단계로—특징짓고 싶었겠지만, 진정으로 이러한 감각이 개발되는 것은 연구 과정의 시작보다는 훨씬 더 끝에 이루어지는 것 같다. 역사적 사건을 이해하고 그 사건이 가르쳐주는 교훈을 배우는 것은 어떠한 해결책에 도달하는 것에 더하여, 그리고 더 근본적으로는 그보다 중요하게 정서적으로 채워진 의미의 공명을 수반한다.

문학작품에 대해서도 동일하게 말할 수 있다. 문학에 대한 교육적 경험은 많은 것들을 의미할 수 있고, 여기에는 듀이식의 탐구도 포함되지만, 또 다시 듀이의 모델은 이 경험을 완전히 풍부하게 포착하지 못한다. 어떤 종류의 이론적 모델도 정보의 전달, 미적 감수성이나 취향의 계발, 해석의 기술, 문학 비평, 배운 교훈의 자기 삶에의 적용을 한꺼번에 담아내는 데 어려움을 겪을 것이다. 또 다시 의미의 해석은 실험탐구보다 더 나은 포괄적 용어인 것으로 보이지만, 심지어 이 용어도 문학을 배우는 교육적 경험에 대해 사고하는 것이나 그 경험을 가지는 것에 수반되는 모든 것을 포함할 것 같지는 않다. 이론적 모델은 항상 한계를 가지는데도 듀이는 탐구로서의 사고가 이 단어에 연상되는 덜 선형적인 것들을 포함한다면 모든 다양한 현상들을 다루는 데 충분하다고 주장했다. 이러한 현상들에는 암시, 시사, 도발 및 질문을 하고 무엇을 질문할 수 있는지 보는 기술과 같이 손에 잡히지 않는 일들―가다머가 말했던 것처럼, 방법으로 가르칠 수 없는 것―이 포함될 것이다.[89] 문제의 표현이나 가설의 형성과 같이, 질문하는 행위는 종종 듀이 모델의 범위에 들어간다. 그러나 모든 질문이 가설을 제시하고, 문제를 서술하며, 심지어 확실한 대답을 가능케 하는 것은 아니다. 가장 중요한 질문들 중 일부는 바로 여전히 정해진 답이 없는 것, 우리를 놀라움의 상태에 남겨두는 것, 또한 아마도 덜 본질적이겠지만, 이런저런 종류의 의견들을 과감히 제안하도록 우리를 이끄는 것이다. 인문학은 이러저러한 방식으로 우리를 자극하는 질문들로 가득하고, 이는 대답을 약속하는 완전한 탐구를 계속하도록 우리를 준비시키는 것처럼 보인다. [그런데] 때때로는 대답이 오지만, 더 자주 대답이 오지 않는다. 이것은 때때로 질문이 잘못 만들어졌거나 잘못된 가정을 포함하기 때문이지만, 다른 때에는 우리가 질문하고 있는 문제 자체 때문이다. 프랑스 혁명의 의미가 무엇인가? 소련의 붕괴는 폭넓고 다양한 사회적 쟁점들과 관련하여 우리에게 무엇을 가르쳐 주었는가? 『전쟁과 평화$^{War\ and\ Peace}$』가 인간 본성이나 전쟁에 관하여 우리에게 무엇을 가르쳐 주는가? 인간에게 좋은 삶이란 무엇인가? 존재의 의미란 무엇인가? 이러한 질문들은 단지 공허한 사변이 아니라, 확실히 사고가 생겨나게 한다. 아마도 우리는 의미를 이해했거나, 특정한 방식에 익숙해졌거나, 우리의 교조주의를 놓아버렸거나, 우리가 보지 못했던 가능성들에 열려졌다. 아마도 우리는 일련의 오래되고 결실 없는 질문들을 새로운 질문들로, 여전히 대답되지 않은 채로 남아 있지만 더 잘 설명되거나 특정한 현상을 밝혀줄 것 같은 질문들로 대체했다. 이것이 바로 지적 진보가 종종 취하는 형태이다. 그것은 새로운 질문을 위해 오래된 질문을 버리는 것이고, 그곳에서 대답은 약간 부차적인 문제이다. 더 저명한 사상가들은 그들이 제기한 질문들에 대한 대답으로 제시한 주장이나 이론뿐만 아니라, 또는 심지어 주로 이것으로가 아니라, 질문 그 자체, 다른 이들이 받아들여 다듬을 질문들로 인해 명성을 얻었다.

이렇게 외견상 예비행위인 것들―질문을 만드는 것, 질문을 제기할 만한 것과 그렇지 않은 것을 구별하는 것, 이런저런 종류의 가능성들에 마음이 열려 있는 것―에 대한 강조는 우리의 사고가 항상 이미 우리의 역사적 유산인 존재론적 선이해(preunderstanding)에 의해 미리 형성되어온 방식과 함께, 우리가 하이데거로부터 배울 것의 일부이다. 최근의 한 비평가가 지적하는 것처럼, '모두 다소 어느 정도 "존재 그 자체(be-ing itself)를" 언어로 가져오려는 시도 속에서 급진적으로 다른 사고방식으로 뛰어들려고 준비하는 성격을 더 가지고 있는 것'은 하이데거 자신의 저작들에서 전형적이다.[90] 예를 들어, 하이데거는 『우리는 무엇을 사고라고 부르는가?』에서 사고에 대한 질문을, 또는 『존재와 시간』에서 존재에 대한 질문을 몇 번이나 만들고 다시 만들었을까? 빠른 대답에 도달하려 하지 않았던 하이데거는 어떤 점에서 그가 이야기했던 서두르지 않는 명상적 사고의 모델을 제공하며, 여기에는 때로 그가 자신의 말기에 이야기했던 시적 사고도 포함되어 있다. 최상의 의미에서의 사고는 어느 정도 시적인 것에 잠식되어 있고, 하이데거에게 있어 이 사고는 로고스(logos)만큼이나 **뮈토스(Mythos)[10]**와 꽤 많은 관련이 있다. 우리를 변형시키는 사고는 시적이고 신화적인 성격을 띤다. 서구 전통의 시적인 것, 신화적인 것, 수사적인 것을 파괴함으로써 사상을 살균하려는 반복된 시도에도 불구하고 말이다. 그리스 철학이 사고를 뮈토스에서 로고스로 엄청나게 변화시켰고, 결정적으로 이렇게 이

....

10) 로고스는 그리스어로 이성, 철학 등을 의미한다. 로고스는 논증하는 말로, 설득을 목표로 하며, 듣는 자의 판단을 요구한다. 논리적이면 진실이지만, 오류가 드러나면 허위가 된다. 반면 뮈토스는 그리스어로 신화를 의미하며, 이야기하는 말로, 뮈토스 외에 다른 목적이 없다. 뮈토스를 믿는 이유가 감성을 자극하여서든, 이성을 자극하여서든, 아니면 아름답거나 혹은 사실처럼 생각되든 아무 상관이 없다. 참고 송병구(2003). 「뮈토스와 로고스: 현대의 신화 읽기」, 『종교와 문화』 제9권, p.164.

제 평판이 나쁜 발언유형들 위에 이성을 올려놓았다고들 한다. 니체의 시대에는 합리적이고 아폴론적인 사고의 차원이 디오니소스적인 사고에 대해 너무나 결정적으로 승리를 해서, 이것이 교조주의적 합리론이라는 한탄스러운 조건과 이것을 넘어서 더 넓은 문화적 쇠약과 본능의 위축으로 사고를 이끌었다. 디오니소시안의 명예는 회복되어야 했고, 니체는 실험적이지만 듀이의 과학적 실험 모델을 따르지는 않는 영원회귀(eternal return), 초인(Ubermensch), 운명애(amor fati), 권력의지(will to power) 및 여러 비판과 도발 같은 장치들을 통해 이것을 이루려 애썼다.

하이데거 자신은 즐거운 학문(gay science)이라는 니체의 철학관을 받아들이지 않았지만, 그도 특히 언어의 수준에서 로고스와 뮈토스를 다시 연결할 것을 요청했다. 하이데거는 그것을 다음과 같이 표현했다.

신화는 이야기하는 말(telling word)을 의미한다. 그리스인들에게 말하는 것은 발가벗기고 드러나게 하는 것이다. … 뮈토스의 본질은 이야기하는 것 – 그 숨기지 않는 호소력으로 분명한 것 – 이다. 뮈토스는 모든 인간에 대한 가장 중요하고 근본적인 관심, 인간으로 하여금 존재 속에서 나타나는 것이나 존재하는 것을 생각하게 하는 관심에 호소하는 것이다. 로고스도 마찬가지이다. 뮈토스와 로고스는 우리의 현재 철학사가들이 주장하는 것처럼, 보통 말하는 철학에 의해 반대편에 배치되지 않는다. 반대로 초기 그리스 사상가들은 바로 뮈토스와 로고스를

같은 의미로 사용한 사람들이다.[91]

　사고하는 것은 이야기하는 것을 말하는 것(to say what is telling), 사고의 대상을 언어로 분명하게 만드는 것−철학 못지않게 시와 예술의 성취이며, 로고스 못지않게 뮈토스의 성취 (여기에서 정말 의미 있게 구분 지을 수 있다면)−이다. 어느 정도 사고를 다시 신화적으로 해석하려는 하이데거나 니체의 노력은 과학적 탐구와 거의 관련이 없다. 그러나 너무나 철저하게 과학과 기술의 지배를 받고 있는 시대에, 우리는 이러한 노력들을 진지하게 받아들여야 한다. 오직 믿을 수 있다고 증명된 길만 가거나 단일한 모델에 순응하는 사고는 실제로 위태로운 조건 속에 있다. 이러한 조건하에서는 요즘 표현으로 '고정관념에서 벗어난(outside the box)' 또는 상당히 독창적인 사고를 하기가 어려워지며, 적어도 그것을 말하기가 어려워진다. 심지어 실험적인 것도 방법, 그것도 단일한 방법에 신세를 지게 되면, 진정으로 기존의 것을 변화시키고 급진적으로 새로운 것을 말하게 하는 사고방식은 점점 더 있을 것 같지 않은 것, 완전한 주관적 의견으로 금지해야 할 것이 된다.

　하이데거에게 사고하는 것이 특정한 대상이나 주제에 대해 이야기하는 말−존재를 숨기지 않는 상태로 데려가는 말−을 하는 것이라면, 또한 사고하는 것은 특정한 방식으로 대상과 관련되는 것을 의미한다. 하이데거는 가구제작자의 도제와 도제살이의 과정에서 이루어지는 학습이나 사고의 종류를 예로 들어 이것을 설명했다. 도제는 직접적으로 나무나 도구 사용법 등에 대한 유용한 사실들을 획득하도록 배워야 하지만, 이를 넘어서 훨씬 더 눈에 보이지 않는 사고방식을 개발해야 한다. 그는 가구제작자처럼 생각하는 것을 배움으로써 가구제작자의 기술을 배우며, 이것은 자신의 기술의 대상과 관련되는 방법에 대한 학습을 의미한다. '만약 그가 진정한 가구제작자가 되려면, 그는 자신이 무엇보다도 다른 종류의 나무들과 나무속에 잠자고 있는 형상들—자연의 모든 숨겨진 풍부함을 가지고 인간의 주거지로 들어가는 나무들—에 대답하고 반응하도록 만들어야 한다.' 신비주의에 빠지지 않으면서도 순전히 실제적이고 경제적인 것을 능가하는 조율, '전체 기술을 유지하는(maintains the whole craft)' 것은 더 깊은 '나무와의 관련성'이다.[92] 누군가는 음악가나 작가에 대해서도 동일한 것을 말할지 모르겠다. 어떤 사람은 특정한 형태의—애매하고, 손에 잡히지 않지만, 본질적인—자기 악기와의 관련성, 신비주의적인 것과 단지 기술적인 것이 똑같이 제거된 관련성을 획득함으로써 음악가처럼 사고하는 것을 배운다. 고급 음악가는 거장과 기술자의 구별법을 알고 있는데, 그것은 음을 연주하는 어떠한 능력에 달려 있지 않다. 작가나 작가지망생이 배워야 하는 언어와의 관련성에 대해서도 동일하게 말할 수 있다. 우리가 이 점을 꽤 일반적으로 적용해서, 예술가, 요리사, 운동선수처럼 사고하는 것에 대한 학습은 정보적 지식과 듀이식의 문제해결능력을 모두 넘어서는 것이며, 그러한 모든 경우에서 결정적인 것은 그 대상이 물질적인 것이든 관념이든, 그 사람이 어떻게 자신의 노동 대상과 관련되고 그것에 반응하는지의 문제라고 말할 수는 없을까? 여기에 신비주의적인 것은 전혀 없다. 사고를 '길'로, 끊임없이 준비하고 자유로우며 변형적인 것으로, '기술이나 "공예"'로, '가구를 만드는 것과 같은 것'으로 말하는 것은 애매하지만, 이 일반적인 설명은 듀이의 모델도 포착하지 못하고 지나치게 단순화한 현대의 비판적 사고 개념도 포착하지 못하는 사고의 차원을 포착해낸다. 이러한 사고는 Erfahrung이란 의미의 경험과 같이, 완전히 능동적이지도 않고, 완전히 수동적이지도 않다. 이 사고는 우리에게 많은 것을 요구한다. 아니, 말하자면, 우리를 데리고 자기 마음대로 한다. 이 사고가 여전히 우리 자신의 사고, 그 자체에 대해서는 잘 생각하지 않는 우리 자신의 사고일지라도 말이다. 어떤 의미에서 가구제작자가 나무에 반응하고, 시인이 언어에 반응한다는 것은 지극히 참되다. 나무와 언어가 자기 자신을 만들지 않는다는 것도 똑같이 참되다. 그러나 하이데거의 현상학적 설명이 듀이의 설명에 추가하는 것은 우리가 과학과 기술에 덜 신세를 진다면, 우리는 수동적이고, 반응하며, 변형시키는(transformative) 사고의 차원뿐만 아니라, 동시에 능동적이고, 실험적이며, 형태를 주는(form-bestowing) 사고의 차원을 더 잘 이해할 거라는 점이다. 사고하는 것은 존재를 주도하는 것이 아니다.

나는 듀이나 하이데거가 말했던 사고의 의미에 대해서, 이 철학자들이 말했던 사고방식과 잘 연결되지 않는 현 시대의 특정한 사회적, 교육적 조건들에 대해서 몇 가지를 언급하면서 이 장을 마무리하고 싶다. 불길하게 들리는 하이데거의 '우리는 여전히 사고하지 않고 있다'는 말은 그가 이것을 말했을 때 그러했던 것처럼 오늘날에도 진실하게 울린다. 그리고 이는 하이데거가 의도했던 의미뿐만 아니라, 듀이나 다른 이들의 의미에서도 그러하다. 우리의 교실에서는 여전히 탐구하지 않고 있고, 학생들이 그들의 경험에 대해 더 깊이 검토하도록 이끄는 마음의 습관도 가르치지 않고 있다. 교육과정, 청소년심리, 교수법에 대한 연구가 수십 년 동안 이루어졌지만, 오늘날의 학생들은 이전의 학생들이 그러했던 것처럼 성찰성(어떤 학자가 제시했던 의미이든)에 대한 경향이 없는 것처럼 보인다. 비록 실제로 이들이 외면적인 것과 피상적인 것에 훨씬 더 매료된 것은 아니지만 말이다. 기술, 계산, 수행성의 질서, 표준화된 정보와 표준화된 시험이라는 질서 속에서 형성된 정신은 규칙을 따르는 것을 배운다. 널리 퍼진 믿음에 따르면, 학생들이 순응적이고 억압적인 사고방식에 징집되었던 것은 옛날 일이었고—우리가 이것이 언제라 상상하든—오늘날의 학생들은 스스로 비판적, 과학적으로 사고하고 있다. 교육 연구가 이것을 가능케 했으며, 배우지 않은 이의 간섭만 없다면, 이 연구는 돈을 잘 버는 직업과 부러운 자존감을 지닌 비판적 사상가들의 세대를 만들어낼 것이다. 과학도 그 신화를 가지고 있다. [그러나] 일반적인 사고가 나머지를 파괴하는 단일한 형태로 환원될 때, 교육받은 정신은 기술들에 적응하게 되고, 그 존재의 모든 측면을 지배하는 규칙과 방법들을 발견하기를 기대한다. 이들은 그러한 기술들의 수호자인 특별한 부류의 전문가들을 기대하고, 그들을 쉽게 찾으며, 어떤 옛날의 교육적 권위주의와 같이 열렬하게 그들의 가르침에 복종한다. 사고의 권위와 규칙은 모두 변화했겠지만, 이것은 여전히 현대 교육의 결과인 무사고성보다 덜 중요하다.

우리 시대의 무사고성은 의심할 여지없이 과거와는 다른 형태를 상정한다. 듀이의 비판의 초점이었던 다양한 무사고성은 학습과정의 표준화와 가짜 과학화로 대체되었다. 권한부여, 기능과 비판적 사고, 인지적, 사회적, 심리적 발달이라는 현대의 표어에도 불구하고, 오늘날의 학생들은 언제나 그랬던 것처럼 직장을 잡고, 경제적, 기술적 명령에 주의를 기울이며, 전문지식을 따르고, 완벽하게 자연스러운 모습을 띨 정도로 어디에나 있고 겉보기에 대안이 없는 사고와 행위의 규칙들에 자신을 맞추도록 훈련받는다. 우리는 이제 만약 사고의 필요가 생겨난다면, 과학지식이라는 장식에 기반을 두거나 과학지식을 보여주는 기술이나 어떤 방법을 기대하는 것만이 자연스럽고 진보적이라고 생각한다. 이러한 견해가 계속하여 간과하는 것은 사고가 예술이라는 것이다. 듀이의 모델이든 아니면 더 최근의 모델이든, 어떠한 과학적이거나 논리적인 모델도 인간의 앎과 이해의 복잡성을 포착할 수 없다. 이러한 모델들은 기껏해야 더 넓은 과정의 한 측면을 공식화하는 데 성공하고, 늘 그렇듯 부분을 전체로 오해할 뿐이다. 우리가 피하지 말아야 할 사실은 그것이 무엇이든 지적인 정신은 너무나 다양해서 이론적 모델이나 기술로 포착될 수 없다는 것이다. 지적인 정신이 추론하고, 상상하며, 알고, 경험하는 방식은 방법으로의 환원을 거부한다. 듀이는 지성을 이론화하려고 노력하여 어느 정도 현상학적으로 '우리가 어떻게 사고하는지' 기술하는 데 성공했지만, 실험적 모델의 한계들을 간과했다. 동일한 목표를 향한 더 최근의 노력들도 동일한 오류를 범했고, 우리는 본질상 예술인 것을 과학이라는 확실한 길 위에 놓을 수 있다고 가정하는 한, 계속해서 틀리게 될 것이다. 경험과 같이, 사고는 해석적으로 풍부한 개념이다. 사고에는 이해와 비판, 분석과 종합, 질문과 설명, 내러티브와 은유, 추론, 판단, 취향, 식별, 기억, 정보, 그 밖의 많은 다른 것들―대부분 기술과 거의 관련이 없는 것들―이 포함된다. 예를 들면, 이해와 해석은 방법이 아니라, 해석학적 순환을 따른다. 이해와 해석은 정합성과 합의를 얻으려고 노력하지만, 이것들은 형식적인 규칙이 아니라 오직 매우 개략적인 지침이다. 어떠한 기술도 우리에게 플라톤을 읽는 법, 드러나는 의미에 반응하는 법, 또는 우리가 읽은 것을 비판하거나 그것을 우리 자신의 상황에 적용하는 법을 가르쳐주지 않는다. 내러티브를 구성하거나 좋은 은유를 만드는 방법은 없다―만약 좋은 은유가 새로운 어떤 것을 밝히는 방식으로, 완전히 이질적으로 보였던 두 항목들을 즉석에서 가깝게 가져오는 것이라면 말이다.

표준화와 기술화를 향한 최근의 경향들은 진정 비성찰성을 만들어내는 방안이다. 문화적 리터러시의 옹호자들이 잘 깨달았던 것처럼, 표준화된 정보는 표준화된 신념과 가치의 전조가 된다. 기술화는 정보의 획득을 용이하게 해주지만, 미묘하게 사고 그 자체를 변형시키거나 심지어 사고의 필요를 제거한다. 기술화는 우리의 편의를 위해 문제를 간소화하고 정돈하지만, 그것이 건드리는 거의 모든 것을 지나치게 단순화한다. 이 점에서 분명한 예를 들자면, 인터넷 검색은 학생들이 뛰어난 효율성을 제외하고는 구식으로 도서관에서 대출한 책들을 읽는 것과 다르지 않은 방식으로 탐구하고 있다는 환상을 만들어낸다. 나는 약간의 컴퓨터화된 자르고 붙이기―많은 학생들에게 꽤 만족스럽게 사고로 통하는 과정─와 결부되어 꽤 단순화되고, 생략되어 있으며, 이해하기 쉬운 정보에 빠르게 접근하여 획득하는 사고는 진짜가 아니라고 말했다. 만약 하이데거가 1959년에 '이제 세계는 계산적 사고의 공격, 더 이상 어떤 것도 저항할 거라 믿어지지 않는 공격에 노출된 대상인 것처럼 보인다.'고 말한 데에 정당한 이유가 있었다면, 그것은 이제 컴퓨터 스크린 앞의 너무나 많은 정보들, 즉 불필요한 세부사항, 복잡성, 정확성, 상상, 스타일은 씻겨나간 정보들인 것처럼 보인다.[93] 많은 사람들이 이제 다음과 같이 판단한다. 모든 필요한 정보를 쉬운 말로 쓰인 한 단락으로 압축시켜낸 웹사이트에 접속할 수 있는데, 왜 어려운 산문과 복잡한 논증이 담긴 『존재와 시간』을 일부러 애써서 읽는가? 어떠한 시험 대비에도 충분할 만큼 줄거리 요약과 주제 분석을 찾을 수 있는데, 왜 아무것도 일어나지 않는 길고 지루한 장들이 있는 『전쟁과 평화』를 읽는가? 이제 많은 사람들이 진지하게, 쑥스러움 없이 이러한 종류의 질문들을 한다. 빈약한 마음을 가진 사람들만 이러한 질문을 하는 것이 아니다.

만약 어느 날 지구상에서 사고가 사라진다면, 그것은 지적 게으름보다는 훨씬 더 계산적 합리성, 수행성, 모든 것을 담으려는 표준화라는 강철 새장으로 인해 사고를 할 기회가 부족한 것, 단순히 사고할 필요가 부족한 것 때문일 것이다. 이러한 날이 눈앞에 닥치지는 않았지만, 우리 시대에 깊이 뿌리내린 사회적, 교육적 조건들은 듀이와 하이데거가 말했던 종류의 사고를 할 기회들을 늘리기보다는 줄이고 있다. 또한 우리 시대에는 교실에서의 사고는 단순히 알게 되는 일이나 게으른 사치로, 직장에서의 사고는 효율성의 장애물로, 일상 대화에서의 사고는 잘난 체로, 고독 속에서의 사고는 정신적 동요의 증거로 보는 경향이 있다.

하이데거가 옳았다. '우리는 여전히 사고하지 않고 있다.' [그러나] 하이데거는 그 점을 과장했다. 우리는 사고하고 있지만, 너무나 제한된 능력 안에서 하고 있고, 다르게 사고할 필요나 심지어 가능성을 보지 못하고 있다. 듀이 또한 옳았다. 사고는 실험적이다. 그러나 듀이가 보지 못했던 방식으로, 또는 그가 보지 못했던 정도로 실험적이다. 실험에는 계산할 수 없는 것, 은유적인 것, 질문하는 것, 미스터리한 것, 정해진 답이 없는 것도 포함된다. 사고로 간주되는 모든 것이 단일한 모델에 맞게 만들어질 수 있는 것도 아니고, 모든 지적인 사고의 과정이 풀어야 할 문제인 것도 아니다. 우리는 사고를 체계화하고, 사고를 규칙의 체계로 환원하며, 따라서 그것을 질서라 부르는 것을 항상 추구했고, 의심할 여지없이 계속해서 추구할 것이지만, 사고 그 자체, 가장 특별히 고차적이고 창의적인 이 능력은 여전히 규칙들을 뒤로 하고 길을 떠난다. 우리의 성급한 문화는 준비된 해결책, 측정 가능한 결과, 종종 기술적 모델들이 약속하는 자기 확신과 마음의 편안함을 갈망하겠지만, 그중 상당수는 환상이다. [그러나] 항상 깨어질 규칙만 있는 것은 아니다. 만약 우리가 사고에 대해 있는 그대로 말하고자 한다면, 우리는 사고를 때로는 이런저런 종류의 추상적 방법들을 이용하지만 때로는 그렇게 하지 않는 예술로 이야기해야 한다.

1 Dewey, *Democracy and Education* (1916). MW 9: 160.

2 Dewey, *How We Think* (rev. edn, 1933). LW 8: 315.

3 Dewey, 'The Need for Orientation' (1935). LW 11: 164. 'Philosophy of Freedom' (1928). LW 3: 112.

4 Dewey, *The Quest for Certainty* (1929). LW 4: 179.

5 Dewey, *Logic: The Theory of Inquiry* (1938). LW 12: 121.

6 Dewey, *Democracy and Education* (1916). MW 9: 152.

7 Ibid., 165.

8 Dewey, 'The Challenge of Democracy to Education' (1937). LW 11: 185.

9 Dewey, *Democracy and Education* (1916). MW 9: 159.

10 듀이는 다음과 같이 이 점을 표현했다. '따라서 정치경제적 자유주의 믿음의 교의는 자유주의 교육과 정신이라는 기준에 의해 만들어진다. 그리고 여기에서 또한 이러한 견해들이 건전하더라도, 자유주의 정신의 특징은 그 견해들이 지지되는 것이 아니라, 그 견해들이 도달되고 받아들여진 방식에 있다는 점이 진술될 것이다.' Dewey, 'The Prospects of the Liberal College' (1924). MW 15: 203.

11 예를 들어, Dewey, 'Bankruptcy of Modern Education' (1927). LW 3: 277을 보라.

12 한 가지 대표적인 구절은 다음과 같다. '그러나 그렇게 행동하도록 완벽하게 훈련되어온 아동, 모든 점에서 행동하라고 듣는 대로 행동하고 심지어 지지하라고 들은 의견을 지지하는 아동은 전혀 교육받지 않은 경향을 보이는 것이다. 그는 좋은 군인을 만들었고, 살인이나 도둑질, 음주, 욕, 도박에 의존하지 않거나 너무 자주 결혼하지 않을 것이라는 의미에서 "좋은 시민"을 만들었다. 그러나 그러한 사람은 오직 훈련받았을 뿐이다. 그는 결코 교육받지 않았다. 그가 생각하지 못하는 것은 꽤 가능한 일이다.' Charles W. Wood, 'Report of Interview with John Dewey' (1922). MW 13: 428.

13 실용주의적 진리론에 관한 분석에 대해서는 나의 *Theorizing Praxis: Studies in Hermeneutical Pragmatism* (New York: Peter Lang, 2000)을 보라. 여기에서 나는 이 이론을 제임스와 듀이식의 정식에서 옹호하고, 그것을 마르틴 하이데거와 한스 게오르그 가다머가 설명한 해석학적 진리관과의 대화로 가져온다.

14 Dewey, 'Preface' to *Logic: The Theory of Inquiry* (1938). LW 12: 4. William James, *Pragmatism and The Meaning of Truth* (Cambridge: Harvard University Press, 1975)를 보라.

15 Dewey, *Reconstruction in Philosophy* (1920). MW 12: 144.

16 C.S. Peirce, *Collected Papers*, vol. 5 (Cambridge: Harvard University Press, 1931-1958), 400.

17 Dewey, *Reconstruction in Philosophy* (1920). MW 12: 144.

18 Dewey, 'The Challenge of Democracy to Education' (1937). LW 11: 184.

19 Dewey, *The Quest for Certainty* (1929). LW 4: 200.

20 듀이는 1949년에 한 논문의 각주에서 자연과학의 방법이 인문 연구에 옮겨 질 수 없다는 요점을 분명히 했다. "'방법(methods)"이라는 단어는 의도되지 않았지만 가능한 오해에 대한 예방수단으로서 강조된다. 필요한 것은 그 자체로 자연과학에서 승인된 절차를 가져가는 것이 아니라, 이미 과학에서 사용될 때 물리적 주제에 대해 적합하다는 것을 보여주었던 방법들처럼 인 간의 쟁점과 문제에 알맞은 새로운 방법이다.' Dewey, 'Philosophy's Future in our Scientific Age: Never Was Its Role More Crucial' (1949). LW 16: 379.

21 Dewey, 'Science as Subject Matter and as Method' (1910). MW 6: 78. 전면적인 과학적 이상주의에 근접하는 몇몇 구절들은 MW 6: 28; MW 9: 196; LW 3: 101; LW 5: 115; LW 13: 279-80에서 발견될 것이다.

22 Dewey, *Individualism, Old and New* (1929). LW 5: 115.

23 Dewey, *Democracy and Education* (1916). MW 9: 227.

24 Dewey, *The Quest for Certainty* (1929). LW 4: 181.

25 Dewey, *Democracy and Education* (1916). MW 9: 157.

26 Dewey, *The Quest for Certainty* (1929). LW 4: 181.

27 Dewey, *Reconstruction in Philosophy* (1920). MW 12: 181.

28 Dewey, *Democracy and Education* (1916). MW 9: 155.

29 Dewey, *How We Think* (rev. edn, 1933). LW 8: 118-19.

30 퍼스는 이 점을 다음과 같이 표현했다. '사람들이 합의하게 되는 과학에서, 한 이론이 제시되었을 때, 이 이론은 합의에 도달할 때까지 시험 기간에 있 는 것으로 간주된다. 합의에 도달한 후에는 확실성에 대한 질문이 거의 제 기되지 않는다. 왜냐하면 그것을 의심하는 사람이 아무도 없기 때문이다. 우리는 개별적으로 우리가 추구하는 궁극적인 철학을 얻을 거라고 타당하 게 바랄 수 없다. 그러므로 우리는 오직 철학자들의 **공동체**를 찾게 된다. 그러므로 만약 훈련받은 솔직한 정신들이 주의 깊게 한 이론을 검토하고 그것을 받아들이기를 거부한다면, 그 이론의 창시자는 스스로 의심을 해봐 야 한다.' C. S. Peirce, 'Some Consequences of Four Incapacities', *The Journal of Speculative Philosophy*, vol. 2, 1868, 140.

31 제임스는 반복해서 이 점을 강조했는데, 아마도 다음 텍스트에서 가장 웅 변조로 그렇게 했을 것이다. '따라서 인간의 흔적은 어디에나 있다. 독립적 인 진리, 단지 우리가 **발견한** 진리, 더 이상 인간의 필요에 영향을 받지 않 는 진리, 한 마디로 구제불능의 진리, 실제로 그러한 진리는 너무나 많이 있다. - 아니 합리론적으로 생각하는 사상가들이 그러한 진리가 존재한다 고 가정한다. 하지만 그러한 진리는 살아 있는 나무의 죽은 중심부만을 의 미할 뿐이다. 그러한 진리의 존재는 진리가 화석학과 그 "처방"을 가진다는 것, 그러한 진리는 다년간의 숙달된 보살핌으로 점점 더 경직화되고 인간 이 그것을 순전한 유물로 여김으로써 점점 더 화석화 될지도 모른다는 것 을 의미할 뿐이다. 그러나 우리는 그럼에도 불구하고 심지어 우리의 가장

오래된 진리들도 얼마나 정말로 유연한지를 오늘날 논리학이나 수학적 관념들의 변형, 심지어 물리학을 침입하는 것으로 보이는 변형을 통해 생생하게 볼 수 있다. James, *Pragmatism*, 37.

32 Dewey, *The Quest for Certainty* (1929). LW 4: 221.

33 Dewey, 'Social Purposes in Education' (1923). MW 15: 167-8.

34 듀이는 동일한 논문에서 다음과 같이 썼다. '우리는 과학자나 예술가가 될 사람들뿐만 아니라, 여가 시간이 있을 때 자연이나 문학에 관한 어떤 것을 읽거나 듣는 데 관심이 있거나 음악이나 드라마를 즐길 능력을 가질 사람들에게도, 과학이나 예술에 대한 취향을 발달시켜야 한다. 이는 더 좋지 않은 것보다는 더 좋은 것에 대한 활발한 요구를 만들어낼 것이다. 반복하는데, 이것들은 내게 교사, 특별히 다른 교사들을 훈련시키고 있는 이들이 다뤄야 하는 학교의 사회적 목적을 실현하는 문제의 세 가지 일반적인 모습인 것으로 보인다.' Dewey, 'Social Purposes in Education' (1923). MW 15: 169.

35 Dewey, *How We Think* (rev. edn, 1933). LW 8: 148, 163.

36 Dewey, 'Foreword to *Argumentation and Public Discussion*' (1936). LW 11: 515.

37 Dewey, *How We Think* (rev. edn, 1933). LW 8: 148.

38 Dewey, 'John Dewey Responds' (1950). LW 17: 85.

39 Dewey, *How We Think* (rev. edn, 1933). LW 8: 118.

40 Dewey, 'Context and thought' (1931). LW 6: 5.

41 Dewey, *How We Think* (rev. edn, 1933). LW 8: 114, 171-2.

42 Dewey, 'Understanding and Prejudice' (1929) LW 5: 396.

43 Dewey, *How We Think* (rev. edn, 1933). LW 8: 225, 237, 226-7.

44 Ibid., 233.

45 Ibid., 236.

46 Dewey, *Psychology* (1887). EW 2: 180.

47 Dewey, *How We Think* (rev. edn, 1933). LW 8: 301.

48 Dewey, 'The Inclusive Philosophic Idea' (1928). LW 3: 51.

49 Dewey, *How We Think* (rev. edn, 1933). LW 8: 301, 214-15.

50 Dewey, *Art as Experience* (1934). LW 10: 270. 이 점에 대해서는 또한 MW 9: 7; LW 2: 57; LW 6: 11-13; LW 10: 274-5를 보라.

51 Dewey, *Experience and Nature* (1925). LW 1: 40.

52 Dewey, *Art as Experience* (1934). LW 10: 276, 271; 'Imagination' (1902). LW 17: 242. 또한 EW 2: 168을 보라.

53 예를 들면, 듀이는 1928년의 글에서 다음과 같이 썼다. '만약 누군가 명시적인 외부의 현상, 내가 대중적이고 공식적인 것이라 부른 것, 우리 삶의 외적으로 조직된 측면을 들여다본다면, 그것에 대한 나 자신의 느낌은 좌절

중 하나일 것이다. 우리는 모든 곳에서 무정함, 팍팍함, 탄압, 규격화와 표준화, 효율성에 대한 헌신과 기계적이고 양적인 종류의 번영을 발견하는 것처럼 보인다.' Dewey, 'A Critique of American Civilization' (1928). LW 3: 134.

54 Dewey, 'The Future of Philosophy' (1947). LW 17: 469.

55 Dewey, 'The Need for a Recovery of Philosophy' (1917). MW 10: 3, 4.

56 Dewey, 'Bankruptcy of Modern Education' (1927). LW 3: 278; *Reconstruction in Philosophy* (1920). MW 12: 178; *Democracy and Education* (1916). MW 9: 71.

57 Dewey, *Education and the Social Order* (1934). LW 9: 180.

58 Dewey, 'Some Stages of Logical Thought' (1900). MW 1: 158.

59 Dewey, *How We Think* (rev. edn, 1933). LW 8: 335.

60 Dewey, *Experience and Education* (1938). LW 13: 43.

61 Dewey, 'Academic Freedom' (1902). MW 2: 61.

62 Dewey, 'Freedom in Workers' Education' (1929). LW 5: 332.

63 Dewey, 'Academic Freedom' (1902). MW 2: 56.

64 Charles W. Wood, 'Report of Interview with Dewey' (1922). MW 13: 428.

65 이 마지막 지점에 대해서 듀이는 '특정한 비형식적 분위기'를 추천했다. '왜냐하면 형식화가 진정한 정신의 활동과 진실한 감정적 표현 및 성장에 적대적이라는 것을 경험이 증명하기 때문이다.' Dewey, 'Progressive Education and the Science of Education' (1928). LW 3: 258.

66 Dewey, 'Lectures vs. Recitations: A Symposium' (1891). EW 3: 147.

67 Dewey, *Democracy and Education* (1916). MW 9: 56.

68 Dewey, 'Education, Direct and Indirect' (1909). MW 3: 244.

69 Dewey, *The Educational Situation* (1901). MW 1: 271.

70 Dewey, 'Education, Direct and Indirect' (1909). MW 3: 245, 244.

71 Ibid., 244.

72 James, *Pragmatism*, 106, 42, 106.

73 Ibid., 97.

74 James, *The Meaning of Truth*, 47.

75 Dewey, *Reconstruction in Philosophy* (1920). MW 12: 170.

76 Dewey, 'From Absolutism to Experimentalism' (1930). LW 5: 154. 듀이의 초기 헤겔주의는 영국의 T. H. Green과 듀이 자신의 박사 지도교수였던 Johns Hopkins 대학의 George Sylvester Morris와 같은 영미 관념론자들의 영향을 많이 받았다.

77 Dewey, *German Philosophy and Politics* (1915). MW 8: 152, 153.

78 Dewey, 'Challenge to Liberal Thought' (1944). LW 15: 274, 272.

79 Heidegger, *What Is Called Thinking?*, trans. J. G. Gray (New York: Harper and

Row, 1968), 8.

80   Heidegger, *Discourse on Thinking,* trans. J. Anderson and E. H. Freund (New York: Harper and Row, 1966), 45.

81   Heidegger, *What Is Called Thinking?,* 4, 14, 4, 3, 5, 4-5.

82   Heidegger, *Discourse on Thinking,* 46.

83   Ibid., 45.

84   Heidegger, *What Is Called Thinking?,* 14.

85   Heidegger, *Discourse on Thinking,* 56.

86   Ibid., 51.

87   Heidegger, 'The Question Concerning Technology', trans. W. Lovitt, in *Basic Writings,* ed. David Farrell Krell (New York: HarperCollins, 1993), 311.

88   특별히 Gabriel Marcel, *Man Against Mass Society,* trans, G. S. Fraser (South Bend: St Augustine's Press, 2008)을 보라.

89   Gadamer, *Truth and Method,* 365.

90   Gail Stenstad, *Transformations: Thinking After Heidegger* (Madison: University of Wisconsin Press, 2006), 52.

91   Heidegger, *What Is Called Thinking?,* 10.

92   Ibid., 14-15.

93   Heidegger, *Discourse on Thinking,* 50.

E D U C A T I O N

2부
인문학 교육

A F T E R   D E W E Y

04
철학을 가르치기: 학자와 사상가

　근대 초기에 철학자들이 서서히 대학에 흡수되어 세속적인 철학 교수라는 새로운 종류의 학문적 직업인이 되었던 때부터, 철학자들이 오전 9시부터 오후 5시까지 근무하는 생활 속에서 교육실천보다 더 잘 알았던 실천의 영역은 없었다. 대략 18세기 이래로 대부분의 철학자들은 대학 교육가였고, 누군가 예상할 만한 이 고려사항은 우리로 하여금 실제로 철학자들이 그러했던 것보다 더 이 실천의 원리와 조건들을 탐구하게 할 것이다. 교육의 문제는 사회철학의 다른 사안들과 같이, 철학 교수들이 그들의 전문 분야와 관계없이 스스로 대단히 어떤 의견을 말할 자격이 있다고 믿는 주제이지만, 철학 교수들은 대학 정치와 자신의 교실이라는 범위를 벗어나서는 보통 침묵을 지키고 이 일이 행정가와 교육학과 교수들 사이에서 처리되도록 두는 것을 선택한다. 역사적으로 말해서 이것은 최근의 현상이다. 직업화의 시대 이전에, 특별히 20세기 이전에, 서구 전통의 위대한 철학자들은 보통 그들 자신이 교육가였는지의 여부와는 꽤 별개로, 교육이라는 주제에 대해 많이 이야기해왔다. 따라서 플라톤(Plato)과 아리스토텔레스(Aristotle), 어거스틴(Augustine)과 아퀴나스(Aquinas), 데카르트(Descartes), 홉스(Hobbes), 스피노자(Spinoza), 로크(Locke), 라이프니츠(Leibniz), 루소(Rousseau), 칸트(Kant), 헤겔(Hegel), 밀(Mill), 니체(Nietsche) 및 매우 많은 철학자들이 모두 교육철학에 중요하게 기여했다. 그러나 최근에 철학자들은 예상되는 것보다 약간 더 이 문제에 대해 말하려고 하지 않는다. 그래서 실제로 지난 세기의 교육 문헌들에서 예외로 돋보인 중요한 철학자들이 그렇게 다소 두드러졌던 것이다. 알프레드 노스 화이트헤드, 버트란트 러셀, 그리고 듀이—결코 이에 대해 침묵하지 않은 것으로 알려진 철학자—는 20세기의 철학자들 중에서 그들의 교육철학에 대한 저작들로 인해 두드러지게 돋보인다.

물론 우리는 고대 그리스를 되돌아볼 때, 지혜에 대한 사랑과 교육에의 몰두 간의 관련성이 결코 우연이 아니라는 것을 발견할 수 있다. 플라톤의 『국가^{Republic}』에서 수호자 계급과 철인 왕이 받아야 했던 종류의 교육에 대한 긴 논의는 플라톤의 올바른 국가관에서 결코 부차적인 쟁점이 아니었다. [또한] 아리스토텔레스와 많은 다른 고대 사상가들에게 교육의 문제는 궁극적으로 철학의 가장 기본적인 관심사들 중 하나, 즉 좋은 삶의 본질과 분리될 수 없었다. 만약 인간의 본성이 합리성—로고스의 소유—에 있다면, 좋은 삶은 합리적 존재에게 적절한 삶이다. 즉, 사심 없는 관조의 삶, 과학, 수학, 철학 연구의 삶이다. 그렇다면 철학의 운명은 시작부터 교육의 운명과 분리할 수 없는 것이다. 비록 듀이의 말에 따르면, 그 '교육 기획은 좋은 삶에 도달하고 그 삶을 유지하기 위한 체계적인 수단으로 간주되었지만' 말이다. 여기에서 좋은 삶이란 개인적 측면에서는 완전하고, 탁월하며, 풍부한 삶을, 그리고 그 개인이 구성원인 공동체에도 좋은 삶을 의미한다.[1] 플라톤의 예시가 잘 보여주는 것처럼, 철학과 교육 간의 원초적 관련성은 실제로 더 넓은 지혜에 대한 사랑과 생활 행실의 결합, 지혜에 대한 사랑과 자연세계 및 인간세계에 대한 더 넓은 조망의 결합, 궁극적으로는 지혜에 대한 사랑과 사회적 목적의 결합의 일부였다. 플라톤이 아카데미(Academy)를, 아리스토텔레스가 라이세움(Lyceum)을 세웠던 것은 역사의 우연이 아니며, 이러한 학교들이 부차적이거나 비철학적인 일을 위해 만들어졌던 것도 아니었다. 그보다 이 학교들은 철학 자체에 적합한 거처를 마련하고, 교육과 합리적 존재의 최고 삶의 방식 모두를 규정하는 지혜와 지적 미덕의 계발을 실행에 옮기려고 하였다.

듀이의 교육철학은 여러모로 이 그리스 이상과의 연속성을 보여준다. 물론 듀이의 교육철학은 현대의 조건들에 맞게 수정되었지만, 교육의 궁극적인 목적이 정보의 획득이나 전문적 기능을 넘어서 사고 자체의 일―지적 능력의 계발, 아이디어의 형성, 사회를 괴롭히는 모든 문제의 해결―을 포함한다는 아이디어와 이어진다. 진정한 교육과 진정한 철학이 있는 곳에서, 이 둘은 필수적으로 서로 연결되어 있을 뿐만 아니라, 시급한 그 시대의 사회문제, 민주주의의 운명, 사람들이 구성하는 문화의 조건과 연결되어 있다.

그러나 오늘날과 같은 직업화와 전문화의 시대에, 교육철학은 '응용철학' 또는 '사회철학'이라 일컬어지는 것 속의 상대적으로 주변적인 분과학문이 되었다. 여기에서 '응용'과 '사회'는 표면상 철학의 '핵심' 분파들—형이상학, 논리학, 인식론, 언어철학—과 대비되며, 사회철학 자체 안에서도 교육이론은 가장 자주 윤리학과 정치이론에 밀린다. 교육이론은 그 인상적인 그리스 사상 혈통과 계속되는 전통, 최근 몇십 년간 나타났던 이 분야의 급성장하는 문헌에도 불구하고, 사실상 현대 철학 직업 속에서 별로 중요하지 않은 전공으로 좌천되었다. 이것은 현 시대의 철학과 강의 과목에 반영되어 있다. 철학과에서 교육철학 분야에 대한 대학원 수준의 세미나는 거의 제공되지 않고, 학부 수준에서는 아마도 많아야 한 과목 정도 개설되는데, 이것도 가장 자주 주로 다른 학과의 학생들이 출석하는 '서비스' 과목이다. 철학과가 교육철학 주제에 대해 어떠한 과목도 제공하지 않거나, 그 일을 교육학과(여기에서 교육철학은 또 밀리는데, 이번에는 철학적이기보다 다소 더 사회과학적인 정신 속에서 구체적인 경험적 탐구나 기술적 문제들에 밀린다)에 미룰 때, 누군가 눈썹을 치켜 올리는 경우는 거의 없다.

어떻게 우리 철학자들이 대부분 직업적 교육가인데도, 교육철학은 철학 내에서 필수적이고 본질적인 부분이라기보다 별로 중요하지 않은 전공이 되었을까? 이 교육철학이라는 탐구분야가 계속해서 '핵심' 사상 영역과는 크게 동떨어져 있을 때, 이것은 철학 자체에 무엇을 의미하는가? 이것들은 대단히 듀이와 관련된 질문들이며, 실제로 우리 모두와 관련된 질문들이다. 이것은 듀이가 그의 생애 시작부터 끝까지 몇 번이고 돌아왔던 주제이며, 그가 보기 드문 열정을 가지고 글을 썼던 주제이다. [그리고] 듀이의 대답은 학문적 전문가들이 그러했던 것처럼, 그 시대의 많은 철학에 대해 놀랄 만큼 통렬하게 고발하는 형태를 취했다. 듀이에게 있어서 교육과 철학 모두의 궁극적인 관심사는 주어진 시대의 문화에 영향을 미치는 근본적인 문제들과 지적 해결책의 표현, 사건의 표면 아래를 보는 것, 그리고 사고라는 단어의 가장 포괄적인 의미로 일이 어떻게 다르게 될 수 있을지 사고하는 것이다. 듀이가 그의 후기였던 1947년에 썼던 것처럼, '철학의 주요 임무는 급속한 문화 변화의 시대에 특히 눈에 잘 띄는 혼란 속에 들어가, 표면에 보이는 것의 진의를 찾아내고, 주어진 문화가 뿌리내리고 있는 토양을 얻어내는 것이다.'[2] 철학의 임무는 개인의 삶과 더 넓은 사회의 삶 모두를 포함한 삶을 살아가면서 어느 정도의 지혜를 얻는 것이고, 인간 지식의 방향을 실제적인 것, 사회적인 것, 실험적인 것 쪽으로 돌리는 것이다. 교육의 주요 임무는 바로 학생들로 하여금 이것을 할 수 있게 해주는 것이다. 이것은 어떻게든 최적으로 가능한 정도로 학생들을 전문가들로 바꿔 놓는다는 의미가 아니라, 학생들이 더 이상 '우연히 부는 모든 지적 바람에 휘둘리지' 않게 하고, 듀이가 현대 문화에서 아주 흔한 것으로 보았던 쉽게 속음, 파벌주의, 유순한 마음을 제거하는 습관들을 계발해준다는 의미이다.[3]

그러나 듀이가 19세기 말, 20세기 전반기의 직업적 철학 분야를 살펴보았을 때 그가 발견했던 것은 철학과 교육 간 역사적 관련성의 종말과 철학 자체에 대한 그리스 이상의 쇠퇴였다. 듀이는 너무나 자주 철학이 교수들의 수중에 들어가게 된 것에 대해 경멸을 표현했기 때문에, 그가 수십 년간 고전적인 지혜에 대한 사랑이 '몇몇 직업인들의 잡무의 형태가 되고 있는' 결과에 대해 표현했던 무수한 언급들 중에서 간결한 인용문을 뽑아내는 것은 쉽지 않다.⁴ [그래도] 시작하기에 좋은 곳은－나는 이러한 많은 언급들이 설득력 있다고 생각하고 그 언급들이 표현하는 정서에 완전히 동의하지만, 이것들을 간결하게 인용하려 노력할 것이다－1891년 '스콜라 철학자와 사색가(The Scholastic and the Speculator)'라는 제목의 짧은 글이다. 듀이는 이 주목할 만한 텍스트에서 그의 시대의 철학 전문가들과 중세의 스콜라 철학자들을 비교한다. 중세 스콜라 철학자들이 아리스토텔레스를 모든 그리스 문화와의 살아 있는 관련성으로부터 떼어내고, 그의 텍스트를 순전히 형식적이고 맥락 없는 방식으로 다루는 체계를 열성적으로 추구하며, '아리스토텔레스에게서 삶의 조건들을 제거하여 그를 질식사시키고 나서 남은 것들의 팔다리를 끊어놓게 되었다면', 오늘날의 철학자는 탐구의 대상을 그 맥락에서 찢어내어 그것을 분석하고, 무미건조한 정의들을 내밀며, 종이 한 장 차이의 구분을 짓고, 세상 전부를 순전히 형식적이고 언어적인 활동으로 여기면서 대상을 탐구한다. 듀이는 다음과 같이 계속 말했다.

나는 심지어 수전노도 틀림없이 자신의 금을 가지고 무언가를 할 거라 생각한다. 그렇지 않으면 그는 자신이 금을 가졌다는 것을 알지 못할 것이다. 수전노는 틀림없이 금을 일일이 세고, 같이 짤랑 울려보며, 자신의 손가락을 금 속에 묻어보고 그 동전들을 굴려볼 것이다. 스콜라 철학자도 틀림없이 어떤 점에서 자신이 배운 것을 사용했던 것이다. 스콜라 철학자는 자신이 배운 것이 산산조각 날 때까지 그것을 이러저러한 방식으로 잡아당겼다. 어떤 것이 추상화되고, 홀로 벗겨져 그 관련성을 잃어버릴 때, 남아 있는 모든 것은 반복해서 동일한 것, [즉] 해부하고, 나누고, 분석하는 것, 그리고 나서 조각들을 정리하고, 쌓아놓는 것을 겪어야 한다. 구분 짓기와 수집은 항상 스콜라 철학자의 습관을 동반한다.

성찰하는 대상의 진짜 삶은 그것의 맥락성이나 다른 대상 및 과정들과의 유기적 관련성에 있다. 그러나 이것은 사고의 주요한 일이 추상과 분석, 결국 경험의 세계와 '삶의 움직임 속에서의 대상의 자리'로 돌아오는 데 실패하는 추상과 분석으로 구성될 때, 바로 잊힌다. 현대 철학은 결코 스콜라 철학자의 방식으로 끝내지는 않지만, 대신 스콜라 철학자의 방식에 다른 형태를 주고 그것을 훨씬 더 넓은 범위로 적용한다. 스콜라 철학자의 탐구 대상은 아리스토텔레스의 텍스트와 성서로 제한되었다면, 현대의 전문가들은 모든 방향, 사고와 언어의 전체 영역으로 시선을 돌릴 것이다. 듀이는 다음과 같이 계속 말했다.

수도원의 수도실은 전문가의 강의실이 되었다. 무한히 많은 '권위들'이 아리스토텔레스의 자리를 차지했다. 목표 없는 연감(jahresberichte), 논문, 학술지가 아리스토텔레스의 비평가들에 의해 남겨진 빈 공간을 차지한다. 옛날의 스콜라 철학자가 오래된 필사본에 대해 그 자신의 어떤 것을 쓰기 위해서 그 필사본의 글자들을 지우는 데 힘든 시간을 보냈다면, 새로운 스콜라 철학자도 자신의 팔림프세스트(palimpsest)[1]를 가지고 있다. 새로운 스콜라 철학자는 다른 어떤 스콜라 철학자가 다른 비판들에 대해 비판했던 것을 비판하고, 이러한 글 위의 글은 실재의 하부구조가 오랫동안 애매해질 때까지 계속된다.[5]

이러한 듀이 초기의 정서는 그의 생애 내내 자주 반복되었다. 듀이는 이것을 매우 일반적으로 현대 학문들 전체에 걸쳐 있는 탐구의 조건에 적용하였지만, 그는 계속해서 철학을 '이 문제의 주범'으로 지목했다.[6] 듀이가 판단하기에, 철학적 사고는 '정교한 전문 용어의 과시, 골치 아프게 따지는 논리, 포괄적이고 철저한 명증이라는 단순한 외적 형태에 대한 허구적 헌신이 … 되었다.' 철학적 사고는 '그 자신을 위한 체계에 대해 지나치게 발달한 애착', '지나치게 과장된 확실성 요구', '혐오스러운 이론과 실천의 구분', 철학자들로 하여금 점점 더 좁은 사고의 길로 후퇴하게 만드는 '무의식적인 방어적 반응'을 대표하는 세계에 대한 '무관심'을 보여주었다.[7] 철학자들은 사회적으로 고립되고 내향적인 전문가 계급, 새로운 문화적 엘리트가 되었으며, 이들은 듀이가 종종 '인간의 문제들'이라 불렀던 것의

....

1) 종이가 귀했던 고대에는 양피지에 쓴 글자를 지우고 깨끗이 씻어 재사용했었는데, palimpsest는 그렇게 재사용한 양피지를 가리킨다.

싸움 위에 자신들이 있다고 간주하고, 그들의 '문제들'은 엄격히 그들 자신의 것이며, '인간의 필요, 곤경, 문제들은 "철학적이지" 않다는 이유로' 듀이식의 실용주의자들을 비판한다.[8] 듀이는 그의 생애 말기에, 영미 세계에서 일어났던 논리 실증주의와 분석철학을 향해 이러한 비판을 하곤 했다. 그 예시 중 하나로, 듀이는 그보다 어린 영국인 동료이자 때때로 친구였던 버트란트 러셀을 비판했는데, 그는 러셀의 철학에서 '귀족에게나 어울리는 권위주의의 기미가 보인다.'고 썼다. 듀이는 사회적 쟁점에 관한 러셀의 많은 글들에 보이는 자유민주주의 정신에 대해서는 칭찬했지만, 러셀의 '귀족적' 합리론에 대해서는 확실히 비관적으로 보았다.

왜 우리는 이러한 태도를 귀족의 태도와 비교하는가? 그것은 단순히 그 사람들이 실제적인 삶의 문제에 대해 인내하지 않고, 자신을 일상적인 고려사항들 위에 올리려고 애쓰며, 순수한 성찰의 영역으로 들어가기 때문이다. 그러한 사람들은 자신이 '예술적이고', 보통 사람들보다 더 고차적인 존재에 속한다고 느낀다. 러셀 철학의 이론적 측면들이 이러한 경향을 특징으로 한다는 것을 발견하기란 어렵지 않다.[9]

비엔나 학파(Vienna Circle)[2]에서 시작되었던 러셀의 논리적 원자

---

2) 20세기 초 비엔나 대학에서 출발하여 논리실증주의를 주장했던 철학자 집단. 참고 스탠포드 철학사전, "vienna circle" http://plato.stanford.edu/entries/vienna-circle/

론과 새로운 논리 실증주의는 모두 철학적 사고를 인간의 관심사라는 생생한 세계와의 관련성을 잃어버린 편협한 경계 내에 위치시켰고, 따라서 철학적 사고는 순전히 형식적인 연습이 되었다. 철학이 세상으로부터 등을 돌리자, 세상은 같은 식으로 반응하거나, 문제들(problems)인 것처럼 행세하는 '척박한 지적 체조와 순수한 언어분석'을 당황하여 이해하지 못하는 눈으로 보았다.[10] 듀이가 판단하기에, 세부적이고, 형식적이며, 골치 아프게 따지는 이 새로운 분석적 합리론의 성향은 대부분의 측면에서 부적합하고 '마음의 개방성 감소'의 한 원인이 될 정도로, 철학에 알맞은 목적이나 경험에의 기반과 멀리 떨어져 있었다.[11] 분석적 형식주의와 과도한 전문화의 조합은 직업적 철학자라는 사람 속에, 세상사에 직면할 때 후퇴하고 사회적으로 무책임한 마음의 전환, '근본적으로 인류에게 중요한 특정 문제들이 나의 **전문 분야**(Fach) 밖에 있기 때문에 나의 관심사는 아니라는' 기본적인 확신을 만들어낸다.[12]

이것들은 가혹한 진술들이며, 특히 이 대단히 온화한 철학자의 기준에서 보면 그러하다. 그러나 그 진술들이 표현하는 정서는 이론가로서 듀이 자신의 실천에 대해 알려준다. 듀이 자신은 결코 편협한 전문가가 아니었고, 듀이의 글은 거의 모든 철학의 분과학문에 주요한 기여를 했으며, 또한 듀이는 수십 년간 미국의 가장 중요한 공공 지식인의 역할을 했다. 물론 이러한 묘사는 듀이 시대나 우리 시대의 다른 철학자들에 대해서는 거의 맞지 않는다. 실제로 이렇게 듀이가 비판했던 학문 경향은 오늘날까지 계속되었고, 그 전환이 임박했다는 신호는 어디에서도 보이지 않는다. 거의 예외 없이, 오늘날의 철학자들은 전문가일 뿐만 아니라, 기술자, 분석가, 위대한 사상가들에 대한 학문적 독자들이다. 듀이와 같은 공공 지식인은 대체로 과거의 일이고, 가끔 몇몇 용감한 영혼들이 그 역할을 맡을 때, 그의 동료 전문가들은 보통 그것을 못마땅하게 여긴다. 오늘날의 대학 교수들은 종신 재직권, 승진, 연구비 등으로 학문적 인정을 받지 않는다. 또한 그들은 실제로 스스로 노력해서 상당한 명성을 얻지 못했다면, 동료 검토를 받지 않은 출간물로 학문적 인정을 받지 않는다.[3] 여전히 소크라테스가 철학자들의 수호성인이라 해도, 이제는 그를 따라 광장으로 들어가거나, 소크라테스와 듀이가 그랬던 것처럼 과감히 다양한 질문들을 하는 사람은 거의 없을 것이다.

이러한 20세기 철학의 조건에 대한 부정적인 검토는 현재 철학과 학생들이 받고 있는 교육에 관한 듀이의 평가에 대해 알려줄 것이다. 비록 듀이가 학부나 대학원 수준의 철학교육의 목적이라는 구체적인 문제를 누군가 희망하고 아마도 예상했을 것처럼 직접적이고 지속적인 방식으로 다루지는 않았지만, 듀이는 주어진 오랜 기간 동안 미국의 몇몇 좋은 철학과에서 가르쳤었고, 그의 글은 이 주제에 대한 그의 견해에 대해 충분한 증거를 제공해준다. 듀이의 설명에 따르면, 철학교육의 목적은 기술을 훈련시키고 학문적 직업에서의 경력을 위해 준비시키는 것이 아니다. 우리는 쉽게 이것을 최고의 교육적 성공의 표시로 간주하라는 유혹에 넘어가지만 말이다.

---

3) 이 문장은 오늘날의 대학 교수들이 동료 교수들로부터 학문적 인정을 받기 때문에, 동료 교수들의 분위기와 다르게 사회 참여를 하거나 매우 독창적인 질문을 하기 어렵다는 것을 의미하는 것 같다.

특히 학부 수준에서 철학과 학생들은 장차 교수가 되려는 사람이나 미래의 문화적 엘리트 구성원으로 간주되어서는 안 된다. 우리가 보았던 것처럼, 듀이는 졸업 이후 삶에의 준비라는 전통적이고 일반적인 교육의 개념, 특별히 학생들의 경제적 사회생활에의 입장을 포함한 이 개념에 대해 자주 비판할 기회를 가졌다. 듀이는 이 비판을 어떤 특정한 분야로 향하게 하지 않고, 일반적인 교육은 오직 '특정한 의미에서' 학생들을 미래의 삶에 준비시키며, 전문적인 직업에의 준비는 교육의 중심 목적이 아니라고 주장했다.

> 이제 '준비'는 믿을 수 없는 개념이다. 특정한 의미에서 모든 경험은 한 사람을 더 깊고 포괄적인 특징을 가지고 있는 이후의 경험에 준비시키기 위해 무언가를 해야 한다. 이것이 바로 성장, 연속성, 경험의 재구성의 의미이다. 그러나 미래의 어떤 때에 유용할 것이기 때문에 특정한 양의 수학, 지리, 역사 등을 가르치고 배우기만 하면 이러한 효과가 생길 거라 가정하는 것은 실수이다. 그리고 읽기나 셈하기 같은 기능을 획득하면 자동적으로 원래 그것이 획득된 조건과는 매우 다른 조건하에서도 그 기능을 올바르고 효율적으로 사용하도록 준비될 거라 가정하는 것도 역시 실수이다.[13]

철학 및 모든 학문의 교육가는 학생들의 미래를 고려해야 하지만, 이것을 편협하거나 순전히 도구적인 방식으로 해석해서는 안 된다. 학부 교육을 학문적 철학자이든 다른 영역의 직업적 삶이든, 전문가가 되기 위한 필수적인 준비행위에 해당하는 훈련으로 간주해서는 안 되는 것처럼 말이다. 철학 및 모든 학문의 교육이 교육의 과정 자체 밖에 있는 어떤 목표에 도움이 되어야 한다는 전통적이고 여전히 널리 퍼져 있는 견해는 물론 듀이가 거부했던 견해이다. 더 정확히 말하면 듀이는 대학 교육의 분명한 실천적 가치를 인정했지만 말이다. 또한 듀이는 문화적인 종류의 귀족으로의 진입을 위한 준비로서 고등교육의 개념을 거부했다. 듀이는 철학이 제공하고 철학의 지지자들이 항상 "문화"와 "자유주의적" "인문" 교육이라는 이유로 … 옹호하는 '이론적인 교육의 유형은 영국 전통의 의미에서 "신사(gentlemen)"—즉 지배계급과 유한계급의 구성원들—를 만들어내려는 목적을 가진 학교들에 거의 전적으로 널리 퍼져 있었다'고 말했다.[14] 좋은 이론적 교육은 '어느 것에도'—전문가로서의 직업 준비, 엘리트로의 입문, 로스쿨로의 디딤돌에도—'도움이 되지 않는다고' 주장하는 것은 교육의 도구적 가치가 교육의 궁극적 목표가 아니고, 교육의 도구적 가치는 손에 잘 잡히지 않는 특징을 가지는 목표들에 종속된다고 단언하는 것이다.[15] 굳이 철학교육이 학생들을 어떤 것에 준비시킨다면, 그것은 학생들이 능력 있는 민주시민이 되게 하고, 경제적 노동을 넘어서는 공동체 삶의 형태에 참여하는 데 필요한 지적 미덕들을 소유하게 하는 것이다. 항상 진정한 교육의 민주적 정신을 염두에 두었던 듀이는 학생들을 '여가와 문화라는 학문 생활'을 할 운명인 이들과 '이상적이지 않은 노동에 약간 수동적으로 둔하게 참여할' 준비를 하는 이들로 구분하는 것을 단호하게 반대했다.[16] 이 계급을 기반으로 한 관념은 후자의 집단에게는 유순한 마음을, 전자의 집단에게는 구세계의 엘리트주의를 낳는다.

아마도 학부 철학교육의 목적이라는 질문에 대한 듀이의 가장 직접적인 대답은 그가 1893년에 '왜 철학을 공부하는가(Why Study Philosophy)?'라는 적절한 제목의 매우 짧은 글에서 약술했던 것이다. 듀이는 학생 청중에게 강연할 때, 현재 생각의 기원과 기반을 아는 것의 중요성, 학생들로 하여금 생각하는 재능을 얻게 해주지만 때로는 '우리 자신을 그 생각으로부터 자유롭게' 해주는 지식의 중요성에 대해 말함으로써, 그 자신의 질문에 대답했다. 만약 아이디어가 신조의 구성요소라기보다 문제가 되는 상황을 해결하기 위한 도구라면, 교육받은 정신은 아이디어를 무비판적으로 공경하기보다 그 아이디어를 사용하는 데 능숙해야 한다. 듀이의 말로 하자면,

나는 여기에서 나의 직업을 지나치게 확대하지 않으려 한다. 그러나 나는 현재의 생각, 정서, 의지에 관한 태도 구조를 생겨나게 한 역사적, 논리적, 심리적 과정에 대한 그 자신의 통찰 없이 '자신의 교육을 끝마쳤다고' 일컬어지는 것을 해냈던 사람은 편협하면서도 융통성이 없는, 단조로운 분야에 대한, 어떤 경우에도 변하지 않는 관점, 고정된 지평이라는 조망을 가진다고 느낀다. 그가 적어도 비교적 녹고 있는 색깔들, 반짝이는 빛살들, 이동하는 경계들의 장면[4]을 넓고 유연한 시각을 가지고 볼 수 있음에도 불구하고 말이다.

....
4) 단조로운 분야와 대비되는 실제 현상의 다양함과 풍부함에 대한 표현인 것 같다.

듀이는 1893년에 미국 대학에서의 공식적인 철학 공부가 눈에 띌 정도로 그가 소중히 여겼던 지적 미덕들을 심어줄 것 같다는 환상을 품지 않았고, 고차사고력을 소유하는 것으로서의 교육받은 정신의 관념을 이상으로 제시했다. 사실 이러한 능력을 가르치는 방법에 대해 철학과가 어떤 특별한 통찰력을 가지고 있는지의 여부는 듀이가 어느 정도 의혹을 표현했던 문제였지만, 그것은 여전히 훌륭한 이상이다. 듀이의 글은 철학을 공부하는 것이 도구적인 목표보다는 더 궁극적인 목표에 기여하며, 이것에는 '철학자의 느낌'인 경외감과 단순히 해야 하기 때문에 지식을 추구하는 본능이 포함된다는 내용으로 끝난다.[17]

철학교육이 학생들에게 사고하는 방법을 가르친다는 것은 친숙한 생각이다. 공식적인 철학 공부는 사상사에 관한 지식을 전해주는 것에 더하여, 합리적 사고의 기술, 전통적으로 가장 순수한 형태로는 형식 논리학 공부로, 대중적인 형태로는 '비판적 사고'라 불리는 것으로 간주되는 기술이나 기법 속에서 정신을 훈련시킨다. 3장에서 논의했던 것처럼, 합리적 사고는 가장 자주 순수하면서도 저속한 형태로, 구체적인 교과내용과 떨어져서 가르치고 배울 수 있거나, 그 자체로 교과내용인 기술로 간주된다. [그러나] 우리가 알고 있는 것처럼, 듀이의 답변은 사고가 개념, 텍스트 및 다른 대상과 별개로 훈련될 수 있는 고립된 능력이 아니라는 것이다. 사고의 지향하는 구조―사고는 언제나 어떤 것 또는 다른 것에 관한 것이라는 사실―는 우리로 하여금 논리학 공부를 순전히 형식적인 작용이나 내용이 없는 것으로 생각하는 것, 사고 자체를 경험의 세계 반대편 틈에 가까운 쪽에서 일어나는 것으로 생각하는 것을 못하게 한다. 듀이는 일반적인 '정신 능력들이 그 자체로 힘이 아니라, 오직 그 능력들이 목표로 하는 것, 그 능력들이 수행해야 할 일과 관련하여 힘이 된다고' 썼다.[18] 이것은 물론 듀이 시대와 우리 시대의 기존 견해, 합리적 사고가 본질적으로 형식적이고 방법론적인 일이며, 오직 부차적인 문제로 아마도 예증이나 실제적 연습이라는 목적에 기여하기 위해서만 방법을 경험의 항목들에 적용하는 것이 필요하다는 견해에 정면으로 도전한다. 이러한 견해에서 논리적 추론규칙은 유일하게 본질적인 주제이며, 누군가 비판적 사고를 가르치려면 이 규칙에 비형식적 논변 오류들과 아마도 약간의 경험법칙들을 보충할 필요가 있을 것이다.

이러한 견해들이 간과하는 것은 사고의 지향성, 실용주의적인 성향뿐만 아니라, 사고의 독창성이라는 중요한 문제이다. 모든 철학적 사고는 필수적으로 내용이 없는 형식이 아니라, 내용 그 자체, 지적으로 형성된 내용을 만들어낸다. 듀이는 이성과 경험 간의 이분법을 거부했던 것처럼, 형식과 내용 간의 이분법을 거부했다. '비판적 사고'라 불리는 것은 오직 이런저런 아이디어에 대해 비판적인 사고이지, 그 자체로 분리되고 교육과정과 별개로 훈련되는 어떤 것-능력, 역량-이 아니다. 마찬가지로 철학적 성찰은 이런저런 철학자의 텍스트에 대한 성찰 또는 살아 있는 경험의 과정에서 생기는 질문들에 대한 성찰이다. 오래된 형태 및 새로운 형태의 합리론은 이성과 경험을 분리하고 후자를 폄하하는 지속적 경향 면에서뿐만 아니라, 창조성이나 독창성이 기껏해야 별로 중요하지 않은 역할을 하는 엄격히 형식주의적인 합리적 사고관을 제시한 면에서 실수를 했다. 듀이에게 있어서, 고차사고력만 규칙 따르기를 넘어서는 게 아니다. 일반적으로 사고는 어느 정도의 창조성을 요구하고, 그 자체로 '새로운 것으로의 침입'이 된다.[19] 순전히 기계적인 것을 제외하면, 사고와 앎이라는 정신적 행위는 질문을 제기하는 것, 의미를 포착하는 것, 맥락 속에 위치시키는 것, '정서화된 사고', 기존 개념을 새로운 경험의 영역으로 가져가는 것을 요구한다. [그리고] 이것들 모두는 규칙 따르기를 훨씬 능가한다.[20]

따라서 만약 철학교육이 위대한 과거의 철학자들이 주장했던 것뿐만 아니라, 일반적인 의미에서 철학적으로 사고하는 방법을 배우는 것을 포함한다면, 이것은 오류를 피하고 논리적 추론의 규칙을 따르는 것 이상의 어떤 것을 수반한다. 이러한 철학교육은 이성과 경험의 재연결을 요구하며, 어떻게 철학자들이 사고해야 하는지 추정하여 추상적으로 이상화하는 것보다는 철학자들이 실제로 어떻게 사고하는가에 대한 이해를 요구한다. 만약 서구 전통의 위대한 사상가들이 경험적 진공상태에서 논변을 고안하지 않았다면, (그들은 확실히 그러지 않았다.) 오늘날의 철학과 학생들도 간단한 기법의 적용을 통해서 자신의 논변을 평가하거나 새로운 논변을 만들어 내지 않아야 한다. 듀이는 많은 철학 교수들의 잘못이 학생들의 정신 속에 전통적인 일련의 이항대립—이성과 경험, **선험적인 것과 후험적인 것**, 이론과 실천, 사고와 감정, 형식과 내용, 지식과 의견, 확실성과 개연성 등—을 재생산하고, 지식인의 중대한 업무는 이러한 각각의 양극단에서 전자의 가치이며 후자의 가치는 완전한 이상의 물타기에 해당한다고 주장하는 것이라고 믿었다. 이것의 결과로는 '추상적이고 멀리 떨어져 있는 논리적 사고와 일상의 사건들의 특정하고 구체적인 요구들' 간의 위험한 단절뿐만 아니라, 철학자들이 어떻게 사고하고 사고해야 하는지와 관련하여 학생들이 받아들이는 왜곡된 견해가 포함된다. 더 궁극적으로 이러한 결과에는 엄밀하게 지적인 것을 넘어서, 실천적인 것과 윤리적인 것이 포함된다. 자신의 전문 분야가 아닐 때 전문화된 학자들이 쉽게 속는 것, 학자들의 요란한 추론과 발화의 습관, 학자들의 실제적인 문제의 결론에 도달하는 것에 있어서의 서투름, 학자들의 자신의 주제에 대한 자기중심적 몰두는 사고를 경험으로부터 잘라냄으로써 생겨난 결과들 중 몇 가지이고, 이것은 교육가들만큼이나 학생들에게 꽤 많이 있다.[21]

철학 자체에서와 같이, 철학교육에서 필수적인 일 중 하나는 철학교육이 다루는 일련의 문제들과 이러한 문제들의 기원이다. 인식론 교수가 자신의 학생들에게 세계의 존재나 다른 정신의 존재와 관련하여 문제가 있다고 알려줄 때, 학생들이 그 문제가 진짜인지 확신시켜줄 것을 요구하는 것은 꽤 있을 수 있는 일이다. 학생들이 이렇게 묻는 것이 무리가 아니라면, 이 문제는 어떻게 생겨나는가? 왜 이것이 문제인가? 해결책에 대한 탐구를 시작하기 전에 이러한 초보적인 질문들에 답해야 하지만, 이 질문들은 종종 대답되지 않거나 심지어 다루어지지 않은 채 남겨진다. 우리는 대답하려는 열성으로 인해 쉽게 이 질문의 가치를 간과하지만, 듀이가 지적했듯이 이 겉보기에 초보적인 문제는 뒤따르는 탐구에 매우 중요하다. 학습은 사고 자체가 그러한 것처럼, 동기, 어느 정도의 호기심이나 욕망을 요구한다. 어떤 교육가가 이것을 단순히 자신의 교과에 대한 열정의 힘을 통해 자주 심어줄 수 있다 해도, 교육이 성공하려면 학생들은 자신들이 공부하고 있는 문제들이 자신들의 재치를 연마하기 위한 가짜 문제나 수수께끼가 아니라는 느낌을 가져야 한다. 그 문제들과 함께 제시되는 '위대한 질문들'은 학생들 스스로에게, 교수가 그들에게 알려준 것처럼, 단순히 인간의 정신이 사고하기를 시작할 때마다 생겨난다거나 아마도 하늘에서 떨어진 것 같은 표면상 지속되는 질문이라기보다, 살아 있는 절실한 질문들로 간주되어야 한다.

듀이가 『민주주의와 교육』에서 '학교에서 배우는 것의 상당 부분에 이상한 인위성이 붙어 있다'고 썼을 때, 그는 아마 철학과에서 제공한 교육과정을 많이 염두에 두고 있었을 것이다. ('학교'가 중등 이후의 기관들을 포함한다면 말이다.) 특별히 듀이가 자주 철학적 문제와 가짜 문제라는 쟁점에 대해 글을 썼던 것에 비추어보면 그러하다.[22] 예를 들면, 듀이는 『아는 것과 알려진 것Knowing and the Known』에서 오랫동안 철학과 관련되어 왔던 매우 많은 문제들의 인위성에 대해 언급했다.

철학 담론에서 인간과 세계, 내부와 외부, 자아와 자아가 아닌 것, 주체와 객체, 개인적인 것과 사회적인 것, 사적인 것과 공적인 것 등으로 완전히 구분되어 왔던 것은 삶의 처리과정 안에 있는 실제의 무리들이다. 어떻게 그것들을 합치는가 하는 철학적 '문제'는 인위적이다. 사실에 근거하자면 그러한 철학적 문제는 실제의 무리들이 구분으로 나타나는 조건들에 대한 고

려로 대체될 필요가 있고, 특별한 용도로만 그 구분의 도움을 받을 필요가 있다.[23]

실제 경험의 과정에서 생겨나는 구분은 많은 철학자들의 수중에서 원대한 양자택일 또는 관념적인 양극단이 되는데, 이것은 경험으로부터 뿌리가 뽑혀졌기 때문에 이제 맥락의 도움 없이 이론적 문제로 검토되어야 하는 것이다. 이것이 철학적 탐구 자체 안에서 일어날 때에는 보통 실용주의의 공리를 충족시키는 데 실패하는 논변이나 이론적 입장이 생겨나고, 이것이 교실에서 일어날 때에는 학생들이 철학적 문제를 일종의 실내 게임으로 생각하게 되는 비현실적 분위기가 만들어진다.

진정한 철학적 문제는 인간의 경험에서 생겨나며, 우리는 궁극적으로 그 문제의 해결책을 다시 원래의 문제 상황으로 가져와 검증해야 한다. 일반적으로 이론적 성찰은 그것이 철학적인 것이든 과학적인 것이든 아니면 다른 어떤 것이든, 실천적 영역 및 경험적 영역에서 생겨나고 그곳으로 돌아간다. 그렇지 않다면 그 사고는 완전히 공중누각을 짓는 것이다. 요컨대 이것은 무엇이 철학적 문제를 구성하는가에 대한 실용주의적 견해이다. 이 견해의 교육적 함의는 학생들이 문제의 진정한 차원들을 보고, 문제가 무엇인지, 문제가 어떻게 생겨나는지, 문제 해결의 성패가 달려 있는 것이 무엇인지에 대한 감각을 개발할 수 있어야 한다는 것이다. 그러나 너무나 자주 이 모든 것은 말할 필요도 없는 것, 심지어 비철학적이거나 반지성적인 것으로 생각된다. 학생들에게 철학의 '근본 문제들'을 제시하고, 학생들은 그들 앞에 있는 문제에 대한 감각을 개발하지 않은 채 연달아 일련의 이론적 제안들을 따라갈 때, 그러한 교육은 시험 통과와 정보암기라는 [교육적] 실패의 원인이 된다. 학생들은 철학적 성찰이 어떤 의미 있는 방식으로 실제적인 것에, 아니면 교실 밖의 생활과 어떻게든 생생하게 관련되어 있는 일반 학문 공부에 착륙할거라 예상하도록 배우지 않고, 철학적 성찰을 지적 정교화와 동일시하도록 배운다. 이상의 결과에서 '일상의 경험은 학교에서의 학습을 통해 풍부한 의미를 가져야 하는데, 그렇게 되지 않는다. 일상의 경험은 학교에서의 학습을 통해 비옥하게 되지 않는다. 그리고 반쯤 이해되고 제대로 소화되지 않은 내용에 익숙해지고 그것을 받아들이는 데에서 생겨나는 태도는 사고의 활력과 효율성을 약화시킨다.'[24]

내가 2장에서 논의했던 것처럼, 일반적으로 교육의 과정은 학생들의 학교 밖 경험에 기반을 두어야 한다. 그러나 너무나 자주 그러한 경험과 크게 동떨어져 있거나 많은 학생들에게 완전히 그 경험과 단절된 것으로 보이는 학문이 있고, [그러한 학문을 가르쳐야 하는] 교육가는 특별히 어려움을 겪는다. 어떻게 교수는 지나치게 단순화하거나 담론의 수준을 낮추지 않으면서, 순전히 개념적인 교과내용과 일상의 경험을 연결할 것인가? 듀이는 해당 영역에 대해 사전의 이해관심이 존재하지 않는 학생들에게 공부하려는 이해관심을 불러일으키기 위해서는, 교육가가 현존하는 충동이나 이러저러한 종류의 호기심에 호소해야 한다고 확고하게 주장했다. 교과내용이 완전히 이론적일 때 어떻게 이것이 이루어지는가? 이에 대한 전통적인 대답이 어떤 영리한 교수법적 기술을 통해서 또는 교과내용에 대한 교육가 자신의 열정을 전염시키는 영향력을 통해서 '교과내용을 흥미롭게 만들어야' 한다는 것이라면, 듀이의 견해는 여전히 학생들 자신의 경험을 탐구를 위한 이해관심과 동기의 기반으로 보아야 한다는 것이다. 따라서 정치철학에 대한 이해관심은 학생이 사회의 부정의에 [완전히] 무관심하지 않다면 일어날 수 있고, [교육가는 그 학생에게] 가능한 해결책에 대한 탐구의 이득에 대해 설득할 수 있다. 인식론에 대한 이해관심은 데카르트의 이전에 믿었던 모든 것에 대한 의심의 경험, 그것 없이는『성찰』의 논변이 거의 일리가 없는 경험과 관련시킴으로써-더 낮게는 그 경험에 대해 읽는 것을 통해-일어날 수 있다.

듀이는 표면적인 문제가 그렇게 [학생들의 이해관심에] 기반을 둘 수 없는 경우에, 학생들의 이해관심 부족을 탓하기보다 더 먼저 그 문제 자체가 진짜인지 물을 것이다. 듀이는 이론적 문제에 대한 학생들의 이해관심은 스스로 가속도가 붙을 것이고, 자주 그러하며, 결국 원래 그 이해관심을 고무했던 충동보다 크게 성장할 것-실제로 이것은 바라건대 상급 수준의 공부에서 일반적인 것이 될 것임-을 부인하지 않으면서도, '학생들의 이해관심이 예비기-형식이나 수단이 진짜 목표나 가치와 유기적인 관계를 유지하는 시기-를 충분히 겪는다고 보는 게 중요하다고' 강조했다.[25] 학생들이 지적으로 성숙해지고 어느 정도 합당한 전문 분야를 개발함에 따라, 그러한 원초적 충동과 호기심은 어떤 성장하는 것의 방식으로 크게 성장하고 일련의 더 나아간 이해관심들로 대체된 상태로 오랫동안 존재할 것이다.

만약 듀이가 '교육과 개인적 경험 간의 유기적 관련성'이라 불렀던 것이 종종 철학과 같이 이론적인 학문에서는 미약하고 정교하지 않은 것으로 생각된다면, 두 가지 예시를 통해 이것이 그렇지 않다는 것을 보여줄 수 있다.[26] 도덕적 쟁점에 관한 학부 수업은 가장 자주 도덕 이론에 관한 수업보다 훨씬 더 학생들을 끌어들이고, 비판적 사고 수업은 형식 논리학 수업보다 더 학생들을 끌어들인다. 이것이 왜 그러한가에 대하여, 사회적 통념은 두 경우 모두, 특히 철학을 전공하지 않는 학생들에게 전자는 상급 수업이 아니고, 아마도 지적으로 덜 도전적이기 때문이라는 것이다. 제목에 '이론'보다 '쟁점'이라는 단어가 있는 수업은 쉬운 선택과목을 찾고 있는 많은 학생들에게 전망이 좋은 후보가 되고, 아마도 이론 수업보다 더 즉각적인 매력을 가질 거라 생각된다. 그러나 이 이야기에는 사회적 통념이 포착하는 것보다 더 많은 것이 있을 것이다. 도덕적 쟁점이나 응용 윤리학이라는 분과의 수업은 윤리 이론 수업보다 훨씬 더 쉽게 학생들의 경험이나 현존하는 이해관심과 자주 연결되어 있을 것이다. 학생들은 종종 이러한 수업에 높은 수준의 이해관심을 가져올 것이며, 심지어 그들이 예상했던 것만큼 그 수업이 쉽지 않다는 것이 분명해진 후에도 지속되는 이해관심을 가져올 것이다. 만약 이러한 학생들 중 대다수가 그다음에 윤리이론을 공부하는 것을 꺼려 한다면, 이것은 그 수업의 수준이 더 어려워지고 정교해져서가 아니라, 그 수업이 실제적 쟁점과 무관하다는 것을 지각했기 때문일 것 같다. 너무나 자주 학생들로부터 들려오는 '관련성'의 요구는 그들의 교육가들이 자주 그렇게 생각하는 것과 같이 잘못된 반지성주의의 징후가 아니라(또는 그것만이 아니라), 부분적으로 이론적인 것이 실천적인 것에 대처하는 데 있어 우리에게 도움을 줄 거라는 정당한 기대이고, 또한 학생들이 너무나 자주 지각하는 경험과 교육 간의 단절에 대한 불평이다.

너무나 많은 철학교육과정이 기본적으로 사상사로 구성되어 있을 때에도 '그것을 경험과 관련 있게 만드는 것'이 정당한 기대일까? 누군가가 플라톤의 『국가^{Republic}』나 홉스의 『리바이어던^{Leviathan}』을 가르치고 있다면, 텍스트의 논변을 가르치고, 전통적인 방식으로 그 의미를 설명하며, 아마도 어느 정도 비판적인 분석에 관여하는 것으로 충분하지 않을까? 그는 그 텍스트를 학생들의 개인적인 경험 ─ 관습적으로 단조로운 문제 또는 기껏해야 논변이라는 본질적인 일에 도달하기 위해 가능한 한 빨리 제공되어야 할 예비 문제로 간주되는 사안 ─ 과 관련지어야만 할까? 이 점에 있어서, 어떤 조건에서야 개념사를 완전히 적절하게 교육적으로 가르칠 수 있는가? 이것의 요점은 무엇이며, 개념사를 가르치는 것은 항상 비교육적인가? 이러한 일련의 질문에 대한 듀이의 반응은 과거의 위대한 저작들을 학생들의 현대 경험과 연결시키리라 기대하는 것은 정당하며, 이는 교육적 가치가 있는 모든 것의 필요조건이라는 것이다. 그러한 저작들을 읽는 것은 교육가가 값을 매길 수 없는 골동품들을 조심스럽게 밧줄로 둘러막고, 학생들로 하여금 밧줄을 친 영역 밖에서 수동적으로 감상하며 놀라워하며 응시하도록 만드는 박물관 방문과 [전혀] 유사하지 않다. 반대로 위대한 저작들을 배우는 것은 그것들에 참여하는 것을 의미한다. 이것은 그 저작의 논변들의 논리를 점검하거나 특정한 전통에서 철학자들이 '분석'이라 부르는 것에 관여하는 것으로 제한되지 않는 의미이다. 진정으로『국가』에 참여하는 것은 자신의 지평을 넓히고, 자신의 확신을 시험하며, 서구 문화의 원천들 중 하나를 목표 그 자체로서가 아니라, 듀이가 말했던 것처럼 '현재를 새로운 방향으로 받아들이기 위해서' 이해하는 것이다.[27] 궁극적으로 사상사를 공부하는 것의 정당화와 적합성은 다른 형태의 역사 공부와 다르지 않다. 그것은 우리로 하여금 더 현재와 미래에 잘 대처하게 만들기 위해서이다.

어떠한 경험이 교육적이려면, 그것은 반드시 다른 경험과의 연속성을 보여야 한다. 듀이가『경험과 교육』에서 이 원리를 표현했던 것처럼, '특정한 방향으로 이루어진 발달이 지속적인 성장에 기여할 때, 오직 그때라야만 성장으로서의 교육이라는 기준에 부합한다.' 마찬가지로 '더 나아간 경험의 성장을 막거나 왜곡하는 결과를 낳는 모든 경험은 비교육적이다.'[28] 이 원리를 개념사에 적용한다면, 우리는『국가』의 교육적 가치가 그 텍스트의 어떠한 본래적 특징에 있는 게 아니라, 학생들의 텍스트와의 만남에 선행하면서도 그것에 따라오는 조건들 속에 있다고 말할 것이다. 지적 성숙의 연령에 도달한 학생들에게『국가』나『리바이어던』과 같은 위대한 저작들을 접하게 하는 것은, 잘 가르친다면, 보통 더 나아간 지적 성장으로 매우 잘 연결되고, 현존하는 이해관심을 새롭고 생산적인 방식으로 이끌며, 지적 사고력을 심화시킨다는 것을 오랜 기간의 경험이 보여주었다. 학생들은 소크라테스의 예시로부터 지적 미덕에 관한 것을 배우며, 이것을 다른 탐구의 영역에 적용할 수 있다. 그렇지 않고 형편없는 가르침 때문이든 다른 요인 때문이든, 학생들이 개념들에 냉담하거나 반지성적으로 된다면, 학생들이 교조주의로 후퇴하거나 일반적으로 철학을 경멸하게 된다면, 그들의 이 텍스트와의 만남은, 아니 어떠한 텍스트와의 만남도 비교육적일 수 있다. 단순히『국가』의 논변에 대해 알거나 그 논변을 기억하는 것은 그 자체로 교육적 성공의 증거가 아니라, 더 나아간 경험으로의 길을 여는 수단이다.

이러한 견해는 사상사에 관한 지식이 본래 교육적이라고 생각하는 교육 보수주의자들과 정면으로 충돌한다. 실제로 이 견해는 [교육에서] 필수적인 문제가 지적 능력의 계발이 아니라, 정보의 소유라고 생각하는 해럴드 블룸(Harold Bloom)[5]이나 에릭 도널드 허쉬(E. D. Hirsch)의 보수주의뿐만 아니라, 오랫동안 주류 철학 교수들이 옹호했던−아니면 적어도 자주 그들의 교육가로서의 실천에 내포되어 있는− 견해와도 충돌한다. 많은 이들이『국가』를 가르칠 때, 그들이 고대 철학자의 견해에 관한 정보를 전달하고 있을 뿐만 아니라, 학생들에게 텍스트에 비판적으로 참여하도록, 이것을 넘어서 철학적으로 사고하도록 가르치고 있다는 신념에 충실하다고 단언하지만, 보통의 실천은 이러한 신념을 간과하고, 학생들이 '내용을 알고 있는 것'에 만족하는 경향이 있다. 여기에서 '안다'는 것은 시험, 심지어 적극적으로 사고와 텍스트에 지적으로 참여하는 모든 방식

....

5) 1장에서 언급되었던 교육 보수주의자인 앨런 블룸(Allan Bloom)을 잘못 표기한 것으로 보인다. 해럴드 블룸(Harold Bloom)은 미국의 문학비평가로, 현재 예일대 인문학 석좌교수이다.

을 막는 선다형 시험이 포함된 시험을 통해 양화될 수 있는 의미이다. 듀이에게 정보를 축적하는 것이 학습과정의 필수적인 부분이라는 것은 말할 필요도 없이 충분히 분명하고, 실제로 그는 『경험과 교육』에서 이것을 명시적으로 말할 수밖에 없다는 것에 대해 놀라움을 표했다. 말할 필요도 없지 않은 것, [꼭 말해야 하는 것은 '내용을 알고 있는 것'이 궁극적인 가치가 아니라는 것, 그것은 지적 습관과 태도의 계발에 비해서 그렇게 중요하지 않다는 것이다. '왜냐하면 이러한 태도들이 근본적으로 미래에 중요한 것이기 때문이다. [학생들에게] 형성될 수 있는 가장 중요한 태도는 계속 배우고자 하는 욕구와 관련된 태도이다.'[29] 예를 들면, 철학과 학생들이 사상사나 이러저러한 탐구의 영역에 관하여 풍부한 지식을 획득하면서, 동시에 사실상 그들을 가르치기 어렵게 만드는 지적 오만함을 취하는 것은 전적으로 가능하다. 이것은 철학과 학생들 사이에서 드문 현상이 아니며, 이는 특별히 그들의 교육가들이 스스로 자신의 견해에 독단적이거나 스스로를 지적 귀족의 구성원으로 간주할 때 널리 퍼진다. 학생들은 종종 교과내용에 관한 교수들의 의견뿐만 아니라, 아마도 더 중요하게는 아이디어, [특히] 교수들이 잘 모르는 것이 포함된 아이디어에 대한 교수들의 일반적 태도 - 그들이 자신의 신념에 있어 유연한지 그렇지 않은지, 새로운 아이디어에 열려 있는지 닫혀 있는지, 관대한지 그렇지 않은지 등 - 를 꽤 마음에 간직한다. 학생들은 종종 빠르게 그러한 태도를 취하며, 그 태도는 공식적인 공부의 과정에서 획득된 어떠한 지식보다 훨씬 더 오래 지속될 수 있다.

만약 철학교육의 최상의 목적이 학생들로 하여금 철학적으로 사고하는 방법을 배우게 하는 것이라면, 그리고 사고하는 기술은 교육과정의 진공상태에서가 아니라 텍스트와 사상에의 비판적 참여를 통해서 가르치고 배울 수 있다면, 그러한 교육의 주요 부분은 반드시 과거의 위대한 텍스트들을 공부하는 것과 철학사에서 철저한 기반을 얻는 것을 수반할 것이다. - 다시 이것은 그 자체로 목표이거나 보존을 위한 활동이 아니라, 플라톤이나 아리스토텔레스, 홉스나 니체의 저작과의 만남이 우리가 지금까지 발견했던 것 중에 가장 좋은 사고 훈련의 기반이 되기 때문이다. 누군가가 예술가가 되려고 하는 것처럼, 사고하는 것을 배우고 최고로 역사 속의 위대한 사상가들을 공부하려고 한다면, 그는 대가들을 공부하는 것이 좋을 것이다. 이는 그들을 모방하는 것이 아니라 그들로부터 배우고 궁극적으로 그들을 능가하는 것이다. 듀이는 학생들이 단지 사전에 발견된 내용에 관한 정보를 흡수하기보다 적극적으로 실험실에서의 실험 - 탐구의 실천 - 에 참여함으로써 '적절한 자양물'을 얻는 과학적 공부를 하는 것이 중요하다고 말할 때, 이 점을 분명히 했다. 듀이는 다음과 같이 말했다. '실험실 방법의 진짜 가치는 … 정말로 어떤 사람이 처음부터 다시 진리를 발견할 수 있다는 것이 아니라 … 단순히 그것을 조작하는 것, 단순히 처음으로 그 진리를 발견할 때 겪었던 작용을 겪는 것이 그 지식을 자신의 것으로 만드는 자연스러운 표현수단이라는 것이다.' 동일한 원리를 철학에 적용한다면, 우리는 학생들이 역사 속의 위대한 사상사들의 생각의 작용을 따라갈 때, 그들이 추상적인 방법을 제공받을 때보다 훨씬 더 진정으로 사고하는 것을 배우고 있다고 말할 수 있다. 예를 들어, 듀이와 너무나 많은 다른 20세기 사상가들이 믿었던 것처럼, 만약 '우리가 하나의 역사적 시대의 끝에 있으면서 또 다른 시대의 시작에 있다'는 것이 진실이라면, 그리고 만약 철학적 성찰의 목적 중 하나가 '어떠한 종류의 변화가 일어나고 있는지' 이해하는 것이라면, 이러한 종류의 성찰에 참여하는 학생들의 능력은 마찬가지로 새로운 시대의 경계에 서 있었던 과거의 사상가들이 '처음으로 겪었던 작용을 단순히 겪는 것'을 통해 계발된다.[30] 예를 들면, 어떻게 이전의 철학자들이 사고 속에서 한 시대에서 다른 시대로 이행해왔는지 보는 것보다, 우리가 데카르트나 홉스의 글을 공부하는 더 좋은 이유가 무엇인가? 물론 더 최근의 많은 철학자들처럼, 17-18세기의 많은 철학자들은 그들이 맞이하고 있는 역사적 이행에 대해 잘 알고 있었고, 이 새로운 시대가 근본적으로 무엇을 의미하는지 해석하고 새로운 시대에 지적인 방향을 제공하는 것을 철학자의 임무로 여겼다. 학생들이 그러한 철학자들의 노력 및 더 일반적인 사상사에 대한 지식을 충분히 갖고 있지 않다면, 그들은 이와 유사한 성찰을 시작하는 능력을 얻는 데 실패하거나 피상적인 능력을 얻을 수밖에 없을 것 같다.

　듀이는 철학을 가르치는 데 쉽게 적용할 수 있는 몇 가지 추가적인 원리들을 옹호했지만, 또다시 그 자신은 보통 [그 원리들을] 대학보다 초등학교 수준의 교육에 더 초점을 맞추어 적용했다. 우리가 보았던 것처럼, 듀이의 기본 원리는 교실에 있는 모든 것이 지적 성장을 증진시킬 목적을 가지고 의도적으로 배열되어 있다는 점에서, 교실은 다른 환경과 구별되는 '특별한 환경'이 된다는 것이다.

듀이는 '우리는 결코 직접적으로 교육하지 않고' 그보다 '간접적으로 환경을 통하여 교육한다'고 주장하기까지 했다.[31] 우리는 이것이 일반적인 활동과 재료들이 교육적 목적을 염두에 두고 정리되어 있는 초등학교에 어떻게 적용될지에 대해서는 쉽게 상상할 수 있다. 그러나 동일한 원리가 중등이후 수준의 철학교육에는 어떻게 적용되는가? 현대 대학의 세미나실이나 강의실에서 적절한 '학습 환경'의 조건은 무엇인가? 여기에서도 듀이는 한 번도 이렇게 구체적인 질문을 한 적이 없었다. 그러나 그는 이에 대해 일반적인 지침을 제공했는데, 그것은 학생들과 교육가들이 자유로운 토론 속에서 아이디어를 제기하며 시험할 자유를 누리고, 지평을 넓히며, 기존의 신념들에 도전하고, 종종 학문적 환경 바깥에서 정설이나 확립된 사고의 금기에 도전하는 것에 따라오는 반향에 대한 두려움 없이 탐구를 실천하는 곳이 교육적 환경이라고 말한 것이다. 자유의 이상은 적절하게 교육적인 환경이라면 어디에나 매우 중요하기 때문에, 듀이가 말했던 것처럼, 듀이 시대와 우리 시대에 널리 퍼져 있는 지적 성장의 '큰 장애물 중 하나'는 '순전하게 수용되고 편향적이지 않은 탐구도 침범해서는 안 되는 사회적, 종교적, 정치적 신념의 영역이 있다는 것'이다.[32] 오늘날의 철학 교실에서도 우리는 학생들이 도전하는 것을 금지하는 우리의 지적 정설들을 계속해서 가지고 있다. 그것이 최근 수 십 년간의 정치적 올바름(political correctness)에 관한 정설이든 아니면 교수 자신의 견해이든, 학생들은 자주 이 두 가지 모두에 대해 예민하게 알고 있고, 자주 이것들의 위협을 받는다. 학생들이 교실 토론에서나 글로 쓴 과제에서 교수가 권위 있는 태도로 잘 알고 있는 경향이 있는 철학자가 아닌 다른 철학자를 언급한다면, 그 철학자는 '철학자가 아니라', 아마도 궤변가이거나 사기꾼인 것이 여전히 흔한 일이다. 물론 똑같이 흔한 현상은 학생들이 신학적인 질문에 대해 이성적인 탐구를 추구하거나 무신론자인 철학자의 저작들을 공부하는 것을 자유롭게 허용하지 않는 종교 대학들 안에서 철학을 가르치는 것이다.

어느 날 듀이가 학생 청중들에게 강연을 했을 때, 그는 대학에 있는 학생들이 공부를 하면서 무엇을 기대할 것인가라는 질문에 대해, 자유로운 탐구가 가져오는 지적 지평의 확장을 강조하는 것으로 대답했다.

> 그렇다면 대학이 인간에게 해주어야 하는 한 가지는 그에게서 편협함을 제거하는 것이다. 우리 모두-또는 우리 거의 모두-는 우리가 들어온 [현재의] 삶의 영역보다 약간 더 좁은 삶의 영역으로부터 나왔다. 문제는 우리가 이러한 탈출에 있어 우리의 껍데기에서 나올 것인지, 아니면 그 껍데기를 데려올 것인지 하는 것이다. 확실히 '자신의 자리에서' 생각하고 행동하는 방식의 관점에서 모든 것을 판단하면서 대학에 온 소년 소녀들은 자기 조망의 지평을 약간 더 밀어내고, 자신의 측정 기준을 늘려야 한다.[33]

이 원리는 이론 속에서는 흔히 공언되지만, 실천 속에서는 흔히 부인된다. 그것은 정설이 지배하는 교실 환경, 교과내용과 관련된 모든 가설에 대해서 생각할 자유가 부정되는 교실 환경 때문이다. 듀이가 종종 주장했던 것처럼, 교실 토론의 실천은 공유된 탐구의 형태로 간주되어야 적절하고, 환경이 적절하게 교육적일 때는 탐구의 정신이 만연할 때이다. 적극적으로 실험적이고 호기심이 많은 것이 경험의 본질이라면, 학문의 환경에서 학생들은 정보를 받기보다 스스로 탐구의 실천에 참여해야 한다. 그것이 글을 쓰는 것이든 토론에 참여하는 것이든 간에 말이다. 학생들은 그들이 배운 개념들을 가지고 무언가를 해야 한다. 학생들은 그 개념의 의미와 함의를 해석하고, 그것의 정당성을 논하며, 그것을 대립하는 가설과 비교하고, 그것의 의미나 진리가치와 관련된 교수의 견해를 수동적으로 기억하기보다 그것을 적절한 맥락 속에서 보아야 한다. 이것은 자유로운 토론을 요구하는데, 이 토론에서 학생들은 편안한 구경꾼의 역할에서 벗어나 철학적 탐구자의 역할을 맡게 되고, 교수는 '외부의 보스나 독재자'의 역할에서 빠져나와 '집단 활동의 리더'가 된다.[34]

대학에서 철학을 공부하는 경우에, 우리가 말할 수 있는 유일한 집단 활동은 물론 교실 토론이다. 비록 교실 토론은 매우 많은 다른 지적 연구의 영역에서와 같이 철학에서도 자주 부차적인 문제로 간주되지만, 듀이식의 견해에서 교실 토론의 근본적인 목적은 단지 텔레비전 토크쇼의 방식으로 학생들에게 자신의 의견을 표현할 기회를 주는 것이 아니라, 학생들로 하여금 자신의 견해를 다른 생각들과 대치하여 설명하고 정당화할 것을 도전하는 것이다. 그 다른 견해가 다른 학생에 의해 제시되든, 강사에 의해 제시되든, 토론과 관련된 텍스트에 의해 제시되든 간에 말이다. 여기에서 교육가의 역할은 전문가가 되어 대화를 끝내는 것도 아니고, 단지 한 토크쇼 구경꾼에게서 다음 구경꾼에게로 마이크를 넘기는 것도 아니며, 그보다 그 둘의 중간에 있는 것, 또는 훨씬 더 좋게는 더 높은 수준의 종합에 해당하는 것이다. 듀이는 종종 교육가의 역할은 대화를 생산적인 길로 향하게 하는 것이라고, 대화의 수준과 분위기가 악화되거나 초점을 잃지 않게 하고, 너무 몇몇 학생들에 의해 일방적으로 이루어지거나 그들에 의해 지배되지 않도록 하는 것이라고 주장했다. 또한 교육가의 임무에는 교실 토론에 지침을 주고, 듀이가 '탐구의 정신'이라 부른 것이 널리 퍼지도록 보장하는 것이 포함된다. 교수법적 기술의 측면에서 이것이 어떻게 이루어지는가 하는 것은 확실히 교육가가 교과내용과 토론에 가져오는 지적인 마음의 틀보다 부차적인데, 왜냐하면 이러한 태도는 좋건 나쁘건, 너무나 자주 학생들에게 전염되기 때문이다. 듀이에게 있어서, 교육가의 전문지식 수준이나 교수법과 관련된 최신 연구결과들을 적용하는 능력은 전적으로 별개로 한다면, 꽤 능력 있는 교육가를 평범한 교육가와 구별하는 주요 특징들 중 하나는 그들의 탐구 자체를 향한 처신 (comportment)이라는 잘 손에 잡히지 않는 문제이다. 듀이는 이 점을 다음과 같이 표현했다.

나는 우리가 여기에서 교수법 연구에 의해 알려지고 축적된 모든 법칙을 위반하는 몇몇 교사들의 성공에 대해서 설명할 수 있다고 생각한다. 그 교사들은 스스로 너무나 탐구의 정신으로 가득 차 있고, 너무나 탐구의 존재와 부재에 대한 모든 신호에 민감하기 때문에, 그들이 무엇을 어떻게 하든, 그들은 자신들이 만나는 이들 속에 기민하고 강렬한 정신적 활동과 같은 것을 불러일으키고 고무하는 것에 성공한다.[35]

비록 이것이 교수법 연구에는 좋은 소식이 아니겠지만, 자신의 학창 시절에서 (아마도 거의 없겠지만) 이러한 '탐구의 정신'을 최적의 정도로 구현하고, 우리 자신의 지적 노력을 고무하며, 우리의 이해관심을 새로운 방향으로 안내했던 교육가들을 기억하는 누군가에게는 이것이 꽤 익숙할 것이다.

물론 교실에서 교수의 역할은 그가 심어줄 지적 미덕들을 고무하거나 구현하는 것에 제한되지 않고, 다소 전통적인 방식으로 교과내용에 대해 직접 가르치거나 강의하는 것을 포함한다. 그러나 여전히 교수의 역할은 일반적인 토론이 이성적 담론의 기준에 충실할 것을 보장하는 것이다. 듀이가 옹호했던 것은 무질서한 대화의 상태가 아니라, 바로 그가 자신의 논리학과 인식론에 관한 글들에서 실용주의적 탐구와 사회적 지성으로 묘사했던 것을 교실로 가져와 실천하는 것이다. 듀이가 언급했던 것처럼, 교실 토론은 '그것이 이성이라는 기둥에 묶일 필요가 있다는 플라톤의 언급이 보여주는 것과 같이, 많이 둘러가는 경향을 보이는' 어떤 '되는 대로의' 특징을 나타내기 때문에, 문제들의 방향을 유지하고 어떠한 주장이 이루어지든 철학적 기반에 주목하게 하는 것이 교수의 몫이 된다.[36] 학생들이 대학에 백지상태로 오는 것이 아니라, 이러저러한 방식으로 획득했던 신념들, 명시적으로 표현할 수도, 그렇지 않을 수도 있는 다양한 신념들을 가지고 있다면, 교실 토론은 아마도 학생들의 생각을 끄집어내는 데 가장 효율적인 수단을 제공해야 하며, 여기에서 이것은 그러한 생각을 공적으로 표현하는 것뿐만 아니라, 동료들의 철저한 검토를 받게 하는 것을 수반한다.

궁극적으로 듀이의 견해에서 철학교육의 목적은 사고의 기술을 가르치는 것과 유연성, 열린 마음, 창조성, 논쟁의 엄밀함, 성찰성, 호기심 등의 지적 미덕들을 심어주는 것이다. 만약 듀이가 믿었던 것처럼, '하는 것(doing)의 결과를 제외하고 진정한 지식과 생산적인 이해와 같은 것은 없다'는 것이 사실이라면, 학생들이 얻는 이해나 [그들에게] 발생하는 지평의 확장은 광범위한 탐구의 의견 교환 속에서 적절하게 일어난다.[37] 듀이가 언급했던 '하는 것'은 개념들의 흡수가 아니라, 활발한 개념들의 재배열, 비판적 검토, 다른 개념들과의 종합, 내적 성찰의 사적 생활 속에서도 일어나고, 듀이에게 더 중요하게는, 협력하는 토론이라는 공적 형태 속에서도 일어나는 능동적인 사고의 과정을 의미한다.

듀이가 탐구로서의 교육 및 학생들의 지적 능력과 마음의 습관을 키우는 가르침에 대해 강조했던 것은 신념을 주입하는 문제와 관련하여 중요한 함의를 가져온다. 많은 다른 분야에서와 같이 철학 분야에서도, 교육가들은 종종 권위 있는 판사의 역할이 교실에서의 자신의 역할로 맞는다고 생각한다. 교수가 특히 자신의 교실에서는 공경할 만한 인물, 아마도 지적 엘리트의 구성원이며, 전문지식을 갖고 있기에 그들의 역할에는 학생들의 정신 속에 그 자신의 특수한 신념을 주입하는 것이 포함되는 것이 오래된 전통이다. 결국 가르치고 배우는 것은 맞는 것을 가르치고 배우는 것인데, 교실 앞에 있는 존경받는 명사 외에 누가 이것에 대해 가장 능력 있는 판사이겠는가? 예를 들어, 일반적인 토론에서 어떤 생각이 참이라고 드러났어도, 교수가 더 잘 알거나 다르게 생각한다면, 학생들에게 그들의 오류를 가르쳐주고 진리를 공언하는 것이 교수의 역할이다. 이러한 전통적이고 여전히 널리 퍼져 있는 견해는 의심할 여지없이 어느 정도 그럴 듯하지만, 듀이는 자주 권위나 특별한 전문지식을 가장하여 학생들의 정신에 논란의 여지가 있는 견해를 주입하는 문제에 대해 경고할 필요를 이야기했다. 예를 들어, 누군가가 정치철학 수업에서 가르치고 있는 지식이 이론의 여지가 없는 진리의 문제라기보다, 시장 경제에서의 계급투쟁과 관련되어 있다면, '교육은 단순히 주입하는 일-요컨대 불안과 선전의 일-이 된다.'[38] 초등학교 교사에서 대학 교수에 이르기까지 능력 있는 교육가들은 자신들이 젊은 이의 정신에 미치는 영향력을 이해한다. 그리고 철학 교수와 학생들의 경우, 능력 있는 철학 교수는 학생들이 그가 자신 있게 주장한 의견들을 얼마나 잘 믿을 수 있는지 이해한다. 심지어 상급 학생의 지적 기질 속에서도 일어나는, 이렇게 [교수의 말을] 잘 믿는 것은 쉽게 가르침과 주입 또는 교육과 세뇌 간의 경계를 흐릿하게 만드는 데 기여한다. 교육이 사고의 기술을 포함하는 한, 그리고 '수동성이 사고의 반대'인 한, 교수의 철학적 견해에 대한 학생들의 수동적인 복종은 비교육적이고, 쉽게 조금씩 세뇌로 바뀐다. 듀이는 이와 유사한 초등 학년에서의 현상에 대해, '문제 대신 교사를 만족시키는 것'으로 언급했다. 듀이는 다음과 같이 썼다.

교사 자신의 정신적 습관의 작용은 조심스럽게 지켜보고 안내하지 않으면, 아동을 그가 공부해야 하는 과목의 학생이라기보다 교사의 특이성의 학생으로 만드는 경향이 있다. 학생의 주요 관심사는 스스로 열심히 교과내용의 문제들에 전념하는 것이 아니라, 교사가 그에게 기대하는 것에 자신을 적응시키는 것이다. '이것이 옳은가?'는-'이것이 문제 고유의 조건들을 만족시키는가?'를 의미하기보다-'이 답이나 이 과정이 교사를 만족시킬까?'를 의미하게 된다.[39]

대학 교수라면 누구나 지적으로 성숙했다고 여겨지는 학생들이 더 즉각적으로 문제보다 교수를 만족시키는 것에 관심을 가지는 일이 얼마나 흔한지 알고 있다. 그리고 이것은 교수가 넌지시 학생들이 자신의 철학적 입장에 동의하는 것이 현명하다고 알릴 때, 훨씬 더 긴급해진다. 학생들은 이렇게 교수가 넌지시 알리는 것에 자주 조심스럽게 익숙해지며, 이것은 사실상 사고를 중단시킨다.

만약 철학교육이 길러주는 것이 사고의 기술이라면, 철학교육은 과거와 현재의 위대한 철학적 체계에 관한 정보에 더하여, '학생들에게는 결론에 도달하고 태도를 형성하는 데 있어 활발하게 참여할 것'을 요구하고, 교수들에게는 어느 정도 자신의 신념 선전을 자제할 것을 요구한다.[40] 교수들이 자신의 신념 선전을 자제해야 한다는 것은 그들이 자신의 견해에 대해 말하지 말아야 한다는 것이 아니라, 그 견해를 학생들이 종종 오해할 수 있게 이론의 여지가 없는 사실로 표현하기보다 실용주의적 탐구의 정신으로 표현해야 한다는 것이다. 이는 더 나아가 지적 미덕들을 계발할 것을 요구하는데, 이 지적 미덕들은 정규교육기간이 끝난 이후에도 학습의 과정이 오랫동안 지속될 수 있게 해주고, 학생들이 철학의 문제들과 듀이가 '인간의 문제들'로 불렀던 것 모두에 현명하게 관여할 수 있게 해준다. 철학은 그것이 일부인 문화 및 문화에 속하는 문제들과의 접촉을 잃어서는 안 된다. 철학자들은 자신을 그대로 따라하도록 학생들을 훈련시키면서 새로운 형태의 스콜라 철학으로 후퇴해서는 안 되고, 듀이가 20세기의 많은 철학 담론들에서 보았던 단절로 이어지는 과도한 전문화 및 기술화로의 경향과 현대 사회를 괴롭히는 실천의 실제 양식과 문제 상황들을 뒤집어야 한다.

철학자이자 공공 지식인이었던 듀이는 학문적인 철학의 개념적, 형식적 문제 못지않게, 우리가 현재 발견하는 문화의 상태에 대해 사고할 필요가 있다고 주장했다. 따라서 철학 분야의 교육은 학생들이 더 이상 '인류의 지적 생활에 조용한 파트너'가 되지 않도록, 지식과 정신 능력들을 갖추게 해야 한다. 이 점에서 철학교육은 거의 성공을 보증하지 않지만, 듀이가 표현했던 것처럼, '철학교육은 학생들이 관념들(ideas)을 만들고 그것을 강력하게 만드는 힘들에 대해 알게 해주고, 인류를 선도하는 관념들을 익히고 시험하는 도구들을 사용하는 데 점점 더 숙달되도록 해주어야 한다.' 교육은 항상 학생들이 생계를 꾸리는 것을 돕는 데 있어 실제적인 기능을 할 것이지만, 듀이가 계속 말했던 것과 같이, '살 가치가 있는 생계를 꾸리는 데 있어 관념들을 만드는 것은 필수적인 일부이고, 철학 공부에 대한 주요 정당화는 그것이 학생들로 하여금 이렇게 특수한 종류의

생계 꾸리기를 더 잘하게 해준다는 것이다.'⁴¹ 이것은 공식적인 철학
공부가 성취할 수 있는 것에 대한 야심찬 견해이지만, 똑같이 철학
그 자체와 철학자가 일반적인 문화 속에서 할 수 있는 역할에 대한
야심찬 견해로 가정될 수 있다. 비록 이러한 견해가 듀이 시대와
우리 시대에 맞지 않을지라도, 이 견해는 여전히 고전적인 지혜에
대한 사랑을 인생을 살아가는 것과 선의 추구에 관련되도록 이끄는
그리스 이상과 관련되어 있다.

니체와 철학자의 교육

이러한 견해들은 그 이름이 거의 듀이에 바로 연이어서 언급되지
않고, 그의 저작에 대해서는 듀이가 기껏해야 지나가면서 만났을
것으로 보이는 철학가, 프리드리히 니체와 흥미로운 유사성을 보여
준다. 두 인물 모두 철학의 조건과 사상가의 역할이라는 문제에 주
로 몰두해 있었고, 그들이 제공했던 평가는 어조와 내용 면에서 모
두 유사했다. 니체는 그의 시대의 철학의 상태라는 문제에 있어서
특징적으로 가혹하게 자신의 의견을 말했고, 듀이와 같이, 이 평가
를 자신의 철학교육관과 관련되도록 가져왔다. 니체의 비판에 대한
사랑을 고려한다면 그의 평가는 온건하든 지나치든 놀랍지 않지만,
놀라운 것은 미국 사상가와 독일 사상가가 그들 시대의 철학에 대해
비판했던 유사한 내용과 이러한 비판들이 그들의 교육적 견해에
대해 알려주는 방식이다. 그들의 철학적 입장은 분명히 깊게 차이가

나지만, 우리 앞에 있는 질문들에 대한 그들의 견해는 어떤 창조적인 화해를 보증하기에 충분한 유사점들을 보여준다. 따라서 나는 니체의 비판으로 돌아가, 그것의 교육적 함의뿐만 아니라 그것의 현대적 적합성에 관해 몇 가지 약간 곤란한 질문들을 던지고 싶다. 니체와 듀이 시대부터 우리 시대에 이르기까지 철학이 사로잡혀 있는 자아상은 무엇이고, 궁극적으로 문화 속에서 철학자의 역할은 무엇이며, 이것은 철학교육과 어떠한 관련이 있는가? 나는 이러한 쟁점들 중 어느 것에서 니체가 듀이를 능가했다는 게 아니라, 듀이 글 속의 문자 그대로의 뜻도, 듀이 입장의 정신도 훼손하지 않으면서 그가 잘 이용할 수 있을 통찰력, 우리가 기억하는 것이 현명할 통찰력을 니체가 제공했다고 주장할 것이다.

　니체 비판의 교육적 결과들로 돌아가기 전에, 니체 시대의 철학과 철학자들에 대한 상당히 광범위한 그의 비판을 약술하는 것으로 시작하자. 니체는 듀이보다 훨씬 더 넓게 [비판의] 그물을 쳤고, 그의 평가는 그의 동시대인들뿐만 아니라 소크라테스로부터 생겨난 전통 전체에 적용된다. 니체는 19세기 및 그 이전의 철학자들이 저질렀던 오류가 너무 많고 깊어서, 그 범위 전체를 기록하는 것은 벅차고 아마도 불가능한 임무일 거라고 생각했다. 따라서 나는 더 작고 더 구체적인 많은 비판들이 도출되는 몇몇 주요 비판들에 초점을 맞추고, 니체가 그 시대의 유행병이 될 거라 믿었던 일반적인 철학의 쇠약에서 출발하고자 한다.

　니체는 이러한 현상의 뿌리가 19세기에서 수백 년 전, 소크라테스라는 사람뿐만 아니라 플라톤과 아리스토텔레스의 철학 체계에까지 뻗어져 있다고 믿었다. 니체에게 이 시기를 대표하는 것은 뮈토스(mythos)에서 로고스(logos)로의 이행이 아니라, '본능의 쇠퇴', 디오니소시안(Dionysian)에 대한 아폴로니안(Apollonian)의 결정적 승리이다.[42] 철학적 사고는 언제나 본능적인 종류의 활동, 예술적인 것과 다르지 않은 자기표현의 형태를 구성한다. 니체의 견해에서는 그리스 비극이 고대 문화의 최고 성취를 나타냈다면, 그것은 아폴로니안의 이성적 정신과 디오니소시안의 본능적 충동을 종합하는 그리스의 능력 때문이었다. 그러나 이 종합은 가장 위대한 그리스 철학자들에 의해서도, 그들을 따르는 누군가에 의해서도 복제되지 않았다. 철학은 그 이후로 이성 아니면 정념, 이론 아니면 실천, 실재 아니면 현상, 필연성 아니면 우연성 등의 이분법에 의해 지배되었다. 이 모든 것은 니체와 듀이 모두 결정적으로 거부했던 것이었다.

니체가 말했던 철학의 쇠약은 이러한 고대적 본능의 쇠퇴와 함께 철학이 나올 수 있었던 유일한 기반의 쇠퇴에 따른 증상이었다. 그러자 '철학의 역사'는 '삶의 전제조건에 대한, 삶의 가치 감정(the value feelings of life)에 대한, 삶을 위해 편드는 것에 대한 은밀한 분노'가 되었다.[43] 소크라테스와 함께, 이성적인 것과 초자연적인 것을 위한 본능 및 육체와 감각, 현상과 경험의 포기는 어떻게든 이후의 모든 철학자를 방향지울 궤적을 만들어내기 시작했다. 철학에서 디오니소스적인 본능의 상실은 곧장 철학의 쇠퇴 또는 아마도 철학의 사산으로 이어졌고, 니체에게 이것은 소크라테스 이전에도 이후에도, 철학이 고대 비극작가의 방식으로 아폴로니안과 디오니소시안을 종합할 시간이 없었기 때문이었다.

니체의 시대에 매우 많은 철학자들은 이후에 듀이가 대학출신자, 스콜라 철학자, 전문가로 묘사했던 사람이 되었다. 이는 확실히 니체나 듀이가 철학자의 진정한 소명으로 간주했던 것이 아니었다. 니체는 『선과 악을 넘어서^{Beyond Good and Evil}』에서 다음과 같이 썼다. '나는 사람들이 궁극적으로 철학적 노동자, 일반적인 과학적 인간과 철학자를 혼동하는 것을 그만해야 한다고 주장한다. 정확히 이 지점에서 우리는 "각각 그에게 마땅히 주어져야 할 것"을 주는 것에 대해 엄격해야 하고, 이들에게 너무 많이 주거나 저들에게 너무 적게 주어서는 안 된다.'[44] 니체는 자주 다소 조심스럽게 학자, 비판가, 역사가, 과학자, 철학적 노동자를 포함하는 다양한 학문적 직업인들과 철학자를 구별했다. 이 학문적 직업인 모두는 철학자보다 훨씬 그 수가 많았다. 『권력 의지^{The Will to Power}』에서 이 지점에 대한 전형적인 표현은 다음과 같다.

철학자에 대한 미신이 있다. 그것은 철학자를 학자나 과학자와 혼동하는 것이다. 마치 가치가 사물들에 내재하고, 우리가 해야 하는 모든 것은 그것들을 포착하는 것처럼! 어느 정도까지 그들은 주어진 가치(현상, 육체 등에 대한 그들의 증오)의 방향 하에서 연구하는가. … 마침내 혼동이 너무 많이 이루어져서 사람들은 다원주의를 철학으로 간주한다. 그리고 이제 학자와 과학자들이 지배한다.[45]

니체에게 철학자는 근본적으로 창조적이고 자유로운 영혼, 그 자신이 분명하게 형성하지 않은 가치나 판단에는 신세를 지지 않는 사람이다. 니체가 철학자와 구별했던 학자들은 다른 사람이 고안한 궤적과 그들이 창조하지도 선택하지도 않은 가치들을 따른다. 니체는 명백히 학자와 전문가들을 경멸하면서 다음과 같이 썼다.

> … 그들은 모두 언젠가 이 '더'에 대한 권리도 책임도 가지지 않은 채 저절로 더 얻을 것을 갈망했던 이후에, 과학의 헤게모니 하에 **놓였던 패배자들**—이제 명예롭게, 분개하여, 복수심에 불타서 철학의 주인으로서의 임무와 주인다움에 대한 불신을 말과 행위로 나타내는 패배자들이다.[46]

니체의 저작에서 이러한 언급은 셀 수 없이 많이 찾아볼 수 있으며, 이러한 언급들이 분명히 의미하는 것은 철학 그 자체에 대한 한탄과 자신을 철학자라 부르고 있었던 사람들 사이의 이상 소멸에 대한 한탄이다. 이러한 언급들에서 경멸의 표시는 일관되게 명백히 나타난다. '왜냐하면 이것이 진실이기 때문이다. [짜라투스트라는 말한다.] 나는 학자들의 집을 떠나 내 뒤에 있는 문을 쾅 닫았다.'[47] 우리는 다음과 같이 물을지도 모른다. 왜 이것이 경멸의 표시인가? 이것은 그저 대단히 심술궂은 성격의 증상이지 않은가? 또는 이것에 적절하게 철학적인 지점이 있는가?

이에 답하기 위해서는 우리가 니체의 다소 고상한 철학관 및 철학자관에 대해, 그리고 그의 시대의 사상이 얼마나 꽤 분명하게 이러한 이상뿐만 아니라 지혜에 대한 사랑이라는 철학 초기의 자기이해에도 미치지 못했는지에 대해 이해해야 한다. 나는 니체의 적극적인 철학자관에 대해서 적절한 때에 더 상세하게 논의할 것이다. 지금은 그 철학자관의 주요 주제에 가치창조, 독창성, 비판적인 문제제기, 이해의 깊이, 폭넓은 시야, 자기 문화에 대한 책임이 포함된다는 것을 언급하는 것으로 충분할 것이다. 니체는 19세기의 학문적 노동자는 이러한 자질들 중 하나가 아니라 모두 부족하다고 굳게 믿었다. 그들의 일은 시야를 좁히는 것, 집중적이고 제한적인 지식의 범위, 자유분방한 문제제기에 상반되는 자기제한을 요구한다. 근본적으로 그들은 기존 사상의 종이다. 그들은 자기 자신의 것이 아닌 사상들의 분석가, 조직자, 비평가, 추종자, 관리자이다. '이러한 연구자들은 지금까지 발생했고 귀하게 여겨졌던 모든 것을 살펴보기 쉽게, 생각해보기 쉽게, 이해할 수 있게, 관리할 수 있게 만들고, 긴 모든 것, 심지어 "시간"까지도 축약하며, 과거 전체를 극복한다.' 니체는 다음과 같이 계속 말한다. '그러나 진정한 철학자는 명령자이고 입법자이다. 그들은 말한다. "따라서 그것은 이럴 것이다!" 진정한 철학자는 먼저 인간이 어디로 향하는지, 인간이 무엇인지에 대해서 결정한다. 그리고 그렇게 하면서 모든 철학적 노동자, 과거를 극복한 모든 이들의 예비적 노동을 마음대로 사용한다.'[48]

니체 시대의 철학자들은 듀이식으로 말하면 스콜라 철학자, '단지 모든 것에 대한 구경꾼'이었다. 짜라투스트라는 다음과 같이 말했다. '길가에 서서 지나가는 사람들을 응시하는 이들과 같이, 그들도 역시 기다리고 다른 이들이 생각했던 사상들을 응시한다.' 그러한 학자들은 '견과류를 깨뜨리는 것처럼 지식을 깨뜨린다.' – 또 다시 이것은 칭찬하는 묘사가 아니다. 니체가 가끔 철학자의 교육에는 사고의 전제조건으로서 어느 정도 양의 학문적 노동이 포함되어야 한다고 제안함으로써 이것의 필요를 언급했지만 말이다.[49] 그러나 전제조건이 존재하는 전부이고, 이것이 니체 시대의 철학자들이 잊어버렸던 사실이다. 이 원근법주의(perspectivism)[6]의 주창자에게 철학자들이 학자, 비판가, 역사가 등의 기능을 숙달하는 것은 그들의 발달에 필요한데, 그것은 '많은 다양한 시각과 의식을 가지고 높이 그리고 모든 방향에서 볼 수 있게 되기 위해서이다.'[50] 창조적 사고는 의심할 여지없이 우리가 다른 이들의 어깨 위에 설 것을 요구한다. 그러나 이것은 우리 자신의 목소리를 찾기 위한 수단으로이지, 평생 필경사나 제자가 되기 위해서가 아니다. 니체에게는 심지어 가장 위대한 독일 사상가들도—칸트나 헤겔—이러한 의미에서의 철학자가 아니라, 위대한 비판가와 도식화하는 사람이었다. 그들의 본을 따르는 사람이라면 누구나 기껏해야 그들 수준에 남아 있을 수밖에 없었고, 물론 따르는 자들 중 압도적인 대다수는 훨씬 그들에 미치지 못했다. 이것의 한 가지 함의는 '철학자는 **희귀한** 식물, 무엇보다

---

6) 이는 라틴어 perspicere(꿰뚫어보다)에 어원을 두고 있는데, 이것을 우리나라 미술계 등에서 '원근법'으로 옮겨 써왔다. 원근법에서 소실점의 위치에 따라 대상의 모습이 달라지는 것처럼(예를 들어, 피라미드를 하늘에서 내려다보면 정사각형의 모습이지만, 정면 먼발치에서 보면 이등변삼각형의 모습이다.), 인식이론으로서의 원근법주의는 모든 인식은 그 인식주체가 갖고 있는 관점에서 출발할 수밖에 없으며, 그런 관점을 벗어나거나 관점 모두를 동시에 소유할 수 없기 때문에 이른바 초관점적인 또는 모든 것을 포괄하는 보편적인 절대진리가 있다고 말할 수 없으며, 설혹 있다고 하더라도 그 인식이 아예 불가능하다는 입장을 의미한다. 참고] 정동호(1997). 「원근법주의: 니이체를 중심으로」, 『니체연구』, 제3권, pp.73-77.

도 19세기 대학의 학자들과 혼동되지 않는 사람이 되어야 한다'는 것이다.[51]

교수들이 노동자의 조건을 넘어서지 못하는 것은 과거에 대한 판단과 평가가 일종의 믿음으로 채택될 때, 더 심각한 문제들을 만들어낸다. 물론 이것은 믿음이지만, 교수들은 그것이 믿음이라는 것을 깨닫지 못하고, 실제로 그것을 믿음에서 가장 동떨어져 있는 것으로 간주한다. 이 믿음은 이성적 질서, 특정한 진리와 정의에 대한 요구를 대표한다. 이 믿음은 현상과 불확실성에 대한 거부, 이성적이지 않은 믿음과 모든 종류의 편견에 대한 거부이다. 니체의 답변은 철학자들이 모두 '반대 가치들에 대한 믿음'의 신봉자, 위계적으로 정돈되어 있고 문제시되지 않는 가치들로 구성된 일련의 무한한 이분법들의 신봉자라는 것이다.[52] 실재와 현상, 진리와 허위, 객관성과 주관성, 선과 악 등이 우리가 선택할 수밖에 없는 명백한 양극단들로 남아 있고, 우리는 이러한 각 쌍들에서 전자의 의미를 설명하는 방법을 선택할 수밖에 없다. 이분법 자체에 대해 의문시하는 데 실패하면서, 철학자들은 역사적 망각의 희생자가 되고, 평가와 해석을 정설로 변형시킨다. 역사적으로 우연적인 개념, 상징, 특수한 형태의 삶이나 권력 의지에 대한 표현은 분석되고 체계화되지만 의문시되지는 않는 초월적 진술이 된다. 여기에서 우리는 니체의 비판의 핵심에 도달한다.

당신은 내게 철학자들의 특이한 성격에 관하여 묻는가? … 그것으로는 그들의 역사적 감각의 부족, 심지어 그들의 되고 있음

(becoming)의 개념에 대한 혐오, 그들의 이집트주의(Egyptianism)가 있다. 그들은 자신들이 어떤 것을 탈역사화할 때, 영원의 관점에서(sub specie aeterni) 볼 때,—그것을 미라로 만들 때—자신들이 그것을 명예롭게 하고 있다고 생각한다. 철학자들이 수천 년 동안 다루었던 것은 모두 개념적 미라들이었다. 어떠한 실제적인 것도 그들의 손에서 살아서 빠져나오지 못했다.

이러한 철학자들은 '개념 숭배자'이다. '그들은 감각을 무조건 신뢰하지 않았던 것처럼 개념을 무조건 신뢰했다. 그들은 개념이나 말이 사고가 별로 대단치 않고 불분명했던 시대로부터 우리가 물려받은 유산이라는 생각을 하지 못했다.'[53]

이것은 무엇보다도 철학을 스콜라 철학과 숭배로 악화시키는 역사적 망각으로의 경향이다. 니체의 시대에 고전적인 지혜에 대한 사랑이 기존의 개념과 가치에 대한 정설로 변형되었다 할지라도, 사상가의 임무는 망치를 가지고 철학하는 것이었다. 그리고 이것은 항상 그러한 가치들을 무너뜨리는 것이 아니라, 그것들을 급진적이고 교조적이지 않은 방식으로 의문시하는 것을 의미한다. 그러나 이것이 바로 니체의 동시대 철학자들이 하지 못했던 것이고, 그들은 철학을 구체화된 상징과 문제시되지 않는 가치라는 완전히 잘못된 객관주의에 맡겨버렸다. 이러한 역사의식의 부족은 철학의 객관성, 확실성, 인식론적 기초에 대한 잘못된 개념들과 함께, 근대에 철학이 지식론으로 축소되는 원인이 되었다. 스스로를 이론의 여지가 없는 기반에 대한 탐색으로 생각하는 철학적 사고는 니체가 말했던 것처럼, '철학이 최후의 극심한 고통을 겪게 되는 금욕의 교리−결코 그 경계를 넘어서지 못하고 스스로 들어갈 권리를 부정하는 고통을 겪는 철학'−에 이르렀다.[54] 이러한 조건하에서, 그리고 짜라투스트라가 '중력의 영(spirit of gravity)[7]'이라 불렸던 것에 굴복하는 객관적 이성의 가장 위에서 자유분방하고 의문을 제기하는 사고는 있을 수 없다. 과학에 신세를 지고 기존의 개념들을 숭배했던 철학은 참으로 근엄한 일이었다. 그러한 철학은 학자에게 니체가 근대 철학자와 비교했던 늙은 사제와 같은 공들인 냉철함과 목적의 진지함을 요구했다. 또한 그러한 철학은 점점 더 상세한 지적 노동의 분할을 요구했는데, 이것은 다시 시야를 좁히고 사고를 점점 더 작은 전공 속에 가두는 결과를 낳았다.

니체의 동시대 학자들에 대한 비판은 또 다시 듀이의 비판과 같이, 철학자들의 개인적 약점들을 배제하지 않았다. 언제나 심리학자였던 니체는 '이제 가장 좋은 봄에, 모든 곳에, 활짝 피어 있는 학자들의 우월감과 자만심'에 대해 종종 언급했다. 중세라는 긴 기간 동안 철학이 신학의 시녀였으며, 사상가로 하여금 어쩔 수 없이 스콜라 철학자의 방식을 채택하게 했다면, 근대에는 철학이 과학의 시녀로 변화했고, 본질적으로 달라진 것은 없었다. 또한 근대의 철학에는 그 특유의 집착과 표면적인 덕성들을 포함하여, 계몽주의 이전의

---

7) 짜라투스트라는 "중력의 영은 불구대천의 적이다. 나는 그것이 창조한 모든 것, 이를테면 강제, 율법, 필요와 귀결, 목적과 의지, 선과 악을 뛰어넘고자 한다."고 말했다. 여기에서 중력의 영이란 자유로운 인간의 사고를 막는 모든 것을 의미하는 것으로 보인다. 참고) 고병권(2003). 『니체의 위험한 책, 차라투스트라는 이렇게 말했다』, 그린비, p.250.

학자들에게 만연했던 '범인의 예수회주의(Jesuitism of mediocrity)'[8]가 완전히 손상되지 않은 채 그대로 남아 있었다. 여기에서 존경과 명성은 여전히 가장 중요하다. 우리가 중세 스콜라 철학자에 대해 말하고 있든, 근대 철학자, 학자, 과학자에 대해 말하고 있든 간에 말이다.

더 엄밀하게 보도록 하자. 과학적 인간이란 무엇인가? 우선 고귀하지 않은 유형의 인간의 덕성을 가지고 있는 고귀하지 않은 유형의 인간, 말하자면 지배하지 않고 권위적이지 않으며 자립적이지도 않은 유형의 인간이다. 그는 부지런하고, 계급과 서열 속에서 인내심 있게 자신의 자리를 수용하며, 능력과 필요에 있어서 다른 사람들과 비슷하고 절제하며, 그와 동등한 사람들의 본능 및 그들이 필요로 하는 것에 대한 본능을 가지고 있는 인간이다. 예를 들면, 그는 조용한 일이 없지는 않은 약간의 독립과 푸른 초원, 명예와 인정에의 요구, … 명성이라는 햇살, 몇 번이고 모든 의존적인 인간과 동물 무리들의 가슴에 침전되어 있는 내적 불신을 극복하는 데 필요한 자신의 가치와 효용에 대한 거듭되는 입증에의 본능을 가지고 있다.[55]

----

8) 예수회의 목적은 1517년 마르틴 루터에 의해 시작된 종교개혁의 모든 흔적을 파괴시키는 것으로, 예수회원들은 이것을 반종교개혁이라 불렀다. 이들은 이 목적을 위해 어떠한 수단도 정당화된다고 생각했고, 철저하게 상부의 지시에 따라 움직였다. 따라서 상관에 대해 맹목적으로 복종하고 목적을 위해 어떠한 수단도 용인하는 것을 예수회주의라고 한다. 여기에서 말하는 '범인의 예수회주의'는 오늘날의 철학자들이 니체의 초인(Übermensch)과 상반되는 창조성 없는 범인들이며, 학계의 권위에 복종하는 사람들임을 비판하는 표현인 것 같다.

학자들의 개인적인 자만심은 자주 니체의 비판 대상이었다. 물론 니체 자신도 겸손한 사람은 아니었지만, 니체 특유의 뻔뻔스러움은 그가 매우 자주 그의 동시대 학자들 속에서 진단했던 것, 즉 평범함에 뿌리를 두고 있는 옹졸한 이기주의 및 우월한 사람에 대한 질투와는 다소 다르고 왠지 더 용서할 만한 종류의 것이었다. 학자들은 원한과 품위 있는 평범함 중에 하나의 심리를 가지고 있었고, 직업 생활의 요건들을 충족시키려는 야망과 기능이 없지는 않지만, 창조적이거나 독창적이지 않은 성격을 가지고 있었다. 19세기의 대학 교수 겸 철학자는 무엇보다도 '위엄과 존경'을 갈망했는데, 이는 짜라투스트라가 진정으로 그 자신을 존재하게 해주는 조건인 '자유와 신선한 흙 위의 공기'와 대비시켰던 것이다.[56] 자리와 명성의 안락함이 니체식 철학자의 자유분방한 집요함과 시대에 앞서가는 특징을 철저히 대체했을 때, [이 철학자에게서는] 거의 아무것도 기대할 수 없다.

니체와 듀이 모두에게 철학자의 존재 이유는 여전히 고전적인 지혜에 대한 사랑의 측면에서 이해되어야 한다. 그리고 이것은 무한히 많은 전공들로의 지식 분할도, 완전히 확실한 지식의 소유도 아니라, 끝없는 지식의 추구를 의미한다. 두 인물 모두에게 철학의 적절한 대상은 단순히 형식적이거나 기술적인 어떤 지식이 아니라, 궁극적으로 개인으로서의 인간과 문화로서의 인간에게 중요한 지식이다. 그렇기 때문에 철학의 자아상은 오늘날 너무나 많은 이들이 가지고 있는 자아상, 즉 과학이나 유사과학, 논리적, 언어적으로 분석하는 기술적 전공, 연역적 형식주의이어서는 안 된다. 듀이와 니체는 둘 다 철학이 그 원래의 자기이해에 해당하는 것을 보유하면서, 그들 시대의 기준, 훨씬 더 우리 시대의 기준보다는 다소 더 어렵고 실험적인 것을 열망해야 한다고 생각했다.

또한 두 인물 모두 철학자의 책임을 강조했는데, 이는 학자나 전문가의 의무를 훨씬 넘어서 확장된 것으로, 자신이 그 일부인 문화에 대한 더 넓은 책임이다. 니체가 자신에 대해 말했던 것처럼, 니체의 철학자는 그가 근대 유럽에 널리 퍼져 있는 조건으로 진단했던 허무주의(nihilism) 같은 병폐를 감지할 책임이 있는 일종의 심리학자, '문화적 의사'이다. 그의 책임에는 일반적인 문화가 어떻게 진행되고 있는지, 참으로 인간의 삶 그 자체의 가치가 [무엇인지에] 대해 판단을 내리는 것이 포함된다. 철학은 이러한 질문들을 피하지 않고, 그것들을 가능한 한 가장 용감하게 받아들인다. 비록 우리가 내린 모든 판단은 불가피하게 논쟁적이겠지만 말이다. 듀이 또한 철학이란 문화의 뿌리나 암류들이 스스로 예술, 종교, 정치, 언어 등에서 드러날 때, 그러한 문화의 뿌리들에 대해 검토하고 그 암류들을 해석하는 것이라고 이야기했다. 비록 듀이는 이 지점이나 어떤 다른 지점에서 대체로 니체처럼 과도하지는 않았지만, 여기에서 그들의 입장은 실질적으로 동일하다. 그것은 철학이 스스로 모든 전문화된 탐구를 능가하는 범위와 깊이로 문화의 문제들에 적절히 관여한다는 것이다. 단순한 기술자가 아닌 철학자들은 '그들의 [사고] 내용을 문화의 흐름에서 끌어내며', 전통들, 언제나 그들이 그 안에 서 있고 그들에게 근본적인 방향을 제공해주는 전통들에 여전히 매여 있다.[57] 철학자들은 문화를 해석하는 것뿐만 아니라, 문화를 앞에 꺼내놓는 것, 필요하다면 문화에 새로운 방향을 제공하는 것에 책임이 있다. 듀이는 다음과 같이 썼다. 철학은

해당 시대의 해당 사람들의 사람들의 가장 깊은 사회 문제들과 열망들이 지적이고 비개인적인(impersonal) 상징들로 표현되는 언어이다. 철학은 한 사람의 느낌, 행동, 생각 속에 사실상 자연스럽게 처음으로 존재하는 것에 대한 성찰적인 자기의식이라고 잘 말해져 왔다.[58]

이렇게 철학은 '의식에 존재하는 그러한 문화의 전환', 문화의 상징과 열망들의 정합적인 사고방식으로의 번역으로 생각된다.[59]

또한 두 인물 모두 철학적 사고의 어려움을 강조했는데, 그 이유들도 서로 관련되어 있다. 듀이가 말했던 것처럼, 철학적 사고의 광범위한 책임, 그것의 필연적으로 창조적인 차원 및 다른 요소들 때문에, 철학적 사고는 '인간이 관여하는 가장 어려운 일이다.'[60] 니체의 시대에 앞서가는 사상가의 특징, '필연적으로 내일 그리고 모레의 인간'인 그의 지위는 이 임무에 어려움을 더해준다. 그러한 사상가는 언제나 자기 시대의 이상에 반대하여 서고, 새로운 이상을 만드는 것뿐만 아니라 자기 시대의 이상들이 우상으로 퇴보하는 신호를 탐지할 책임이 있다. 사고는 본질적으로 창조적이고, 실험적이며, 또 자유분방한 활동이고, 여러 가지 관점들 중 어느 것에도 독단적으로 되지 않으면서 다양한 관점들을 채택하는 버릇이 있다. 니체가 도래할 거라 믿고 희망했던 '새로운 철학자' 또는 '미래의 철학자'

는 "'진리"의 친구'가 되는 것에 더하여 '실험하는 인간', '시도하는 사람', '매우 자유로운 영혼', 문제를 제기하는 사람, 가면을 사랑하는 사람"이었다. 이러한 철학자는 "'비철학적으로" 그리고 "현명하지 못하게", 무엇보다도 무모하게 산다. …-그는 스스로 끊임없이 위험을 무릅쓰고, 사악한 게임을 한다.'61 무엇보다도 니체의 '미래의 철학자'는 고독하고 독창적인 영혼이고, 의지가 강하며, 언제나 현재라는 시류에 역행할 운명이다. 훌륭한 민주주의자였던 듀이는 결코 철학적 기획을 고독한 노력으로 묘사하지 않았지만, [그 역시] 철학적 기획을 그 자체로 아주 부담이 큰 것으로 묘사하곤 했다.

또한 두 인물은 모두 철학을 분명히 세계, 수도원 밖의 인간 경험과 관련짓는 방식으로 삶과 사고를 다시 연결하려 애썼다. 이 점에 있어서 니체의 목적은 사고의 아폴론적 차원을 디오니소스적 차원과 다시 연결하는 것, 그리스인들로 인해 디오니소스적 사고가 철학에서 추방되었다는 견해에서 디오니소스적 사고의 명예 회복을 요구하는 기획이었다. 두 사상가 모두 철학이 제대로 얻으려 노력해야 하는 것은 포괄적인 조망, 전문가의 관점을 넘어서고 그 자체 안에 점점 더 많아지는 생각들과 관점들을 포함하는 조망이라고 주장했다. 듀이가 '삶에 대한 일반적 태도'의 의미에서 '삶에 대한 조망'이라 불렀던 것 또는 니체의 말로 '포괄적인 조망의 극치'를 획득할 가능성은 오직 철학적 비전문가에게 있다.62 두 인물 모두 예민하게 알고

---

9) 하나의 고정된 진리를 고수하는 것이 아니라, 여러 가지 관점을 채택할 수 있는 사람에 대한 비유적 표현인 것으로 보인다.

있었던 것처럼, 일반적으로 진지한 사고의 목적은 개념들을 명료화하는 것뿐만 아니라, 일반적인 인간 생활의 과정을 향상시키고 종종 급진적으로 변화시키는 것이다. 듀이는 다음과 같이 썼다. '철학은 진지하게 받아들여졌을 때에는 언제나 삶을 영위하는 데에 영향을 주는 지혜에 도달하는 일을 의미하는 것으로 가정되어 왔다.'[63]

분명히 이 두 사상가는 우리 앞에 있는 문제들에 대해서 동일한 견해를 가지고 있지 않았지만, 그들 각각의 비판과 적극적인 견해들이 공유하는 것에는 역사적 의의 이상의 것이 있다. 듀이와 니체가 똑같이 우리에게 경고했던 것과 같이, 자기 자신을 유사과학이나 어떤 종류의 기술적 전공으로 이해하는 철학은 불가피하게 빈사상태가 되고, 생생한 인간 경험으로부터 단절된다. 나는 그들의 경고가 대체로 이후 세대의 철학자들의 주의를 끌지 못했던 것이 모두에게 분명할 거라 생각한다. 그들의 생애 동안 이루어진 철학의 상태에 대한 그들의 견해는 그들 시대의 기준에 (훨씬 더 우리 시대의 기준에) 거슬리고 타협하지 않는 것으로, 인기가 없었다. 그러나 현재의 철학자들은 듀이와 니체의 언급들 속에서 그들 자신의, 아니면 적어도 그들 직업의 어떤 것을 인정하는 데에는 거의 어려움을 겪지 않을 것이다. 우리 모두가 '스콜라 철학자', '동물 무리' 및 유사하게 불쾌한 어떤 별칭은 아닐지라도, 우리 모두는 이제 전문가-기술자, 이러저러한 종류의 과학자 지망자, 분석가, 비판가, 제자, 어떤 최고의 사상가에 대한 학문적 해석자-이다. 이것이 대학원생들이 훈련되는 방식이고, 직업 사다리에 오르는 방식이다. 심지어 듀이와 니체가 요청했고 그들과 최고로 위대한 철학자들이 항상 설명하려고 애썼던 더 포괄적인 조망을 전문화가 방해한다는 것이 비밀이 아닌 상황에서도 말이다. 그러나 오늘날 학부 수준에서 철학에 매혹되어, 오직 빠르게 첨부된 눈가리개를 찾기 위해, 종종 생활을 위해, 대학원에 진학하는 학생들에게서도 익숙한 패턴이 발견된다. 앞으로 전문가들은 약간의 예비 단계를 제외하고는 어떤 다른 분야, 심지어 자기 전공의 역사에 대해서도 배워야 할 필요가 없다. 예를 들면, 도덕철학이나 정치철학의 새로운 박사들이 심지어 자기 분야의 가장 중요한 역사 텍스트에 대해서도 단편적인 것 이상은 읽지 않는 것, 오직 학술지에서 논란을 일으키고 있는 최신의 기술적 수수께끼들에 대해 약간 이상의 지식을 갖고 있는 것, 이력서를 채우고 고용에서 경쟁하려는 목적으로 이 학회에서 저 학회로 달려가는 것은 이제 흔한 일이다. 전문가들이 자기 전공이 아닌 전통에 관한 문헌들은 읽지 않는 것, 자유주의자나 페미니스트들이 오직 자유주의나 페미니즘에 관한 문헌만, 심지어 어떠한 종류의 경계들 간의 어떠한 대화의 가능성도 차단하고 이 문헌의 좁은 요소만 진지하게 다루는 것도 똑같이 흔한 일이다. 전문화와 탈역사주의는 함께 나타났고, 풀기 어렵게 되었다. 누군가가 자신의 기원과 역사에 대한 피상적인 지식 이상을 가지고 있지 않고, 자유주의, 페미니즘 등 그의 동료 여행자들만 진지하게 받아들이도록 훈련되었는데도, 그가 대화를 진전시킬 거라 기대할 수 있다는 것은 어리둥절한 명제이다.

철학이 과학이라는 자아상을 보유하는 한, 철학은 계속해서 학생들과 철학자가 아닌 사람들이 너무나 자주, 너무나 당연하게 불평하는 무관함(irrelevance)에 빠질 것이다. 일반 대중들은 대체로 오래 전에, 철학자들이 배타적으로 자기들에게, 자기들에 관해서, 더 작은 내부자와 전문가의 서클 속에서 말하기 시작했을 즈음에, 철학자들로부터 듣기를 멈췄다. 일반 대중들이 그렇게 한 것이 잘못된 것인가? 일반 대중들이 분석적인 형이상학, 형식 논리학, 의사결정 이론에 대해서 완벽하게 호기심이 없을 때, 그것은 반지성주의의 징후인가? 내가 그것이 아님을 제시하겠다. 이러한 분야의 선도하는 인물들과 다른 많은 철학적 분과학문들이 일반 대중들의 입에 오르는 데 실패한 것에 대해 이 대중들을 탓할 수 없다. 과학으로서의 철학—메타과학, 장차 과학이 되려는 것, 과학의 시녀, 유사과학, 가짜과학—은 듀이와 니체가 경고했던 스콜라 철학과 과도한 전문화를 위한 방안이다. 듀이와 니체의 경고는 허사가 되었고 너무 늦었지만, 적어도 그들의 이상, 더 정확히 말하면 철학의 원래 의미를 연상시키는 철학관이 나타날 거라, 아마도 현재의 기술적, 과학적 과도함을 바로잡아줄 거라 희망할 수는 있을 것이다.

니체의 비판을 진지하게 받아들이는 철학교육은 대략 듀이의 견해와 일관되지만, 약간 [듀이의] 실험 개념을 확장한 종류의 창조성과 실험을 강조할 것이다. 니체가 생각했던 실험적 사고에는 모델이 없다. 그것은 듀이의 의미에서의 과학이 아니라, '즐거운 학문', 아폴론적인 것에 못지않게 디오니소스적인 것에 기반을 두고 있는 사고, 입증하는 것 못지않게 상상하고 의문을 제기하는 것이다. 니체가 말했던 창조성은 먼저 가치의 창조, 기존의 가치에 대한 재평가, 모든 종류의 지식에 대한 요구, 특히 철학자들의 전통적인 '반대

가치들의 믿음'에 대한 확실한 거부를 의미한다.

철학교육에 대한 니체의 입장은 철학 그 자체와 사상가의 역할에 대한 그의 관념을 직접적으로 수반한다. 이러한 교육의 목적은 분명히 니체의 멸시의 대상이었던 '철학적 노동자'나 사제 같은 유형을 만들어내는 것이 아니라, 진정으로 창조적 사고를 가능하게 해주는 조건들을 창조해내는 것이다. 니체는 그 특유의 방식으로 철학교육의 '최고의 목표'가 '철학적 천재의 생산'이라 단언함으로써 이를 표현했고, 창조적 사고를 가능하게 만들어줄 조건들에 대해 다음과 같이 확인했다.

> … 자유롭고 용감한 성격, 인류에 앞서는 지식, 학문적 교육의 부재, 편협한 애국심의 부재, 생계를 위해 돈을 벌 필요의 부재, 국가와의 유대의 부재 – 요컨대 자유, 그리고 또 자유. 이것은 그리스 철학자들이 성장할 수 있었던 아주 멋지고 아주 위험한 요소이다.

만약 철학교육이 자유로운 사상가를 만들어내고자 한다면, 다량의 자유 – 지적인 정신이 바라는 방향으로 탐구하고 진정으로 자기 자신의 의견에 도달할 자유 – 는 철학교육의 가장 필수적인 조건이다. 그러한 학습은 과거의 위대한 체계들을 공부하는 것에 제한되지 않을 것이며, 확실히 과거의 체계를 그 자체로 중요한 것으로 공부하는 것은 아니다. 니체의 말로 하자면,

그리고 궁극적으로, 도대체 젊은이들이 철학사와 무슨 관계가 있는가? 의견의 혼동은 젊은이들이 자기 자신의 의견을 갖는 것을 가로막을 수밖에 없는가? 젊은이들은 얼마나 우리 자신들이 훌륭하게 잘 왔는지에 대해 크게 기뻐하는 데 참여하는 법을 배울 수밖에 없는가? 심지어 젊은이들은 철학을 싫어하거나 경멸하는 것을 배울 수밖에 없는가? 누군가가 얼마나 학생들이 그들의 철학 시험을 위해 그들의 불쌍한 머리에 가장 위대하면서 가장 포착하기 어려운 것과 함께 가장 미칠 것 같고 가장 신랄한 인간 정신의 개념들을 쑤셔 넣으면서 그들 자신을 괴롭혀야 하는지 알게 될 때, 그는 거의 이렇게 생각할지도 모른다. 철학에 대해 가능한 유일한 비판, 즉 사람이 철학과 부합되게 살 수 있는지 보려고 노력하는 어떤 것으로 판명 나는 철학에 대한 유일한 비판은 대학에서 가르쳐지지 않았다. 가르쳐졌던 모든 것은 다른 말을 하는 인간에 의한 말에 대한 비판이다. 그리고 이제 거의 생활 속에서의 경험이 없고, 말의 형태로 50개의 체계와 그것들에 대한 50개의 비판들이 나란히 섞인 채 보존되어 있는 젊은이의 머리에 대해 상상해보라 ─ 얼마나 사막 같고, 얼마나 야만으로의 귀환이며, 얼마나 철학교육에 대한 조롱인가![64]

철학적으로 사고하는 법을 배운 사람은 철학사 ─ 니체 자신이 잘 알고 있었던 역사 ─ 에 대한 어떤 것을 배우는 것도 잘 할 것이다. 그러나 이것은 철학사를 그 자체로서 중요한 것으로 배우는 것도 아니고, 블룸의 전통에 대한 숭배를 하기 위해 배우는 것도 아니며,

자기 자신의 사상에 대해 생각하기 위한 훈련의 기반으로서 배우는 것이다. 인간은 사상과 가치들을 통해 살아가며, 니체가 우리로 하여금 철학사를 가르치고 배우게 했던 것－역사의 골동품이나 칠판 연습으로 즐기는 것이 아니라, 살아 있는 것으로 가르치고 배우는 것－은 이러한 정신 속에 있다.

우리 학생들 모두가 니체가 말한 천재가 되지는 않을 것이다. 아마 그들 중 누구도 그렇게 되지는 않을 것이다. 그러나 이러한 목적으로 방향을 맞춘 교육이 더 진부한 목적에 기여하는 교육보다는 더 능력 있는 사상가들을 만들어낼 것 같다. 아주 분명한 것은 니체와 듀이가 둘 다 비판했던 교육－사상사, 죽은 '말'의 암기, 상상력이 부족한 시험에 지배되는 교육－은 오직 비축된 기억만을 생산하고, 이것도 오직 최상의 상황하에서만 그러하다. 더 통상적인 상황하에서 그러한 교육은 따분함, 정신의 삶과 [실제] 생활 간의 단절을 낳는다. 독립적인 사고를 중시하는 철학교육은 사상사를 알려주지만, 그것에 압도되지 않는다. 그러한 철학교육은 그리스 철학의 교육과 좋은 삶 간의 결합을 떠올리게 하면서, 또한 교육과 철학 그 자체의 관계를 최근에 보이는 것보다 훨씬 더 친밀한 것으로 간주한다.

철학과 학생들과 그들의 교육가들에게 역사적으로 박식하고 엄밀하면서도 실험적이고 자유분방한 사고를 하려고 노력하라는 것은 너무 많은 것을 요구하는 것인가? 이것은 학생들에게 니체의 문화적 의사와 듀이식의 문제 해결자가 되면서 동시에 개념사에 기반을 둘 것을 요구하는 몹시 힘든 이상이다. 그러나 젊은 시절에 이 특수한 훈련에 심취했던 사람이라면 누구나 어떻게 이 이상을 이룰

수 있는지, 어떻게 지식에 대한 사랑이 정신으로 하여금 끝없는 과
정 속에서 한 질문, 텍스트, 탐구분야를 다음으로 이끄는지에 대해
잘 알고 있다. 요컨대 이것이 철학 분야의 교육적 성공일 것 같다.
그것은 가만히 있지 못하고, 만족하지 못하며, 교조적이지 않고, 그
자신과 세계에 대해 질문하는 데 있어 가차 없는 정신이다. 이러한
정신은 니체가 바랐고 스스로 하기를 갈망했던 방식으로 꽤 문화
혁명을 일으키지는 않을지라도, 더 겸손하게 '너 자신을 알라'는 고
대의 명령을 실행하는 것은 가능하게 할 것이다.

1   Dewey, 'Philosophy and Education' (1930). LW 5: 290-1.

2   Dewey, 'The Future of Philosophy' (1947). LW 17: 466-7.

3   Dewey, *Experience and Education* (1938). LW 13: 31. 듀이는 1934년에 다음과 같이 말했다. '사람들이 대체로 선전의 영향을 너무 잘 받는다는 옳은 불평이 있다. 그러나 왜 그런가? 왜 너무나 많은 사람들이 그렇게 그들에게 지속적으로 들리는 것이나 권위 있게 들리는 것을 삼켜버릴 준비가 되어 있는가? 왜 그들은 너무나 많이 쉽게 속는가? 나는 이것이 주로 타고난 지성의 부족 때문이라고 생각하지 않는다. 이것은 그들이 탐구의 습관, 이렇게 말해도 괜찮다면 지적 회의의 습관 대신, 경청하고 받아들이는 습관을 획득했기 때문이다. 이러한 정신적 수동성에는 다른 이유들도 있다. 하루 종일 기계적으로 일하는 기계와 같은 남성과 여성들은 특별히 기민할 것 같지는 않다. 그러나 나는 학교들이 이러한 마음의 습관이 널리 퍼지는 것에 대해 어느 정도 책임을 져야 한다고 생각한다. 수학, 역사, 지리, 사실상 모든 학교 교과목에 대한 교수법이 수동적인 수용이라는 정신적 습관을 만드는 것을 돕고, 탐구하는 성향을 희생시키는 유순함을 너무나 일반적으로 계발하는 한, 그 폐해는 결국 정치적, 사회적, 경제적 문제들에 대한 [수동적] 태도들이다.' Dewey, 'Education for a Changing Social Order' (1934). LW 9: 159-160.

4   Dewey, 'Modern Philosophy' (1952). LW 16: 411.

5   Dewey, 'The Scholastic and the Speculator' (1891). EW 3: 150-1.

6   Dewey, *Knowing and the Known* (1949). LW 16: 249.

7   Dewey, *Reconstruction in Philosophy* (1920). MW 12: 91. 'The Liberal College and its Enemies' (1924). MW 15: 208.

8   Dewey, 'Philosophy's Future in our Scientific Age' (1949). LW 16: 377.

9   Dewey, 'Three Contemporary Philosophers' (1920). MW 12: 239-40. 바로 밑에 따라오는 단락은 다음과 같다. '러셀이 순수한 수학의 장점을 극찬하고 인간의 실제 생활과 그의 이상 생활 간의 구분을 다루는 그의 논문들 중 하나에서, 러셀은 누군가 실제 생활에서 희망할 수 있는 대부분의 것이 어느 정도 한편에서는 이상과 다른 한편에서는 가능한 것 간의 일종의 조정이라고 단언한다. 그러나 순수 이성의 세계에서 그러한 조정은 필요하지 않다. 그곳에는 발달을 제한하거나 창조적 활동과 고귀한 열망의 지속적인 증가를 방해하는 것은 전혀 없다. 이러한 순수 이성의 세계는 모든 인간 욕망보다 훨씬 위에 있다. 그 세계는 헤아릴 수 없이 빈곤한 자연 현상을 넘어서 있다. 그곳에서 인간의 자유가 실현될 수 있고, 더 이상 실제적인 실존의 고통을 알게 되지 않을 수 있다.' 유사한 언급들이 MW 2: 64; MW 3: 77; MW 4: 181-2; MW 9: 91; LW 5: 176; LW 8: 39; LW 14: 324, 334; LW 15: 272; LW 16: 249, 361-2에서 발견된다.

10   Dewey, 'Challenge to Liberal Thought' (1944). LW 15: 272.

11   Dewey, 'The Liberal college and its Enemies' (1924). MW 15: 208.

12   Dewey, 'Academic Freedom' (1902). MW 2: 64.

13   Dewey, *Experience and Education* (1938). LW 13: 28.

14   Dewey, 'The Bearings of Pragmatism upon Education' (1908). MW 4: 182.

15   Dewey, *Democracy and Education* (1916). MW 9: 250.

16   Dewey, 'Culture and Industry in Education' (1906). MW 3: 289.

17   Dewey, 'Why Study Philosophy?' (1893). EW 4: 63, 64, 65.

18   Dewey, 'Ethical Principles Underlying Education' (1906). MW 3: 289.

19   Dewey, *Democracy and Education* (1916). MW 9: 165.

20   Dewey, *Art as Experience* (1934). LW 10: 80.

21   Dewey, *How We Think* (rev. edn, 1933). LW 8: 161-2.

22   Dewey, *Democracy and Education* (1916). MW 9: 168.

23   Dewey, *Knowing and the Known* (1949). LW 16: 248.

24   Dewey, *Democracy and Education* (1916). MW 9: 168.

25   Dewey, 'Ethical Principles Underlying Education' (1897). EW 5: 74 주 1.

26   Dewey, *Experience and Education* (1938). LW 13: 11.

27   Dewey, 'Philosophy and Civilization' (1927). LW 3: 7.

28   Dewey, *Experience and Education* (1938). LW 13: 20, 11.

29   Ibid., 29.

30   Dewey, 'How the Mind Learns', Educational Lectures Before Brigham Young Academy (1901). LW 17: 216, 221. 'The Future of Philosophy' (1947). LW 17: 467.

31   Dewey, *Democracy and Education* (1916). MW 9: 22, 23.

32   Dewey, 'The Supreme Intellectual Obligation' (1934). LW 9: 99.

33   Dewey, 'A College Course: What Should I Expect From It?' (1890). EW 3: 52.

34   Dewey, *Experience and Education* (1938). LW 13: 37.

35   Dewey, 'The Relation of Theory to Practice in Education' (1904). MW 3: 265.

36   Dewey, 'Some Stages of Logical Thought' (1900). MW 1: 161-2.

37   Dewey, *Democracy and Education* (1916). MW 9: 284.

38   Dewey, 'Class Struggle and the Democratic Way' (1936). LW 11: 384.

39   Dewey, *How We Think* (rev. edn, 1933). LW 8: 327, 160-1.

40   Dewey, 'Education and Social Change' (1937). LW 11: 415.

41   Dewey, 'The Study of Philosophy' (1911). MW 6: 137.

42   Friedrich Nietzsche, *The Will to Power*, trans. Walter Kaufmann and R. J. Hollingdale, ed. Walter Kaufmann (New York: Vintage, 1968), sec. 438, p.242.

43   Ibid., sec. 461, p.253.

44 Nietzsche, *Beyond Good and Evil*, trans. Walter Kafmann (New York: Vintage, 1989), sec. 211, p.135.

45 Nietzsche, *The Will to Power*, sec. 422, p.226.

46 Nietzsche, *Beyond Good and Evil*, sec. 204, p.123.

47 Nietzsche, *Thus Spoke Zarathustra*, trans. R. J. Hollingdale (New York: Penguin, 2003), p.147.

48 Nietzsche, *Beyond Good and Evil*, sec. 211, p.136.

49 Nietzsche, *Thus Spoke Zarathustra*, p.147.

50 Nietzsche, *Beyond Good and Evil*, sec. 211, p.136.

51 Nietzsche, *The Will to Power*, sec. 420, p.226.

52 Nietzsche, *Beyond Good and Evil*, sec. 2, p.10.

53 Nietzsche, *Twilight of the Idols*, trans. R. J. Hollingdale (New York: Penguin, 2003), p.45, *The Will to Power*, sec. 409, p.220.

54 Nietzsche, *Beyond Good and Evil*, sec. 204, p.123.

55 Ibid., sec. 204, p.121; sec. 206, pp.125, 126.

56 Nietzsche, *Thus Spoke Zarathustra*, p.147.

57 Dewey, *Art as Experience* (1934), LW 10: 270.

58 Dewey, 'Philosophy and American National Life' (1905). MW 3: 73.

59 Dewey, 'Philosophy and Civilization' (1927). LW 3: 9.

60 Dewey, 'Philosophies of Freedom' (1928). LW 3: 112.

61 Nietzsche, *Beyond Good and Evil*, sec. 212, p.137; sec. 210, p.134; sec. 42, p.52; sec. 44, p.53; sec. 43, p.53; sec. 205, p.125.

62 Dewey, *Democracy and Education* (1916). MW 9: 334, Nietzsche, *Beyond Good and Evil*, sec. 205, p.124.

63 Dewey, *Democracy and Education* (1916). MW 9: 334.

64 Nietzsche, 'Schopenhauer as Educator' *Untimely Meditations*, trans. R. J. Hollingdale (Cambridge: Cambridge University Press, 1996), pp.187, 182, 187.

05

종교를 가르치기:
영적 훈련 아니면 세뇌?

듀이가 '전통적인 교육은 너무나 많이 … 닫힌 정신을 만들어내는 경향이 있다'고 썼을 때, 그가 부분적으로 오랫동안 전통적인 유형의 교육기관들의 주요 목표였던 종교적 신념의 주입을 언급하고 있었다는 것에는 의심의 여지가 없다.[1] 특히 보수주의자들은 오랫동안 교육의 필수적인 차원이 '신앙을 기초로 하고', 젊은이의 '영적 훈련'과 종교 전통의 재생산을 수반한다고 주장해왔다. 전통은 다음 세대에게 축적된 경험과 과거의 지혜를 전해줌으로써 살아남으며, 이것이 일어나는 메커니즘들 중 하나가 교육이다. 영적 훈련은 더 순전히 학문적인 종류의 훈련 및 도덕교육과 병행되고, 보수주의자의 사고방식에서 이 각각의 요소는 교육의 진정한 의미에 기여한다. 이러한 생각이 인간 역사 전체에 걸쳐서 오늘날까지, 실제로 전부는 아닐지라도 매우 많은 문화들에 미쳐온 영향력을 과장하기란 어려울 것이다. 그것은 물론 듀이가 잘 알고 있었던 생각이고, 어느 모로 보나 그의 교육철학과 다소 직접적으로 충돌하는 생각이다. 이것 때문에 누군가는 듀이가 학교와 대학에서의 종교적 가르침이라는 문제에 맞섰을 거라 예상했을지도 모르겠다. 그러나 이상하게도 듀이는 그렇게 하지 않았다. 아니, 듀이는 그의 확실히 비전통적인 교육관이 우리로 하여금 예상하도록 이끌 직접적이고 지속되는 방식으로 그렇게 하지 않았다. 듀이가 '오래된 교육'에 대해 가장 지속적으로 반대하도록 유발했던 것은 그 교육의 경험으로부터의 단절, 권위주의, 학생들의 지평을 넓히기보다 좁히는 경향이었다.[2] 그러나 직접적인 종교적 가르침의 주입은 듀이 비판의 전경보다는 더 배경에 남아 있었다. 누군가는 그것이 듀이 비판의 전경에 속할 거라 생각했을지도 모르지만 말이다. 그리고 듀이는 자신의 교육 저작물 중 어디에서도 직접적으로 길게 학교에서 종교적 가르침을 제공하는 실천에 대해 반대하지 않았다.

듀이가 종교교육을 반대하기 위해 제공했던 이유들은 명백하고 여러 가지가 있다. 이른 나이의 [학생들에 대한] 종교적 가르침은 독립적인 사고 능력을 심하게 약화시키고, 종종 미래의 탐구를 신학적, 철학적, 윤리적 질문 등으로 왜곡하는 극복할 수 없는 편견을 만들어내며, 한탄스러운 유순한 지적 습관과 권위에의 복종을 만들어내고, 교조주의와 파벌주의를 없애기보다 증진시키며, 일반적으로 자유를 제한하는 교육의 원인을 조성한다. 듀이의 저작 속에는 젊은이에 대한 종교적 가르침에 불리하게 적용될 만한 모든 논변이 있고 잘 설명되어 있지만, 이상하게도 듀이 자신은 다소 주저하면서 이 논변들을 종교교육에 적용했다. 듀이의 저작 중 어느 것에서도 종교교육은 주요 테마로 다뤄지지 않았지만, 종교교육이 듀이가 옹호했던 교육개혁에 주요 걸림돌이 된다는 것에는 의심의 여지가 없다.

따라서 내가 이 장에서 약술할 것은 듀이가 제공했던 논변들에 입각한 이 쟁점에 대한 듀이의 입장인데, 나는 그 논변들을 듀이 자신이 그렇게 하지는 않았던 직접적이고 지속되는 방식으로 우리의 현재 테마에 적용할 것이다. 나의 질문은 '초등, 중등, 중등이후 수준 어디에서든, 특정 종교적 교리 교수-학습의 적절한 목적이 무엇인가'보다는 '어쨌든 이 실천을 해야 하는가, 그렇지 않은가'와 더 관련이 있다. 나의 듀이식 논변은 어떤 방식으로든 지적으로 미성숙한 이에게 종교를 가르치는 것은 비교육적이고, 오늘날 셀 수 없이 많은 학습기관들에서 영적 훈련으로 통하는 것은 세뇌나 교육의 진정한 목적에 대한 왜곡에 지나지 않을 수 있다는 것이다.

우선 듀이의 전통적인 교육에 대한 비판과 그 자신의 적극적인 견해에 근본적인 몇 가지 원칙들을 기억해보자. 듀이의 기본 원칙은 다른 실천들과 같이, 교육실천에 대한 이론을 세울 때, 우리가 반드시 교육의 과정에 그 과정 자체의 외부에서 발생한 목적들을 부과하는 것을 피해야 한다는 것이다. 실천은 항상 이미 그 자체에 내재적인 목표들을 가지고 있으며, 이론가의 임무는 이 목표들이 무엇인지 확인하고 해석하며, 그 실천에 주어진 목적을 부인하는 목적이나 수단들의 부과에 대해 비판하는 것이다. 만약 교육의 궁극적인 목표가 사고의 기술 또는 학생들이 경험을 지적으로 넘어갈 수 있게 해주는 지적 능력의 계발이라면, 이것은 교육당국으로 하여금 그 자신이 지지하는 신념들의 주입에 대한 규제를 실행할 것을 요구한다. 교육의 궁극적인 목표는 학습과정에 내재하는 목표들에 대한 교수법적 수단들의 조정과 학습과정이 학생들 자신의 경험에 기반을 둘 것을 요구한다. 전통적인 교육은 외적으로 부과되고 사실상 교육의 진정한 목적을 약화시키는 목표들에 학습과정의 기반을 두려는 경향 때문에 실수를 했다. 듀이는 이러한 외생적인 목적들의 원천과 결과에 대해서 다음과 같이 썼다.

외적으로 부과된 목표들의 나쁜 점은 뿌리가 깊다. 교사들은 상부로부터 그 목표들을 받는다. 이 상부들은 공동체에서 통용되는 것으로부터 그 목표들을 받아들인다. 교사들은 그 목표들을 아동들에게 부과한다. 첫 번째 결과로, 교사들의 지성은 자유롭지 않다. 그들의 지성은 위에서 규정된 목적들을 받는 것에 갇혀 있다. 교사 개인이 권위 있는 관리자의 명령, 교수방법에 대한 교과서, 규정된 공부과정 등으로부터 너무나 자유로워서, 그가 자신의 정신으로 하여금 학생들의 정신과 교과내용에 가까이 다가가도록 할 수 있는 경우는 매우 흔하지 않다. 그다음에, 교사의 경험에 대한 불신은 학생들의 반응에 대한 자신감 부족에 반영된다. 학생들은 그들의 목적을 두세 가지의 외적 부과를 통해 받는다. 그리고 학생들은 그 당시 자신의 경험에 자연스러운 목적들과 묵묵히 따르도록 가르쳐지는 목적들 간의 갈등으로 인해 끊임없이 혼란스러워 한다. 모든 성장하는 경험에 본래적인 의의에 대한 민주적인 기준이 인정되기까지, 우리는 외적 목적에의 적용에 대한 요구로 인해 지적으로 혼란스러울 것이다.

듀이가 여기에서 언급하는 외적 목적들에는 그것이 종교적이든, 정치적이든, 아니면 다른 무엇이든, 일련의 특정한 교의(doctrine)가 포함된다. 그리고 그 목적은 교육기관이 젊은이의 정신에 주입할거라 공동체가 기대하는 것, 또는 그러한 기관이나 교육가 개인이 스스로 부과하기로 결정한 것이다. 그러한 목표들—듀이에 따르면, '항상 엄격하고', '강요될 뿐인' 목표들—이 교육의 과정 자체에 내재하는 목적들을 대체할 때, 교육은 단지 목표를 위한 수단이 되고, 그곳에서는 독립적으로 신념을 형성하는 학생들의 능력보다 그들의 신념에 대한 내용이 목표 그 자체가 된다.[3]

교육에 대한 전통적인 견해가 모든 본질적인 측면에서 교육실천을 어떤 목표—전통의 지속, 졸업 이후의 삶에 대한 준비, 생계를 꾸릴 전제 조건 등—를 위한 수단으로 간주한다면, 듀이식의 대답은 교육의 도구적 가치에 대한 절대적 부인이 아니라, 고차적이고 완전히 내재적인 목적에 대한 주장의 형태를 취한다. '교육의 과정은 그 자체 이외의 다른 필요를 가지지 않는다. 교육의 과정이 그 자체로 목표이다.'[4] 교육의 목적에 관한 이론을 세우는 데 있어서, 우리는 학습과정을 가장 근본적인 목표로 간주하는 것과 수단으로 간주하는 것 간의 선택에 직면한다. 그리고 여기에서 전자를 주장하는 것은 부차적인 문제로서 (이 단서는 중요하다) 학습과정이 또한 그 자체를 넘어서는 많은 목표들을 위한 수단이라는 것을 부정하지 않는다. 이 기본적인 선택은 특별히 종교적 가르침의 문제와 관련된다. 종교교육의 주창자들에게, 종교교육은 궁극적으로 젊은이의 정신 속에 특정한 신념의 전통을 재생산하거나, 더 거슬리지 않게 말하자면, 학생들의 영적, 도덕적 훈련을 맡아서 하는 목적에 기여한다. 그리고 여기에서 이러한 훈련은 통상적인 의미에서의 학문적 훈련과는 구분되는 것으로 여겨진다. 흥미롭게도 듀이는 교육이 사회의 연속이나 전통 전달의 수단으로서 기여한다는 견해를 완전히 거부하지는 않았다. 반대로 이 근본적으로 헤겔주의적인 사상가는 항상 인간이 문화와 전통에 위치해 있다는 점을 염두에 두고 있었고, 결코 홉스식의, 강하게 개인주의적인 자아관을 채택하라는 유혹에 넘어가지 않았다. 사람들은 그들을 지탱하는 사회적 관계와 신념의 전통, 그 전통에 근본적인 방향을 제공하는 평가로 구성된다. ― 이것은 듀이의 철학이 20세기의 현상학과 공유했던 또 다른 주제이기도 하다. 다음 구절은 이 문제에 대한 듀이의 견해를 대표한다.

> 아동은 육체적으로뿐만 아니라, 지적으로, 사회적으로, 도덕적으로 유기적인 통합체이다. 우리는 아동을 가장 넓은 의미에서 사회의 구성원으로 받아들여야 하고, 아동이 지적으로 자신의 모든 사회적 관계를 인식하고 그 관계들을 지탱하는 데 참여할 수 있도록 하는 데 필요한 모든 것을 학교에 요구해야 한다.[5]

더 나아가서 정신의 삶 전체는 그 지향을 우리가 서 있는 전통으로부터 받는다. 듀이는 '그 자체로 전통이라는 배경에 내어놓지 않는 사고는 없다'고 썼고, 여기에서 전통은 '맹목적인 관습'보다는 훨씬 더 우리에게 전해진 생각들과 해석들을 의미한다. '전통은 해석의 방식, 관찰의 방식, 평가의 방식, 명시적으로 생각되는 모든 것의 방식이다. 전통은 사고가 숨을 쉬어야 하는 주위의 분위기이다. 언제나 누구도 그가 이러한 분위기의 일부를 들이마셨을 때를 제외하고 어떤 생각을 했던 적이 없었다.'[6] 듀이는 철학에서의 해석학적 또는 해석적 전환보다 훨씬 이전에, 다음과 같이 물었다. '우리가 사회적 산물인 언어 없이 어떤 지적 작용을 할 수 있는가?' – 물론 듀이는 이 질문에 부정적으로 답하면서, '무릎반사 같은 무조건적 반사 반응을 제외하고 사회문화적 환경에 깊이 영향을 받지 않는 인간 활동이나 경험이 단 하나라도 있는지 질문할 수 있다'고 덧붙였다.[7]

또한 듀이는 교육이 축적된 지식과 문화의 경험을 다음 세대에 전달하는 더 넓은 사회적 사업에 속한다고 주장했다. 그러나 듀이가 강조했던 요점은 이 사업의 한계와 그것이 적절하게 일어나는 조건들과 관련되어 있다. 이 점에 있어서, 듀이는 전통이나 과거 경험에 대한 복종이 이성적 사고를 억제하는 효과를 가진다는 것을 경고한 플라톤과 아리스토텔레스로 돌아가는 기다란 일련의 철학자들 가운데 서 있었다. 사고가 전통에 박혀 있음을 인정하는 것과 종종 보수적인 종교교육의 주창자들이 옹호하는 종류의 전통주의 간에는 상당한 차이가 있다. 단순한 과거의 반복은 이성적이지도 교육적이지도 않으며, 전통 자체는 단순히 그 자체로 보존되어야 하는 과거의 무거운 짐이 아니라, 종종 현재 문제가 되는 상황들을 해결하는 데 유용한 아이디어들이 된다. 어떠한 교육의 맥락에서도 많은 교육과정이, 듀이의 말로 하자면, '수 세기 동안 지속되는 경험과 사고를 나타내지만', 이에 대한 궁극적인 정당화는 전통을 그 자체로 중요한 것으로 보존하거나 재생산하는 것이 아니라, 기껏해야 수단으로 사용하는 것이다. '학교나 대학이 더 효과적으로 과거의 자원들을 현재의 처분에 맡기는 것이다.' 전통주의자들은 과거 경험과 문화를 젊은이에게 전달하는 것을 그것이 담고 있는 내재적 가치나 진리를 근거로, 종교교육의 경우에는 영혼구원이라는 근거로 정당화되는 목표로 볼 것 같지만, 듀이는 '문화의 연속성을 유지하는 유일한 이유는 그 문화가 현대 생활의 조건들 속에서 작용하게 만들기 위함'이라고 주장했다.[8]

듀이의 또 다른 기본 원칙은 모든 교육의 수준에서 교육과정은 외부에서 부과되기보다 반드시 학생들의 살아 있는 경험과 직접적으로 연결되어야 한다는 것이다. 교과내용은 전통적인 종교적 가르침의 모델이 가지고 있는 것과 같이, 전적으로 이미 만들어져 있는 일련의 지식이나 신념, 교사들은 능동적으로 주입하고 학생들은 수동적으로 받아들여야 하는 지식이나 신념으로 구성되어서는 안 된다. 경험이 교육적이기 위해서는 미리 결정된 계획을 따라가기보다 유기적으로 펼쳐져야 한다. 다르게 말하자면, 교육가가 적절히 초점 맞춰야 할 것은 학생들의 종교적 신념 등의 결과보다는 확장하는 발달의 과정이다. 듀이에게 교육적 경험의 표시는 그 경험이 개인적으로 확신하는 구체적인 어떤 것을 낳는다는 것이 아니라, 그 경험이 한 경험에서 다른 경험으로의 연속성을 보여주고, 학생들이 훗날 어떤 신념을 가질지에 대한 두려움 없이 지평을 넓히고 정신을 열어준다는 것이다. 또한 이와 관련이 있는 것은 듀이가 생각했던 것과 같은, 인간 경험의 수동적이면서 동시에 능동적인 차원이다. 경험의 능동적인 차원의 경우 과학실험이 전형적인 예가 되는데, 여기에서도 신념은 누군가가 고수하는 교리보다는 탐구에 의해 확증되거나 반증될 수 있는 가설이라는 인식론적 지위를 가진다. 지적 성장은 일반적으로 아이디어들에 대한 실험적인 정신의 틀을 요구한다. 그러나 듀이는 이와 관련하여 다음과 같이 한탄했다.

> 사람들은 여전히 교의라는 버팀목, 권위에 의해 고정된 신념을 원하고, 생각을 하는 수고, 그리고 생각을 통해 자신들의 활동을 스스로 이끌어갈 책임에서 벗어나기를 원한다. 사람들은 자신의 사고를 대립되는 교의체계들 중에서 어느 것을 받아들일지 고려하는 것으로 국한시키는 경향이 있다.[9]

심지어 경험의 수동적인 차원도 단순히 아이디어를 수용하거나 감각 인상을 겪는 것이 아니라, 가설의 임시적 수용 또는 향유에 따라오는 결과들을 목격하는 것이며, 이 역시 실험모델에서의 능동적인 재평가를 통해 변증법적인 방식으로 완성된다.

종교교육의 옹호자들은 듀이가 이상으로 주장했던 경험의 성장이 결코 잠재적으로 누군가가 성장하게 될 것(결과)에 전적으로 의존하지 않는다는 것에 반대할 것이다. 범죄자의 경험도 연속적으로 하나의 활동이나 이해관심에서 다른 활동이나 이해관심으로 펼쳐질 수 있다. 듀이의 비판가들은 교육가의 의무는 미래의 경험이 끝날 곳에서 끝나도록 내버려두기보다, 그 경험이 바람직한 방향으로 펼쳐지도록 학생들의 품성을 형성하는 것이고, 여기에 종교적, 도덕적 교리에 대한 적극적인 가르침이 존재한다고 주장할 것이다. 듀이는 『경험과 교육』에서 이러한 반대를 진지하게 다루고, 이에 대해 직접적으로 대답했다. 그는 사람이 도덕적으로 부적절한 방향으로 성장할 수 있다는 것을 부정하지 않고, 예를 들어 숙련된 범죄자의 방향 속에 있는 성장이 '일반적인 성장을 촉진시키는지 아니면 지연시키는지' 묻는 것을 통해 이에 대해 답했다. 듀이는 다음과 같이 계속 말했다. '이러한 형태의 성장은 더 나아간 성장을 위한 조건들을 만들어내는가? 아니면 이 특정한 방향으로 성장했던 사람이 새로운 방향으로 계속 성장하는 데 필요한 계기, 자극, 기회를 차단하는 조건들을 설정하는가?'[10] 이러한 대답을 넘어서, 듀이는 의식적인 고안을 통해 학생들의 품성을 형성하는 교육가의 능력이라는 문제에 대해 상당한 의구심을 표현했다. 이러한 의구심은 품성을 형성하는 조건들에 관한 몇 가지 고려사항들에 입각하고 있다. 우선, 결코 학교만 학생들의 도덕적 품성에 영향을 미치는 것이 아니고, 듀이의 견해에서 학교의 영향력은 학교를 둘러싸고 있는 더 넓은 실천 및 사회적 관계들 배열의 영향력만큼 깊거나 지속되지 않는다. 학생들의 교실 밖 경험은 보통 교실 안에서 발생한 어떤 것보다 더 깊이 그들이 누구인가에 도달하지만, 학교는 근본적으로 오직 제한된 정도로만 학교 밖 환경에서 형성된 품성을 고칠 수 있을 뿐이다. 더 나아가서, 한 사람의 품성은 '지리와 수학을 가르치는 것처럼 가르칠 수 있는 것이라기보다 형성되는 것'이다. 품성의 형성은 '품성의 섬유'에 해당하는 사고와 행위의 습관에 달려 있고, 일반적으로 경험에 달려 있다. 이러한 품성의 형성에는 용인되는 행위와 그렇지 않은 행위에 대한 구체적인 도덕적 가르침이 포함될 것이고, 그래야 할 것이다. 그러나 듀이는 심지어 여기에서도 품성의 형성은 그러한 가르침의 내용보다는 더 그 정신에 의존한다고 주장했다.

> 책망은 모든 권위에 대한 반감이 주입되는 방식으로 주어질 수 있다. 아니면 아동이 그가 용인되지 않는 것으로 알고 있는 것을 회피하고 감추는 기술을 발달시킨다. 종종 반항, 두려움, 지나친 자의식이 생겨난다. 따라서 직접적인 도덕 가르침조차 도 그 순효과를 예측할 수 없고, 그러한 가르침의 효능은 그것이 무의식적으로 젊은이에게 작동하는 많은 조건들에 들어맞는지 에 달려 있다.[11]

요컨대 품성의 뿌리는 공식적인 종교적, 도덕적 가르침이 도달하는 것보다 더 깊이 확장되어 있고, 교육가가 주입한 어떤 교리보다 행동을 형성하는 상상, 욕망, 습관들과 더 관련되어 있다.

품성 형성과 종교교육에 대한 듀이의 의구심은 더 일반적으로 교육기관들이 젊은이의 확신, 특히 분명히 논쟁의 여지가 있는데도 이성적 비판이 가능한 나이 이전에 학생들의 정신에 주입하여 확신을 형성하려고 직접적으로 노력하는 것에 대한 비판으로 뻗어나간다. 듀이에게 있어서, 권위, 전통, 영적 훈련을 가장한 논쟁적 신념의 주입은 진정으로 교육의 반대(antithesis)이고, 몇 가지 이유들로 인해 비판에 취약하다. 그 이유들에 우선적으로 포함되는 것은 모든 형태의 세뇌가 유순한 정신을 유발한다는 점이다. 교육받은 정신은 무엇보다도 무엇이 진실인지에 대해 미리 결정되거나 교조적으로 고수되는 확신 없이, 주어진 신념의 영역에 대해 능숙하게 사고하고 활발히 탐구하는 기술을 갖추고 있다. 우리가 가르칠 것이 사고의 기술이라면, 이것은 '우리가 아동이 무엇을 사고할지에 관해 불안해하지 않아야 한다'는 것을 수반한다. '우리가 아동이 무엇을 사고할지 규정하는 순간, 우리는 그가 사고하는 것을 전혀 불가능하게 만든다.'[12] 모든 진정한 탐구는 과학실험의 정신으로 아이디어를 추구하고, 어떠한 결론에 도달하든 그 결론에 이르도록 또는 일반적인 연구과정이 결정하도록 내버려둘 자유를 요구한다. 교육당국이 그러한 탐구의 범위를 넘어서 특정한 신념들을 선언할 때, 학생들은 사고하는 것이 아니라 복종하는 것을 배운다. '왜냐하면 사고는' 듀이가 말했던 것처럼, '앵무새의 속성이 아니고', '잘 훈련된 유인원'의 속성도 아니기 때문이다.[13] 이것이 낳는 결과는 지적인 전통의 사용이 아니라, 무비판적으로 고수된 신념들의 단순한 획일성이다.

　듀이가 특별히 종교적 신념의 주입에 적용했던 더 나아간 논변은 영성에 대한 어른의 경험을 아동이나 젊은이들에게 부과하거나 부과하려고 시도하는 것의 비교육적 효과와 관련된다. 아동들은 작은 어른이 아니며, 아동들이 진정으로 어떠한 영적 생활을 한다고 말할 수 있더라도, 그것은 죄, 구원 등에 대한 어른의 경험과 동일한 질적 특성이나 깊이를 가지지는 않을 것이다. '너무 일찍 아동에게 어른스러운 생각이나 어른의 영적 감정을 강요하려' 시도하는 것은 '근본적으로 그러지 않았다면 그의 시기에 그에게 개인적 실재가 될지도 모르는 미래의 더 깊은 경험을 미리 막는 위험을 무릅쓰는 것이다.'[14] 비교육적인 경험에 대한 듀이의 정의를 기억해본다면, 이것은 더 나아간 경험의 가능성을 열어주기보다 차단하는 것으로 묘사된다. 예를 들어, 이것은 학생들의 마음에 특정한 영역의 생각이나 경험, 또는 실제로 일반적인 학습에 대한 혐오감을 만들어냄으로써 발생한다. 어쩔 수 없이 셰익스피어를 읽고 이해한 척 해야 하는 청소년은 셰익스피어에 대한 혐오감 또는 생애 전체에 걸쳐서 그와 함께 남아 있을 일반적인 문학에 대한 혐오감을 가지고 그 경험에서 떠날 것 같다. 마찬가지로 어른의 종교적 경험이 젊은이의 의식에 사실상 강요될 때, 젊은이는 영성에 대한 진정한 이해보다는 영성에 대해 오래 지속되는 혐오감을 발달시킬 것 같다.

듀이는 1908년의 글에서 공립학교에서 종교를 가르치는 것에 대해 다음과 같이 간단히 언급했다. 공립학교 체계의 주요 임무 중 하나는 사회통합을 증진하는 것인데, 이는 특수한 교리를 주입한다는 의미가 아니라, 학교들이 젊은이의 지적 능력을 키워줌으로써, 동시에 그리고 동일한 수단으로, 학생들을 민주시민으로 준비시킨다는 의미이다. 만약 듀이의 견해에서 그러한 것처럼, 민주 정치가 차이의 한복판에서 사회통합의 추구를 수반한다면, 공립학교는 '다양한 국적, 언어, 전통, 신조를 가진 이들을 하나로 묶고, 노력과 성취에 있어 공통적이고 공적인 것의 기반 위에서 그들을 함께 융합시킴으로써' 이 목적을 증진시킨다. 종교적 가르침은 학생들을 교과들로 분리하고, '각각 그들의 사적인 영감과 조망을 가지도록' 함으로써 사실상 이러한 목적을 약화시킨다.[15] 학생들을 지정된 시간에 개신교도, 천주교도, 유대교도, 이슬람교도로 나누는 것은 민주주의 실패의 원인인 지적 분리를 증진시키면서, 동시에 학생들에게 민주 시민성과 이것이 요구하는 지적 독립을 교육하기보다 학생들을 신도들의 운동에 징집시킨다. 또한 듀이는 1987년의 글에서 지적 징집이라는 주제를 다루면서 이것의 위험성을 언급했다. 그리고 듀이는 '아동이' 종교 교파의 구성원과 같은, '특정한 형태의 사회생활의 구성원이 되도록 하는' 모든 형태의 교육은 '아동이 그 자신으로 받아들여지지 않고, 사회의 유형으로 받아들여진다는 단순한 사실'로 인해 비교육적이라고 주장했다. 이러한 조건하에서 학생들은 자기 권리를 가진 지적인 행위자나 시민이 아니라, 단지 당파의 구성원 또는 전통이나 조직을 유지하는 수단으로 간주된다. 이러한 징집의 비교육적 효과에 더하여, 현대 사회는 '너무나 복잡하고', '인격에 너무나 많은 요구를 하게' 되었기 때문에, '[우리가] 관습과 관례에 기반을 두고 [살아간다면] 극도의 재앙을 피할 수 없다.'[16] 현대의 민주 사회는 특별한 당파의 멤버십을 위해서가 아니라, 복잡한 사회 질서 속에서 지적으로 능력 있는 시민이 되도록 교육받은 사람들을 요구한다.

듀이가 특별히 종교적 가르침에 적용하지는 않은 채로 제공했던 추가적인 논변들은 지적 습관의 훈련과 교육에서 환경의 중심적 역할과 관련되어 있다. 듀이가 종종 주장했던 것과 같이, 최고의 교육성취인 정신 능력의 발달은 '신념, 감정, 지식을 직접 전달함으로써'가 아니라, '환경을 매개로 하여' 일어난다.[17] 그러한 능력들은 더 직접적인 수단을 통해서보다는 오직 간접적으로, 더 넓은 탐구의 과정 속에서 지적 능력과 습관들을 불러일으키는 조건들의 창조를 통해서 발달한다. 우리가 보았던 것처럼, 사고하는 능력은 특정한 방법을 숙달하는 법에 대한 직접적인 가르침의 결과로서가 아니라, 특정한 교과내용에 대해 사고하는 과정 속에서, 따라서 자유로운 탐구와 연결되는 일반적인 학습 환경뿐만 아니라 교과과정 환경이라는 매개물을 통해서 발달한다. 교육은 개인이 활발하게 이러저러한 종류의 공동 기획에 참여하는 사회적 분위기 속에서 일어나지, 교육적 권위의 신념에 대한 수동적인 수용을 통해서 일어나지 않는다.

우리가 이전 장들에서 보았던 것처럼, 듀이는 지적 습관의 형성을 매우 중요한 교육의 목적으로 간주했고, 현재의 맥락 속에서 종교적 가르침이 보통 일련의 특정한 교리와 함께 주입하는 마음의 습관에 대한 문제를 제기했다. 교육가의 의도와는 완전히 별개로, 그들의 실천은 좋든 나쁘든, 학생들의 지적 구조에 영향을 준다. 예를 들어, 개인의 구원을 가능하게 하려는 의도는 종종 특정한 방향으로의 미래 학습을 어렵게 만든다. 듀이는 1886년에 그의 가장 초기의 글들 중 하나에서 종교적 맥락에 적용하지는 않은 채, 다음과 같은 관찰을 했다.

만약 어떤 학생이 철저하게 한 체계에 주입되면, 그의 미래의 성장은 어려워진다. 그 뇌의 연골로 된 부분은 딱딱해지고, 그 뇌의 봉합선은 닫힌다. 정신이 가장 유연할 때 고정불변의 구분 체계를 받아들인 사람은 그 흔적을 잃을 수 없다. 그는 오직 자신의 체계와 연결해서만 모든 새로운 사실을 분류하고 이해할 수 있다. 새로운 사실이 하나 나타날 때, 그는 그것을 흡수하

지 않는다. 그는 자신의 규칙과 칸막이 상자를 꺼낸다. 그는
이미 만들어져 있는 자신의 표준에 따라서 그 사실을 측정하고,
그것을 적절한 장소에 넣어둔다.[18]

이 중요한 구절은 초중등 종교계 학교를 졸업한 학생들에게 종교
학, 윤리학, 철학 과목을 가르쳐야 하는 대학 교수들, 그리고 아마도
훨씬 더 그 학생 자신들의 공감을 얻을 것이다. 이러한 분야의 강사
들은 정기적으로 강의 초반부에 지적 배경 청소라는 반갑지 않은
활동들에 어쩔 수 없이 관여하는데, 이는 오래된 편견들을 제거하고
다년간의 세뇌로 인해 오랫동안 닫혀 있었던 정신을 비집어 여는
시도를 하는 것이다. 이러한 학생들의 정신은 여러 신념들에 대한
확실성과 안전의 느낌에 오랫동안 길들여져 있는데, 그 신념들은
그들이 이른 나이부터 주입받고 그의 모든 동료와 이전의 교육가들
이 믿지 않았다면 주장할 수 없었을 것들이다. 이렇게 길들여진 정
신은 새로운 생각들을 받아들이고, 그 생각들을 확실한 것이라기보
다는 가설로 간주하며, 그들의 신념에 대해 지적으로 정직한 방식으
로 의문을 제기하는 것에 매우 저항할 수 있다. 그러한 학생들은
완전히 가르칠 수 없을 [정도로 심각한] 상태는 아닌 경우에도, 세계
관을 오직 고집하고 싸워야 할 교조적 신념체계로 간주하는 것에
너무나 길들여져 있어서, 그들에게 확실성의 부재 속에서의 이성적
이고 협력적인 탐구라는 교육의 개념은 일종의 이단으로 등록된다.
교수가 논쟁의 엄밀함과 자신의 확신을 비판적으로 철저히 검토할
필요에 대해 말할 때, 이러한 학생들은 종종 '이 교수는 무신론자임

에 틀림없다'고 생각할 것이다.

성급히 결론을 내리고, 특정한 신념들에 대해서는 진지한 문제제기를 하지 않으며, 정당화와 정서적 위안의 제공을 혼동하는 습관은 지적으로 미숙한 이에게 종교를 가르쳐서 일어난 몇 가지 더 흔한 비교육적 결과들이다. 그러한 습관들은 종교영역을 넘어서 윤리나 정치와 같은 다른 지적 생활영역들로 잘 확장될 것이고, 이후의 교육 단계에서나 생애 전체에 걸쳐서 고치기 어려운 것으로 판명날 수 있다. 실제로 듀이의 견해에서는, 너무나 많은 인간의 사고와 행위가 이른 나이에 형성되고 배어든 습관들의 결과이기 때문에, 모든 학습 과정의 단계에서 습관의 중요성에 대해 과장하기란 쉽지 않다. 습관은 변화에 저항할 뿐만 아니라, 본질상 개인을 특정한 미래 경험들로 이끌고 다른 경험으로부터는 나오게 이끌며, 활발히 그 습관의 표현을 요청하는 조건들을 찾아내는 성향 및 경향을 가지고 있기 때문에 매우 중요하다. 습관은 예상과 기대를 통해서, 그리고 그 사람의 환경과 조율하여 목적을 형성하기 위한 힘을 제공함으로써 미래의 경험을 만든다. 모든 교육의 단계에서 지적 습관은 형성되면서 재형성되고 있다.

… 사물들을 주의 깊게 살펴보는 습관 아니면 서두르고, 부주의하며, 성급하게 표면만 대충 훑어보는 습관. 연속해서 발생하는 제안들을 추적하는 습관 아니면 되는 대로, 메뚜기처럼 추측하는 습관. 증거를 검토해서 추론을 시험하기까지는 판단을 유예하는 습관 아니면 쉽게 믿는 것과 건방지게 잘 믿지 않는

것이 번갈아가며 나타나고, 각 경우에 기분, 감정, 우연한 상황
을 이유로 믿거나 믿지 않는 습관.[19]

교육가가 이 각각의 쌍들에서 전자의 습관을 심어주려 한다면,
이것은 그 습관들을 불러일으키는 조건들을 만들어내고 그 습관들
의 행사를 요구하는 환경을 제공함으로써 이루어질 수 있다. 종교
전통의 멤버십 속에서 교육받은 학생은 과학이나 수학과 같은 특정
한 사고의 영역은 이성적 연구와 결론에 대한 엄밀한 정당화를 요구
하는 것으로 간주하지만, 다른 영역, 특히 종교나 윤리의 영역은
이성의 범위를 넘어서는 것으로 간주하는 태도, 적극적으로 미래의
지적 발달을 막는 정신의 태도에 길들여져 있다.

축적된 지식의 양과는 완전히 별개로, 교육의 성공에 대한 주요
지표들 중 하나는 [그 교육을 받은] 학생이 특정한 지적 미덕들은
가지고 있고 그에 상응하는 악덕들은 가지고 있지 않다는 것이다.
이것이 중요한 이유는 지적 미덕들이 미래의 학습에 필요한 조건들
을 구성하고, 학생들로 하여금 정규교육이 끝난 지 오래된 이후에도
자신의 경험에 대해 성찰하는 것을 가능하게 해준다는 사실에 있다.
듀이의 지적 악덕의 목록에는 현재의 논의와 관련 있는 몇 가지가
포함되며, 듀이가 그의 생애 전체에 걸쳐서 비난했던 교조주의보다
더 나쁜 것은 없다. 너무나 자주 종교교육과 관련되는 '과도하게
긍정적이고 교조적인 마음의 습관'은 지적 사고에 치명적이다.[20] '특
정한 결론에 매이는 것은 결정적인 행동의 재개를 타당하게 만드는
결정으로서의 결론에 도달하는 수단을 발견하기 위해서 탐구하도

록 요구받는 것과 정확히 반대이다.'[21] 신념들을 틀릴 수도 있는 임시의 해석방법으로 여기지 않고, 누군가가 맞거나 틀릴 수밖에 없는, 구원받거나 구원받지 못할 수밖에 없는 영원한 진리와 절대적인 것으로 여기는 습관은 사고 그 자체의 종말이 된다. 과도한 자기확신, 조망의 경직성, 관점의 협소함, 유연하지 않은 정신은 새로운 아이디어가 나오는 것을 막거나, 다양한 사고의 전통으로부터의 간단한 학습도 못하게 한다.

듀이가 확인했던 다른 지적 악덕들에는 상상력이 부족한 스콜라철학, 인습의 고집, 파벌주의, 권위에의 복종이 포함되는데, 이 모든 것은 전통적인 종교교육에서 발생한 적이 있었으며, 미래의 학습에 어마어마한 장애물이다. 교육받은 정신은 개방성, 많은 호기심, 새로운 생각들에 대한 환대, 우유부단함이나 확신의 부족과는 다른 유연성이란 특징을 가지고 있다. 교육받은 정신의 습관적인 태도로는 성찰성, 결론에 이르기까지 문제에 대해 충분히 생각하는 인내심, 폭넓은 호기심, '삶 그 자체로부터 배우려는 경향', 넓이보다 깊이의 선호, 선전에 저항하게 하는 비판적 지성이 포함된다. 듀이에게 있어서, 교육받은 정신은 서두르지 않는 방식으로 문제가 되는 상황을 해결하고 결론에 도달한다. 교육받은 사람의 신념은 그것이 과학, 철학, 신학 및 다른 어떤 문제에 관련되든지 관계없이, 오직 연구과정의 결론에서 형성된다. 교육받은 정신은 성찰적인데, 이것은 인간 존재에 관한 근본적인 문제들에 골몰한다는 의미뿐만 아니라, 신념의 기초를 확인하는 것에 주로 관심을 가지고 이유를 납득하지 않고는 어떠한 사고체계도 받아들일 것을 거부한다는 의미이다. 그렇다면 일반적으로 교육받은 정신은 '열린 마음, 성실함, 정직함, 폭넓은 조망, 철저함, [자신이 옳다고] 받아들인 신념들의 결과를 실현할 책임의 상정'과 듀이가 '본래적으로 도덕적 문제'일 뿐만 아니라 사실 지적 미덕이라고 칭찬했던 관련 성향들의 조합이다.[22]

너무나 자주 초중등 수준의 종교적 가르침이 심어주려고 하는 정신의 미덕과 품성은 결코 듀이가 묘사했던 것들이 아니다. 전통적으로 '영적 훈련'의 주된 목적은 특정한 종교 전통에 대해 독립적으로 사고할 수 있는 학생들의 능력보다는 훨씬 더 학생들의 사고의 내용과 관련되어 있다. 사람들이 종교계 학교의 졸업생들 사이에서 너무나 자주 발견하는 지적 습관들로 인해 정기적으로 증명되는 것처럼 말이다. 대학에 들어간 이 학생들이 흔히 나타내는 경향은 과학이나 수학 영역에서는 종종 인상적인 지식과 예리한 통찰력을 가지고 있으면서도, 종교, 그리고 종교와 약간 스칠 정도로만 관련이 있는 어떤 문제-윤리, 정치, 철학-에 대해서는 걱정스러울 정도로 쉽게 믿는 것이다. [이러한] 일종의 지적 정신분열증은 종종 다년간의 종교교육의 결과이며, 여기에서 학생들은 지적 생활의 어떤 영역에서는 엄격한 사고의 적절한 기준을 모두 가지고 있으면서도, 다른 영역에 대해서는 그것이 무엇이든 어떠한 이성적 기반도 기대하지 않고 실제로 그것을 주어진 것 또는 미덕으로 간주한다. 이것이 그렇게 아주 흔하지 않았다면 우리에게 병적이라는 인상을 주었을 것이다. 그리고 이는 젊은이에게만 해당되는 것도 아니다.

또한 듀이에게 있어서 교육의 정신과 의미야말로 탐구, 즉 교육가와 학생들이 신조에 모순된다는 두려움 없이 주어진 일련의 연구나 논증을 그들의 논리적 결론으로 밀고 나가기 위해서 어느 정도 진보한 자유를 요구하는 실천으로 한정될 수 있다는 [사실]을 기억하라. '지성의 자유'는 지적 성장의 필수적인 전제조건인데, 왜냐하면 그러한 성장이 오직 사고습관의 계발을 통해서, 교과내용이 어디로 이끌든지 그것을 따라가는 '자유로운 정신적 놀이' 속에서, '사전에 형성된 신념에의 굴종으로부터 떨어져야만' 일어나기 때문이다.[23] 듀이는 강력하게 학문의 자유를 강조했기 때문에, 누군가는 그가 특정 교파 소속의 학교나 대학에서의 교육이라는 문제에 손을 댔던 드문 경우에도 이 원칙을 적용했을 거라 예상할 것이다. 그러나 듀이는 1902년에 '학문의 자유'라는 간단한 제목의 글에서, 가장 본질적으로 학교와 대학의 임무를 규정하는 바로 이 원칙이 특정 교파 소속의 기관들에도 똑같이 적용되는지에 대한 문제에 있어서 이상한 모순을 나타냈다. 듀이는 '진정한 대학'과 '어떠한 이름으로 불리든 조직체(bodies)를 가르치는 대학, 일련의 고정된 신념들과 사실들을 주입하는 일을 주로 하는 대학'을 구별하면서 이 글을 시작했고, 듀이는 명백히 후자의 대학들 가운데 종교계 학교와 대학들을 포함시켰다. 듀이는 그러한 기관에 있는 교육가가 그 결론의 일부가 기관의 교리와 저촉되는 분야를 가르칠 책임이 있을 때 직면하는 명백한 갈등에 대해 언급한 이후에, 우리가 세속적인 대학에서 기대하는 것처럼, 그 교육가가 탐구의 과정이 요구한다면 그러한 교리들에 도전해야 한다고 주장하는 데까지 가지 않았다. 듀이는 다음과 같이 썼다. '특정한 교의를 가지고 있는 기독교 법인, 정치법인, 심지어 경제법인도 확실히 그 신조를 유지하고 선전하는 기관을 지지할 권리를 가지고 있다.' 이 놀라운 진술은-논의가 되고 있는 기관이 표면상 교육기관이고, 듀이는 계속해서 아무 제약을 받지 않는 탐구야말로 교육의 생명선이라고 주장했기 때문에 놀랍다-똑같이 놀라운 두 번째 주장과 결부된다. 그것은 이와 관련된 문제가 '사고의 자유의 문제라기보다, 기꺼이 그러한 조건하에서 일하려는 유능한 교사들을 확보하고, 그들에게 봉급을 주며, 학생들을 끌어들여 지지층을 가지는 능력의 문제'라는 것이다.[24] 여기에서는 결코 원칙의 문제가 아니라, 그러한 학교를 위한 학생들과 그러한 조건을 끔찍한 것으로 여기지 않는 교육가들을 발견하는 실제의 문제가 드러난다. 듀이가 이러한 기관의 권리와 관련하여, 신조에 세뇌되기보다 교육받을 학생들의 권리에 반대하여 말했다면, 그것도 이상했을 것이다.

듀이는 이 글에서 계속해서 특정 교파 소속의 기관들이 서서히 스스로 세속 대학의 특징과 기능들을 많이 받아들였기 때문에, 대학과 이 기관들 간의 구분선이 점점 더 흐릿해졌던 역사적 지점을 관찰했다. 그렇다면 공식적으로 종교 교파와 관련된 기관이 대학의 기능에 손을 대는 한-그리고 그렇게 보이는 한, 오직 그 정도까지-그 기관은 탐구의 자유의 원칙에 묶인다. 그러나 '다른 측면에서, 역사적인 교파의 유대는 늘어져 가늘게 되고 약화되었지만, 여전히 남아 있다. 그리고 그것들로 인해 강사는 어느 정도 매이게 된다. 명시적이지는 않을지라도, 암묵적인 의무가 상정된다.' 듀이는 근본적으로 양립할 수 없는 목적들을 조화시키려는 시도를 하는 교육가에게 생겨나는 명백한 갈등을 인정했지만, 그의 제안은 빈약한 것이었다. '이러한 갈등의 혼동 속에서 꼭 어떤 길이 강사가 도덕적으로 향해야 하는 길인지 결정하는 것은 쉽지 않다. 그러나 전반적으로 그 짐이 개인의 몫인 것은 분명하다.' 그러한 개인이 자신이 속한 기관의 교리적 제한이 지나치게 힘들다고 여긴다면, '그로부터 빼앗을 수 없는 하나의 자유가 있다. 그것은 더 마음에 드는 노동 영역을 찾을 자유이다.'[25]

듀이가 이 문제에 대해 이상하게 모순적인 것, 더 일반적으로 교실에서의 종교적 신념의 주입에 대한 완전한 금지를 꺼리는 것은 그가 기본적으로 인간 생활에서 종교의 궁극적인 중요성에 대해 확신했기 때문이다. 듀이는 심지어 1903년의 글에서 '도덕적이고 종교적인 것'을 '모든 교육적 질문에 가장 근본적인 것' - 철학적 질문뿐만 아니라 교육적 질문에, 실제로 유일하게 교육적 질문에 가장 근본적인 것 - 으로 이야기했다. 여기에서 듀이는 종교적 질문이 대단히 중요하기 때문에 교육의 맥락에서 무시할 수 없지만, 그 질문을 전통적인 방식보다는 '경건한 과학의 정신으로' 받을 수 있다고 주장했다.[26] 이것이 어떻게 이루어지는지에 대한 듀이의 설명은 예상대로 상세하지 않지만, 듀이는 적어도 자신의 일반적인 접근과 일관되는 방식으로 젊은이에게 종교적 가르침을 제공할 가능성에 대해 제시했다. 누군가는 듀이의 철학자로서의 실천이 예표하는 것과 같이 '모든 교육적 질문에 가장 근본적인 것'이 방대하게 논의되었기에, 듀이가 결코 하나가 아니라 적어도 몇 가지의 단서들을, 주로 소극적인 기술을 통해서 제공했을 거라 예상할지도 모르겠다. 따라서 우리가 보았던 것처럼, 그러한 가르침은 틀림없이 직접적인 세뇌에 이르지 않거나, 비교육적인 지적 습관들을 심어주지 않는다.

그러한 가르침은 교실에서 생각되고 말해질 것에 대해 너무 많은 금지 규정들을 만들어내서 탐구의 정신을 약화시켜서는 안 되지만, 어떻게든 학생들의 정신에 특정한 일련의 종교적 신념들을 심어주어야 한다. 아무리 좋게 말해도, 이것을 이루는 수단은 흥미로운 딜레마를 제기한다. 평소답지 않게 간결하기는 했지만, 듀이가 제공했던 원칙에 입각한 하나의 제안은 특정 교파 소속의 학교와 [일반] 대학이 모두 진리에 헌신하고 있다는 점을 지적하는 것이었다. 대학의 기능은 직접적으로 지식의 생산 및 보급과 관련되지만, 특정 교파 소속 학교의 경우에 주요 목적은 전통의 전달이다. 그러나 두 종류의 기관 모두에 '내재하는 본질적인 한 가지는 진리의 개념이다.'[27] 여기에서 듀이의 진리의 생산과 전달 간의 구분은 교육가에게도, 실용주의적 실험주의자에게도 결코 간단하지 않다. 듀이가 너무나 자주 주장했던 것처럼, 이 둘은 모두 모든 종류의 기존 지식을 절대적인 것이 아니라, 과거에 유용한 것으로 발견되었고 현재 문제가 되는 상황을 해결하는 데 있어 우리를 도와줄 수도 있고 그렇지 않을 수도 있는 가설로 간주해야 한다. 명백한 시험 사례를 가져오자. 만약 누군가가 기독교 고등학교에서 생물학을 가르치고 있다면, 그가 가르쳐야 하는 것은 기존 창세기의 진리인가, 아니면 진화에 대한 과학적 진리인가? 그가 공립 기관에서 가르치고 있다면, 듀이의 대답은 분명히 후자이겠지만, 직접적으로 현대 생물학자들의 합의를 반박하는 교리를 가진 기관에서는 어찌해야 하는가? 이것은 의심할 여지없이 듀이가 받아들였던 질문이지만, 그가 ─ 간단히 ─ 제공했던 유일한 대답은 원칙에 입각한 것이 아니라 개인적인 것이다. 즉, 그가 진화론을 지지한다면, 다른 직장을 찾아보는 게 현명할 것이다.

내가 언급했던 것처럼, 듀이는 종교나 윤리에 대한 직접적인 가르침이 학생들의 품성에 깊은 인상을 남길 가능성에 대해서도 상당히 회의적인 태도를 나타냈다. 품성을 형성하는 것은 교육 환경, 습관 형성, 일반적인 경험의 과정이지, 종교에 대한 직접적인 강의가 아니다. 듀이는 '단어와 문장들을 암기하는 것과 그것들이 행위에 영향을 주도록 마음에 새기는 것은 다른 것'이라고 썼다.[28] 교사의 모범은 교리적인 문제에 대해 배우는 수업보다 훨씬 더 학생들의 품성에 깊은 영향을 미치며, 여기에는 영적 품성도 포함된다. 또한 듀이는 항상 교육을 단지 어떤 목표를 위한 수단으로 간주해서는 안 된다고 주장했다. 그 목표가 믿음의 전통의 지속이든, 졸업 이후의 삶을 위한 준비이든, 다른 어떤 것이든 간에 말이다. 진정으로 교육적인 활동이나 교과내용은 모두 그 자체로 중요한 것으로 취급되어야 한다. 비록 그러한 활동이나 교과내용은 부차적으로 더 나아간 어떤 목표를 위한 수단이지만 말이다. 일반적인 인간 경험에 대해서도 동일하게 말할 수 있다. 듀이는 그 자신이 높이고, 젊었을 때 열렬하게 믿었던 복음주의 기독교와 같은 신학의 세계관에 대해 상당히 불만을 표현했는데, 이는 그러한 세계관이 인간의 경험과 일반적인 삶을 본질적으로 사후세계를 위한 수단으로 간주하기 때문이다. 듀이는 이와 같은 정신으로 교육을 수단으로만 보는 것에 반대했다. 듀이는 이것을 1893년의 글에서 다음과 같이 표현했다.

우리는 상당한 정도로 이 삶을 단지 또 다른 삶의 위한 준비로 생각하는 것을 포기했다. 그러나 우리는 매우 많이 이 삶의 일부를 단지 그 삶의 다른 이후 단계를 위한 준비로 생각한다. 이것은 매우 많이 교육의 과정에서도 그러하다. 만약 누군가가 내게 교육의 정신에서의 모든 개혁 중 가장 필요한 것에 대해 말해주기를 요청한다면, 나는 다음과 같이 말할 것이다. '교육을 졸업 이후의 삶을 위한 단순한 준비로 생각하는 것을 그만두고, 교육을 현재 삶에 대한 완전한 의미로 만들라.'[29]

듀이는 종교와 교육에 관한 글을 썼을 때 일반적으로 자유주의적인 태도를 취했으며, 교육을 세뇌의 수단으로, 인간 경험을 사후세계로 들어가는 수단으로 간주함으로써 일반적으로 교육과 인간 경험 모두를 경시하는 로마 가톨릭 교회와 같은 전통적인 조직들에 호의적이지 않았다. 예를 들어, 듀이는 이 교회가 자신의 학교를 위해 국가의 자금지원을 얻으려고 노력하는 것에 반대했다. 듀이는 1947년에 그러한 학교들에 정부 보조금을 확대하려는 연방법안에 대해 반대하면서, 그 법안은 '가장 필수적인 민주 생활 영역에서의 강력한 반동적 세계 조직의 장려와 그 결과로서 민주주의에 해로운 원리들 보급의 장려'를 나타낸다고 썼다.[30] 로마 가톨릭계 및 다른 종교계 학교들은 교회 자체의 위계 구조의 특징과 동일한 권위주의의 에토스를 담고 있다. 그와 반대로 공립학교 체계는 민주 사회의 필수 요소이고, 따라서 유일하게 국가의 자금지원에 적합한 수령인이다. 듀이는 교육이 어떤 식으로든 종교를 위해 기여한다면, 그것은 신학의 가르침을 제공하는 것이나 특정 교파 소속의 학교들에 대한 정부 보조금과 같이 직접적인 조치들을 통해서가 아니라, '사회 통합을 위해 기여하는 것'을 통해 가장 효과적으로 이루어질 것이라고 주장했다. 교육은 중요하게 민주화하는 기능—그것은 민주적 참여를 위해 시민들을 훈련시키는 것이다—을 제공하며, 따라서 교육은 결코 민주적 정신을 포기해서는 안 된다. 따라서 적어도 교육이 종교에 접근하는 한, 교육은 민주 사회의 실패의 원인인 파벌주의와 교조주의에 저항해야 한다. 또한 듀이가 썼던 것처럼, '특정한 조건 하에서 학교들은 국가의식을 희생하여 종교적 형태를 구축할 수 있었던 것보다, 어떠한 관습적 배지나 종교적 가르침의 장치 없이 그 내용과 가능성 면에서 더 종교적일 수 있다.'[31]

내가 이 장의 초반부에서 언급했던 것처럼, 듀이의 종교교육에 관한 글에서 가장 주목할 만한 점은 듀이답지 않은 간결함과 그가 제시된 주제와 관련하여 무엇을 언급할지에 대해 분명히 망설였던 표시이다. 듀이가 학교에서의 종교적 가르침에 대해 다른 형태의 전통적 교육에 반대했던 방식처럼 직접적으로 강력하게 반대하는 것을 망설였던 이유는 확실히 듀이가 용기가 부족했기 때문이 아니라, 종교기관 및 전통들이 그 자신을 재생산할 권리를 가지고 있고 학교는 이것을 이루는 통상적인 수단들 중 하나라고 그가 확신했기 때문이었다. 다음으로 나는 이 문제를 대체로 듀이의 정신 속에서 받아들이지만, 어떻게 그가 제공했던 견해들을 현 시대에도 적합하게 만들 수 있을지 검토할 것을 제안한다.

듀이와 포스트모던

여기에 예상 밖의 결합이 있다. 대화가 성사될 가능성이 조금이라도 있을 때, 그 대화는 대화 상대들 간의 의견차이의 영역들뿐만 아니라, 어느 정도의 공통 기반을 전제한다. 의견의 차이는 우리에게 말할 어떤 것을 주지만, 공통의 기반은 생산적인 대화를 가능케하는 조건을 제공한다. 물론 누군가는 다음과 같이 물을 것이다. 이 장의 주제에 대한 것이든 아니면 다른 어떤 것에 대한 것이든, 듀이의 철학과 현대의 포스트모던/후기구조주의 분야 간에 어떠한 공통의 기반이 존재하는가? 이 두 학파가 공통적으로 가지고 있지 않은 것에 대한 설명을 제공할 필요는 없다. (그리고 물론, 포스트모던의 옹호자들이 매우 빠르게 지적할 것처럼, 포스트모더니즘 그 자체가 하나의 통합된 학파를 구성하는 것과는 매우 거리가 있다.) 그럼에도 불구하고, 그리고 자크 데리다(Jacques Derrida), 미셸 푸코(Michel Foucault), 질 들뢰즈(Gilles Deleuze) 등 간에 존재하는 많은 차이들을 모두 존중해도, 최근 포스트모던 사상에서 종교의 명예회복을 향한 추세가 있기 때문에, 여기에서 논의 중인 주제는 공통 영역이 될 수 있다. 이러한 추세에서 몇몇 주요 인물들로는 장-뤽 마리온(Jean-Luc Marion), 자크 데리다(Jacques Derrida), 존 카푸토(John Caputo), 리처드 키어니(Richard Kearney), 지안니 바티모(Gianni Vattimo), 칼빈 슈락(Calvin Schrag)이 있고, 또 다시 이들 간의 입장 차이는 우리로 하여금 하나의 통합된 학파에 대해 말하지 못하게 한다. 흥미로우면서도 놀라운 것은 우리가 포스트모던 문헌에서 발견하는 기본적인 일부 표현이 듀이 자신의 종교철학에 관한 저작에서 미리 나타났었다는 것이다. 따라서 나는 이것이 우리의 주제에 어떻게 기여할지에 대해 고려하면서, 여느 때처럼 매우 조심스럽게 두 텍스트로 하여금 서로 말하게 하고 싶다. 이 텍스트는 1933년에 출간된 듀이의 『공통의 믿음A Common Faith』과 2001년에 출간된 존 카푸토의 『종교에 대하여On Religion』이다. 『종교에 대하여』에는 『공통의 믿음』이나 듀이에 대한 인용문이 없으며, 포스트모던 담론에서 듀이가 논의의 주제로 빈번하게 등장하는 것도 아니다. 『공통의 믿음』은 듀이의 종교철학에 대한 주요 저작으로, 그 속에서 듀이는 종교교육의 문제에 손을 대지 않았다. 카푸토의 『종교에 대하여』나 이 분야의 다른 그의 텍스트에서도 교육은 주요 테마가 아니다.[32] 이 절에서 나의 목적은 이 두 텍스트나 사상가 간의 단순한 비교를 그 자체로 가장 중요한 것으로 제공하는 것이 아니라, 종교에 관한 이들의 견해에 대한 검토가 교육의 문제에 해결의 빛을 던져줄 수 있는지 질문하는 것이다. 정확히 말해서, 종교교육에 어떠한 교육적 의미가 있는가? 아니면 영적 훈련으로 통하는 모든 것은 잘못된 교육이나 세뇌의 겉치장일 뿐인가?

나는 간결함을 위해서, 종교와 종교철학에 대한 두 인물의 입장을 해석하는 데 많은 세부사항들로 들어가지 않을 것이다. 그들의 견해는 모두 그들의 철학 전체로부터 나온다. 듀이의 견해는 완전히 그의 경험이론과 일관되고, 카푸토의 견해는 그의 '급진적 해석학'과 일관된다. 듀이의 텍스트는 종교와 '종교적인 것' 간의 핵심적인 구분으로 시작한다. 그리고 이것은 이후 포스트모던 사상과의 유사점이 시작되는 곳이다. 듀이는 종교라는 용어로 '특별히 초자연적인 것과 관련되는 특별한 일련의 신념들과 일종의 제도적 기관을 가지고 있는 실천들'을 의미했다. 듀이의 견해에서 '일반적인 종교와 같은 것은 없다.' 오직 복수의 종교들이 있을 뿐이고, 각각은 일련의 교리, 의식 등으로 구성되는 하나의 세계관으로 생각될 수 있다. 그와 반대로 형용사적인 표현은 다음을 나타낸다.

> 제도이든 신념체계이든, 명시할 수 있는 실체의 방식 안에 없는 것. 종교적인 것은 이것저것이 역사적 종교나 현존하는 교회라고 가리킬 수 있는 것과 같이, 누군가가 특별히 가리킬 수 있는 어떤 것을 의미하지 않는다. 왜냐하면 종교적인 것은 홀로 존재할 수 있거나 특수하고 독특한 존재의 형태로 조직될 수 있는 어떤 것을 의미하지 않기 때문이다. 종교적인 것은 모든 대상과 모든 제안된 목표나 이상에 대해 취해질 태도들을 의미한다.[33]

듀이가 종교보다 '종교적인 것'을 선호하는 것은 종교 교리들이 세계에 대한 진리를 기술하려고 의도하는 한에 있어서 그 종교 교리들에 대한 듀이의 회의적 태도와 종교적 경험에 대한 듀이의 관심을 모두 반영한다. 듀이는 종교적 경험을 일련의 주어진 어떠한 신념이나 실천들의 기초로 보지도 않았고, 인간 경험의 다른 차원들과 통약 불가능한 것으로 보지도 않았다. 듀이에게 있어서 종교적인 것은 일상적인 경험의 한 측면으로, 우리로 하여금 초자연적인 것과 관련된 특정 신념들에 헌신하도록 만들지 않는다. 종교적 경험은 오직 초자연적인 것에 대한 교리가 벗겨질 때, 그 자신의 역량을 발휘할 수 있다. 따라서 듀이는 어떠한 고백적인 믿음을 정당화하려고 애쓰지 않았고, 그 대신 약간 애매한 용어로 자신의 종교적인 것에 대한 관념을 말하는 것을 더 좋아했다.

이것은 종교적 경험을 과학적 경험, 미적 경험 등과 같은 다른 형태의 경험과 절대적으로 떨어져 있는 것으로 여기지 않는 관념이다. '경험의 특징으로서 "종교적인" 것은 이러한 모든 경험에 속할 만한 어떤 것을 의미하고', '어떤 홀로 존재할 수 있는 경험 유형의 정반대이다.' 이것은 전통적인 형태의 종교가 진정한 표현수단을 제공하기보다 적극적으로 방해하는 '경험의 특징' 또는 차원이다. 듀이는 종교적 경험을 '초자연적인 것과는 관계없는 특정한 태도와 조망', '자아와 우주(Universe)의 뿌리 깊은 조화(자아에게 연결된 조건들의 전체성에 대한 표현)', '우리가 일부인 전체 자연에 대한 적절한 감각'으로 이야기하곤 했다. 이러한 경험적인 기술들 중 어느 것도 신학적 교리에 이르지 않고, 그가 약간 주저하며 '신(God)'이란 단어를 사용했다고 해서 그가 유신론을 믿었다고 볼 수는 없을 것이다. 듀이는 그가 전통적인 종교와 무신론 둘 다에 없다고 믿었던 일종의 '자연스러운 경건함(natural piety)'에 대한 표현으로 신에 대해 말했으며, 전통적인 종교와 무신론은 모두 '고립된 인간'의 견해를 전제한다. 듀이는 이 점을 다음과 같이 요약했다.

왜냐하면 그것은 초자연주의의 자연을 넘어서는 어떤 것에 대한 언급에도 불구하고, 이 지구를 우주의 도덕적 중심으로, 인간을 생물들의 전체 계획의 정점으로 생각하기 때문이다. 그것은 죄와 구원의 드라마가 궁극적으로 중요한 단 하나의 것으로서 고립되고 외로운 인간의 영혼 속에서 벌어지는 것으로 간주한다. 인간과 분리된 자연은 저주받거나 무시해도 좋을 것으로 생각된다. 공격적인 무신론 또한 자연스러운 경건함이 부족한 [태도의] 영향을 받았다. 시인들이 항상 찬양했던 인간과 자연을 묶는 유대는 가볍게 무시된다. 무신론자들이 취하는 태도는 종종 무관심하고 적대적인 세계에 살면서 반항을 폭발시키는 인간의 태도이다. 그러나 종교적인 태도는 의존과 지지의 방식으로, 상상을 통해 느낄 수 있듯이 감싸고 있는 세계인 우주와 인간과의 관련성에 대한 감각을 필요로 한다. 현실과 이상의 통합을 전달하기 위해 '신'이나 '신성'이란 단어를 사용하는 것은 인간을 고립감으로부터, 그 결과로 나타나는 절망이나 반항으로부터 지켜줄 것이다.[34]

듀이의 종교성에 대한 감각은 인간과 자연 세계 간의 관련성에 초점이 맞춰져 있으며, 이는 개인을 고립에서 꺼내주고, 그가 살고 있는 조건과 이상들에 결속시켜준다. 우리가 궁극적으로 전념하는 목표들과 이러한 이상과 현실의 통합을 말하는 데 있어서, 듀이의 신은 철저히 자연의 법칙에 맞춰 설명된다. 듀이에게 있어서 신은 최고의 존재가 아니라, 경험의 묘사이다.

듀이는 신, 종교적 경험, 종교적 지식, 무엇에 대해 말하든, 각각의 경우에 이것들을 그 표면적인 반대항과 별개로 간주하는 것에 대해 반대했다. 예를 들어, 우리가 종교적 지식에 대해 말한다면, 우리는 보통의 앎의 수단으로는 접근할 수 없는 특별한 진리의 영역을 가리키고 있는 게 아니다. 이 텍스트에서도 듀이는 '진리에 접근하는 유일하게 확실한 길-관찰, 실험, 기록, 조심스러운 성찰에 의해 작동하는 인내심 있는 협력적 탐구의 길-이 있다'고 반복했다. 여기에서 종교적 믿음도 예외가 아니며, 종교적 믿음은 결코 일상적인 앎의 방식을 초월하지 않는다. '본질상 종교적인 특별한 진리라는 개념 전체'는 '그러한 진리에 접근하는 고유한 길이라는 개념과 함께' 단호히 거부되어야 한다. 듀이가 유일하게 허용되는 것으로 믿었던 믿음관은 방금 언급되었던 일종의 '자연스러운 경건함'-자아실현을 통해 성취될 '자아의 통합'과 이상 안에 있는 세속적인 믿음-이다. 이러한 견해와 양립할 수 있을 어떠한 종교교육관은 진리를 구획으로 나누는 오래된 실천, 다른 지식이나 신념의 영역들에는 지적으로 엄밀한 정당화를 요구하면서 어떤 것에는 이성적 탐구의 한계와 완전한 신성불가침을 선언하는 실천을 버리는 것을 필요로 할 것이다. 그러한 종교교육관은 종교적인 것을 나머지 인간 경험과의 연속성 속에서, 다른 차원에서의 경험과 마찬가지로 (실용주의적인 의미에서) 지적으로 생각하는 것을 필요로 할 것이다. 듀이는 지성이 열정 없는 일이 아니라고 언급하는 것으로 이 마지막 요점을 수식했다. 듀이는 항상 종교적 열정을 포함한 열정이 이성의 기둥에 묶여 있어야 한다고 주장하곤 했다. 그러나 이것은 이성 vs 열정, 지성 vs 믿음 등의 이분법이 생기게 하지 않는다. '열정적인 지성, 사회적 실존이라는 어두컴컴한 장소를 비추는 빛을 대표하는 열의, 그 새롭게 하고 정화하는 효과를 향한 열성과 같은 것이 있다.'³⁵ 나는 적절한 때에 이 지점으로 돌아올 것이다.

나는 교육에 대한 논의로 되돌아가기 전에 먼저 듀이의 종교와 종교적인 것에 대한 견해를 존 카푸토의 '종교 없는 종교(religion without religion)'(그가 데리다에게서 빌려온 구절)와 관련짓고 싶다. 만약 통상적인 의미에서의 종교를 지적으로 미성숙한 나이의 학생들에게 가르치는 것에 대해 반대하는 설득력 있는 논변들이 있다면, 그러한 논변들은 듀이가 종교적인 것이라 불렀던 것이나 카푸토의 포스트모던적인 종교에도 적용되는가? 듀이가 '종교적인 것의 종교로부터의 해방'을 요청한 지 몇십 년 후에, 여러 대륙-주로 포스트모던-철학자들이 그들 자신의 종교에 대한 명예회복을 시도했는데, 이것은 듀이로부터 빌려오지는 않았지만 예상보다 듀이의 설명과 크게 다르지 않았다.³⁶ 이와 관련하여 카푸토의 노력은 하이데거 이후의 현상학 및 해석학 전통의 범위에 들어가면서, 데리다식의 해체와의 광범위한 혼합에 해당한다. 한 세기도 더 전에¹⁾ 니체는 신의 죽음을 선언했지만, 카푸토를 포함하여 주로 니체의 영향을 받았다고 주장하는 많은 포스트모더니스트들은 많이 변경된 형태이기는 하지만, 지금 신의 귀환 또는 종교의 귀환에 대해 말하고 있다. 카푸토의 정식은 계속해서 종교, 가장 특별히 기독교의 '고백적 형태에 기생하기는' 하지만, 그가 몇 세기의 학습된 회의론 이후

....

1) 원문에는 'More than a century after'로 되어 있으나, 니체(1844-1900)가 카푸토(1940-)보다 한 세기 전 사람임을 생각해볼 때, 잘못된 것으로 보인다.

에 구조하기를 바라는 것은 '고백적 종교를 결여한 종교성'—특히 신학적, 형이상학적이지 않은 종교성—이다.[37]

　이 종교의 가장 중요한 부분은 카푸토가 '불가능한 것을 향한 열정'이라 부르는 것이다. 카푸토가 썼던 것처럼, '종교적 감수성의 표시'는 일련의 교리들에 대한 지적인 강조라기보다는 훨씬 더 그가 '가능한 것의 한계 속에서 불가능한 것을 바라고 기대하면서 살아가는 운동, 실제를 넘어선 실재(a reality beyond the real)'라 부르는 것이다. 종교는 갈망의 문제이지, 이성의 문제가 아니다. 종교는 '정신 나간 이들을 위한 것이지', 침착한 이들을 위한 것이 아니다. 종교는 '우리가 길을 잃은 채 놓여 졌을 때, 우리가 우리의 힘을 넘어서고 우리를 압도하며 우리의 이성을 제거하는 어떤 것, 우리의 제한된 힘으로는 불가능한 어떤 것에 직면했음을 스스로 발견할 때 일어나는 삶에 대한 감각'이다. 카푸토는 이러한 삶에 대한 감각과 합리주의적이고 좁게 실용주의적인 것, 오직 일상적인 종류의 확실성과 현실성에만 관심을 가지고 인지가 부족하기보다는 상상력이 부족한 경험을 가진 사람을 대비시킨다. 종교는 열정 또는 열정적으로 경험하는 삶의 유형이지만, 반지성주의라는 단순한 문제는 아니다. 카푸토는 '이 열정의 조건은 알지 못함(non-knowing)'인데, 이것은 더 통상적인 형태의 무지라기보다는 '신비주의자들이 무지의 지(docta ignorantia)라 부르는 것, 학습된 무지 또는 현명한 무지'를 떠올리게 하는 '알지 못함'이라고 주장한다.[38] 그것은 소크라테스의 무지2)와 같이, 사람들이 알지 못하는 지식, 구조될 거라 기대하지 않고 그 조건 속에서 살아야 하는 지식이다.

변함없이 인간 존재가 생겨나는 흐름으로부터 구조(deliverance)
는 없다는 것이 카푸토의 견해이다. 삶의 종교적 의미는 더 넓은
미스터리로의 개방 상태의 일부이며, 우리의 실존적 조건을 규정하
는 불확실성에 대처하려는 노력이다. 카푸토가 다른 곳에서 쓴 것과
같이, '종교는'

> … 그 흐름에 대처하는 방식, 어둠의 힘에 반대하는 투쟁이다.
> 종교는 오직 그 상징의 우연성을 '인정하는' 한에서만 '진정한'
> 종교이다. 믿음은 어둠 속에서 희미하게 보이는 것을 바라보며
> 나아간다. 그리고 믿음은 오직 우리 모두가 위치해있는 심연,
> 우리 모두를 완전히 에워싸는 비결정성과 애매함을 인정하는
> 정도까지만 진짜이다.

종교적 믿음은 애매함 속에서 살아가려는 노력이며, 우리의 개념
들이 '우리가 그 흐름을 가로질러 확장한 구조들의 수많은 얇은 막
들'로 구성되는 세계 속에서 편히 쉬려는 노력이다.[39] 우리가 세계에
관한 진리를 확실히 알 수 없다면, 우리가 희망할 수 있는 최선은
우리가 할 수 있는 최선의 방식으로 미스터리에 대처하는 법을 배우
는 것이다. 우리가 우리 자신이 누구인지에 대해 알 수는 없을지라
도, 우리는 적어도 우리가 모르는 것에 직면하여 해석 및 자기해석

---

2) '너 자신을 알라'는 소크라테스의 격언이 대표하는 것처럼, 자신이 모른다는
것을 아는 상태를 의미한다.

을 할 수는 있다.

게다가 우리가 신을 사랑할 때 우리가 사랑하는 것이 무엇인지 정확히 알 수 없다면(카푸토에게 있어서는 그러하다), 우리는 적어도 그 문제를 열어놓고 우리가 열정적으로 긴급하게 사랑하는 것이라면 그것이 무엇이든 사랑하려고 노력할 수 있다. 카푸토는 곳곳에서 종교 자체를 매우 간단하게 '신에 대한 사랑'으로 규정하지만, 이것이 '더 작업이 필요한' 구절이라는 것을 인정한다. [그러나] 카푸토는 이후에 이 텍스트에서 이 내용을 별로 명확히 하지 못했다. 예를 들어, 그는 여러 곳에서 '우리가 "신"을 통해 **정말로** 의미하는 것'은 어떠한 종류의 절대자보다는 '사랑'이며, '신은 평화, 정의, 메시아 시대처럼 우리가 매우 극진히 사랑하는 것들에 우리가 부여하는 하나의 이름'이라고 언급했다.[40] 신은 사랑 또는 사랑의 대상을 말한다. 그 대상이 무엇일지와 관계없이 말이다. 그것은 과도함, 무조건성, 침착함의 상실을 특징으로 나타내는 사랑이다.

카푸토는 이것을 말하면서 종교적 경험에 대해 약간 현상학적인 묘사를 하고 있는데, 이는 듀이 자신이 노력했던 것과 다르지 않다. 두 사상가 모두 신이나 사후세계에 관한 진리를 대표한다고 주장하는 교리의 해설자라는 의미에서의 신학자는 아니다. 두 사상가가 해석하고 있는 것은 경험, 초월하는 삶의 감각이며, 카푸토에게 그것은 지식과 거의 관련이 없는 것이다. 두 사상가 모두 이 경험의 애매성과 개방성을 유지할 것을, 이 경험을 지적 명제와 같이 알 수 있거나 논쟁할 수 있는 약간 확정적인 형태로 환원시키려는 형이상학적 충동에 저항할 것을 주장한다. 카푸토는 감수성이란 미적 감각이나 정치적 감각과 유사하며, 누구나 가지고 있어야 하는 정서 해석의 능력이라고 썼다. 카푸토는 감수성이 없는 사람 또는 종교적인 것을 명제적 문제로 생각하는 사람을 '제 몫을 하지(worth their salt)' 못하는 사람이라고 꾸짖는데, 이는 그가 다소 자주 사용하는 표현이다. 카푸토는 삶에 대한 종교적 감각이 부족한 사람은 열정, 깊이 등과 함께 사랑이 부족하다고 주장한다. 그러한 사람들의 삶에 대한 경험은 빈곤하고 일차원적이다. 종교성은 '인간 경험의 기본 구조'이고, 실제로 '가장 인간 경험을 경험으로 구성하는 바로 그것'이다.[41] 종교성은 우리로 하여금 우리 자신을 넘어서, 알고 있거나 확실히 소유한 것을 넘어서, 불가능한 것으로 향하게 하는 구조이다. 종교성은 아폴론적인 성격보다는 훨씬 더 디오니소스적인 성격을 띤다.

그러나 카푸토는 종교도 진리의 성격을 띤다고 주장한다. [물론] 그가 말하는 진리는 흔치 않은 진리 개념—지식 없는 진리 또는 대문자 지식(Knowledge)[3]—임에 틀림이 없다. 종교적 진리는 '과학적 진리와 다른 종류의 진리이다.' 종교적 진리는 인식론적으로 엄밀하거나 입증할 수 있지 않다. 종교적 진리는 명제와 객관적 실재와의 상응관계도 아니고, 실험적 탐구에 있지도 않다. 그 대신에 종교적 진리는 우리가 예술에서 발견하는 진리와 유사하다. 예를 들어, 소설은 오직 과학적 진리와 상반되는 방식으로 사실보다 허구를 말한다는 의미에서 '거짓말을 한다.' [그러나] 예술작품은 다양하

....

3) 과학적 지식이 아닌 진리, 종교에 고유한 지식을 의미하는 것으로 보인다.

고 더 깊은 의미에서 무엇이 진리인지에 대해 말한다. 예술작품은 우리의 삶에 울려 퍼지고 우리의 삶을 바꾸는 방식으로 의미들을 드러내고 가능한 사고의 길들을 열어준다. [이와 같이] 종교적 경험도 진리를 드러낸다. 그러나 이것은 종교적 경험이 특정한 종류의 지식에 접근하게 해준다는 의미가 아니다. 그러나 카푸토는 특별한 종교적 진리의 개념을 가지고 있다. 종교적 진리는 비명제적이고, 비과학적이며, 헤아릴 수 없는 진리이다. 종교적 진리는 소유되는 것이 아니라, 그것이 무엇이든 우리가 사랑하는 것을 사랑하는 과정 속에서 만들어지고 상연되는 것이다. 우리는 많은 것들을 사랑하고 이 사랑을 많은 방식으로 상연하기 때문에, 종교적 진리는 하나가 아니라 많이 있다. 카푸토는 명백한 결론을 내린다. '과학이론과 달리, 지구상에는 (또는 하늘에는) 많고 다양한 종교적 내러티브들이 모두 참일 수 없을 이유가 없다. 이러한 의미에서 "하나의 참된 종교"는 "하나의 참된 언어"나 "하나의 참된 시"나 "하나의 참된 이야기"나 "하나의 참된 문화"보다 더 말이 안 된다.' 모든 종교는 참되다.―똑같이 그러하다. 따라서 무지에서 지식으로의 변화로 이해될 수 있는 종교적 전환은 없다. 따라서 카푸토가 옹호하는 것은 교조적이지 않은 종교이며, 그것은 상대주의적인 종교처럼 보인다. 비록 그가 이것에 약간 단서를 달더라도 말이다. 카푸토는 '모든 종교가 참인 한, 우리는 많은 종교, 많은 "신성한 성서"를 가질 것이고 그럴 필요가 있다'고 썼다. 그러나 카푸토는 특정한 종교운동과 사람들, 특히 근본주의자들에 대해 논의할 때에는 약간 다른 노선을 취한다. 실제로 열광적으로 그들의 신에 대한 사랑을 선포하고 진리에 대해 다소 강한 요구를 하는 운동들이 있다. 카푸토에게 있어 그들이 확실히 잘못하는 것이라면, 그들은 어디에서 잘못을 하는가? 카푸토의 대답은 근본주의가 보통 신조의 숭배, '신에 대한 미쳐가는 열정'으로 악화되어, 신앙인들로 하여금 생각이 다른 이들에 대한 증오와 폭력으로 향하게 만든다는 것이다.[42] 카푸토는 자신을 선택된 사람 또는 어떠한 방식으로든 신이 보기에 특별한 사람으로 말하는 집단은 파벌적이고 억압적이게 될 것 같다고 주장한다. 모든 종류의 근본주의자나 교조주의자는 오직 하나의 참된 종교가 있기 때문에, 다른 모든 종교는 그 신념에서 잘못되었고 아마도 완전히 지옥에 떨어질 것이라고 주장한다. 종교성은 오직 그 진리가 배타적인 것으로 주장될 때, 비관용으로 악화된다. 긴장의 상태에 존재하는 것이 종교의 특성이지만, 이것은 그 자신과 불화하고 있다는 의미이지, 대항하는 신조들과 경쟁하고 있다는 의미가 아니다.

카푸토는 인기 있는 서점의 선반을 가득 채우고 있는 종류의 더 새로운 영성의 형태에 대해서도 똑같이 비판적이다. 근본주의가 신에 대한 사랑을 숭배되고 파벌적인 단일한 일련의 신념과 실천들로 환원하는 오류를 범한다면, 더 현란한 형태의 종교적 난센스는 단순한 '허튼소리'이다. [그러나] 정확히 무엇이 더 오래된 형태의 종교와 달리, 뉴에이지[4] 영성, 천사, 영적 교신 등에 대한 열정을 어리석게 만드는지는 카푸토의 설명에서 불분명하다. 카푸토는 종교는 '우리

....

4) 뉴에이지 운동은 1970년대 서구 국가들에서 발달했던 종교적, 영적 운동으로, 우주에 대한 전체론적 견해, 자기 영성과 자아의 권위에 대한 강조, 치유에 대한 초점, 영적 교신에 대한 믿음 등을 특징으로 한다.

삶의 변형성(transformability of our lives)'과 관계가 있고 사소하게 되어서는 안 된다고 주장하지만, 이러한 더 새로운 형태의 종교적 난센스를 믿는 사람들도 그에게 동의할 것 같다.[43] 심지어 광신도조차도-특별히 광신도가-변화되었고, 카푸토가 원할 것과 같이 아무 거리낌 없이 그 자신의 신을 사랑한다.

여기에서 듀이가 약간의 교정책을 제공한다. 이성의 기둥에 묶이지 않은 종교적 열정은 어리석은 정의(definition)가 아니라면 위험한 명제이다. 지식 없는 진리나 지적 탐구 없는 경험에 대해서도 마찬가지로 말할 수 있다. 카푸토나 다른 포스트모던 종교인들은 (칸트뿐만 아니라) 계몽주의의 '오직 이성의 한계 내의 종교'를 거부하고 종교에 어떤 열정적인 자유분방함을 주입하기를 원하지만, 거의 경솔함에 가까울 수 있는 방식으로 그렇게 한다. 매우 경솔하지 않은 사상가였던 듀이도 종교적 경험의 열정적이고 자유로운 특징을 강조하기를 원했지만, 확실히 신중한 방식으로 그렇게 했다. 두 인물 모두 종교적인 것이 경험적이고 열정적인 일이지, 지적 명제나 신학적 교리의 문제가 아니라는 점에 동의한다. 종교적인 것은 무엇보다도 이상들(ideals)에 대한 사랑에 관한 것이다. 그러나 듀이는 심지어 사랑도, 심지어 열정도 지적인 형태를 취해야 한다고 경고했다. 그렇지 않으면 우리는 카푸토가 제대로 거부하는 '허튼소리'에 답할 수 없다.

이제 종교교육의 문제로 돌아가자. 종교를 교리적인 문제-본질적으로 특정한 신념과 의식의 전통에 참여하는 문제-가 아니라, 경험의 문제-듀이나 카푸토가 말했던 것처럼, 열정적인 이상을 수반하고 불가능한 것을 갈망하는 삶에 대한 감각─로 생각해야 한다면, 이것은 교육기관들이 책임지기에 적합한 일인가? 우리가 2장에서 검토했던 지평의 확장이나 경험의 성장과 같은 종류를 수반하는 영적 훈련, 무비판적인 신념의 주입으로 악화되지 않는 영적 훈련이 있는가? 그 가능성은 매우 흥미로운데, 왜냐하면 특히 두 철학자들이 모두 서술하는 열정적인 경험의 유형이 자주 죽어 있는 교육에 매우 필요한 어떤 활력을 더해줄지도 모르기 때문이다. 학교교육이 따분하다는 것은 학생들로부터 가장 자주 듣는 불평이고, 교과내용이 종교일 때보다 더 따분하거나 더 억압적인 경우는 어디에도 없다. 종교교육은 한탄스러운 일이다. 그런데 종교교육이 이 모든 것에도 굴하지 않고, 학생들에게 더 열정적인 삶에 대한 감각을 고무할 수 있을까? 바라건대 이러한 삶에 대한 감각은 여전히 이성의 기둥에 매여 있는 것 또는 적어도 가끔의 소풍 이후에 [이성으로] 되돌아갈 수 있는 것이다.

교육에 필요한 한 가지가 있다면, 그것은 듀이가 말했던 '열정적인 지성'─지성만 또는 열정만이 아니라, 그 둘이 영구적으로 조합된 것─이다. 왜냐하면 열정, 참으로 불가능한 것과 알 수 없는 것을 향한 열정이 없는 지성은 죽은 것이고, 지성이 없는 열정은 정신을 못 차리는 것이기 때문이다. 성공한 교육가들은 어떤 열정을 자신의 가르침 속에 불어넣는 것과 그들의 지식뿐만 아니라 그들의 신념과 이상에 대한 사랑을 표현하는 것의 중요성에 대해 잘 알고 있다. 교육가들은 더 통상적인 의미의 가르침에 덧붙여 삶에 대한 감각을 잘 예시해준다. 예를 들어, 누군가가 예술이나 정치를 가르치고 있다면, 교육과정이 담고 있는 정보를 넘어서는 예술에 대한 사랑이나 정의에 대한 감각을 심어주려 노력하는 것이 지극히 타당하다. 그러나 종교의 경우에는 심지어 듀이와 카푸토의 관습적이지 않은 종교관의 경우에도 회의적 태도를 가져야 할 이유들이 있다. 첫째, 종교교육은 관습적으로 특정한 신념의 전통에 신세를 지고 있는 기관들 속에서 제공된다. 이러한 기관들의 임무는 물론 덜 파벌적인 종류의 교육을 제공하는 것에 더하여, 그 전통을 영속시키는 것이다. 어떠한 교리적 헌신도 없이 불가능한 것을 향한 열정을 심어주는 것은 이러한 임무에 맞지 않는다. 그들은 학생들에게 종교적 경험을 교육하는 것이 적절하고 좋지만, 그것은 하나의 신조에 대한 헌신을 심어주는 것과 견실하게 곧고 좁은 길에 남아 있는 것을 의미하는 한에서만 좋다고 말할 것이다. 카푸토가 원하는 것과 같이 종교에서 종교를 없애는 것은 말은 쉽지만 실제로 행하기는 훨씬 더 어려우며, 교육의 상황에서 그것은 불가능할 것 같다. 듀이가 언급했던 것처럼, 실제로 존재하는 종교기관들의 경우, 그들은 모두 '특정한 필수적인 최소한의 지적 내용을 가지고 있었고', 그것이 다르게 되기를 바라는 것은 헛된 일이다.

모든 종교는 … 특정한 지적 신념을 수반하고, 그들은 이러한 교리가 참이라고, 지적인 의미에서 참이라고 동의하는 것을 중시한다. – 어떤 종교는 그것을 더 중시하고, 어떤 종교는 덜 중시할 뿐이다. 그들은 특별히 신성한 것으로 여겨지고, 그 종교의 타당성과 연결된 역사적 자료를 담고 있는 문헌들을 가지고 있다. 그들은 '신도들'에게 받아들일 것이 의무로 지워지는 (엄격함의 정도는 다양한 종교들마다 각기 다른) 교리적 기구를 개발했다. 그들은 또한 자신들이 가지고 있는 진리에 접근하는 어떤 특별하고 고립된 채널이 있다고 주장한다.[44]

이것은 카푸토가 결별하는 종교의 의미이며, 이러한 카푸토의 시도는 사적인 종교적 감수성의 문제로서는 칭찬받을 만한 것이지만, 교육의 문제로서는 매우 그렇지 않을 것 같다. 파벌적인('믿음에 기반을 둔') 기관에 있는 개별 교육가들은 때로는, 그들의 고용주들이 대단히 넓은 마음을 가지고 있다면 이것을 잘 해낼 수 있을 것이다. 그러나 이것이 대규모로 시도될 수 있을 것 같지는 않다.

둘째, 우리는 고차적인 종교적 경험에 대해서 말해왔다. 듀이와 카푸토가 묘사하고 있는 것은 신에 대한 어른의 경험 — 흔치 않은 신에 대한 흔치 않은 어른의 경험 — 이다. 어른의 경험을 젊은이에게 부과하려고 시도하는 것에 대해 경고한 점에서 듀이가 옳았다. 교육의 출발점은 그들의 경험이지, 우리의 경험이 아니다. 교육가들이 젊은이를 더 성숙한 경험의 특징으로 이끌려고 적절히 애쓰는 동안, 그들은 학생들이 어디에서 끝나야 하는지에 대해 완전히 사전에 형성된 개념을 가져서는 안 된다. 그것이 우주와의 조화라는 듀이의 의미이든, 정신이 나가는 것이라는 카푸토의 의미이든, 다른 어떤 것이든 간에 말이다. 성숙한 종교적 경험은 그것이 존재하고 이 사상가 중에 하나라도 그것을 묘사하는 데 성공했다 할지라도, 외부에서 바를 수 있는 것이 아니다. 그것이 어떻게든 형태를 갖추려면,

어떤 성장하는 것의 방식으로 내부에서 생겨나야 한다. 어떻게 이것이 교육기관들 안에서 성취될 수 있는지는 알기 어렵다. 불가능한 것에 대한 열정을 심어주는 것은 상상을 교육함으로써 성취될지도 모른다. 그러나 이것은 교과내용이 종교가 아니라, 문학이나 예술, 역사, 정치 등일 때 더 결실을 맺을 것 같다.

셋째, 듀이는 특별히 윤리와 관련해서, 의식적인 고안을 통해 학생들의 품성을 형성하려는 교육가의 능력의 한계를 강조하곤 했다. 품성은 학교 안보다는 훨씬 더 학교 밖 경험의 결과이다. 동일한 요점이 현재의 맥락과 관련된다. 우리가 우리의 학생들이 카푸토의 의미에서 제 몫을 하고, 그들이 열정적인 헌신으로 그들의 신 또는 무엇이든 그들이 사랑하는 것을 사랑하며, 그들의 삶 속에서 종교적 감수성을 상연하기를 바란다 해도, 교육가의 노력만이 아니라, 수년간 또는 수십 년간의 과정에 걸쳐 있는 학생들의 더 넓은 삶의 경험이 이것을 가져올 것이다. 교육가들이 의식적인 계획을 통해서 학생들 속에 성숙한 종교적 감수성을 만들어내는 데 성공했던 적이 있는가? 어떠한 기술이 이 특정한 '학습 결과'를 가져올 것인가? 나는 교육가들이 이것을 목표로 유지할 때, 불가피하게 하나의 신조로의 세뇌나 또 다른 형태의 잘못된 교육이 그 결과로 나올 거라 믿는다. 종교적 세뇌를 실행하는 이들은 물론 결코 자신들이 세뇌를 시키고 있다고 믿지 않는다. 그들은 자신들이 품성 교육, 영적 훈련 등의 제공자라고 믿는다. 그들은 자신들이 영혼을 구원하고 있고 신성한 전통을 보존하고 있다고 믿는다. [그러나] 현실은 그들이 젊은이들이 이성적으로 세계관을 평가할 수 있는 나이에 도달하기 이전에,

보통 한 번도 적절하게 검토되지 않은 채 그들의 삶에 남아 있을 세계관으로 그 젊은이들을 징집하고 있다는 것이다. 이 젊은이들이 지적 성숙의 나이에 도달할 때, 그들의 신념은 세워지고, 그들의 마음의 습관, 가치, 열정은 지적 수정에 매우 저항하게 된다.

마지막으로 나는 듀이와 카푸토 모두의 '신', '종교', '종교적인' 것이라는 단어 사용에 대해서 말하고자 한다. 우리는 한 단어를 받아들일 때 그 단어 사용법의 전통을 받아들이고 있으며, 우리는 이 단어를 사용하는 법에 있어서 완벽하게 자유롭지 않다. 명백한 예를 들자면, '신'은 매우 길고 매우 힘든 역사를 가진 단어이다. 단어들을 재정의하거나 재해석하는 것은 적어도 어떤 경우에는 철학자의 특권이다. 그러나 그 단어들의 역사는 그렇게 쉽게 잊히지 않는다. 듀이와 카푸토는 모두 더 이상 신학이나 실체 존재론의 언어로 성서의 신이나 어떤 종류의 절대자인 신에 대해 말하지 않고, 신을 그것이 무엇이든 우리가 가지고 있는 이상, 우리가 열정적인 강도로 사랑하고 우리의 삶을 지배하는 것의 이름으로 말하기를 원한다. 이러한 단어 사용은 전통을 거의 완전히 제쳐둔다. 나는 단순히 전통을 위해서 전통적인 사용법을 유지할 것을 주장하는 사람은 아니지만—언어는 결국 살아 있는 것이고, 반드시 오래된 사용법을 새로운 사용법보다 선호해야 하는 것은 아니다—이러한 사용법은 거의 무신경함에 가까운 것으로 보인다. 특히 카푸토는 자주 곧잘 어거스틴과 아퀴나스를 인용함에도 불구하고, 여기서는 약간 너무 자유분방한 것 같다. 종교적 경험에 대한 현상학적 재기술은 언제나 반갑지만, 단어의 재해석은 적어도 어떤 역사적 연속성을 보여주기를 기대한다.

카푸토는 포스트모더니스트로서, 존재-신론(onto-theology)의 전통을 제쳐두기를 원한다. 듀이도 그렇게 하기를 바랐던 것처럼 말이다. 또 다시 이것은 반대할 수 없는 것이지만, 신을 그 전통에서 풀어주는 것은 내게 불가능한 임무로 보인다.

듀이와 포스트모던의 결합이 있을 수 없는 일로 보일지라도, 종교적 경험과 종교교육이라는 문제에 있어서는 이 둘이 서로 말하는 사이가 될 수 있다. 그렇게 하는 것은 종교교육의 문제를 흥미로운 방식으로 바꾼다. 그러나 이것이 답을 바꾸지는 않을 것이다. 이 두 인물은 형이상학적이지 않고 교조적이지 않은 종교관을 제시했다. 이 종교관들은 사적인 종교성의 해석으로서는 성공적이었을지 모르지만, 그것을 교실실천에 가져오는 것은 내가 제시했던 이유들로 인해서 성공적이지 않을 것이다.

1   Dewey, 'Between Two Worlds' (1944). LW 17: 463.

2   Dewey, *Experience and Education* (1938). LW 13: 8.

3   Dewey, *Democracy and Education* (1916). MW 9: 115-16, 111.

4   Ibid., 54.

5   Dewey, *Moral Principles in Education* (1908). MW 4: 270.

6   Dewey, 'Content and Thought' (1931). LW 6: 12.

7   Dewey, *Experience and Education* (1938). LW 13: 329. 듀이는 자신의 글과 폭넓고 다양한 맥락 속에서 꽤 자주 이 주제로 돌아오곤 했다. 예를 들어, 듀이는 『경험으로서의 예술』에서 다음과 같이 썼다. '인간을 환경으로부터 고립시키는 모든 심리학은 또한 외적 접촉들을 제외하고라도, 인간을 그 동료들로부터 차단시킨다. 그러나 개인의 욕망은 인간 환경의 영향하에서 구체화된다. 개인의 사고와 신념의 재료들은 그가 함께 살고 있는 타인들을 통해 그에게로 온다. 그의 정신의 일부가 된 전통과 그의 외면적 행위 아래에서 그의 목적과 만족을 관통하는 제도가 없다면, 그는 들판의 짐승보다 더 불쌍할 것이다. 경험의 표현은 공적이고 의사소통적인데, 왜냐하면 표현된 경험은 그것들을 형성했던 살아 있는 것과 죽은 것에 대한 경험들 때문에 존재하는 것이기 때문이다.' Dewey, *Art as Experience* (1934). LW 10: 274-5. 이와 유사한 생각이 1931년의 글에도 표현되어 있다. '우리는 우리가 가장 확고하게 고수하는 것들을 왜 믿는지 설명할 수 없는데, 왜냐하면 그것들이 우리 자신의 일부이기 때문이다. 우리는 외부에서 피부를 보기 위해서 우리 신체의 피부 바깥으로 나올 수 없는 것처럼, 우리가 확고하게 고수하는 것들을 검토하려고 노력할 때 그것들로부터 완전히 빠져나올 수 없다. 이렇게 규제하는 전통들을 통각기관이나 정신습관 등으로 부르라. 그 전통들 없이 사고는 없다. 나는 어떤 철학자가 이 맥락을 완전한 성찰의 대상으로 만든다는 의미에서 이 맥락을 고려할 수 있다고 말하는 게 아니다. 그러나 그 철학자는 이러한 맥락의 존재를 깨달을지도 모르고, 그렇게 하면서 겸손을 배우고 자신의 결론에 대해 너무나 제한적이고 독단적인 보편화를 하는 것을 금지할 것이다. 그 철학자는 그 자신의 문화라는 배경에서 나와 사물의 바로 그 본질 속에 내재하는 영원한 진리로 들어가는 문제들과 관련이 있는 일상적인 진리들을 얼리지 않을 것이다.' Dewey, 'Context and Thought' (1931). LW 6: 13.

8   Dewey, *The Educational Situation* (1901). MW 1: 301-2.

9   Dewey, *Democracy and Education* (1916). MW 9: 348.

10   Dewey, *Experience and Education* (1938). LW 13: 19.

11   Dewey, 'Character Training for Youth' (1934). LW 8: 187-8, 186, 188.

12   Charles W. Wood, 'Report of Interview with Dewey' (1922). MW 13: 428.

13   Dewey, 'Context and Thought' (1931). LW 6: 15. Charles W. Wood, 'Report of Interview with Dewey' (1922). MW 13: 428.

14   Dewey, 'Religious Education as Conditioned by Modern Psychology and Pedagogy' (1903). MW 3: 212.

15   Dewey, 'Religion and Our Schools' (1908). MW 4: 175.

16   Dewey, 'The Interpretation Side of Child-Study' (1897). EW 5: 214, 215, 220.

17   Dewey, *Democracy and Education* (1916). MW 9: 26.

18   Dewey, 'Psychology in High-Schools from the Standpoint of the College' (1886). EW 1: 85.

19   Dewey, *How We Think* (rev. edn, 1933). LW 8: 185-6.

20   Ibid., 124.

21   Dewey, 'Importance, Significance, and Meaning' (1950). LW 16: 325.

22   Dewey, *Democracy and Education* (1916). MW 9: 56, 366.

23   Dewey, *Experience and Education* (1938). LW 13: 39. How We Think (rev. edn, 1933). LW 8: 347.

24   Dewey, 'Academic Freedom' (1902). MW 2: 53.

25   Ibid., 54.

26   Dewey, 'Religious Education as Conditioned by Modern Psychology and Pedagogy' (1903). MW 3: 215.

27   Dewey, 'Academic Freedom' (1902). MW 2: 55.

28   Dewey, 'Character Training for Youth' (1934). LW 9: 189.

29   Dewey, 'Self-Realization as the Moral Ideal' (1893). EW 4: 49-50.

30   Dewey, 'Implications of S. 2499' (1947). LW 15: 285.

31   Dewey, 'Religion and our Schools' (1908). MW 4: 175.

32   John Caputo, *The Prayers and Tears of Jacques Derrida: Religion Without Religion* (Bloomington: Indiana University Press, 1997); *The Weakness of God: A Theology of the Event* (Bloomington: Indiana University Press, 2006); *What Would Jesus Deconstruct? The Good News of Postmodernism for the Church* (Grand Rapids: Baker Academic, 2007)을 보라.

33   Dewey, *A Common Faith* (1933). LW 9: 23, 52.

34   Ibid., 19.

35   Ibid., 23, 52.

36   Ibid., 19.

37   Caputo, *On Religion* (New York: Routledge, 2001), 33.

38   Ibid., 67, 13, 19.

39   Caputo, *Radical Hermeneutics: Rpetition, Deconstruction, and the Hermeneutic Project* (Bloomington: Indiana University Press, 1987), 281, 269,

40   Caputo, *On Religion* 1, 25, 126.

41 Ibid., 9.

42 Ibid., 111, 110, 107.

43 Ibid., 136.

44 Dewey, *A Common Faith* (1933). LW 9: 22, 21.

06
윤리를 가르치기: 도덕주의에서 실험주의로

  종교교육과 같이, 일종의 윤리적 훈련은 오랫동안 다소 보편적으로 교육의 과정의 본질적인 부분으로 생각되어 왔다. 윤리를 가르치는 것이 초중등 학년의 학생들에게 특정한 종류의 가치를 직접적으로 주입하는 것이든 대학에서 제대로 학문적 교과내용으로서 윤리학을 제시하는 것이든, 이러저러한 형태로 윤리를 가르치는 것은 전통적으로 근본적이고 참으로 필수적인 것으로 간주된다. 듀이가 1893년의 글에서 '현재처럼 학교에서 윤리를 가르치는 것에 대해 광범위하게 관심이 있었던 적이 결코 없었다.'고 언급했지만, 우리의 시대에도 공적, 사적 생활의 매우 많은 다른 영역들에서와 같이 교육에서 윤리에 대한 관심은 실제로 광범위하게 존재한다. 예를 들면, 직업을 얻는 데 열중하고 있는 대학생들이 생명의료윤리, 기업윤리, 공학윤리 및 그가 얻고 싶어 하는 다른 직업생활 분야의 윤리에 대해 의무적으로 배우는 것은 이제 흔한 일이다. 초중등 수준에서도 학생들이 교육당국이나 더 넓은 공동체가 중요하게 여기는 특정한 가치나 사회 규범들을 받아들이도록 가르쳐야 한다는 생각이 오랫동안 있어 왔다. 그러나 동시에 듀이도 언급했던 것처럼, '교실에서 의식적으로 설교하는 것은 - 그것이 번성했던 적이 있더라도 - 한물갔다는 꽤 광범위한 확신'이 있다.[1] 우리는 특히 공립학교에서는 교사들이 적어도 논쟁적인 가치나 절제, 공손함, 일상예절의 요건들을 넘어서는 가치들을 주입하는 것은 삼갈 것을 기대하게 되었다. 종교계 학교들은 포괄적이고 신학에 기반을 둔 옳고 그름에 대한 관념을 주입한다는 의미에서 '도덕교육'을 제공하는 전통적인 실천을 계속할지라도, 우리는 적어도 공공기관에서는 그렇게 '의식적으로 설교하는 것'을 가장 자주 별로 좋지 않게 보고, 그것을 과거로의 후퇴로 간주할 것이다.

듀이가 전통적인 형태의 도덕교육에 반대하여 제시했던 종류의 논변들은 물론 많은 영향을 미쳤지만, 그의 비판이 한 세기 전에 듀이 자신에게 만들어냈을 질문들은 여전히 우리에게 매우 많이 남아 있다. 다양한 학습과정의 단계들에서 윤리를 가르치는 목적은 무엇인가? 그 목적은 특정한 가치들의 배열을 주입하는 것인가 - 그렇다면 어떤 가치를, 어떤 정신으로, 어떤 수단으로 주입하는가 - 아니면 학생들에게 자기 방식으로 윤리에 대해 사고하는 법을 가르치는 것인가? 예를 들어, 윤리이론 강의의 형태이든 점점 더 많아지고 있는 직업윤리나 응용윤리 분파들 중에 하나이든, 대학에서 윤리학을 가르치는 목적은 무엇인가? 우리는 어쨌든 윤리를 초중등학교에서 가르쳐야 하는가, 아니면 5장에서 제시되었던 것처럼 미성숙한 이에게 논쟁적인 종교교리들을 가르치는 것에 반대하는 논변들을 똑같이 논란의 여지가 있는 도덕적 교리들을 가르치는 것에도 적용해야 하는가?

학교에서 시도될 수 있는 종류의 도덕교육에 관한 전통적인 견해들에 대한 듀이의 비판적 평가의 개관으로 시작해보자. 관습적인 모델은 윤리적 행실과 그것의 기초가 되는 수칙들, 가장 자주 종교적 세계관이나 공동체에 지배적인 윤리적 규범에 뿌리를 두고 있는 수칙들을 직접적으로 가르치는 것이다. 그러한 가르침의 목표는 학생들이 일련의 특정한 가치들을 가지고, 그 가치들을 자신의 행위에 적용하는 데 길들여졌는지 – 학생들이 공손하고, 타인을 배려하며, 너그럽고, 이타적이게 되었는지 등 – 를 보는 것이다. 듀이의 비판은 일반적인 전통적 교육에 대한 그의 평가가 그러했던 것과 같이, 학생들의 살아 있는 경험과 학생들이 흡수하거나 보유하도록 이미 만들어져 있는 일련의 교리로 제시되는 도덕 수업들 간의 단절로 시작한다. 도덕에 대한 가르침이 미덕들과 그것들을 젊은이의 행실과 품성 속에 주입할 실제적인 조치들이 결합된 구식의 강의 형태를 취할 때, 그러한 교육은 '어른의 의지에 대한 순전한 복종'과 마찬가지일 수 있다. 특히 순종 그 자체가 아동기의 미덕으로 간주될 때 그러하다.[2] 학생들은 윤리적인 것을 '미덕이라는 라벨이 붙어 있고 다른 많은 행동들과 구별되는 어떤 특별한 행동들' 또는 다른 이유가 아니라 권위자가 그것을 요구한다는 이유 때문에 반드시 따라야 하는 일련의 규칙들로 생각하게 된다. 윤리는 일상생활의 실재와의 접촉을 잃어버리고, 높은 곳으로부터 쏟아지는 일종의 초경험적인 진술이 된다. 전통적인 모델에서 '윤리적인 것은 너무 착한 척 하는 방식으로' 젊은이의 평범한 동기와는 어떠한 관련성도 없이 일련의 권위적인 선언들에 순진하게 따르는 문제로 '생각되어 왔다.' 듀이는 그렇게 생각되는 도덕교육은 거의 학생들의 품성에 영구적인 영향을 미치지 못하며, 피상적인 수준에 남아 있다고 믿었다. '그것은 품성을 만드는 행위체(agency)의 깊이까지 내려가지 않는다.'[3] 도덕교육이 오래 지속되는 인상을 남길 때, 그것은 그 반대와 같이 비교육적일 것 같은데, 예를 들어 학생들의 정신 속에서 도덕성과 도덕주의적 설교 및 단순한 권위주의가 결합되었기 때문에, 그들이 '도덕성'에 대한 어떠한 언급에 대해서도 혐오감을 느낄 때 그러하다. 똑같이 흔히 나타나는 비교육적인 효과는 윤리에 대해 이해할 수 없는 교의, 인간 생활이나 행복과는 상관없는 일련의 교의라는 인상을 받는 것이다.

더욱이 전통적인 도덕적 가르침은 '반드시 형식적이고 의무적이게 되고, 도움이 되는 발달을 낳기보다는 아동의 정신을 반쯤 이해된 많은 수칙들로 딱딱하게 만든다.' 어린 나이부터 주입되어 엄격하게 규칙의 지배를 받는 윤리관은 많은 이들에게 항상 그 내면에 부도덕함의 흔적이 있는지 면밀히 검토하는 병적인 자기의식을 만들어내고, 다른 이들에게는 '도덕가인 체하는 불쾌한 사람, 아마도 위선자'를 만들어낸다.[4] 사람이 계속해서 주입된 규칙체계들을 가져야 도덕적 품성이 형성된다는 기본적인 생각은 윤리와 도덕교육 둘 다에 대한 왜곡으로, 인간 심리와 품성 형성에 대한 기본적인 오해를 보여준다. 듀이는 윤리적 성향이 형성될지라도, 묵종하는 정신에 규칙이나 의무를 외적으로 부과하는 것을 통해서는 형성되지 않는다고 주장했다.

종교적 가르침에 대한 듀이의 견해는 있을 수 있는 예외로 한다면, 듀이는 항상 교육을 학습과정 밖에 있는 목적으로 환원하는 결과를 낳는 조치들에 대해 반대하곤 했다. 관습적인 견해들은 가장 근본적으로 교육 그 자체에 내재하는 목적들을 외생적인 목표들로 대체하는 부분에서 틀렸다. 이 견해들에 포함되는 윤리적 가르침에 대한 전통적인 개념들은 또 다시 젊은이에게 종교적인 기미가 있든 그렇지 않든, 완전히 논란의 여지가 있는 외적 선관(conception of the good)을 부과하는 목표로 듀이가 지지했던 종류의 교육을 대체한다. 이 오래된 방법들은 학생들을 더 실용주의적이고 성찰적인 정신으로 윤리 문제들을 다루도록 훈련시키기보다, 그들이 경험과 이 세계를 넘어서 그들의 최고 가치들을 바라보고 인간 경험을 경멸하도록 길들인다. 우리가 [이제] 볼 것처럼, '도덕에 대한 좁은 도덕주의적 견해'는 교육가로 하여금 학습과정 그 자체가 가져오는 더 진정한 도덕교육을 간과하게 만든다.[5] 그러한 견해는 도덕적 판단을 형성하는 것과 관련하여 독단적인 마음의 습관을 길러주고, 지적 발달의 후기 단계에 있는 학생들이 윤리에 대해 지적으로 생각하는 것을 어렵게 만든다. 왜냐하면 도덕적 문제들에 대한 학생들의 기본적 지향이 오랫동안 [마음이라는] 돌에 새겨졌기 때문이다.

듀이는 전통적인 도덕교육과 관련된 종류의 권위주의가 전통적 접근의 우연한 부산물이 아니라, 필연적인 결과라고 주장했다. 윤리의 원천이 학생들의 경험 및 교실에서의 활동 밖에 있고 일련의 외적으로 부과되는 요구들의 형태로 제시될 때, 학생들에게는 그러한 요구들에 주의를 기울일 어떠한 동기도 결여되어 있고, 따라서 그들은 교사의 개인적인 명령이나 상벌체계를 통해서 어쩔 수 없이 그렇게 해야만 한다. 듀이가 생각했던 것처럼, 질서를 만들어내는 문제는 그것이 학생들이 진정한 이해관심을 가지고 있는 공통의 활동들로부터 생겨나지 않을 때, 반드시 명령과 복종의 문제가 된다. 그렇다면 전통적인 학교에서 윤리적 행실로 통하는 것의 동기는 주로 권위자를 기쁘게 하려는 욕망과 불복종으로 인한 처벌의 두려움, 종종 종교적인 형태를 취하는 동기이다. 따라서 듀이가 말했던 것처럼, '어떤 행동에 대해서 습관적으로 갖게 된 동기에 의해 젊은이에게 유도되는 도덕적 태도와 경향의 문제는 그것이 무엇이든 모든 교육에서 궁극적인 문제'라는 것에 모두가 동의할 것이지만, 여전히 '도덕교육은 모든 교육 중에서 가장 무계획적이다.' 직접적인 가르침을 통해 특정한 도덕적 태도나 성향을 유도하려는 노력은 성공하기보다 실패할 것 같은데, 왜냐하면 그러한 태도가 오래 지속되는 형태를 취할 때 그것은 직접적이고 하향식(top-down)이기보다 간접적이고 상향식(bottom-up)인 조건들에서 생겨나기 때문이다.[6]

듀이는 우리가 학생들이 특정한 윤리적 성향들을 획득하기를 바란다면, 전통적인 도덕주의를 거부하고 교육의 환경을 간접적이지만 궁극적으로 그러한 태도들을 기르는 데 더 효과적인 수단으로 보아야 한다고 주장했다. 듀이는 항상 궁극적으로 교육적 경험과 비교육적 경험 모두를 만들어내는 데 결정적인 것은 학교 환경이고, 우리가 가르치고 싶은 것이 윤리라면, 또 다시 이것을 가져올 것은 주로 미덕들에 대한 직접적인 가르침이 아니라, 학생들을 특정한 방향에서 끄집어내고 바람직한 종류의 반응들을 이끌어내는 일련의 더 넓은 환경 조건들이라고 주장하곤 했다. 듀이는 유기적인 은유를 사용해서, 교육가의 본질적인 일을 자연스럽게 특정한 종류의 품성이 형성되는 데 '적절한 자양물'이나 '지적, 정신적 음식을 제공하는 것'으로 이야기했다.[7] 그러한 자양물은 '사회적 협력과 공동체 생활의 정신이 널리 퍼져 있는' 교육 환경의 형태를 취한다.[8]

학교 그 자체는 그러한 목표 [달성]에 필요한 공통의 활동과 가치에의 참여를 제외하고는 어떠한 도덕적 목적도 가지지 않아야 한다. 논쟁적인 정치 이데올로기를 주입하는 것이 교육기관의 임무가 아닌 것처럼, 일반적인 공동체에서 널리 승인되는 좋은 삶이나 태도에 관한 특수한 관념을 심어주는 것도 교육기관의 임무가 아니다. 듀이는 종종 교육이란 학생들을 민주 생활에의 참여에 준비시키는 것이라고 말했지만, 그는 이것을 통해 교사들이 젊은이에게 논란의 여지가 있는 정치철학을 세뇌시켜야 한다는 것이 아니라, 학생들이 참여하는 종류의 공유된 활동들이 졸업 이후에 민주적 활동들에서 가지도록 요구될 것과 같은 습관과 미덕들을 증진시키는 적절한 조건들 하에 있을 것을 의미했다. 듀이는 학생들이 학교에서 함께 하는 관계와 활동들이 졸업 이후의 사회, 정치 참여 형태들에 대한 전조라는 의미에서, 학교를 소규모 공동체로 생각했을 것이다. 이러한 상황에서 적절하게 가르치고 배울 수 있는 윤리는 교육의 환경에 내포된 윤리이다. 이러한 윤리는 일련의 초월적인 규칙과 의무들이 아니라, 공동의 일에서의 예의와 협력의 **에토스**이다. 학생들은 오직 그들이 처음부터 사회생활에 관여한다는 의미에서 스스로를 사회생활에 준비시키고 있다. 학생들은 도덕적 반응을 이끌어내는 공유된 기획과 사회 상황들에의 관여 덕분에 협력과 존중의 습관을 형성하고 있다. 학교를 공동체로 생각할 때, 존중이나 불복종과 같은 윤리 원칙들은 권위적인 명령으로서가 아니라, 공동체 생활 그 자체의 조건들로부터 생겨난다. 예를 들어, 불복종이나 개성의 가치를 설명할 필요는 오직 이러한 가치가 필요하게 되고, 필요하다고 느끼는 것으로 경험되는 사회 상황들 속에서 생겨난다. 게다가 사람은 오직 이러한 사회 상황들 속에서만 이러한 가치를 계발할 기회를 가진다. 마찬가지로 차이존중의 원칙은 오직 신념이나 정체성의 차이가 존재하고 그것들이 상호 포용되는 사회생활의 형태들 속에서만 생겨난다.

따라서 교육의 과정 그 자체에 내재하는 도덕교육관이 있다면, 그것은 학교 환경을 단지 졸업 이후의 사회생활이나 성인기의 윤리적 관계들을 훈련하기 위한 기반이 아니라 독자적인 소규모 공동체로 간주하는 것, 그곳에서 공유된 활동과 관계들이 특정한 윤리적 명령들을 생겨나게 하는 것이다. 도덕교육은 학교 사회생활의 에토스로부터 생겨나며, 이 환경 속에서의 습관과 품성 형성의 문제이다. 듀이가 이것을 표현했던 것처럼,

사회생활에 준비시키는 유일한 방법은 사회생활에 참여하게 하는 것이다. 어떠한 직접적인 사회적 필요와 동기, 어떠한 현존하는 사회적 상황과 떨어져서 사회적으로 유용하고 사용가능

한 습관들을 형성하는 것은 문자 그대로 아동에게 물 밖에서 동작들을 연습하는 것으로 수영을 가르치는 것이다.[9]

듀이가 자주 언급했던 것처럼, 탐구활동은 사실 사회적 기획이고, 그와 같은 것은 일련의 특정한 윤리적 요건들이 생겨나게 한다. 성공적으로 탐구에 관여하는 것은 참여자들 각각으로부터 협력, 예의, 절제, 존중을 요구하는 공동의 일에 참여하는 것이다. 따라서 탐구는 단지 지적인 활동이 아니라, 도덕적인 활동─즉 지식이 수동적인 정보의 수용보다 능동적인 연구를 통해서 획득되는 조건에서─이다. 이러한 조건에서 공동체를 결합시키는 도덕적 접착제는 권위에 의해서가 아니라, 탐구 자체의 협력적 작업과 그것을 가능케 하는 조건들을 통해서 주어진다.

도덕적 품성의 형성이 가능하고 적절한 교육의 목적인 한─그리고 또 다시 듀이는 그러한 품성을 형성하는 교육가의 능력의 한계를 강조했다─그것은 지적인 목표와 떨어져서 적절하게 추구될 수 없는 목적이다. 실제로 듀이에게 윤리적인 것과 지적인 것은 궁극적으로 분리될 수 없는데, 이는 한 영역에서 형성된 습관이 자연히 다른 영역으로 확산된다는 의미에서 그러하다. 우리가 학생들에게 도덕적 품성을 교육한다면, 어쨌든 이것이 가능하다면, 우리는 어떻게 그 교육을 시작할 것이며, 무엇이 성공의 지표가 될 것인가? 첫 번째 질문에 대해서는 우리가 보았던 것처럼, 그 작업의 상당한 부분을 할 수 있는 교실 환경을 기대해야 하고, 도덕적 설교자의 역할보다는 집단 활동과 탐구의 리더, 훈련의 관리자 등의 역할을 하는 교육가를 기대해야 한다. 따라서 듀이가 이에 대해 말했던 것처럼, 만약 '지적인 측면에서의 교육이 방심하지 않고, 주의 깊으며, 철저한 사고의 습관을 형성하는 데에 있다면, 그리고 만약 그러한 사고의 습관이 필연적으로 우리를 사회적 참여의 형태로 끌어들인다면, 윤리적인 측면에서의 교육도 역시 사회적 태도와 습관의 형성 또는 협력적인 연구와 대화라는 모델로 고안된 윤리적 지향을 포함한다.[10]

예를 들어, 상대적인 중요성과 가치의 정도를 식별하고 그에 따라 자기 자신의 관점을 형성하는 능력이라는 의미에서의 좋은 판단이라는 지적 미덕은 타인의 견해에 대한 판단을 시험 삼아 해보는 실천이나 협력적이고 실험적인 사회생활의 형태들을 끌어오는 실천과 떨어져서는 획득되지 않는다. 좋은 판단은 '좋은 품성의 필수적 요인'인 동시에 지적 미덕이다.[11] 실제로 듀이가 그 시대의 많은 교육기관들을 겨누어 했던 한 가지 더 나아간 비판은 그 기관들이 젊은이에게 자기 자신의 판단을 형성하고 시험할 기회들을 제한하고 그 대신에 이해하기 쉬운 교과내용을 과다하게 처방함으로써, 젊은이에게 판단력을 개발해주는 데 실패한다는 것이었다. 우리가 학생들에게 좋으면서도 독립적인―지적, 도덕적―판단력을 개발해주고 싶다면, 그들은 판단함으로써 판단하는 것을 배워야 한다. 그리고 전통적인 견해들이 주장하는 것처럼 단지 학생들이 수동적으로 타인의 판단을 채택하게 하지 말아야 한다. 이와 관련하여 듀이가 이야기했던 두 가지 다른 예시는 좋은 매너 또는 그가 '작은 도덕'으로 언급했던 것과 좋은 취향이다. 두 가지 모두 직접적인 가르침보다는 간접적인 환경과 예시의 영향을 통해 가르쳐진다. 예를 들어

매너의 경우, 이것들은 '습관적인 자극에 대한 반응으로, 습관적인 행위를 통해 획득되지, 정보의 전달을 통해 획득되지 않는다.' 마찬가지로 좋은 취향은 오직 '눈이 끊임없이 우아한 형태와 색깔을 갖춘 조화로운 대상들을 볼' 때에만 생겨난다. … '빈약하고 척박한 환경이 미에 대한 갈망을 고갈시키는 것처럼, 저속하고, 정돈되지 않으며, 과도하게 장식된 환경은 취향의 악화라는 결과를 낳는다.'[12] 그렇다면 매너와 취향은 모두 사회 환경 속에서 형성된 습관이며, 환경이 제공하는 예시들에 의존한다.

듀이는 도덕적 품성이 지적 미덕과 결합된 습관 형성을 통해 만들어진다고 주장하면서, 물론 아리스토텔레스의 원칙을 이용하고 있었지만, 그것을 실용주의적이거나 실험주의적인 관점으로 맞추었다. 우리는 또한 이것을 교실에서의 규율과 자유에 대한 듀이의 분석에서 볼 수 있는데, 이것은 지적이면서 동시에 윤리적인 문제이다. 듀이는 다음과 같이 물었다. 어떻게 학교에서 적절하게 규율이 지켜질 수 있으며, 교육가들은 얼마나 많은 자유를 허용해야 하고, 어디에서 자유는 행동의 자유와 학생들이 계획을 세우고 자신의 활동들을 선택할 자유 모두를 망라하는가? 우리가 보았던 것처럼, 듀이는 그것이 무엇이든 학생들에게 의미 있는 모든 자유를 희생시키고, 학생들을 지적, 도덕적 유순함의 조건에 이르게 할 정도로 매우 규율을 소중히 여기는 관습적인 접근들에 심하게 비판적이었다. 그렇다면 이것이 제기하는 질문들에는 다음과 같은 것들이 포함된다. 교육가는 얼마나 많은 자유를, 그리고 어떤 종류의 자유를 허용해야 하는가? 그리고 전통적인 학교의 선생과 같은 방식이 아니라면, 어떤 수단을 통해 질서나 규율을 지키게 만들 수 있는가? 듀이가 고무했던 진보적인 학교들은 종종 외견상의 질서 부족, 학생들이 조용히 그들의 책상에서 작업하기보다 자유롭게 교실을 돌아다닌다는 이유로 비난을 받았다. 방문객들에게 표면상 듀이식의 교실은 종종 아동들이 시끄럽게 활동하고 대화하는 무질서한 장면처럼 보였고, 교사는 충격적으로 그것을 승인하며 지켜보곤 했다. 규율과 질서는 자유지상주의에 희생된 것처럼 보였다. 그러나 듀이는 다음과 같이 물었다. 어떻게 진정한 규율이 유지되며, 그 속에는 무엇이 있는가? 듀이의 대답은 윤리적이거나 사회적인 규율은 반드시 지적 규율과 함께 이해되어야 하고, 적절하게 널리 퍼지는 질서는 권위에 의해 부과된 질서가 아니라 '일종의 방에 꽉 찬 사람들, 공통의 과제를 가지고 일하는 각각에 존재하는 질서'라는 것이었다. '일을 하는 사람이 어른이든 아동이든, 그러한 집단 속에는 말하고, 상의하고, 돌아다니는 것이 있을 것이다.'[13] 그렇다면 '규율 속에서 통제하는 동인'은 학생들이 공동의 일에 관여할 때 널리 퍼지는 '사회적 정신'이다.[14] 탐구의 작업 그 자체는 사회적 정신을 가능하게 하는 조건으로, 참여하고, 활동과 아이디어들을 제시하며, 가설을 다듬는 등의 자유뿐만 아니라, 특정한 수준의 사회적 질서의 유지를 요구한다. 그러한 작업은 탐구가 무의미한 것으로 악화되기보다 만족스러운 결론에 도달하기 위해서 똑같이 지적 규율을 요구한다.

8명의 아이들의 부모일 뿐만 아니라 물론 스스로 오랜 세월 동안 교육가였던 듀이는 젊은이들의 규율 유지와 관련하여 순진하지 않았다. 순진하거나 이상주의적으로 들리지만, 듀이는 항상 지적 규율과 사회적 규율은 모두 전통적인 수단에 의해서가 아니라, 공동의 일에의 자유로운 참여를 통해서 효과적으로 달성된다고 주장하곤 했다. 듀이가 썼던 것처럼, '경험 있고 성공한 교사는 올바른 가르침이 규율을 유지하는 주요 수단이라는 것에 대해 어떠한 의심도 하지 않는다. 자신의 작업과 그 작업을 하는 것에 관심이 있는 학생들은 아마도 학교의 행복에 위협적인 학생들이 아니다.' 특정한 정도의 무질서와 부주의함이 젊은이의 불가피한 특징이라 해도, 그것은 교사의 '대체로 끊임없는 염탐의 체계'를 통해서보다는 자발적으로 자신이 진정한 이해관심을 가지고 있는 탐구의 형태를 맡아 하는 학생들에 의해 효과적으로 점검될 것이다.[15] 이 작업 자체는 모든 분야의 진보된 정확한 연구가 연구자들로 하여금 정당화할 수 없는 진술은 하지 못하도록 요구하는 것과 같은 방식을, 그리고 같은 이유를 학생들에게 요구한다. 이러한 요구들은 교실이라는 환경 속에서 발생할 때, 지적이고 이성적인 것만큼이나 사회적이고 윤리적이다.

자유의 원칙도 동일한 방식으로 생겨난다. 그것이 초등학교의 아동들에게 적용되든, 더 특히 대학과 관련된 학문의 자유에 적용되든 간에 말이다. 두 경우 모두, 지적 작업은 계획을 세우고 아이디어들이 어디로 이끌든 그것을 밀고 나갈 자유를 요구하며, 학문의 자유자체의 개념도 똑같이 이성적이면서 윤리적인 명령이다. 듀이는 각각의 상황에서 올바르게 널리 퍼져 있는 자유는 단지 홉스식의 활동이나 말에 대한 제약의 부재가 아니라, 공통으로 맡은 작업에 그자신이 기여하라는 명령 속에 있다고 생각했다. 듀이가 썼던 것처럼, '자유는 지적 계획, 독립적 관찰, 적절한 발명, 결과들의 예견,

그 결과들을 응용하는 독창성을 의미한다.'¹⁶ 그러한 자유는 규율이나 계획과 양립불가능하지 않고, 그것이 진정으로 교육적인 방향으로 이어지려면 실제로 둘 다를 요구한다. 듀이는 그가 흔히 했던 변증법적인 방식으로, 자유와 질서는 똑같이 교육의 원칙들에 필수적이고 상호 수반하는 것으로 간주했다. 자유로운 탐구는—그것이 실제로 무지한 수다보다는 탐구가 되려면—목적을 형성하고, 생각한 대로 서슴없이 말할 자유뿐만 아니라, 주어진 일련의 문제제기를 밀고나가고, 좌절과 어려움을 견디며, 협력적인 기반 위에서 작업하는 규율을 요구한다. 만약 교육가가 계획을 제공한다면, 그러한 '계획은 경험의 개별성을 위해 자유로운 활동을 허용하기에 충분할 정도로 유연해야 하지만, 지속적인 힘의 발달을 안내하기에 충분할 정도로 확고해야 한다.'¹⁷ 그러한 환경에 널리 퍼져 있는 '사회적 협력과 공동체 생활의 정신'에는 또한 '어떤 바쁜 작업장'의 무질서와 밀접하게 닮은 '특정한 무질서'가 포함된다. 만약 교실이 작업의 장소가 되려면, 그러한 작업이 요구하는, 지적이면서도 윤리적인 조건들을 실현해야 한다.¹⁸

그러나 듀이는 더 직접적인 의미로도 도덕교육에 대해 이야기했다. 듀이는 결코 도덕교육과 지적 작업의 관련성 및 전통적인 도덕주의에 대한 자신의 비판을 잊어버리지 않았지만, 윤리를 중등학교 고학년에서뿐만 아니라 대학에서 교과내용으로 가르칠 가능성에 대해 논의했다. 예를 들어, 듀이는 1890년대 초반에 두 편의 글에서, [윤리를] 어느 정도 지적 성숙이 이루어진 학생들에게 직접적으로 가르칠 수 있다는 윤리관을 옹호했고, 말기에는 이 견해를 더 발달시켰다. 이것은 고정불변의 규칙체계로서의 윤리에 대한 검토나 심지어 흥미롭게도 윤리이론과 윤리역사에 대한 공부가 아니라, 그 대신 '윤리적 관계들에 대한 공부, 즉 우리가 구성원인 이 복잡한 세계에 대한 공부'이다. 학문적 교과내용으로서 윤리학은 인간들 서로 간의, 그리고 인간들과 더 넓은 공동체와의 본질적인 관련성을 살핀다. 설교가 아닌 윤리적 가르침은 구체적이고 실제적인 방식과 목적들 속에서, 인간관계들에 대한 공부를 통해서, 학생들의 도덕적 상상력의 계발을 위해 수행된다. 듀이는 그러한 가르침의 정신이 대단히 중요하다고 생각했다. 그리고 이러한 정신은 결코 교조적인 설교로 악화되지 않아야 한다. 그 대신에 도덕적 가르침은 해결책이 필요하다고 동의될 경우에, 주로 어떻게 사회 문제들을 고치기 시작할지 결정하는 실제의 문제로 남아 있어야 한다. 듀이는 다음과 같이 썼다.

그럴듯한 고통의 사례가 제시된다면, 그것을 경감시킬지의 **여부를**, 그리고 경감시킨다면 **어떻게** 경감시킬지 결정하는 법을 교사가 처음부터 학생들에게 물어보게 하라. 이것은 어떠한 예비의 '도덕적인' 질문들을 누누이 말하는 것 없이 이루어져야 한다. 그보다는 이 질문이 단순히 실제의 질문이라는 것, 이미 만들어져 있는 도덕적 고려사항들을 한쪽에 제쳐둘 것이 언급되어야 한다. 그러나 무엇보다도 질문은 무엇을 할 것인지가 아니라, 무엇을 할지를 **어떻게 결정할 것인지**라는 점이 분명해야 한다.[19]

이 마지막 생각은 듀이의 윤리교육관과 도덕교육관 모두의 중심에 있는 사회적, 도덕적 상상력에 대한 그의 개념을 나타낸다. 그러한 교육의 궁극적인 목적은 공감하면서 문제해결에 숙련된다는 실용주의적인 의미에서 '지적인' 상상력의 계발이다. 윤리교육이 심어주려고 애쓰는 것은 '사회관계들을 관찰하고 이해하는 힘 — 사회적 힘'이지, 일련의 특수한 신념이나 가치들이 아니다.[20] '사회적 지성'이나 '도덕적 상상력' 같은 용어들은 항상 듀이의 저작들에서 약간 애매하게 남아 있지만, 일반적인 용어에서 이러한 표현들이 함축하는 것은 듀이의 실용주의적 실험주의의 윤리적 상응물이다. 일반적으로 교육의 궁극적인 목적이 사고의 기술이라면, 도덕교육 또한 학생들이 전통적인 도덕주의를 피하는 방식으로 부정의를 고치려는 지향을 가지고 인간관계들에 대해 사고하는 능력을 길러주는 것을 목표로 할 것이다. 듀이는 1894년의 글에서 도덕적 질문들이 제기되었을 때 단지 교훈적으로 보이는 것 또는 자신에게 기대된다고 믿는 것을 말하는 대학생들의 경향에 대해 언급했는데, 이는 오늘날에도 역시 정확히 맞는 것 같은 관찰이다. 교수는 이것을 넘어서서 지적으로 정직한 방식으로 어떻게 학생들 및 다른 사람들이 실제로 현실 세계의 조건들에서 윤리적 문제들에 관여하는지 탐구하는 노력을 해야 한다. 그는 순전히 형식적이고 이론적인 것에 저항하고 공부의 초점을 인간들의 '실제 행동, 동기, 행실'에 두어야 한다.[21]

듀이는 이렇게 이론적인 것에서 떠나서 구체적인 사회적 관계들로 향하는 지향이 윤리학 공부를 더 과학적이고 덜 교조적인 학문의 교과내용으로 만든다고 주장했다. 이러한 지향은 학생들로 하여금 윤리학을 어느 정도 실제의 인간 실천과 동기들이 제거된 일련의 초월적인 법칙이나 원칙들의 체계로 생각하는 것에서 벗어나서, 그 것을 또 다시 '무엇을 할지를 결정하는 법'을 강조하는 더 구체적인 사례 중심의 접근으로 대체하도록 한다. 이러한 접근은 원칙들을 완전히 폐기하지는 않고, 실천과 분리된 원칙들의 이론적 기반보다 원칙들의 적용에 집중한다. 게다가 이러한 접근은 원칙들을 정언명 령이나 공리주의의 계산 방식에서 고정불변의 규칙이나 형식적인 결정 절차로 이해하지 않고, 문제가 되는 상황의 분석을 위한 도구 로 이해한다. 윤리원칙들은 모든 가설과 같이, 순전히 이론적인 이 유 때문이 아니라, 그것들이 탐구의 과정 속에서 이끄는 것 때문에, 즉 그것들이 주어진 사회 문제나 도덕적 어려움을 제거하는지 아니 면 그렇게 하는 데 실패하는지에 따라 성공하거나 실패하는 가설들 이다. 원칙들이 땅으로 내려오지 않으면, 도덕성은 '특별한 삶의 영 역이나 부분', 하늘에서 떨어진 절대적인 체계의 모습을 띤다. 이는 특히 전통적인 도덕적 가르침의 방법과 결부될 때 그러하다.[22] 듀이 는 윤리를 가르칠 때 학생들이 이 공부의 영역을 실제로 탐구의 영역, 특정한 인간관계와 실천들에 대한 실험적 분석의 영역으로 간주하게 되어야 하고, 이것의 목적은 하나의 신조를 옹호하는 것이 아니라 인간관계를 증진시키는 것이라고 주장했다. 따라서 듀이가 『철학의 재구성』에서 썼던 것과 같이, 도덕적 '규칙들은 원리들로 약화되고, 원리들은 이해의 방법들로 수정된다.' 원리들은 '개별적이 고 독특한 상황들을 분석하기 위한 지적 도구들'이다.[23] 원리들의 적용은 적용에서의 유연성뿐만 아니라, 주어진 사례의 만일의 사태들에 대한 주의 깊은 지각을 요구한다. 유연성에 대한 필요는 실험 그 자체의 본질에 입각하고 있다. 실험에서는 초기의 가설이나 판단이 제안되고, 연속적인 적용 단계들이 따라오며, 가설이 만들어내는 좋거나 나쁜 결과들에 의해 다듬어지고 시험되며, 궁극적으로 가설이 원래 문제를 해결하는 데 성공하는지의 여부에 따라 받아들여지거나 거부된다.

듀이는 이것이 과학적 정신 속에 있는 윤리이고, 이러한 정신 속에서 윤리를 가르치고 배우는 한, 윤리를 대학 교실에 가져올 수 있다고 주장했다. 윤리의 원리들은 그 원리들이 마주하는 문제들에 따라, 그러한 문제들을 이해하고 해결하는 도구로서 그 원리들이 성공하는지의 여부에 따라, 일반적 관념이 아니라 적절한 해결책이 있는 이론적 관념에 따라 여전히 변경되거나 정련될 수 있다. 예를 들어, 듀이는 공리주의의 최대행복 원리의 등가물을 제안하지도 않았고, 칸트의 방식으로 윤리를 선의지의 계발이나 의무감에서 하는 정언명령의 고수로 환원시키지도 않았다. 모든 윤리 원리는 그것들이 이끄는 실제 결과들을 염두에 두고, 예외를 허용하며, 오직 의무를 위해서 주의를 기울여야 하는 고정불변의 규칙들이 아니라는 의미에서, 칸트가 가언명령이라 일컬었던 것에 더 가깝다. 사실 칸트의 윤리는 듀이가 옹호했던 실험주의자의 견해, 선험적인 것이나 초경험적인 것에 호소하지 않고 형식주의나 규칙에 따르기보다 상상적 이해와 유연성을 요구하는 윤리관에 대한 진정한 안티테제를 대표한다. 윤리가 포함하는 유일한 '미덕들'은 도덕적인 것만큼이나 지적이다. 그것은 '폭넓은 공감, 예리한 민감성, 불쾌한 것에 직면하여 인내하는 것, 우리로 하여금 지적으로 분석과 결정의 작업을 하게 해주는 이해관심들의 균형'이다. 이것들은 본질적으로 누군가가 아리스토텔레스의 카탈로그에서 발견했을 종류의 윤리적 미덕들이기보다는 실험적 탐구의 미덕들이다. 그러한 탐구는 상상적이고 실용주의적인 기획으로서 어떠한 형식적인 기술에도 순응하지 않지만, 듀이는 구체적인 도덕적 맥락의 이해 속에서 탐구가 따라가는 과정에 대해 매우 일반적인 서술을 제공했다.

  도덕적 상황은 명시적인 행위에 앞서 판단과 선택이 요구되는 상황이다. 그 상황의 실제적 의미—즉 그 상황을 푸는 데 필요한 행위—는 자명하지 않다. 그것을 찾아야 한다. 그곳에는 상충되는 욕망들과 분명히 좋은 대안들이 있다. 필요한 것은 옳은 행위의 과정, 옳은 선을 찾는 것이다. 그러므로 탐구가 요구된다. 이러한 탐구는 상황의 상세한 구조에 대한 관찰, 상황의 다양한 요인들의 분석, 애매한 것의 명료화, 더 뚜렷하고 선명한 특성들을 감소시키는 것, 스스로 제시된 여러 가지 행위 유형의 결과들을 추적하는 것, 결정의 채택으로 이어지는 예상 결과들이나 가정된 결과들이 실제 결과들과 일치하게 될 때까지 도달된 결정을 가설적이고 잠정적인 것으로 간주하는 것이다. 이러한 탐구는 지성이다.[24]

윤리가 더 관습적인 방식보다 이러한 일반적인 정신 속에서 생각

되는 한, 윤리는 학생들이 순응할 것이 기대되는 또 다른 정설로
악화될 위험성 없이, 대학과 고등학교에서 학문적 교과내용으로 잘
받아들여질 수 있다. 반대로 학생들은 그 자체로 주어진 구체적인
도덕적 맥락에 대한 주의 깊은 분석과 상상을 요구하는 그들 시대의
사회문제들과 가능한 해결책들에 대해 스스로 사고할 것으로 기대
된다. 그러한 교육이 길러주는 습관과 능력들에는 특히 도덕적 또는
사회적 상상력이 포함되는데, 이는 누군가가 자연과학에서 문제에
접근했을 것과 동일한 실제적 방식으로 실험적 추론을 사회문제들
에 적용하는 능력이라는 의미이다. 학생들에게 구체적인 도덕적 갈
등의 사례들이 제시되고, 학생들이 그 사례의 상세한 특징들과 상황
들을 검토하도록 장려될 것이다. 여기서부터 학생들은 가능한 해결
책에 대한 가설을 세우고, 가설이 가져올 개연성 있는 결과들을 상
상 속에서 시연하며, 이 가설을 대안가설들과 비교하고, 적절한 행
위 과정에 대한 판단을 형성할 것이다. 일반적으로 실험적이고 상상
적인 사고에 걸맞게, 도덕적 상상은 판단을 위해 입증하는 증거를
추구하지 않고, 여전히 그러한 판단들이 적용될 경우 만들어지거나
만들어지는 데 실패하는 전체 선(good)에 비추어보아 이 판단들을
변경하는 데 열려 있다. 확실히 칸트와 다른 방식으로, 누군가가
한 사례 속에서 형성하는 최종 판단은 그것의 적용과, 상상 속에서
구상된 결과들이 결국 원래의 갈등을 구체화하고 해결하는지 아니
면 예상치 못한 아마도 악화시키는 결과들을 발생시키는지에 전적
으로 의존하고 있다.

따라서 윤리를 가르치는 교육가의 과업은 거의 어떠한 교과내용

을 가르치는 것과도 다르지 않다. '적절하게 가르치는 방법은 사실들을 제시하고, 학생들로 하여금 그들에게 작용하는 정신능력에 따라서 북돋워지도록 두는 것이다. 그러나 우리는 아직 정치, 윤리, 소위 사회과학들에서는 이 교훈을 배우지 않았다.' 듀이는 지적 탐구를 도덕주의에 희생시키는 흔한 실천에 대해 말하면서, 다음과 같이 계속 말했다. '우리는 여전히 이러한 과목들을 금지와 경고들로 둘러싸고 있고, 우리는 여전히 우리의 학교 교사들 사이에서 — 모든 사회에서 지적 자유가 가장 필요한 바로 그 사람들 사이에서 — 이단자를 사냥하고 있다.'[25] 교육가와 교육기관들은 상당히 많은 양의 자제력을 발휘해야 하고, 좋은 삶에 대한 특정한 가치나 논쟁적인 견해를 주입하려는 유혹을 피해야 하며, 그 대신에 다른 지적 습관들과 함께 학생들의 상상력과 판단력이 발달하도록 허용해야 한다. 어쨌든 어떤 것이 주입되어야 한다면, 그것은 도덕적 갈등에 대한 성찰적 주목과 주의 깊은 지각의 습관이어야 한다. 학생들은 고정된 일련의 도덕적 신념들을 고수하게 되기보다, 인간관계와 '모든 개인의 상호관계'의 복잡한 구조에 대한 감상 능력을 개발해야 한다.[26] 윤리 원칙들은 그 자체로 완전히 거부되거나 '공중에서', '스스로 일으켜진 것'으로 간주되어야 하는 것이 아니라, 그 대신 '사회적, 심리적 조건들 속에서의 원칙의 진술을 통해 땅으로 내려올 필요가 있는' 것이다.[27]

윤리교육은 이러한 방식으로 생각되는 한, 고등학교나 대학에서의 특수한 공부 영역으로 제한될 필요가 없고, 문학, 역사, 심리학, 그리고 폭넓게 생각해서 인간의 조건을 다루는 다른 탐구의 영역들에 이르기까지 학문의 경계들을 가로지른다. 이와 관련하여 역사는 특히 적절한데, 왜냐하면 역사는 과거에 일어났던 것에 대한 공부가 아니라, 더 중요하게는 일반적인 사회관계들에 작용하고 있는 힘들과 좋든 나쁘든 그 힘들의 결과들에 대한 공부이기 때문이다. 듀이는 모든 교육의 수준에서 역사를 가르치고 배우는 궁극적인 목적은 흔한 견해처럼, 과거에 일어났던 것에 대한 정확한 지식의 획득 그 자체를 위한 것이 아니라고 주장했다. (그리고 나는 8장에서 이에 대해 논의할 것이다.) 듀이는 '과거는 과거이고, 죽은 자는 죽은 채로 안전하게 묻히게 둘 것'이라고 썼다.[28] 학문적 교과내용으로 역사를 공부하는 것의 가치는 궁극적으로 윤리적인데, 왜냐하면 그것은 여기에서 특별히 학생들이 인간관계들과 사회적 힘들, 행동의 기초가 되고 진보와 쇠퇴를 재촉하는 동기들, 우리의 습관적인 행동 패턴들의 결과들의 복잡성에 대해 배우기 때문이다. 듀이가 믿었던 것처럼, '사회적 힘들 그 자체는 항상 동일한 것－지금 있는 것과 동일한 종류의 영향력들이 100년, 1,000년 전에도 작동했다는 것'이 사실이라면, 과거의 사회 현실을 공부함으로써 현재의 사회 현실과 그 속에서 작동하는 힘들을 상당히 이해할 수 있을 것이다.[29] 현재 사회관계들의 조건에 대한 이해와 그러한 윤리적 탐구의 장애물들 중 하나는 그 관계들의 상당한 복잡성이다. 인간관계들과 행동의 구조, 동기, 목표들은 너무나 복잡성의 수렁에 빠져 있어서, 학생들이 그것에 대한 비판적 관점을 획득하기 위해서는 현재의 사회 세계와 상당히 거리를 두어야 한다. 그리고 여기에서 역사로의 회고적인 일견이 현재의 측면에서는 매우 달성하기 어려운 종류의 조명을 제공해줄 수 있다. 상상 속에서 이루어진 선택과 취해진 행위의 결과들을 예상할 필요가 없고 이미 알고 있다는 의미에서, 사회관계들 뒤에 있는 동기와 원동력들이 멀리서 관찰되고 그렇게 이해될 수 있다는 의미에서, 과거뿐만 아니라 현재에도 적용되는 비판적 교훈들을 배울 수 있다는 의미에서, 역사적 사건들은 일종의 도덕적 자원이다. 역사의 탐구는 사회학적인 특성을 가진 정보를 전해줄 뿐만 아니라, 윤리적 정신 속에서 '인간들을 모으고 갈라놓는 동기들을 보여주고, 바람직한 것과 해로운 것을 묘사한다.'³⁰ 역사의 탐구는 인간의 약점들의 결과들을 드러내고, 일반적으로 과거와 현재 모두의 사회생활에 대한 더 넓은 관점을 제공한다. 역사의 탐구는 역시 오랫동안 도덕교육의 중요한 자원으로 간주되어 왔던 문학 공부와 직접적으로 비슷한 방식으로 사회 분석 및 윤리적 판단에 관한 학생들의 능력을 향상시킨다.

　듀이가 어떠한 종류의 권위에 의한 신념의 독단적 부과보다 윤리교육으로 생각했던 것은 또 다시 실험적 탐구의 정신 속에 있다. 듀이가 이 주제에 대해 글을 쓰기 시작한지 한 세기가 지난 이후에 이러한 일반적인 견해가 어떻게 잘 유지되는가 하는 점이 내가 이제 돌아가려는 질문이다.

판단의 기술

　듀이의 시대에서 20여 년 이후에, 알아볼 수 있는 어떠한 방식으로 듀이에게 영향을 받지는 않았지만 그 저작들이 듀이와 특정한 유사성을 보여주는 또 다른 대륙 철학자가 특히 흥미로운 방식으로, 윤리-정치적 판단이라는 주제를 받아들였다. 한나 아렌트는 여러모로 듀이가 요청했던 종류의 철학적 탐구와 사회 비판을 실천했고, 그들의 철학 간의 관련성은 중요하지만 잘 분석되지 않는다. 우리의 논의와 관련 있는 것은 그녀의 칸트적이면서도 아리스토텔레스적인 판단의 기술에 대한 설명이다. 그 설명은 그녀가 윤리적 차원보다는 정치적 차원을 더 강조했던 설명이지만, 이 장의 우리의 주제에서 이 설명은 똑같이 분명하게 중요하다. 듀이가 주장했던 것처럼, 도덕교육은 어떠한 일련의 주어진 가치들의 수용과는 완전히 별개로, 결정적으로 좋은 판단력의 획득을 수반한다. 우리는 아마 좋은 판단이 우리가 단언하는 가치보다 중요하다고 말할 것인데, 왜냐하면 윤리의 궁극적인 관심은 특수한 것들－행위들, 문제들, 상황들－이고, 판단은 특수하지만 가치는 일반적이고 구체적인 행위와 판단에 적용되기 전까지는 꽤 무의미하기 때문이다. 만약 우리가 가르칠 것이 윤리라면, [교육의] 성공에 대한 최고의 증거는 학생들이 이러저러한 가치체계에 대한 믿음을 고백하는 것보다는 그들이 듀이의 의미에서 지적인 판단 또는 당면한 사례에 적합한 판단을 형성하는 능력을 갖춘 것에 있을 것이다.

　'교실에서의 의식적인 설교는 한물갔다'는 점에 있어 듀이가 옳았지만, 판단의 기술은 가장 확실하게 한물가지 않았다. 실제로 20세기 서구 문화에 대한 아렌트의 분석에서 그녀의 주요 관심사들 중에는 그녀가 현대 세계에서의 판단의 쇠퇴로 보았던 것뿐만 아니라 바로 판단의 기술의 중요성이 있었다. 어떤 면에서 아렌트는 특정한 무사고성을 특징으로 하는 하이데거의 현대 시대에 대한 견해를 공유했다. 비록 그녀는 다른 조건들 속에서 이 개념을 만들었지만 말이다. 아렌트는 우리 시대가 윤리-정치적 판단이라는 기술을 잃어버린 시대라고 주장했다. 판단은 가치 판단이 기반을 둘 수 있는 공인된 기준들의 쇠퇴, 판단력이 관련된 지향을 획득할 만한 기준들의 쇠퇴로 인해, 점점 더 어려워지게 되었다. 아렌트가 그녀의 사후에 출간된 『칸트 정치철학 강의Lectures on Kant's Political Philosophy』에서 썼던 것처럼, '판단의 주요 어려움은 그것이 "특수한 것을 생각하는 능력"이라는 것이다. 그러나 생각하는 것은 일반화하는 것을 의미하고, 따라서 판단은 신비롭게 특수한 것과 일반적인 것을 결합하는 능력이다.' 이러한 의미에서 생각하는 것은 아마 듀이가 말했던 것처럼 문제를 해결하는 것이 될 수 있다. 그러나 생각하는 것은 또한 판단하는 것이며, 여기에서 판단하는 것은 어떤 것의 상대적인 가치나 중요성을 추정하는 것뿐만 아니라, 어떠한 종류의 규칙에도 의지하지 않고 보편적인 것과 특수한 것이 관련되게 이끄는 것을 의미한다. '… 만일 일반적인 것이 — 규칙, 원칙, 법칙으로 — 주어져서 판단이 단지 그 아래로 특수한 것을 포섭하는 것이라면, 이는 상대적으로 쉬운 일이다. "만일 오직 특수한 것만이 주어져 있고 어떠한 일반적인 것이 발견되어야 한다면", 어려움은 커지게 된다.'[31] 아렌트는 칸트가 기술했던 마지막 조건이 우리가 도덕-정치적 판단에서 직면하는 것이라고 주장했다. 즉시 정신 앞에 있는 것은 해결책뿐만 아니라 그 특수한 것이 적절하게 포괄될 보편적인 것을 요구하는 특수한 상황이나 문제이다. 따라서 평가적인 판단은 문제해결의 모델 위에서뿐만 아니라, 보편적인 것과 특수한 것의 변증법, 어떠한 규칙도 발견될 수 없는 변증법 속에서 작동한다.

듀이는 확실히 도덕적 영역을 지나치게 단순화하는 것에 관심이 없었다. 실제로 듀이는 칸트와 밀 같은 도덕 철학자들을-특히 칸트를-특히 그들의 경직성과 규칙에 대한 맹목적인 숭배를 이유로 비난했으며, 정언명령이나 공리주의의 계산보다 훨씬 더 세련된 도덕적 문제해결의 방법을 만들려고 애썼다. 이 점에서 아마 듀이가 성공했다고 말할 수 있겠지만, 아렌트의 요점은 종종 모든 종류의 방법을 제쳐두어야 하고, 심지어 가장 세련된 규칙들도 우리를 도와주지 않을 것이라는 점이다. 좋은 판단은 우리가 주어진 사례나 문제가 되는 상황 '전체를 볼 것'을 요구하고, 이는 특수한 역할이 할당된 행위자보다는 구경꾼의 역할을 할 것을 의미한다. 완전히 객관적이지는 않지만 이렇게 거리가 있는 관점을 통해, 직접적으로 주어진 사례에 관여하는 사람들의 편파성을 능가하는 '확장된 정신상태'를 채택하는 것이 가능해진다.[32] 여전히 불가능한 것은 입증할 수 있는 결론에 도달하는 것이다. 도덕적 사고는 시행착오를 통해 나아가고 불확정적인 것에서 시작한다는 의미에서뿐만 아니라, 불확정적인 것으로 끝난다는 의미에서 실험적이다.

아렌트에게 사회적 세계는 특수한 것들, 현상, 행위, 의견, 도덕-정치적 판단의 세계이다. 그 세계는 듀이도 생각했던 것처럼, 현대의 규범적 이론들이 감안했던 것보다 훨씬 더 복잡한 영역이다. 그러나 그 세계는 복잡성에도 불구하고 우리들 각자에게 우리가 할 수 있는 최선의 방식으로 의견을 밝히고 판단할 것을 요청하는 세계이다. [게다가] 아렌트의 사고방식에서는 판단하는 행위가 우리를 어쩔 줄 모르는 상태로 내버려두는 것처럼 보이는 때에, 판단은 명령이다. 과거의 도덕적으로 절대적이었던 것들이 (제대로) 거부되었고 우리가 이성적으로 옹호할 수 있는 방식으로 판단하는 수단을 결여하고 있는 것처럼 보일 때, 우리는 어떻게 나아가는가? 20세기 후반기에 가치판단을 형성한다는 바로 이 생각은 비과학적일 뿐만 아니라, 완전히 주관적이고, 상대주의적이며, 이성으로 이해할 수 없는, 단지 선호나 직관을 표현하는 것처럼 보이게 되었다. 시급하게 이성과 정의의 평결을 요구했던 세계 사건들은 이제 과거의 절대적인 것을 떠올리는 이들을 제외한 우리들로 하여금 말을 못하게 했다. 오래 전에 철학자들의 수중에서 그리고 다음에는 일반적인 문화 속에서 오명을 뒤집어썼던 설득하는 판단과 의견이라는 개념들의 명예를 회복시키려 시도하는 것은 아렌트의 몫이 되었다. 그렇게 하면서 아렌트는 『니코마코스 윤리학Nicomachean Ethics』 제6권에서 약술된 아리스토텔레스의 실천적 판단(프로네시스: phronesis)의 개념과 또한 특별히 칸트의 『판단력 비판Critique of Judgment』에 호소했다.

이제 누구도 판단을 할 권리를 가지고 있지 않고, 판단하는 것은 어찌할 도리 없이 독단적이고, 편협하며, 시대에 맞지 않는다는 것이 흔한 의견이다. 이와 동일한 시대에 우리는 인간 역사에서 가장 말할 수 없는 사건들의 일부를—이는 꽤 문자적으로 말할 수 없다는 것인데, 왜냐하면 우리가 더 이상 그 사건들을 이해하고 판단한다는 의미에서 그 사건들에 대해 말할 수단을 가지고 있지 않기 때문이다—목격했다. 가장 명백한 예를 들자면, 홀로코스트(나치의 유대인 대학살)는 사회 비평가들을 어쩔 줄 모르게 했는데, 이는 어떤 말로도 이 사건의 심각성에 미칠 수 없었다는 것뿐만 아니라, 아렌트의 말로 '우리가 우리의 이해 도구들을 잃어버렸다'는 의미에서 그러했다.[33] 일반적으로 20세기의 전체주의는 이해와 판단을 거부하지만, 그것을 시급하게 요구한다. 이 학자는 다음과 같이 썼다.

> 이해의 위기는 판단의 위기와 동일하다. 왜냐하면 이해와 '판단은 너무나 밀접하게 관계가 있고 서로 얽혀 있어서 사람들이 둘 다' 어떤 특수한 것을 보편적인 규칙하에 '포섭하는 것으로 묘사한 것이 틀림없기' 때문이다. 문제는 우리가 더 이상 이러한 포섭에 요구되는 신뢰할 만한 보편적 규칙들을 가지고 있지 않다는 것이다. 과거로부터 물려받은 지혜는 '우리가 그것을 정말로 우리 자신의 시대에 중심적인 정치적 경험들에 적용하려고 하자마자' 우리를 실망시킨다.[34]

의견과 판단을 형성하는 것은 우리가 지금 결여하고 있는 지향—전통적으로 안정된 도덕적 전통—을 요구한다. 그러나 우리는 판단해야만 한다. 우리는 어떻게 의견과 판단을 형성하게 되었으며, 우리는 어떻게 나아갈 것인가?

아렌트는 첫 번째 질문을 다루면서, 아돌프 아이히만(Adolph Eichmann), 그녀의 견해에서 나치체제뿐만 아니라 많은 현대 세계의 정신상태의 화신인 사람에 대한 재판과 그의 성격에 대해 설득력 있는 분석을 제공했다. 아렌트는 직접 1961년에 아이히만의 재판에 참석했고, 〈뉴요커(The New Yorker)〉[1]에서 이에 대해 보도했으며, 이후에 이에 대한 모든 이야기를 '예루살렘의 아이히만(Eichmann in Jerusalem)'이라는 제목하에 책 형태로 출간했다. 아렌트에게 이 재판을 법적, 정치적, 역사적 관점뿐만 아니라 철학적 관점에서 흥미롭게 만들었던 것은 두 가지 주요 요인이었다. 첫째는 수백만 명을 죽음의 수용소로 이송하는 역할을 맡았던 이 사람을 이해하고 판단할 강력한 필요였다. 아이히만의 사례에서 어떻게 정의가 이루어지는가? 그리고 예루살렘 법정에 의해 그 정의가 이루어졌는가? 둘째, 이 피고인이 너무나 철저하게 보여주었던 기괴한 무사고성의 본질은 무엇인가? 아렌트는 아이히만의 범죄가 증오에 차거나 심리적으로 정상이 아닌 정신의 결과가 아니라, 완전히 평범한 정신상태의 결과였다고 말했다. 요컨대 그것은 사고하고 판단하기를 거부하고, 식별할 수 있는 종류의 어떠한 지적, 도덕적 기능도 부족하며, 단순히 들은 것을 따르는 정신 상태이다. 아이히만의 정신은 미친 것이 아니라, 근본적으로 유순한 정신이었다. 나치당에 가입하고, 계급이 오르고, 질서에 따르고, 많은 사람들을 죽음으로 인도하도록 조직하는 것에 대한 아이히만의 자기묘사는 마치 회계사가 원부를

---

1) 1925년에 창간된 미국의 주간잡지.

읽는 것처럼, 완벽히 태연하게 이야기되었다. 광기나 단순한 증오가 이 사람을 몰아가지 않았다면, 무엇이 그로 하여금 그가 했던 방식으로 행위하고 몇 년이 지난 이후에도 여전히 사과를 하지 않는 것을 가능하게 만들었을까?

아렌트의 대답은 위축된 판단력의 형태로 있는 도덕적 무능함이다. 이것은 알지 못했던 상관의 명령을 따르는 의무를 제외하고는 어떠한 그 자신의 확신도 없었던 사람, 나치의 프로그램을 훨씬 덜 지지했고 최종해결책(Final Solution)[2]을 지지하지 않았던 사람, 전쟁의 끝에서 그의 표현으로 '나는 지도자가 없는 어려운 개인의 삶을 살아야 할 것이고, 나는 누구로부터도 어떠한 지시도 받지 않을 것이고, 더 이상 내게 어떠한 지령이나 명령도 내려지지 않을 것이고, 상의할 수 있는 적절한 법령들이 없을 것이라고 - 간단히 말해서 결코 내 앞에 전개되리라고 생각지 못했던 삶을 - 감지했던' 사람에게 있었던 것이다. 판단에 대한 거부 또는 무능은 우리를 영원히 공적 의견이나 정치적 유행에 휘둘리며 살아가는 도덕적 비행위자로 만든다. 아이히만의 범죄를 이끌었던 것은 그의 '상상력 부족', '순전한 무사고성'이었다. 아렌트가 관찰했던 것처럼, '그렇게 현실과 멀리 떨어져 있는 것, 그러한 무사고성은 모든 사악한 본능들을 합친 것보

---

2) 나치는 자신들이 저지른 범죄의 실제 모습을 위장하기 위해 대개 완곡어법을 사용하곤 했다. 그들이 사용한 '최종해결'이라는 용어는 유대인들을 전멸하려는 그들의 계획을 지칭하는 것이었다. 참고) 홀로코스트 백과사전, "최종 해결" http://www.ushmm.org/wlc/ko/article.php?ModuleId=10005151.

다 더 대재앙을 초래할 수 있다.³⁵ 아렌트의 분석 모두에서 가장 충격적인 것은 바로 아이히만의 심리적, 도덕적 정상성(normality)이었다. 아이히만의 결함과 그의 성격은 매우 흔한 것이었다. 아이히만이 범죄를 저지르게 이끌었던 것은 이 사람이 처했던 상황이었다. 아렌트는 이 텍스트에서 오직 아이히만만이 나치가 하고 있었던 것을 사고하고 저항하는 데 실패하지 않았다는 것을 보여주려고 애썼다. 일반적으로 독일 사회는 심지어 많은 유대인 지도자들을 포함하여, 이 체제에 저항하는 데 완전히 실패했다. 판단하기를 거부하거나 판단할 수 없는 정신상태의 만연함이 아니라면 무엇이 이 사실을 설명하는가?

따라서 판단에 대한 아렌트의 설명은 20세기 서구 문화에 대한 더 넓은 역사적 견해와 그녀가 스스로 사고하고 판단하는 것에 있어서 사람들 사이에 증대하는 무능력으로 지각했던 것, 아이히만이 상징의 역할을 하는 현상 속에 박혀 있다. 아이히만은 그 시대의 표시, 그것이 무엇이든 공적 의견이나 정치적 유행에 저항하기를 꺼리는 정신이었고, 여전히 그러하다. 아렌트에게 이 사례를 너무나 강력하게 만들었던 것은 바로 아이히만이 전형적인 나치가 아니라, 무서울 정도로 정상적인 사람이었다는 사실이다. 아이히만의 사례는 아렌트의 책에 대한 대중의 반응과 함께, 바로 '우리 시대의 사람들이 이 판단의 문제에 의해 (또는 종종 말해지는 것처럼, 감히 "판단의 자리에 앉으려는" 사람들에 의해) 얼마나 어려움을 겪는지 보여준다.³⁶ [판단이라는] 바로 이 단어가 독선과 도덕주의적 설교의 결합을 연상시킬 때, 판단의 중요성은 잊히고 도덕적 행위체의 본질적인 차원은 파괴된다. 우리가 우리의 사회 현실을 이해하고 그것의 잘못을 반복하지 않기 위해서는, 일반적인 나치즘과 전체주의를 이해할 뿐만 아니라–가혹하게–판단할 필요가 있다. 이러한 종류의 평가가 듀이식의 모델과 완전히 잘 맞는지는 분명하지 않다.

이 경우에 모델은 무엇인가? 우리가 나치 현상을 회상할 때, 우리는 어쩔 수 없이 약간 긴급하게 질문들을 하고 매우 많은 종류의 교훈들을 배우지만, 너무나 많은 이들이 언급했던 것처럼 이 임무의 심각성은 판단을 매우 어렵게 만든다. 우리는 어떻게 이에 대한 지적, 도덕적 용어들에 도달할 수 있을까? 우리는 사소한 것으로 악화되지 않거나 이 사건의 규모 자체를 극적으로 과소평가하지 않는 어떠한 판단들을 선언할 수 있을까? 게다가 그 판단들을 선언하면서, 우리는 어떠한 문제를 해결하고 있고, 어떠한 실험을 하고 있는가?

아렌트는 판단하는 행위에 수반되는 것이 무엇인지 이해하기 위해서 칸트로–그러나 칸트의 윤리적 또는 정치적 저작들이 아니라, 아렌트가 칸트의 미학에 관한 저작,『판단력 비판』에 내포된 집필되지 않은 정치철학이라고 믿었던 것으로–돌아갔다. 아렌트는 칸트의 의무론적 윤리학에 대한 듀이의 회의적 태도를 공유했지만, 이 세 번째 비판이 정언명령의 엄격함 없이 쉽게 취향판단의 영역에서 도덕-정치적 판단의 영역으로 전이될 수 있는 판단 이론을 담고 있다고 주장했다. 이 이론의 가장 중요한 부분은 칸트의 성찰적 판단과 규정적 판단의 구분으로, 이것은 다음과 같이 간단히 요약될 수 있다. 칸트에게 일반적인 판단은 보편적인 것하에 특수한 것을 분류하는 것을 수반한다. 보편적인 것이 개념이든, 법칙이든, 원칙이든,

규칙이든 간에 말이다. 규정적 판단은 보편적인 것이 일반적인 용어로 진술되는 규칙이나 법칙과 같이 미리 주어지는 곳에서, 보편적인 것하에 특수한 것을 포섭한다. 정언명령을 도덕적 사례에 직접적으로 적용하는 것이 이것의 예시이다. 성찰적 판단에서 주어지는 것은 특수한 것이고, 우리는 성찰을 통해서 특수한 것에 적절한 보편적인 것을 발견하거나 끌어내야 하는 입장에 있다. 미적 판단은 이 현상을 예시해준다. 우리는 특정한 예술작품을 아름답거나 추하다고 말할 수 있는데, 이것은 자동적이거나 규칙의 지배를 받는 방식이 아니다. 어떠한 형식적인 방법도 성찰적 판단에 어필할 수 없다. 비록 성찰적 판단은 여전히 일반적 개념에 비추어 특수한 것을 보고 있지만 말이다. 후자의 종류의 판단이 칸트가 『판단력 비판』에서 관심을 가졌던 것이고, 아렌트가 도덕적, 정치적 영역에 적용했던 것이다. 따라서 판단의 기술은 직접적인 규칙의 적용, 칸트가 윤리학에 관한 그의 저작들에서 옹호했던 일종의 준관료적인 적용보다는 일종의 특수한 것 속에서 보편적인 것을 지각하는 것을 수반한다. 분류되지 않은 특수한 것은 단순히 판단과 이해를 거부하기 때문에, 어떤 개인의 행위나 사례는 반드시 보편적인 것하에 분류되어야 한다. 20세기에 판단이 호소했을 보편적인 것은 그 설득력을 많이 잃어버렸고, 이것은 표면적으로 판단력의 측면에서 문제가 되었을지 모르지만, 아렌트에게 이것은 판단력이 그 잠재력을 획득하는 조건이다.

과거보다 더 적절한 방식으로 사고하고 판단하는 것이 가능하게 되는 때는 바로 과거의 잘못된 절대적인 것들이 우리를 붙잡지 못했을 때이다. 판단은 이제 더 이상 이전에 우리의 숙고를 지배했던 규칙들에 묶이지 않고, 단순히 명령에 따르거나 사례들을 칸막이에 넣지 않으면서, 진정으로 한 사례를 그것의 특수성 속에서 생각하는 정신 능력으로서 자신의 역량을 발휘한다. 이러한 정신의 틀은 듀이식의 실험과 완전히 비슷하지는 않은 의미에서 실험적인 것으로, 또한 듀이식의 실험과 완전히 비슷하지는 않은 방식에서 자유로운 것으로 묘사될 수 있다. 듀이에게 문제는 원칙적으로 해결책을 가지고 있다. 그 해결책이 항상 계속 진행 중인 탐구의 대상이더라도 말이다. 아렌트의 의미에서 판단은 이보다 더 불확정적이다. 그리고 여기에서 불확정성은 우리를 우유부단하게 만들지 않고, 당면한 사례를 제대로 다루는 데 기여한다. 윤리학의 본질적인 관심이 우리 앞에 있는 행위를 요청하는 특수한 사례라면, 단순히 추상적인 도덕적 요건들을 따르기보다 이 사례를 제대로 다루는 것이 지극히 타당하다. 특수한 것을 제대로 다루는 것은 그것을 보편적인 것에 비추어 볼 것을 요구하지만, 아렌트에게 최고로 중요한 것은 특수한 것이다.

물론 도덕적 판단에 관한 칸트의 이론은 반대를―보편적인 것이 특수한 것에 우선하고, 오직 의무를 위해서 정언명령을 따라야 한다고―주장했지만, 아렌트가 사용하기를 원했던 것은 칸트의 미학 이론과 성찰적 판단이다. 이 이론은 근본적으로 듀이와 대립하지 않는다. 아렌트와 듀이 모두 원칙을 버리지 않는 특수한 것의 최고성, 토대 및 형식적인 결정 절차의 부재, 또한 판단의 사회적 차원에 대해 이야기했다. 아렌트는 또 칸트를 따라서, 판단의 특징을 본질적으로 사회적 실천으로 설명했다. 아렌트는 듀이와 같은 방식으로 민주주의의 개념을 명시적으로 언급하지는 않았지만, 판단을 형식적으로 입증할 수 있는 것보다는 대화 속에서 타인의 설득을 지향하는 것으로 이야기했다. 성찰적 판단은 '정치적 의견과 설득적'이라는 점을 공유한다. 사람을 판단하는 것은 — 칸트가 꽤 아름답게 말하는 것처럼 — 결국 그와 합의에 이를 것이라는 희망 속에서 오직 "다른 모든 사람의 동의를 얻으려고 노력할" 수 있을 뿐이다.' '판단이 특정한 타당성을 끌어내는 것은 이러한 타인과의 잠재적 합의로부터이고', 이는 주어진 보편적인 것하의 특수한 것들의 포섭 속에서 타당성이 규칙의 지배를 받는 규정적 판단과 분명히 대조된다.[37] 설득과 형식적 증거의 구분은 아렌트가 잘 알고 있었던 것처럼, 그리스 철학에 뿌리를 두고 있다. 아리스토텔레스의 프로네시스(phronesis) 또는 실천적 판단과 소피아(sophia) 또는 철학적 지혜의 구분[3]은 유사하게 상식에 기반을 두고 비형식적인 설득을 목표로 했던 지식과 보편적인 동의를 강제하면서 상식을 제쳐두었던 지식을 구별했다. 아리스토텔레스와 아렌트에게, 그리고 물론 듀이에게, 도덕적 판단은 수학적 추론의 방식으로 합의를 강제하지 않고, 우리의 대화 상대들의 경험과 상식에 호소한다. 어떤 것이 이러한 판단을 정당하게 만든다고 말할 수 있다면, 그것은 판단이 선험적으로 만들어진 규칙에 순응하는지보다는 오직 판단이 이끄는 사회적 합의 속에서 발견될 것이다.

....

3) 프로네시스는 실천적 지식으로, 우리는 프로네시스를 통해서 원하는 목적에 도달할 수 있도록 하는 수단에 관해서 심사숙고할 수 있다. 반면 소피아는 행위의 영역과는 무관한 순수 이론적 활동이다. 참고 김요한(2000), 「니코마쿠스 윤리학 6권에 나타난 소피아와 프로네시스의 관계」, 『대동철학』 제9집, p.139 참고.

우리는 판단의 사회적 특성을 도덕적 질문들에 대해 생각할 때 타인의 상황 속에서 자신을 상상하고 그 문제에서 오직 자신의 이해관계에 열중한 채 남아 있지 않아야 할 필요가 있다는 점에서 찾아볼 수 있다. 아렌트는 아이히만의 도덕적 무능함의 증거들 중 하나가 바로 항상 다른 이의 관점에서 자신의 행위를 볼 수 없는 것 또는 그에 대한 거부였다고 언급했다. 좋은 판단은 그것이 타인들의 찬성을 강제하지 않고 다른 위치에 있는 타인들을 설득한다는 의미에서 이성적이다. 그러한 판단이 설득력 있으려면 사적인 이해관심의 관점을 넘어서서, 우리의 판단이 여러 관점에서 어떻게 보일지, 다른 사람들에게 그 판단의 결과는 무엇인지를 생각해야 한다. 따라서 도덕적 사고는 공동의 기반 위에서 진행된다. 이는 도덕적 사고가 대체로 공인된 사회적 가치들과 상식에 의지한다는 의미이면서, 도덕적 사고가 타인의 관점을 진지하게 고려함으로써 타인을 설득하는 것을 목표로 한다는 의미이다. 따라서 공평함의 원칙은 좋은 판단에 근본적이다. 칸트에게 미적 판단이 단순히 자신의 사적인 주관성을 표현하기보다 공유된 문화와 관련하여 스스로를 정당화해야 하는 것처럼, 아렌트의 견해에서 도덕-정치적 판단은 설득적 추론을 통해서 상호주관적인 인정을 얻으려고 노력한다. 어떤 판단이 설득력이 있으려면, 다르게 위치해 있는 타인과 의사소통하고, 자신의 관점 못지않게 타인의 관점에서 특수한 것을 기술함으로써 타인의 동의를 얻어낼 수 있어야 한다. 이것이 칸트가 '확장된 정신상태'라 불렀던 것, 즉 순전히 개인적인 이익을 제쳐두고 주어진 사례 속에서 영향을 받는 모든 사람을 공평하게 고려하는 것이다. 아렌트는 이러한 정신상태가 좋은 판단의 **필요조건**이라고 주장했다. 왜냐하면 자기이익이 아닌 다른 어떤 관점에서 상황을 고려할 수 없거나 그것을 거부한다면, 누구도 설득하지 못하고 또 상식을 거절하는 셈이 되기 때문이다. 판단은 형식적인 판결방법 없이 우리를 논의로 끌어들이는 공적인 특징을 가진다. 아렌트는 이에 대해 다음과 같이 표현했다.

> … 판단이 자신의 개별적 한계를 초월하는 법을 아는 것처럼, 이러한 확장된 사고방식은 … 엄격한 고립이나 고독 속에서 기능할 수 없다. 판단은 그것이 생각해야 하는 '위치 속에 있는', 그것이 고려해야 하는 관점을 가진 타인들의 현존을 필요로 한다. 그리고 그들 없이 판단은 작동할 기회를 전혀 가지지 않는다. 논리가 건전하기 위해서 자아의 현존에 의존하는 것처럼, 판단은 타당하기 위해서 타인의 현존에 의존한다. 그러므로 판단은 특정한 구체적인 타당성을 갖추고 있지만, 결코 보편적으로 타당하지는 않다. 판단의 타당성 요구는 결코 판단하는 사람이 고려하기 위해 그 사람의 입장이 되어보는 그 타인들 이상으로 확장될 수 없다.[38]

전통적으로 도덕 철학자들은 판단이 상호주관적일 뿐만 아니라 객관적이라고, 공평할 뿐만 아니라 보편적이라고, 평범한 이성에 설득력 있을 뿐만 아니라 이성적으로 공격할 수 없는 것이라고 주장해왔다. [그러나] 아렌트와 듀이는 이 모든 것을 도덕적 지식에 대한 터무니없는 과대평가로 간주했다. 도덕 영역의 탐구에서 가능한 것은 설득력 있는 판단과 좋은 이성이지, 칸트가 원했던 종류의 형식적 증거나 공리주의의 계산과 같은 숙고의 기술이 아니다. 이러한 종류의 기술은 불가피하게 특수한 것을 제대로 다루는 데 실패하고, 우리를 항상 인간보다는 규칙과 어떻게 조화를 이루는지를 의식하는 규칙 숭배자들로 만든다. 듀이가 규칙 자체를 위해서 꼼꼼하게 규칙을 따라가는 교조적인 종류의 도덕주의자들에 대한 비판에 있어 약간 엄격했던 것처럼, 아렌트도 유사한 비판, 아이히만의 사고하지 않는 명령 집착에 대한 비판에 있어 엄격했다. 둘 다 성찰을 안내하는 원칙은 초월적인 진술이 아니라, 성찰을 변경할 수 없게 묶지 않으면서 성찰의 방향을 맞추는 역사적으로 출현한 가치들이라고 주장했다. 두 이론가들이 요청했던 것은 확실히 교조적이지 않은 판단, 형식적 타당성의 기준을 만들지 않은 채 합의를 목표로 하는 판단이다.

정치학에서와 같이 윤리학에서도, 형식적 타당성의 개념은 설 자리가 없다. 여기에서 우리는 아리스토텔레스의 프로네시스 또는 실천적 판단의 개념과 다르지 않은 설득적 추론 또는 실험적 탐구의 영역에 있다. 그것은 아렌트는 명시적으로 언급했고 듀이는 그렇게 하지 않았지만 가지고 있었을지도 모르는 개념이다. 『니코마코스 윤리학』 초반부에서 우리는 도덕철학으로부터 오직 우리의 이론화 대상이 허용하는 것과 같은 명료성과 정확성을 기대해야 한다는 아리스토텔레스의 언급은 현대 이론가들이 대체로 잊어버렸거나 묵살했던 언급이다. 여기에서 듀이와 아렌트는 중요한 예외이고,

둘 다 객관주의와 주관주의, 지식과 의견 등의 구식 이분법들을 거부하며 더 상식적인 종류의 실천적 추론의 권리를 옹호하는 판단의 관념을 설명하려고 노력했다. 두 철학자들은 판단을 일상적인 설득과 합의 추구의 머리 위에 높이 솟은 것, 이러저러한 종류의 기술로 간주하는 것을 거부한 점에서 옳았다. 칸트와 아리스토텔레스로—또는 이 둘에 대한 그녀의 논쟁적인 해석으로, 칸트와 아리스토텔레스는 보통 이 문제에서 대비되지만, 아렌트는 자신이 그들 속에서 중요한 유사성을 발견했다고 믿었다—돌아가는 아렌트의 전략은 매우 흥미롭다. 아렌트가 자신의 견해와 듀이의 견해를 접하게 하려 애쓰지 않았다는 점은 그것이 놀랍지 않은 것만큼이나 실망스럽다. 아마 아렌트는 단순히 과학적 탐구의 언어를 불쾌한 것으로 여겼을 수도 있다. 그러나 피상적인 차이들을 제쳐둔다면, 이 문제에서 아렌트와 듀이 사이에는 적어도 아렌트와 칸트 사이에 있는 것과 같은 유사성이 많이 있다. 듀이가 아리스토텔레스의 **프로네시스**를 거의 사용하지 않았다는 것도 유감스러운 일이다. 이러한 책략은 칸트에의 호소와 같이, 분명히 듀이에게 열려 있었다. 비록 도덕적 문제에 있어서 듀이의 칸트에 대한 반감을 생각한다면 칸트에 호소하려는 움직임이 있었을 것 같지는 않지만 말이다.

왜 아리스토텔레스나 칸트에 호소하는 것이 듀이에게 좋은 조언이었을 것이냐면, 비교적 성공적인 실험의 기준이 안정된 자연과학에서와 달리, 윤리에서의 실험적 탐구에는 분명한 성공의 기준이 없기 때문이다. 듀이는 공리주의의 '사회적 복지' 원칙이 그러한 기준에 가까운 것이 된다고 주장했지만, 이것도 듀이를 만족시키지 못했다.[39] 우리는 윤리적 맥락에서 문제가 되는 상황이 적절하게 해결되었는지 또는 실험이 만족스러운 결론을 얻었는지를 어떻게 결정하는가? 예를 들어, 우리가 낙태라는 쟁점에 대해 실험적으로 탐구한다면, 우리의 실험이 성공적으로 끝났다는 표시는 무엇인가? 듀이는 이 질문이 일반적인 대답을 가능하게 하지 않고, 오직 각각에 대한 구체적인 대답만이 특수한 사례를 제대로 다룰 것임에 틀림없다고 주장했다. 이것은 정말 합당한 것으로 보인다. 모든 도덕적 문제를 해결하는 제1원칙들과 형식적 방법의 탐색은 실패로 끝났고, 듀이가 정언명령 및 효용의 원칙의 후임을 제공하지 않은 것은 옳았다. 그러나 그러한 탐구 속에서 우리는 여전히 궁극적으로 판단에의 호소를 요구하는 것처럼 보인다. 그것이 아리스토텔레스의 프로네시스이든, 칸트의 성찰적 판단이든, 아니면 다른 어떤 관념이든 간에 말이다. 듀이는 그러한 관념을 제공하지도 않았고, 그렇게 할 필요가 있다고 생각하지도 않았다. 그러한 설명이 필요하다는 나의 제안은 위의 질문들을 피할 수 없다는 사실에 입각하고 있다. 윤리 문제에 대한 실험적 탐구는 그것이 우리가 낙태에 관해서 어디에 서 있는가 하는 추상적 질문이든 아니면 사례에 구체적인 질문이든, 그 지향을 우리가 서 있는 문화에서 사용되는 일련의 가치들로부터 얻는다. 이러한 가치들은 다원적이고, 애매하며, 종종 상충된다. 이 가치들을 하나의 사례에 적용하는 것은 단순한 규칙 따르기와 유사하지 않고, 능력 있는 판사의 해석능력, 상상력, 맥락에 대한 민감성을 요구한다. 그러한 적용은 가치나 원칙을 사례에 맞게 조정하는 것, 보편적인 것에 비추어 특수한 것을 보는 것을 요구한다. 다시 말해서 그러한 적용은 판단의 기술을 요구한다. 만약 우리가 이것을 통해서 어떻게 일련의 주어진 실험적 탐구를 설정할지, 어떤 가치를 가질 것이고 어떤 가치가 부차적이거나 무관한지, 그 사례의 어떤 측면이 도덕적으로 핵심인지, 우리 자신의 관점과 다른 모든 관련된 관점에서 어떤 논변이 가장 설득력 있는지, 문제가 되는 상황이 언제 충분히 해결되었는지 결정하는 능력에 대해 이해한다면 말이다. 이러한 질문들 중 어떤 것도 피할 수 없고, 완전히 추상적인 용어로 대답될 수 없다. 각각에 대한 대답은 그것이 사례의 특수성에 의존한다는 것이고, 정확히 이것이 판단이 요구되는 지점이다.

윤리교육은 바로 이러한 종류의 질문들에 답하는 것의 습관화를 수반한다. 이 분야에서 좋은 판단은 최고의 교육적 성공의 증거이며, [판단을] 직접적으로 가르치는 것은 대단히 어렵다―[아마도] 불가능할 것 같다. 윤리이론에 대한 지식이나 주어진 일련의 가치들에 대한 헌신보다 더 중요한 것은 학생들이 아이히만과 그 세대가 절망적으로 부족했던 종류의 지적 판단을 행사할 수 있는지의 여부이다. 판단력은 무엇보다도 실천을 통해서, 어떤 종류이든 사회적 병폐에 대해서 논의하고, [이에 관한 글을] 읽고 쓰면서 획득되는 능력이다. 도덕적인 질문들을 하고 타인과의 대화 속에서 우리의 견해를 정당화하려 시도하는 것에 단순히 길들여지는 것은 이러한 능력을 개발하는 데 크게 도움이 되고, 의심할 여지없이 학생들에게 단순한 기술을 제시하는 것, 교육가 자신의 견해를 제시하는 것 아니면 스펙트럼의 다른 끝에서 학생들이 어떠한 이유를 가지고 자신의 판단들을 정당화하려는 생각 없이 그 판단을 표현하도록 장려하는 것보다 더 나아간 것이다. 설득하는 판단에 대해 말하는 것은 우리가 결정주의(decisionism)의 땅에 있음을, 지성에의 호소를 통해 마음을 바꿀 수 있는 방식으로 주장할 필요로부터 구출되었음을 의미하지 않는다. 잘 교육받은 정신은 아리스토텔레스의 프로니모스(phronimos)[4]에 부합할 수도 있고 그렇지 않을 수도 있지만, 실험적인 정신의 틀을 가지고 자신의 판단을 만들고 옹호할 수는 있다.

---

4) 실천적 지혜를 지닌 사람, 좋은 인격을 지닌 사람으로 덕성들을 완전히 구비하거나 인격의 탁월한 상태를 가진 사람이다. 상황 속에서 요구되는 덕성을 구사하는 방법을 아는 사람이다. 참고] 박장호(2004). 「Aristoteles의 실천적 지혜와 도덕교육」, 『윤리교육연구』 제6권, p.169.

1 Dewey, 'Teaching Ethics in the High School' (1893). EW 4: 54.

2 Dewey, *Experience and Education* (1938). LW 13: 34.

3 Dewey, 'Ethical Principles Underlying Education' (1897). EW 5: 75.

4 Dewey, 'Teaching Ethics in the High School' (1893). EW 4: 54.

5 Dewey, *Democracy and Education* (1916). MW 9: 369.

6 Dewey, 'The Chaos in Moral Training' (1894). EW 4: 107, 113.

7 Dewey, 'How the Mind Learns', Education Lectures Before Brigham Young Academy (1901). LW 17: 216.

8 Dewey, *The School and Society* (1900). MW 1: 11.

9 Dewey, *Moral Principles in Education* (1909). MW 4: 272.

10 Dewey, *How We Think* (rev. edn, 1933). LW 8: 177.

11 Dewey, 'Ethical Principles Underlying Education' (1897). EW 5: 82.

12 Dewey, *Democracy and Education* (1916). MW 9: 22.

13 Dewey, 'Why Have Progressive Schools?' (1933). LW 9: 154.

14 Dewey, 'Significance of the School of Education' (1904). MW 3: 282.

15 Ibid., 282-3.

16 Dewey, *Democracy and Education* (1916). MW 9: 311.

17 Dewey, *Experience and Education* (1938). LW 13: 36. 듀이는 더 나아가 규율의 문제에 대해서 다음과 같이 썼다. '자신의 행동에 대해 생각하고 신중하게 행동하도록 훈련된 사람은 그만큼 규율된 것이다. 이 능력에 지적으로 선택한 과정 속에서 주의산만, 혼동, 어려움을 당했을 때, 그것을 견디는 힘을 더하라. 그러면 당신은 규율의 본질을 가질 것이다. 규율은 자유롭게 쓸 수 있는 힘을 의미한다. 규율은 작정한 행동을 이행하는 데 이용할 수 있는 자원들을 숙달한 것을 의미한다. 누군가가 즉시 또 필요한 수단들을 사용해서 무엇을 할지 그리고 그것을 하기 위해 무엇을 움직일지 아는 것은 규율된 것이다. 우리가 군대에 대해 생각하고 있든, 정신에 대해 생각하고 있든 간에 말이다. 규율은 적극적인 것이다.' *Democracy and Education* (1916). MW 9: 136.

18 Dewey, *The School and Society* (1900). MW 1: 11.

19 Dewey, 'Teaching Ethics in the High School' (1893). EW 4: 60, 56.

20 Dewey, 'Ethical Principles Underlying Education' (1897). EW 5: 75.

21 Dewey, 'The Chaos in Moral Training' (1894). EW 4: 106.

22 Dewey, 'Ethical Principles Underlying Education' (1897). EW 5: 83.

23 Dewey, *Reconstruction in Philosophy* (1920). MW 12: 172, 173.

24 Ibid., 173-4, 173.

25 Dewey, 'Report of Interview with Dewey' by Charles W. Wood (1922). MW 13: 430.

26 Dewey, 'Teaching Ethics in the High School' (1893). EW 4: 59.

27 Dewey, *Moral Principles in Education* (1909). MW 4: 291.

28 Dewey, 'History for the Educator' (1909). MW 4: 192.

29 Dewey, 'Ethical Principles Underlying Education' (1897). EW 5: 71.

30 Dewey, 'History for the Educator' (1909). MW 4: 192.

31 Hannah Arendt, *Lectures on Kant's Political Philosophy*, ed. R. Beiner (Chicago: Universit of Chicago Press, 1982), 76. 아렌트는 Immanuel Kant, *Critique of Judgment*, Introduction, section Ⅳ를 인용하고 있다.

32 Ibid., 55, 43.

33 Arendt, 'Understanding and Politics', *Partisan Review* 20 (1953), 383.

34 Arendt, *Lectures on Kant's Political Philosophy*, 94. Beiner는 'Understanding and Politics', 383, 379를 인용하고 있다.

35 Arendt, *Eichmann in Jerusalem: A Report on the Banality of Evil* (New York: Penguin, 1994), 32, 287, 288.

36 Ibid., 295.

37 Arendt, *Between Past and Future* (New York: Viking, 1961), 222, 220.

38 Ibid., 220-1.

39 Dewey, *Reconstruction in Philosophy* (1920). MW 12: 183.

07
정치를 가르치기: 민주 시민성의 훈련

듀이가 민주적인 정치질서 또는 잘 기능하는 어떤 정치 질서 속의 시민들이 시민성을 위해 교육받아야 한다는 생각—실제로 이것은 서구 전통 그 자체만큼이나 오래된 생각이다—을 만들어낸 것은 아니다. 유능한 시민은 중요한 지식을 소유한 사람일 뿐만 아니라, 특정한 종류의 정치적 훈련을 받은 사람, 특수한 사고와 행위의 습관들을 획득한 사람으로 생각되었다. 플라톤의 고전적 논의, 수호자와 철인 왕이 그의 이상 국가에서 받았을 종류의 교육에 대한 논의가 고대 세계에서의 시민성 교육에 대해 가장 잘 알려져 있는 예시라면, 시민성 교육은 또한 현대 정치이론과 교육철학의 역사 전체를 대부분 누비고 가는 개념이다. 비교적 최근까지 위대한 현대의 정치 사상가들이 교육개혁의 주창자였다는 것도 우연의 일치가 아니다. 사람들이 올바른 사회에 대해 어떻게 생각하는가 [하는 질문은] 불가피하게 그 사회를 구성하는 시민들의 품성과 그 시민에게 공적 생활

속 역할을 맡기기 위해서 어떻게 그러한 품성을 교육할 것인가와 관련된 질문들을 하게 만든다. 누군가는 심지어 정치철학들이 가능하고 필요하게 만드는 교육관, 민주 시민성의 훈련으로서의 교육관이라는 관점에서, 플라톤의 수호자 교육이라는 근엄하고 매우 엄격한 견해로부터 듀이를 포함하여 현대의 자유주의적인 관념들에 이르는 정치철학들을 비판할지도 모른다.

듀이는 학습과정에 내재하는 목표들 중에는 이미 논의했던 종류의 도덕교육과 이와 관련된 정치적 훈련의 형태가 모두 있다고 주장했다. 민주주의와 교육은 이 분야에 대한 듀이의 주요저작들 중 하나의 제목일 뿐만 아니라, 듀이가 항상 함께 이론화할 것을 주장했던 테마이다. 물론 다른 정치 교리들도 교육의 환경에서 가르치고 배울 수 있지만, 민주주의와 그러한 다른 교리들을 구별하는 것은 민주주의는 학생들의 정신에 외적 부과의 방식으로 주입되지 않고, 교육의 실천 그 자체에 내재할 필요가 있다는 것이다. 민주 시민성의 훈련은 결코 학생들이 어린 나이부터 국가의 인가를 받은 이데올로기로 주입되는 공산주의 국가들에서 듀이가 직접 관찰했던 종류의 정치적 훈련이나 세뇌와 유사하지 않다. 듀이가 옹호했던 종류의 민주교육은 젊은이의 정신에 정치적 헌신을 직접적으로 주입하는 것이 아니라, 이와 거의 매우 반대되는 것을 수반한다. 그것은 정치적 세뇌 및 모든 다른 형태의 세뇌를 불가능하게 만드는 종류의 지적 독립성과 실험적 지성의 습관들의 훈련이다. 그러한 훈련은 일반적인 사람들이 활발하게 국가의 정치 생활에 참여하고, 더 올바른 질서를 만들어내는 것을 목표로 아이디어를 제안할 것이 요청되는 민주적 조건들에서 가능하다. 듀이는 높은 수준의 공적 참여는 잘 기능하는 민주주의의 특징인 반면, 민주주의 쇠퇴의 지표로는 사람들의 국가 선전에의 민감성, 낮은 수준의 정치 참여, 상업적 이해관심의 정치 침해로 인한 공적 무관심—듀이가 20세기 전반기에 관찰하고 한탄했던 모든 조건—이 포함된다고 주장했다. 그렇다면 민주주의로 향하는 길은 [결국] 시민들에게 있는데, 이 시민들은 정치적 숙고의 [방법]뿐만 아니라, 더 일반적으로 사회의 정치생활을 풍요롭게 하는 지적, 도덕적 성향들을 교육받은 이들이다.

이것이 교육의 정치적 차원과 관련하여 듀이와 우리 자신들에게 제기하는 일련의 질문은 첫째로, 정치의 관점에서 민주주의는 어떤 종류의 시민성 훈련을 요구하는지—이전의 장들이 시사했던 일반적 대답—와 둘째로, 가르치는 것이 정치역사이든, 정치과학이든, 공공정책이든, 정치철학이든, 교육의 관점에서 정치를 가르치는 우선적인 목적들이 무엇인지와 관련되어 있다. 예를 들어, 궁극적으로 어떠한 목표가 대학에서 정치이론을 가르치고 배우는 것을 지배하는가? 어떠한 의미에서 초등학교 학생들은 민주주의를 위해 교육받아야 하는가? 이전 장들의 논변은 한 가지 대답의 전반적인 윤곽을 제시한다. 민주적 참여를 위해 교육받은 정신은 교육받은 정신 그 자체이다. 교육받은 정신은 자신을 성찰성으로 향하게 하는 사고와 행동의 습관들, 과학적이면서 동시에 실용주의적이고 사회적인 지성, 따라서 손쉽게 정치의 영역에 적용할 수 있는 습관들을 가지고 있다. 나는 이 장에서 더 상세하게 이 기본적인 듀이의 가설을 명백하게 설명하고, 이전 장들의 구조를 따라가며, 정치교육 주제에 관한 약간 더 최근의 견해들과 이 논변이 서로 접하게 해주려고 노력할 것이다.

정치교육은 단연코 어떠한 종류의 세뇌(젊은이의 정신에 논쟁적인 정치적 확신들을 직접적으로 주입한다는 의미)도 아니라는 점은 우리 연구의 논변 과정에서부터 이 지점에 이르기까지 즉각적으로 분명할 것이다. 듀이는 항상 교육가는 설교가가 아니고, 대학교수의 강단은 설교단이 아니라고 주장하곤 했다. 민주적 전통은 다른 전통과 마찬가지로, 한 세대에서 다음 세대로의 전달 과정 속에서 지속되지만, 교육가는 그 과정 속에서 매우 조심스럽게 자신의 역할을 관찰해야 한다. 가장 근본적인 분석의 수준에서 민주주의는 이데올로기나 신조보다는 생활방식이다. 민주주의는 일련의 기관이나 절차들뿐만 아니라 더 본질적으로는 사람들이 스스로를 통치하는 사회 속에 널리 퍼져 있는 공적 생활의 정신을 가리킨다. 에토스로서 민주주의는 정치적 엘리트에의 복종보다는 가능한 한 가장 넓은 공적 생활에의 참여를 필요로 한다. 민주주의는 그리스 이상이 그러했던 것처럼, 시민들이 차례차례 지배하고 지배받기를, 그 시대의 사회적 병폐들을 해결하는 것을 목표로 하는 창조적인 아이디어들을 제안하기를 요청한다. 교육가에게 민주주의는 논쟁적인 철학적, 종교적, 도덕적 교리들과 관련하여 이전 장들에서 기술했던 것과 아주 비슷한 형태의 규제를 수반한다.

듀이는 1924년 글의 인문대학이라는 주제에서, 어떠한 의미에서 중등이후 수준의 교육이 진정으로 자유주의적이거나 민주적이라고 말할 수 있는지에 대해 언급했고, 많은 표면상 자유주의 교육가들이 탐구를 하기도 전에 어떠한 헌신과 가치들이 적절하게 교육받은 정신의 특징인지 정확히 안다고 여기는 것에 대해 비난했다.

꼭 진정으로 자유주의적인 정신이 어떠한 신념들을 가져야 할지가 미리 확실한 것으로 생각된다. 따라서 자유주의적인 정신을 만드는 방법은 이러한 신념들을 주입하는 것이라는 점이 확립된다. 언쟁은 어떠한 일련의 공부들이, 어떠한 '교육과정', 방법과 신념들이 자유주의적인 정신의 특징인지, 어떻게 그것들을 이용하고 주입할 것인지와 관련되어 있다. 자, 이렇게 구체적인 목표를 획득하기 위한 직접적인 노력 그 자체가 자유를 제한하는 정신 작용의 증거이다.

자유주의적이면서 민주적인 교육의 특징은 학생들의 머리에 민주주의에 대항하는 정치 신조보다는 자유의 교리나 다수결 원칙을 주입하는 것이 아니라, 어떠한 교리도 주입하기를 거부하는 것이다. 궁극적으로 중요한 것은 학생들이 어떠한 신념들을 가지고 있는지가 아니라, 그들이 독립적으로 이성적인 신념들을 형성할 수 있는지이다. 듀이가 동일한 맥락에서 썼던 것처럼, '심지어 이러한 [자유민주적인] 견해들이 건전하더라도, 자유주의적 정신의 특징은 그러한 견해를 가지고 있는 것이 아니라, 그러한 견해에 도달하고 그것을 받아들인 **방식**이다.'[1] 우리가 적어도 그러한 견해들을 받아들였다면, 협력적이고 실험적인 탐구의 기반 위에서 그것들에 도달하고 그것들을 받아들였을 것이다. 물론 이것은 민주주의라는 관념 자체를 포함한다. 모든 관념과 같이, 민주주의도 작업 중인 가설로 취급되어야지, 교의로 취급되어서는 안 된다.

듀이에게 이러한 세뇌의 금지는 전반적으로 적용된다. 그것은 모든 종류의 논쟁적인 교리들에 적용되고, 초등학년에서 대학교에 이르기까지 모든 교육 단계에 적용된다. 만약 실용주의적인 의미에서 '과학'이 실제로 '모든 문제를 지적으로 다루는 유일하게 보편적인 방법'이라면, 꽤 분명히 이 문제들에는 당대의 정치 쟁점들이 포함되며, 이는 교과내용이 정치일 때, 자신의 역할을 어떠한 정치 견해가 가장 훌륭한 신념인지 결정하고 학생들로 하여금 자신과 똑같이 생각하도록 촉구하거나 조종하는 것으로 여기는 교사와 교수들을 직접적으로 도전한다.[2] 이러한 교육가의 역할에 대한 견해는 아무리 그것이 듀이의 시대와 우리의 시대에 널리 퍼져 있다고 해도, 일반적인 지적 '징집'의 비교육적 결과로 인해 거부되어야 하는 유혹이고, 이 유혹은 '교육가 자신의 목표를 좌절시킬 정도로 쓸데없이 어리석은 조치'이다. 논의되고 있는 목표가 '사회적 연대'나 민주적 생활방식이라면, 이 목표는 '지적인 타성'과 권위에의 복종이라는 습관을 길러주는 것에 의해 달성되지 않고 약화된다. 듀이는 '사고의 부재, 지성의 무관심이 정신의 자유(freedom of mind)의 주된 적'이라고 썼는데, 정신의 자유는 바로 민주주의의 생명선이다.[3] 듀이는 비정치적인 특성을 가진 신념들을 염두에 두고, 교육가들이 모든 개인적 확신의 표현을 삼가야 한다고 주장하지는 않았다. 다시 가장 중요한 것은 교육의 상황 속에서 그러한 확신들이 표현되는 방식과 정신−학생들이 교육가의 의견에 동의하게 될 거라는 명시적 또는 암묵적 기대를 가지고 그러한 확신을 표현하는지, 아니면 그 장점에 대해 논쟁할 수 있는 가설로서 그러한 확신을 제안하는지－이다.

만약 정치교육의 목적이 교육가가 타당한 것으로 여기는 논쟁중인 신념들을 직접적으로 주입하는 것을 포함하지 않는다면, 정치교육의 목적은 좁게 경험이나 정보의 [획득]으로 제한되지 않는다. 많은 정치과학 교육과정이 정치행동, 제도의 작동, 정치경제학 등과 관련된 경험적 정보로 구성된다. 물론 이것은 모두 좋은 것이다. 듀이는 결코 정치과학이나 정치철학 강좌의 교육과정에서 그러한 정보적 지식을 뺄 수 있다고 생각하지 않았다. 듀이의 요점은 정치 등에 대한 교육이, 교육이라는 이름에 어울리는 모든 교육이 그러한 것처럼, 순전한 정보적 지식의 획득을 넘어서 지적 성찰의 능력을 포함해야 한다는 것이다. 듀이의 견해에서, 어떠한 학문에서든 정보의 학습은 필수적이기는 하지만 궁극적이지는 않다. 정보의 학습은 목표를 위한 수단이다. 듀이는 일반적으로 교육에서의 정보에 관하여 다음과 같이 썼다.

나는 물론 학생들이 특정한 양의 정보를 얻을 것을 기대하지 말아야 한다는 것을 의미하지 않는다. 학생들은 특정한 양의 분야들을 다뤄야 하고, 작업할 자료를 구하기 위해서 특정한 양의 사실들을 배워야 한다. 그러나 내 생각에는 결국 그 측면－순수한 지식의 측면－은 아동의 [그리고 성인 학생들의] 소중한 목적 및 목표들에 대한 감각을 개발하는 것과 그의 판단 및 이러한 목표들에 도달하기 위해서 수단에 적응하고 그것을 조절하는 힘을 개발하는 것에 부차적이어야 한다.

정보의 소유는 정치교육이 적절하게 목표로 하는 종류의 지식을 구성하지도 않고, 어떠한 직접적인 경로를 통해 그러한 지식으로 이어지지도 않는다. 정보는 사고의 중요한 예비 단계이지, 그것이 사고 자체는 아니다. 듀이는 다음과 같이 계속 말했다. '결국 [정치 또는 다른] 과학자들은 그가 획득했던 정보의 양에 의해 만들어지지 않고, 오래된 진리들을 사용하고 새로운 진리들을 발견하는 그의 능력에 의해 만들어진다.'[4]

정치적 지혜, 좋은 판단, 사회적 상상력이 정치적 사실들의 축적에 자동적으로 따라오는 것이 사실이라면, 정치학과의 학생들이 훨씬 더 관습적인 방식으로 그러한 정보를 가능한 한 많이 축적하느라 분주해야 하는 것이 당연할 것이다. 그러나 단순한 사실들의 소유가 듀이에게 교육받은 정신의 특징인 고차적 인지를 배우거나 사고하는 데에 훨씬 미치지 못한다는 점은 솔직히 분명하다. 실제로 정보의 소유는 이 점에서 심지어 역효과를 낳을 수도 있다. 듀이는 '제대로 소화되지 않은 잡다한 정보의 축적으로 인해서' 정치나 다른 어떤 교과내용에 대한 지적 성찰의 능력이 '질식된다'고 주장했다.[5] 예를 들어, 주로 또는 심지어 배타적으로 정치적 힘과 행동, 제도적 기능, 경제동학 등과 관련된 거대한 양의 사실들과 이에 보충하여 특수한 정치 이론가들의 견해와 관련된 추가적 정보를 축적하는 대학교육을 받으면서 정치과학을 전공하고 있는 학부 학생을 생각해보라. 이 학생은 정치사상들을 비판하는 방법을 배우지 않고서도, 또는 아마도 훨씬 더 그 자신의 사상을 만드는 방법을 배우지 않고서도, 학업 면에서 탁월할 수 있다. 너무 많은 정보로 인해 사고력이 '질식된' 것이다. 이는 그 학생이 결코 정보를 어떠한 종류의 의미 있는 형태나 더 넓은 정치생활의 그림으로 만들지 않았다는 의미, 정치에 대한 더 깊고 맥락적인 이해를 가능하게 해주는 바로 그 특징을 갖추지 못했다는 의미이다. 학생들은 그들로 하여금 자료의 의미와 그것이 사용될 수 있는 용도를 이해하도록 해주는 어떠한 외형적인 질서나 지적 틀 속에 자료를 배열하지 않은 채, 산더미 같은 자료를 이해할 수 없다. 정보의 교육적 의의는 그것이 목표를 위한 수단이라는 것이고, 여기에서 목표는 대략 정치생활과 관련된 사회적 지성 또는 좋은 판단력의 소유로 서술될 수 있다. 그러나 너무나 자주, 너무나 많은 공부 분야들에서, 교육가 자신들이 학생들의 성찰적 능력을 충분히 강조하지 않거나, 심지어 성찰적 능력을 수많은 사실과 인물 [정보]들의 소유 또는 느슨하게 '알고 있는' 상태라 불리는 것과 혼동한다. 정말 정치에 대해 매우 잘 알고 있으면서도 이성적으로 자신의 정치적 입장을 정당화하거나 우리 시대의 사회 병폐들을 고치기 위해 가설을 만들고 평가하지는 못하는 것이 불가능하지 않고, 심지어 보기 드문 일도 아니다. 통계와 사실 관찰을 더 넓은 성찰적 탐구의 맥락으로부터 고립시키는 것은 목표를 위한 수단을 오해하는 것이고, 따라서 훨씬 더 그 목표를 파악하기 어렵게 만든다.

정치 연구에서 엄격히 경험적이거나 정보적인 접근을 지지하여 이론적이고 성찰적인 것을 경시하는 것은 듀이의 견해에서, 모든 실용주의적 감수성을 희생하여 고도로 형식화된 분석을 정치생활에 적용하는, 스펙트럼의 반대 끝에 있는 접근과 똑같이 부적절하다. 우리는 너무나 이론과 실천, 형식적 분석과 경험적 관찰의 구분에 익숙해져서, 정치 분야(또는 분야들)의 교육가들은 쉽게 이분법의 한쪽 또는 다른 쪽에 빠진다. 목표는 학생들에게 수많은 사실과 인물들을 '알려주는' 것 아니면 결코 실제 정치세계에 완전히 착륙하지 않는 형식적, 이론적 범주들의 어휘를 전달하는 것이다. 물론 후자의 접근은 특별히 철학 연구의 다른 분과에 있는 교육가들과 같이, 대체로 배타적으로 이론적 문제들－정치이론가들의 논변의 논리에 대한 비판 및 아마도 가끔 특정한 이론적 원칙들의 정책 함의에 대한 간결한 논의와 결합된 몇몇 역사의 또는 당대의 정치이론가들의 사상－에 집중하는 정치철학 교수들 사이에 널리 퍼져 있다. 첫 번째 접근이 엄격히 경험적인 데 반해, 이 두 번째 접근은 말하자면 확실히 형식적이고 선험적이며, 보통 많은 이들에게 지적인 세련됨과 잘 교육받은 정신의 참된 특징을 대표하는 인상적인 기술적 어휘를 학생들에게 제공한다.

후자의 접근에 대한 듀이의 평가는 그의 정치이론에 대한 관념 및 이론과 실천의 관계에 대한 그의 견해를 모두 반영한다. 듀이의 방대한 정치 저작물들은 일관되게 실용주의적인 정신 속에서 쓰였는데, 이는 그의 이론적 성찰이 우리가 종종 오늘날 정치철학에서 발견하는 종류의 고도로 형식화된 분석을 구성하기보다, 언제나 실천과 '인간의 문제들'을 해결하려는 노고 속에 놓여 있다는 의미에서 그러하다. 실용주의적 정신은 추상적인 개념이 사회 쟁점들에 대해 가지는 관련성, 정치 연구에 대한 듀이 자신의 접근법의 방향이 되는 이론과 실천의 호혜성, 듀이가 교육의 상황에서도 선호하는 접근법 속에 있다. 교실에서의 형식주의적 정치 분석에 대한 듀이의 비판에는 우리가 이전 장들에서 보았던, 일반적으로 너무 기술적이고 학문주의적인 사상에 대한 일련의 유사한 논변들─그것이 의도적으로 실천적인 삶의 영역과 단절되어 있다는 것, 그것이 민주주의 담론을 진전시킬 준비가 안 되어 있는 지나치게 특수화된 사상가 부류를 만들어낸다는 것 등─이 포함된다. 정치이론 및 다른 이론의 유일한 적합성은 우리가 문제 상황을 뛰어넘도록 도와주는 능력에 있고, 그러한 이론은 자신이 나온 실제적 기반과의 관련성을 잃어버려서는 안 된다. 그러나 정치이론과 정치교육은 똑같이 매우 자주 바로 이 경험적이고 실용주의적인 것과의 관련성을 상실하는 데 영향을 미친다. 그리고 이 세계의 부정의를 해소하는 것과는 가장 거리가 먼 관련성과 함의만을 가지는 형식적인 범주들을 갖춘 사상가 부류들을 다시 한번 만들어낸다. 듀이는 자신의 생애 끝 무렵에 『아는 것과 알려진 것』에서 다음과 같이 썼다.

> 나는 필수적인 문제들을 기술적일 뿐만 아니라 (이것도 어느 정도 필요하다) 더 많이 논의될수록 더 많이 논쟁적으로 되는 것으로 만드는, 필수적인 쟁점들로부터 너무나 멀리 벗어난 것이 '철학' [특히 정치철학]의 증가하는 경향이라고 진술한다. 그리고 철학자 자신들의 사이는 그 이상으로 떨어져 있다. 이는 길을 가던 중 어딘가에서 나침반을 잃어버렸고 지도가 없어졌다는 꽤 확실한 표시이다.[6]

우리가 보았던 것처럼, 이것은 듀이가 그의 긴 생애 전체에 걸쳐서 매우 많은 학문들의 이론가들에 대해서 했던 고발이고, 그중에 철학보다 더 심하게 비난받았던 학문은 없었다. 정치철학자, 정치과학자 등은 불가피하게 자신들의 교육 실천에 이론과 실천의 관계, 정치 지식의 본질, 분석 방법 등에 관한 기본 가정들을 가져오는데, 이것은 학습과정의 방향을 맞추고 종종 학습과정을 정치실천의 영역으로 돌아갈 어떠한 표시도 보여주지 않는 길로 이끈다.

형식주의적 접근들의 오류들 중에는 정치 이성(political reason) 그 자체를 경험으로부터 생겨나고, 경험으로 돌아감으로써 시험되며, 사회현실을 구성하는 특수한 것들의 더 나은 배열을 제공하는 것이라기보다, '위로부터 경험에 주어지는 것'으로 보는 관념이 있다.[7] 형식적인 분석은 홉스주의자에서 맑스주의자에 이르는 하향식의 기술적 범주 적용을 지지하여 실험적 추론을 거부한다. 마치 자기이익이나 계급투쟁이라는 이론적 어휘들이 단순히 주어진 문제에 대한 탐구 전에 미리 생각된 칸막이들에 사회현상을 넣는 것을 허용하거나 그것으로 탐구 자체를 대체하는 것처럼 말이다. 원래 경험적 정신 속에서 만들어졌지만 결국 융통성 없는 교의들로 악화된 개념 구조들에 사회현실들을 분류하는 것은 모든 형태의 합리론과 같은 오류에 빠진다. 그것은 이성과 경험, 이론과 실천을 분리하는 것, 자기충족적이고 경험으로부터의 확증을 요구하지 않는 이성관을 지지하여 후자를 폄하하는 것이다. 듀이에게 '단순히 형식을 위한 형식 추구'인 모든 탐구는, 그것이 정치적 탐구이든 다른 탐구이든, 공허하고, 기껏해야 정치교육이 가져올 종류의 지식 대신에

'단지 기술적 기능의 획득'만을 낳을 뿐이다.[8]

그렇다면 정치교육은 어떠한 종류의 지식을 제공할 것인가? 교육의 목적에는 항상 특정한 종류의 지식이 포함된다면, 정치교육이 전해주는 지식은 무엇이고, 그 대답은 어디에서 일종의 중간 입장을 받아들이거나, 아마도 좁게 경험적인 것과 합리주의적인 것 간의 더 고차적인 종합이 되어야 하는가? 놀랄 것 없이 듀이는 여기에서도 지식은 우리의 살아 있는 사회생활의 경험 속에 뿌리를 두어야 하고, 정치탐구의 교과내용은 학생들 자신의 학교 밖 경험을 이용해야 한다고 주장했다. 듀이는 무미건조한 용어 정의를 하고 '책에 의존하는 가짜 지적 정신으로 사회적 정신을 대체하는' 정치 분석 대신에, 이론과 실천, 이성과 경험 등의 이항대립들을 거부하는 실험적인 정치 이성관을 요청했다.[9] 실용주의적, 실험주의적 의미에서의 경험과 학생들에게 현존하는 이해관심들은 정치교육 및 모든 다른 교육의 영역에서, 학습과정이 나아가는 기반을 형성한다. 정치 분야에서의 경험적, 실험적 지식은 모든 본질적인 측면에서, 철학교육 및 도덕교육에서 발견되는 지식과 일관된다. 그 지식은 교육과정을 학생들이 관심 있을 것 같은 당대의 정치 쟁점들로부터 고립시키기보다, 학생들이 '학교 밖에서 얻은 경험들을 이용할' 수 있게 해준다. 그 지식은 학생들에게 '경험으로부터 배우는 능력' 또는 '하나의 경험에서 배운 것을 이후 상황의 어려움들에 대처하는 데 사용하는 능력'을 계발해준다.[10] 그 지식이 이끄는 이성이나 추론은 그 지식과 관련된 문제 상황들로부터 의미를 추출하고, 모든 실험적 추론의 방식으로 그러한 상황을 해결하기 위해 가설을 만들고 시험하는 것을 목표로 한다. 그러한 추론은 공리주의나 계약론의 계산과 같은 형식적 기술이 아니라, 이전 장들에서 논의된 종류의 더 넓은 일련의 지적 능력과 습관들의 적용을 수반한다.

이러한 능력과 습관들에는 이전에 논의된 것과 상당히 동일한 지적 미덕들이 포함된다. 열린 마음, 유연성, 인내심, 호기심, 성찰성, 창조성, 상상력, 지적 엄밀함 등이 다른 연구 분과만큼이나 정치 연구와 관련이 있다. 그렇다면 이 분야의 교육은 학생들에게 정치과학과 정치철학에 관한 익숙한 종류의 지식을 전해주는 것을 목표로 함과 동시에, 이것을 넘어서 학생들이 정치적 질문들과 관련하여 지평을 넓히고 그들 자신의 지적 능력을 계발하는 것을 목표로 한다. 정치교육은 학생들이 어떠한 정치적 확신을 가져야 할지에 대해 처방하지 않고, 학생들에게 그들 자신의 확신을 만들고 적용할 수단을 제공한다. 듀이가 주장했던 것처럼, '우리가 응용과학의 시대를 살고 있는' 것이 사실이라면, 정치연구에 대한 과학적 접근은 우리가 다른 분야들에서 접하는 것과 동일한 실험적 탐구의 절차를 따라야 한다.[11] 탐구로서의 정치교육은 사회생활의 과정 속에서 생겨나는 경험된 어려움이나 문제가 되는 상황에서 시작한다. (이는 정치 문제들이 영원하다거나, 단순히 인간의 정신이 정치로 주의를 돌리자마자 하늘에서 떨어진다는 견해와 대조된다.) 그러한 정치교육의 내용으로는 평등한 권리나 더 참여적인 민주주의 같은 일반적인 열망의 실현 및 정치적 해결책을 요구하는 특정한 부정의나 사회 병폐가 포함될 것 같다. 어떠한 경우이든지, 그곳에는 해결되어야 할 문제가 있고, 탐구의 과업은 가능한 해결책을 찾는 것이다. 대화가 펼쳐질 때, 가설들이 가져올 거라 예상될 수 있는 결과들에 대한 상상 속에서 대안 가설들이 제시되고, 논의되고, 시험된다. 그리고 상상 속에서 하나의 주어진 가설에 대해 예측할 수 있는 과정을 따라감으로써, 그 가설이 단순히 하나의 사회 병폐를 새롭고 잠재적으로 더 큰 병폐로 대체하지 않고, 대안들보다 더 만족스럽게 원래의 어려움을 해결할거라 기대될 수 있는지의 여부가 제시되고, 논의되고, 시험된다. 이러한 '관찰의 방법, 가설로서의 이론, 실험적 시험'은 듀이가 일반적 '지성'으로 의미했던 것이다. 그것이 정치나 윤리 연구에서 작용하는 사회적 지성이든, 자연과학에서 시도되는 실험의 형태이든 간에 말이다.[12]

듀이에게 모든 정치적 판단은 변경될 수 있는 가설의 지위를 가지고 있고 결코 형식적인 확실성을 획득하지 않는데, 이 확실성은 현대 정치이론가들이 종종 일상적인 정치 대화와 수사의 싸움을 초월하기 위해 가능하고 필요하다고 생각했던 종류의 것이다. 실험주의자는 결코 이러한 의미의 싸움 위에 있지 않고, 결코 일상의 정치 행위자들이 적절히 따라야 하는 전문가가 아니며, 기껏해야 자유민주주의가 대표하는 담론 속에서의 지적인 목소리일 뿐이다. 따라서 만약 좋은 정치적 판단이 이 분야의 교육이 가져오려 애쓰는 지적 기능들 중에 하나라면, 그러한 판단은 확신의 진리를 주장하는 것보다는 그 자신의 오류가능성에 대한 감각을 계발하는 판단일 것이다. 듀이는 윤리와 같이 정치에서도 좋은 판단을 사물들의 상대적인 가치를 결정하고, 융통성이 없어지거나 관습의 노예가 되지 않으면서 가치와 중요성의 정도를 추정할 수 있는 능력으로 규정했다. 교육가들이 이 능력을 그들의 학생들에게 심어주기를 원한다면-확실히 이것은 쉬운 과업이 아니다-그들은 이러저러한 종류의 사실들을 전해주는 것 이상을 해야 하고, 학생들에게 그러한 사실들을 논변과 원칙들로, 무엇이 중요한지에 대해 발달된 감각을 포함하는 더 넓은 정치생활에 대한 관점을 구성하는 논변과 원칙들로 발전시킬 기회를 허락해야 한다. 듀이가 이에 대해 표현했던 것처럼, 정치학과 및 다른 학과의 학생은 '스스로 계속해서 판단을 형성하고 시험하는 연습 없이 판단력을 얻을 수 없다. 그는 스스로 선택하고, 자신의 선택 실행을 시도해보며, 그 선택들을 최종 시험, 행위의 시험에 맡길 기회를 가져야 한다.'13 정치학과의 학생들이 너무나 자주 이러한 능력을 개발하는 데 실패하는 이유는 '지식이 없어서'가 아니라, 너무나 자주 그들에게 스스로 사고하고 자신의 정치적 입장을 비판적이고 철저한 검토에 종속시킬 기회가 거의 주어지지 않기 때문이다. 예를 들어, 학생들이 교실 토론이나 글쓰기 수업에서 자신의 확신을 시험하는 데 초대되거나 그것을 시험할 의무가 없다면, 그들은 참으로 [지식을] 매우 잘 알고 있게 될 수는 있지만, 비판이나 경쟁하는 가설들에 대해 자신을 옹호할 수 없다는 의미에서 그들의 사고는 충분히 발달되지 않은 것이다. 모든 지적 능력과 같이, 정치적 판단은 그것을 사용함으로써 획득되고, 정치적 해결책을 요구하는 특수한 상황들이나 사회 병폐라는 요건들에 의해 시행된다.

또한 정치교육은 이전 장들에서 논의했던 종류의 성찰성과 상상의 습관들을 불러일으킨다. 예를 들면, 성찰적 사고는 우리 확신의 철학적 기반을 찾는 것으로, '(1) 사고가 시작되는 의심, 망설임, 당혹감, 정신적 어려움의 상태와 (2) 의심을 해소하고, 당혹감을 안정시키며 처리할 재료를 찾는 탐색, 수색, 탐구의 행위'를 수반한다.[14] 이러한 사고는 진공 상태나 자기 사고의 사적 생활 속에서는 성취되지 않기 때문에, 사회 환경이 제공하는 실천, 우리 확신의 기반에 대한 공유된 탐구, 기존의 가치들에 대한 질문을 요구한다. 시민성의 훈련은 능동적이고 비판적인 정신, '무엇이 시민성을 수정하는 사회 상황과 행위체를 구성하는지와 관련하여 관찰, 분석, 추론 능력을 발달시키는' 교육을 요구한다.[15] 정치교육과 윤리교육은 [둘 다] 성찰성, 판단력과 상상력의 계발, 사회 상황의 분석에 집중한다는 측면에서, 궁극적으로 떨어질 수 없다. 윤리와 정치가 직면하는 문제 상황들은 대체로 구분되지만, 그것들이 불러일으키는 지적 능력과 방법들은 거의 마찬가지이다. 이로 인해 듀이가 윤리에 대해 말했던 것을 정확히 정치 공부에 대해서도 잘 적용할 수 있을 것이다.

올바르게 생각된 윤리는 행위 속에서의 인간관계들에 대한 진술이다. 그렇다면 학생은 올바르게 윤리를 공부하고 있다면, 고정불변의 행동 규칙들을 공부하고 있지 않는다. 그는 인간들이 그들의 상호작용이라는 복잡한 관계들 속에서 묶여 있는 방식들에 대해 공부하고 있다. 그는 자기성찰적인 방식으로 그자신의 정서나 도덕적 태도들에 대해서 공부하고 있지 않다. 그는 유체 정역학이나 발전기의 동작에 관한 것과 같이 객관적인 사실들을 공부하고 있다.[16]

윤리와 같이, 학문 연구의 분과로서 정치는 사회생활에 대한 포괄적인 이해를 발달시키는 것을 목표로 하며, 이것에는 근본적으로 어떻게 우리의 정치 제도들이 더 좋게 고안될 것인가에 대해 창조적, 비판적으로 사고하는 능력뿐만 아니라, 어떻게 사회관계들이 조직되는지 및 그 관계들과 관련 있는 힘과 상황들에 대한 지식이 포함된다.

듀이는 항상 도덕교육이나 정치교육이 교육가 자신이 옹호하는 특수한 의견이나 가치를 직접적으로 주입하는 것을 수반한다고 생각하는 것에 대해 경고했지만, 이것에 가능한 한 가지 예외는 민주주의 자체에 대한 믿음이다. 우리가 보았던 것처럼, 듀이는 우리가 교육의 과정을 경험뿐만 아니라, 명백히 민주주의라는 정치 테마와 함께 이해해야 한다고 주장했고, 듀이의 교육에 관한 저작들은 정치교육 및 모든 교육의 필수적인 부분인 민주주의와 민주 시민성의 훈련에 관한 언급들로 가득 차 있다. 교사와 교수들이 특수한 정치적 견해를 주입하려 애쓰면 안 되는데, 한 가지 두드러지는 예외가 있다는 것은 표면적으로는 이상한 주장이다. 예를 들면, 왜 일반적으로 자유, 평등, 인권보다 민주주의가 예외인가? 우리가 교육을 인권과 별개로 이론화할 수 있다면, 왜 민주주의와 별개로 이론화하는 것은 안 되는가? 다른 것들은 그렇지 않은데, 이 하나의 정치적 헌신은 탐구나 비판의 영향을 받지 않는가? 듀이의 견해에서 정치 가치들 중 민주주의가 특별한 이유는 민주정의 정신이 그가 생각했던 교육의 정신과 동일하고, 따라서 교육의 정신은 모든 세뇌의 방식으로 외부로부터 학습과정에 부과되지 않고, 그 대신 학습과정 그 자체에 내재하기 때문이다. '정신 발달의 과정'으로서의 교육은 '본질적으로 사회적 과정, 참여의 과정이다.' - 그리고 이 참여는 자유민주주의에서의 정치참여와 다르지 않은 종류의 참여이다. 듀이식의 학교는 전통적인 학교가 처방하거나 실제로 허용하는 것보다 훨씬 더 학생들에게 협력적인 활동에의 참여를 요구하는 '공동체 중심의' 기관이다. [물론] 전통적인 학교도 젊은이들을 모든 사회 계급과 배경들로부터 소규모의 공동체로 끌어들이지만 말이다.[17] 듀이식의 학교는 관습적인 학교와 달리, 나머지 공동체와 구별되거나 사회생활 및 경험과 별개로 교훈을 가르치고 배우는 장소로 생각되지 않고, 이것의 진정한 반대이다. 그 학교는 초기의 민주주의이다. - 이는 분명히 학생들이 배울지 배우지 않을지에 대한 투표권을 가진다는 의미가 아니라, [그 학교가] 불러일으키는 공유된 시도와 지적 작업에의 참여유형이 민주 시민성이 요구하는 정치참여를 제대로 예고한다는 의미에서 그러하다.

듀이는 민주주의로 국가와 관련된 특정한 교리나 일련의 정치적 절차보다 훨씬 이상의 것을 의도했다. '민주주의는 주로 연합된 삶의 양식, 공동으로 의사소통되는 경험의 양식이다.'[18] 듀이가 그의 더 명시적으로 정치적인 저작들에서 주장했던 것처럼, 민주주의는 일련의 정치 절차와 제도일 뿐만 아니라, 자유롭고 폭넓은 공적 생활에의 참여가 특징인 사회에 널리 퍼져 있는 생활방식이다. 듀이가 말했던 것처럼, 학문적 교과내용을 '명확한 학과로서가 아니라, 살아가며 배우는 방법으로' 가르치고 배울 때 널리 퍼지는 것이 이와 동일한 생활방식이다.[19] 생활방식으로서의 교육은 근본적으로 사회적 사업이다. 이는 본질적으로 개인주의적인 이념형을 가진 교육,

이상적으로는 대가의 발치에서 지식을 받는 개별 학생으로 구성되는 것이 좋은데, 실제적인 이유로 교실에 다른 학생들을 포함시켜야하는 교육이 아니다. 도덕적 습관과 지적 습관이 모두 형성되는 곳은 오직 사회 환경 속이고, 그러한 습관은 어떠한 나이이든 공유된 일에 참여하고 아이디어에 대해 논쟁하는 학생들에 의해 형성되며, 이는 (이상적으로) 민주적 공동체 안에서 공공정책을 논쟁하는 것과 매우 동일한 정신이다. 그렇다면 듀이가 민주주의와 교육은 궁극적으로 떨어질 수 없다고 주장했을 때, 그는 일반적인 정치 세뇌의 금지에 하나의 예외를 만들고 있었던 것이 아니다. 듀이는 학생들이 논란의 여지가 있는 정치철학을 강제로 받아들이거나 인민주권의 원리를 믿게 되는 것이 아니라, 학생들이 받는 지적 훈련이 잘 기능하는 민주주의를 특징짓는 것과 동일한 사회적 정신의 성격을 띠어야 한다는 점을 옹호하고 있었던 것이다. 시민성의 훈련은 정치신념의 주입이 아니라, 동료들과 함께 공동의 관심사인 문제들에 참여하는 양식의 습관화를 요구한다.

이와 관련하여 듀이는 또한 민주 사회를 구성하는 모든 사회경제적 계급과 정체성 집단들이 만나는 기반으로서 공교육체계의 이상을 옹호하곤 했다. 듀이가 주장했던 것처럼, '인류의 역사에서 번영의 시대는 모두 이전에는 서로 격리되어 있던 사람들 및 계급들 간의 거리를 제거하는 경향이 있었던 요인들이 작동했던 시기와 일치하고,' 또한 민주주의의 아이디어는 바로 모든 종류와 배경의 사람들이 공적 관심사라는 쟁점에 대해 함께 이야기를 나눈다는 개념을 포함하기 때문에, 민주교육이 모든 배경과 사회계급을 가진 학생들을 화합시키는 것은 중요하다.[20] 따라서 공립학교는 도덕교육에 매우 중요한 몇 가지 태도들에 더하여, 위에서 언급된 종류의 사회참여가 간접적이지만 중요한 결과로서 일어나는 소규모의 민주적 정체(polity)로 생각될 수 있다. 어떠한 직접적인 주입이나 설교가 아니라, 다양한 배경을 가진 학생들을 공통의 결합으로 데려가는 것, 그들의 지평 및 차이에 대한 경험을 넓히는 것, 이를 통해 너무나 자주 사회에 긴장을 일으키는 지역주의와 파벌주의를 제거하는 것으로 관용과 존중, 예의와 평등 등의 태도를 기를 수 있다. 듀이는 우리가 인종편견, 종교편견 및 또 다른 형태의 편견을 극복하는 것과 더 품위 있는 민주주의를 만들어내는 것에 대해 가지고 있는 최고의 희망은 공립학교들이 다양한 인구의 학생들을 받아들이는 것이고, 그렇게 한다면 현존하는 사회적 구분들이 적어도 부분적으로, 상호이해와 호의로 인해 무너질 것이라고 주장했다. 우리는 젊은이들을 공유된 과업의 성취에 뿌리를 두고 있는 형태의 결합으로 데려가는 것이 어떤 면에서 비관용과 적대감을 일으키는 조건들을 제거하는 쪽으로 갈 것이라 희망할 수 있다.

듀이는 이 원칙을 폭넓게 계급, 인종, 종교, 나이, 성(性)에 따라 적용했다. 예를 들어, 초등학년에서 대학에 이르는 학생들을 함께 교육하는 것은 듀이가 그의 매우 가장 초기의 교육 저작들에서부터 그의 생애 전체에 걸쳐서, 윤리적이고 지적인 이유로 옹호했던 이상이다. 남학생과 여학생을 함께, 다양한 인종 및 계급 등을 가진 학생들을 함께 교육하는 것은 '단지 다른 인종의 출생 또는 다른 피부 색깔을 가진 사람들을 참고 견딜 수동적 관용이 아니라, 민주 사회에 본질적인 이해와 호의'를 계발해준다.[21] 듀이가 그 단어를 썼던 1938년에 독일과 이탈리아를 뒤덮었고 대서양 저편에서도 모르지 않았던 인종적 비관용은 사회계급과 정체성의 뚜렷한 구분이 그러한 것과 같이, 민주주의 실패의 원인이다. 이에 대한 해결책은 어린 나이부터 직접교수보다 간접적이지만 궁극적으로 더 효과적인 상호결합의 수단들을 통해 존중과 평등의 가치들을 가르치는 공립학교이다. 듀이는 이것이 윤리적 이점과 지적 이점을 모두 가지고 있다고 주장했다. 도덕적 이점이 분명히 편견 및 여러 가지 다른 사회병폐들을 극복하는 것이라면, 다양한 종류의 학생들을 화합시키는 것에 따르는 지적 목적은 지평과 경험, 그러한 화합이 가능케 하는 지적 교환의 기회를 넓히는 것이다. 차이존중에 대한 초보적인 원칙은 인종, 성, 계급의 실제 차이 또는 순전한 신념에 대한 지적인 차이의 부재 속에서 전해지기 어렵다. 각 경우에 익숙하지 않은 것에의 노출과 공통의 결사체 속에서의 의견교환은 지평의 확장과 경험의 증대로 이어진다.

듀이는 더 나아가서 교육과정 자체가 민주적 목적에 기여할 것을 주장했고, 여기에서도 직접적인 정치 신념의 주입은 전혀 필요하지 않다고 주장했다. 예를 들어, 이민자들이 미국생활의 여러 차원들에서 했던 기여들뿐만 아니라, 시간이 흐름에 따라 정착으로 이어졌던 이민의 흐름 및 현재 국가의 구성에 주목하게 하는 방식으로, 미국 역사를 가르칠 수 있다. 미국 역사 수업에서 아프리카계 미국인, 여성 및 다른 하위집단들의 해방과 평등권을 향한 투쟁들을 강조할 수 있다. 여기에서도 이것은 국가의 과거에 대한 지식을 전달하려는 목적이 아니라, 존중, 평등, 시민 결사체와 관련된 가치들을 가르치려는 목적을 위해 이루어진다. 듀이는 [이러한] 교육과정과 학생 인구 다양성의 조합이 '지역적이고, 지방적이며, 분파적이고, 당파적인 마음의 정신을 이 국가의 모든 남성과 여성에게 공통적인 목적과 이해관심들에 종속시키는 데' 꽤 성공할지도 모른다고 희망했다.[22] 요컨대, 이러한 것은 공교육기관의 사회적 임무이고 그 기관이 제공하는 종류의 정치적 훈련이다.

해방을 위한 교육

민주 질서 속의 구성원들이 시민성을 위해 교육받아야 한다는 것은 물론 듀이의 독특한 견해가 아니다. 그것은 정치이론가와 교육이론가들이 매우 다양한 방식으로 자주 주장하고 해석했던 입장으로, 여기에는 아마도 20세기 후반기의 가장 영향력 있는 교육가인 파울로 프레이리가 포함된다. 프레이리가 고무해주었던 비판 교육학에서의 증가하는 문헌들은 몇 가지 측면에서 듀이와의 흥미로운 유사성을 보여준다. 프레이리와 듀이의 정치적 입장은 두드러지게 다르지만— 프레이리는 듀이가 일찍이 그랬던 것보다 훨씬 더 맑스(Marx)에 빚지고 있다— 두 인물은 프레이리가 은행예금식 교육 개념(banking concept of education)이라 일컬었던 것에 대해 사실상 동일한 비판을 제시했고, 그러한 개념을 비판적 성찰의 습관을 계발해주면서 민주주의의 훈련을 제공하는 문제해결 모델로 대체하려 애썼다. 듀이와 진보주의자들을 고무했던 것과 동일한 많은 도덕-정치적 열정들이 이후에 프레이리를 따랐던 비판 교육학 또는 해방 교육학 운동의 모습으로 나타났다. 항상 그러한 운동들을 일반적인 용어로 특징짓기는 어렵다. 그러나 이 두 운동은 그것들이 포함하는 의견들의 다양성에도 불구하고, 모두 정치적 좌파의 위치에 있으며, 보다 현대의 운동은 듀이의 자유주의보다 다소 프레이리의 맑시즘에 더 끌린다고 말할 수 있다. 실제로 많은 비판교육 이론가들과 프레이리 자신에게, 자유주의 또는 '신자유주의'—자주 사용되지만 거의 정의되지 않는 용어—는 표면상 해방이 요구되는 바로 그 현상을 대표하게 되었다. 신자유주의는 아주 도움이 안 되는 용어로, 듀이가 옹호했던 자유민주주의관이나 더 오래된 자유주의관과는 거의 관련이 없고, 현대의 자유주의관과는 훨씬 더 관련이 없다. 기업 보수주의가 더 정확한 용어이고, 그것은 듀이를 포함하여 대부분의 자유주의자들이 절대적으로 거부하는 입장이다.

그럼에도 불구하고 우리는 '신자유주의'를 매우 느슨하게 레이건-부시(Reagan-Bush, 아버지 부시와 아들 부시)의 정치철학으로 이해할 수 있고, 신자유주의를 인도하는 테마는 자본주의, 유대-크리스트교의 도덕성, 그리고 확실히 시대에 뒤떨어진 형태의 개인주의이다. 이 사회적 보수주의는 현대의 유사물, 즉 문화적 리터러시와 표준화, 실증주의, 수행성을 향한 더 넓은 움직임뿐만 아니라, 듀이가 비판했던 전통적인 교육과 논리적으로 부합한다. 궁극적으로 그러한 견해에서 학생들은 직장에 들어가기 위해, 본질적으로 바뀌지 않은 형태로 전통을 보존하기 위해 훈련받고 있다. 프레이리는 이것을 은행 예금식 교육 모델이라고 이름 지었다. 그곳에서 교사들은 특정한 종류의 기술자로, 학생들은 수동적인 정보의 수령인으로 훈련된다. 프레이리가 썼던 것처럼, 여기에서 '학생들은 예금소이고, 교사는 예금주이며,' 교육은 '저금하는 행위가 된다. 교사는 의사소통하는 것 대신에 성명을 발표하고, 학생들이 참을성 있게 받고, 암기하며, 반복하는 예금을 넣는다. … 학생들에게 허용되는 행위의 범위는 오직 예금을 받고, 정리하고, 보관하는 것까지만 확장된다.' 이러한 교육의 견해에서 지적인 행위체(intellectual agency)는 거의 요청되지 않으며, 결국 '이러한 (기껏해야) 잘못된 체계 속에서 성숙, 변형, 지식의 부족으로 인해 정리되는 것은 사람들 자신들이다.'[23] 은행 예금식 개념은 교육가 측면에서도 거의 행위체를 요청하지 않으며, 여기에서 교육가는 본질적으로 미리 포장된 자료의 제공자로 환원된다. 가르치는 것은 정보전달의 효율성을 최대화하는 기술적 문제가 되고, 교육가 자신들은 단지 '정신의 관료들'이다.[24] 보수적인 은행 예금식 개념은 교육가를 잘 알고 있는 존재로, 학생들을 교육가가 직접적으로 지식을 새겨야 하는 무지한 자 또는 빈 석판으로 간주한다.

듀이와 같이 프레이리는 단순한 정보의 축적보다 탐구나 문제해결의 모델에서 가르치는 과정에 대해 생각하기를 원했고, 쉽게 민주정치로 전이될 수 있는 종류의 비판적 성찰을 강하게 강조했다. 두 사람의 견해에서 교육은 항상 이미 정치적이기 때문에, 이 장의 주제와 같은 종류의 정치교육은 반드시 그러한 성찰을 고차적으로 명확히, 정교하게 할 것을 수반한다. 정치과학이나 정치철학을 공부하는 학생은 일종의 비판적 사상가 및 당대의 사회 조건과 병폐들에 대한 탐구자가 될 것이다. 프레이리가 듀이로부터 벗어나는 지점은 비판적 탐구 자체에 대한 그의 관념 속에 있다. 프레이리의 맑스적인 견해가 듀이에 대한 진보를 나타내는지의 여부는 이제 알아보아야 할 것이다. 프레이리의 견해는 비판적 탐구를 교육가와 학생들 간의 상호대화로 간주한다. 프레이리의 초기 전제는 대체로 맑스가 묘사했던 것처럼, 학생들이 억압받고 있고, 권력이 있는 자가 권력이 없는 자에게 부과하는 허위의식의 희생자라는 것이다. 프레이리의 모국인 브라질의 맥락에서 글을 썼던 비판교육학자들은 곧 프레이리의 기본 문제의식을 북미 상황으로 확장했고, 이는 프레이리가 쉽게 승인했던 전략이었다. 이러한 사고방식에서 자본주의는 억압받는 자들이 사회 질서의 바닥에 있는 그들의 조건에 대한 진리를 보지 못하게 만들고, 그들을 억압하는 체계에 무지하고, 가난하며, 무비판적이게 내버려두는 과학적으로 거짓인 이데올로기가 된다. 따라서 '억압받는 자를 위한 교육학'은 은행예금식 모델, 그 자체로 학생들의 부자유를 강화하는 데 작용하는 모델이 본질적으로 금지했던 비판적 성찰 또는 의식화(conscientizacao)를 일깨우는 것을 요구한다. 일종의 정치적 투사가 되는 것, 학생들에게 사회질서와 그 속에서의 그들의 곤경에 관한 진리를 일깨우는 것이 교육가의 몫이 된다. 문제제기와 문제해결의 교육은 '현실을 밝히거나,' 자본주의 질서가 만들어낸 속임수를 알아본다.[25]

이것은 프레이리의 맑시즘에 대한 헌신을 고려하면 많이 놀랍지는 않다. 아마도 더 흥미로운 것은 그가 비판적 탐구관으로서 대화에 주목한 것이다. 이러한 의미에서의 대화는 듀이의 실험탐구와 동의어는 아니지만, 이 두 가지는 생산적으로 결합되기에 충분할 정도로 유사성을 가지고 있다. 듀이는 항상 과학을 이성적 연구의 전형으로 보았던 반면, 프레이리는 맑스를 떠올리게 하면서도 기독교의 사랑 개념을 전해주고 대화의 상호성을 강하게 강조하는 사회 비판을 생각했다. 프레이리는 비판적 탐구가 교육가와 학생들 간의 사랑하는 관계와 명백히 평등주의적인 관계를 요구한다고 주장했다. 그의 말로 하자면,

> 투쟁은 그들이 파괴되었다는 인간의 인식에서 시작한다. 선전, 술책, 조작─모든 지배의 무기들─은 그들의 인간성 회복의 도구가 될 수 없다. 유일하게 효과적인 도구는 혁명 지도부가 억압받는 자와의 대화라는 영구적인 관계 속에서 설립하는 인간화 교육이다. 인간화 교육에서 교육방법은 교사들(이 경우에는 혁명 지도부)이 학생들(이 경우에는 억압받는 자)을 조작할 수 있는 도구가 아니다. 왜냐하면 그 방법은 학생들 자신의 의식을 나타내기 때문이다.

해방 교육가들은 학생들을 그들이 쉽게 관심을 가질 수 있는 특정한 문제나 현실과 관련된 비권위주의적인 대화로 이끈다. 학생들이 억압받을 때, 그들의 이 현실에 대한 의식은 자본주의 질서가 만들어내는 이데올로기에 의해서 무비판적으로 흐려질 것이다. 따라서 교육가는 비판적인 방향으로 대화를 이끌지만 억지로 학생들이 특

정한 신념이나 가치를 채택하도록 해서는 안 된다. 모든 직접적인 신념의 주입은 은행예금식 개념이 그러했던 것과 같이 또 다른 예금을 학생들의 정신에 넣는 것이며, '진정한 해방은 … 실천(praxis)이다. 즉, 남성과 여성들의 세상을 바꾸기 위한, 세상에 대한 행위와 성찰이다.'[26] 따라서 세상뿐만 아니라, 학생들의 의식도 변형된다. 학생들은 그들이 손을 대는 문제가 무엇이든 그것의 해결을 추구하는 동일한 대화의 과정 속에서 더 자유로운 인간성과 비판 의식으로 고양된다.

그렇다면 정치교육은 지배와 억압, 저항과 해방, 인간화와 급진적 비판의 어휘 속에서 생각되어야 하고, 대화의 힘을 통한 허위의식의 극복으로 생각되어야 한다. 어느 정도 이것은 놀라운 일종의 맑시즘 교과서이다. 최근 몇 년 동안에 많은 정치적 좌파들이 프레이리가 해냈던 것보다 훨씬 더 정교한 방식으로 맑시즘 또는 후기 맑시즘을 점검하려 했던 노력을 고려한다면 말이다. 프레이리의 독창성은 정치이론을 교육에 적용하는 것보다 정치이론 내에서 훨씬 덜하다(사실상 전혀 없다). 즉, 프레이리의 독창성은 그의 해체되지 않은 맑시즘이 우리로 하여금 기대하도록 이끌 것보다, 교육가들에게 더 학생들과의 의사소통에서 평등주의적일 것을 요구하는 확장에 있다. 그러한 대화는 듀이도 주장했던 종류의 환경, 교육가와 학생, 지식과 무지의 오래된 이원론화를 피하고, 교사와 학생들 모두를 공유된 탐구로 끌어들이는 환경을 요구한다. '혁명 지도부'와 '억압받는 자'라는 언어에도 불구하고, 프레이리는 이 오래된 맑스적 이분법을 경시하거나 이것을 표면상 평등주의적인 사랑하는 대화의 에토스로 대체하려고 애썼다. 따라서 프레이리는 대화를 '공동의 탐구에 참여하는 두 "축" 간의 "감정이입"의 관계', '사랑하고, 겸손하고, 바라고, 믿으며, [그리고 무엇보다도] 비판적인' 것으로 이야기하곤 했다. 이와 반대로 은행 예금식 모델과 관련된 '반-대화(anti-dialogue)는 사람들 간의 수직적인 관계를 수반한다. 따라서 그것은 사랑이 부족하고, 탈비판적이며, 비판적 태도를 만들어낼 수 없다. … 반-대화에서 두 "축" 간의 공감이입의 관계는 깨어진다. 따라서 반-대화는 의사소통하지 않고, 그보다 성명을 발표한다.'²⁷ 수평적인 것과 수직적인 것의 구분은 진정한 대화와, 오직 교육이 극복하려 노력해야 하는 바로 그 권력관계를 재생산하는 가짜 대화를 분리하는 데 있어서 중요하다. 의사소통과 성명발표에 관련된 구분은 또한 구소련식의 맑시즘에 대한 제한된 비판을 염두에 두고 설정된 것이고, 프레이리는 때로 맑시즘의 교조주의와 '슬로건화'에 대해 비판하곤 했다. 프레이리가 이에 대해 표현했던 것처럼, '혁명 지도자들의 억압받는 자에 대한 헌신은 동시에 자유에 대한 헌신이다. 그리고 이 헌신으로 인해 지도자들은 억압받는 자를 정복하려 시도할 수 없지만, 그들의 해방에 대한 충성을 획득해야 한다.' 이러한 충성 획득은 구식 맑스주의자들이 대중들은 허위의식의 희생자일 뿐만 아니라 또한 무지하고 퇴보한다는 확신 위에서 종종 실행했던 종류의 폭력이나 조작에 의해서 일어나지 않음에 틀림없다. 프레이리는 '우리의 역할은 사람들에게 세상에 대한 우리 자신의 견해를 말하는 것도, 그 견해를 사람들에게 부과하려 시도하는 것도 아니고, 그보다 사람들과 그들의 견해와 우리의 견해에 대해서 대화하는 것이라고' 주장하곤 했다. 사회 세계에 대한 사람들의, 학생들의 신념은 그 세계 속에 있는 그들의 위치의 결과이다. 그들을 비판 의식으로 데려오는 것은 그들이 맑스적 혁명가가 되도록 강요하는 것을 수반하지 않고, 더 부드럽게 그들에게 자신의 곤경에 대한 진리를 일깨운다. 정치교육 및 모든 교육이 적절하게 심어주어야 하는 것은 '세상에 대한 비판적 인식'이지, 교육가의 가치나 정치적 입장이 아니다.[28]

프레이리는 자주 이 점을 반복했는데, 이는 아마도 이데올로기적으로 잘 속는 대중에게 교조적인 방식으로 그 자신을 부과하려 애쓰는 맑시즘의 오래된 경향에 대항하기 위해서였을 것이다. 그러한 맑시즘의 가정은 더 평화적인 수단으로 해방을 달성하기에는 대중의 지적 수단이 부족하다는 것이었다. 프레이리는 '과학적이고 인본주의적인 혁명 지도자는 민중의 무지라는 신화를 믿을 수 없다'고 단언했다. 그러한 지도자가 교육가이든, 정치가이든, 다른 어떤 사람이든 간에 말이다. 프레이리는 비록 '비판적'이기보다 '경험적'인 지식일지라도, 민중은 실제로 지식을 소유하고 있다고 주장했다.[29] 비판적 지식에 대해서는 민중들이 '경직성'과 '권위주의적 사회주의의 독단' 없이 계몽되고 해방시키는 교육을 기대할 것임에 틀림없다.[30] 프레이리가 요청했던 종류의 교육가와 학생들 간의 대화가 정통 맑시즘이 허용했던 것보다 더 전면적인 평등주의로 살아난다는 것에는 의심의 여지가 없지만, 여전히 맑시즘 정설의 중요한 흔적들을 프레이리의 설명에서 볼 수 있다는 점도 똑같이 의심하기 어렵다.

이러한 흔적들은 프레이리가 만들었던 기본 문제의식에 분명하고, 이것들을 언급하는 것이 중요하다. 프레이리는 학생들을 '더 이상 유순한 경청자들(listeners)이 아니라,' '인간화라는 존재론적 소명'을 가지고 점차 '교사와의 대화 속에서 비판적인 공동연구자'가 되는 '추구자들(searchers)'로 이야기했지만, 여전히 그렇게 생각된 대화는 프레이리가 종종 주장했던 것보다 다소 덜 평등주의적이고 덜 상호적이다.[31] 억압의 교육적 결과들에는 학생들의 허위의식이 포함되고, 여기에서 허위의식은 학생들이 특정한 몇 가지의 거짓된 의견과 편견들에 의해 시달린다는 것뿐만 아니라, 훨씬 더 극적인 것을 의미한다. 학생들은 적어도 해방교육의 초반부에, 그들의 억압자들에 의해 체계적으로 속아서 현실을 오인하고 있다. '지배 이데올로기는 현실을 가린다. 그것은 우리를 근시안적으로 만들며, 우리가 현실을 분명하게 보지 못하게 한다.'[32] 지배 이데올로기는 정신을 억압에 굴복하게 하는 안개 속에 가둔다. '지배 의식은 이중적이고, 애매하며, 두려움과 불신으로 가득 차 있다.'[33] 진리를 지각하고 '일종의 사회에 대한 비판적 읽기나 비판적 이해를 개발하는 것'을 되찾아야 한다. '심지어 학생들과 지배계급의 저항에 직면해서도 말이다.'[34] 이 작용이 성공할 경우 학생들이 점차 받아들이는 지식, 이러한 급진적 지식을 가지고 있는 사람은 물론 학생들이 아니라, 교육가이다. 대화의 결과 자본주의가 그렇게 나쁜 아이디어는 아니라는 결론에 도달한다면, 물론 부드러울지라도 학생들에게 그 방식의 오류를 가르치는 것이 해방 교육가의 몫일 것이다.

따라서 프레이리의 설명에서, 대화능력은 학생들이 점차 도달하는 것이면서 동시에 약간 그들이 극좌의 정치적 입장을 취하는 것이다. 프레이리의 텍스트와 그가 고무했던 일련의 문헌들을 읽어보면, 다른 어떤 입장을 취하는 학생들 (및 다른 사람들)은 다소 스스로 억압자이거나 결코 어떠한 종류의 비판적 자세도 취한 적이 없는 교육적 실패작인 것처럼 보인다. 물론 이것은 명시적이지 않지만, 결코 피상적이지도 않다. 교실토론이 특정한 사회문제를 살피고 교육가의 표면상 급진적인 지식과 대립하는 합의를 만들어낸다면, 학생들이 옳고 교육가가 그렇지 않을 가능성도 있지만, 이것은 아주 일어날 것 같지 않은 명제이다. 대화가 진실할 때, 그것은 우리가 전문지식이나 우리의 대화 상대들은 접근하지 못하는 특권적 지식을 가진다는 주장을 포기할 것을 요구한다. 진정한 대화는 타인의 생각, 특별히 우리 자신과 충돌하는 생각에 대해 마음을 열고 환대할 것을 요구한다. 프레이리가 말했던 평등과 상호성은 다소 이보다더 제한적이고, 그것은 억압, 지배, 허위의식, 급진적 지식의 어휘에 이미 내포된 한계들이다. 진리를 아는 사람은 교육가이고, 속았던 사람은 학생들이며, 반대는 안 되고, 이는 학습과정을 시작하기 전에만 그러한 것이 아니다.

두 가지 상반되는 요소가 모든 프레이리의 텍스트들에 퍼져 있다. 한 가지 요소는 대화와 평등, 교사로서의 학생과 학생으로서의 교사, 모든 형태의 권위주의의 폐해들에 대해 말한다. 다른 요소는 표준 맑스적 노선을 영속시킨다. 체계적으로 억압에 의해 자신의 능력이 손상되게 했던 사람은 대중이지, 혁명 지도자가 아니다. 현실과 사회적 일에 대한 비판적 지식을 소유하고 있는 사람은 지도자이지, 대중이 아니다. 프레이리는 이러한 요소들을 그럴듯한 평형으로 데려가는 감탄할 만한 일을 했지만, 그것들은 여전히 논리적으로 양립불가능하다. 프레이리가 대화와 지배의 안티테제에 대해 말했을 때, 그는 지배나 조작으로 꽤 구체적인 것을 의미했다.

지배는 내가 당신에게 말할 때 내가 그것을 말하기 때문에 이것을 믿어야 한다는 것이다. 조작은 학생들을 지배하는 것이다. 조작하는 문화는 현실에 대한 신화를 만든다. 그러한 문화는 현실을 부정하고, 현실을 위조한다. 조작은 내가 이 탁자가 의자라고 당신을 확신시키려 할 때, 교육과정이 현실을 불분명하게 만들 때, 학교와 사회가 독점 자본주의 체계를 '자유로운 기획'으로 제시할 때, 존재한다.

이 예시들은 다음과 같은 것을 말하고 있다. 학생들에게 자본주의를 '지배의 뿌리'로 보게 하지 않고 정치를 가르치는 것은 그들의 억압을 강화하고, 가구 한 점을 오인하는 것처럼 현실을 위조한다.[35] 이 주장은 분명히 불합리하다. 이는 다른 사람들이 거짓된 권위에 입각한 것에 동의한다며 노골적으로 [동의를] 요구하는 것보다 훨씬 더 조작인 것이 있다는 주장이 불합리한 것과 같다. 정치이론 수업에서 존 로크(John Locke)나 프리드리히 하이에크(Friedrich A. Hayek), 또는 이 문제에서는 존 듀이의 철학이 학생들과 교육가의 일반적인 승인을 얻었다거나, 이 문제에 있어서는 프레이리가 선호하는 것보다 훨씬 덜 좌파적인 어떤 입장이 승인을 얻었다고 가정해 보자. 교육가가 무비판적인 수용을 요구했기 때문이 아니라, 강제적이지 않은 대화의 결과로 이러한 입장이 취해졌다고 가정해보자. 이에 대한 프레이리의 분석은 틀림없이 이것이 **선험적으로 불가능**한 일이라는 것이다. 맑스적이지 않은 합의는 오직 속임수, 조작, 억압의 결과일 수밖에 없다. 비판적 교사는 대화가 도달할 정치적 결론이 무엇이고, 도달하지 않을 결론은 무엇인지 알고 있고, 진실한 차원의 현실을 보고 있으며, 맑스에 대해 많이 읽었다. 이러한 형태의 교조주의는 정통 맑시즘이 나타냈던 것보다는 더 약하지만, 똑같이 반대할 만한 것이다. 프레이리의 대화하는 교실 속 참여자들은 도덕-정치적으로는 평등하다. 그러나 그들은 인식론적으로는 결코 평등하지 않다.

대화와 지배의 안티테제―또는 적어도 그 구분―는 진짜이고 중요하며, 대화교육의 이상은 어떤 점에서 듀이의 실용주의적 탐구의 진보 또는 아마도 더 나아간 정련으로 간주될 수 있을 만큼 매력적인 것이다. 그러나 우리가 대화를 어떻게 이해하는가 역시 중요하다. 프레이리는 '피델 카스트로(Fidel Castro)[1]와 그의 동지들'을 '대단히 대화적인 지도부 집단'으로 언급했는데, 여기에서 우리는 그가 대화를 잘못 생각했다고 의심할 수 있다.[36] 대화교육이 프레이리가 옹호했던 특정하고 거슬리는 방식으로 정치화될 때, 우리는 대화를 대화

---

1) 피델 카스트로는 쿠바의 정치인으로, 체 게바라, 라울 카스트로와 함께 게릴라전으로 바티스타 정권을 무너뜨리고, 1959년에서 2008년까지 쿠바의 최고 지도자 자리에 있었다. 사회주의 쪽에서는 훌륭한 투사로 칭송을 받았으나, 그의 비판가들은 그를 쿠바인들의 인권침해, 국외유출, 빈곤문제에 책임이 있는 독재자로 본다. 그의 정권은 반미기조를 유지하여 미국으로부터의 암살시도를 수차례 겪기도 했다.

이거나 대화일지도 모르는 종류의 실천으로 만드는 조건들을 재검토하지 않을 수 없고, 지배가 자본주의와 그 결과들로 축소될 때, 우리는 과녁을 벗어난 것이다. 지배에는 교육가들이 우파에 있든 좌파에 있든, 공개적으로든 아니면 더 가능성이 높게는 은밀하게이든, 교육가가 자신의 정치적 견해를 학생들의 정신에 주입하려는 노력이 포함된다. 대화는 모든 견해를 터놓고 논의할 자유와, 누구도 자신을 논증의 싸움 위에 올려놓거나 특별한 권한을 요구하지 않고 찬반양론의 논변들을 따져볼 자유를 요구한다. 특별한 권한의 요구는 사실상 대화를 끝나게 한다. 이것은 프레이리가 명시적으로 만들었던 것은 아니지만, 그의 설명에 내포되어 있는 것으로, 이는 자기 꾀에 자기가 빠진 것이다. 자신의 대화상대를 신념이 잘못되었을 뿐만 아니라 스스로 고통 받지 않는 허위의식의 희생자라고 선언하는 것은 대화에 도움이 되지 않는 믿음이다. 이들은 자신의 대화상대가 비판적, 급진적으로 될 때까지는 무능하다고 선언하는데, 이것은 그들이 교육가들이 믿는 것을 믿게 될 때까지를 의미한다.

프레이리는 이것을 경시했고 그 함의를 부인했지만, 그는 교육의 정치화라는 문제에 있어서 모호하지 않았다. 학생들은 '억압의 현실을 지각해야 한다.' 우리가 프레이리의 모국인 브라질에 대해서 말하고 있든 북미에 대해서 말하고 있든 간에 말이다. 학생들의 '억압받는 자로서의 자신에 대한 지각은 그들의 억압적 현실에의 침몰로 인해 손상된다.'[37] 따라서 학생들의 지각은 그 능력이 손상되지 않은 이들에 의해 수정되어야 한다. 이에 대한 학생들의 저항은 극복되어야 하고, 학생들은 매우 다양한 방식으로 자신의 견해를 바꿔야 할 뿐만 아니라, 그들이 획득한 급진적 지식에 부합되게 그들의 사회를 바꾸기 위해 행동해야 한다. 이것을 달성하기 위해서 교육가는 학생들에게 계급의식을 일깨워야 한다. 이것은 학생들이 맑스적 렌즈를 통해 사회현실을 해석해야 한다는 것과 그들이 이것을 할 때까지는 잘못 알고 있을 뿐만 아니라 지적으로 손상되었다는 것을 부드럽게 말한 것이다. 학생들은 권위주의적인 사회주의가 생각하는 것처럼 완전히 무지한 자이거나 이데올로기적으로 잘 속는 사람은 아니지만, 그들이 거의 그러한 것은 사실이다. 따라서 교육가들은 '정치적 투사'가 되어야 한다. 바로 '우리가 교사이기 때문이다.'[38] 교실에서의 투쟁성에 대한 명령은 프레이리의 텍스트에서 빈번한 테마이다. 프레이리는 단지 교육이 정치의 한 측면인 것이 아니라, 아주 단순하게 교육은 '정치라고' 주장했다.[39] 교육가들은 급진적인 ('맑스적인'을 의미) 사회비판가들일 뿐만 아니라, 어떻게든 선전가는 아닌 혁명 지도자들이다. 어떻게 이 원을 사각으로 만들지는 완전한 미스터리이다. 비록 프레이리가 권한부여, 저항 등의 언어를 말함으로써, 가까스로 그것으로부터 주의를 돌렸다 해도 말이다.

언급했듯이, 프레이리는 또한 자주 기독교의 사랑 개념에 호소했고, 이는 그의 논변의 교조적 함의를 얼버무렸다. 프레이리는 '대화는 세상과 사람들에 대한 깊은 사랑의 부재 속에서는 … 존재할 수 없으며, … 사랑은 대화의 기초인 동시에 대화 그 자체'라고 쓰곤 했다. 그러한 사랑은 '지배관계 속에서 존재할 수 없다.'[40] 사랑은 일상적인 경험이 잘 증명하는 것처럼, 실제로 교육의 맥락 또는 교육 밖의 맥락 속에서, 지배나 조작과 함께 어우러질 수 있다. 사랑이 철저하게 정치화될 때에는 심지어 더 그렇게 할 가능성이 높다. 프레이리가 보지 못했던 것은 그의 설명에 특정한 양의 선전이 불가피하다는 것, 맑스적인 논조로 선전하는 것은 조금씩 쉽게 세뇌로 바뀐다는 것,─대화상대의 능력이 손상되었다고 선언할 때에는 필연적으로 그러하다─마음속으로 사랑하면서 세뇌한다고 해서 세뇌라는 사실이 바뀌지는 않는다는 것이다. 실제로 대화의 필수조건인 평등과 상호성은 프레이리가 거의 같은 정도로 믿었으면서 또 믿지 않았던 조건들이다.

프레이리는 대화를 그의 교육적 경험관의 중심에 놓은 것으로 인해 칭찬받을 수 있다. 민주 시민성의 훈련이 결정적으로 자신과 이상이나 정체성이 다른 타인들과 대화하는 상호작용 속에서 자신의 견해를 정당화하는 능력을 수반한다는 점을 고려하면, 프레이리의 이상과 정치교육의 관련성은 특별히 중요하다. 듀이와 프레이리가 모두 우리에게 상기시켰던 것처럼, 일상의 대화가 민주주의의 생명선이라면, 대화는 그것이 진실한 경우, 절대주의의 포기 및 대화의 개념이 잘 포착하는 개방적 특징을 수반한다. 일단 거짓된 확실성과 특별한 권한의 요구를 벗기면, 대화는 더 해결지향적인 듀이의 견해보다 교육적 경험의 개방적이고 과정적인 특징을 더 잘 포착한다. 교육에서 가장 중요한 것은 과정이지, 결과가 아니다. 듀이도 이것을 주장했지만, 문제해결모델은 대화의 개념보다 이것을 약간 덜 충분하게 포착한다. 현상학적으로 대화는 실제로 질문에 대한 대답이나 문제해결의 추구를 수반하지만, 우리는 경험으로부터 대화가 완전히 문제를 해결하지는 않은 채, 정신을 밝히고 일깨운다는 것을 알고 있다. 대화가 도달하는 판단과 합의는 결코 최종적이지 않고, 오직 일시적인 휴식처일 뿐이다.

대화교육의 개념은 불확실성의 가치와 대체로 이성적으로 이루어지지만 오류가 있을 수 있는 해석의 과정을 인정한다. 사실적 지식의 획득과는 완전히 별개로, 교육적 성공의 특징은 어떤 확정적인 결과를 낳을 수도 있고 그렇지 않을 수도 있는 지적 능력의 계발이다. 정치교육의 경우, 이러한 능력들로는 판단력과 정의감이 포함되며, 이것들 중 어떤 것도 측정할 수 있는 학습결과가 아니다. 이러한 교육이 프레이리의 의미에서 해방을 낳는지의 여부는 대단히 의문의 여지가 있지만, 그 교육은 전통적인 교사와 학생의 이원론화에 내포된 것보다 더 평등주의적인 종류의 열망을 표현한다. 그 교육은 설령 그것이 무엇이든 모든 권력의 흔적을 제거하지는 않을지라도—그리고 실제로 그렇게 하지 않는다—적어도 민주적인 탐구의 형태에 가까운 에토스를 얻으려고 노력할 것이다. 권한부여 및 반억압에 대해 말하는 현재의 추세, 너무나 많이 프레이리에 빚지고 있는 이 추세가 종종 더 심하게 정치적 올바름의 강요로 이어지는 것은 불행한 일이다. 이러한 형태의 절대주의도 자주 대화를 언급하지만, 절대적인 것—그것이 우파이든 좌파이든—의 정치와 교조적이지 않은 의사소통의 실천 및 생기 있는 정신과의 근본적인 안티테제를 언급하는 데 실패한다. 이 생기 있는 정신은 평등주의적일 뿐만 아니라 오류가능성을 인정하고, 비전투적이며, 지적으로 겸손한 것이다. 듀이의 텍스트가 우리에게 상기시키는 것처럼, 모든 종류의 지적 탐구는 실험적이며, 그 탐구가 만들어내는 지식은 우리가 아무리 그것을 급진적으로 받아들인다 해도, 여전히 계속 진행 중인 연구과정에 의존적이다. 진정으로 대화하는 사고방식, 진리나 정의와 관련하여 거짓된 권위를 요구하는 어떠한 표면상 대화적이거나 비판적인 교사들의 습관도 문제로 여기는 방식에서는 어떠한 정설도 가능하지 않다. 스스로를 비판적이라 특징짓기 원하는 이들을 포함하여, 우리 중 어느 누구도 대화 해석의 싸움 위에 있지 않는다. 억압과 해방, 권한부여와 비판 등의 표어를 말하는 프레이리 및 다른 많은 사람들은 우리에게 급진적 교육가가 어떠한 관점에서 학생들의 본질적인 정치조건에 관한 진리를 파악하는지 말해주어야 한다. 억압과 허위의식의 진단은 오직 진리, 교육가가 특별히 접근할 수 있는 진리의 관점에서만 선언될 수 있다. 물론 현실은 교육가가 자신의 정치적 판단을 가지고 진단하고 있고, 그러한 판단은 대체로 다른 어떤 판단보다도 도전받지 않을 수 없다는 것이다.

현재 많이들 그렇게 생각하는 것처럼, 만약 우리가 우리 학생들에게 비판적으로 사고하는 것, 실제로 우리가 생각하기에 젊은이의 정신을 사로잡는 모든 속박으로부터 자유로워지는 것을 가르치려 한다면, 우리는 학생들을 그들 문화의 지적, 정치적 생활에의 능동적인 참여자로 훈련시켜야 한다. 듀이는 모든 수준에서의 교육이 젊은이를 민주 사회의 생활방식에 입문시켜야 한다고 말했다. 이는 인식론적으로나－학생들을 실험탐구의 실천에 훈련시키는 면에서－정치적으로나－학생들이 그들의 동료들과 당대의 쟁점들에 관한 논쟁에 참여할 능력을 갖추게 하는 면에서－사회적인 입문이다. 한 가지 중요한 성공의 증거는 그가 정치적으로 참여하는 시민이며, 지적으로 책임 있는 방식으로 판단을 형성할 수 있다는 것이다. 정치교육은 학생들이 우리의 문화 또는 전통인 대화에 접하게 한다. 그리고 정치교육은 학생들의 신념의 내용—그들이 맑스주의자이든 '신자유주의자'이든—보다는 자신의 신념을 형성하고 민주사회가 목표로 하는 대화에 동등하게 참여하는 그들의 능력과 훨씬 더 관련되어 있다. 해방이나 권한부여가 교육의 맥락에서 무엇을 의미하든, 그것은 교육가의 정치적 입장을 젊은이의 정신에 주입하는 것을 의미하지 않는다. 만약 이러한 개념들이 슬로건과 상투적 문구로 악화되기보다 어떠한 의미를 가진다면, 그 개념은 오직 자기 방식으로 대화의 실천에 참여하는 학생들의 능력만을 의미할 수 있다. 학생들 및 다른 사람들이 눈을 멀게 하는 이러저러한 종류의 편견에 시달리는 것은 드문 일이 아니고, 교육의 일은 확실히 학생들이 얼마나 그들의 외견상의 확실성이 사실은 다르게 될지도 모르는 해석과 판단인지를 보도록 이끄는 것을 수반한다. 이것이 달성되는 최선의 방법은 여전히 학생들을 타인의 생각에 노출시키는 것이다. 왜냐하면 누군가의 편견이 동원되고 자각의 대상이 될 수 있는 것은 타인들과의 대화의 만남 속에서이기 때문이다. 이러한 타인들은 이론가나 그들의 텍스트일 수도 있고, 동료 학생들일 수도 있다. 이것은 거의 많이 중요하지 않다. 더 중요한 것은 그가 자신의 관점과 종종 자신의 파벌주의에 익숙하지 않은 생각들을 접하는 위험을 무릅쓰는 것이다. 이것이 우리의 편견들이 밝혀지고 잠재적으로 간파되는 방법이며, 이러한 편견의 간파는 교육가 편의 전문적인 계몽을 통해 이루어지지 않는다.

또한 프레이리는 점점 더 교육가를 기술자와 일종의 비전문가의 역할을 맡은 사람으로, 학생들이 표준화된 시험답안을 쓰도록 준비시키고, 미리 포장되고 '어떤 교사도 사용할 수 있는' 자료들을 관리하는 제한된 역할을 맡은 노동자로 여기는 추세를 거부한 점에서 칭찬받을 수 있다. 대화교육은 교육가로서의 교사 개념의 명예를 회복시키고, 이는 교과내용을 선택하고, 그것들을 학생들의 이해관심에 맞게 조정하며, 교육방법을 결정하는 등의 판단을 행사할 것이 요구되는 전문가를 의미한다. 판단이 '책무성', 합리성, 다른 어떤 이름이든 소실점으로 약화될 때, 그는 더 이상 전문가가 아니라 또 다른 종류의 노동자이다. 이 점에 있어서 대학교수들은 여전히 상대적으로 자율적이지만, 너무나 많은 초중등 수준의 교사들이 외부의 경제적, 정치적 명령의 영향력하에서 정신의 관료들이 되고 있다.

학습과정이 점진적인 지적 성숙의 획득을 목표로 하는 한, 학습과정 성공의 증거는 대화 속에서 불러일으켜지는 종류의 정신 습관과 능력들의 계발 속에서 발견될 수 있다. 이것들은 대체로 손에 잡히지 않는 질적인 종류의 문제들, 정책결정자들이 불편해하고 비실용적인 장신구로 여기는 문제들이지만, 젊은이로 하여금 그 사회의 지적, 정치적 생활에 들어가게 해주는 것들이다. 능력 있는 대화상대가 되는 것은 모든 학습과정의 단계들에서 실천을 요구한다. 아리스토텔레스가 언급했던 것처럼, 사람은 타인들이 도달했던 모든 합의나 발견들을 잘 알게 되는 것을 통해서가 아니라, 판단하는 것을 통해 판단하는 것을 배우고, 참여하는 것을 통해 대화하는 탐구에 참여하는 것을 배운다. 그가 기여할 대화의 역사에 대해 아는 것은 그러한 참여의 중요한 전제조건이지만, 그럼에도 불구하고 그것은 전제조건이지 그 자체로 중요한 것은 아니다.

또한 대화가 진부한 이야기, 만능의 말, 더 나쁘게는 정치적 올바름이 제공하는 가장 지독한 것인 특정한 종류의 정치화에 대한 베일로 악화되지 않고, 유일한 예시가 되지도 않는 것이 중요하다. 우리가 우리의 학생들이 시달린다고 믿는 허위가 무엇이든, 교육가들은 운동가가 아니라 대화 상대들이다. 그와 같은 교육가들은 학생들의 견해가 정치적이고 교수와 공유되지 않을 때를 포함하여, 교실에서 자신의 견해를 표현하고 학생들이 그 자신의 견해를 발달시키도록 허용하는 데 있어서 어느 정도 현명하게 규제를 실행한다. 대화교육이 명백한 반-대화교육의 겉치장이 되지 않기 위해서, 우리는 당연히 비판교육학의 교조적인 과도함을 수정하기 위해 실험, 오류가능성, 지적 겸손이라는 듀이의 테마를 기억해야 한다. 심지어 비판교육학이 실제로 일종의 진보로 서술될 수 있더라도 말이다.

1   Dewey, 'The Prospects of the Liberal College' (1924). MW 15: 201-2, 203.

2   Dewey, 'Unity of Science as a Social Problem' (1938). LW 13: 279.

3   Dewey, 'Conscription of Thought' (1917). MW 10: 279.

4   Dewey, 'Period of Technic', Educational Lectures Before Brigham Young Academy (1902). LW 17: 294.

5   Dewey, *Experience and Education* (1938). LW 13: 57.

6   Dewey, *Knowing and the Known* (1949). LW 16: 249-50.

7   Dewey, *Reconstruction in Philosophy* (1920). MW 12: 134.

8   Dewey, 'Has Philosophy a Future?' (1949). LW 16: 361.

9   Dewey, *Democracy and Education* (1916). MW 9: 44.

10 Dewey, *The School and Society* (1900). MW 1: 46. *Democracy and Education* (1916). MW 9: 49.

11 Dewey, *The Educational Situation* (1901). MW 1: 310.

12 Dewey, 'Introduction: Reconstruction as Seen Twenty-Five Years Later' (1948). MW 12: 258.

13 Dewey, *Moral Principles in Education* (1908). MW 4: 290.

14 Dewey, *How We Think* (rev. edn, 1933). LW 8: 121.

15 Dewey, 'Ethical Principles Underlying Education' (1897). EW 5: 73.

16 Dewey, 'Teaching Ethics in the High School' (1893). EW 4: 56.

17 Dewey, 'The Dewey School: Appendix 2' (1936). LW 11: 206.

18 Dewey, *Democracy and Education* (1916). MW 9: 93.

19 Dewey, *The School and Society* (1900). MW 1: 10.

20 Dewey, *Democracy and Education* (1916). MW 9: 92.

21 Dewey, 'Democracy and Education in the World of Today' (1938). LW 13: 301.

22 Dewey, 'Nationalizing Education' (1916). MW 10:203.

23 Paulo Freire, *Pedagogy of the Oppressed*, trans. M. B. Ramos (New York: Continuum, 2004), 72.

24 Freire, *Teachers as Cultural Workers*, trans. D. Macedo, D. Koike and A. Oliveira (Boulder: Westview, 1998), 17.

25 Freire, *Pedagogy of the Oppressed*, 83.

26 Ibid., 68-9, 79.

27 Freire, *Education for Critical consciousness* (New York: Continuum, 1973), 45, 46.

28 Freire, *Pedagogy of the Oppressed*, 168, 96, 111.

29   Ibid., 134.

30   Freire, *Pedagogy of the Heart*, trans. D. Macedo and A. Oliveira (New York: Continuum, 2004), 48.

31   Freire, *Pedagogy of the Oppressed*, 81, 75.

32   Freire, *Teachers as Cultural Workers*, 6.

33   Freire, *Pedagogy of the Oppressed*, 166.

34   Freire and Ira Shor, *A Pedagogy for Liberation* (South Hadley, MA: Bergin and Garvey, 1987), 45.

35   Ibid., 172, 47.

36   Freire, *Pedagogy of the Oppressed*, 164.

37   Ibid., 49, 45.

38   Freire, *Teachers as Cultural Workers*, 58.

39   Freire and Shor, *A Pedagogy for Liberation*, 61.

40   Freire, *Pedagogy of the Oppressed*, 89.

08
역사를 가르치기: 과거와 현재

오래된 희화(caricature)에 따르면, 듀이는 역사교육을 비실용주의적이고 부적절한 것으로, 귀족의 시대에 속했던 것으로 간주했다.[1] 오직 한가한 구세계의 인간만이 진지하게 과거에 관여할 수 있었고, 신세계에서 우리의 주목을 받는 것은 현재와 현재의 실제문제들이다. 따라서 역사는 고전 및 아마도 전체 서구 정전과 함께 교육과정에서 빠질 수 있다. 물론 듀이는 어디에서도 이렇게 쓰지 않았다. 비록 그가 '과거는 과거이고, 죽은 자는 죽은 채로 안전하게 묻히게 둘 것'이라고 말하기를 좋아했지만 말이다.[2] 듀이는 물론 탐구의 초점이 현재와 '인간의 문제들'이기를 원했지만, 대중적인 희화는 이것을 이야기의 끝으로 몰고 간다. 본래 그것은 그렇지 않다. 듀이에게 교육과정에서 역사를 없애는 것은 불합리한 것이다. 문제는 역사를 가르쳐야 하는지의 여부가 아니라, 역사를 가르치는 방법과 이유이다. 듀이는 전자의 질문을 제기하지도 않았고, 대답하지도 않았다.

왜냐하면 그것은 당연하기 때문이다. 실제로 우리는 역사를 많이 가르치고 배워야 하지만, 올바른 방식으로, 다른 것이 아니라 특정한 목적들을 염두에 두고 가르치고 배워야 한다. 역사교육의 목적이 무엇인가 하는 것은 듀이가 우리에게 물었던 질문이다. 우리의 역사적 과거에 대한 지식은 그 자체로 중요한 것인가? 아니면 어떤 더 궁극적인 목표를 위한 수단인가?

듀이는 방금 인용된 문장과 같은 단락에서 다음과 같이 썼다.

> 역사가 단지 과거의 기록으로 간주된다면, 역사가 초등교육의 교육과정에서 어떠한 큰 역할을 해야 한다고 주장하는 것에 대해 어떠한 이유도 생각하기 어렵다. … 현재에 시급한 요구들이 너무나 많이 있고, 미래의 경계에 대한 요청들이 너무나 많이 있어서, 아동이 영원히 지나간 것에 깊이 몰두하도록 허용할 수가 없다.[3]

여기에서 첫 번째로 언급할 것은 듀이가 초등학교 교육에 대해서 말하고 있다는 점이다. 더 상급 수준의 학생들은 그러한 지식을 그 자체로 중요한 것으로 간주할 수 있지만-수학과 학생들이 수학의 실제 기원을 능가하는 이론적 관심을 발달시키는 것과 같은 방식으로-여기에서 듀이는 학습과정의 시작에 대해 언급하고 있었다. 처음으로 불러일으켜진 역사에 대한 관심, 지속되는 탐구에 필요한 수준의 주의력을 제공할 관심은 어떠한가? 두 번째 지점은 인용된 첫 번째 문장의 조건절이다. 우리가 학생들에게 그 자체로 중요한 것으로 부여되는 이름과 날짜, 사실과 인물, 전쟁과 조약들에 관한 너무나 많은 정보적 지식을 역사로 생각한다면, 실제로 그러한 교육의 가치는 대단히 문제가 된다. 물론 이 분야의 교육은 자주 이렇게 된다. 듀이의 요점은 이러한 종류의 정보가 가치 없다는 것이 아니라, 그 정보가 더 고차적인 목적에 기여한다는 것, 그 목적이 무엇인지를 확인하는 것이 이론가의 의무라는 것이다. 목표에 대한 질문은 모든 공부의 분야에서 중요하지만 역사의 경우에 훨씬 특별히 중요한데, 왜냐하면 [우리가 역사를 공부할 때] 사건들의 특수성으로부터 더 넓은 역사에 대한 이해를 얻고 그 속에서 우리 자신의 자리를 얻으려고 찾아보지 않는 뿌리 깊은 습관을 가지고 있기 때문이다. 역사는 우리가 그 속에 서 있는 것이다. 역사는 단지 종료되고 끝난 사건들의 총합이 아니라, 우리의 경험에서 필수적인 존재이다. 우리가 목표에 대한 질문에 답하기를 원한다면, 어떻게 이것이 그러한지를 이해해야 한다.

동일한 희화에 따르면, 듀이는 역사를 초등학교 수준에서는 '발달상으로 부적절한' 것, 실용적 이유보다는 심리적 이유에서 다시 교육과정에서 없어져야 할 것으로 생각했다. 이후의 진보주의자 및 다른 많은 교육가들도 이러한 견해를 취했고, 때때로 듀이를 권위자로 인용했지만, 이것도 결코 듀이의 신념이 아니었다. 수년간 대중적인 견해는 이제 '사회과'가 학생들의 경험과 더 직접적으로 관련이 있고 더 현대적이고 지역적인 지향을 갖고 있기 때문에, 사회과가 역사를 대체해야 한다는 것이었다. 이에 대한 듀이의 대답은 그러한 정책이 학생들의 역사적 과거에 대한 이해뿐만 아니라, 더 중요한 현재에 대한 이해를 축소한다는 것이다. 듀이는 현대의 사회현실이 '너무 복잡하고 너무 긴밀해서 아동이 공부할 수 없다'고, 또는 직접적으로 공부할 수 없다고 주장했다. '그는 그 세부사항의 미로 속에서 어떤 단서도 찾지 못하고, 그것들이 어떻게 배열되었는지에 대한 관점을 얻기 위해 높은 언덕에 오를 수 없다.'⁴ 만약 우리의 목표가 현재의 사회생활을 피상적인 방식 이상으로 이해하는 것이라면, 이것을 하기 위해서 최고의 관점을 제공하는 것은 과거이다. 우리가 간접적으로 현재에 대해 공부하는 최고의 방법은 어떻게 현재가 있게 되었는지에 대한 역사적 내러티브들과 우리의 현재 생활방식의 기초가 되는 생각 및 힘들을 관련짓는 것이다. 어떤 종류의 배열이나 포괄적인 견해 없이 세부사항에 세부사항을 쌓는 것은 사고를 거부한다.

[이제] 희화들은 한쪽에 치워두자. 듀이가 역사 공부에서 반대했던 것은 어떠한 해석적 정리나 과거에 일어났던 것을 현재 세계의 상태와 관련지으려는 중요한 시도 없이, 본질적으로 사실적인 정보의 연대기를 제시하는 접근이다. 허쉬의 의미에서 문화적 리터러시가 있는 정신은 여전히 역사의 의미에 대한 통찰력을 얻고 과거가 가르쳐주는 교훈을 배운다는 의미에서, 역사를 성찰하는 능력이 부족할 것이다. 정보만으로는 듀이가 소중히 여겼던 사고나 어떠한 지적 미덕도 생기지 않는다. 아무리 솜씨 있게 제시되더라도, 정보는 특정한 조건들이 제시되지 않으면, 탐구가 되지 않는다. 또한 듀이는 역사 공부에 있어서 너무나 자주 철학, 종교 및 다른 많은 담론 영역들의 특징과 같은 종류의 학문주의에 반대했다. 여기에서도 학문주의는 세속적 관심사들로부터의 단절과 어쨌든 경험의 영

역으로 착륙하지 않는 이론적 논쟁들로 규정된다. 듀이가 너무나 자주 지적했던 것처럼, '학문주의적 전문화와 지식의 세분화는 더 넓은 사회적 쟁점과 대상들에 대한 무관심을 낳는다.' 과도한 전문화는 실용주의적 탐구의 '엄청난 적'이다. 우리의 관심이 이론적 차원에 있든, 정치적 차원에 있든, 더 사실적인 역사의 차원에 있든 간에 말이다.[5] 그러나 역사학습 자체에 대해 말하자면, 듀이는 그것을 최고로 중요한 것으로 간주했다. 어떤 학자는 다음과 같이 언급했다.

> 듀이는 가장 완고한 전통주의자들 못지않게 인류의 축적된 지식을 소중히 여겼다. 그리고 그는 그의 초등학교의 아동들이 과학, 역사, 예술의 풍부함에 들어올 것을 의도했다. 여기에서 듀이의 목표는 다소 관습적이다. … 오직 그의 방법이 획기적이고 급진적이다.[6]

이 마지막 문장은 과장일 것이다. 듀이가 옹호했던 역사 교수의 방법들도 획기적이었지만, 그러한 방법들이 기여하는 목표들에 대한 듀이의 견해는 적어도 흔치 않은 것이었다. 그 목표들은 전통을 보존하는 것도 아니고, 그 자체를 위해서 정보를 비축하는 것도 아니며, 현재에 대한 관점을 제공하는 것이다. 듀이의 이해와 같이, 역사는 일종의 '구체적인 사회학'이다. 역사에서 공부하는 사실들의 '엄청난 의의는 그 사실들이 우리에게 인간행동의 메커니즘과 그 행동의 가장 다양한 조건들에서의 기능에 관하여 주는 통찰력에 있다.' 그러한 사실들은 과거의 기록으로서는 거의 교육적 가치가 없지만, 현재 '사회 메커니즘의 구조와 기능'에 대한 해석 지침으로서는 최고로 중요하다. 그 사실들의 '"과거"라는 특징에는 흥미가 없지만', 여전히 '너무나 많은 과거의 사실들은 오직 과거에만 속하지 않는다!'[7] 그 사실들은 과거의 현실과 근본적으로 다르지 않은 현재의 현실을 밝힌다는 의미에서, 현재에 속한다. 이 점은 듀이의 저작들에서 수없이 많이 표현되었고, 여기에는 『민주주의와 교육』에서의 다음 구절도 포함된다.

> 그러나 과거에 대한 지식은 현재를 이해하는 열쇠이다. 역사는 과거를 다루지만, 이 과거는 현재의 역사이다. 미국의 발견, 탐사, 식민지화, 서부개척운동, 이민 등에 대한 지적인 연구는 그것이 오늘에 있는 것처럼 미국을 연구하는 것이어야 한다. 역사를 그 형성과정을 중심으로 연구하면, 너무나 복잡해서 직접 파악할 수 없는 많은 것들을 이해할 수 있다.[8]

적절한 역사 연구가 '현재의 역사'라는 것은 거의 미셸 푸코가 몇십 년 후에 같은 어구로 표현했던 유사한 주장처럼 획기적이고 급진적인 주장이다. 나는 적절한 때에 이 지점으로 돌아올 것이다.

어떠한 의미에서 역사는 '구체적인 사회학' 또는 적절하게 '사회학적 관점에서 제시되는' 문제인가?[9] 만약 우리가 이해하려는 것이 사회학이라면, 왜 그것을 직접 공부하지 않고 역사라는 긴 우회로를 통해서 공부하는가? 듀이의 대답은 현재 상태 속에서의 사회현실이 그저 너무나 복잡해서 적어도 젊은이의 정신이 직접적으로 이해할 수 없다는 것이다. 만약 우리가 추구하는 것이 더 깊은 이해 또는 교육적이기에 충분할 만큼 심오한 이해라면, 우리는 현재의 조건들을 과거의 조건들에 의해 유발되어온 것으로 보아야 한다. 현재는 본질적으로 과거의 결과, 쉽게 잊히고 수십 년 또는 수백 년의 과거로 확장되는 요인들의 결과이다. 따라서 역사는 단지 있었던 것에 대한 기록이 아니라, 우리가 지금 살고 있는 세계와 거의 다르지 않은 배열이다. 역사는 '사회적 메커니즘의 구조와 기능에 대한 실제적인 공부'라는 의미에서 구체적이다. '역사는 우리에게 상대적으로 단순한 사회 상황들에 대해 가르쳐주면서, 우리로 하여금 더 복잡한 현재에 대해 더 잘 이해하도록 이끈다.'[10] 심지어 현재의 상황들이 본래 과거보다 더 복잡하지 않을 때조차도, 시간적인 거리와 덜 어수선한 정보를 고려한다면 과거를 공부하는 것이 [현재를 공부하는 것보다] 더 단순한 일이다. 왜냐하면 이 두 가지가 사실들을 보다 질서 있게 배열하는 데 도움을 주기 때문이다. 사회현실의 근원적인 역학을 파악하기 위해 그 세부사항들을 파고들려면, 현재보다는 과거의 표면 밑을 보는 것이 훨씬 더 쉽다. 예를 들어, 우리가 전쟁의 본질을 이해하고 싶다면, 현재의 전쟁보다는 과거의 전쟁을 공부하고, 전쟁으로 이어진 힘들과 전쟁을 막은 힘들에 대한 이해를 끌어내는 것이 훨씬 더 간단한 일이다.

사회학적 역사는 기본적인 '사회의 구조와 작동'을 밝히는데, 이는 과거에 일어났던 것뿐만 아니라, 그것이 현재와 인간에게 갖는 의의를 의미한다. 이러한 조건 속에서 고려했을 때, 과거와 현재는 연속적이다. 예를 들면, 듀이의 견해에서 '사회 진보의 **방법**'은 근본적으로 바뀌지 않는다. 진보가 취하는 형태는 변하겠지만, 그것의 기초가 되는 방법이나 '근본적인 힘들'은 변하지 않는다.[11] '인간생활을 그것 자체로 만드는 힘들의 작용'이 변하지 않는 것처럼, 인간의 동기와 사회생활의 형태도 대체로 변함이 없다. 듀이는 역사를 너무나 많은 이질적인 시대들로 간주하는 이들은 인간사를 충분히 깊이 보지 않고 있다고 생각했다. 교육적 관점에서 '우리가 역사를 과거 사회생활의 조건들을 보는 일종의 도덕적 망원경으로 만들 수 있다면, 우리는 정말로 역사를 현재의 일부로 만드는 것인데, 왜냐하면 우리가 있었던 것을 통해서 있는 것을 더 잘 이해할 수 있게 되기 때문이다.'[12] 듀이는 항상 교육은 그 교과내용이 무엇이든 학생들의 경험 속에 통합되어야 한다고 주장했고, 역사의 경우에 이것은 사회생활에 대한 과거와 현재의 경험들 간에 관련성을 끌어내는 것을 의미한다. 우리가 표면을 스치듯 지나가지 않고, 더 깊게 역사적 사건들의 의미, 동기, 결과들을 탐구한다면, 이러한 관련성을 끌어내기가 어렵지 않다. [우리의] 정신이 무엇이 일어났고 언제 일어났는지 뿐만 아니라 특별히 그것의 오늘날에의 함의를 포함하여 그것이 무엇을 의미하는지를 파악할 때, 역사에 대한 관점이 변형되고 더 직접적인 수단으로 일으키기 어려운 빛이 비추어진다.

궁극적으로 역사를 공부하는 학생이 알고 싶은 것은 과거에 무엇이 일어났는지가 아니라 오늘날 무엇이 일어나고 있는지이다. 많은 사람들이 역사 속에서 현 시대는 약간 애매한 종류의 이행의 시대라고 말했다. 우리 시대의 당혹케 하는 복잡성을 고려하면, 이것이 어떤 종류인지를 결정하는 것은 또다시 매우 하기 어려운 일이다. 필요한 것은 현재와 떨어져 있는 관점, 몇몇 중요한 측면에서 우리 자신의 시대와 닮은 과거의 관점이다. 듀이는 1947년에 다음과 같이 언급했다.

> … 우리는 하나의 역사적 시대의 끝과 또 다른 시대의 시작에 있다. 교사와 학생은 어떤 종류의 변화가 일어나고 있는지 말하려 시도해야 한다. … 우리는 중세시대가 사람들의 신념과 활동들을 붙잡지 못할 때 일어났던 변화와 같은 종류의 변화를 겪고 있다. 우리는 지금을 새로운 시대의 시작으로 인식한다. 이러한 새로운 시대는 대체로 약 16세기에 갈릴레오(Galileo) 및 뉴턴 (Newton)과 함께 시작했던 새로운 자연과학의 결과인데, 왜냐하면 이 과학의 적용이 인간들의 생활방식과 그들의 서로간의 관계에 혁명을 일으켰기 때문이다. 이것들이 근대 문화의 특징들과 본질적인 문제들을 만들었다.[13]

우리는 현재 목격하고 있는 이행을 역사적 맥락 속에 두는 것, 특별히 중세라는 긴 기간에 따라왔던 것과 같은 더 이른 변화의 기간들과의 관련성을 끌어내는 것을 통해 그 이행의 본질을 이해할 수 있다. 20세기나 21세기가 전적으로 새로운 시대가 되는지 그렇지 않은지—계몽주의 근대성의 함의가 더 나아간 작용인지—의 여부는 시대들 간의 연속성 및 단절에 대한 상당한 탐구를 요구하며, 그 시대들은 사회관계와 실천들, 신념과 가치들 및 다른 요인들과 관련되어 있다. 이것도 듀이가 사물들의 현재 상태에 대한 이해를 목적으로, 역사를 공부하는 학생들이 시도하게 했던 종류의 탐구이다.

역사교육의 또 다른 목적은 현재에 대한 비판적 관점을 개발하는 것이다. 비판은 항상 어느 정도 비판대상으로부터의 거리를 요구하며, 역사적 거리는 오늘날의 조건들을 대안적인 시선으로 지각하는 데 중요한 요소이다. 비판은 자주 그러한 조건들이 어떻게 나타났는지 보는 것, 따라서 현재의 사고와 행위방식의 그럴듯한 당연함을 없애는 것을 수반한다. 듀이의 예시를 가져오자면, 정치와 경제의 쟁점들은 '우리가 그것들이 어떻게 생겨났는지를 모르면 [제대로] 이해될 수 없다.'¹⁴ 우리가 주어진 사회 병폐를 비판하고 싶다면, 우리는 해결책을 논쟁하는 위치에 있기 전에 그 병폐의 역사에 관한 것─그것의 원인이 무엇이었는지 또는 그것을 가능케 한 조건들은 무엇이었는지─을 알아야만 한다. 역사적 진공상태에서 또는 오직 오늘날 우리가 지각하는 것의 기반 위에서만 그러한 문제들을 해결하는 것은 실패할 것 같다.

이에 대한 예증은 듀이 자신의 역사적 성찰들 속에서 발견될 수 있다. 듀이가 1902년에 언급했던 것처럼, '단순한 사실은 우리가 응용과학의 시대에 살고 있다는 것이다. 그 응용의 직간접적인 영향력에서 벗어나는 것은 불가능하다.'¹⁵ 우리가 보았던 것처럼, 듀이는 이것을 긍정적인 발달로 여겼다. 비록 그는 결코 그 시대의 실증주의자들이 지지했던 종류의 과학주의로 향하지 않았지만 말이다. 적절하게 이해된 과학은 일반적인 지적 사고의 모델이지만, 듀이는 또한 과학과 기술의 숭배가 많은 20세기 문화들이 빠진 통탄할 만한 잘못이었다고 주장했다. 예를 들어, 듀이의 저작들에서 완전히 기술과 효율성, 수행성의 개념과 결합된 현대의 교육관에 대한 지지는 찾아볼 수 없다. 듀이가 1917년에 언급했던 것처럼, '교수행위와 행정에 척도, 표준, 측정방법을 도입하려는 움직임'과 '현대 생활이 불가피하게 만들고 있는 "효율성" 개념과 방법에 기반을 둔 교육에 머무르는 것'은 오직 부분적으로만 불가피하다.[16] 만약 듀이가 지금과 같은 추세가 지속되는 것을 볼 수 있을 정도로 [오래] 살았다면, 즉 교육이 더 이상 예술이 아니라 일종의 응용과학으로 간주되는 지점까지 살았다면, 그는 우리에게 과학적 지식의 한계에 대해 상기시키는 대답을 했을 것이다. 이러한 비판을 제시하는 것은 이 추세와 그것을 현재의 형태로 몰고 갔던 힘들이 어떻게 나타났는지에 대한 약간의 역사적 성찰을 요구했을 것이다. 교육에서 기업적 과학주의는 많은 이들에게 기술, 도구적 합리성, 수행성이라는 **에토스와** 함께, 불가피한 근대성의 결과이다. 그것은 근원적인 역사적 현상의 증상이고, 이에 대한 비판적 이해를 얻으려면 바로 이러한 종류의 성찰을 해야 한다. 기술이 만연한 사고방식이 될 때, 즉 모든 사회 실천이 설명해야 하는 어떤 것이 될 때, 기술은 역사적 관점 속에 놓여야 하는 교의가 된 것이다.

또한 현재에 대한 비판적 이해는 역사가 가르쳐주는 무수한 교훈들에 대한 학습을 수반한다. 과거의 경험만큼 우리의 경험을 잘 교육시키는 것은 없다. 우리가 우리의 개인적 과거에 대해 말하고 있든, 과거 세대나 시대에 대해 말하고 있든 간에 말이다. 역사를 공부하는 모든 학생이 알고 있는 것처럼, 인간의 경험은 그 자체로 끊임없이 반복된다. 표면적인 차이, 특수성, 현상들 밑에서, 과거와 현재의 인간 존재는 사랑과 증오, 기쁨과 고통, 재주와 탐욕이라는 반복되는 테마들을 중심으로 돌아간다. 그것은 무한히 변화하는 테마들의 상연을 포함한다. 예를 들어, 전쟁사에 관심이 있는 사람은 전략과 기술의 외면적인 차이들 뒤에서 동기, 탐욕, 권력추구의 되풀이되는 패턴들을 발견할 것이다. 그는 유사한 결과들을 만나는 유사한 동기들과 규칙적으로 반복되는 동일한 실수들을 발견한다. 종교사에서도 불가능한 것을 향한 사랑이 합법화, 증오, 다시 권력추구와 공존하는 유사한 패턴들이 발견된다. 정부의 역사에서도 동일하게 정의를 향한 열정이 음모, 월권, 물론 권력추구와 끊을 수 없게 연결되어 있음이 발견된다. 우리가 고대 세계에 대해 말하고 있든 현대 세계에 대해 말하고 있든, 외국 문화에 대해 말하고 있든 우리 자신의 문화에 대해 말하고 있든, 역사는 되풀이된다. 또한 이러한 이유로 인해 역사는 가르쳐준다. 과거의 발견과 잘못들이 결코 관련성이 없지 않은 풍부한 역사적 경험을 구성하기 때문이다.

역사의 교훈들은 적극적일 수도 있고, 소극적일 수도 있다. 그것들은 인간 지성의 성취일 수도 있고, 실수일 수도 있다. 그러나 진보는 이러한 교훈들과 이것들로부터 배우는 우리의 능력에 달려 있다. 역사는 항상 현대적이다. 역사가 우리에게 제공하는 경험은 대리적이고, 완곡하며, 시간이 흐름에 따라 희미해지지만, 그 경험의 가치는 현재에 묶인 개인이 혼자 힘으로 배울 어떤 것도 능가한다. 우리의 경험과 지식의 대다수는 이러한 특성을 가지고 있다. 그것은 우리의 선조들이 겪거나 끌어낸 것이고, 대리적이고 간접적이다. 그로 인해 배운 교훈은 개인적 경험에서 끌어 나온 것들보다 우리의 영혼에 약간 덜 공명을 일으키지만, 공명이 항상 중요성과 같지는 않다. 예를 들어, 우리가 인종관계들의 역사를 공부하면서 배우는 것은 우리가 오늘날 경험할 수 있거나 경험하기를 바랄 어떤 것을 훨씬 넘어선다. 모든 세대가 인종학살, 노예제도, 인종분리를 경험해야 하는 것이 아니라면, 우리가 우리 선조들의 잘못으로부터 배울 수 있다고 희망할 수 있다. 이것이 듀이가 말하고 있었던 종류의 '구체적인 사회학'이다. 듀이가 1938년에 썼던 것처럼, '우리는 유감스럽게도 독일의, 그리고 이제는 이탈리아의 비극적인 인종 비관용에 대해 잘 알고 있다.' 물어야 할 질문은 다음과 같다.

> 우리는 완전한 민주주의를 달성했다고 자랑할 수 있을 정도로 이 인종 비관용으로부터 완전히 자유로운가? 나는 우리의 흑인에 대한 대우, 반유대주의, 우리의 문 안에 있는 외국 이민자에 대한 증가하는 (적어도 나는 이것이 증가하고 있다는 것이 두렵다) 심각한 반대가 이 질문에 대한 충분한 대답이라고 생각한다.[17]

물론 이것은 1938년의 역사적 문제가 아니다. 그것은 오늘날에도 있고, 게다가 우리가 가지고 있는 질문들도 동일하다. 비록 지금 학생들이 홀로코스트에 대해서, 범인이 누구였는지에서 희생자들의 신원과 숫자에까지, 전쟁의 사건과 상황들에 대해서 많이 알고 있다고 해도, '그들이 정말로 무엇을 배우고 있는가' 하는 질문은 여전히 남아 있다. 그들은 그 주제가 대화 속에서나 텔레비전에서 등장할 때 어떻게 따라갈지 알도록, 언젠가 유용할지도 모를 정보를 획득하고 있는가? 그들은 허쉬의 의미에서 문화적 리터러시가 있도록, 선다형 시험에서 보여줄 수 있는 수많은 인상적인 사실과 인물들로 무장하고 있는가? 이것이 그들 학습의 정도라면, 그들은 더 진정한 의미에서 문화적 리터러시가 있지도 않고, (왜냐하면 리터러시가 있다는 것은 그가 읽는 것을 이해한다는 것을 의미하기 때문이다.) 교육받지도 않은 것이다. 지금 홀로코스트 공부라 불리는 것의 요점은 과거로부터 배우는 것으로, 이는 홀로코스트의 교훈을 우리의 현재 경험에 통합시키는 것을 의미한다. 과거에 무엇이 일어났는지, 그리고 어떻게 이것을 증명할 수 있는지에 대한 고된 탐구의 작업은 단순한 기억보다 더 큰 목적에 기여한다. 이 예시는 특별히 요점을 분명하게 만들어주지만, 원칙적으로 동일한 것이 역사적 경험 일반에 적용된다. 어떤 것도 역사에 가득한 종류의 잘못들만큼 잘 가르쳐주지 못한다. 물론 과거의 기록에는 잘못들뿐만 아니라 진보와 발견들도 포함되고, 이 역시 우리의 역사적 경험을 구성한다. 역사는 본질적으로 인간의 경험, 시행착오, 성취 및 실패한 실험들에 관한 기록이고, 이것들 중 상당수는 분명히 우리의 선조들이 마주쳤던 것들과 다르지 않은 문제들을 해결하려는 우리 자신의 노력들과 관련되어 있다. 역사의 교훈들은 보통 우리가 현재 목격하는 것보다 더 직접적이다. 이는 특정한 행위들의 장기적인 결과들을 관찰하고, 현재의 관점이 허용하는 것보다 더 명료하게 더 큰 경험의 과정을 보는 회상의 이점과 능력을 고려한다면 [당연한 일이다.] 듀이는 역사의 교훈들을 배우는 것이 또한 사건들과 그것들에 이어지는 결말의 기초가 되는 종류의 성격과 동기들을 처리하는 것을 수반한다고 생각했다. 듀이는 이에 대해 다음과 같이 말했다.

> 역사를 가르치는 것의 목적이 아동이 [그리고 아마도 어른이] 사회생활의 가치들을 올바로 이해할 수 있게 해주는 것이라면, … 역사는 결과나 효과들의 축적, 무엇이 일어났는지에 대한 단순한 진술이 아니라, 강력하게 행동하는 것으로 제시되어야 한다. 동기-즉 원동력-가 두드러져야 한다. 역사를 공부하는 것은 정보를 모으는 것이 아니라, 인간들이 어떻게 그리고 왜 그런 식으로 했는지, 성공하게 되었고 실패하게 되었는지에 대해 선명한 그림을 그리기 위해서 정보를 이용하는 것이다.[18]

교육적 성공의 특징들 중 하나는 그가 주어진 학문에서 특정한 양을 배웠다는 것뿐만 아니라, 그가 배울 수 있다는 것이다. 그는 더 특별히 경험이나 삶으로부터 배울 수 있고, 그 경험이 직접적인지 아니면 간접적인지는 거의 중요하지 않다. 삶의 전체에 걸쳐서 배우는 능력과 경향은 교육이 심어주는 지적 미덕과 습관들에 달려 있다. 이것들에는 이전 장들에서 언급했던 것과 동일한 미덕들이 많이 포함된다. 즉, 열린 마음, 새로운 생각에 대한 환대, 호기심, 합리성, 끈기, 지적 오류가능성과 유한성에 대한 감각, 관점의 넓이가 포함된다. 이 마지막 특징은 특별히 역사 공부와 관련이 있는데,

왜냐하면 정신이 오늘날의 좁은 시야를 훨씬 넘어서 모험하고, 다른 시공간 속에서 인간생활이 무엇과 같았는지를 보도록 허용되는 것이 이 분야 속에서이기 때문이다. 듀이의 '정신적으로 능동적인 학자'에 대한 묘사가 여기에서 꽤 쉽게 적용된다.

> 정신은 넓게 돌아다닌다. … 그러나 정신은 단지 널리 돌아다니기만 하지는 않는다. 정신은 발견된 것으로 돌아오고, 그곳에는 관계들, 연관성들, 중심 테마와의 관련성을 알아내는 판단의 행사가 끊임없이 있다. 그 결과는 연속적으로 증가하는 지적 통합이다. 그곳에는 흡수가 있다. 그러나 그 흡수는 열렬하고 자발적이지, 마지못해 하거나 강요된 것이 아니다. 그곳에는 소화, 동화가 있다. 그것은 단지 기억을 통해 짐을 나르는 것, 벗어버려도 안전할 날이 오자마자 던져버려질 짐을 나르는 것이 아니다.[19]

이 구절이 나타내는 지식의 통합과 소화는 학생들의 관점을 넓히는 것을 허용한다. 이러한 의미에서 넓이는 다양한 문화와 시대들에 관한 사실들의 획득뿐만 아니라, 이러한 사실들을 정합적인 배열로 통합시키고, 그것들 속에서 의미를 자각하며, 다양한 시대의 사건들 간의 주제적 관련성을 끌어내기에 충분할 정도로 넓은 지평을 의미한다. 예를 들어, 피상적인 방식 이상으로 시대들 간의 정치적, 군사적 사건들을 비교할 수 있는 것은 역사를 공부한 학생이 할 수 있어야 하는 기능이다. 역사가 다루는 무한히 특수한 것들로부터 물러날 수 있는 것, 그것들이 더 큰 주제, 오직 시간이 지남에 따라 자라는 의의에 기여하는 것을 볼 수 있는 것은 이러한 종류의 교육의 주요 미덕이다.

이해의 깊이는 역사에 대해 넓은 관점을 가지는 것만큼이나 중요하다. 여기에도 사실상 객관적인 측정을 거부하지만, 최고로 중요한 가치가 있다. 역사, 이러저러한 시대의 역사에 대해 깊은 이해를 가진다는 것이 무엇을 의미하는가? 그것이 정보를 능가하는 종류의 지식을 가지는 것이라면, 어떠한 방법으로 그것을 가질 수 있는가? 듀이는 [이러한] 구체적인 질문에 답하지는 않았지만, 무엇이 깊이와 피상성을 구별해주는지에 대한 일반적인 질문에는 대답했다.

어떤 사람의 생각은 깊지만, 어떤 사람의 생각은 피상적이다. 어떤 사람은 문제의 뿌리까지 가지만, 어떤 사람은 그 문제의 가장 외적인 측면을 가볍게 건드린다. 이러한 사고의 모습은 아마도 모든 것 중에서 가장 배우지 않고 자연히 터득한 것이며, 개선에 대해서든 손상에 대해서든 가장 적게 외부의 영향을 받는 것이다. 그럼에도 불구하고, 학생이 교과내용과 만나는 조건들은 학생이 교과내용의 더 중요한 특징들과 만나지 않을 수 없게 하는 그런 조건 아니면 학생이 교과내용을 사소한 것의 기반 위에서 다루도록 장려하는 그런 조건일 수 있다.

구분은 '[지적 반응들이] 일어나는 차원—그들 반응의 본래적 특징'과 관련되어 있다.[20] 역사에 대한 더 깊은 감각은 무엇이 역사적으

로 특수한 것들에 중요한지-그것들의 뿌리 또는 그것들을 만들어
낸 근원적인 요인들, 그것들의 중요한 특징 또는 현재에의 함의 등-
에 대해 주의하여 반응하는 사람이 가지고 있다. 누군가는 그것을
예술에 대한 감각이나 취향과 비교할지도 모르겠다. 그는 특정한
양의 관련된 사실들을 알고 있을 뿐만 아니라, 좋은 구분을 하고,
타당한 '차원'에서 작용하는 특수한 것들에 반응한다. 그는 무엇이
중요하고, 무엇이 사소한지, 무엇이 그것을 그렇게 만드는지에 대한
감각을 가지고 있다.

　듀이의 견해에서 역사에 대한 감각에는 무엇이 한 시대의 전형이
고 특징인지, 그리고 어떠한 측면에서 그것이 다른 것들과 다른지
이해하는 것이 포함된다. 우리 자신의 시공간 속에서 '현존하는 질
서의 본질적인 구성요소들'을 이해하는 것의 어려움을 고려한다면,
이전 시대들을 이해하는 것은 덜 어렵고, 현재의 구별되는 특징들을
밝힐 수 있다. '예를 들어, 그리스는 예술과 개인적 표현력의 증가가
무엇을 의미하는지를 보여주고, 로마는 정치적 삶의 요소와 세력들
을 매우 큰 규모로 보여준다.'[21] 이 점을 상술하자면, 누군가는 르네
상스나 계몽주의 정신에 대해 말할 수 있는 것과 꼭 같이, 지적으로
'그리스 정신'이나 '로마의 정치적 에토스'에 대해 말할 수 있다. 이것
들은 추상적인 개념들이지만, 우리의 역사적 이해에 중요한 어떤
것에 기여한다. 그것들은 일단 살이 붙여지면, 무엇이 그 시대를
다른 시대와 구별했는지, 무엇이 그 시대를 본연의 역사적 현상으로
만들었는지에 대한 감각을 제공한다. 듀이는 1897년에 한 글에서
다음과 같이 언급했다.

역사적 가르침이 보통 더 효과적이지 않은 한 가지 이유는 학생이 어떠한 시대나 요인도 그의 정신에 전형적인 것으로 두드러지지 않는 방식으로 정보를 획득하도록 되어 있다는 사실에 있다. 모든 것은 동일한 평탄지로 축소된다. 필요한 관점을 확보하는 유일한 방법은 과거를 모든 요소가 확대되는 현재로 투사시키는 것처럼, 과거를 현재와 관련시키는 것이다.[22]

보통 사람들은 무엇이 현재에 전형적인지에 대해 분명한 감각을 가지고 있지 않고, 다른 시대와의 비교 속에서 단서를 구해야 한다. 역사적 자기이해는 파악하기 어려운 가치이나, 이 분야의 교육이 적절하게 기여하는 것이다.

듀이에게 이해의 넓이와 깊이는 궁극적으로 연결되어 있다. 상상, 역사적 기억, 성찰의 능력이 그러한 것처럼 말이다. 예를 들면, 역사 공부는 오직 표면에서만 성찰적 사고나 사회학적 해석에 덧붙여 기억에 기여한다. 성찰과 기억은 특별히 분리하기 어려운데, 왜냐하면 '성찰한다는 것은 이후의 경험들을 지적으로 다루는 데 [필요한] 자원들인 순수한 의미들을 추출하기 위해서, [지금까지] 행해온 것을 되돌아보는 것'이기 때문이다. '이것이 지적 조직과 훈련받은 정신의 핵심이다.'[23] 듀이는 항상 정신의 능력들은 개별적인 실체들이 아니라, 통합된 경험의 차원들이라고 주장하곤 했다. 홀로코스트의 예시로 돌아오면, 우리는 이러한 현상학적 지점에 대해 분명한 예증을 발견한다. 사람은 감정과 가장 깊은 성찰 없이, 그에 동원되는 정의감 없이, 어떻게 이것이 일어날 수 있었는지 그리고 인간의 본성이 미래에 약간 유사한 사건이 일어나는 것을 허용할 것인지에 대해 질문하지 않으면서, 어느 정도 선명하게 그때의 잔학행위를 떠올리지 않는다. 사람은 해석과 정서적인 반응 없이 자신의 개인적 과거를 기억하지 않는 것처럼, [역사적 과거를] 단순히 기억하지 않는다.

단순한 사실은 원래 대장장이, 목수, 증기기술자의 능력이란 것이 없는 것처럼, 관찰, 기억, 추론이라는 고립된 능력은 없다는 것이다. 이러한 능력들은 단순히 특정한 충동과 습관들이 어떤 확실한 종류의 일을 해내는 것과 관련하여 조직화되고 틀 지워졌다는 것을 의미한다.[24]

과거에 대한 연구가 다양한 다른 탐구 분과들과 분리될 수 없는 것과 같이, 역사적 기억도 그 자체로 [고립되어 존재하는] 하나의 능력이 아니다.

우리가 6장에서 보았던 것처럼, 이러한 분과들 중에는 윤리가 있다. 도덕적 능력은 젊은이들을 대상으로 한 가치들의 강의 또는 행동 강화에 의해서가 아니라, 간접적인 사회 탐구의 경로를 통해서 심어진다. 듀이의 말로 하자면, '역사가 사회생활의 이해 양식으로 가르쳐질 때, 역사는 적극적인 윤리적 의미를 가지고 있다.' 그 의미는 단지 기억하는 데에 있는 것이 아니라, '사회적으로 상상하고 사회적 관점에서 바라보는 습관을 형성하는 데'에 있다.[25] 역사를 공부하는 학생은 상상 속에서 과거로, 여러 행위자들의 상황으로 이동하고, 인식론적 기획에 혼자 참여하지 않는다. 무엇이 일어났는지 그리고 어떻게 이것이 알려지는지에 대한 질문들은 특정한 권위를 가지고 있으며, 사회학적 정신으로 가르치고 배우는 역사는 습관적이게 될 도덕적 반응들을 이끌어낸다. 듀이가 말했던 것처럼, 이 점에서 '역사는 … 의심할 여지없이 가장 효과적인 의식의 도구를 나타낸다. 역사는 미덕을 심어주려는 직접적인 노력보다 더 효과적인데, 왜냐하면 역사는 도덕적 능력이 주로 속해 있는 상상력과 민감성에 더 깊이 들어가기 때문이다.[26] 그러한 능력은 외부로부터 '칠해지지' 않고 경험 속에서 나오는데, 이는 듀이가 생각했던 지적 능력이 지속되는 탐구의 과정 속에서 형성된 습관들의 산물로 나오는 것과 같은 방식이다.[27] 듀이가 언급했던 도덕 학습의 예시는 관용의 역사이다. 직접적인 권유에 의해서가 아니라면, 어떻게 그러한 미덕이 획득되는가? 그것은 다양한 형태의 관용에 대한 역사와 그것에 이어졌던 결과들에 대한 탐구에 의해서이다. 결국 이것은 정신으로 하여금 관용에 대한 역사적 교훈이 실제로 학습되었는지, 개인 자신에 의해 학습되었는지 아니면 더 넓은 사회에 의해 학습되었는지 질문하게 한다. 듀이가 이에 대해 말했던 것처럼, 그것은 우리로 하여금 다음과 같은 것을 보게 한다.

관용의 역사에는 이상한 것이 있다. 거의 모든 사람이 과거의 이단 및 구분과 관련하여 관용의 교훈을 배웠다. 우리는 어떻게 일찍이 사람들이 그렇게 의견과 믿음의 차이에 대해 엄격하고 잔인하게 되었는지 궁금해 한다. … 그러나 우리 자신의 시대의 어떤 일이 응집력 있는 행위를 요구하고 깊은 감정을 불러일으킬 때, 우리는 즉시 박해와 관련된 평판이 나쁜 이유를 그럴듯하게 만든다. 우리는 우리의 흥분한 의심으로 그 불길을 부채질한다. 우리는 그것을 인위적인 주목의 중심으로 만들고, 우리의 진압하는 노력에 대한 과시를 통해서 그것에 중요성을 부여한다.[28]

물론 동일한 현상이 오늘날에도 일어나고, 이러저러한 종류의 역사적 비교에 초대하기를 계속한다. 유사하게 누군가는 종교나 정치적 올바름에 대해 설교할 어떠한 필요도 없이, 젊은이에게 다양한 집단들의 역사적 갈등과 국가생활에의 기여에 대해 알려주는 것을 통해서 존중을 가르친다. 예를 들어, 유대인 역사에 대해 상당히 많이 아는 학생은 반유대주의의 지원자가 될 것 같지 않다. 우리의 도덕교육에 대한 이해가 설교보다 탐구에 뿌리를 두고 있는 한, 역사 공부는 이러한 능력을 심어주는 데 있어 다른 어떤 사회 학문들만큼이나 효과적이다.

거의 모든 인문학의 분과들에서 최고의 교육적 성취들 중에는 특정한 종류의 역사의식의 획득이 있다. 이 역사의식은 듀이의 저작들에서 결코 주요 테마는 아니었지만, 듀이는 수없이 이에 대한 표현을 제공했다. 이 역사의식은 20세기 대륙 철학의 주요 테마가 되었으며, 여러 학문들에 영향을 주었다. 이것은 일반적으로 인간의 사고와 경험이 역사적 유산인 개념적 틀에 박혀 있다는 견해이다. 세계에 대한 우리의 경험은 철저하게 전통 속에서 우리에게 전해진, 우리를 역사적 존재로 구성하는 언어와 문화에 의해 매개된다. 듀이의 시대 이래로, 우리는 점점 더 많은 학계들이 일반적인 지식이 특정한 종류의 역사적 구성물이고, 주어진 역사적 공동체의 언어 및 상징의 실천들에 달려 있다는 것－따라서 지식은 대부분의 계몽주의 사상 형태들이 믿었던 것처럼 순전히 객관적인 문제가 아니라는 것－을 인정하는 것을 보아왔다. 듀이가 이에 대해 말하는 방식은 다음과 같다.

> 사물들은 [인간에게] 물리적으로 적나라하게 오는 것이 아니라, 언어의 옷을 입고 그에게 다가온다. 그리고 이 의사소통의 의상은 인간을 그 사물들에 대한 신념의 공유자로 만든다. 인간에게 수많은 사실들로서 다가오는 이러한 신념들은 그의 정신을 형성한다. 그 신념들은 그 자신의 개인적인 탐험과 인식들에 질서를 부여하는 중심을 형성한다. 여기에서 우리는 칸트만큼이나 관련성과 통일성의 범주들을 중요한 것으로 여기게 된다. 그러나 그 범주들은 신화적인 것이 아니라 경험적인 것이다.[29]

이 가설은 듀이에게 현상학을 통해서가 아니라, 후기칸트주의 관념론, 특히 그의 헤겔에 대한 해석을 통해서 왔다. 듀이가 생각했던 것과 같은 역사의식은 그의 급진적 경험론의 일부를 형성하는데, 여기에서 경험은 우리 언어의 범주들과 '우리가 우리 자신의 시공간의 문화에 동화될 때 받아 입는 지적 습관들'을 포함하여, '과거의 세대들과 지나간 시대들에 대한 성찰의 산물들로 이미 덮어 씌워져 있고 흠뻑 젖어 있다.'[30]

듀이는 그의 전형적인 방식으로, 역사의식을 과거에 박혀 있는 것뿐만 아니라, 앞을 내다보는 자각으로 간주했다. 우리가 서 있는 문화의 미래 방향을 결정하는 것과 그 미래에 펼쳐지는 것에 활발히 참여하는 것도 성찰에 속한다. 역사의식은 불행한 사회의 산물인 자아의 의식이 아니라, 종료되고 끝나지 않은, 사람들의 문화생활과 진보의 추구에의 지적 참여 유형을 수반하는 역사에 대한 자각이다.

　마지막으로 어떻게든 그러한 목적들이 달성된 정도를 결정하는 공식적 시험의 문제에 있어서, 듀이는 반대를 표하지 않았다. 비록 피상성을 넘어선 역사 지식을 평가하는 것은 분명히 어렵지만 말이다. 어쨌든 내가 말하고 있었던 종류의 이해와 지적 습관들을 양화하는 것이 가능한지의 여부는 문학이나 철학을 공부한 학생이 주어진 공부 과정의 끝에서 배웠던 것을 양화한다는 생각만큼이나 논쟁적이다. 정보만이 우리의 교육 목표를 규정할 때에는 '학습결과들'을 측정하는 데 거의 어려움이 없다. 그러나 우리가 더 고차적인 것을 목표로 할 때에는 객관적 평가가 실제로 어려운 일이다. 또다시 듀이가 이 문제를 특별히 다루지는 않았지만, 우리가 이에 대해 듀이의 정신으로 답한다면, 우리는 어떤 종류의 평가가 실제로 가능하다고 말할 것이다. 때때로 풍부한 지식이라 불리는 것은 그 정확성에 한계는 있지만, 평가할 수 있다. 선다형 시험은 확실히 아니다. 이는 일찍이 교육가들이 고안했던 것들 중 가장 무딘 도구이다. 그러나 상대적으로 길고 분석적인 대답을 요구하는 공식적 에세이와 에세이식의 시험지문들은 적어도 보통의 효과성을 가지고 학생들의 이해를 시험한다. 점수가 직접적으로 성찰적 사고에 의존하도록 만들어졌을 때, 그리고 공부의 과정 동안 교육가와 학생들이 어느 정도 성찰적 사고를 보여줄 때, 학생들은 그들에게 기대되는 것만큼 약간 많이 엄밀하게 성찰적 사고에 잘 참여할 수 있다. 그러한 일에 점수를 매기는 것은 주관적이라는 흔한 불평은 그 불평이 입각하고 있는 객관적인 것과 주관적인 것의 이분법만큼이나 거짓된 것이다. 우리가 무엇이 전문가의 건전한 역사적 학식을 구성하는지 아는 것처럼, 학생이 쓴 글에 대해서도 주어진 역사적 사건에 대한 더 좋은 해석과 더 나쁜 해석을 잘 구별할 수 있다. 사실적 지식 이상으로 가져야 할 어떤 것이 있는 다른 모든 인문학의 분과들에서 점수를 매기는 것이 불가사의한 일이 아닌 것과 같이, 여기에서도 불가사의한 것은 없다.

'현재의 역사'

더 현대의 철학자도 역사를 – 또는 오직 진정한 적합성을 가지는 종류의 역사를 – '현재의 역사'로 이야기했다. 이 사람은 미셸 푸코, 물론 여러모로 듀이와 대단히 다른 사상가이다. 결코 실용주의자가 아니었던 푸코는 종종 가장 그의 관심을 끄는 것은 문제들과 그것들의 역사이지, 해결책이 아니라고 말하곤 했다. '정치적 질문들에 접근하는 나의 방식은' 특히 실용주의적 문제해결보다는 '… 더 "문제화(problemization)"의 질서 위에 있다.'[31] 실제로 푸코는 실용주의적 문제해결을 단호히 피했다. 예를 들어, 푸코는 1983년에 한 인터뷰에서 다음과 같이 말했다.

나는 대안을 찾고 있는 것이 아니다. 다른 시기에 다른 사람에 의해 제기되었던 다른 문제에 대한 해결책 속에서 우리의 문제에 대한 해결책을 발견할 수는 없다. 내가 하고 싶은 것은 해결책의 역사가 아니고, 이것이 내가 '대안'이라는 말을 받아들이지 않는 이유이다. 나는 문제들 또는 **복합문제들**(problematiques)의 계보학을 하고 싶다.[32]

이에 대한 듀이의 대답은 확실히 가혹할 것이다. 듀이나 다른 실용주의자는 다음과 같이 물을 것이다. 그가 해결책을 의도하지 않는다면, 문제의 역사를 이야기하는 요점이 무엇인가? 그러나 우리 앞에 있는 문제-역사탐구의 본질과 목적들-에 있어서는 이 두 사상가의 입장이 흥미롭게도 유사하고, 그들의 차이점 또한 유익한 것으로 밝혀질 것이다.

유사점들로 시작해보자. 푸코는 역사교육의 목적이라는 문제에 대해서 직접 대답하지 않았고, 또한 과거로부터 현재의 문제들에 대한 지적인 해결책이나 대안들을 찾을 바로 그 가능성을 부인하는 것처럼 보이는데, 왜 우리가 푸코의 역사적 성찰들을 이 논의에 도입해야 하는가? 그 대답은 푸코 자신의 역사연구에 대한 묘사 또는 계보학, 그가 니체를 따라서 그렇게 부르기를 선호했던 계보학 속에서 발견될 수 있다. 푸코의 표현으로 하자면, 계보학의 요점은 '우리의 현재 상황들에 대한 역사적 자각', 비판적인 의도에 기여하는 '현재의 역사'를 제공하는 것이다.[33] 마지막 구절은 1975년의 『감시와 처벌Discipline and Punish』, 근대 감옥에 대한 역사-비판적 설명에서 나타났다. 푸코는 그 책의 1장을 다음과 같은 방식으로 끝냈다. '나는 이 감옥의 역사에 대해 쓰고 싶다. … 왜? 단순히 내가 과거에 관심이 있기 때문에? 그것이 현재의 측면에서 과거의 역사를 쓰는 것을 의미한다면, 아니다. 현재의 역사를 쓰는 것을 의미한다면, 그렇다.'[34] 물론 푸코는 듀이가 사용한 동일한 개념 및 동일한 구절을 인용하지 않았고, 아마 그에 대해 몰랐을 것이다. 구절만 동일한 것이 아니다. 푸코의 모든 역사적 또는 계보학적인 저작에서, 그는 과거의 적합성이 오직 과거의 현재와의 관련성, 과거가 현대의 사고와 행위방식을 비추는 빛에 있다고 주장했다. 특히 역사탐구는 사회비판이라는 더 넓은 목적에 기여한다. 현재의 조건들과 관련 있는 것은 과거의 조건들이고, 특별히 푸코의 관심을 사로잡았던 것은 현재의 부정의들이었지, 과거가 그 자체로 중요한 것은 아니었다. 비판에 대한 강조는 듀이의 약간 더 억제된 견해에서는 진보로 잘 말해질 것이다. 푸코에게 역사연구의 목적 그리고 아마도 역사교육의 목적은 시간의 흐름에 따라 역사발달의 특수성들을 추적함으로써 현재의 '참을 수 없는' 조건들을 비판하는 것이고, 이는 푸코의 감옥, 성, 광기 등의 역사에 관한 저작들의 기초가 되는 전제이다.

계보학의 비판적 의도는 듀이의 저작에서보다 더 분명하지만, 계보학의 비관론 또한 그러하다. 푸코는 듀이와 많은 것을 공유했다. 둘 다 '인간의 문제들'과 특별히 인간 자유의 길에 서 있는 권력과 불평등의 형태들에 집중했다. 둘 다 이론가였던 것 못지않게 사회비판가와 활동가로 헌신했다. 또한 둘 다 계몽주의의 형이상학적인 짐을 거부하기를 원했다. 또한 그 둘은 많은 동일한 도덕-정치적 열정을 공유했다. 그러나 그들이 공유하지 않았던 것은 적어도 원칙적으로 일반적인 진보의 방향 속에서 직면하는 문제 상황들을 해결하는 인간 지성의 능력에 대한 듀이의 낙관론이다. 푸코는 일반적으로 낙관론자가 아니었고, 특히 사회문제에 대해서는 실용주의자가 아니었다. 나는 어떤 인물이 다른 인물보다 진보를 나타내느냐 하는 질문에 대해서 의견을 제공하지 않을 것이다. 그러나 역사탐구가 궁극적으로 기여하는 비판적 의도와 그러한 탐구의 본질에 관한 질문에 대해서는, 푸코가 듀이의 입장에 중요한 보충을 했다고 잘 말할 수 있을 것이다.

무엇이 이러한 보충이며, 어떠한 이유에서 푸코를 진보로 생각할 것인가? 내가 제시했던 것처럼, 후자의 질문은 계보학의 비판적 의도에 비추어 대답된다. 푸코는 내가 서술했던 듀이의 설명에 이미 내포된 아이디어를 더 고차적으로 명확히 한다. 역사연구는 배타적으로 현대의 현실과 관련된 사회학적 탐구보다 더 철저하게 우리가 현재를 이해하도록 도와줄 뿐만 아니라, 우리가 현재를 비판적으로 이해하도록, 현재의 부정의로 이어진 과거의 조건들에 주의하여 이해하도록 도와준다. 푸코는 우리 자신의 시대를 계속해서 괴롭혔던 것, 계보학자의 관심영역을 규정하는 것은 문제들의 역사와 문제들이지, 과거에 일어났던 것 그 자체가 아니라고 말했다. 푸코의 표현으로 하자면, 계보학 자체는 '잿빛의, 꼼꼼하고, 참을성 있는 기록물이다. 계보학은 얽혀 있고 혼란스러운 양피지의 분야, 여러 번 긁히고 고쳐 쓰였던 문서 위에서 작동한다.' 계보학은

··· 인내심과 세부사항들에 대한 지식을 요구한다. 그리고 계
보학은 원자료의 방대한 축적에 달려 있다. ··· 철학자의 고귀하
고 심오한 시선이 학자의 두더지 같은 관점과 비교될지라도,
계보학은 그 자체로 역사에 반대하지 않는다. 반대로 이상적인
의미와 불확정적인 목적론의 초역사적인 전개를 거부한다. 계
보학은 그 자체로 '기원'의 추구에 반대한다.[35]

니체의 도덕성의 계보학은 근대의 평가 기준들 속에서 작용하는
권력의지를 드러내는 수단으로 윤리의 역사를 추적하려는 시도였
으며, 푸코의 계보학은 이를 따라갔기 때문에 이와 유사하게 편파적
이고 해석적이다. 또한 푸코의 계보학은 '우리로 하여금 우리자신을
구성하고, 우리자신을 우리가 하고, 생각하고, 말하고 있는 것의 주
체로 인식하게 했던 사건들에 대한 역사적 연구'의 일이다.[36] 푸코의
계보학적인 저작들－주로 『감시와 처벌』과 『성의 역사The History of
Sexuality』－은 근대의 사회현실을 지배하는 개념, 실천, 제도들의 역
사와 발달에 관한 탐구들, 결코 현실을 볼 수 있다는 관점에서 어떠
한 종류의 체계적인 전체로도 결합되지 않은 탐구들의 모음집이다.
그 대신에 이러한 텍스트들의 목적은 현재의 실천 양식들의 기초가
되는 여러 가정과 평가들을 드러내는 것이고, 종종 우리가 잊어버렸
던 것을 상기시키는 것이다. 계보학은 견고하게 생각되었던 것을
흩뜨리고, 모든 외견상의 필연성 뒤에 있는 우연성을 드러낸다. 계
보학은 기존 판단들의 자명한 특징을 없애버리고, 우리에게 얼마나
이러한 판단들과 그것들이 발생한 담론들이 역사적 구성물인지를

상기시킨다. 계보학은 가장 일상적인 인식과 직관들로부터 온 모든 것을 철학자들이 종종 영원한 것으로 간주했던 위대한 질문과 문제들로 역사화한다. 계보학적 탐구는 모든 것을 역사의 흥망성쇠에 둠으로써, 우리가 자연스럽거나 고정된 것으로 상상하는 모든 것을 자연스럽지 않게 만든다. 스스로를 어떠한 대안도 없는 것으로 또는 공격할 수 없는 질서에 속한 것으로 제시하는 것이 권력의 본질, 특히 더 불길한 형태에서의 권력의 본질이라면, 그러한 권력의 작동에 본질적인 교조적 의식을 없애는 것이 계보학의 몫이 된다.

계보학은 다음과 같은 점에서 전통적인 형태의 역사탐구와 구별된다. 첫째, 계보학은 현재의 참을 수 없는 조건들을 일으켰던 과거의 사건들에 선택적으로 주목한다. 둘째, 계보학은 사건들이 단일한 기원지점에서 현재나 미래의 정점에 이르는 일련의 지속되는 발달을 형성한다고 해석하는 것을 거부한다. 계보학은 여러 현상들의 기원을 조사하지만, 무수히 많은 장소들 속에서 기원들을 찾고, 현재의 조건들을 일으켰던 다수의 요인들을 검토한다. 푸코는 사건들의 특수성을 전체를 지배하는 메커니즘이나 설명적인 계획에 종속시키는 역사연구에 대해 비판적이었다. 푸코의 견해에서는 역사 발달의 특수성들 뒤에서 작용하는 근원적인 법칙이나 구조적인 필연성, 또는 과거를 설명하는 측면에서 고정된 패턴이나 최종적인 정점은 없다. 푸코의 관심은 역사에 대한 진보 이론이나 중단되지 않는 목적론을 들먹이지 않고, '어떠한 단조로운 최종성 밖에 있는 사건들의 특이성을 기록하고' 보존하는 것이었다.[37] 계보학은 근대의 실천들이 생겨나게 했던 사건들과 오류들, 역사적 사건들의 복잡성과 우연성을 기록함으로써, 전통적인 역사연구의 안심시키는 예측가능성을 약화시킨다.

푸코에게는 역사 속에서 목적론적인 움직임을 확인하거나, 과거, 현재, 미래에 대한 전체주의화된 이해를 얻기 위해 이용할 수 있는 관점이란 존재하지 않는다. 그 대신에 우리에게는 근대 지식 형태의 구조 및 주관성이 구성되었던 여러 방식들에 대한 상세한 탐구가 남겨져 있다. 무엇보다도 계보학은 그 자체로 맑스적인 역사적 유물론과 같은 보편적이고 유사과학적인 형태의 역사적 분석에 반대한다. 푸코는 자신의 분석방법이 인간사에 확정적인 통찰력을 부여한다고 생각하는 맑시스트 및 다른 이들을 정당한 의심을 가지고 보았다. 그러한 이론가들이 지속적인 발달, 깊은 구조, 숨겨진 의미의 증거를 찾는 곳에서, 계보학자는 역사적 단절, 사건들의 우연적인 성격, 모든 표면상 깊은 의미들의 피상성을 강조한다. 푸코에게 역사의 발달은 권력을 향한 투쟁과 하나의 형태의 지배에서 이후 또 다른 형태의 지배로의 연속 속에 있는 전략들을 나타낸다. 이성적인 객관성의 요구들 밑에서 다양한 종류의 음모, 갈등, 배반들이 발견된다. 계보학은 어떻게 객관적인 담론들과 주관적인 동기들이 함께 나오는지, 어떻게 실천과 제도들이 지배의 형태를 구현하는지, 어떻게 사악한 의도들이 근대 평가 기준들의 기초가 되는지를 기록한다.

푸코는 계보학을 지역적이고 대중적인 형태의 지식, 특히 과학적 지식의 위계에서 상대적으로 낮은 위치로 좌천되었던 지식을 포함하는 역사적, 사회적 비판 방법으로 특징지었다. 푸코는 유명하게 '정복된 지식의 반란(insurrection of subjugated knowledges)'을 요청했는데, 그는 이것으로 외견상 엄격함이 부족하다는 이유로 묵살되었던 지역적 담론들의 명예회복을 의미했다. 이 지식은 '지식이라는 임무에 부적절하거나 정교함이 부족한 것으로 자격을 박탈당했던 일련의 전체 지식들, 위계의 아래 낮은 곳에 위치하고, 요구되는 인지나 과학성의 수준에 미치지 못하는 순진한 지식들'이다.[38] 계보학자는 다른 형태의 대중적이고 지역적인 지식과 함께, 참여자, 활동가, 의사, 수감자의 요구를 받아들인다. 그러한 지식들은 우월한 합리성이나 합의를 만들어내는 능력 때문이 아니라, 바로 합의를 방해하고 확립된 '진리체제'를 불안정하게 만드는 힘 때문에 명예가 회복된다. 이렇게 합의를 형성할 수 없는 정복된 지식들은 비판의 도구로 기여하는데, 왜냐하면 그 지식들이 진리로 통하는 것의 자명한 모습을 붕괴시키고, 우리에게 어떻게 우리의 현재 실천들이 이렇게 되었고, 따라서 다르게 될 수 있는지를 상기시키기 때문이다. 여기에 계보학의 급진성 요구가 있다. 계보학은 역사비판의 우상파괴적 형태로서, 근대 주체에게 부과되었고 그 주체를 구성했던 실천의 형태들을 도전하고 불안정하게 만드는 데 기여한다.

푸코의 계보학적 저작들은 잘 보이지 않는 권력의 형태들과 근대의 사회적, 담론적 실천들 속에서 이 권력들이 행사되는 다양한 방식들에 주로 초점을 맞추고 있다. 푸코는 사회비판에 대해 초역사적이거나 전체주의적인 관점을 추구하지 않았고, 또한 ─ 프레이리를 포함하여 ─ 맑스적인 비판 이론의 핵심에 있는 권력 없는 의사소통의 이상을 버렸다. 푸코는 대화와 지배의 이분법 및 권력 없는 담론과 권력 없는 사회의 이상을 위험할 만큼 유토피아적인 것으로 간주했고, 그것들을 근대 사회 내에서의 권력 작동들에 대한 구체적인 역사탐구로 대체할 것을 제안했다. 다시 정통 맑시즘과 다르게, 푸코는 자신의 분석을 강력한 이해관계들이나 중앙집권화된 권위의 결과들에 제한하지 않았다. 권력은 개인이든, 국가든, 교회든, 제도든, 어떤 행위자의 사적 소유로 오해된다. 왜냐하면 구체적인 지배 행위자 없이 권력이 행사되는 다양한 방식들을 간과하기 때문이다. 국가권력의 중요성을 축소하지는 않지만, 푸코의 비판의 주요 대상은 이러한 '모세혈관의' 권력행사, 어떤 의미에서 중앙집권화된 지배를 가능케 하는 권력행사들이다. 계보학은 해독될 수 있지만, 종종 악의적인 의도는 없고, 자주 익명인 것과 같은 전략들의 결과들을 추적한다. 계보학은 어떻게 권력이 하향식의 기반에서가 아니라 상향식으로 행사되는지, 어떻게 불평등의 관계들이 대단히 다양한 실천과 제도들에서 순환되고 만연한지, 어떻게 그 관계들이 전체로서의 사회영역을 구성하는지를 드러낸다. 요컨대, 계보학은 권력관계들이 작동할 수 있게 되었던 방법과 그 관계들의 상호연관성의 특수성을 기록한다.

푸코의 사회정치적 권력에 대한 분석이 예리한 것처럼, 그는 역시 인식론적인 권력, 특히 인문학 내에서의 권력에도 관심을 가졌다. 권력/지식 개념은 푸코의 사상에서, 특별히 계보학적 저작들에서 중심에 있다. 푸코는 진술이 지식으로 구성되기 위해서는 모든 지배의 흔적으로부터 해방되어야 한다고 주장하는 이들(다시, 프레이리가 적절한 예시이다), 그리고 객관적이고 이성적인 판결의 가능성을 주장하는 이들에 반대하면서, 이해관계가 있는 담론과 중립적인 담론, 주관적인 담론과 객관적인 담론을 구분하는 것을 거부했다. 푸코는 권력관계 밖에 있는 지식, 대립하는 진리요구들에 판결을 내리는 중립적인 방법은 없다고 주장했다. 지식은 권력관계의 중지를 전제하지 않고, 권력관계를 가능한 조건으로 요구한다. 권력과 지식은 상반되지 않고, 진리는 오직 진리를 감추는 권력의 효과가 중단되어야만 나타나는 것이 아니다. 그보다 지식과 권력은 상관관계가 있다. 권력은 지배의 도구가 되는 것에 더하여, 지식을 구성하는 생산적인 능력을 가지고 있다. 푸코가 말했던 것처럼, '우리는 권력의 효과를 부정적인 용어로 기술하는 것을 완전히 그만두어야 한다. [예를 들면,] 권력은 "배제한다", 권력은 "억압한다", 권력은 "검열한다", 권력은 "빼낸다", 권력은 "가린다", 권력은 "숨긴다"는 것이다. 사실 권력은 생산한다. 권력은 실재를 만들어낸다. 권력은 진리의 대상과 의식의 영역들을 만들어낸다.' 푸코는 권력과 지식의 구분을 완전히 붕괴시키지 않고, 그 둘은 '직접적으로 서로를 암시한다'고 주장했다. '어떤 지식 분야와 상관관계가 없는 권력관계는 존재하지 않고, 동시에 권력관계를 전제하거나 구성하지 않는 지식은 존재하지 않는다'는 것이다.[39] 그렇다면 권력은 노골적인 억압보다는 지식의 분야와 대상들의 창조 속에, 인식론적 판결을 내리는 기술들 속에 있다. 우리는 진리체제의 수립과 표면상 이성적인 기준에 순응하지 않는 앎의 방식들의 진압 속에서 권력을 볼 수 있다.

또한 푸코의 계보학적 저작들은 정체성의 정치적 차원 또는 권력이 개별 주체성에 도달하고 그것을 형성하는 방식을 서술한다. 사회적 실천과 제도들뿐만 아니라, 의사와 환자, 고해신부와 고해자, 교도소와 죄수, 교육가와 학생 간의 관계들에도 정치적 차원이 있다. 사람들이 주체로 형성되는 근본적인 방법은 본질적으로 정치적 현상이다. 주체성은 행동의 규제에서 욕망의 조작에 이르기까지 예속의 네트워크 속에서, 매우 많은 사회 과정들의 작동들 속에서 형성된다. 푸코는 인간의 몸 그 자체도 권력의 결과라고, 경제활동에서 의료기술에 이르기까지 모든 것에 의해 훈련되고 수정된 것이라고 말했다. 따라서 계보학의 임무들 중 하나는 인간 주체를 행위자이면서 (특별히) 권력의 결과로 해석하는 것이다.

비판적 역사가로서 푸코의 관심은 분명히 다양한 종류의 지배, 모순, 배반들의 영역에 놓여 있지, 확실히 그가 서술했던 문제들의 대안이나 해결책들의 영역에 있지 않다. 우상파괴적인 사상가로서 푸코의 주요 목적은 방해하고 자극하는 것이었다. 그의 목적은 기존 지식체제를 몰아내고, 근대의 실천들을 괴롭히고 있는 위험들의 역사와 정도를 드러내는 것이었다. 푸코는 의심할 여지없이 그러한 실천들의 발달을 추적하고, 그것들의 복잡성을 강조하고 보존하는 방식으로 그것들을 서술하며, 그것들과 관련된 위험성들에 대한 안이한 해결책들을 경고하는 데 있어서 매우 기민했다. 여기에 계보학을 비판-역사적 사고의 양식으로 주장할 만한 상당한 가치가 있다. 계보학은 우리에게 현대 실천들의 역사적 우연성과 그것들에 내재하는 위험성들을 상기시킴으로써, 중요한 우상파괴적 기능을 한다. 계보학은 우리에게 모든 것이 다르게 될 수도 있었다는 점을 상기시킴으로써, 우리의 사고방식을 감염시킬 수 있는 절대주의를 약화시킨다.

그러나 여기에 또한 그 가치의 한계가 있다. 우리가 사회적 또는 역사적 비판이 설득력 있기를 원한다면, 그 비판은 문제의 본질과 역사를 지적하는 것 이상을 해야 하고, 더 실용주의적인 차원을 포함해야 한다. 문제의 역사를 이야기한다고 해서 저절로 그 문제가 해결되지는 않는 것처럼, 현재의 권력/지식 형태를 약화시키는 것이 저절로 더 올바른 사태를 가져올 거라 믿을 이유가 없다. 그러한 비판이 듀이의 의미나 다른 어떤 의미에서 '지적이기' 위해서는, 우상파괴나 부정을 넘어서서 어떤 것을 긍정해야 한다. 또한 긍정적인 것을 말하지 않는데 설득력 있는 비판은 없고, 대안을 질문하지 않는 문제화도 없다. 듀이가 말했을 것처럼, 비판은 분명히 설명하고 정체를 폭로하는 것 이상을 해야 하고, 또한 제안하고 해결해야 한다. 실용주의적 감수성이 부족한 비판은 불완전하고 별로 유용하지 않다.

우리의 원래 질문으로 돌아와서, 우리는 역사교육의 목적들이 사실의 학습을 넘어서 우리가 역사적 감각이라 부를 것의 계발을 포함하는 것으로 확장되어야 한다고 말할 것이다. 이러한 감각의 성격은 무엇인가? 나는 이에 대답하면서, 다른 면에서는 매우 다른 사상가들인 이 둘의 통찰력을 이용하지 않을 이유가 없다고 생각한다. 듀이가 옳았다. 역사는 충분히 연속적이고 사회적 힘들은 시간이 지나도 충분히 유사하기 때문에, 과거 시대를 공부하는 것은 무엇이 본질적인지 보고 나머지를 잘라내어 현재를 이해하는 최상의 방법이다. 푸코도 옳았다. 역사적 감각은 비판적이어야 하고, 그것이 조사하는 것의 정치적 차원을 폭로해야 한다. 역사적 감각은 약간 의심을 해야 하고, 진보 속에서 우리의 지식과 우리의 안심이 되는 신념의 표면 밑에 있는 것을 보는 눈을 가져야 한다. 두 인물들이 주장했던 것처럼, 교육의 관점에서든 사회비판의 관점에서든, 궁극적으로 중요한 것은 실제로 현재의 역사이다. 과거로서의 과거는 부적절하다. 우리 자신의 시대에 대한 비판적 관점으로서의 과거는 적합하면서도 최고로 중요하다.

이러한 종류의 역사적 감각이 무엇과 같은지는 두 가지 예시를 통해서 볼 수 있다. 우리가 보았던 것처럼, 듀이는 과학을 근대의 결정판으로 간주했던 철학자들 중 한 사람이다. 비판적으로 현재를 이해하는 것은 과학적이고 기술적인 사고방식이 사실상 인간 존재의 모든 측면에서 가장 우선적이게 되었던 무수히 많은 방식들을 이해하는 것을 의미한다. 로마 가톨릭 교회와의 대치에서부터 그에 뒤따라 우리 자신의 시대 동안 [지속된] 과학혁명에까지 말이다. 푸코를 따른다면, 우리는 훨씬 더 철저하게 탐구해야 한다. 우리는 인간 영혼에 있는 이 특정한 권력/지식 형태의 결과들을 추적하고, 그것의 위험성과 함께 그것의 생산적인 능력을 드러내며, 그것의 탈정치적이고 가치중립적인 모습을 간파해야 한다. 우리는 푸코가 확실히 듀이의 과학에 대한 과도한 낙관론으로 보았을 것을 피하고, 그것의 덜 훌륭한 이면을 경계해야 한다. 우리 사회의 현재 조직과 역사를 공부하는 것은 우리가 과학의 역사에 관한 어떤 것을 알 것을 요구하고, 이것은 결국 과학철학, 과학의 한계 등에 관한 질문을 제기한다. 이 모든 것은 현재에 대한 우리의 역사-비판적 감각에 기여하고, 듀이가 말했던 '구체적인 사회학'을 보충한다.

우리가 이미 보았던 또 다른 예시는 홀로코스트 공부이다. 여기에서 다시 우리는 무엇이 일어났는지 뿐만 아니라, 그것이 오늘날 무엇을 의미하고 어떻게 이 사건이 우리 자신의 감수성을 형성하는지에 관심이 있다. 이 사건을 이해하는 것은 어쨌든 그것을 비판적으로 이해하는 것이다. 그것은 확실히 홀로코스트를 역사의 가장 엄청난 잔학행위들 중 하나로, 또한 매우 많은 전제조건과 결과들을 가지는 것으로 이해하는 것이다. 어떠한 사회적 암류들이 이것을 가능하게 만들었는지―듀이가 직접적으로 마주했던 질문―그리고 어떻게 그것이 계속해서 태도들을 형성하는지는 더 직접적으로 사실적인 질문들과 마찬가지로 역사를 공부하는 학생을 위한 질문들이다.[40] 더 일반적으로 과거의 사건들에 대해서도, 그것들이 진정으로 역사적 중요성을 가지는 한, 동일한 것을 말할 수 있다. 이 요점을 강조하는 것은 타당하다. 왜냐하면 마치 기억이 비판, 현재에 대한 사회학적 해석, 정의감 등과 관련되어 있지 않은 고립된 정신능력인 것처럼, 역사적 기억 또는 단순한 기억의 보존이 그 자체로 목표가 된다는 것이 여전히 널리 퍼져 있는 견해이기 때문이다. 과거의 위대한 성취들보다는 바로 역사의 잔학행위와 어리석은 행위들에 대한 기억이 아마도 훨씬 더 직접적으로 우리의 정치적 감수성을 계발해준다. 정의감은 역사의 교훈들을 배우는 것에 의해 교육되며, 이것들 중 많은 부분 또는 대부분은 최초의 어리석음의 결과들에 대해 경계하는 이야기들이다. 홀로코스트의 기억과 '다시는 있어서는 안된다(Never again)'는 도덕적 명령은 교육적 관점과 분리될 수 없다. 많은 이들이 두려워하는 것처럼, 우리 사회가 실제로 홀로코스트의 주의지속시간과 함께 그것의 집단적 기억을 잃어버리고 있다면, 이러한 후회스러운 결과의 이유는 보존 기획에 실패했기 때문이 아니라, 사회적 학습의 기회들을 잃어버렸기 때문이다. 어떤 좋은 내러티브와 같이, 역사는 교훈-더 매우 복잡할 것 같은 일련의 중첩되고 갈등하는 교훈들-을 담고 있는데, 그것을 해석하는 것은 윤리나 정치를 공부하는 학생들 못지않게 역사를 공부하는 학생들의 몫이다.

이 분야의 교육에서 최고의 성취는 이러한 종류의 역사적 감각이다. 이것은 덜 경험적인 종류의 지식과 함께, 과거에 대한 상당한 정보적 지식을 통합하는 복잡한 감각이다. 듀이는 이 지식을 사회학적이라 불렀고, 푸코에게 이 지식은 더 정치적인 문제인데, 여기에서 정치적인 것은 국가와 관련된 것보다 더 미묘하고 깊은 의미를 가지고 있다. 그것은 정보적인 것보다 덜 손에 잡히고, 덜 전문적이며, 덜 평범한 지식이다. 그것은 비판하는 질문들을 제기하며, 실증주의적인 역사의 유사가치중립성 및 보수주의의 보존을 위한 보존의 견해와 모두 크게 동떨어져 있다.

그것은 SAT 및 그와 같은 종류의 다른 시험들로 평가할 수 없는 종류의 지식이다. 그러한 시험들은 다른 모든 인문학 분야에서 배운 것의 진짜 성취들을 시험하기에 너무 무딘 것처럼, 역사가 교육하는 능력들을 시험하기에는 훨씬 더 너무나 무딘 도구이다. 예를 들면, SAT-교육보다는 대학들의 돈이나 이기심과 훨씬 더 관련되어 있는 사기-는 계속해서 미국 역사에 관한 모든 지식을 기껏해야 역사 이해의 표면을 스치듯 지나가는 너무나 많은 선다형 문항들로 압축한다. 의심할 여지없이 이 시험의 개발자들은 자신들이 이름, 날짜,

사건들을 곱씹는 수준은 넘어서 시험을 정교화 했다고 믿고 있지만, 그들은 매우 작은 정도로 성공했다. 맥락적인 '큰 그림'의 이해를 시험하고 있다는 그들의 주장에도 불구하고, 이러한 목표는 수단의 선택에 의해 전복된다. 선다형 문항은 아무리 교묘하게 만들어지더라도, 진짜 이해를 시험하는 데 완전히 실패한다. 선다형 문항은 기껏해야 이것의 흉내를 낼 뿐이고, 최악의 경우에는 추측으로 악화된다. 다른 어떤 것보다 더-가능한 예외로는 진위형 문항과 '빈칸 채우기'가 있을 수 있다-이러한 형태의 질문은 사고의 죽음이다. 시험 준비의 기술에는 재빠르지만 역사 이해의 수준과 질 측면에서는 여전히 제대로 발달하지 못한 학생들이 의기양양하게 이러한 종류의 시험에 통과할 수 있다는 것은 주지의 사실이다. 이것은 더 좋은 문항들로 극복될 수 없고, 선다형 포맷 그 자체에 내재한다. 요컨대 그 포맷은 지나치게 단순하고 피상적이다. 미국 학생들이 대학들의 마케팅 장치와 순전한 오만함을 충족시키기 위해서 여전히 이 시험에 종속되어 있다는 것은 우스꽝스러운 일이다.

그렇다면 그러한 지식을 어떻게 시험할 수 있을까? 나는 이 질문에 대한 대답이 복잡할 필요가 있어서, 너무 그러해서 대학의 마케팅 활동에 도움이 되지 않을까 봐 두렵다. 역사 지식은 철학이나 문학 지식과 같이 질적이고, 해석적이며, 비판적이고, 정신측정학을 거부하는 것들이다. 그것은 에세이나 에세이 식 문항들로 이루어진 시험에 의하여 시험될 수 있는 감수성, 일련의 감수성들이다. 유감스럽게도 컴퓨터는 이러한 것들을 채점할 수 없다. 이것들을 채점할 수 있는 것은 오직 자신의 역사 지식과 전문적 판단을 가지고, 스스로 질적인 판단을 할 수 있는 교육가들뿐이다. 채점자가 적절한 지식을 가지고 있다면, 가득 채워진 거품을 정확하게 또는 부정확하게 지적할 수는 없다고 해도, 좋은 역사 해석과 나쁜 해석을 구별할 수는 있다. 우리는 표준화된 선다형 시험을 그 자체로 보아야 한다. 그것은 나쁜 이해의 대체물, 무비판적인 인지 유형, 인간 지성에의 모욕이다. 왜 이것이 지속되는가가 아마 교육가들이 더 물어야 할 질문이다.

역사를 교육받은 학생들은 많은 정보를 소유하면서, 과거의 의미 및 과거와 현재의 관련성을 분별할 수 있다. 그 학생들은 역사 자체가 자신들이 공부하는 전통들 속에 박혀 있음을 알고 있으면서, 자신들이 기원과 역사에 대해서 이야기할 수 있는 현재의 조건들에 비판적인 역사의식을 가지고 있다. 폭넓은 의미에서, 그들은 어떻게 역사가 존재하게 되었는지에 입각한 자신의 문화에 대한 이해와, 역사가 어디로 향할지에 대한 감각을 가지고 있다. 이러한 종류의 지식은 파악하기 어렵고 양화하기 어렵지만, 또한 인문학 교육에서 최고의 성취들 중 하나이다.

1   이러한 희화는 최근의 두 책, Henry Edmondson의 *John Dewey and the Decline of American Education* (Wilmington: ISI Books, 2006)과 Kieran Egan의 *Getting It Wrong From the Beginning* (New Haven: Yale University Press, 2002)에 의해 새 생명을 얻었다. 여기에서 모든 일반적인 오독이 반복되고, 이것에는 교육과정에서 역사를 완전히 빼야 한다는 것이 듀이의 견해라는 점이 포함된다. 이러한 오해에 대한 원문의 증거는 두 저자 중 누구에게서 도 제공되지 않았다. 아마도 듀이가 결코 이것을 쓰지 않았고, 그가 암시하 거나 믿지도 않았기 때문일 것이다.

2   Dewey, 'History for the Educator' (1909). MW 4: 192.

3   Ibid., 192.

4   Ibid., 192.

5   Dewey, 'Bankruptcy of Modern Education' (1927). LW 3: 278.

6   Robert B. *Westbrook, John Dewey and American Democracy* (Ithaca: Cornell University Press, 1991), 104.

7   Dewey, 'Education from a Social Perspective' (1913). MW 7: 125.

8   Dewey, *Democracy and Education* (1916). MW 9: 221-2.

9   Dewey, 'Ethical Principles Underlying Education' (1897). EW 5: 70.

10 Dewey, 'Education from a Social Perspective' (1913). MW 7: 125.

11 Dewey, 'Ethical Principles Underlying Education' (1897). EW 5: 70, 71.

12 Dewey, 'Social Value of Courses', Educational Lectures Before Brigham Young Academy (1902). LW 17: 318.

13 Dewey, 'The Future of Philosophy' (1947). LW 17: 467-8.

14 Dewey, *Experience and Education* (1938). LW 13: 51.

15 Dewey, 'The School as Social Center' (1902). MW 2: 88.

16 Dewey, 'Current Tendencies in Education' (1917). MW 10: 118.

17 Dewey, 'Democracy and Education in the World of Today' (1938). LW 13: 301.

18 Dewey, 'History for the Educator' (1909). MW 4: 192-3.

19 Dewey, 'The Way Out of Educational Confusion' (1931). LW 6: 87.

20 Dewey, *How We Think* (rev. den, 1933). LW 8: 147-8, 147.

21 Dewey, *Moral Principles in Education* (1908). MW 4: 282.

22 Dewey, 'Ethical Principles Underlying Education' (1897). EW 5: 70-1.

23 Dewey, *Experience and Education* (1938). LW 13: 59.

24 Dewey, 'Ethical Principles Underlying Education' (1897). EW 5: 60-1.

25 Ibid., 72.

26 Dewey, 'Moral Significance of the Common School Studies' (1909). MW 4: 208.

27   Dewey, *Democracy and Education* (1916). MW 9: 15.

28   Dewey, 'Conscription of Thought' (1917). MW 10: 277-8.

29   Dewey, *Reconstruction in Philosophy* (1920). MW 12: 132. 유사한 진술들도 발견된다. 예를 들면, MW 6: 12, LW 8: 301, MW 12: 159, LW 13: 329가 있다.

30   Dewey, *Experience and Nature* (1925). LW 1: 40.

31   Michel Foucault, 'Polemics, Politics, and Problemizations: An Interview with Michel Foucualt', in *The Foucault Reader*, ed. Paul Rabinow (New York: Pantheon, 1984), 384.

32   Foucault, 'On the Genealogy of Ethics: An Overview of Work in Progress', in Hubert L. Dreyfus and Paul Rabinow, *Michel Foucault: Beyond Structuralism and Hermeneutics* (Chicago: University of Chicago Press, 1983), 231.

33   Foucault, 'The Subject and Power', in Dreyfus and Rabinow, *Michel Foucault: Beyond Structuralism and Hermeneutics*, 208.

34   Foucault, *Discipline and Punish: The Birth of the Prison*, trans. Alan Sheridan (New York: Vintage, 1979), 30-1.

35   Foucault, 'Nietzsche, Genealogy, History', in *The Foucault Reader*, 76-7.

36   Foucault, 'What Is Enlightenment?', in *The Foucault Reader*, 46.

37   Foucault, 'Nietzsche, Genealogy, History', 76.

38   Foucault, *Power/Knowledge: Selected Interviews and Other Writings, 1972-1977*, ed. Colin Gordon, trans. C. gordon et al. (New York: Pantheon Books, 1972), 81, 82.

39   Foucault, *Discipline and Punish*, 194, 27.

40   특별히 Dewey, *Freedom and Culture* (1938) in LW 13을 보라.

09

문학을 가르치기: 삶과 내러티브

듀이가 문학과 예술을 매우 높게 평가했는데도, 그의 교육적 저작들은 문학교육에 대해 거의 언급하지 않으며, 문학교육에 대한 어떠한 지속적인 논의도 없다는 것은 이상한 사실이다. 듀이는 단 하나의 글에서도 이 주제에 전념하지 않았고, 이는 우리로 하여금 약간 관련된 주제들에 관한 그의 저작들로부터 이 분야에서의 듀이식 교육관은 무엇과 같을지 추론하게 만든다. 실제로 듀이가 그의 초기에 1898년의 글에서 이 주제에 대해 제공했던 더 흥미로운 언급들 중에 하나를 보면, 그는 '초등교육 집착'을 향하는 그 시대의 추세―초등학교 처음 3년 동안 읽고, 쓰고, 문학에 대해 알기 위해 학습하는 것의 중요성을 강조하고 있었던 추세―에 대해 바로 문학의 중요성이라는 이유로 저항하고 있었다.

문학에 붙어 있는 많은 정보 때문에 초기 학교생활에서 읽기

학습의 우월함을 호소하는 것은 내게 왜곡인 것처럼 보인다. 단지 문학이 그렇게 중요하기 때문이라면, 아동의 인쇄된 말로의 입문을 그가 그것의 진정한 의미를 감상하고 다룰 수 있을 때까지 미루는 것이 바람직하다.[1]

듀이는 문학이 발달에 주는 영향력과 '실제 아동이 … 상상적 가치와 관념들의 세계 속에서 살아가는' 정도에 대해 잘 알고 있었다. 그러나 이것이 문학작품의 교수학습 및 적절하게 그 실천의 방향을 맞추는 목적들에 주는 함의는 대체로 언급되지 않은 채 남아 있다.[2]

따라서 이 장의 목적은 이 주제에 대한 듀이의 여러 언급들과 몇 가지 관련된 쟁점들을 관련시켜서 이러한 함의들을 확인하는 것이고, 따라서 교육이 문학과 관련될 때의 듀이식 교육철학을 설명하는 것이다. 나는 이전 장들의 구조를 따라가면서, 또한 듀이의 입장을 넘어서 한두 걸음 진보하려는 노력으로, 듀이의 철학과 내러티브에 관한 약간 더 최근의 견해들, 특히 폴 리쾨르의 견해들을 접하게 할 것이다. 나는 여기에서 내가 '문학(literature)[1)]'으로 더 넓은 의미-일반적으로 글로 쓰인 말을 망라할 수 있는 범주-가 아니라, 특히 허구의 작품들, 본질적으로 장편 소설, 단편 소설, 희곡, 시를 가리키고 있다는 점을 명시해야 한다. 이렇게 하는 나의 의도는 정의를 내리는 규정에 의지하려는 것도 아니고, 이 단어의 다른

....

1) literature는 우리말로 문학, 문헌 등으로 번역된다. 필자는 이 단락에서 앞으로 literature의 의미를 문헌이 아닌 문학으로 쓰겠다는 것을 언급하고 있다.

의미들이 존재하고 존재해야 한다는 것을 부인하려는 것도 아니다. 오늘날 우리가 말하는 문학은 19세기에, 특히 고전적인 정전이 학생들의 모국어로 된 텍스트들로 대체되기 시작했던 교육의 맥락 속에서 흔하게 사용되었던 단어이다. [그러자] 질문은 [다음과 같은 것이] 되었다. 고전교육에서 국민교육으로의 이행 속에서 무엇이 그리스와 로마의 위대한 텍스트들을 대체해야 하는가? 우리에게는 모국문화의 작품들 중 교육과정에 포함할 만하다고 주장되는 작품들과 그렇지 않은 작품들을 구별해줄 단어가 필요했고, '문학'이 이러한 목적에 맞는 것처럼 보였다. 따라서 문학은 명예를 표하는 의미, 허구 작품들에 제한되지 않는 의미를 획득했다. 그러나 이 단어의 정의에 대해서는 결코 논란이 없지 않았고, 내가 여기에서 이것을 소개할 의도는 전혀 없다. 내가 좁은 의미의 문학을 말하는 목적은 적절하게 허구 텍스트를 가르치는 쪽으로 방향을 맞추는 목적들과 종종 넓은 의미에서 문헌이라는 포괄적 용어하에 포함되는 역사, 철학, 과학 및 다른 학문들을 가르치는 목적들은 구분되는 문제라는 것을 제시하기 위함이다. 만약 우리가 교육과정에 허구 작품들을 포함할 뿐만 아니라, 내가 주장할 것처럼 현재 선호되는 방식—정치경제적 명령들의 영향력하에서 과학과 수학에 의해 지배되는—보다 더 그 작품들의 중심적인 위치를 인정할 생각이라면, 우리는 문학과 관련하여 적절하게 교육적인 것이 무엇인지 설명해주는 견해에 대한 이유를 제공해야 한다. 허구 작품들은 학생들이 졸업 이후의 삶에서 유용하다고 발견할 만한 정보적 지식을 거의 주지 않는다. 교육 보수주의자들은 이에 대해 반대 논변들을 내놓았지만, 이들이 생각하는 교육은 문학의 중요성을 실제적인 사용가치로 축소시킴으로써 문학에게 몹쓸 짓을 하는 것이다. 문학의 교육적 의의는 그것이 어디에 있든 간에, 허쉬의 문화적 리터러시나 블룸의 정전을 위한 정전을 훨씬 넘어서, 우리가 보통 생각하는 것보다 더 심오하고 지속되는 방식으로 인간의 경험을 풍요롭게 하는 문학의 능력을 포함하는 쪽으로 확장된다.

일반적으로 예술이 그러하듯이, 문학은 우리를 형성한다. 그리고 우리는 오직 문학이 우리를 형성하는 방식과 정도를 깨달았을 때에만 문학의 교육적 중요성을 충분히 이해할 수 있다. 문학의 형성적 영향력은 플라톤이 우리로 하여금 보도록 가르쳤고 듀이도 잘 알고 있었던 현상이다. 비록 듀이는 그것을 교육에 관한 그의 저작들에서 주요 테마로 다루지 않았지만 말이다. 그것은 철학에서의 '교양(Bildung)' 전통도 강조했던 개념이고, 듀이가 옹호했던 경험관과 잘 부합하는 개념이다. 교육적 목적이 분명해지기 위해서는, 경험과 문학, 삶과 내러티브가 그것들의 상호의존 속에서 생각되어야 한다. 이것이 현재 장의 가설이다. 문학을 접하는 것은 실제로 듀이의 의미에서 탐구의 형태이지만, 그것은 더 직접적인 탐구의 형태를 능가하는 방식의 탐구이다. 우리가 여기에서 탐구하고 있는 진리는 포괄적인 의미의 진리로, 인간의 조건 그 자체에 대한 진리이다. 문학은 확실히 다른 수단으로 헤아리기 어려운 문제들에 대해서 우리에게 알려줌으로써 가르쳐준다. 더 중요하게, 문학은 우리를 형성하고 변화시킴으로써 가르쳐준다.

듀이가 『민주주의와 교육』에서 썼던 것처럼, '아이디어들은 따로 떨어져 있는 고립된 섬이 되지 않는다. 아이디어들은 일상생활의 과정을 살리고 풍요롭게 한다.' 이러한 아이디어들에는 '인류 역사의 문화적 산물들－특별히 문학적 산물들'이 포함된다.[3] 경험과 교육의 관련성은 듀이의 변함없는 테마였고, 문학의 교육적 중요성은 이러한 관점에서 이해될 수 있다. 문학은 비문학 담론들이 성취할 수 있는 것보다 더 풍부하고 더 세련된 방식으로 경험을 조명한다. 삶에 대한 문학의 서술은 [삶의] 의미를 드러내는데, 그 방식은 개인적이고 가슴에 사무치며, 복잡한 주제들을 특정한 인물과 상황들에 관련시키고, 우리의 경험을 인간적으로 중요하게 만드는 것을 정확히 끌어낸다. 문학의 언어는 정보적 지식을 훨씬 초월하고, 삶의 깊이에 도달하며 독자를 변화된 존재로 만드는 방식으로 의미를 나타낸다. 듀이가 말했던 것처럼, 경험은 '살아 있는 것을 의미한다.' 경험은 오직 추상적인 철학 개념도 아니고, 사회생활을 '둘러싸고 있는 매개물'과 별개로 일어나는 것도 아니다.[4] 경험을 구체적으로 이해하기 위해서는, 말하자면 그것을 내부로부터 보는 것이 최선인데, 왜냐하면 경험은 세계 속에서 상호작용하는 실제의 또는 상상된 인물들에 의해 살아지는 것이기 때문이다.

듀이는 문학이 요청하는 이러한 논변들을 상세히 발달시키지 않았지만, 그렇게 이어질 수 있는 원칙들을 세웠다. 그것은 학생들에게 현존하는 이해관심들에의 호소로 시작하는 것이다. 잘 말한 좋은 이야기처럼 젊은이와 노인 모두의 이해관심을 끌어당기는 것은 없다. (또는 거의 없다.) 우리가 아동들의 이야기 시간에 대해서 말하고 있든 더 성숙한 문학 해석 노력들에 대해서 말하고 있든, 내러티브는 보통 나이가 들어 더 성숙한 이들보다 특히 상상의 영역에 더 편하게 있는 젊은이에게, 보편적이면서도 심오하게 호소한다. 과학이나 수학에는 완전히 무관심한 정신들도 문학 작품들에는 깊이 매혹될 수 있고, 교육가들은-문학작품들이 학생들의 경험과 연결되고 무능하게 가르쳐지지 않는다면-종종 그러한 작품에 대한 이해관심을 불러일으키는 데 어려움을 겪지 않는다. 듀이는 적절한 교육과정을 음식에 비유하면서, 다음과 같이 썼다.

> 아동은 수동적으로 경험을 받아들이기를 기다리고 있지 않는다. 아동은 경험을 찾고 있고, 깨어 있는 모든 삶의 순간 속에서 이렇게 더 경험을 얻고, 사물들 및 그와 관련된 사람들의 세계를 알고자 하는 원초적이고 자발적인 열의를 보여준다. … 교사나 부모가 해야 하는 것은 단지 아동이 그것들 대부분을 얻을 수 있도록, 이러한 충동들이 스스로 나타나는 적절한 대상과 환경을 제공하는 것이다. 아동은 배고픔을 공급하지만, 음식을 공급하지는 않는다.[5]

이 배고픔을 채우는 문학작품들을 선택하는 것은 현재의 교육심리학이 말하는 '나이에 적합한' 자료보다는 학생들이 자발적인 이해관심을 가지고 있는 텍스트들을 확인하는 것과 더 관련이 있을 것이다. 우리가 아동에 대해 말하고 있든 젊은 성인에 대해 말하고 있든, 모든 독서는 그것이 (교육가들뿐만 아니라) 학생들의 정신에 관여하고, 텍스트에 그러한 관여를 할 만한 어떤 것, 여흥이나 오락을 능가하는 어떤 것이 있다면, 좋은 독서이다.

경험과의 관련성은 명령이다. 왜냐하면 이러한 관련성의 부재 속에서는 학생들이 공부하는 것에 진정한 이해관심을 가질 동기가 거의 매우 없고, 그 과목은 경험에 필수적인 모든 것을 방해하는 외적 부과인 것처럼 보일 것이기 때문이다. 듀이가 언급했던 것처럼, '이해관심의 원리는 종종 오락의 개념, 또는 어떤 것을 흥미롭게 만드는 것으로 축소되고 오용된다.' 이 아이디어가 부드러운 교육학과 잘못 동일시되었던 빈도를 고려하면, 이렇게 오용되는 것은 그 원리의 왜곡이라는 점을 강조하는 것이 중요하다. 듀이는 다음과 같이 계속 말했다. '완전한 이해관심 또는 유기적인 이해관심은 오직 아동의 전체 자아가 그의 활동에 들어갈 때에만 실현된다. 아동의 활동은 객관적으로 생각할 때 비교적 사소하더라도, 아동에게는 가치 있는, 진정한 일로 호소하는 것임에 틀림이 없다.'⁶ 지적으로 미성숙한 이에게 셰익스피어를 가르치는 것은 문학에 대한 사랑을 만들어내기 위해 재미있지만 얼빠진 자료를 제공하는 것만큼이나 헛된 일이다. 이러한 행복한 결과가 일어나기 위해서는, 학생들의 능력이 관여되어야 한다. 학생들이 진정한 의미에서, 자신들과 관련 있다고 ─ 이것은 항상 경험적 관련성을 의미한다 ─ 생각할 수 있는 어떤 것을 작업해야 한다.

문학의 삶과의 관련성은 기본적인 문학 능력을 가지고 있고, 형편없는 가르침이나 잘못 선택된 자료에 의해 손상된 문학교육을 받지 않았던 사람이라면 누구에게나 자명하다. 듀이가 표현했던 것처럼, 문학작품이 교육에 주는 가치는 '그것이 우리가 현재 활발하게 해야 하는 일들의 의미를 증가시키는 데 사용된다는 점에 있다.' 특별히 문학작품이 '지속적인 경험의 재구성'과 관련될 때, 가치가 있다.[7] 문학은 인간 경험의 깊이를 파헤치는 독특한 능력을 가지고 있다. 특히 소설은 인간 경험의 넓이나 시간적 확장에 관한 어떤 것도 포착한다. 듀이의 유기적인 의미에서의 경험은 상당한 시간 동안 이루어지는데, 이는 경험을 개별적인 단위로 말했던 더 오래된 경험론자의 견해들과 대조된다. 경험은 또한 우리가 '하나의' 경험을 가지는 것에 대해 말할 때 분명한 것처럼, 완성하는 특성을 가진다. 이러한 의미에서 하나의 경험은 이제 시작 단계인 것과 완성되지 않은 것, 완성을 향한 자신의 코스를 완주하는 데 실패한 것과 대조된다. 듀이는 주저하고 조화되지 않는 경험을 시간이 지남에 따라 그 경험을 생겨나게 했던 자각된 어려움의 해결을 달성하는 경험과 대조했다. 해결된 갈등, 처리된 어려움, 완성으로 이끌어진 기획은 이러한 의미를 가진 매우 많은 경험들이다. 그것은 문학적 내러티브가 제대로 다루는 '중단 아닌 정점'이 있는 인간 경험의 차원인데, 왜냐하면 우리 행위의 장기적인 결과들과 우리가 짜는 그물망의 함의들이 개인적이고 상세한 방식으로 서술되는 곳이 여기이기 때문이다.

우리가 보았던 것처럼, 듀이의 '경험의 연속'은 제임스의 '의식의 흐름'에서 파생되었다.[8] 현상학적으로 말하자면, 우리의 경험은 시간상 앞으로 나아간다. 우리의 경험은 한 사건에서 다음 사건으로 이어지고, [현재의] 경험에 지향과 의도성을 제공했던 과거의 경험들과 연결되어 있다. 하나의 경험은 목표를 위한 수단, 결과, 전환점일 수 있다. 하나의 경험은 미래의 경험들을 미리 나타내고, 시작이나 끝을 구성하며, 그렇지 않으면 더 넓은 시간적 배열에 들어맞을 수 있다. 어쨌든 경험은 혼자 힘으로 서 있지 않고, '끊임없이 앞으로 흐르며', 때로는 결국 하나의 결론이나 정점이 된다.[9] 듀이의 예시들에는 더 평범한 종류의 [문제] 해결 [경험]뿐만 아니라, 미적 경험이 포함된다.

음악의 테마를 들을 때, 곡의 전반부가 결코 후반부의 단순한 수단이 아니다. 전반부는 [듣는 이의] 마음에 일정한 틀을 잡아 주고, 후반부의 전개를 예상하게 해준다. 그래서 [곡의] 끝, 결말 은 단순히 시간적으로 마지막의 것이 아니다. 그것은 이전에 전개되었던 것을 **완성한다**. 말하자면, 그것은 그 테마의 전체 성격을 결정한다. 야구경기에서, 매 회가 진행될수록 관심이 높아질 것이다. 9회 말에서 **최종적으로** 누가 이기고 누가 지는 지 결정되는데, 그때까지 긴장감과 의심이 있어 왔다. 야구경기 에서 마지막 단계는 시간상으로 마지막일 뿐만 아니라, 전체 경기의 성격을 결정하고, 따라서 선행했던 모든 것에 의미를 부여해준다.[10]

듀이에게 정점의 개념은 특히 미적 경험의 본질을 가리키며, 이는 그가 『경험으로서의 예술』에서 명시적으로 다루었던 테마이다. 정 점을 이루는 경험들은 일상적인 사건의 과정들에서 중요하고 두드 러지는 경험들로, 이전에 지나갔던 것의 완성이 되고, 독자적으로 완비된다. 모든 경험이 유기적인 특징을 가지고 있다고 설명하는 것은 경험이 계속해서 앞으로 나아가고, 철저하게 다른 경험들 및 환경과 연결되며, 주기적인 정점과 새로운 시작에 도달하는 과정이라는 것을 의미한다.

이 모든 것－모든 인간 경험의 관련성과 의의들 속에 있는 경험의 더 넓은 길－은 문학이 독자 속에서 울려 퍼지고, 독자를 변화시키는 방식으로, 분명하게 만드는 것이다. 문학작품을 해석하는 것은 바로 관련성들을 향한 추구를 수반하는데, 이는 듀이에게 일반적인 경험의 특징이지만 [동시에] 더 고차적인 수준으로 고양된 경험의 특징이다. 어떻게 하나의 구절이나 에피소드가 다른 것과 관련되는지, 어떻게 내러티브 전체의 의의가 부분들로부터 나오는지, 어떻게 주제가 독자 자신의 삶과 관련되어 있는지 등은 문학 해석 종류의 탐구가 하는 일이다. 비록 문학탐구는 듀이 자신이 더 명백히 과학적인 형태의 탐구보다 훨씬 덜 관심을 보였던 종류이지만 말이다. 듀이가 소중히 여겼던 실험적인 정신의 틀은 과학적 맥락 못지않게 (아마 그보다 더) 문학과의 만남 속에서 요청되고, 이러한 만남이 가져오는 경험의 넓어짐과 깊어짐은 문학의 교육적 중요성에 대한 가장 진정한 지표이다.

문학교육의 성취들 중에는 의심할 여지없이 듀이가 너무나 자주 썼던 종류의 도덕적 지식 또는 사회적 지성이 있다. 내가 8장에서 논의했던 것처럼, 듀이는 역사가 이러한 종류의 지식 계발에서 특별히 중요하다고 보았지만, 그는 또한 여기에서의 문학의 역할에 대해서도 모르지 않았다. 역사가 인간사의 복잡성과 우리 계획의 성공 및 실패를 보여준다면, 확실히 문학도 동일한 것을 할 수 있다. 내 견해에서 문학은 심지어 이러한 측면에서 역사를 능가하는데, 왜냐 하면 우리가 경험을 이를테면 내부로부터 이해하게 되는 것은 역사 가의 거리가 있는 관점으로부터 라기보다는 위대한 소설가와 시인 들의 작품들 속에서이기 때문이다. 여기에서 독자는 지성과 감정(특 히 공감)을 가지고 반응하고, 스스로 상상 속에서 등장인물의 관점 으로 바꾸며, 등장인물의 눈으로 보고, 역사탐구보다 더 즉각적이고 개인적인 방식으로 그들의 갈등을 해결하도록 요청된다. 듀이가 갈 등을 해결하고 도덕적 어려움을 제거할 목적으로 '사회 상황들을 관찰하고 이해하는 힘'으로 규정했던 사회적 지성은 그러한 상황들 을 겪고 있는 등장인물들을 멀리서 지켜보지 않고 더 친밀한 방식으 로 동일시하는 독자에게 그 상황들이 완전한 복잡성 속에서 서술될 때, 최고로 배울 수 있다.[11] 우리는 등장인물들의 갈등을 끝까지 겪고, 그들의 기쁨과 좌절을 경험하며, 그들에게 이러저러한 방향을 촉구 한다. 우리는 우리 자신의 존재가 변화되는 과정 속에서, 그들의 시 도로부터 교훈을 끌어내고, 그들의 특정한 생각이나 특성들을 이용 하며, 그들의 삶에서 나오는 의미를 우리 자신의 삶에 적용한다.

　문학이 실제 생활보다 상상 속에서 일어난다는 것은 교육에 있어 결점이 아니다. 진정으로 교육적인 많은 것들이 젊은이의 내면, 외적 으로 유용한 것을 넘어서는 습관들 및 감수성들의 형성과 관련되어 있다. 실제로 도덕적 지식의 계발을 포함하여 외적으로 유용한 많은 것들도 바로 여기에 그 기반을 가지고 있다. 즉, 그것들은 문학과 예술들이 접근하게 해주는 내면과 상상의 영역, 인간의 본성 및 삶에서 손에 잡히지 않는 것들에 대한 이해 속에 기반을 두고 있다. 라스 콜리니코프(Raskolnikov)나 알료샤 카라마조프(Alyosha Karamazov)의 갈등들을 직접 경험하는 것보다 더 도덕적 숙고의 기능을 배우는 데 좋은 방법이 무엇인가? 스스로 장발장(Jean Valjean)의 관점으로 바꾸는 것보다 더 개인의 변화에 관한 것을 배우는 데 좋은 방법은 무엇인가? 이 점에 있어서 역사 및 다른 인문학의 분과들도 의심할 여지없이 중요하지만, 어떤 것도 다양한 풍부함과 복잡성 속에서 인간 경험을 이해하는 데 있어 문학을 능가하지 못한다.

　교육의 과정의 근본법칙은 교과내용이 학생들을 그들의 즉각적인 상황들에서 들어올려서, 그들에게 그들 자신의 것과 연결되어 있지만 또한 그들로 하여금 더 멀리 보고 다르게 보도록 해주는 경험들과 사고방식들을 소개한다는 것이다. 이것이 변화가 일어나는 방식이다. 변화는 편협하고 익숙한 것을 넘어서고, [이미] 알고 있는 것에서 이제 알아갈 것으로 정신을 이끄는 것을 통해 일어난다. 듀이가 헤겔주의적인 분위기로 말했던 것처럼, '사고가 상징 속에서 그리고 상징을 통해서 살고, 움직이고, 존재하며, 따라서 상징이 그러한 것처럼 사고의 의미가 맥락에 의존한다면, 상징과 맥락이 자신의 역량을 발휘하는 곳은 문학작품, 특히 인간 존재의 더 궁극적인 질문들을 다루는 작품들이다.[12] 예를 들어, 문학은 젊은이가 일상생활에서 앞으로 경험해야 하는 정서적 반응들을 이끌어낸다. 문학은 젊은이들이 경험했던 것보다 더 성숙한 경험의 어려움과 미묘함들을 접하게 하고, 따라서 상상력을 교육한다. 우리는 문학과 상상력의 관련성을 듀이의 『경험으로서의 예술』의 마지막 묘사 속에서 볼 수 있다.

그러나 만약 우리가 예술작품의 창조로부터 상상력의 본질을 판단한다면, 상상력은 모든 제작과 관찰의 과정들을 살리고 그것들에 넘쳐나는 특징을 나타낸다. 상상력은 사물들이 완전한 전체를 구성하는 것처럼, 그것들을 보고 느끼는 방식이다. 상상력은 정신이 세계와 만나는 지점에서의 이해관심들의 크고 관대한 융합이다. 오래되고 익숙한 것들이 경험 속에서 새롭게 만들어질 때, 그곳에는 상상력이 있다.[13]

문학이 더 일반적인 방식으로 상상력 및 우리의 인간 조건에 대한 이해를 교육하는 방식을 보는 것은 어렵지 않다. 문학이 정보적 지식—비문학 언어로 전달될 것 같은 지식—을 전해준다는 좁은 의미에서 교육을 하든 또 다른 의미에서 교육을 하든 간에, 문학은 의심할 여지없이 교육을 한다. 문학이 가르치는 방식은 주로 실제 예를 보여주고, 간접적이며, 인상적이고, 특정 상황 속의 특정 인물에게 구체적이지만, 교육에도 중요한 방식이다. 도스토예프스키(Dostoyevsky)의 『죄와 벌Crime and Punishment』이 도덕적 상상력을 교육한다거나, 오웰(Orwell)의 『1984』가 독자들의 사회적 지성을 교육한다는 것은 거의 부인할 수 없지만, 이것들이 교육을 한다는 것의 정확한 의미는 아직 덜 분명하다. 오웰은 권위주의에 대한 타당한 비판, 즉 정치 이론 논문에서 똑같은 표현을 발견했을지 모를 비판을 표명했는가? 오웰은 듀이의 '인간의 문제들' 중 하나를 해결했는가? 그럴 것 같다.

비록 이것이 오웰의 성취를 축소해서 말하지만 말이다. 도스토예프스키는 도덕성이나 범죄 심리학에 관하여 아마도 참일 가설을 제시했는가? 아마도 그러하다. 그러나 누군가는 이러한 방식으로 질문을 만드는 것이 요점을 놓친다는 점을 감지할 것이다. 그 요점은 문학이 도덕적 상상력, 사회적 지성 및 어떤 유사한 능력을 교육한다는 것이다. 문학은 독자로 하여금 그 자신의 것이 아닌 관점과 문학을 읽지 않았다면 가지지 못했을 경험을 알게 함으로써, 말하자면 내부로부터 '느껴진 어려움'을 겪고, 무엇이 이루어져야 할지를 숙고하며, 직접 인간 행위의 결과들을 보게 함으로써, 교육을 한다. 독자는 상상 속에서 극적인 상황들을 시연하며, 그때 해석, 정서적 민감성, 숙고의 능력들이 작동하기 시작한다.

따라서 『민주주의와 교육』의 다음 언급들에서 문학 공부의 적합성은 매우 분명하다.

> 감각이 작용하기 위해서는 그것을 자극하는 지각할 수 있는 대상이 있어야 하는 것처럼, 우리의 관찰력, 기억력, 상상력도 그냥 작동하지 않고, 현재의 사회활동이 설정한 요구들에 의해 시행된다. 성향의 주요 구조는 이러한 영향력들에 의해서 학교 교육과는 독립적으로 형성된다. 의식적이고 의도적인 교육이 할 수 있는 것은 기껏해야 이 능력들을 풀어주어서 더 완전히 행사될 수 있도록 하는 것과 그것들에서 일부 조잡함을 제거하는 것, 그것들의 활동이 더 생산적인 의미를 만들어내게 해주는 대상들을 제공하는 것이다.[14]

문학과의 만남이 교육하는 것은 '관찰력, 기억력, 상상력'뿐만 아니라, 넓은 의미에서의 성찰, 숙고, 이해의 습관들이다. 가장 고차적인 정신 능력들은 문학작품들의 해석, 그 작품들의 주제를 설명하고, 그것들을 학생들 자신의 삶과 관련시키는 교실 토론과 글쓰기 작업에서 동원된다. 만약 삶의 복잡성을 이해하는 것이 우리의 목표라면 - 우리가 사랑의 문제, 사회적 상황, 도덕적 숙고, 실존적 선택, 아니면 다른 어떤 것을 말하고 있든지 간에 - 위대한 문학보다 더 좋은 수단은 존재하지 않으며, 복잡한 경험에 대한 문학적 묘사로 인해, 주의력은 순간의 범위를 넘어서 지속된다. 허쉬가 말했던 것처럼, 도스토예프스키(Dostoyevsky)나 톨스토이(Tolstoy)의 묘사들은 사회적으로 유용한 정보를 전달하는 것 훨씬 이상의 일을 한다. 그것들은 우리에게 보고 느끼는 방법, 인간에게 주목하고 더 깊이 삶을 들여다보는 방법을 가르쳐준다. 그것들은 종종 처음으로, 우리 경험들의 의미를 성찰하게 만든다. 우리를 변화되고 더 경험에 열려 있게 만드는 것은 이러한 성찰이다.

　문학 내러티브의 한결 같은 지속성은 듀이가 경험의 연속성이라 불렀던 것, - 상호작용의 원리와 함께 - 경험이 적절하게 교육적이기 위한 기준에 기여한다. 우리가 보았던 것처럼, 더 나아간 경험들로 이어지고, 정신을 익숙한 것에서 새로운 것으로, 좁은 것에서 넓은 것으로, 구체적인 것에서 추상적인 것으로 데려가는 계기를 가져오는 것이 경험의 특성이다. 교육적 경험들은 그 자체를 넘어서 이어지고, 더 넓은 관념들의 배열에 잘 들어맞는 것들이다. 듀이가 우리로 하여금 주목하도록 이끌었던 경험의 상호연결성은 소설 속에서 최고로 예시된다. 우리는 소설의 사실적인 세부사항 속에서 미묘하면서, 세련되고, 잠재적으로 변화시키는 관련성들을 볼 수 있다. 또한 소설에서는 시간에 걸쳐서 복잡한 주제들이 발생하고, 텍스트에 대한 활발한 질문의 기반 위에서 의미가 나타난다. 듀이가 '성찰적 주목의 능력'이라 불렀던 것, 사려 깊고 서두르지 않는 방식으로 '정신 앞에 문제, 질문들을 잡고 있는 힘'을 의미했던 것을 소중히 여기고, 서두르는 피상성보다 '깊이와 느림'을 소중히 여기는 교육은 아마도 가장 진보한 교훈들을 바로 여기에서 발견할 것이다. 그곳 어디에서도 쉬운 답은 발견될 수 없다. 진정한 이해는 피상적인 의미들을 넘어서 볼 것을 요구하기 때문이다.[15]

듀이가 표현했던 것처럼, 만약 '학교교육의 첫 번째 산물'이 '삶 그 자체로부터 배우려는 경향'이라면, 다양한 풍부함 속에서 제시되는 살아 있는 경험이라는 의미의 삶이 문학작품보다 더 많이 존재하는 곳은 어디인가? 문학작품들이 우리에게 보통 말하는 '실제 세계'보다 허구적인 세계를 제시한다 해도, 우리는 일반적인 문학과 예술이 묘사하는 것이 삶이며, 이것이 독자로 하여금 구경꾼이나 수동적인 정보 수령인의 역할을 버리고, 우리의 경험에 가득한 관련성과 의미들을 알도록 요청하는 방식으로 이루어진다는 점을 간과하지 말아야 한다. 문학은 우리를 현실도피의 공상세계로 이동시키지 않고, 실제 세계 그 자체를 과학적이고 실제적인 방식으로 공부할 때에는 종종 알 수 없는 방식으로, 우리에게 정확히 실제 세계에 대해서 알려준다. 만약 우리가 관심을 가지는 것이 실제 문제들이라면, '경험으로부터 배우는 능력'보다 더 실제적인 것은 없다. 우리가 이것을 '하나의 경험에서 이후 상황의 어려움들에 대처하는 데 쓸모가 있는 것을 보존하는 능력'으로 이해한다면 말이다.[16] 학생들을 기다리고 있는 실제 생활에 그들을 준비시키려는 광란 속에서, 우리는 바로 이 준비에 유용한 정보라는 이름으로 통하는 것보다 훨씬 이상의 것이 포함되고, 지각과 판단 능력들, 성찰과 창조성의 지적 습관들,－유감스럽게도 희귀하지만－타인의 실수로부터 배우는 능력이 포함된다는 점을 간과할 수 없다. 누군가는 이것을 직접 주입하려고 시도할지 모르지만, 이 마지막 가치는 설교를 통해서가 아니라, 학생들에게 모든 인간 성격의 약점들과 그것들에 이어지는 결과들을 알려주는 간접적인 경로에 의해서만 가르치고 배울 수 있다. 이러한 수단을 통해서 학생들의 판단력은 향상된다. 만약 사람이 판단하는 것을 통해 판단하는 것을 배운다면, 그가 이 등장인물이 이 복잡한 상황에서 어떻게 행동했어야 했는지, 무엇이 그들을 몰락으로 이끌었는지, 우리라면 그들의 처지에서 무엇을 했을지 판단하게 하라. 그들이 보편적으로 인간에게 중요한 내용을 담고 있는 고대의 비극들로부터 배웠던 교훈들, 또는 학생들의 경험과 더 직접 관련되어 있는 현대의 작품들을 성찰하게 하라. 각각의 경우에, 그러한 내러티브들이 해석할 어떤 것이 있을 정도로 충분히 질이 좋다면, 학생들이 훌륭한 산문에 관여하고, 의미를 해석하며, 결론을 내리고, 판단을 형성하는 것에 길들여질 때, 세계에 대한 이해가 어느 정도 획득될 것이다. 삶의 복잡성들을 뛰어넘고, 경험 그 자체로부터 배우는 법을 아는 것은 문학교육의 최고의 성취들 중 하나이고, 그것은 위대한 문학에 특별히 잘 맞는 지식이다.

만약 '의심을 바짝 밀어붙이지 않고, 탐구를 가능한 한 짧게 자르는 것이 인간의 타고난 경향'이라는 듀이의 관찰이 맞다면, 우리는 이러한 경향에 반대하고, 필요할 때 정신의 속도를 늦추며, 지각의 애매성을 가려내고, 복잡성을 뛰어넘으며, 해결책을 향해 서두르기 전에 의심에 가라앉도록 허용하는 데 있어 문학보다 더 좋은 어떤 수단을 가지고 있는가?[17] 탐구는 성급함으로 인해 그것의 원인이 되었던 어려움이 불충분하게 지각될 때, 좋지 않은 결말에 도달한다. 문학은—우리로 하여금 묘사들 속에서 시간을 보내고, 현대생활의 성급한 성향으로 인해 우리를 지나가는 세부사항들을 처리하게 하면서—바로 이러한 종류의 인내심을 가르쳐준다. 예를 들면, '아무것도 일어나지 않은 채' 수백 장으로 늘어지는 러시아 고전소설은 독자에게 지각의 기술 및 이를 위해 주의 깊게 세부사항에 주목하는 법을 가르쳐준다. 나는 『전쟁과 평화War and Peace』나 『카라마조프가의 형제들The Brothers Karamazov』을 읽고, 함께 그 주제들에 관한 교실 토론을 하며, 해석적인 에세이를 쓰는 것보다 지각과 도덕적 상상력을 교육하는 더 좋은 방법을 생각할 수 없다. 학생들에게 다르게 사고하는 것을 가르치는 방법으로 이보다 더 좋은 방법은 고안되지 않았다. 듀이가 너무나 자주 언급했던 것처럼, 지적 사고는 습관들—성찰성, 인내심, 열린 마음 등—및 필요할 때 습관을 고치는 능력의 계발을 요구한다. 지적 사고는 매우 자주 학생들에게 습관적 태도들을 재검토하고, 부모와 문화의 영향으로 받아들인 방식들과 다르게 세계를 볼 것을 요구한다. 듀이가 언급했던 것처럼, '생애의 매우 초기에 정신 조직들이 주의 깊은 사고 없이 형성되고, 이러한 조직은 지속되며 성숙한 정신을 통제한다.' 이러한 습관들은 변화에 매우 저항할 수 있고, 교육가는 이 습관에 가까이 가기 어려울 수 있다.[18] 그 습관들에 가까이 갈 수 있다면, 그것은 가장 상상력에 의해서, 정면공격의 방식보다는 문학이 할 수 있는 방식으로 감각들을 요청함으로써 가능할 것 같다. 학생들은 때로—더 큰 유연성과 정확성을 가지고, 역사의 우연성에 주목하면서, 잘못된 확실성은 없이—그들의 세계를 다르게 보도록 가르침을 받아야 하는데, 여기에서 문학이 지침으로 작용할 수 있고, 학생들을 익숙한 경험에서 익숙하지 않고 더 복잡하며 세련된 경험으로 이끌 수 있다.

또한 문학교육은 학생들이 교육받지 않았던 때보다 자신의 여가 시간을 더 유익한 방식으로 사용할 수 있도록, 취향을 교육하는 것을 목표로 한다. 듀이는 젊은이와 노인 모두의 여가 시간이 점점 더 대중적인 형태의 여흥과 아무 생각 없는 오락의 지배를 받고 있는 방식에 대해 걱정했는데, 이 추세는 물론 더 최근의 수십 년 동안에도 계속해서 가속되었다. 듀이가 썼던 것처럼, '우리는 과학이나 예술에 대한 취향을 개발해야 한다. 이것은 과학자나 예술가가 될 사람들뿐만 아니라, 여가 시간이 생겼을 때 자연이나 문학에 관한 어떤 것을 읽거나 듣는 데 관심이 있을 사람, 음악과 연극을 즐길 능력이 있는 사람에게도 해당된다.'[19] 분명한 취향 악화에 대한 관심은 우리 시대나 듀이 시대에 새로운 것은 아니지만, 그것은 듀이가 공유하는 관심사였다. 많은 이들이 그러했던 것처럼, 듀이는 교육을 해결책으로 기대했고, 잘 가르쳐진 문학 및 다른 예술들이 현재 일반적인 것보다 더 세련된 취향과 이해관심들을 심어줄 것이라 희망했다.

우리는 이 연구 전체에 걸쳐서 듀이의 교육철학이 그의 실용주의적 실험주의와 일관되는 방식과 어떻게 그가 항상 교육과정과 학생들의 경험을 연결할 것을 주장했는지에 대해 볼 기회를 가졌다. 이러한 용어들로 진술될 때, 듀이가 우리에게 지나치게 실용적인 교육관, 이론이나 문학 그 자체에 대한 관심을 잘못된 것으로 여기고 심지어 취향의 계발도 오직 그것이 공허한 오락보다 더 유익하게 자유시간을 사용하도록 해주는 한에 있어서만 소중히 여기는 교육관을 제공했던 것처럼 보일 수 있다. 이러한 견해에는 한 톨의 진리가 있겠지만, 그렇다고 해도 나는 그것이 한 톨 이상은 아니라고 제시할 것이다. 취향과 지각에 대한 교육은 의심할 여지없이 실용적인 목표들에 기여하지만, 듀이는 또한 교육은 적절하게 그 자체로 목표라고 주장했다. 듀이는 『사고하는 방법』에서도 '심지어 상식적인 관점에서도, "너무 실용적이게" 된 것, 너무나 즉각적으로 실용적인 것에 열중해서 한 치 앞을 못보고 자신이 앉아 있는 나뭇가지를 자르게 되는 것과 같은 일이 있다'고 썼다. 그것은 실용적인 것의 한계 및 실용적인 것과 그것을 초월하는 것처럼 보이는 것, 즉 이론적인 것, 미적인 것, 지적인 것과의 관련성의 문제이다. 듀이의 요점은 눈에 보이는 것 이상으로 그러한 관련성들이 있다는 것, 문학이 교육하는 지각의 기술이 도덕적 결과들을 가진다는 것, 적절하게 계발된 취향은 우리를 탐미주의자로 바꿔놓지 않고, 우리에게 취향계발 이전보다 더 넓고 다양한 시야를 제공한다는 것이다.

진정으로 실용적인 인간들은 너무 엄밀하게 모든 지점에서 획득될 어떠한 이익들을 요구하지 않고, 그들의 정신이 주제와 관련하여 자유롭게 놀게 한다. 용도와 적용하는 일에 대한 배타적인 집착은 지평을 좁히고, 결국 자충적이다. 그러한 집착은 너무나 짧은 밧줄을 가지고 있어서, 그의 사고를 용도의 기둥에 묶어주지 않는다.[20]

듀이가 관심을 가졌고, 모든 인문학 분과들의 교육이 전해주기를 목표로 하는 모든 마음의 습관은 실용적인 용도를 가지고 있다. 심지어 이것이 항상 자명하지는 않더라도 말이다. 이러한 용도들은 부분적으로 그 습관들의 교육적 가치를 설명하지만, 인문학 분야들 중 어떠한 곳에서도 교육을 목표를 위한 단순한 수단으로 간주하는 것은 실수이다. 듀이는 항상 정신을 계발하는 과정은 그 과정 자체의 바깥으로부터 어떠한 정당화도 요구하지 않는다고 주장했다. 문학교육의 세속적인 용도는 적지 않지만, 취향과 상상력의 계발은 그 자체로 목표이며, 정신의 삶에서 필수적인 것이다. 누군가가 그것을 좁게 실용적인 방식으로 사용하든 (항상 이렇게 가르칠 수 있다) 그렇지 않든 간에 말이다. 대학의 국문과들이 그들의 몫으로 쓸모없는 학위를 생산해냈다는 사실은 꽤 눈에 띄는 특징일 수 있다. 미술, 연극, 음악 등의 학과뿐만 아니라 여기에서도, 누군가는 이 분야의 실용적 차원과 비실용적 차원을 모두 잘 이해하고, 그것이 학생들의 삶에 기여하는 점을 잘 이해하고 있어서 미안해하지 않는 예술의 대변인들을 여전히 발견할 것이다. 그러한 모든 학문은 실용적인 사용가치에 대해 과장된 요구를 하는 대변인이나 마케팅 홍보에 의해 잘못된 대우를 받고 있고, 그 학문들의 진정한 가치는 그것들이 계발해주는 안목과 상상력에 있다.

실제로 많은 형태의 잘못된 교육은 종종 교육과정이 반드시 듀이가 말했던 것보다 더 좁은 의미의 실용적인 목표들에 직접 기여해야 한다는 견해, 궁극적으로 교육의 목적이 졸업 이후에 학생들을 기다리고 있는 삶에 그들을 준비시켜야 한다는 견해에서 생겨난다. 물론 보통 이것은 경제적 생산의 삶을 의미하고, 거의 그 이외의 다른 것을 의미하지 않는다. 따라서 문학이나 예술을 공부하는 모든 학생에게 아주 흔하게 묻는 질문은 다음과 같다. '당신의 학위를 가지고 무엇을 할 것인가?' 이 질문과 그것이 전제하는 것에 대해서 생각해 보자. 여기에는 오직 손에 잡히는 문제만 중요하고, 정신의 미덕들에 대해 말하는 대답은ㅡ정신의 미덕들 그 자체를 목표로 말하는 대답은 훨씬 더ㅡ중요하지 않을 것이라는 분명한 가정이 있다. 또한 여기에는 교육은 목표를 위한 수단일 뿐만 아니라, 문제가 되고 있는 목표는 돈벌이가 되는 직장이라는 가정이 있다. 이러한 가정들은 분명히 실용적인 지향을 가지는 공부의 과정에서는 쉽게 이해될 수 있지만, 그 가정들이 모든 곳에 적용된다는 것은 다른 명제이다. 이러저러한 방식으로, 듀이의 관점에서 잘못된 교육인 것처럼 보이는 것은 보통 이러한 가정들ㅡ올바른 양의 올바른 정보를 보유하지 않은 학생들은 노동시장에서 미래가 없을 것이라거나, 그 학생들은 경제적 준비와 문화적 동일성의 또 다른 이름인 '문화적 리터러시'가 부족할 것이라는 가정ㅡ위에서 진행된다. 우리는 '정신에 관한 것들은 스스로를 쉽게 시험이라는 이름으로 통하는 종류의 외적 검사에 내주지 않는다'는—암기된 정보와 관련된 표준화된 시험에는 훨씬 더 그러하다는—듀이의 통찰을 명심하는 것이 좋을 것이다.[21] 정신의 문제들은 손에 잡히지 않기 때문에, 적어도 더 직접적이고, 양적인 형태의 시험을 초월한다. 예를 들면, 문학공부에서 선다형 시험은 다른 인문학 분야에서와 동일한 이유로, 우스꽝스러운 일이다. 선다형 시험은 사물들의 표면 아래로 내려가서 학생들이 읽은 것에 대한 그들의 이해를 시험하는 데 완전히 실패한다. 정신에 관한 것들은 정보적 지식과 지나치게 실용적인 생각을 가진 사람이 좋은 교육으로 의도하는 것을 똑같이 초월한다.

허쉬는 이 후자 집단의 예시이다. 문화적 리터러시를 약간 그럴듯하게 만들 수 있는 것은 그것이 슬로건으로서, 고급문화를 구성하는 모든 이미지를 상기시키고, 그 이미지들을 리터러시의 일상적인 의미—읽고 쓸 줄 아는 능력—옆에 가져온다는 것이다. 누군가는—우리가 허쉬가 문화적 리터러시로 의도하는 것을 배우기 전까지—문화적 리터러시가 있는 사람은 자신이 일부인 문화에 대해 폭넓고 아마도 깊은 이해를 가지고 있는 사람이라고 생각할지도 모르겠다. 문학공부가 관련된 곳에서 일어나는 종류의 학습은 사실적 지식이나 선다형 시험으로 측정될 수 있는 어떤 것을 훨씬 초월한다는 점이 분명해야 한다. 문화적 리터러시의 창립자 자신이 문학교수라는 것은 놀랄 만한 사실이다. 보통 문학교수들은 애초에 문학을 학문적 공부라 할 만하게 만드는 모든 것과 문학이 인간에게 깊이 중요하도록 만드는 모든 것은 정확히 정보적 지식의 종류로 환원되거나 양화될 수 없는 것이라고 생각하기 때문이다. 월터 스콧(Walter Scott)[2]이 '오 우리가 얼마나 복잡한 그물망을 짜는가 …'라는 말을 썼을 때, 그는 단지 우리에게 19세기 스코틀랜드에서 속임수는 흔히 악으로 생각되었다는 것 또는 그 점에 있어서 속임수는 실제로 그러한 악이었거나 여전히 악이라는 점을 알려주고 있었던 것이 아니다. 알료샤 카라마조프가 한 무리의 아동들에게 그들이 방금 참석했던 장례식 이후에 '우리는 분명히 올라갈 것이고, 우리는 분명히 모두 다시 만날 것'이라고 말할 때에도, 도스토예프스키는 단지 그의 독자들에게 영혼불멸에 대한 그의 개인적인 믿음을 알려주고 있었던 것이 아니다. 문학예술의 풍부함과 복잡함을 실용적인 목적들에 유용할 정보의 덩어리들로 축소시키는 것은 완전히 문학의 요점을 놓치는 것이다. 그렇지 않다면 왜 우리가 작품들 그 자체보다 스파크노트(Sparknote)[3]를 읽는 몇몇 학생들의 습관을 경멸하듯이 보겠는가? 이것이 실제로 문학작품을 읽는 것보다 그 작품에 관한 정보를 얻는 데 더 효율적인 방법이 아닌가? 주제 분석과 결합된 직접적인 줄거리 요약들이 문화적 리터러시의 목적들에 더 적합하다. 우리가 문화적 리터러시라는 구절로 허쉬가 의도했던 것보다 훨씬 더 풍부한 어떤 것을 의미하지 않는다면 말이다.

우리가 잘못된 문학교육의 공식을 고안한다면, 그것은 바로 교과

----

2) 월터 스콧(1771-1832)은 스코틀랜드의 역사소설가, 극작가, 시인으로, 유명한 작품으로는 『호수의 여인(The Lady of the Lake)』, 『웨이벌리(Waverley)』 등이 있다.
3) 각종 서적들을 요약하고 풀이해주는 웹 사이트. http://www.sparknotes.com/

내용을 시험할 수 있는 너무나 많은 정보로 축소시키는 것이고, 이는 결과적으로 자신들이 높은 점수를 얻는 한, 본질적인 것을 배웠다고 믿는 학생들을 낳는다. 그러한 교육은 문학이 실제로 가르치는 것, 문학을 해석하는 법, 우리의 삶을 변화시키는 문학의 능력을 이해하는 데 실패하면서도, 외면적인 성공을 달성하는 것을 가능하게 만들 것이다. 또한 잘못된 교육은 학생들이 문학과 관련하여 잘못된 종류의 경험들을 가지고, 그 결과 문학 전체에 정이 떨어지게 될 때 발생한다. 위대한 문학조차도 형편없이 가르쳐지거나 그것을 감상하기에 너무 어린 정신에 가르쳐질 때, 그것이 학생들로 하여금 일반적인 문학에 냉담하게 만든다면, 비교육적일 수 있다. 예를 들어, 9학년에 셰익스피어를 가르치는 것은 진정으로 [성숙한] 14세의 정신을 가져오기보다, 오래 지속되는 혐오감을 만들어낼 것 같다. (9학년에 강제로 셰익스피어를 받아들여야 했던 나 자신의 기억은 지극히 끔찍하고, 나는 예전 급우들의 기억도 그와 같을 거라 확신한다. 우리들 중 누구도 우리가 읽고 있었던 것을 이해하지 못했을 것 같고, 이것은 형편없는 가르침 때문만은 아니다.)

또한 잘못된 교육은 학생들이 주로 문학작품을 해석하는 유일한 한 가지 방법—일반적으로 교육가의 방법—이 있다고 믿을 때 발생한다. 이 여전히 흔한 실천은 해석학적 이유와 교육적 이유 모두에서 반대할 만하다. 원칙적으로 유일하게 최고로 권위 있는 텍스트 해석은 없는데, 왜냐하면 의미는 다른 독자들 및 독자들의 세대들에 의해 다르게 경험되고, 독자들이 해석에 가져오는 실제 이해관심들, 관점, 문화유산에 의존적이기 때문이다.[22] 물론 독자는 잘 읽을 수도 있고, 잘못 읽을 수도 있다. 그러나 이것은 결코 전자의 경우에는－아마도 허쉬도 생각하는 것처럼, 저자의 의도를 발견함으로써－객관적 진리를 확인한 것이고, 후자의 경우에는 그렇지 않다는 것을 의미하지 않는다. [그리고] 이러한 실천에 대한 듀이의 반대는 해석학적이라기보다 더 교육적이다. 교육의 본질은 탐구하는 것, 교사이든 학생이든 누구도 진리에 대한 특별한 통찰력을 가지고 있다고 전제하지 않고 탐구하는 것이다. 예를 들어, 문학 해석에 있어서 우리는 공통의 기반 위에서 텍스트의 의미(들)에 대해 탐구하고 있다. 교육가는 탐구자로서 의심할 여지없이 하나의 견해, 종종 대단히 기초가 튼튼한 견해를 가지겠지만, 듀이의 요점은 교육가가 아무리 많이 전문가라 할지라도, 그는 탐구의 싸움 위에 서지 않고, 오류가 가능하다는 정신 속에 해석들을 굴복시켜야 하며, 학생들이 그 해석들의 장점을 검토하도록 허용해야 한다는 것이다. 학생들은 결코 구경꾼이나 완전히 이해하기 쉽게 된 정보의 수동적인 수령인의 역할에 놓여서는 안 된다.

이와 관련된 잘못된 교육의 형태는 교사의 역할을 열성당원 속에서 찾는다. 그것이 특정한 문학이론에 대한 봉사에 있든, 정치 이데올로기에 대한 봉사에 있든, 다른 어떤 것이든 간에 말이다. 이에 대한 한 가지 중요한 예시는 정치적 올바름(political correctiness) 현상으로, 이는 그것이 시행되었던 모든 곳에서 교육에 파괴적인 결과를 낳았고, 그 어느 곳에서보다 문학공부에서 가장 심한 결과를 낳는다. 이 운동은 그가 주입할 정설이 좌파인지 우파인지, 정치적인 것인지 종교적인 것인지, 또는 그 점에 있어서 참인지 거짓인지는 교육적 관점에서 전혀 중요하지 않다는 점을 깨닫지 못하고 있다. 모든 형태의 정설과 세뇌는 탐구의 관점이 아주 싫어하는 것이다. 학생들이 비판적이게 되도록 가르치는 것은 그들을 '반억압' 운동가 또는 이러저러한 종류의 제자들로 변화시키는 것을 의미하지 않는다. 그것은 학생들이 특정한 사고방식을 채택했는지 확인하는 것을 의미하지 않고, 학생들이 옹호하는 견해가 무엇이든 그것을 지적 논변들로 뒷받침할 수 있는지 확인하는 것을 의미한다. 잘 교육받은 정신은 유연하고 탐색적이다. 그러한 정신은 자신의 확신 강도와 상관없이, 여전히 그 확신을 도전할 어떠한 생각들에도 단호히 열려 있다. 정치적 올바름은 스스로 그것이 반대하는 어떠한 견해와도 똑같이 가혹하고 교조적임을 증명했고, 교육의 상황에서 '포괄성'보다는 이데올로기와 절대주의의 분위기를 만들어냈다. 정전의 정치들과 관련된 과열된 논쟁들은 종종 주장되는 것보다 훨씬 덜 끝났다. 교육적 관점에서 중요한 것은 문학작품의 저자가 남성인지 여성인지, 흑인인지 백인인지 등이 아니라, 그들의 작품이 학생들의 경험에 대해 말하는지, 적절하게 해석될 경우 학생들을 편협하고 평범한 것을 넘어서 그들의 지평을 확장하고 그들을 변화시킬 수 있는 허구의 세계로 이끄는지의 여부이다. 정전에 속하는 작품들은 본래 교육적이지만 정전 이외의 작품들은 그렇지 않다는 것은 사실이 아니고, 그 반대도 마찬가지이다. 듀이가 언급했던 것처럼, '교육적 가치는 추상적으로 존재하지 않는다.'[23] 텍스트는 더 큰 교육의 목적들에 기여할 때 교육적 가치를 띠지, 교육가나 정부의 정치적 고안들에 기여할 때 그러한 가치를 띠지 않는다. 교실이 문화전쟁의 전장이 되고 문학이 '정치 투쟁'과 '저항'의 도구가 될 때, 교육이 그 결과가 되지 않을 것은 꽤 확실하다.

물론 잘못된 교육은 그 밖의 형태로도 나올 수 있다. 그러나 이것들은 듀이의 견해가 밝힐 수 있는 몇 가지 더 중요한 형태들이다. 문학공부도 학문주의와 공허한 형식주의로 악화될 수 있다. 문학공부는 학생들의 경험과 연결되는 데 실패하고, 문학의 세계를 현실도피의 거만한 형태인 것처럼 보이게 만들 수 있다. 문학공부는 너무나 많은 영역들을 너무나 빨리 다뤄서, 텍스트들을 스치듯 지나가고 오직 피상적인 수준에서 이해하는 습관을 심어줄 수 있다. 문학공부는 학생들에게 그들이 질문할 필요가 없는 이미 만들어져 있는 해석들을 제시함으로써 또는 학생들에게 글쓰기 작업을 통해 언어구사 능력을 개발할 것을 요구하지 않음으로써, 그들에게 너무 거의 요구하지 않을 수 있다. 다른 예시들도 언급될 수 있었지만, 나는 여기에서 멈추고자 한다. 이제 검토 및 재검토되어야 하는 것은 듀이에게 문학의 교육적 중요성으로 설명되는 삶과 문학의 관련성이다. 이 관계와 관련하여, 듀이가 생각했던 것보다 훨씬 더 친숙한 이유들이 있을 것이다.

내러티브(narrative)로서의 삶

　사람들의 예상보다 다소 더 듀이와 공통점이 있는 20세기의 철학자는 폴 리쾨르이다. 리쾨르의 저작들에서 듀이 인용문은 어디에서도 발견되지 않겠지만, 이 대단히 변증법적인 두 사상가는 특정한 쟁점들에 대한 그들의 실질적 입장들뿐만 아니라, 이 두 인물이 습관적으로 철학 질문들에 접근했던 방식—현대 사상에 일반적인 이분법을 거부하고, 보통 이항대립의 빈틈에서 작동하는 본질적으로 현상학적인 탐구를 추구한 것—측면에서도 많은 것을 공유한다. 두 사상가 모두 단절보다는 연속성을 말하기를 좋아했고, 어떤 양극단에 마주쳤을 때 보통 둘 다 그렇다거나 둘 다 아니라는 입장을 옹호했다. 이것은 두 인물에게 삶과 문학의 관계라는 질문—우리가 보았던 것처럼 듀이는 그 둘의 근본적인 상호의존을 강조했고, 리쾨르는 거의 마찬가지를 주장했지만 듀이가 우리에게 남겨두었던 곳을 넘어서 몇 걸음 더 나아간 논변을 제시했다—에 있어서도 유지된다. 따라서 나는 리쾨르의 논변과 듀이 자신의 견해를 접하게 해주고 싶고, 이러한 일련의 사고는 경험과 내러티브의 관련성을 더 분명하게 해주고 그렇게 함으로써 문학교육의 목적을 더 분명하게 해줄 것이다.

　학생들의 살아 있는 경험과 내러티브 간에 어떠한 관계가 있는가? 또는 그 점에 있어서 어떤 인간과 내러티브 간에 어떠한 관계가 있는가? 두 번째 질문은 우리에게 첫 번째 질문에 대한 단서를 제공할 것이다. 무엇이 내러티브가 가지고 있는 보편적인 매력을 설명하는가? 그 내러티브가 허구이든 허구가 아니든 간에 말이다. 과학의 시대에, 우리의 사고와 앎의 방식들은 점점 더 과학적인 것과 기술적인 것의 신세를 지고 있지만, 내러티브가 가지는 매력은 결코 줄어들지 않았다는 점은 우리에게 이상하다는 인상을 줄 것이다. 장 프랑수아 리오타르는 현대 과학이 항상 내러티브와의 갈등 속에서 존재해왔다고, 특히 후자가 지식의 형태로 간주될 경우 그러했다고 언급했다.[24] 누군가는 문학은 오락이나 미적 즐거움의 수단이며, 우리가 진리를 추구한다면, 우리는 이 진리를 허구의 공상세계가 아니라 대체로 약간 과학적인 종류의 방법을 사용하는 학습된 담론들 속에서 발견할 것이라고 생각할지도 모른다. 이야기하기와 문학적 해석은 둘 다 과학이 아니라 예술이다. 둘 다 기술을 이용하지도 않고 특별한 전문지식을 요구하지도 않지만, 약간 탁월한 일들이다. 그러나 이러한 예술들이 적절한 의미의 지식을 제공하는가? 나는 리쾨르를 따라서, 이 마지막 질문에 긍정하는 대답을 옹호할 것이다. 문학 ─ 더 일반적으로 예술 ─ 에는 진리가 있을 뿐만 아니라, 그것은 비문학 언어로의 번역에 저항하는 진리이다. 문학과의 만남 속에서 배우는 것은 내 자신이 누구인가 하는 것이다. 이것이 왜 그럴 것인가 하는 점이 내가 이제 하려는 질문이다.

리쾨르가 표현했던 것처럼, '삶이 내러티브와 관련 있다는 것은 항상 알려져 있었고 종종 반복되었다.'[25] 문학의 세계와 인간 경험의 세계 또는 실제 삶이라 불리는 것을 구분하는 틈은 없지만, 종종 간과되는 연속성은 있다. 리쾨르의 표현으로, 인간의 삶은 '내러티브 탐색 속의 삶'이다. 리처드 키어니는 이 점에 대해 간결한 명료화를 제공한다.

　　모든 인간 존재는 내러티브를 추구하는 삶이다. 이것은 단순
히 인간이 혼돈과 혼란의 경험에 대처하는 패턴을 발견하려고
노력하기 때문이 아니다. 이것은 또한 각 인간의 삶이 **항상 이
미 암묵적인 이야기**이기 때문이다. 바로 우리의 유한성이 우리
를 노골적으로 말하자면, 처음에 태어나고 끝에 죽는 존재로
구성한다. 그리고 이것은 우리의 삶에 시간의 구조를 주는데,
이 시간의 구조는 우리를 뒤로는 우리의 과거로 (기억) 그리고
앞으로는 우리의 미래로 (예상) 보낸다는 측면에서 일종의 **의의**
를 추구한다. 그래서 우리는 우리의 삶이 끊임없이 시작, 중간,
끝의 측면에서 (반드시 이 순서는 아닐지라도)－전(前)성찰적
으로 그리고 전(前)의식적으로－스스로를 해석하고 있다고 말
할지도 모른다.[26]

　　실존주의적 현상학의 언어로 말하자면, 인간의 삶은 항상 이미
시간적으로 구조화되어 있고, 그가 될 지도 모르는 종류의 존재에
대한 일련의 유한한 가능성들로 방향 지워져 있다. 자기이해는 그가
내러티브를 따라가는 방식 속에서 일어난다. 자기이해는 우리의 개
인적 과거 또는 공유된 과거를 예상되는 미래에 함께 연결시킴으로
써, 현재의 사건들을 그것들에 의미를 공급하는 더 넓은 전체의 측
면에서 해석함으로써, 의도와 행위들을 시간이 흐름에 따라 펼쳐지
는 기획들을 형성하는 것으로 간주함으로써, 우리 존재 전체를 이해

할 수 있는 경험들의 연속으로 설정함으로써 일어난다. 내가 누구인가 하는 것은 내가 했던 것과 내게 일어났던 것에 함축된 주제이다. 그것은 또한 되어가는 과정, 내가 계속해서 노력하고 있는 가능성과 열망들 속에서 내가 누구인가 하는 것이다.

자아에 대한 내러티브 이론은 그것이 [그렇게] 불리게 되었던 것처럼, 우리의 더 '사물 같은' 특징 – 생물학 담론의 대상인 것 – 보다 우리 존재의 문학적이고 상상적인 차원을 강조한다. 내러티브 이론은 전자를 경시하지 않지만, 우리로 하여금 특정한 종류의 주체가 되게 해주는 우리의 살아 있는 경험의 최고성을 강조한다. 우리가 어떤 사람이 누구인지를 – 그가 어떠한 종류의 실체인지 또는 무엇이 이것을 다른 생물학적 생명의 형태와 구별하는 지가 아니라, 내 앞에 서 있는 이 인간 존재가 누구인지의 의미에서 – 이해하기 원할 때, 우리는 일상적인 경험으로부터 우리가 '그의 삶의 이야기'를 배울 때 그의 정체성을 이해한다는 것을 알고 있다. 우리의 자기이해에서도 마찬가지이다. 내가 나 자신이 누구인지 아는 한 – 이것은 결코 경험 속에서 완전히 주어지는 문제가 아니고, 실제로 내가 알 수 없는 것일 수 있다. – 나는 삶의 이야기를 시작, 중간, 예상되는 끝에 관련시키는 데 있어 내레이터(narrator)의 기술을 이용한 것이다. 현상학적으로 말해서, 내터리브 역사는 내가 누구인가이다. 왜냐하면 언제나 자아가 이해되고, 누군가가 자신에 대해 말할 때 말하는 모든 것, 그것이 그의 성(gender), 문화, 민족, 다른 정체성 표지나 행위, 경험, 심리적 특성, 가치, 신념 등 무엇이든지 간에 그가 말하는 모든 것을 함께 포착하는 것이 가능해지는 것은 이러한 기본 구조 속에 있기 때문이다. 이러한 이질적인 항목들의 기초가 되는 통합의 원칙은 형이상학적 실체나 존재의 깊은 핵심이 아니라, 자기 이해를 제공하는 내러티브 역사이며, 삶 속에서는 어떠한 의미도 가능하다.

따라서 내러티브는 허구의 영역에 제한되는 것이 아니라, 우리 자신과 타인들에 대한 경험, 역사, 문화, 정치, 인간 삶의 매우 많은 영역들에 대한 우리의 경험에 넘쳐난다. 리쾨르가 말했던 것처럼, 내러티브는 '인간이 행위하고 겪는 바로 그 구조'가 되는데, 이는 내레이터의 기술이 사람의 삶에 산재한 사건들을 가져와서 그것들을 더 넓은 시간적 순서 속에서 에피소드로 배열한다는 의미이고, 그 사건들의 의의는 그것들이 전체에 기여하는 것 속에 있다. 하나의 행위나 경험은 이러저러한 방식에서 이야기를 앞으로 나아가게 하는 것으로 이해된다. 그것은 연속성 또는 과거로부터의 출발로, 이후 사건들의 전조가 되는 것으로, 하나의 기획에 기여하는 것으로, 따라서 고립된 사건 이상으로 이해된다. 내러티브와 별개로 간주되는 행위는 무의미한 행동의 단위이고, 유기체의 물리적 동작 이상의 이해를 거부하는 것이다. 그렇게 생각되는 행위는 생물학이나 생리심리학의 어휘 속에서 설명될 수는 있지만, 인간적으로 의미 있는 사건으로 이해될 수는 없다. 리쾨르는 행위가 전(前)내러티브의 특징을 가지는 것으로 말하곤 했는데, 이는 행위가 상징적으로 매개되고, 더 넓은 이야기 줄거리 속에 관여되는 것을 통하여 그 행위가 가지는 어떠한 의미이든 그 의미를 획득한다는 의미이다. 하나의 내러티브, 하나의 행위 그 자체는 하나의 상징이나 내러티브

조각으로 간주될 수 없고, 따라서 그 자체를 넘어서 도달하는 것으로 간주될 수 있다. 예를 들어, 어떤 사람을 눈으로 보는 단순한 행위는 관여된 사람들과 그 행위가 일어난 상황들에 따라, 경청, 의문, 비난, 위협, 사랑행위 및 매우 많은 다른 의미들을 나타낼 수 있다는 의미에서, '유사-텍스트'이다.[27] 따라서 그 행위는 어떠한 상징의 방식에서의 해석을, 우리로 하여금 그 행위를 단순한 물리적 행동과 구별하도록 해주는 규범 및 신호들과 관련하여 그 행위의 의미를 설명해줄 것을 요청한다. 그 행위는 특정한 내러티브 단위로 해석될 때, 텍스트 속의 특정한 구절이 고립적으로가 아니라, 작품 전체의 더 넓은 맥락으로부터 그것의 의미를 얻는 방식으로 해석될 때, 의미가 있게 된다.

우리가 특정한 행위와 경험들에 대해 말하고 있든 삶 전체에 대해 말하고 있든 간에, 이해를 가능하게 만드는 것은 내러티브이다. 우리는 여기에서 외견상으로 보편적인 내러티브 형태가 가지는 매력에 대한 설명을 발견한다. 만약 이야기가 나 자신인 것이라면, 만약 이야기가 내가 항상 이미 나의 세계에 대한 경험을 이해하는 형태라면, 내러티브가 내게 알려주는 것은 내가 누구인지, 그리고 나의 삶은 무엇이 될 것인지에 대한 가능성들이다. 문학의 경험 속에서 내가 마주치는 것은 나 자신이고, 그곳에서 자아는 언제나 지금까지 자신의 코스를 완주했던 이야기로 생각된다. 자기해석적인 행위체로서 자아는 그 삶의 일상적인 과정 속에서 출생과 죽음 사이에 걸린 작품이다. 누군가가 읽는 등장인물들은 가능한 자아들이고, 그는 그 등장인물들의 특성을 선택적으로 이용할 수 있으며, 그 등장인물들의 운명을 [자신과] 관련지을 수도 있고 그렇지 않을 수도 있다. 허구의 작품을 읽을 때, 사람은 상상 속에서 자신을 그 텍스트의 세계 속으로 이동시키고, 그 자신의 것이 아닌 삶을 산다. 독자는 다른 사람의 눈을 통해서 세계를 보고, 그들의 갈등을 자기 자신의 것으로 경험한다. 등장인물의 감정과 인식들은 독자의 것이 된다. 등장인물의 운명은 무관심하게 여겨지지 않고, 시급한 문제로, 종종 깊이 개인적인 것으로 간주된다. 지적으로 문학을 읽는 것은 수동적인 관객이 되는 게 아니고, 상상적 해석과 정서적 민감성이라는 고차적인 능력들을 불러일으킨다. 그 사람은 상상 속에서 그가 읽고 있는 등장인물들이 되고, 그들의 행위에 대해 숙고하며, 그들의 삶에서 교훈을 끌어낸다.

리쾨르가 표현했던 것처럼, '삶 속의 내러티브에 닻을 내리는 것은 **인간 경험의 전(前) 내러티브적인 특징**이라 불릴 수 있었을 것에 있다. 우리가 삶을 초기 상태의 이야기로 말하는 것, 그래서 삶을 **내러티브를 추구하는 활동과 열정**으로 말하는 것이 정당화되는 것은 이것 때문이다.'[28] 삶은 내레이터와 이야기 본연의 주요 등장인물이 모두 그런 것처럼, 궁극적으로 자신의 이야기를 만들고 자신을 형성하기 위해서 많은 내러티브들을 추구한다. 사람이 자기 자신을 사회적 진공상태에서 이해하지 않고, 문학적 진공상태에서도 그렇게 하지 않는다는 것은 자명한 이치가 되었다. 예를 들면, 얼마나 많은 이들이 자기 자신을 성서의 내러티브의 측면에서 이해하기를 계속하고, 아동기에 배웠던 이야기들로 그들 삶의 기본적인 줄거리를 형성하며, 특정한 고대 등장인물들의 배역으로 그들이 누가 될

ᵂ것인지의 가능성들을 알게 되는가? 모든 신도는 그들이 어떤 등장인물을 자신의 삶의 모델로 삼아야 하는지, 어떠한 등장인물이 되어서는 안 되는지, 열망할 것은 무엇이고, 비난할 것은 무엇인지 알고 있다. 문학 애호가, 대중문화 애호가 및 일반적인 내러티브의 애호가들도 마찬가지이다. 내러티브는 [수준이] 더 높은 형태에 있든 더 낮은 형태에 있든 간에, 우리의 자기이해가 드러나고 우리 삶의 방향이나 지향을 얻는 기본 구조를 제공한다.

우리는 이러한 방식으로, 내러티브란 영혼을 형성하고 교육가와 정치 통치자 모두가 대단히 진지하게 간주해야 할 문제라는 플라톤의 통찰을 이용할 수 있다. 물론 플라톤은 젊은이가 그의 이상적인 도시를 접하도록 이야기를 검열하는 것에 대한 고전적인 사례를 만들기 위해 이 통찰에 호소했다. 검열 문제는 내가 여기에서 손을 댈 문제가 아니고, 통찰 그 자체가 지속되는 중요성을 가지고 있다. 인간의 품성은 그가 접하는 내러티브들에 깊이 영향을 받고, 좋든 나쁘든 실제로 그것에 의해 형성된다. 가장 분명하게는 쉽게 영향을 받는 나이에 그러하지만, 오직 그때에만 그러한 것은 아니다. 플라톤은 국가의 수호자들이 부끄럽게 행동하는 영웅이나 신들에 관한 이야기를 듣지 말아야 하는데, 이는 그 수호자들이 그 영웅이나 신들과 같이 스스로 부끄럽게 되지 않기 위해서라고 판단했다. 특히 신들에 관한 이야기는 그들이 덕 있는 행동을 하는 것으로 묘사해야 하는데, 이는 사실 그 신들이 덕이 있기 때문이 아니라, 그와 같이 그 신들을 묘사하는 내러티브들이 바람직한 방식으로 품성을 형성하기 때문이다. 현상학적인 용어로, 내러티브는 자아에게 그의 존재에 예비적 경향을 설정하는 등장인물과 줄거리들의 가능성들을 제공한다. 사람이 그가 읽은 것이 된다고 말하는 것은 이 점을 과장하는 것이지만-왜냐하면 그는 어떤 문학의 등장인물들을 모방할 것인지, 어떠한 방식으로, 어떠한 정도로 모방할 것인지 선택하는 데 있어 항상 자유를 가지고 있고, 인간의 품성이 오직 이야기에 의해서만 형성되지는 않기 때문이다-여전히 자아는 날것의 주어진 것이 아니라, 일종의 영향을 잘 받는 구성물 및 자기구성물이고, 니체가 말했던 것과 같이 '그것인 것이 되는(becomes what it is)' 것이다. 자아는 자신의 문화와의 거듭되는 상호작용 속에서 형성되는데, 이 문화에는 특히 문학적 문화의 산물들이 포함되며 자아는 이를 통해 우리의 존재가 취할 수 있는 다양한 형태들을 배운다.

물론 [직접적인] 경험에 의해서뿐만 아니라, 문학이 제공하는 종류의 간접적인 경험을 통해서 자신의 삶과 자기이해가 깊이 변화되는 것은 익숙한 경험이다. 누군가는 모두가 생애 전체에 걸쳐서 아동기에 접했던 줄거리들에 국한된 채 남아 있기보다, 성숙한 나이에 주의 깊게 읽은 적어도 두세 가지의 위대한 소설들로 깊이 자신의 삶을 변화시켜야 했다고 말할지도 모른다. 삶은 실제로 중요한 방식으로 예술을 모방하는데, 이는 때로는 성찰적인 방식으로 때로는 비성찰적으로, 때로는 선택에 의해서 다른 때에는 조작을 통해서 이루어진다. 단순히 젊은이를 정치적, 종교적으로 세뇌하는 수단의 역할을 하는 내러티브는 유감스럽게도 여전히 아주 흔하고, 그 내러티브가 주입하는 문제가 되는 신념들만큼이나 그 젊은이가 성숙하는 데 커다란 걸림돌이 될 수 있다. 예를 들어, 정치적 올바름에 의해 단련되었던 아동문학은 잠재적으로 그것이 대체할 신데렐라 이야기만큼이나 해롭다. 이는 단지 일련의 편견과 강제로 받아들여진 의견들을 다른 것으로 대체하는 것이다. 종교 이야기들도 거의 마찬가지를 한다. 그 이야기들은 아동들이 교의들을 거부할 지적 수단이 없는 나이에 교의들을 주입한다. 플라톤이 우리로 하여금 주목하도록 이끌었던 것은 그러한 내러티브들의 형성적인 능력이다. 이 전체 문제를 아동의 놀이라는 덜 심각한 문제로 또는 기껏해야 초등도덕교육의 하나로 간주하는 것은 구미가 당기지만, 우리가 들으면서 자란 이야기들은 개인의 정체성 형성에 중요한 역할을 하고, 종종 생애 전체에 걸쳐서 우리 곁에 남아 있다. 이것은 플라톤식 검열의 현대적 파생물인 일종의 아동들의 이야기에 대한 정치적 세부관리를 위한 논변이 아니라, 우리에게 젊은이가 들으면서 자라는 내러티브들에 대해 재고할 이유를 제공한다.

자아의 형성에서 내러티브의 중요성은 특별히 리쾨르의 시간적으로 구조화된 주체성 이론에서 분명해졌다. 그의 표현으로 하자면,

> 우리 자신의 존재는 우리가 스스로에게 줄 수 있는 설명과 분리될 수 없다. 우리가 우리 자신에게 정체성을 주는 것은 우리 자신의 이야기를 말하는 것 속에 있다. 우리는 우리 자신을 우리가 스스로에 관해 말하는 이야기들 속에서 인식한다. 이러한 이야기들이 진실인지 거짓인지의 여부는 매우 거의 차이를 만들어내지 않는다. 증명할 수 있는 역사뿐만 아니라 허구도 우리에게 정체성을 제공한다.[29]

앤서니 커비(Anthony Kerby)도 리쾨르를 따라서, '자아에 대한 묘사로서뿐만 아니라, 더 중요하게 그 주체의 출현과 실재에 근본적인 것으로서 자기내레이션의 행위를 받아들이는 인간 주체의 모델'을 옹호했다.[30] 이 존재론적 가설의 도덕적 함의는 알레스데어 매킨타이어(Alasdair MacIntyre)가 착수했던 문제로, 그는 좋은 삶을 서로 관련 없는 에피소드들보다는 우리의 삶이 닮을 수 있는 통합된 내러티브를 추구하면서 보낸 것으로 특징지었다. 도덕적 행위체는 주어진 것이 아니라 일종의 해석적 구성물이며, 우리는 내레이터의 기술을 통해 궁극적으로 책임질 수 있고 따라갈 수 있는 이야기 속에 우리의 행위들을 설정한다.[31]

물론 다른 이들도 이 가설을 받아들였지만, 이 가설에 아마도 가장 적절한 표현과 옹호론을 제공했던 사람은 리쾨르이다. 이 옹호론 중에 일부는 리쾨르가 내놓았던 내러티브와 삶 간의 긴밀한 유사점에 대한 중요한 반대 의견에 그가 대답하는 것에서 발견된다. 그 반대 의견은 내러티브와 삶 간에 전혀 대단한 유사점이 없다는 것인데, 이는 이야기는 살아지기보다는 말해지는 것이고, 삶은 말해지기보다는 살아지는 것이라는 간단한 이유 때문이다. 이 '메울 수 없는 차이'는 이야기되는 내러티브들의 상상적 세계와 인간 경험의 실제 세계를 분리하는 것처럼 보인다. 이에 대한 리쾨르의 대응은 두 부분으로 이루어져 있다. 첫째는 실제로 내러티브는 말해지지만, 내러티브는 또한 중요한 의미에서 독자에 의해 살아진다는 것이다. 둘째는 꽤 분명히 삶은 살아지지만, 삶은 또한 이야기된다는 것이다. 두 번째 주장을 먼저 보자. 어떠한 의미에서 우리의 살아 있는 경험은 단순히 살아지기보다 이야기의 방식으로 말해지거나 이야기된 다는 것이 사실일까? 자아에 대한 내러티브 이론이 제시하는 것은 삶과 내러티브가 동일하다는 게 아니라 그 둘 사이에 유사점이 있다 는 것, 따라서 이야기 속에서 우리의 이해관심은 내러티브 해석에 의해 자기이해가 매개되는 존재라는 우리의 존재론적 조건에 뿌리 를 두고 있다는 것이다. 따라서 삶은 이야기된다고 주장하는 것은 삶은 살아지는 것이라는 자명한 진리를 부인하는 것이 아니라, 현상 학적으로 삶이 살아지는 방식을 묘사하는 것을 의미한다. 인간이 살아가고 경험에 대처하는 것은 본질적으로 자기 자신과 세계를 이해하는 것에 의해 이루어진다. 하이데거가 관찰했던 것처럼, 인간 은 세계-내-존재이고, 여기에서 세계는 우리의 역사적 유산을 함께 나타내며 우리를 특정한 종류의 존재로 구성하는 언어, 문화, 사회 실천 네트워크의 생활세계이다. 이러한 사고방식에서 인간은 이성 적 동물일 뿐만 아니라, 이해하는 동물이고, 그 자기이해는 내러티 브의 형태를 가진다. 나는 이것, 저것, 또 다른 것을 했고 경험했던 사람이고, 스스로 일련의 특정한 가능성들과 열망들로 구성된 미래 를 계획하는 사람이다. 요컨대 나는 내가 존재해왔던 사람이고 내가 될 거라 예상하는 사람이다. 이야기되지 않는 삶은 자기이해가 없는 삶이고, 이는 소크라테스가 검토되지 않은 삶이라 불렀던 것과 같이 완전히 바람직하지 않다. 검토되지 않은 삶과 이야기되지 않는 삶은 거의 다르지 않다. 리쾨르가 말했던 것처럼, '허구는 삶, 생물학적 의미의 인간의 삶을 만드는 데 기여한다.' 다르게 말하자면, '삶은 해석되지 않는 한, 단지 생물학적 현상에 지나지 않는다. 그리고 해석 속에서 허구는 매개하는 역할을 한다.'³² 우리가 개별적인 행위들에 대해 말하고 있든 전체로서의 경험에 대해 말하고 있든, 이해는 우리가 사건들을 우리 삶에 더 넓은 맥락을 제공하는 시간적, 내러티브적 순서 안에 위치시킬 수 있을 때 일어난다. 이야기되지 않는 삶은 일련의 서로 관련되지 않은 사건들로 구성되어 있고, 역사보다는 연대기와 더 유사하며, 방향에 대한 감각이 부족할 것이다. 우리의 삶이 이렇게 이야기되지 않는 조건 속에 있을 때는 바로 우리가 더 이상 우리 자신을 이해하지 않는다고, 우리의 과거를 우리의 현재 및 미래와 연결하고 어떤 방식으로 우리 삶의 다양한 측면들을 모으는 따라갈 수 있는 줄거리가 없기 때문에, 우리의 삶이 단절되었고 목적을 잃어버렸다고, 우리가 불평하는 때이다.

리쾨르의 반대 의견에 대한 대답 중 두 번째 부분은 내러티브가 실제로 이야기되지만 또한 살아진다고 말하는 것이다. 리쾨르가 이것으로 무엇을 의미했는지 보기 위해서, 우리는 잠시 구성(emplotment)이라는 그의 개념을 생각해야 한다. 우리는 흔히 줄거리(plot)를 만드는 것은 오직 저자의 일이고, 독자의 일은 저자가 배열해놓은 대로 사건들의 과정을 따라가는 것이라고 생각한다. 이러한 견해의 오류는 독자의 역할을 해석에서뿐만 아니라 구성에서도 과소평가하는 것이다. 리쾨르의 표현으로 하자면, 줄거리 그 자체는 '고정된 구조가 아니라, 작용, 통합하는 과정이고, 이것은 … 오직 독자나 구경꾼 속에서, 즉 말해지는 이야기의 살아 있는 수령인 속에서 완성된다.' 사건들과 등장인물들을 어떤 의미 있는 형태로 통합하는 작용은 저자와 독자의 공동작업이고, 후자에게 보통 가정되는 것보다 더 다소 능동적인 역할을 요구한다. 그것은 우선 독자가 사건들의 순서를 함께 파악하고, 무엇이 올지, 일어나는 것에 비추어 어떤 것이 조정되고 재조정될지 예상하는 것을 통해 능동적으로 이야기를 따라갈 것을 요구한다. 이야기를 따라가는 외관상으로 단순한 행위는 이미 복잡한 '이질적인 요소들의 종합'이고, 이는 많은 사건들, 부차적 줄거리들, 등장인물들 간의 상호작용들을 통합된 이야기에 기여하는 것으로 해석한다. 따라서 [이야기를] 따라가는 것은 '[내러티브에] 형태를 주는 설정행위를 다시 현실화하는 것'이고, 이러한 의미에서 '작업을 완성한다.' 이것을 넘어서, 내러티브를 읽는 것은 우리가 이야기를 우리 자신의 삶과 관련시키고 실제로 등장인물들을 통해서 대리로 살 것을 요구한다. 문학해석이 상상을 불러일으킨다고 말하는 것은 독자가 자기 자신을 상상적으로 내러티브의 세계에 이동시켜야 한다는 것을 의미한다. 『죄와 벌』을 읽는 사람은 19세기의 러시아를 살아야 하고, 사건들이 자신에게 일어나고 있는 것처럼 그 사건들을 경험해야 한다. 여기에서 '처럼(as if)'이 본질적이다. 독자에게 요구되는 자발적인 불신의 중지는 우리가 자신이 라스콜리니코프라고 믿는 것이 아니라, 우리가 그렇게 믿는 것처럼 생각하고 라스콜리니코프에게 일어나고 있는 것이 우리 자신에게 일어나고 있는 것처럼 생각하는 것을 요구한다. 우리는 상상에서 물러서서 스스로에게 매번 이 사건들 중 어느 것도 일어나지 않았다고 상기시키지 않는다. 이것은 요구되는 것의 진정한 반대이다. 일반적으로 미적 경험 속에서 우리는 이질적인 세계로 이동되어서 '상상의 양식 속에서 … 텍스트의 가공된 우주 속에 산다고' 말한다.[33]

더 나아가서 문학작품의 의미는 바로 텍스트 그 자체와 독자의 정신 간에 일어나는 조정의 산물이고, 그 의미는 오직 저자에 의해 결정되지 않는다. 구성(emplotment)의 과정에서, 텍스트의 의미는 저자의 작업과 독자의 작업의 공동 산물이고, 페이지에 있는 단어들과 독자의 경험 사이를 왔다 갔다 하는 것 속에서 드러난다. 현상학적으로 내러티브 '그 자체'의 의의나 의미와 그것이 해석자에게 주는 의의 간에는 구분이 없다. 저자의 의도에 대한 객관주의자의 호소에도 불구하고, 가다머가 정확하게 언급했던 것처럼, 의미는 저자의 의도로 환원될 수 없고, '심지어 의미는 실제로 의도되지 않은 곳에서도 경험될 수 있다.'[34] 리쾨르는 이러한 견해를 공유하면서, 텍스트의 의미를 '인간과 세계, 인간과 인간, 인간과 그 자신과의 중개'로, 따라서 '참조성(referentiality), 소통성(communicability), 자기이해(self-understanding)의 세 차원'을 가지는 것으로 말하곤 했다. 이 마지막 가치는 특히 중요하다. 우리가 문학의 경험에서 획득하는 이해는 동시에 자기이해이다. 문학이 주는 통찰력은 비인격적인 진리가 아니라, 잠재적으로 변화시키는 방식으로 독자 자신의 삶과 관련되어 있다. 리쾨르가 표현했던 것처럼, 허구는 '우리를 삶으로 되돌린다.' 독자가 외견상으로 피할 수 없는 논리에 의해서 내러티브의 세계로 모험하면서 배운 것은 자기 자신의 경험으로 돌아와 적용되고, 그를 이러저러한 방식으로 변화된 존재로 만든다.[35] 독자의 관점이나 자기이해는—말하자면 문학작품이 어떤 장점을 가지고 있고, 독자가 마땅히 주어져야 하는 만큼 그 작품에 주목했다면—어느 정도 다시 만들어진다. 그 작품의 의미에는 바로 독자에게 말하는 작품의 힘 또는 저자가 의도했을 수도 있고 그러지 않았을 수도 있는 방식으로 독자의 경험 속에서 공명을 일으키는 힘이 포함된다.

이러한 의미에서 내러티브는 실제로 단순히 이야기되지 않고, 독자에 의해 살아진다. 내러티브는 활발히 상상 속에서 삶으로 가져와지고, 설정되고 변경되며, 해석되고 독자의 경험에 적용되며, 질문되고 비판되며, 그렇게 독자에 의해 완성된다. 여기에 문학의 교육적 의의뿐만 아니라, 문학의 보편적인 매력의 궁극적인 원천이 있다. 인간의 경험과 주체성 그 자체는 어쨌든 이해되는 한, 항상 이미 시간적이고 내러티브적인 조건들 속에서 이해된다. 따라서 문학을 아는 것은 우리로 하여금 우리가 속해 있는 문화뿐만 아니라 우리 자신과 접하게 하고, 이는 단순한 정보 습득을 훨씬 넘어서 우리의 경험을 풍요롭게 하는 방식으로 이루어진다. 리처드 키어니가 썼던 것처럼, '우리가—단지 사실들을 알게 되는 것에 더하여—이야기에 관심을 갖는 이유는 우리가 이야기를 하는 사람과 이야기를 따라가는 사람으로서 역사에 속해 있기 때문이다.'[36]

우리가 너무나 자주 듣는 것처럼, 교육의 목적들에 유용한 정보의 소유를 포함할 뿐만 아니라 초월한다는 의미에서, 학생들에게 그들의 세계 및 자기 자신에 대해 사고하는 방법을 가르치는 것이 포함된다면, 잘 말해진 좋은 이야기들보다 이것에 더 좋은 수단은 존재하지 않는다. 여기가 고차적 사고가 일어나고, 삶이 변화되며, '교양(Bildung)'이라는 의미의 교육이 그 역량을 발휘하는 곳이다.

1   Dewey, 'The Primary-Education Fetish' (1898). EW 5: 264.

2   Dewey, *The School and Society* (1899). MW 1: 37.

3   Dewey, *Democracy and Education* (1916). MW 9: 169, 86.

4   Dewey, 'The Need for a Recovery of Philosophy' (1917). MW 10: 7.

5   Dewey, 'How the Mind Learns', Educational Lectures Before Brigham Young Academy (1901). LW 17: 215.

6   Dewey, 'Plan of Organization of the University Primary School' (1895). EW 5: 228.

7   Dewey, *Democracy and Education* (1916). MW 9: 86.

8   Dewey, *Experience and Education* (1938). LW 13: 17.

9   Dewey, 'Three contemporary Philosophers' (1920). MW 12: 210.

10   Dewey, *Interest and Effort in Education* (1913). MW 7: 166-7.

11   Dewey, *Ethics* (1908). MW 5: 285.

12   Dewey, 'Context and Thought' (1931). LW 6: 5.

13   Dewey, *Art as Experience* (1934). LW 10: 271.

14   Dewey, *Democracy and Education* (1916). MW 9: 21.

15   Dewey, 'Teaching That Does Not Educate' (1909). MW 4: 202; Dewey, How We Think (rev. edn, 1933). LW 8: 148.

16   Dewey, *Democracy and Education* (1916). MW 9: 56, 49.

17   Dewey, 'Some Stages of Logical Thought' (1900). MW 1: 151.

18   Dewey, *Human Nature and Conduct* (1922). MW 14: 71.

19   Dewey, 'Social Purposes in Education' (1923). MW 15: 169.

20   Dewey, *How We Think* (rev. edn, 1933). LW 8: 296.

21   Dewey, *The Educational Situation* (1901). MW 1: 271.

22   이것은 듀이의 논변은 아니고, 여러 방식으로 하이데거 이후의 해석학들에서 표현되었던 것이다.

23   Dewey, *Experience and Education* (1938). LW 13: 27.

24   Jean-Francois Lyotard, *The Postmodern Condition: A Report on Knowledge*, trans. Geoff Bennington and Brian Massumi (Minneapolis: University of Minnesota Press, 1979), x x i i i .

25   Paul Ricoeur, 'Life in Quest of Narrative', in *On Paul Ricoeur: Narrative and Interpretation*, ed. David Wood (New York: Routledge, 1991), 20. 또한 Ricoeur 의 *Time and Narrative*, vol. 1, trans. Kathleen McLaughlin and David Pellauer (Chicago: University of Chicago Press, 1984)와 *Oneself As Another, trans. Kathleen Blamey* (Chicago: University of Chicago Press, 1992)를 보라.

26 Richard Kearney, *On Stories* (New York: Routledge, 2002), 129.

27 Ricoeur, 'Life in Quest of Narrative', 28, 29.

28 Ibid., 29.

29 Ricoeur, 'History as Narrative and Practice' *Philosophy Today* 29 (1979). 214.

30 Anthony Kerby, *Narrative and the Self* (Bloomington: Indiana University Press, 1991), 4.

31 Alasdair MacIntyre, *After Virtue: A Study in Moral Theory* (Notre Dame: University of Notre Dame Press, 1984). 또한 Charles Taylor, *Sources of the Self: The Making of the Modern Identity* (Cambridge: Harvard University Press, 1989)와 William Lowell Randall, *The Stories We Are: An Essay on Self-Creation* (Toronto: University of Toronto Press, 1995).

32 Ricoeur, 'Life in Quest of Narrative', 25, 20, 27.

33 Ibid., 21, 27.

34 Gadamer, 'On the Scope and Function of Hermeneutical Reflection', in *Philosophical Hermeneutics*, ed. and trans. David E. Linge (Berkeley: University of California Press, 1977), 30.

35 Ricoeur, 'Life in Quest of Narrative', 27, 26.

36 Kearney, *On Stories*, 154.

찾아보기

저자 및 역자 소개

저자 소개

폴 페어필드(Paul Fairfield)

1966년 캐나다 온타리오주에서 태어났으며, 1995년 맥마스터 대학에서 박사학위를 받았다. 2002년부터 퀸스 대학교 철학과 교수로 있다. 주로 해석학, 현상학, 실용주의에 대해 연구를 하고 있으며, 저서로는 Why Democracy?(2008), John Dewey & Continental Philosophy(2010), Philosophical Hermeneutics Reinterpreted(2011) 등이 있다.

역자 소개

김찬미

서울대학교 사회교육과를 졸업하고 같은 과 박사과정을 수료했다. 현재 대치중학교에 있으며, 민주시민교육과 관련하여 듀이철학을 공부하고 있다.

듀이와 인문학 교육

초판발행 2018년 3월 22일
초판 2쇄 2019년 1월 9일

저   자 폴 페어필드(Paul Fairfield)
역   자 김찬미
펴 낸 이 김성배
펴 낸 곳 도서출판 씨아이알

책임편집 박영지, 김동희
디 자 인 송성용, 윤미경
제작책임 김문갑

등록번호 제2-3285호
등 록 일 2001년 3월 19일
주   소 (04626) 서울특별시 중구 필동로8길 43(예장동 1-151)
전화번호 02-2275-8603(대표)
팩스번호 02-2265-9394
홈페이지 www.circom.co.kr

I S B N 979-11-5610-386-8 93370
정   가 26,000원